数据科学与大数据管理丛书

Management Information Systems

管理信息系统

主编 颜志军 贾琳
副主编 高慧颖 尹秋菊 张柱

机械工业出版社
CHINA MACHINE PRESS

本书结合“信息管理与信息系统”一流本科专业建设工作经验，根据国家“四个面向”的要求和信息管理学科的前沿技术发展，紧密结合新兴信息技术的快速发展趋势及新兴信息技术对经济社会影响和人才需求而编写。

本书从经济社会与信息技术的发展入手，共分为8章。第1章，信息概述，介绍管理信息系统的概念及其发展过程、重要组成部分和业务目标，并从行业、企业竞争战略、企业财务状况三个维度分析管理信息系统的影响。第2章，结合信息技术发展趋势和前沿应用，讨论信息系统的技术基础，包括计算机、计算机系统、计算机网络系统、互联网、数据库、信息模型与数据模型、数据库管理系统与数据库系统、数据仓库与数据挖掘、数据中台、前沿信息技术等。第3章，介绍信息系统的结构与类型，重点概述信息系统的功能结构和空间分布结构，以及基于Web的信息系统和移动信息系统。第4章，介绍信息系统生命周期与管理。第5章，介绍信息系统开发方法，重点阐述结构化生命周期法、原型法、面向对象方法、基于组件的开发方法和信息系统外包。第6章，介绍信息系统在组织中的主要应用，包括企业资源计划、客户关系管理、供应链管理、知识管理和商务智能等。第7章，介绍信息系统使能的商业模式创新，阐述商业模式变革的相关理论。第8章，以电子商务为主要研究对象，探讨电子商务的模式和趋势。

本书适合作为高等院校管理学等相关专业学生的教材，还适合作为相关从业人员的参考书。

图书在版编目（CIP）数据

管理信息系统 / 颜志军，贾琳主编. -- 北京 : 机械工业出版社，2025. 2. --（数据科学与大数据管理丛书）. -- ISBN 978-7-111-77744-1

Ⅰ. C931.6

中国国家版本馆CIP数据核字第20256KZ172号

机械工业出版社（北京市百万庄大街22号　邮政编码100037）

策划编辑：张有利　　责任编辑：张有利　章承林

责任校对：王文凭　杨　霞　景　飞　　责任印制：任维东

河北鹏盛贤印刷有限公司印刷

2025年5月第1版第1次印刷

185mm×260mm · 22.5印张 · 558千字

标准书号：ISBN 978-7-111-77744-1

定价：69.00元

电话服务　　网络服务

客服电话：010-88361066　　机　工　官　网：www.cmpbook.com

010-88379833　　机　工　官　博：weibo.com/cmp1952

010-68326294　　金　　书　　网：www.golden-book.com

　机工教育服务网：www.cmpedu.com

前言

在这个信息技术日新月异的时代，信息管理与信息系统领域发生了巨大变革。大数据、人工智能、云计算等技术得到广泛应用，尤其是大语言模型这样的新时代人工智能产品，让我们意识到必须对新知识进行系统性的梳理和归纳，以更好地满足信息管理与信息系统及相关专业的各层次学生及管理者的需求。鉴于此，我组织长期从事该领域教学和研究的学者们进行了本书的编写，期待与各位读者一起深入探索管理信息系统的内涵和作用，并共同把握其发展精髓和要义。

为此，我们对本书的内容和架构进行了精心设计。全书共分 8 章，内容涵盖管理信息系统的各个关键环节，从基础理论到应用实践、技术原理到实践策略的多个维度，力求为读者提供一个全面、系统的学习路径。

第 1 章“信息系统导论”，以总览的形式展示了管理信息系统的发展过程、概念及重要组成部分，为后续各章的深入学习奠定基础。我们特别强调了信息、信息技术、信息技术专家和管理制度在信息系统中的互动作用和关联性，并阐述了管理信息系统给行业、企业竞争战略、企业财务状况带来的影响，帮助读者理解信息系统如何为企业业务目标的实现提供支持。

第 2 章“信息系统的技术基础”，详细介绍了计算机、计算机系统、计算机网络系统、互联网、数据库、信息模型与数据模型、数据库管理系统与数据库系统、数据仓库与数据挖掘、数据中台等构成信息系统的关键技术要素，阐释了人工智能、大数据技术、云计算、区块链等前沿信息技术，致力于将深奥的技术知识以易于理解的方式呈现出来，帮助读者掌握最新的信息技术。

第 3 章“信息系统的结构与类型”，阐述了信息系统的功能结构和空间分布结构，介绍了基于 Web 的信息系统和移动信息系统。

第 4 章“信息系统生命周期与管理”，介绍了信息系统的生命周期，详细阐述了信息系统规划、信息系统开发、信息系统运行与维护等主要生命周期阶段，并探讨了信息系统管理中的几个重要话题。

第 5 章“信息系统开发方法”，首先从系统生命周期角度介绍了结构化生命周期法，进而阐述了原型法、面向对象方法、基于组件的开发方法等，并概述了信息系统外包。

第 6 章“信息系统在组织中的主要应用”，结合实际案例详细介绍了企业资源计划、客户关系管理、供应链管理、知识管理以及商务智能等系统的应用，让读者能够从实践的角度理解信息系统的重要性。

第 7 章“信息系统使能的商业模式创新”，结合实际案例详细介绍了商业模式的认知阶段、分析工具、基本要素，讨论了信息系统对商业模式创新的作用，并从价值链的视角介绍信息系统助力商业创新的模式。

第 8 章“数字时代的电子商务”讲解了电子商务的相关概念，深入探讨了传统电子商务模式与新兴电子商务模式，总结了电子商务趋势。

本书有以下三大特点。

（1）紧跟新技术发展。信息技术飞速发展并被迅速应用到工作和生活中，全球的企业和组织正积极寻求如何利用新兴技术来提高自身的运营效率和竞争力。信息管理与信息系统作为管理学和信息科学的交叉学科，需要拥抱新技术以保持持久活力。鉴于此，本书特别加强了对大数据、大语言模型、人工智能、物联网、云计算等新兴信息技术及其应用场景的介绍，旨在为信息管理与信息系统专业的学生及相关领域的从业者们提供一本紧扣时代脉搏的参考书。

（2）聚焦中国典型案例。本书聚焦中国案例、讲好中国故事，力图展示中国的实践智慧。本书每章开头都有开篇案例，结尾都有综合案例，此外还有很多帮助学生理解相关知识点的阅读材料，涉及三一重工、立白集团、幸福西饼、华为集团、微博、微信、顺丰、中国农业银行、盒马鲜生、一汽大众、名创优品、首汽约车、美团、京东、腾讯、淘宝等诸多国内优秀企业，介绍了这些中国企业在信息管理和信息系统领域取得的卓越成就。

（3）思路开阔。本书致力于介绍一个全面、深入且易于理解的管理信息系统，大量使用图表对知识点进行解读，结合案例，特别是国内企业案例加深学生对知识点的理解。通过学习本书，读者不仅能够把握信息系统的基本概念、技术基础、结构原理和类型，而且能够掌握信息系统的建设和应用，深入了解信息系统在组织中的作用以及对商业模式创新和电子商务的推动作用。我们期待本书能够实现理论与实践的充分融合，为读者提供一个全面、多维度的学习视野，以帮助他们更好地将所学知识转化为解决实际问题的能力。

本书的编写团队由一批在信息管理与信息系统领域具有丰富经验的专家和学者组成。本书由我和北京理工大学管理学院的贾琳副教授担任主编，我负责起草教材大纲，并负责编写第 1 章的内容；贾琳副教授负责编写第 7 章和第 8 章的内容；北京理工大学管理学院的副研究员张柱负责编写第 3 章的内容，北京理工大学管理学院的尹秋菊教授负责编写第 6 章的内容，两位副主编还共同负责第 2 章内容的编写；北京理工大学管理学院的高慧颖副教授负责第 4 章和第 5 章内容的编写。此外，北京理工大学管理学院的研究生范皓月、杨亮、王鹏丞、李亦宸、张博华、赵刘洋、牛雅晴和刘天鸣也参与了本书的部分编写工作。

在本书的编写过程中，我们广泛参考了国内外知名学者出版的与管理信息系统相关的优秀教材，以及很多有价值的学术论文与网络资源，同时融入了来自企业调研、网络案例和中国管理案例共享中心的典型案例。我们的团队成员发挥自身专业特长和丰富经验，为本书的每个部分注入精彩的内容和深刻的见解。我们还收到许多同行以及实践领域专家的宝贵意见，这极大地增强了本书的实践性和针对性。

在此，我要特别感谢编写团队的成员们，正是由于他们的不懈努力，本书才得以问世。尽管每位成员都面临繁忙的教学科研工作，但他们还是抽出时间投入教材的编写中，他们的专业知识和热情使得本书更加完善。我还要感谢那些提供意见和建议的专家，他们的意见和建议使我们的教材更加贴近实践和科技的最新进展。

我们诚挚地希望，无论您是信息管理与信息系统领域的学生、行业从业者还是对此领域有浓厚兴趣的读者，都能从本书中获得有价值的知识和灵感。我们欢迎并期待您的宝贵意见，以帮助我们不断优化和升华本书，使之更好地服务于大众。衷心希望本书能够成为您理解和精通管理信息系统的有力工具，帮助您在信息管理与信息系统领域学习和研究的道路上不断前行，助力您取得成功。感谢您选择本书，愿您学业进步、乐在其中！

颜志军

2024 年 12 月

C O N T E N T S

目 录

CHAPTER 1

第1章

信息系统导论

本章论述了经济社会与信息技术的发展，介绍了信息的概念和信息质量，讨论管理信息系统的概念，分析管理信息系统的五个重要发展过程，阐述管理信息系统的重要组成部分及其特点，讨论管理信息系统的主要业务目标以及管理信息系统对行业和企业竞争战略的影响，剖析管理信息系统对企业财务状况的影响，介绍信息技术发展带来的数字化转型战略的主要类型和数字化转型的主要阶段。

■ 开篇案例　谁动了方便面的“奶酪”

方便面是日本人安藤百福在第二次世界大战后发明的速食产品，起初是为了解决在日本吃面要排长队的问题。后来他发现方便面很受欢迎，便成立公司进行大力推广，很快在全球范围内得到了消费者的青睐。方便面适应了第二次世界大战后不断加快的生活、工作节奏，为人们的生活提供了便利，因此成为市场的热销品；特别是在火车上、宿舍里，方便面一度是最流行、最火爆的食品。

1991 年，魏应行在中国大陆的火车上吃从中国台湾带来的方便面时，引来了旅客们的围观。受这一现象的启发，魏应行在 1992 年成立了康师傅，专门生产和销售方便面，最终成为中国方便面市场的“领头羊”，引领了方便面市场的发展。虽然方便面诞生于日本，但中国人口多需求大，2014 年，全世界消费的 900 亿份方便面中，中国占了 440 多亿份，而“康师傅”的收入也超过 250 亿元。

然而，自 2015 年以来，中国市场的方便面销量开始出现大幅下滑，从 2014 年的接近 450 亿份下滑到 2017 年的 380 多亿份。这一现象的出现是多种因素综合作用的结果。有人认为方便面中含有塑化剂，存在健康安全问题，所以不能再食用方便面；也有人认为方便面营养有限，食用方便面不能满足身体健康所需的营养物质；还有人认为现在高速铁路上饮食获取便捷，不再需要食用方便面等。显然，上述理由都有一定的合理性。如果说是这些原因导致了自 2015 年开始出现的方便面销量下滑现象，那么技术的发展又是怎样起到推波助澜的作用呢？

让我们来看看自2012年开始在中国飞速发展的一种新商业模式——外卖。艾媒咨询公布的《2016—2017中国在线餐饮外卖市场研究报告》指出，中国在线订餐外卖市场规模从2011年的216.8亿元增长至2016年的1 662.4亿元，增长了近8倍。据艾媒咨询和中商情报网统计，2024年，中国在线餐饮外卖行业市场规模更是达到了16 357亿元，用户规模高达5.92亿人。显然，在线订餐外卖已经成为人们重要的生活形式。我们在马路上随时都可以看到戴着“美团外卖”字样头盔或者身着“饿了么”风衣的马路骑手在为客户送餐。显然，这一商业模式已经深入人心，并已经开始颠覆传统餐饮行业。

2014年，马化腾曾经问互联网之父凯文·凯利“在未来谁将会成为腾讯未来的敌人”，凯文·凯利的回答是，“在互联网世界里即将消灭你的那个人从来不会出现在一份既定的名单中”。显然，这句话也适用于方便面行业和“康师傅”，除了“统一”方便面这些传统的竞争对手，“康师傅”更大的竞争对手来自互联网外卖。外卖使消费者有了更多的主动选择权，其食品质量、配送速度、价格和方便程度对于消费者来说都具有吸引力。在这种情景下，“康师傅”等其他公司都必须思考如何才能让方便面重新占据市场。

思考题：

1. 外卖这一商业模式得以成功依赖于哪些条件？
2. 方便面行业该如何自救？
3. 外卖的竞争对手是什么类型的企业？

1.1 经济社会与信息技术的发展

1.1.1 经济社会的发展

自20世纪后期以来，经济全球化成为世界经济发展的典型特点，国与国之间的跨境贸易和经济活动成为世界各国的重点。经济全球化推动了世界各国经济、技术、文化的跨国交流和共同进步，并通过对外贸易、技术转移、资本流动、产业分工等在全球范围内建立了相互依存、相互关联、相互促进的有机经济网络系统，促进了世界经济的繁荣发展。经济全球化导致了产品研发、设计、生产、市场、服务等各个环节的重新布局，深刻地改变了国家和企业的竞争态势，使得不同国家之间、不同组织之间建立起更加紧密的经济联系。经济全球化对各个国家都产生了重要影响。对于技术领先的国家来说，经济全球化在为其创造新的市场机遇的同时，也对技术的推广和普及应用提出了新的需求。对于技术落后的国家来说，经济全球化为其技术革新和社会进步提供了新机遇，但也对本国现有市场和行业企业带来了巨大挑战。因此，对于每个国家来说，经济全球化既是机遇又是挑战，特别是对于发展中国家来说，面对激烈的全球竞争环境，其经济活动所遇到的风险与挑战将更加严峻。

与此同时，科学技术的日新月异也深刻影响着社会经济的发展，成为人类社会发展与进步的重要主导力量；特别是第三次工业革命和第四次工业革命，更是直接加速了整个社会经济的发展，推动了生产和生活方式的重大变革。根据中国互联网络信息中心的报告，截至

2024 年 6 月，我国网民规模近 11 亿人，互联网普及率达 78%，人均每周上网时长为 26.1 小时。可以说，互联网几乎成为每个人的必需品。信息时代的到来也使组织面对的环境更加变化莫测，原有的社会资源配置方式在信息时代发生重大转变，组织的经营管理也因此面临着更多挑战。企业不能只依靠大规模的投资引进技术来推动发展，而应当利用信息化的特征来实现企业经营目标、价值创造方式和管理决策的创新，持续提升企业的核心竞争力，从而在激烈的竞争中脱颖而出。此外，信息时代推动了人工智能技术的快速发展，ChatGPT（聊天生成预训练转换器）这类人工智能产品被越来越多的企业和个人熟知和采用。这些新兴技术融合计算机科学，借助大数据分析为组织提供实时决策支持，优化组织工作流程并提高生产效率和经济效益。显然，人工智能给组织管理带来了颠覆式挑战，推动了管理对象和管理方式的重大转变。人类不再是主要劳动者，就业危机逐步浮现，甚至引发了企业的两极分化。面对信息科技这把双刃剑，企业应当升级现有的管理模式，让科技为己所用，发挥最大的价值。

近年来，世界进入了百年未有之大变局，全球安全环境趋于严峻，安全风险升至新高，地区不稳定、不确定因素明显增加。新冠疫情和俄乌冲突等重大突发事件严重影响了全球经济发展和国际合作。与此同时，中国提出了构建人类命运共同体的外交理念，倡导推动建设持久和平、普遍安全、共同繁荣、开放包容、清洁美丽的世界，并本着这一理念全面完善对外开放战略布局，积极参与全球治理，推动共建“一带一路”高质量发展。可以看出，在进入历史新阶段后，各国面临着多种政治经济压力，也面临着新的挑战和机会，需要更加快速地获取和分析各种信息，共同承担解决全球问题的责任，推动世界和平发展。

随着经济全球化趋势加强、信息时代来临和全球政治环境日益复杂多变，企业的生存环境发生了重大变化，传统的企业管理模式与行为方式已经难以适应复杂多变和竞争日趋激烈的市场环境。面临着科学技术的迅速发展、全球产业分工与经济结构的调整以及社会、经济其他方面的变革，企业只能在改革与创新中求生存、谋发展。20 世纪 80 年代以来，伴随着经济全球化与信息化的浪潮，“企业流程再造”“虚拟企业”“精益生产”“敏捷制造”“供应链管理”“平台经济”“众包”“网红经济”等新的经营理念、组织形式与管理模式相继涌现，管理创新、技术创新和模式创新成为推动企业发展的主要动力。

1.1.2　信息技术的发展和数字时代的来临

1. 信息技术的发展

信息技术（Information Technology，IT）是用于采集、处理、分析和挖掘各种形式信息所采用的各种技术的总称，通常包括计算机技术、通信技术、控制技术、传感技术等。人们常说的信息技术主要是指计算机技术。自 20 世纪 80 年代国际商业机器公司（International Business Machines Corporation，IBM）发明个人计算机以来，计算机技术得到了快速发展和广泛应用。人们的工作、生活等各个方面都大大依赖于计算机技术，可以说，计算机技术是推动科技和社会进步的最主要力量之一。

计算机技术的快速进步，首先体现在硬件技术上。计算设备最早可以追溯到中国人在 3000 年前发明的算盘。作为中国传统的计算工具和最早的计算设备之一，算盘能够帮助人们更方便地进行加减乘除运算，并以简便、灵活、准确等优点得到许多人的青睐并广泛应用。

为了便于大家利用算盘进行加减乘除运算，古人还总结发明了加法口诀、减法口诀、乘法口诀和九归口决。通过应用这些口诀，人们可以通过算盘准确计算各种基础运算。同时，大约在同一时间，众多文明古国都先后出现了类似于算盘的计算设备，比如古希腊算板。可以说，算盘等传统计算设备是人类在计算技术发展史上的一个重要的阶段性成果，也体现了人类为了改善自身环境而不断努力的奋斗精神，而正是这种孜孜不倦的奋斗精神推动了整个人类社会的进步。

在算盘流行了上千年后，随着蒸汽机的出现和第一次工业革命的到来，人们对计算设备进行了更深层次的研究和探索，并发明了新的计算设备来更好地帮助人们处理各种计算问题。差分机就是在此背景下出现的重要计算设备。差分机是由英国科学家查尔斯·巴贝奇花费 10 年时间设计并于 1822 年研制成功的计算设备。这种机器能够提高乘法速度和改进对数表等数字表的精确度。“差分”是指把函数表的复杂算式转化为差分运算，用简单的加法代替平方运算。差分机能够处理 3 个不同的 5 位数，计算精度达 6 位小数，并能演算出好几种函数表。应该说，差分机是第一次工业革命后在计算技术领域的一个重要尝试和突破。生产和科技革命的出现为计算技术的发展提供了重要支撑并创造了更多可能。差分机的出现大大提升了人们的计算能力，帮助人们解决了众多计算问题，反之又推动了生产和科技革命的发展和进步。

在以蒸汽机为代表的第一次工业革命和以电力技术为代表的第二次工业革命后，以电子计算机、原子能、生物工程等为代表的第三次工业革命对人类的政治、经济、社会等各方面产生了更加深远的影响，人类在衣食住行等各个方面都发生了重大变革，其中电子计算机是第三次工业革命中的一个重大突破和重要引擎。1946 年，由美国军方定制的世界上第一台电子计算机“电子数字积分计算机”（Electronic Numerical Integrator And Computer，ENIAC）在美国宾夕法尼亚大学问世。ENIAC 使用了 17 840 支电子管，占地 170m^2，重达 28t，其运算速度为 5 000 次 /s 的加法运算，造价高达约 50 万美元。ENIAC 的出现具有划时代意义，标志着电子计算机时代的来临，推动了整个信息技术行业的高速发展。从来没有一种技术能够像计算机技术这样快速地发展，并如此深刻地改变人类社会的工作、生活等各个方面。

在 ENIAC 出现后，计算机技术以惊人的速度发展并得到了广泛应用，对人类社会的进步产生了深远影响。ENIAC 属于电子管数字机，其后的计算机经历了电子管数字机、集成电路数字机、大规模集成电路计算机等几个重要阶段。早期的计算机价格高、体积大、耗电多，主要用于国家和企业的一些重要领域，包括科学计算、企业管理、国防等。普通个人没有能力使用计算机，这导致计算机的普及和应用受到了很大限制。直到 1981 年 IBM 发明了个人计算机（Personal Computer，PC）这种现象才得以改观。个人计算机的出现推动了计算机技术的普及，使得个人也能够享受到计算机技术带来的便利；同时，个人对计算机需求的多样性又反过来推动了计算机技术的快速发展，促进了计算机技术的跨越式提升。IBM 推出的个人计算机体积小、价格低、性能高，能够满足个人对计算机的使用需求，受到了普通百姓的推崇。以 1981 年发明的 IBM 个人计算机为例，其价格大约是 2 500 美元，占地面积不到 0.5m^2，每秒执行约 33 万条指令。显然，这样的 PC 是普通百姓可以接受的高性能计算设备，可以极大方便大家的工作和生活。此外，通过厘清计算设备的发展历史过程，可以看到计算设备的重要发展趋势，即机械化、智能化和微型化。从早期的算盘到现在的 PC，计算设备从早期的木制材料变成了电子机械设备，且计算性能也在快速提升，并具备了逻辑推理、主动学习等智能特征，而 PC 的体积和规模也在不断变小，更容易携带和使用。比如，我们目前使用的手机其实已经是一个缩小版的 PC，基本具备了个人计算机的所有功能。表 1-1 对比了不同年代 PC 的相关数据。

表 1-1　不同年代 PC 的相关数据对比

指标	1981 年的 PC	2005 年的 PC	2020 年的 PC
当年价格	约 2 500 美元	约 300 美元	约 900 美元
性能	每秒执行约 33 万条指令	每秒执行约 25 亿条指令	每秒执行约 600 亿条指令

除了硬件技术，信息技术发展的另一个方面是应用系统的广泛应用和高速发展。早期的 ENIAC 主要用于科学计算。在当时，计算机的主要应用行业是国防，支撑国防工作中的一些尖端装备的研制。通过计算机的强大计算能力来辅助尖端装备的研发，典型的应用就是美国原子弹的研发，其研发过程大量使用了计算机进行计算。在此之后，计算机的应用逐步向各类组织发展，若干组织和企业开始使用计算机来进行管理。最初的典型系统是 20 世纪 50 年代出现的电子数据处理系统（Electronic Data Processing System，EDPS），该系统主要支持业务处理层面的日常操作，实现数据处理的计算机化。在此之后又依次出现了管理信息系统（Management Information System，MIS）、办公自动化（Office Automation，OA）系统、决策支持系统（Decision Support System，DSS）等。这些能够支持日常业务的信息化系统，代替了办公人员传统的手动或重复性业务活动，并能够通过对各种业务数据的深度分析为管理者提供决策支撑。而到了 20 世纪中后期，互联网技术得到了快速发展，电子数据交换系统、电子商务系统、企业资源计划系统等成为组织管理的基础系统。这些系统能够更好地集成组织的各种资源，覆盖企业的各个管理层次，甚至可以跳出传统企业边界，能够从供应链视角管理跨链企业的各种资源，改善企业业务流程并提高企业核心竞争力。

上述从计算机硬件技术和应用系统两个维度阐述了信息技术的快速发展。事实上，在短短的几十年里，信息技术在各个维度都发生了巨大变化，实现了质的飞跃，对社会经济发展产生了深远影响。商业领域的另一个重要指标是用户规模，我们可以比较不同技术的用户规模的增长情况，也就是从该技术出现到获得一定规模用户所花费的时间。收音机技术从出现到拥有 5 000 万名用户用了 38 年，电视机用了 13 年，互联网用了 4 年，苹果公司的 iPod 用了 3 年，Facebook 用了两年，新浪微博用了 14 个月，而微信用了 10 个月。但自 2023 年以来，ChatGPT 爆火，并创造了最快用户增长纪录，仅用了 2 个月的时间就突破了 1 亿名用户。可以看出，信息技术对人类生活的影响越来越大，技术发展所形成的各种软硬件产品越来越成为人们生活中不可或缺的元素。人们必须掌握好各种信息技术才能胜任工作岗位的要求、享受更便捷的生活。人类社会也必须通过信息技术创造更多优质产品来推动社会进步和经济发展。

从目前来看，虽然信息技术已经成为国家、社会和个人不可或缺的元素，但是在信息技术发展成熟和广泛应用之前，许多人对信息技术的影响和作用还不清楚，即使是一些信息技术领域的著名企业家也存在误判，比如微软公司创始人比尔·盖茨在 1981 年就提出："640KB 内存对任何人来说都是足够的。"但现在的很多个人计算机的内存都已经在 32GB 以上。因此，我们需要深入分析不同技术的发展趋势，不要低估技术的作用，要注意跳出固有的思维框架，打破传统的边界约束，用新技术、新视角来分析问题，从而找到解决问题的最佳路径，实现组织管理的提升和飞跃。

2. 数字时代及其对商业竞争环境的影响

随着信息技术的快速发展，人们的生活环境发生了巨大变化。每个人都越来越离不开信息技术，越来越依赖于信息技术。人们的学习、饮食、出行、采购、娱乐、婚姻、工作等，都跟信息技术有千丝万缕的关系。图 1-1 展示了跟我们的日常生活和工作密切相关的若干信息平台，其中的很多平台都已经成为我们工作生活中的必需项。可以说，技术已经渗透到每个人的日常生活中，我们的日常生活已经离不开这些平台了。特别是出生在 20 世纪 90 年代之后的人，已经被称为“数字原生代”，更早出生的人则被称为“数字移民”。这些称呼也体现了信息技术对个人生活的重要影响。

图 1-1　常见的信息平台

除了对个人生活产生影响，信息技术，特别是互联网技术，也深刻地改变了组织的商业竞争格局和态势。组织面临全新的数字时代，必须通过适应数字时代获得新的发展。互联网 1.0 时代的互联网主要用于信息的发布和查询。此时的企业可以通过互联网发布信息，使得能够访问互联网的用户都可以知悉企业的产品信息，进而推动企业产品的销售。互联网 1.0 时代的特点是静态、单向，也就是企业发布信息、用户浏览信息，不存在互动。早期的雅虎、美国在线等都是典型的互联网 1.0 时代的信息平台。在互联网 1.0 时代背景下，企业主要利用互联网技术来宣传和推广企业，帮助用户找到更好的企业、认识企业产品。随着动态交互技术的发展，互联网也从 1.0 时代进入 2.0 时代，互联网 2.0 时代强调的是不同用户之间的交互，此时的主流技术包括用户内容生成、社交网络、云技术等，并基于这些技术打造了互通互联、用户参与度高、个性化特征明显的信息平台。在这些新型平台中，用户可以自由发布信息、浏览信息、评论信息、分享信息，信息不再由企业或者平台单向发布，而是所有平台参与者都可以发布。互联网 2.0 时代的典型信息平台包括 Facebook、大众点评等。在互联网 2.0 时代背景下，企业可以通过用户之间、用户和企业之间的互动来加强与用户的联系，更好地为用户提供服务，并提升企业的知名度和影响力。随着人工智能技术、语义技术等技术的快速发展，互联网逐步进入 3.0 时代。目前认为，互联网 3.0 时代是指语义 Web 时代，互联网将由此进入智能化时代，人和机器的思维将实现共融，智能搜索、智能医疗、智能交通等多种智能应用将成为互联网 3.0 时代的典型应用。可以说，随着互联网技术的发展，媒体、娱乐、制造、医疗、旅游等各个行业都将被互联网技术重塑，各行各业的商业模式和运作机制都将被改造。

我们再通过公司品牌情况来看看信息技术对商业竞争环境的影响，表 1-2 给出了 2024 年 GYBrand 世界品牌价值榜的前 10 位。可以看出，世界品牌价值排行前 10 位中有 5 家公司是与科技相关的公司，包括苹果、微软、谷歌、华为、三星，其中苹果和微软的品牌价值均超过 3 000 亿美元，苹果的品牌价值更是高达 3 318.9 亿美元。

表 1-2　2024 年 GYBrand 世界品牌价值榜前十位

排序	公司	品牌价值 / 亿美元	行业
1	苹果	3 318.9	科技
2	微软	3 140.3	科技
3	亚马逊	3 016.4	零售
4	谷歌	2 871.0	科技
5	沃尔玛	1 213.8	零售
6	华为	1 195.7	科技
7	三星	1 049.2	科技
8	国家电网	898.0	服务
9	中国工商银行	820.1	银行
10	特斯拉	800.2	汽车

资料来源：GYBrand 全球品牌研究院。

显然，近些年，信息技术实现了飞速发展，不管是软件、硬件还是商业模式都发生了巨大变化、形成了重大突破。信息技术的飞速发展产生了深远影响，它既影响了我们的个人生活，也影响了组织行为和决策。每一个组织和个体都必须考虑信息技术飞速发展带来的环境、运营、管理等方面的变化。在信息技术快速发展的背景下，组织只能去适应技术发展的需求，把握机会、顺势而为，充分利用信息技术来推动发展。如果组织不能充分把握利用好信息技术的优势，就有可能错失信息技术快速发展带来的机会，甚至可能会阻碍组织发展以致带来颠覆性影响。利用信息技术进行商业化应用要考虑三个主要问题：一是怎样降低运营成本；二是如何支撑企业决策；三是如何促进产品、服务或模式创新，从而开拓新市场。

◎ 阅读材料 1-1

Netscape 的发展和衰败

网景通信公司（Netscape Communications Corporation，以下简称 Netscape）是一家美国的软件公司，成立于 1994 年，其最著名的产品是 Netscape Navigator，这是一款网页浏览器软件，也是第一个流行的商业化网页浏览器。Netscape 的发展可以追溯到互联网起步阶段。当时，互联网开始兴起并快速发展，但缺乏易用性强、功能完善的浏览器。Netscape 的创始人马克·安德森和吉姆·克拉克意识到这是个机会，决定开发一款浏览器来填补这个空白。1994 年，Netscape 成立并发布了图形界面的网络浏览器 Netscape Navigator 1.0 版本。这款浏览器引入了许多全新功能，包括图片显示和超链接点击等基本特性。该产品一经推出就好评如潮，不到一年的时间，销量就超过几百万份。随着全球范围内用户数量的迅速增加，Netscape 的市场份额迅速扩大。1995 年，该公司仅成立一年就挂牌上市，其股票价格也从 28 美元一路上涨到 174 美元，创造了网络时代的另一个“微软神话”。

然而，随着时间的推移，Netscape 开始面临一些挑战。作为个人计算机操作系统软件提供商的微软公司意识到网络浏览器的重要性，想要和Netscape进行谈判以商量合作事宜，但给出的条件是注资Netscape并进入董事会。如果Netscape选择答应微软公司，那么从此就会受制于它，而且以往的合作经历也都没有好的结果；相反，如果不答应微软公司，就可能像当时的莲花公司一样面临“灭顶之灾”。面对这样苛刻的条件和两难的境地，Netscape最终选择了拒绝。对此，微软公司很快推出了自己的Internet Explorer浏览器，即IE浏览器，并将该浏览器作为Windows操作系统的默认浏览器捆绑销售，免费提供给用户。虽然初期的IE浏览器在技术上逊色于Netscape，但这种垄断行为导致Netscape的市场份额急剧下降，从而对其商业模式和收入产生了重大影响。

为了应对这一挑战进而挽回市场，Netscape决定免费开放旗下的所有软件并开源其浏览器代码，推出了Mozilla项目。这使得其他开发人员可以共同参与代码的开发和改进，提高了Netscape Navigator的质量和功能，并最终开发了在功能和稳定性上更加出色的新一代网络应用软件套装。

然而，尽管进行了多方面的改进，Netscape在市场上的竞争地位仍然不容乐观。最终，Netscape被美国在线公司收购，并成为其子公司。2008年，美国在线公司将重点转向了其他业务领域，停止了对Netscape Navigator的安全更新和开发技术支持。至此，Netscape逐渐淡出市场，正式退出互联网的舞台。

总的来说，Netscape最终失败的原因在于技术和竞争对手的压力以及不可行的商业化模式。在竞争激烈的市场中，技术的领先地位是至关重要的。如果一家企业无法持续创新和提供更好的产品或服务，很快就会被竞争对手超过并失去市场份额。另外，一家成功的企业需要有一个可行的商业化模式，能够为其产品或服务带来可持续的收入。同时，企业应该寻求差异化，以便在竞争激烈的市场中脱颖而出。

1.2 信息概述

1.2.1 信息的概念

人们总是需要通过了解相关事物的情况来开展各种有目的的活动，而了解事物的情况就要涉及对信息的收集、整理、分析、利用等工作。随着社会的进步和经济的发展，人们所处的环境越来越复杂多样，人们社会活动的深度与广度也随之不断增加。此时，掌握信息的必要性和重要性就显得更加突出了。信息这一概念也在各个领域得到广泛应用，不同领域对信息有不同的解释，比如，信息论奠基人克劳德·艾尔伍德·香农认为“信息是用来消除随机不确定性的东西”；控制论创始人诺伯特·维纳认为“信息是人们在适应外部世界，并使这种适应反作用于外部世界的过程中，同外部世界进行互相交换的内容和名称”；信息管理专家福雷斯特·伍迪·霍顿认为“信息是为了满足用户决策的需要而经过加工处理的数据”等。此外，学者们还给出了一种更为通俗的解释，即信息是人们关心的事情的情况。例如，某产品的市场需求和销售利润的变化，对生产或经销此产品的企业来说，是很重要的信息。气象的变化、股市的涨落、竞争对手的行踪，对于关心这些情况的个人或群体来说，都是信息。可以看出，信息的种类对应着相关领域和行业的实际场景。同时，从信息的本质来看，同一事物的情况对于不同的个人或者群体有不同的意义，只有当某个事物的情况对了解情况的人的行为或思维活动产生影响时，才能被称为信息。

在人们的日常生活中常常会出现跟信息相关的若干概念，比如数据、知识、智慧等，为了更清晰、准确地把握信息的本质和规律，更好地开展对后面内容的学习，我们首先来对这些概念做简单定义，以区分不同概念之间的差异。

数据是用于描述一种特定现象的、未经加工的事实。数据是指具体的事实情况，在独立时无意义。例如，当前的存款利率、电影票价格以及问诊挂号费用等都是数据。

信息是指经过收集和整理后的数据，而这些数据在特定背景下具有特定含义。比如，假设你决定贷款，那么当前的银行贷款利率就是信息，因为它正好与你即将做出的决定（贷款多少、从哪贷款）相关；而此时，电影票价格就不是相关信息。

知识是指经过人为解读和经验充实的信息，是由信息转化而成的。比如，温度为 25℃时该穿什么衣服，是羽绒服还是衬衣短袖；此时的 25℃该穿什么衣服就涉及人的知识和经验了。

智慧是指以直觉和深邃的洞察力为前提产生的辨析判断、发明创造的能力。知识经过内化后就变成了智慧。比如，温度达到 25℃时，可能要考虑开始卖短袖了，商家需要提前做准备，这就是智慧。

数据、信息、知识和智慧是相互联系的（见图 1-2）。数据往往是单一的数据点，信息是一幅由多个数据点组成的画面，而知识和智慧往往是把信息融合后产生的更完整的全局性版图。在上例中，温度是单独的一个数据；信息是所有年份时间点的温度集；知识和智慧则将温度信息扩展到包括不同人群的购买行为、赠券使用量、顾客偏好以及总购买额，更多地体现场景和行业知识。

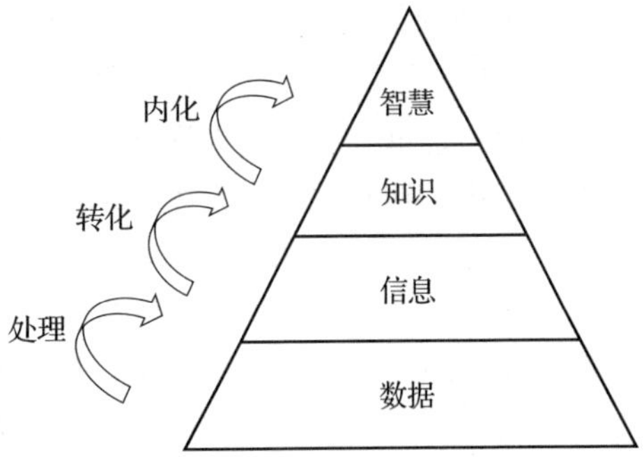

图 1-2　与信息相关的概念

1.2.2　信息质量

当信息对个人或群体的决策和行为有用时，才具有较高的质量。然而，在当今的信息时代，我们的身边都充斥着各种各样的信息，存在着典型的“信息过载”现象。其中的部分信息对我们而言是非常珍贵的，但还有很多信息可能与我们完全无关或者是不重要的，这些信息会干扰我们的正确决策和有效行为，给我们带来负面影响。为了更好地利用信息，我们需要甄别信息的质量，从而充分发挥信息的作用。通常，可通过信息可获得性、信息展示形式、信息有效性和信息经济性等几个维度来判定信息的质量。

（1）信息可获得性包括三方面内容。①能否在需要时及时获得信息。比如，你正准备在商场购买某新款商品，你可能需要马上了解当前商品的电商价格信息和维保信息。②能否及时获得你需要的时间段的信息。比如，你准备购买某企业的股票并长期持有，你需要掌握该企业当前的股票价格信息；同时，你可能还需要了解该企业过去一年的销售情况、利润情况、未来业务方向等其他相关信息。这些信息对你的购买决策也是有帮助的。③信息获取是否受到空间地理位置的约束。在理想状态下，个人所处的位置或信息的位置并不会影响信息的获取，如果因为不在特定位置就无法获得信息，那么信息就没有任何价值。新兴信息技术可以帮助我们提高信息质量，比如远程办公、移动通信、智能终端、虚拟专用网络等技术。在这些技术的支持下，我们在任何地方都能及时获取所需信息。

（2）信息展示形式主要是指信息是否以最适当的形式出现。信息具有不同的载体和形式，包括声音、文本、视频、图片等。在不同情景下往往需要不同形式的信息，比如，在医患在线健康社区中，医生发布的短视频可能更能够有效地说服患者遵照医嘱按时服药和治疗，而在指导小学生的坐姿正确时，图片可能是恰当的信息展示形式。在不同情况下，信息质量的高低取决于信息的展示形式和个人是否能够方便地使用它。信息只有以恰当的形式展示，并便于使用者阅读、理解和利用，才具有较高的质量。

（3）信息有效性主要包括两方面内容。①信息的可靠性。互联网上的信息质量参差不齐，既有政府权威部门发布的信息，也有个人根据自己经验发布的信息，还有部分别有用心的人故意发布的不实信息。因此，我们必须能够甄别信息的可靠性，判断信息是否来自可靠的信息源。除权威网站外的大部分网络信息都没有经过严格的质量控制或者核实，这些信息是可质疑的。我们不能随便轻信各种信息，必须对收集的信息有基本的判断力，并通过一定的手段检验信息的可靠性。②信息的准确性。信息是否准确对信息发挥作用至关重要。只有依托于准确的信息，管理者才能做出正确的判断，制定科学的决策，帮助组织实现快速增长。如果信息不准确，那么信息就可以看成是实物产品中的次品；信息的质量低，我们根本无法利用它，也不可能基于这样的信息进行科学决策，甚至可能会因为错误的信息给企业带来灭顶之灾。这就像信息系统中的无用输入 / 无用输出。如果管理者在决策时采用了错误的信息（无用输入），那很可能做出一个糟糕的决策（无用输出）。

（4）信息经济性主要是指在满足管理决策需求的前提下，应通过最经济的方法和手段来处理和利用信息。信息的收集、检索和统计分析等信息处理活动是组织中的关键性基础工作，也是一项工作量大、流程复杂、投资额大且需要持续投资的重要业务活动。同时，信息处理现代化对组织的生存和长远发展有重要影响，组织需要投入大量的人力、财力、物力来推动组织信息化建设，进而提高组织的科学化管理水平。但是，在推动信息化建设时，需要树立成本观念，尽可能以较少的人力、物力、财力取得信息处理的较好水平，使组织信息处理水平能够适应组织发展水平，并随着组织管理水平的提高和组织的发展不断完善信息化建设。此外，还需要提高信息的利用率以及管理者识别和利用信息的水平。对于同样的信息，不同的管理者往往会采取不同的利用方法，所得效果也可能不一样。有的管理者可能会漠然视之，有的管理者可能据此做出重要的决策。因此，组织需要创造信息利用的文化氛围，鼓励管理者利用好收集的各类信息，充分发挥信息在管理决策中的价值，以根据有限的信息总结事物发展变化的规律并预测未来，为组织带来最大程度的收益。

1.2.3　管理活动中的信息

信息是组织管理活动的重要组成部分，也是管理决策的关键基础，在组织日常运营和管理决策过程中发挥了不可替代的作用，深刻影响了组织的可持续发展。可以说，没有有效的信息管理，就没有高质量的组织管理。从组织维度来看，信息主要包括两方面的内涵，一是信息描述的内容，二是信息流动的方向。

信息描述的内容说明了组织中信息的内容情况，信息流动的方向说明了信息在组织中是如何传递和流动进而发挥作用的。

1. 信息描述的内容

从信息描述的内容来看，信息可能是组织内部信息或者是组织外部信息。这是根据组织边界对信息进行了分类。组织在信息化建设时需要考虑信息系统的功能覆盖范围，明确信息系统要收集和处理哪些组织内部信息和组织外部信息。两种信息的定义如下。

（1）组织内部信息：主要描述组织内业务活动的内容。例如，企业经营活动中的生产计划、销售情况等内容，学校日常教育教学活动中的课程安排、科研项目等内容，政府部门行政管理过程中的规章制度、会议记录等内容。

（2）组织外部信息：主要描述组织所处环境中的相关内容。组织外部信息是对组织外部情况的描述，例如，对某电视机生产厂商（如海尔）来说，其他电视机生产厂商的市场份额占比情况就是外部信息。

除了组织内部信息和组织外部信息外，我们往往还通过另一个维度来区分信息，即客观信息和主观信息。客观信息是指客观存在的信息，是对已知事物的描述，而主观信息则是管理者个人推断的信息，这些信息可能是对还未发生或者已经发生而管理者不知道的事情的推测。组织内部信息和组织外部信息既可以包括客观信息，也可以包括主观信息。假设一家银行正面临着确定自动驾驶汽车用户的贷款利率的决策，它将运用组织内部信息（顾客本行存款额度、顾客可能的消费意向）和组织外部信息（其他银行贷款利率、基准利率变化趋势）来进行决策。其中，顾客在本行存款额度和其他银行贷款利率是客观信息，而顾客可能的消费意向和基准利率变化趋势是主观信息；因为顾客在本行存款额度和其他银行贷款利率是客观存在的事实，所以被称为客观信息，而顾客可能的消费意向和基准利率变化趋势是业务员分别根据顾客过往消费历史和基准利率变化情况做出的判断，所以被称为主观信息。

2. 信息流动的方向

信息是组织中的重要资源，也是一种新形态的组织资产。信息是可组织、可管理、可利用、可流通的。参考上述组织信息的分类方式，可以根据组织边界从组织内部和组织外部两个维度来分析组织信息的流动。组织内部的信息流动可以根据组织的管理结构分为纵向流动和横向流动，其中纵向流动又分为向上流动和向下流动；涉及组织外部的信息流动则是跨边界流动（见图 1-3）。具体的信息流动方向如下。

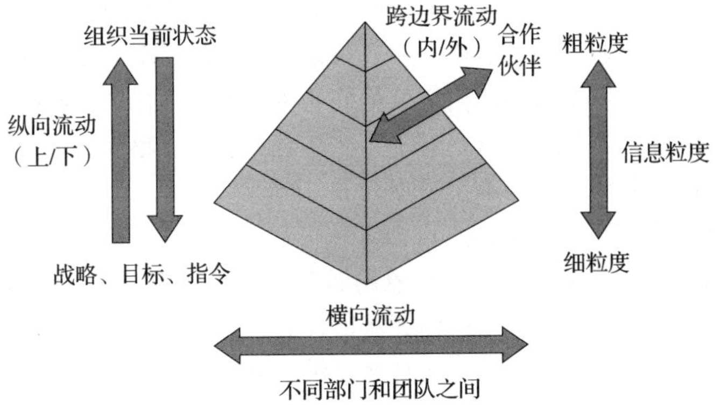

图 1-3　信息的流动

（1）纵向流动。传统的组织往往采用金字塔式的组织结构。越高的层级代表了越高层次的管理者，越低的层级代表了越接近工作一线的基础员工。越高的层级人数越少，越低的层级人数越多，所以形成了金字塔式的组织结构。虽然随着信息技术的发展，传统金字塔式结构正在向扁平式结构发展，但是这种纵向组织结构仍然广泛存在，组织中仍然存在多个管理层级，而信息的纵向流动正是指信息在多个管理层级中进行流动，可分为向上流动和向下流动。

向上流动指的是信息从低层级向高层级流动。流动的信息往往代表了组织日常业务处理的情况，是对组织当前基础状态的描述。例如，当企业完成了产品的生产后，生产车间的产品信息将从组织最底层通过各个不同的管理层级依次向上流动，企业高层可以通过信息的流动了解企业的生产情况。而要加快信息的流动并使高层管理者实时掌握组织的基本状况，就需要通过开发高效的信息系统来保证信息的实时、快速流动。

向下流动指的是信息从高层级向低层级流动。此时流动的信息往往代表了组织的高层战略和管理决策，是对组织一线具体工作的指导。一般而言，组织高层要制定组织发展战略，并对重大问题进行决策；组织中层根据组织发展战略制定运作战略，对战略实施进行具体安排；组织基层负责运作战略的具体实施，以落实组织发展战略，信息的向下流动能够将组织战略通知到各个层级的管理者，确保组织全体人员知悉组织战略和各项管理决策，从而确保组织发展战略得以贯彻落实。例如，当企业设定了年度销售目标后，可通过各种方式将该信息向下传递到各层级员工，确保研发、生产、物流、销售、售后服务等各个部门按照这个目标开展各项工作，确保年度销售目标得以实现。

在纵向流动过程中，信息的粒度将发生变化。信息粒度是指信息的详尽程度，即信息对业务细节的描述情况。信息在组织基层往往表现为细粒度，即对业务细节的描述比较清晰、具体，因为一线员工只有掌握了详细具体的信息才能开展工作。而在组织高层，信息表现为粗粒度，即信息以某种方式进行凝练，使信息变得更为概括、宽泛。比如，一线的销售人员需要知道每笔订单的客户、销售量、单价、总价和物流方式等具体信息，但是组织高层可能只需要知道年度销售额数据而不需要知道每笔订单的详细信息。因此，在信息的纵向流动中，信息粒度发生了变化，层级越高，粒度越粗；层级越低，粒度越细。

（2）横向流动。横向流动是指信息在组织内部的各职能业务部门和工作团队之间进行流动。信息横向流动的目的就是让各部门和团队能够更好地了解组织的整体情况，相互了解彼此相关的各部门的工作运营情况，使各部门和团队能够更好地完成其本职工作。比如，销售部门是企业负责销售产品的部门，该部门需要了解企业的研发和生产情况，从而能够更好地把最新的产品推荐给消费者，并能够根据生产进度和生产成本情况对消费者做出交货时间的承诺，并设定最有利于企业的销售价格。一般来说，组织的每个人需要知道与其工作相关的一切，并通过这些相关信息来帮助他们完成他们所负责的各项任务。同时，组织的横向信息也要注意对各种组织和个人信息保密。对于一些涉及组织核心秘密和个人隐私的信息，不能随意对其他部门和团队开放。如果确实需要开放，组织应该有一个严格的审批流程，以确保组织核心秘密和个人隐私不会被泄露。

（3）跨边界流动。跨边界流动是指信息跨越单一组织边界，在不同组织之间进行流动，包括与顾客、供应商、配送商、研发机构等其他各类合作伙伴的信息交流。随着经济全球化的发展，组织不再孤立地存在于市场，而是通过供应链管理、电子商务等与其他组织形成共同体，进而通过快速有效的协同来创造竞争优势。因此，跨边界流动已经成为组织发展的一个重要方面，是组织必须妥善处理的重要内容。跨边界流动又可进一步分为向外流动和向内流动。向外流动是指将组织信息传递给外部的合作伙伴，向内流动是指将合作伙伴的信息引入到组织内部中。不管是向外流动还是向内流动，其目的都是通过信息流动建立更好的协作关系，从而推动整个共同体的发展。跨边界流动的重点是明确信息流动的内容和权限。明确哪些信息可以流动到外部、其具体的流动方式和访问权限如何，哪些信息需要引入到组织内部中、供哪些人访问。

3. 管理决策中的信息流

现代管理的核心是决策。决策是一个过程，决策过程包括发现机会或问题、明确目标、探索方案、预测与评价以及抉择等阶段。信息的收集、加工、传输与利用贯穿着决策的各阶段工作。例如，在发现机会或问题、明确目标阶段，管理者需要掌握与决策有关的内、外环境信息；探索方案阶段是对收集来的信息进行选择、变换、分析、提炼、归纳，进而形成不同的可供选择的方案。只有充分收集信息和善于利用信息，管理者才能对各种方案进行分析、预测与评价和抉择。因此，整个管理决策过程离不开信息，决策的基础是信息，决策的形成过程也就是信息的收集、加工、分析和利用以及新信息的形成过程。此外，管理的职能可分为计划、组织、人事、指挥、协调、报告、预算七个方面。管理者或者管理机构在行使这些职能时，都离不开信息活动。因此，信息活动是管理决策活动的支柱。信息处理的能力和水平是管理者和管理机构的管理决策水平的重要标志之一。

在生产制造企业中，产品的生产和销售是最基本的活动。以机械制造业为例（见图 1-4），原材料采购→库房→毛坯加工→零件加工→装配→产品销售，反映了企业中“物”的变换和流动，由此形成的实体运动被称为物流。这是企业中的员工最关心且最显著的过程。物流过程体现了生产、采购、销售各个环节的相互联系，它是生产制造企业的核心过程。伴随着物流，生产制造企业中也存在资金流，最终客户要向生产制造企业支付采购产品的各项费用，生产制造企业要向供应商支付原材料和其他各种服务的费用。资金流是指生产制造企业中伴随各种业务活动产生的资金往来。资金流的方便快捷也是所有企业追求高效率、低成本的重要目标之一。此外，生产制造企业中还有大量的信息运动，如生产计划、供应计划、销售计划、作业计划、调度指令以及各种技术文件、消耗定额和标准以及各类统计报表等，这些信息都在有规律地运动。企业中信息的定向流动被称为信息流，信息流的运动表示了企业中各项管理活动的内容和节奏。

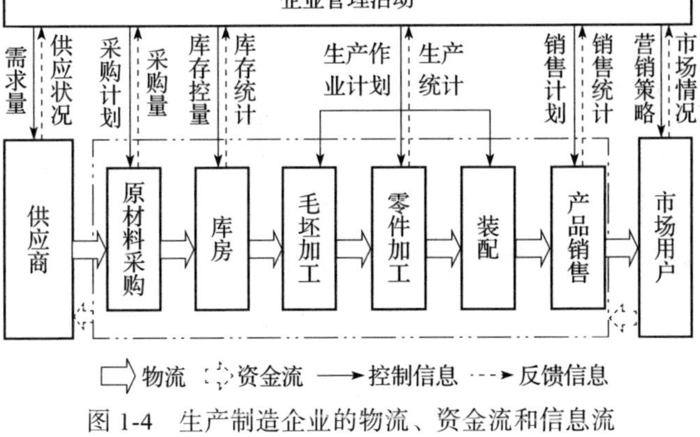

图 1-4　生产制造企业的物流、资金流和信息流

生产制造企业的物流、资金流和信息流如图 1-4 所示，企业中的物流和资金流一般是单向的，从原材料采购到产品销售再到市场用户，资金从市场用户到企业再到供应商，整个过程一般是不可逆的。而信息流是双向的，起着反映物流、驾驭物流，进而驱动资金流的作用。一般可以把企业中的信息分为控制信息和反馈信息两大类。控制信息是指对各项业务活动的调控。控制物流的信息输入到某个受控过程（即企业的某个业务活动）后，有关受控结果的信息（如各种统计数据）再返回到形成控制信息的环节，这一过程就是信息反馈。上述受控结果的信息，相对于控制信息来说，就是反馈信息，体现了业务活动的结果。受控过程不仅受管理信息的控制，而且受环境的影响，随着时间而变化，管理者必须及时了解各种计划、指标、定额、标准的执行情况，发现差异和问题，及时采取措施，以保证管理目标的实现，因此反馈信息是管理活动的重要依据。可以说，没有反馈信息，就没有真正的管理活动。

◎ 阅读材料 1-2

分类信息巨头 Craigslist 公司

Craigslist 是一家总部位于美国的在线广告平台。该公司由 Craig Newmark 于 1995 年创建，最初只是一个没有图片、纯文本的社区广告网站，而如今，Craigslist 已成为全球最大的在线分类广告平台之一。

Craigslist 的页面非常简单，完全基于分类进行各类信息的发布和浏览，没有任何的广告，网站虽然看上去很乏味，但却是美国人最喜欢的网站之一，在其他部分国家也同样具有重要影响力。Craigslist 网站提供了车辆、房子、工作、相机等几乎各种类型的信息，人们可以在这里销售二手车、租赁房子、购买各种二手商品、找工作等，甚至还有人在这里找女朋友。Craigslist 平台上所有信息的发布和浏览都是自由和免费的，没有任何形式的收费信息。网站的收入来自旧金山、纽约、洛杉矶、华盛顿等几个美国重要城市的招聘信息。同时，网站没有针对恶意信息的监控手段，而是依赖于客户的反馈，这就形成了一个良性循环，网站的反馈越及时，人们就越信任网站，也就会有越多的人自愿向网站汇报他们发现的虚假信息。

目前，Craigslist 的员工不到 40 人，大概一半人做技术，一半人做客户服务。网站业务主要包括分类广告、服务目录、论坛和社区等几个主要功能。最主要的是分类广告，包括房屋租赁、二手商品买卖、工作机会、个人服务、社交活动等。用户可以免费发布广告，并通过网站或移动应用程序浏览和搜索广告信息。在服务目录中，用户可以在这里查找各种商业服务，包括建筑、医疗、法律、旅行等。此外，Craigslist 还设有各种地方论坛和社区版块，让用户能够分享经验、寻求帮助、讨论话题等。

Craigslist 一直保持着强劲的发展势头。虽然该公司没有公开披露具体的财务数据，但根据调查和测算，Craigslist 每月的页面浏览量达 200 亿次，年收入接近 10 亿美元，是全球最受欢迎的网站之一。其原因主要在于公司的独有特点和优势。首先是免费发布广告，Craigslist 允许用户免费发布广告，无论是个人还是商家，都可以轻松地在网站上宣传和销售产品或服务。网站不仅提供商品买卖和工作机会等常见分类广告，还有社交活动、寻找室友、表白和寻求建议等非常多样化的广告类型，可满足用户的各种需求。其次是它的本地化服务，Craigslist 上的用户可以根据所在地区浏览、搜索并回应广告，这有助于提供更精准的信息和实现更高的交易成功率。另外，Craigslist 的网站和应用程序平台都设计得非常简单直观，用户可以轻松地浏览各类信息，并与发布者进行联系。Craigslist 也非常注重用户的隐私和安全问题，为用户提供了匿名方式的通信和交易，以保护用户个人信息。

当然，虽然 Craigslist 建立了基于用户反馈的虚假信息清除机制，但由于缺少对发布信息的有效监管和及时处理，Craigslist 上的信息也为各类犯罪活动提供了方便。2016 年发表在国际学术顶级期刊 *Management Science* 上的一篇文章研究了 Craigslist 进入佛罗里达州对该州艾滋病患者数量的影响。其研究结果表明，Craigslist 的进入显著影响了佛罗里达州艾滋病的感染人数，5 年增加了 1 149 人，经济成本高达 7.1 亿美元。这个研究也说明了对于网站信息发布进行监管是有必要的，平台应该通过必要手段来管理线上信息的发布和浏览。

综合来看，Craigslist 为买卖商品、寻找工作、租房等各种活动提供了便捷，受到广大用户的青睐，拥有广泛的用户基础，但其信息发布仍然需要进一步加强管理。

1.3　管理信息系统概述

1.3.1　管理信息系统的概念

如前所述，21 世纪以来，经济全球化与信息化的趋势加速，现代科学技术突飞猛进，市场竞争更加激烈，人类面临着巨大的社会经济变革。在这个复杂多变的时代，每个人、每个社会组织对信息资源的开发利用能力已成为其竞争力的主要标志之一。20 世纪 60 年代开始发展起来的基于现代信息技术的信息系统，作为现代社会组织的一个组成部分，是围绕计算机硬件、软件、数据通信装置、数据存储设备、规章制度和有关人员等方面展开的。随着信息与知识逐步成为创造社会财富的战略资源，信息系统在组织中的战略地位和作用空前提高。信息系统不单是用来支持组织的日常管理与作业的工具，在当今经济全球化与信息化的大变革时代，信息系统也是促进组织变革、进行制度创新与知识创新的战略举措。信息系统在各个领域都有着广泛的应用，计算机辅助设计系统、计算机辅助制造系统、智慧教育系统、医疗辅助决策系统、军用计算机指挥系统、电子商务平台、公用或专用的现代通信系统和信息服务系统等都是信息系统在不同领域、不同行业、不同组织中应用的典型。

管理信息系统是一类最具代表性的信息系统，其目的是实现组织的整体目标，对与组织活动有关的信息进行系统管理、综合管理，以支持组织的各级管理决策与相关的业务活动。管理信息系统有三个典型特点：一是系统由一组相互关联的部件构成，能够通过协作来实现对信息的有效处理；二是负责对信息进行收集、处理、存储和分发，使得合适的信息能够有效地传递给合适的人；三是要支持管理决策、协调和控制，促进组织目标能够在信息技术的支持下得以圆满完成。本质上看，管理信息系统就是对各种数据进行加工处理，从而形成有利于组织不同层级管理者使用的各种信息，帮助组织更好地实现战略发展目标。例如，管理信息系统能够采集企业每天的销售订单，并通过计算处理形成按月度、季度、年度等不同时间维度和按东部、西部、中部等不同区域维度的各种汇总信息，使管理者能够分析哪些区域和哪些时间维度的销售情况比较好、哪些产品在什么地方更受消费者青睐等，进而帮助管理者更好地分析不同时间、不同地区的销售情况，从而制定更有针对性的销售策略。

我们可以把管理信息系统看作一个由输入、处理和输出构成且涉及组织环境、组织、利益相关者、竞争者等相关实体的完整闭环（见图 1-5）。在图 1-5 中，管理信息系统由输入、处理和输出三部分组成。输入是指进入信息系统的各类数据，数据经过预处理、统计计算、可视化等各种处理后形成输出信息，为组织各层级管理者提供决策支持。管理者根据输出信息对下一步的组织行为进行决策，拟定好行动方案，并通过组织各层级逐一落实；新的行动方案会反馈形成新的数据并进入管理信息系统，成为系统的新输入，管理者可以再次获得经过处理后的决策信息，并产生新的行动方案。周而复始，便形成了一个闭环，并可据此调整组织行动策略，推动组织发展。与此同时，管理信息系统还需要跟外部环境打交道，包括供应商、客户、监管机构、股东等其他利益相关者和竞争者，以通过跨边界的信息流动来实现不同组织的协同发展。

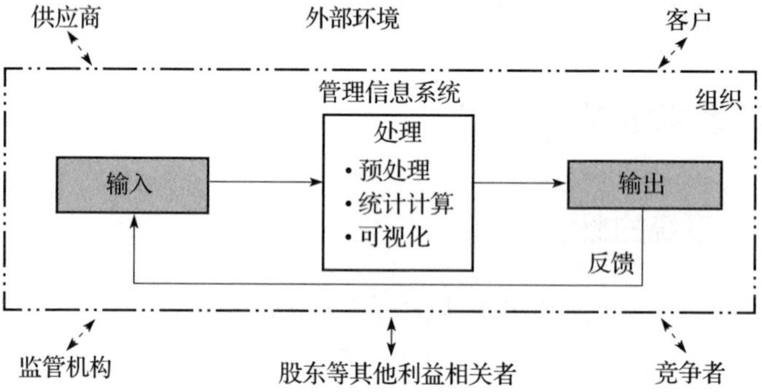

图 1-5 管理信息系统闭环

1.3.2 管理信息系统的发展过程

管理是现代信息技术应用的主要领域之一，初始应用开始于 20 世纪 50 年代初，并于近些年在各行各业、各个管理环节都得到了广泛普及。我国从 20 世纪 70 年代末开始在全国范围内推广计算机的管理应用，虽然起步较晚，但近些年的发展却较快，特别是互联网的迅速发展与广泛应用极大地促进了我国的计算机的管理应用。我国个人消费领域的计算机管理应用已经后来居上，成为全球范围内最有影响力的电子商务市场。这对于推动我国社会经济的改革与发展发挥了重要的作用，使我国数字经济进入了一个全新的阶段。

从信息处理功能和解决管理问题的内容来看，管理信息系统的发展大体经过了五个发展阶段：事务处理、系统管理、决策支持、综合集成和数智时代。这五个阶段既体现了信息技术在支持管理活动的内容与层次上由初级到高级的发展过程，又反映了管理思想、方法与手段在信息化条件下的改革与发展过程。

1. 事务处理

20 世纪 40 年代，人们发明电子计算机的目的是解决工程与科学的计算问题，因此，当计算机刚刚进入管理领域时，也是首先作为计算工具使用的。人们用它来进行工资、会计、统计等方面的计算工作，部分代替人们的手工劳动，其使用方式在相当长时间内是单用户或批处理方式。随着电子计算机的软件、硬件系统特别是外围设备和计算机网络与通信技术的发展，其信息处理能力不断提高，使用也逐步过渡到分时系统多用户终端方式。在管理信息处理中，除计算工作外，文书、档案处理和各种报表生成等业务也逐步计算机化。这种计算机辅助管理的工作被称为电子数据处理（Electronic Data Processing，EDP）或事务处理系统（Transaction Processing System，TPS）。在这一阶段中，由于管理业务在计算机上是按项目或者业务分别进行处理的，不同项目或者业务之间没有通过计算机建立联系，因此，又称单项信息处理阶段。

20 世纪以来，工业生产迅速增长，但增长的一线工人不多，而与管理有关的工作人员的数量和管理机构却急剧膨胀，管理信息处理任务日趋繁重。如英国 1919—1976 年的生产工人只增长了 2.5%，管理人员则增长了 150%。电子数据处理极大提高了管理人员处理日常事务的效率，也提高了管理信息处理的准确性和及时性，因而电子数据处理在西方国家曾得到很大的发展。

2. 系统管理

电子数据处理的主要目标是提高管理人员处理日常事物的效率，节省人力。但是，这种将各项管理信息一项一项分别进行处理的方式，远远不能满足企业管理决策的需要。现代生产制造企业中的产、供、销各项活动以及与此有关的人、财、物各种要素的运动不仅内容复杂、速度快、节奏快，而且各环节相互依赖、相互制约，形成统一的物质生产和分配系统，其中任何一个环节失控，都将使整个企业混乱。各项管理信息，如计划、控制、调度、统计信息及各种指标、定额、标准等，都是反映、指挥或控制产、供、销活动和人、财、物状况的。在信息处理中，即使不考虑企业管理信息的整体性和各类信息的协调一致性，也必然带来企业信息的混乱，给生产、经营活动造成严重后果。只有从企业的整体目标出发，对各项信息进行系统综合的处理，管理决策者才有可能准确、及时地掌握和有效地驾驭整个企业的生产经营活动。因此，在这一方面，电子数据处理无法满足现代企业管理的需要。20 世纪 60 年代中期发展起来的管理信息系统（Management Information System，MIS），就是为实现企业的整体目标，对组织信息进行系统的、综合的处理，辅助各级管理决策的计算机硬件、软件、通信设备、规章制度及有关人员的统一体。管理信息系统和电子数据处理都以计算机为主要手段处理信息，但管理信息系统强调信息处理的系统性、综合性，不但要求高效率地处理事务，而且更强调要有效支持各级管理决策。因此，管理信息系统强调及时地为制定和实施决策的各级人员提供准确、适用的信息。信息处理技术的应用和软件、硬件系统及信息处理人员的配置必须与企业管理系统的结构和企业目标相匹配。

20 世纪 70 年代以来，发达国家的企业管理中广泛使用计算机处理信息，各级管理部门乃至企业的最高层决策都利用管理信息系统提供的、经过加工的信息进行管理决策，从而更好地掌握和了解企业运行状况，并及时安排部署各项工作。在这一阶段，局域网、广域网和数据库技术得到了快速发展，微型计算机开始广泛应用，信息系统处理信息和辅助决策的能力得到了提高，许多大型信息系统克服了地域和国界的限制，实现了为世界各地的子公司或代表处服务的功能。可以说，管理信息系统的建立，为各级管理决策提供了信息支持，从根本上改善了管理人员的劳动条件和工作性质，是管理手段现代化的重要标志。

在管理信息系统得到快速发展的同时，计算机辅助设计（Computer Aided Design，CAD）、计算机辅助制造（Computer Aided Manufacturing，CAM）、计算机辅助检测（Computer Aided Testing，CAT）、计算机辅助教学（Computer Aided Education，CAE 或 Computer Aided Instruction，

CAI）等辅助相关工作的信息系统也相继发展起来。

3. 决策支持

管理信息系统实现了利用计算机对企业管理信息的系统、综合的处理，为各种管理决策及时提供了许多准确的、适用的信息。但是在实际的管理活动中，它仍然未像人们所期望的那样，在复杂、多变的企业环境中为管理决策提供强有力的支持。

管理决策的制定是一个过程，它包含发现问题或机会、明确目标、探索方案、预测与评价以及抉择等环节。前一发展阶段建立的管理信息系统，只能按照它在建立时所确定的结构、规则和程序来收集、存储和加工信息。对于那些具有明确的目标、确定的信息需求、规范的方案探索及选择规则与程序的决策——结构化决策来说，管理信息系统能够提供有效的支持。但是，企业中遇到的有些决策问题，如目标含糊，所追求的多个目标相互冲突、信息不全，无固定的规则和程序来进行方案的探索与选择，甚至在突变或紧急环境下需要决策者随机应变的目标，没有或来不及收集必要的信息，没有条件或来不及按常规或一定程序探索与选择方案，被称为非结构化决策。管理决策中有大量的问题介于结构化决策与非结构化决策之间，即决策过程中有的环节是结构化的，而有的不是，这类决策被称为半结构化决策。在开拓市场、产品销售、原材料采购、新产品开发、厂址选择、设备更新、技术改造、人事调动等问题上，常常遇到半结构化决策或者非结构化决策问题。对于这类决策，原有的管理信息系统只能被动地提供按固定模式收集的不完全的信息，不能给决策的各阶段以主动、有效的支持，而必须依靠决策者的知识、经验、偏好和魄力做出决定，决策者的素质对决策结果有着重要的影响。

人们从 20 世纪 70 年代开始就思考如何利用计算机支持半结构化决策与非结构化决策，并提出了决策支持系统（Decision Support System，DSS）的概念，其主要目标就是支持管理中的半结构化决策。

决策支持系统也是一种以计算机为主要手段的信息处理系统。一般来说，它具有以下特点。

（1）决策支持系统具有较强的人机交互功能，在辅助决策过程中经常与决策者进行交互，以便把收集到的信息、各种经济管理模型和方法与决策者的知识、经验、偏好和魄力充分结合起来，以协助决策过程各阶段的工作。

（2）决策支持系统的信息基础不但包括直接反映企业内、外部环境的数据，还包括与决策问题有关的知识、经验。各种经济管理模型和方法在决策支持系统中一般不以固定的模式工作，而是作为信息以数据形式存放于存储系统中，构成该系统信息资源的另一重要组成部分，供决策者灵活调用。

（3）决策支持系统面对管理决策问题，具有较强的处理能力。它能利用与决策有关的数据、模型、知识和经验（包括决策者本人的和收集其他专家的经验）来协助决策者明确目标，探索、分析和选择方案。它不代替决策者做出结论，而是对决策者提出的问题迅速做出反应，提供有关背景材料，协助决策者进行推理、求解。

20 世纪 80 年代以来，随着信息技术、系统科学，特别是人工智能、大系统理论、决策科学的发展，决策支持系统的研究进展很快，不少决策支持系统达到了实用阶段。但是，由于管理决策问题的复杂性，决策支持系统一般都是面向某类决策问题的，是专用的决策支持系统，例如，有的面向财务问题，有的面向经济分析，有的偏重于某种方法的应用。以上介绍的决策支持系统的主要特点，在实际应用中也各有侧重。因此，在实际的管理应用中，决策支持系统只有以某种形式“嵌入”已建立的管理信息系统中，才能对管理决策进行有效的支持。在企业管理领域出现的战略信息系统（Strategic Information System，SIS）和主管信息系统（Executive Information System，EIS），都是以支持决策为主要任务的信息系统。决策支持系统的研究与应用也促进管理信息系统功能的进一步发展。现代管理的核心是决策，因此，决策支持系统的发展使信息技术进入了管理活动的核心，能够更加灵活、有效地支持管理决策活动，而现代的信息系统一般也都增加了支持半结构化决策的功能。

4. 综合集成

在经济全球化、信息化和剧烈市场竞争的强烈冲击下，社会的经济运行模式和企业管理模式发生了根本性的变革。信息与知识已经成为创造社会财富的战略资源，信息系统在组织中的战略地位提高、作用增强，其规模、功能、体系结构与智能化程度也有了很大的发展。20 世纪 90 年代以来，现代信息技术及其应用有了新的发展，各类计算机尤其是微型计算机的处理能力和普及率迅速增长，计算机应用更加广泛地渗透到社会生活的各个领域中。特别是计算机网络和多媒体技术、互联网技术及其应用的突飞猛进，为现代信息技术的广泛和有效应用提供了新的、日臻完善的手段，各类社会组织进入了信息系统应用的全新阶段。

各类社会组织和个人均面临着复杂多变的环境。社会组织特别是企业为了求生存、谋发展，必须通过推进组织的信息化进行制度与知识的创新，不断调整组织的战略与管理模式，以适应复杂多变的市场环境。应用信息技术与现代管理的理念与方法进行组织变革与制度创新，实现对体现组织核心能力的业务流程的改革，成为信息系统建设与运用的重要使命。信息化大大推动了组织内外信息的传递与反馈，使得管理层次减少，实现组织扁平化、网络化与虚拟化成为可能，有力地促进了管理改革。组织中单独发挥作用的各类应用系统，如 CAD、CAM、CAT，以及生产、销售、财务、人力资源等信息系统，决策支持系统开始在统一规划与统一规范下实现综合集成，以支持组织的整体目标与战略，提高竞争能力。

与此同时，各级管理人员和职工成为组织应对复杂环境和激烈竞争的宝贵资源，并体现为组织核心能力与竞争力的主要载体。因此，组织的生存和发展需求对各级管理人员和职工的素质提出了更高的要求。为各级管理人员和职工创造良好的工作、学习与生活条件，提供周到的服务，有利于不断提高他们的素质，增强他们的积极性、主动性与创造精神，从而帮助组织在复杂多变、竞争激烈的环境中不断提高管理决策水平和竞争能力。因此，以人为本，利用现代信息技术为人们的智能活动（包括管理决策活动和各种知识工作）提供综合服务，加强组织之间、组织与个人之间以及个人与个人之间的信息交流与共享，促进社会以及各类组织与个人之间的协调、和谐与持续发展，成为信息系统发展的新方向。

综上所述，随着社会经济的迅速发展和科学技术的进步，以计算机与通信技术为基础的信息系统进入蓬勃发展的时期。全球信息高速公路（Information Super Highway）热潮的兴起和我国国民经济信息化“金字号”工程的启动，以及电子商务、电子政务和企业信息化的发展有力地推动了信息资源开发、利用的社会化和全球化（Globalization），管理信息系统的发展也因此进入了综合集成的新阶段。互联网技术在企业经营管理和个人发展方面得到了广泛应用，人们充分开发、利用互联网上的资源进行科学、文化、教育、经济、管理等各种活动，实现了综合信息服务的社会化和全球化，而基于Web的技术也大大扩展了组织收集和处理信息的能力，提高了管理信息系统所提供信息服务的深度与广度，给信息系统的体系结构和应用范围带来了深刻的变化。

5. 数智时代

21世纪初，信息技术和互联网的高速发展使得大规模数据的产生、存储和分析变成可能。同时，随着物联网、云计算、机器学习、深度学习和人工智能等技术的快速发展和应用，各种类型大数据的采集、处理和应用方式发生了革命性的变化，并将推动组织管理信息系统在数智时代这一全新阶段开始深度转型。

管理信息系统进入数智时代意味着信息系统将实现数字化和智能化的结合，成为一种基于先进科技和数据分析的智能化工具，能够帮助管理者更好地理解和应对组织所处的复杂商业环境。信息系统将通过传感器、物联网、智能终端等多种设备融合各种数据源，从组织内部和外部收集大量的数据，并利用人工智能和机器学习技术对数据进行深度分析和预测，为决策者提供准确、实时的决策支持。除了简化数据的收集和整理过程，信息系统还可以利用数据可视化技术将数据转化为图表、图形的交互式界面，通过直观的可视化技术帮助管理者更快速地探索和理解数据，并从中获得洞见和决策支持。数智时代的管理信息系统能够帮助管理者更好地识别市场机会和潜在风险，发现新的商机和创新思路，采用更智能和灵活的经营模式，优化供应链和运营流程，制定战略方向和管理策略，从而获得竞争优势。依赖于人工智能技术的高速发展和广泛应用，信息系统还将在不同领域、不同行业、不同岗位实现自动化和智能化，例如，自动化生产线、自动驾驶汽车、智能家居设备等。在这些不同的应用场景下，信息系统都将利用机器学习和自然语言处理等技术实现自主决策和智能操作。此外，数智时代的管理信息系统还将提供高度个性化和定制化的客户服务，通过对个人数据的深度分析了解个人的喜好、需求和行为，从而为客户推荐个性化的产品和服务。

大数据技术、云计算和人工智能技术将成为数智时代管理信息系统的重要技术基石。在综合集成的基础上，数智时代的大数据分析系统就像无所不知的智慧塔，凭借其庞大的数据存储能力、强大的运算能力和精准的高效算法深入挖掘数据的潜力，识别出隐藏在海量信息中的规律和趋势，为管理者提供准确的决策参考。同时，人工智能和机器学习将推动管理信息系统的智能化水平不断提升。人工智能技术可以模拟和实现人类的思维和行为，让机器能够自主地学习、推理并判断。信息系统将依托人工智能技术自动从数据中发现模式、作出决策以及执行任务，进而实现组织管理的智能化。此外，互联网技术和物联网技术的发展实现了万物互联互通，使得各种设备和物件能够连接起来进行交互和通信，使得人与人、人与物、物与物之间能够实现高效的互联互通，从而帮助我们收集和传输大量实时数据，实现智能化的监测、控制和预测。

数智时代下的管理信息系统将进一步提高组织的生产和服务效率，降低业务成本，拓展市场空间和提高组织收入，推动创新和增长。组织收集、开发、利用信息资源的广度、宽度和深度都得到了极大的拓展，并将充分利用信息系统进行智能化、数字化的管理决策，提高顾客个性化和定制化的服务质量，从而更好地服务客户，推动社会经济的协调发展。与此同时，数智时代也面临着数据隐私安全风险加剧、信息差距进一步扩大、劳动力结构发生变化等挑战，这要求我们需要积极应对这些挑战，加强数据保护和隐私安全，提升数字素养，培养适应数智时代发展的人才，推动数字资源共享和智慧治理。

在实际的管理应用中，上述五个阶段是相互联系、相互补充的，后一阶段的发展均以前一阶段为基础。实际上，在电子数据处理系统基础上发展起来的管理信息系统，已将各类电子数据处理系统和处理方法有机地融合在信息系统之中，成为其不可分割的一部分。正如前面所述，在管理应用中，决策支持系统不仅需要整个管理信息系统提供的信息，而且在许多情况下只有“嵌入”管理信息系统中才能对管理决策进行有效的支持。这样，决策支持系统在实际运用中，成为信息系统的一部分。综合集成阶段扩大了管理信息系统的作用范围，以及处理问题的深度与广度，能够更广泛地覆盖各类信息，推动信息处理的社会化和全球化。而数智时代则将管理信息系统的应用带入了一个全新的阶段，数字化、智能化已经成为基本特点，并将推动社会经济的深刻变革。本书讨论的信息系统包含了上述各发展阶段的特点（见表 1-3）。

表 1-3　信息系统发展的五个阶段

阶段	年代	目标	典型功能	核心技术	代表性系统
事务处理	20 世纪 50—70 年代初	提高文书、档案处理和报表生成等事务处理工作的效率	统计、计算、制表、文字处理	高级语言文件管理	电子数据处理系统
系统管理	20 世纪 60—80 年代末	提高管理信息处理的综合性、系统性、及时性、准确性	计划、综合统计、管理报告生成、计算机辅助设计、计算机辅助制造	数据库技术、数据通信与计算机网络	传统的管理信息系统，计算机辅助设计和计算机辅助制造等知识工作支持系统
决策支持	20 世纪 70—90 年代	为决策者在决策过程中的活动提供支持，以改善管理决策有效性	分析、优化、评价、预测	人机对话、模型管理、决策技术的应用	决策支持系统、主管信息系统、战略信息系统
综合集成	20 世纪 90 年代以来	实现信息的集成管理和综合服务，促进制度创新与业务流程改革，提高人员素质，创造良好的工作环境与和谐的社会环境	前 3 个阶段功能的综合集成，特别是对人们的智能活动（决策分析、研究、学习等）主动提供支持	Web 服务、多媒体信息处理技术、商业智能（BI）、企业应用集成（EAI）	电子政务、电子商务、协同商务、信息门户网站、企业资源计划、供应链管理、虚拟企业管理、协作与协调系统、远程医疗等
数智时代	21 世纪初	用大数据技术和人工智能等技术，实现更高效、更智能、更可持续的社会发展和经济增长，提高效率和生产力，促进创新和新业务模式的发展	预测、自动化、智能化、个性化、定制化、智能决策支持、安全和风险管理	人工智能、机器学习、物联网、云计算、数据可视化、区块链技术	商业智能系统、大数据分析系统、智慧城市系统、智能交通系统、智能家居系统

1.3.3　管理信息系统的重要组成部分

如前所述，管理信息系统是计算机硬件、软件、数据通信装置、数据存储设备、规章制度和有关人员的统一体，是为了实现组织的整体目标，对与组织活动有关的信息进行系统管理、综合管理，从而支持组织的各项业务活动和各级管理决策的所有工作。管理信息系统的运行涉及四种重要资源，即信息、信息技术、信息技术专家和管理制度。其中，信息是管理信息系统处理的对象，是组织的重要资源；信息技术是管理信息系统进行信息处理的工具，组织需要投入各种资源对信息进行建设；信息技术专家是管理信息系统中的重要组成部分，只有充分发挥他们的作用，才能确保管理信息系统高效运行并符合法律法规和道德标准；管理制度是管理信息系统正常运行的制度化保障措施。本小节将重点对信息技术、信息技术专家和管理制度进行介绍。

1. 信息

如前所述，信息是管理信息系统处理的对象，是组织的重要资产。作为管理信息系统涉及的重要资源之一，信息是管理信息系统正常运行的基础，其质量是管理信息系统关注的重要方面。首先，管理信息系统采集的信息必须是可靠准确的，能够代表组织的实际运行状态，从而帮助管理者了解组织内外部情况，并据此进行管理决策。其次，管理信息系统必须能够以合适的形式将各种信息展示给系统用户，包括图形、表格、声音、视频等各种形式，不同形式的信息往往也代表了不同粒度的信息，而这些不同粒度、不同形式的信息使系统用户能够从不同维度了解组织状态。再次，管理信息系统必须能够在用户需要的时候及时提供合适的信息，并且访问系统不受到空间、地域的约束，系统用户能够全天候进行信息访问。最后，要有经济成本观念，信息的采集、处理和分析过程要经济高效。

2. 信息技术

如前所述，信息技术是用于采集、处理、分析和挖掘各种形式的信息所采用的各种技术的总称，主要是指计算机技术。人们利用信息技术来采集、处理、分析和挖掘信息，并基于对信息的处理来满足组织的信息需求，支持组织的各项业务活动和管理决策任务。目前，信息技术已经得到了广泛应用，在个人生活、组织管理、社会活动等各个方面都发挥了重要作用，比如，人们通过智能手机能够及时了解股票价格、通过互联网建立跨组织的物流协作等。

信息技术一般分为硬件和软件两大类。硬件（Hardware）是指计算机的物理设备，软件（Software）是指用来完成某个特定任务的一系列指令。比如，台式计算机是硬件（包括主机、显示器、键盘、鼠标等），它包含一些软件，可以用来进行数据计算、阅读文档、查收邮件、观看视频等。计算机硬件又可分为控制器、计算器、存储设备、输入设备、输出设备、网络通信设备六个部分。其中，控制器对程序规定的控制信息进行解释，计算器对数据进行计算，控制器和计算器合并在一起又被称为中央处理器；存储设备是用于存储信息的设备（如硬盘）；输入设备是用于输入信息和指令的设备（如鼠标、键盘）；输出设备是用于输出信息及其处理结果的设备（如打印机、显示器）；网络通信设备则是用于与网络中的其他计算机进行信息传输的设备（如交换机）。软件主要分为系统软件和应用软件两大类。其中，系统软件负责处理计算机硬件的管理和协同任务，包括操作系统、打印机驱动程序等软件；应用软件则是帮助用户解决特定问题或完成特定任务的软件，比如，WPS 是帮助我们完成论文写作的软件，金山毒霸是帮助我们更好地管理计算机安全的软件。从组织角度看，组织使用的办公自动化软件、企业资源管理计划软件等都是应用软件。

3. 信息技术专家

在任何组织中，人都是最重要的资源，战略目标设定、业务任务完成、管理决策制定、生产质量控制、顾客服务等都需要人来完成。由于管理信息系统已经成为现代化组织中的重要组成部分，是组织正常运转不可或缺的部分，那么负责建设、管理、运营管理信息系统的信息技术专家就成了组织的重要角色。他们通过为组织提供稳定可靠的技术环境来确保组织能平稳运行，并可能因此为组织创造新的竞争力，使组织获得独有的市场竞争优势。因此，信息技术专家是管理信息系统中的重要资源。虽然信息技术使得信息的采集、处理、分析变得非常便捷，但应该采集什么信息、如何采集信息、信息该如何处理、以什么形式展现信息等问题都需要信息技术专家来确定。优秀的信息技术专家必须能够及时发现信息的价值和作用，并通过信息技术来实现信息的价值和作用。

首先，信息技术专家应该精通信息技术，即懂得如何运用信息技术以及何时运用信息技术。如何运用信息技术包括了解各种信息技术的优缺点，知道应该为组织购买什么样的信息技术，指导人们如何发挥各种信息技术的优势以支持组织的运行和管理，知道如何通过各种信息技术来实现组织内和组织间的协同。这就要求信息技术专家对市场上的各种信息技术深入了解，知道如何利用信息技术的优势来实现组织目标。同时，信息技术专家还应懂得何时运用信息技术，即能够在组织需要的时候利用合适的信息技术来支持组织发展。信息技术的发展和普及给人们带来了很多便利，组织也有很大的动力来利用信息技术解决组织存在的问题，但是何时利用信息技术解决问题、利用什么信息技术来解决什么问题并不简单，需要组织管理者和信息技术专家深入分析后才能确定。事实上，很多企业因为盲目投资于最新的信息技术而失败，进而给企业带来巨大风险。因此，信息技术专家除了精通技术外，还要能够结合组织实际分析应用技术的时机，在恰当的时间应用恰当的信息技术，以支持组织的可持续发展。

其次，信息技术专家还应该精通信息，即能够确定信息需求、获取需要的信息、理解信息的价值并据此采取适当的行动。信息技术专家应该能够明确组织的信息需求、了解组织需要哪些信息。这要求信息技术专家对组织的业务流程和日常运行有一定的了解，明白信息能够从哪些维度来帮助组织实现提升。信息技术专家也要知道如何去满足组织的信息需求，知道能够从哪些地方获得信息以及如何获得信息。有些信息可能来源于组织内部，有些信息可能来源于组织外部，有些信息可能需要基于原始信息进行再加工，有些信息可能需要由专门工作人员进行整理分析，信息技术专家必须能够清晰判断信息的获得渠道，从而更好地满足组织信息需求。同时，信息技术专家还需要能够理解信息的价值和作用。在信息被整理、分析后，信息技术专家必须能够理解信息的含义、了解信息潜藏的价值和作用，并进而基于信息采取必要的行动、发挥信息的作用，从而帮助组织获得竞争优势。

最后，信息技术专家还应该恪守职业道德规范，这也是每个人的社会责任。道德规范是指导人的行为、行动和选择的一系列准则和规范。道德规范与法律相似，但又不同于法律。法律明确规定了行为规范，如果违背法律将受到执法机构的制裁，但道德规范更加主观，每个人的判断可能会有一定的差异，并往往带有深深的文化烙印。因此，道德规范决策是比较复杂的，根据不同人的道德规范标准，某些场景下的决策或行动的结果可能是正确的，也可能是错误的。随着个人信息和数据安全保护法律法规的提出和完善，信息技术领域的道德规范标准也得到了进一步的完善。比如，在相关法律法规出台前，对客户数据的滥用现象没有惩罚的依据，而有关个人信息和数据安全保护等的法律出台后，一旦泄露和滥用客户数据就属于犯罪，将依法受到制裁，这极大地抑制了非法使用客户数据的现象。信息技术专家的行为必须既遵守法律法规又合乎道德规范，这是对社会负责。虽然由于人们可以更加方便快捷地获取、发送和使用信息，社会道德判断的复杂度也不断提升，但作为负有社会责任感和道德责任感的人，信息技术专家不仅要约束好自己的行为，还要提前做好各种预防工作，在遇到计算机攻击时保护好自己和组织，以使自己和组织免遭计算机犯罪的伤害，比如计算机病毒和木马、身份盗用、网络破坏等。

4. 管理制度

管理制度是组织管理的重要工具，它对组织的管理机制、管理原则、管理方法以及管理机构设置进行了规范。管理制度是组织实施管理行为的依据，是组织正常运转的保证。合理的管理制度可以简化管理过程，提高管理效率，保证管理目标的实现。管理信息系统要正常运行离不开管理制度的支撑和保障，特别是在组织刚开始推行管理信息系统的应用时，管理制度更是保证管理信息系统得以成功的关键要素之一。

与管理信息系统相关的管理制度涉及多个方面，包括组织机构设置、采购、运维管理等。管理信息系统的正常运行与组织机构设置密切相关，只有将管理信息系统的建设、开发、运营等工作落实到具体岗位，信息化建设才能成功。因此，组织需要通过制度化方式将信息化工作的责任机构确定，明确不同部门的信息化建设责任和考核评价方式，通过组织各部门的协同推动信息化建设。同时，信息化建设往往涉及信息技术的采购任务，组织需要明确信息技术的采购流程，明确招投标管理的责任人，制定供应商的评价标准规范，确保组织能够在合适的时间采购到合适的技术。管理信息系统上线后涉及长时间的运维管理，包括安全管理、数据备份、权限分配等，这些都需要有明确的管理制度进行规范，以确保信息系统能够高效平稳地运行。可以说，管理制度是保证管理信息系统得以成功建设和运行的重要因素，是规范管理信息系统建设和运维管理的重要手段。

◎ 阅读材料 1-3

信息技术专家的道德规范

2020 年 8 月，国内头部电商平台淘宝报警称自身数据资源受到了侵害，有不明人员绕过了网站的安全防护措施，通过订单评价接口，大批量获取用户的加密数据，每日甚至高达 500 万条；单项内容包含用户的昵称、评价内容及手机号码等隐私信息。然而淘宝不知道的是，这次数据泄露事件始于 2019 年 11 月，当平台注意到此次数据安全问题时，已经遭到了连续 8 个月的数据盗取，被盗用户数据总量高达 11.8 亿项。

警方经排查后锁定了河南省商丘市的逯某为本案嫌疑人。逯某在一家科技公司内担任程序员，于 2019 年年末自己开发了一款爬虫软件“淘评评”，用来获取淘宝用户的个人信息，并将爬取到的用户电话号码分批逐次发送给黎某，也就是逯某所在公司的创始人。警方逮捕黎某后发现，这家所谓的科技公司的主营业务是优惠券返利。他们先非法采集用户手机号等个人信息，再通过逯某四年前开发的“微信加人”软件，批量地通过手机号添加用户微信，将添加成功的这些用户拉进微信群，共计创建了 1 100 个微信群，每个群的人数控制在 90 ～ 200 人，然后利用机器人分享淘宝网上的优惠券来获得返利佣金；仅仅 8 个月的时间，公司非法所得金额就高达 34 万余元。经法院宣判，逯某与黎某最终被判处侵犯公民个人信息罪，分别获刑 3 年 3 个月和 3 年 6 个月。

在这次事件中，不法分子只是将数据用于自己公司私域流量的建立，并未倒卖或造成更加不良的影响，然而在国内乃至世界范围，众多隐私泄露现象频繁发生，造成的风险远不止于此。在我们学习掌握了信息技术后，必须遵守法律法规和道德规范，技术的应用也必须受到有效监管才行，只有制定有效的政策法规和监管措施，营造保护个人数据和隐私的文化氛围，才能更好地防止用户隐私数据的泄露。

1.3.4　管理信息系统的业务目标

管理信息系统已经成为组织管理现代化的重要手段和标志。一个卓越的组织不可能没有卓越的管理信息系统，通过管理信息系统更好地收集、整理、分析各类信息，进而帮助组织部署后续业务工作，使组织能够准确把握内外部环境变化，及时根据环境变化做出调整，不断提升组织竞争力和创新力，确保组织在市场竞争中立于不败之地。我们可以看到，各行各业的组织都建立了众多的管理信息系统，比如，生产制造企业的企业资源计划系统，各类学校的智慧教育系统，政府部门的电子政务系统，各类医疗机构的医疗信息系统。没有这些管理信息系统，组织可能难以正常运转，并陷入动荡混乱的局面。假如没有医疗信息系统，那么医院日常业务必然无法正常开展，病人将无法挂号就医、医生将无法开单检查；假设生产制造企业没有企业资源计划系统，那么企业的原材料采购将难以继续、日常生产将不得不停止。此外，如果组织确定了发展战略目标，那么这些战略目标的实现跟管理信息系统的支持密不可分。没有管理信息系统的支持，组织无法了解组织运行状态，也难以判断各项业务工作的实施方向和路径是否符合发展战略目标。可以说，各类管理信息系统的出现为组织的日常业务运转和组织战略的实现提供了重要支撑，是组织高效运行的重要组成部分。

作为组织中的重要组成部分，管理信息系统为组织的运行和发展提供了支撑。管理信息系统的投资、建设和运行必须能够实现组织的战略业务目标。从信息技术应用的视角来看，这些战略业务目标主要包括三个维度，即高效运营，决策支持，产品、服务和商业模式创新（见图 1-6）。

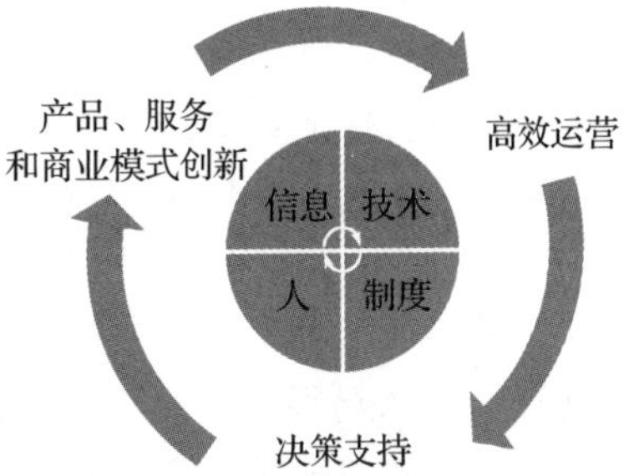

图 1-6　管理信息系统的战略业务目标

1. 高效运营

任何组织都希望通过改善运营效率来提高组织绩效，即以较低的成本获取更多的利润。可以说，高效运营是任何组织都在努力实现的目标。怎样实现高效运营呢？管理制度的制定和实施是一种推动高效运营的方法。通过建立行之有效的管理制度，组织流程可以更为流畅、运营可以更为高效。此外，信息技术可以有效提高数据的收集、处理和分析能力，而将数据、信息技术等集成在一起的管理信息系统能在提高数据处理能力的基础上显著提升组织运营效率，是改善组织运营效率、实现高效运营的重要手段；特别是在把管理信息系统的应用和组织业务流程变革、管理岗位和制度创新等融合在一起时，其效果更为突出。

通过管理信息系统实现高效运营的第一步是实现组织内部流程的高效运转，即通过信息技术的应用来优化组织业务活动的流程和效率，使组织能够更好、更快地完成既定业务工作，从而提升组织运营效率。我们身边的典型例子是自动停车系统。大约十年前，停车场均要通过手工计时、手工缴费来完成。如果停车场没有太大的车流量，手工处理整个计时和缴费流程是可行的。但是，一旦车流量变大，手工处理环节就变成了整个流程的瓶颈。信息技术的应用改变了这一现状，ETCP（无人收费智慧停车平台）、停简单等智能停车平台快速在各类停车场中得到普及，智能识别、智能定位、智能计时、智能缴费等功能成为停车场的基本配置。这些功能的实现和应用大大提升了停车场的管理能力和运营效率，提高了客户的舒适度和满意度，也推动了停车场业务的稳步增长。中国一汽的数字化变革也是一个通过信息技术提升内部流程效率、实现高效运营的成功案例，中国一汽正以新一代数字技术为基础推动数字化变革，通过全面数字化建设转型为集成产品、内容服务和数据的移动出行服务商。中国一汽打造了“一汽 EASY”“数字协同设计”“数字化工厂”等多个数字化平台。其中，“一汽 EASY”帮助员工实现协同办公，并支持在任何场所、任何地点、任何时间移动办公；“数字协同设计”等数字孪生技术则使中国一汽的研发变得更为高效，使研发周期缩短了 6 个月；“数字化工厂”以物联网技术为基础，实现了人 – 机 – 系统的互联互通和高度集成，提高了各生产部门之间的协同效率和工作质量，大大缩短了订单交付周期。这些行业领先的数字化平台大大提升了中国一汽的信息处理分析能力和管理决策能力，帮助中国一汽实现转型升级，更好、更快地满足客户需求，不断引领企业行业的发展。

通过管理信息系统实现高效运营的第二步是利用信息技术跨越组织边界，实现组织内外协同发展，从而改善组织运营效率。跨越组织边界进行协同发展意味着组织需要跟供应商和客户建立紧密联系，通过管理信息系统及时向供应商发布原材料需求，确保组织生产和日常业务不出现中断或者冗余，同时要通过管理信息系统保持与客户的密切联系，掌握和分析客户的潜在需求，切实为客户提供一流服务，确保客户成为组织的长期合作伙伴。在供应商方面，组织可以通过信息技术与供应商共享生产和库存信息，使得供应商能够及时供应生产所需的原材料，保证组织的生产销售不受到影响，进而降低组织的库存生产成本，提高组织运营效率。戴尔公司在供应商协作方面的做法值得众多生产制造企业学习。作为诞生于 20 世纪 80 年代的世界知名计算机公司，戴尔以计算机的直销模式而闻名于世，而其直销模式的成功正是得益于跨组织协作。戴尔在全球范围内建有多个生产工厂，每个戴尔生产工厂的周围往往都会布局很多计算机配件供应商。戴尔会与供应商建立跨组织信息系统，将配件库存、生产计划和进度等信息实时分享给供应商，这样的话供应商就可以根据戴尔生产车间的生产进度和库存情况及时将配件运送到戴尔生产工厂。这种跨组织协作系统确保了戴尔生产线的不间断运行，使戴尔能够在接收到订单后以最短的时间把产品交付给最终客户。在客户方面，组织通过信息技术能够更好地掌握客户的个性化需求，及时了解客户的需求变化情况并提供高品质服务，进而提升客户满意度。许多高端酒店都会对客户的消费习惯进行记录和分析。它们会把客户的消费历史、房间偏好、建议意见等保存在管理信息系统中，比如，客户喜欢什么样的枕头、房间的朝向、灯光的色调等；当客户再次预订房间时，酒店就能够自动按照客户的偏好习惯为客户配置最合适的房间，这就是定制化服务。此外，通过对客户消费历史数据的深度挖掘，酒店还能够分析出客户的消费意向和消费偏好，甚至挖掘出客户的其他相关产品的消费意向，并可以据此针对客户提供个性化的营销，从而更好地满足客户需求、推动销售业绩的增长。可以说，信息技术可以帮助酒店更好地管理和满足客户需求、提升客户的满意度，从而与客户建立长期的关系。

综上所述，通过管理信息系统可以帮助组织进一步优化组织业务流程，提高运营效率。同时，管理信息系统还可以帮助组织建立与供应商和客户的无缝连接、打通整条供应链，从而提高组织的运营效率、推动组织业绩提升。

2. 决策支持

如前所述，现代管理的核心是决策。管理信息系统的重要目标和作用之一就是帮助管理者更好地进行决策，制定组织的发展战略和实施步骤，提升组织竞争力。决策首先要了解组织内外部环境情况，即采集并组织各种信息，因为管理者只有了解了组织内外部的情况，才能进行有效决策，而管理信息系统可以帮助管理者更全面地收集组织内外部信息，便于管理者掌握全局信息，从而更好地做出局势判断和管理决策。决策还需要对收集的信息进行分析处理并形成下一步的行动计划，而管理信息系统能够按照管理者的要求对所收集的组织内外部信息进行有效的处理，形成综合性、集成性信息，并能够根据决策模型提供下一步行动方案的建议。这些都将有助于管理者更好地把握组织形势，制定后续行动方案。可以说，管理信息系统的出现大大提高了管理者的决策能力，使管理者能够更准确地把握信息、更全面地分析信息、更有效地做出决策。

作为新技术应用的代表，便利蜂一直以数据驱动广为人知。自 2016 年成立以来，便利蜂就非常重视数字化建设，提倡以数字化颠覆传统运营模式。因为店面位置的选择对便利店的经营情况和收入盈利有重要影响。便利蜂一开始就基于信息技术来确定门店的选址和建设。一个门店的建设需要投入大量的资金，门店投入使用后，还必须确保有足够的客源，否则门店建设的前期投入和后续运营都会面临亏本的风险。同时，由于空间有限，门店的商品备货和摆放位置也非常重要，既要让商品能够销售出去，又不能出现脱销的情况。因此，便利蜂使用了信息技术来支持门店地址选择和运营，即根据候选门店附近的房价、租金、周边店铺情况来分析潜在的客户流量和消费量，建立门店画像，并在后续运营中不断完善和优化门店画像，从而确定门店地址。此外，便利蜂基于大数据技术对门店商品结构进行测算，挖掘消费者的商品偏好、购物习惯，从而预测门店的消费结构，进行最佳的商品搭配，指导门店备货和运营。基于算法和数据的决策颠覆了传统便利店的运营模式，便利蜂借此迅速在全国范围内建设了超过 2 000 家门店，获得了广大消费者的青睐，成为数字化技术驱动下零售行业升级改造的典型成功代表。

3. 产品、服务和商业模式创新

管理信息系统的另一个重要目标是实现产品、服务和商业模式创新。也就是说，通过运用信息技术可以帮助企业在原产品和服务的基础上进入新市场，形成新的产品或服务，或者创造新的商业模式。事实上，信息技术也是企业创造新产品、提供新服务和打造新商业模式的重要驱动力。信息技术可以改造企业现有的产品和服务，在原产品和服务的基础上增加新内容、形成新的产品和服务。企业也可以充分发挥现有资源优势，利用信息技术创造全新的产品和服务，从而为开辟或进入新市场进行竞争。此外，企业可以基于信息技术形成新的商业模式，也就是通过新的方式来把产品和服务销售给客户并创造财富。

产品和服务创新是指企业利用信息技术改造现有产品或者开发出全新产品和服务，从而推动企业产品和服务的转型升级，进而开辟并引领新的竞争市场，以创造更高的市场价值。亚马逊是创建于 20 世纪 90 年代的电子商务平台，目前也是美国最大的电子商务平台。2022

年，亚马逊营业收入超过 5 000 亿美元，总市值更是高达 1.37 万亿美元。建立之初的亚马逊是一个网络书店，主要在平台上为人们提供各种各样的图书，但在看到电子商务的发展势头后，亚马逊逐步由单一的图书销售转向各种产品的销售，目前在亚马逊平台销售的产品已经覆盖了图书、百货、汽车等品类；可以说，我们几乎可以在亚马逊买到任何东西。在这个转型过程中，亚马逊还推出了一款独特的产品 Kindle。Kindle 是为了配合电子图书销售开发的一款产品，是为了便于用户购买和阅读电子图书的电子阅读器。通过 Kindle，用户可以直接购买、下载和阅读电子图书、报纸、杂志及其他各种在线媒体资料。Kindle 是亚马逊在原有的图书销售的基础上新开发的产品，可以配合电子图书的销售，也便于用户购买和阅读电子图书。Kindle 一经推出就得到了广大读者的热捧，其便捷性、轻巧性、高清晰度得到读者的广泛认可。许多读者通过 Kindle 来购买和阅读电子图书，有助于亚马逊更好地销售图书。

商业模式创新是指企业重塑了产品和服务的运营模式，通过新的商业模式来销售产品和服务，创造更高的商业价值。产品和服务创新的同时往往会伴随着商业模式创新，因为在创新产品和服务后，原有的商业模式往往不再适用，企业需要创新商业模式以适应新产品和服务的要求。网约车平台滴滴是商业模式创新和产品与服务创新相融合的典型例子。传统的出租车只能通过在道路上空跑来找到潜在的客户，而客户只能在道路上等待以找到空闲的出租车，两者之间难以有效对接，但滴滴实现了服务提供方和服务接收方的有效对接。滴滴创造了一种新的服务，通过信息技术平台帮助司机找到客户，也帮助客户找到司机，从而撮合交易，并在此基础上衍生了顺风车、代驾等各种服务。在商业模式上，滴滴创新了平台交易模式和盈利模式，能够高效匹配不同司机和客户之间的需求，并通过收取撮合交易的佣金、广告等费用来实现盈利。当然，在实现产品、服务和商业模式创新的同时，网约车平台也给许多不善于使用信息技术的老年人等弱势群体带来了麻烦，目前这一现象已经得到了滴滴等网约车平台的重视，并在平台操作界面、交易规则等方面进行了优化。因此，产品、服务和商业模式创新也要考虑技术使用的公平性问题，企业也应该肩负相应的社会责任，通过产品、服务和商业模式创新来更好地提升社会福利。

◎ 阅读材料 1-4

三一重工数字化支撑业务发展

2022 年，全球瞩目的工程机械行业盛会——德国宝马展在慕尼黑举行。跻身世界企业 500 强的三一重工携自主生产的挖掘机、压路机、桩机等 20 多台产品亮相，是最大的中国参展商。与此同时，国内三一重工北京桩机工厂中，一条条先进的智能生产线井然有序地排布，一只只动作精密的机械臂上下翻舞，一台台“唯命是从”的运输车来回穿梭。这座重工行业全球首家获认证的“灯塔工厂”，生动展现着三一重工的数字化转型成果，而这离不开由三一集团投资的树根互联公司开发的根云平台。

以往企业进行信息化变革依靠的是 ERP、MES、CRM 等标准化的管理系统，而在数字化转型的过程中，企业的设备、业务、痛点等各有不同。根云平台则融合了 5G、AR（增强现实）、AI、IIoT（工业物联网）等第四次工业革命的前沿技术，针对三一重工实行高度个性化的定制方案，实现了更高效的设备生产和企业运营。工厂在接收订单后，通过平台的控制中心系统，能够将订单数据分解并合理快速地分配到各条柔性生产线中，包括各个工作岛、设备以及工人。在生产过程中，平台通过参数化工匠的技巧经验实现智能化柔性焊接，通过视觉传感技术与 AI 算法解决重型装备的装配难题，通过高度准时且低时延的 5G 无线工业网络推动重载物流运输的高效和自动化，通过数据点实时采集全厂设备数据进行 AI 建模、动态分析并优化关键设备参数。平台能够通过收集到的数据构建用户乃至机器画像，将用户的画像数据、机器的运作数据、客户的操作数据有机结合，并通过数据分析指引企业决策、提升终端客户体验。工厂至企业各部门都能够通过平台进行数据的收集整理和归纳分析，促进企业内部的信息共享及信息透明，也减少了数据重复无效的情况。工厂还借助根云平台建设新型企业管理体系，在厂区安装数百个摄像头，全时段自动化监察并抓拍厂区出现的突发情况并上传至根云平台，自动向管理人员和班组长发送消息提示。此外，平台中的客户云还提供了面向用户设备的多种功能，如工况分析、设备数据共享、范围导航等，实时监测着销往世界各地的海量设备，为客户提供一种全新的设备监管服务，帮助客户更好地掌握设备情况。

依托根云平台的管控精细化、决策智能化、应用场景化，三一重工实现了产品全生命周期业务活动数字化，客户云的数据交互也使工厂能够满足客户个性化、小规模的订单需求。多个智能应用软件对工厂设备进行多方面监控，优化了设备排产，显著降低了能耗成本。三一重工长沙 18 号工厂于 2018 年 3 月启动数字化转型，并于 2022 年 10 月入选“灯塔工厂”。在成功实现数字化转型后，工厂整体自动化率提升了 76%，可生产机型多达 263 种，人均产值达到了 1 471.13 万元，每平方米效益为 15.4 万元。三一重工依托根云平台这一数字化转型基座，搭建出了两座全球重工行业瞩目的“灯塔工厂”，已成为全球工程机械行业智能制造的“灯塔企业”，未来还将指引产业链上下游的中小企业探索实现数字化转型，乃至为中国智能制造产业赋能。

1.3.5　管理信息系统的影响

1. 管理信息系统对行业的影响

企业战略决定了其技术决策。当企业决定采用某一个技术时，该技术应该能够帮助企业形成竞争优势，进而帮助企业在市场竞争中获胜。竞争优势是指与竞争对手相比，企业能够以一种为客户创造更高价值的方式提供产品或服务。迈克尔・波特的五力模型是衡量一个行业相对吸引力和竞争压力的工具。它能够帮助企业评估技术及其所能形成的竞争优势。五力模型主要包括购买者议价能力、供应商议价能力、替代品的威胁、新进入者的威胁和现有竞争者之间的竞争五个方面，我们可以分析信息技术给这五个方面带来的影响。

（1）购买者议价能力。购买者议价能力是指购买者通过压价或者提高产品和服务质量要求来影响行业企业盈利水平的能力。当购买者可选择的购买渠道很多时，购买者议价能力较强，反之则较弱。在买方市场中，购买者议价能力强意味着购买者有更大的话语权，而企业的话语权相对较弱。在任何行业中，产品和服务的提供者都希望能削弱购买者议价能力，从而保证他们的盈利水平。企业可以通过多种手段构建独有的竞争优势，从而吸引客户从它们那购买产品或服务而不是从其竞争对手那里购买。

信息技术能够在一定程度上帮助企业建立竞争优势，从而降低购买者议价能力，吸引客户。信息技术能够实现产品、服务和商业模式创新。当通过信息技术进行创新时，企业往往能够建立全新的竞争优势（也就是先行者优势），即成为第一个在市场中具有该竞争优势的企业，这对于赢得市场份额十分重要。比如，网飞（Netflix）公司是第一个基于互联网提供影片租赁服务的公司，这种新的商业模式改变了企业和客户之间的关系，为客户提供前所未有的、更为方便的影片租赁服务，且该业务仅有网飞这一家公司提供，这极大地降低了购买者议价能力。另一种常见的方式是基于信息技术的客户忠诚计划，即以客户消费量为基础为客户提供优惠的计划。客户忠诚计划往往会使客户更愿意采购和使用企业的产品和服务，比如，中国国际航空公司（以下简称“国航”）推出了里程积分计划，只要乘坐国航的航班就可以累计积分以享受免费乘坐航班、舱位升级、免费住宿以及换购商品等优惠；携程网能够保存其经手过的所有客户的信息，这样可便于客户下次订购机票或预订酒店，同时携程网也建立了各种奖励计划，鼓励客户持续在该网站消费。但是，不管是先行者优势还是忠诚计划都存在可复制的问题，这些方式很容易被其他竞争对手模仿和学习，从而丧失通过先行者优势和忠诚计划形成的竞争优势。这也说明通过信息技术创造的竞争优势只是暂时的优势，组织必须不断创新从而获得新的竞争优势。

（2）供应商议价能力。供应商议价能力是指供应商影响行业企业盈利水平的能力。当购买者可选择的购买渠道很少时，供应商议价能力较强，反之则较弱。供应商议价能力和购买者议价能力是相反的。在买方市场中，供应商议价能力强意味着供应商有更大的话语权，而购买者的话语权相对较弱。在供应链中，企业可能既是供应商（对客户而言），又是客户（对其他供应商而言）。作为其他供应商的客户，企业希望能够增强自己的购买者议价能力，而削弱其他供应商的供应商议价能力。而作为其他企业的供应商，企业又希望增强自己的供应商议价能力，削弱其他企业的购买者议价能力。因此，企业需要利用信息技术来增强自己的供应商议价能力，而削弱其他供应商的供应商议价能力。

利用信息技术提高企业供应商议价能力的一个方式是建立与客户的紧密联系，使客户对企业形成依赖，从而使企业有更大的话语权。从另一个角度来看，这种方式相当于通过降低客户的购买者议价能力来提高企业的供应商议价能力，使企业能够更好地服务于客户。除了使用信息技术手段，企业还可以通过使用专利、商标、建立供应商联盟等方式来提高自己的供应商议价能力。同时，也可以利用信息技术来降低其他供应商的供应商议价能力，从而更好地获得企业生产所需的原材料。一种常见的方式是利用B2B电子商务行业的市场来筛选供应商，比如阿里巴巴、慧聪网。B2B电子市场能够汇聚大量的原材料供应商，各个供应商在平台上进行报价、招投标，平台中的海量供应商提供的透明价格将极大地削弱供应商议价能力，使企业能够在交易中获得更大的话语权，从而提高企业盈利水平。另一种常见的方式是团购，即通过积累大量订单来降低供应商议价能力。团购常常被用于个人用户（比如美团网），帮助个人用户获得折扣和优惠。同样，企业也可以应用团购方式来获得供应商折扣，通过多家企业的结盟来实现对供应商产品的联合采购，从而降低供应商的销售价格和企业的生产成本，提高企业的盈利水平。

（3）替代品的威胁。替代品的威胁是指其他类似产品或服务替代本企业产品或服务的可能性。如果产品或服务有许多其他可替代的产品或服务，替代品的威胁较大，反之则较小。在理想状态下，如果市场上不存在或只存在少量企业产品或服务的替代品，企业会很乐意进入这个行业，并成为这一产品或服务的供应商。反之，如果市场上存在很多企业产品或服务的替代品，企业必然不愿意进入这一竞争激烈的市场。

降低替代品的威胁的一种常用方式是提高产品和服务的转换成本，因为转换成本的提高将有助于形成企业的竞争优势，使其他竞争者难以替代企业的产品和服务。转换成本是指消费者转换为使用另一种产品或服务时需要支付的成本，包括经济成本、时间成本等。信息技术是提高产品和服务的转换成本的重要举措之一。例如，当你在京东购买产品时，京东会记录你的搜索记录、购物记录等数据，并通过这些记录分析你的购物偏好，建立个性化的推荐方法和策略。当你再次登录京东购物时，京东会根据你的历史数据和分析结果向你推荐一些产品，这些产品可能会包含你潜在的购物需求，同时也会自动形成包含快递地址、收取时间等个性化信息的物流配送单。这些基于信息技术自动完成的操作大大方便了你的购物过程，提高了你的购物体验。但如果你选择另一个电商平台购物，你可能需要多轮消费后才能形成这些数据；之后当网站向你提供这些自动化的个性化服务时就产生了转换成本。因此，京东网站通过为你推荐个性化商品、自动形成物流配送单等操作，增加了你转向其他在线电商平台的转换成本，从而减少了替代品的威胁。

（4）新进入者的威胁。新进入者的威胁是指由于其他企业进入同一行业给行业现有企业带来的盈利水平的变化。如果新竞争者很容易进入市场，则新进入者的威胁较大，而当市场的进入壁垒很高、新竞争者难以进入市场时，新进入者的威胁较小。进入壁垒是指企业进入一个新市场所必须承担的一种额外成本，例如，客户期望企业的产品或服务所应具有的某种特性。一家新进入市场的企业必须要迈过进入壁垒才能在市场中竞争和生存，否则就无法得到客户的认可并进入市场。壁垒的出现和消失是一个不断往复的过程，先行进入市场的企业会建立壁垒，但随着技术的进步和推广，壁垒会消失，然后企业又会应用技术建立新的壁垒，这就是建立竞争优势的循环过程。当企业获得先行者优势建立壁垒时，竞争者往往会通过创新学习迈过壁垒，从而导致这种竞争优势消失。

信息技术可以帮助企业建立进入壁垒，避免其他企业大量涌入，以降低新进入者的威胁。银行业的发展是一个典型例子。最初的银行仅能通过柜台提供金融业务，服务时间、形式非常有限，客户体验并不好。而自动取款机（ATM）的出现改变了这一情况。通过 ATM，客户可以很方便地存取款，不受工作时间的限制，此时 ATM 就建立了一个进入壁垒。如果没有 ATM，恐怕银行很难有客户，毕竟只能在工作时间存取款对许多人来说都很不方便。ATM 的普及很快就打破了这个进入壁垒。而电话银行系统的应用进一步提高了客户的便利度和体验感，使客户能够更方便地处理银行业务。随着技术的发展，银行内部管理系统的协同性使用户体验更好，表现在传统的存折逐渐成为负担，“一卡通”成为新时代的典型。银行如果不能提供方便的银行卡功能将必然被客户抛弃。而随着银行卡的广泛普及和移动技术的发展，手机银行又成为银行的亮点业务，客户可以通过手机处理所有的银行业务。可以看到，从最初的 ATM 到后来发展的电话银行、银行卡、手机银行，银行业建立了一个又一个进入壁垒，但每个壁垒很快又随着信息技术的广泛普及而消失。

（5）现有竞争者之间的竞争。现有竞争者之间的竞争是指行业中现有企业之间的竞争激烈程度。当行业市场中的竞争很激烈时，现有竞争者之间的竞争较强，反之则较弱。随着行业细分程度的不断提高和技术的快速发展，几乎所有行业的竞争都日渐加剧，行业竞争的白热化程度不断提高，但不同行业的竞争程度存在一定的差异，某些行业的竞争度比其他行业可能更高，比如，零售业、信息技术行业都存在较为激烈的竞争。

信息技术可以在一定程度上帮助企业降低现有竞争者之间的竞争。超市之间往往存在较为激烈的竞争，而且其竞争的重心往往会落到价格竞争上。这一点也是显而易见的，因为销售同样品质的商品，当然是价格越低越具有吸引力。因此，许多超市的运营策略都聚焦于降低运营成本，而信息技术可以帮助超市降低成本。超市往往会与供应商建立紧密的跨组织协作信息系统，通过信息系统实现高效的信息交流，从而降低采购和物流的成本，以便为客户提供低价高质的商品。此外，超市还可以通过信息技术来发现客户的个性化需求，完善货架配置方案，为客户推荐个性化产品，从而激发客户的消费需求，提高超市的销售能力。因此，通过建立供应链系统来降低成本，以及通过建立个性化系统来提高营收额，超市降低了与现有竞争者之间的竞争，从而在市场中占据一席之地。

2. 管理信息系统对企业竞争战略的影响

企业战略是指企业根据宏观环境变化和自身资源实力选择进入相关经营领域，提供相应的产品和服务，并通过形成核心竞争力以占据市场。企业战略是多种战略的总称，包括竞争战略、营销战略、人才战略、信息化战略等。迈克尔·波特提出了三种竞争战略（见图 1-7），即成本领先战略、产品差异化战略和集中化战略。它们能够帮助企业在行业中保持竞争力。接下来重点讨论信息技术对这三种竞争战略的影响。

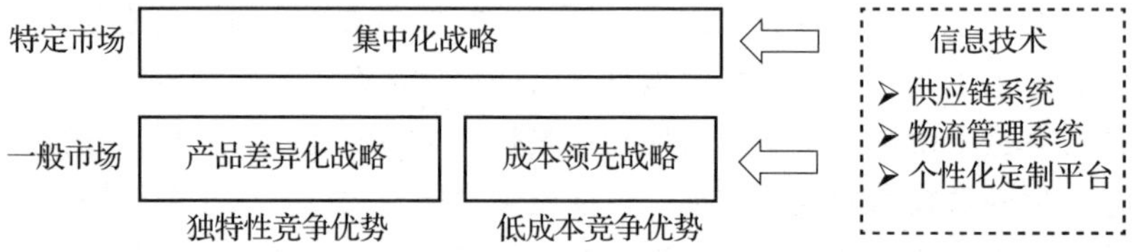

图 1-7　三种竞争战略及信息技术

（1）成本领先战略。成本领先战略是指以低于其他竞争者的价格来提供同等质量甚至质量更好的产品或服务。成本领先战略的初衷就是使企业成本低于行业竞争者的成本，通过降低成本来维持竞争优势，从而获得高于行业平均水平的利润。成本领先战略往往适用于产品需求量大、产品差异化不大的行业，因为这些行业的产品往往都是标准化产品，企业基本不需要进行个性化定制，只要产品价格低，顾客就愿意购买。利用成本领先战略获得竞争优势的企业不胜枚举，比如，提出“天天低价”和“每天低价”的沃尔玛。

信息技术可以帮助企业实施成本领先战略，助力企业降低经营成本，提高企业的市场竞争力。正是因为使用供应链系统来加强与供应商的紧密衔接，沃尔玛才尽可能地压缩产品采购、配送、仓储等每一个环节的成本；无论是食品还是汽车电池，沃尔玛都能够提供低于竞争对手的价格。作为国内提供各种生活用品的知名连锁店，名创优品在全球范围内有超过 5 000 家门店，与沃尔玛类似，它也一直倡导低成本运营策略，通过信息技术的支持实现多渠道降低成本，提高产品的利润率。名创优品通过建立智能化物流系统对分布在全国的七个物流仓储中心进行统一管理，实现产品库存管理、物流管理等功能，并与海外的仓储中心实现内外互动，极大地降低了物流仓储成本、提高了货物流通速度。同时，名创优品充分发挥互联网的优势，推动线上线下共同经营，建立了供应商接单系统、店面下单系统、结算系统等多个信息系统，实现产品需求调研、研发制造与生产等功能；通过发展网络化经营实现订单的高效处理与产品供应链效率的稳定保障，降低产品生产成本。

可以看出，信息技术是实施成本领先战略的重要工具和手段，基于先进信息技术的供应链管理系统、物流管理系统和电子商务系统等都是推动企业降低成本的典型例子。管理信息系统帮助企业更快速地获取和分析供应商和顾客的信息，帮助供应商及时为企业补货、供货，更高效地管理原材料和产品的物流配送和监管，并更好地预测顾客的购买行为，进而根据顾客的购买需求进行产品研发、上市、摆放，从而提高顾客的满意度和忠诚度。

（2）产品差异化战略。产品差异化战略是指提供市场上独一无二的产品或服务，这种产品或服务与竞争对手有明显差异且无可替代，企业可以通过这种差异化大的产品或服务来创造竞争优势。一般来说，产品差异化战略适用于客户需求多样、对产品的感知差异化比较明显的行业；企业为客户提供了独特产品，并且其他竞争对手难以复制这种产品，或者复制成本过高使得竞争者没有必要复制。许多企业利用产品差异化战略来占领市场，比如，悍马汽车提供独特设计和漂亮外观，使其完全有别于其他汽车，并因此赢得市场。

信息技术可以帮助企业实施产品差异化战略，为企业树立独一无二的品牌形象，并使其在市场中占据独特的位置。苹果公司是实施产品差异化战略的典型企业。作为世界上品牌价值最高的公司，苹果公司的每一个产品都带给消费者惊喜，也获得众多顾客的青睐。计算机是苹果公司最先推出的电子产品，其外观设计时尚美观，屏幕界面也与众不同，并且比任何竞争对手都更注重各种信息的流畅处理，正是因为这些独有优势给苹果计算机带来了众多拥护者，即使它价格高昂，也占据了较大的市场份额。成立于 1995 年的红领西服是利用信息技术实现产品差异化战略的另一个典型案例。红领西服充分发挥了信息技术的作用，为用户提供定制西服服务，开发建设了企业资源计划系统、大数据平台、个性化直销平台等系统，研究建立了从客户到生产端的业务流程，使得客户需求能够直达智能工厂，进而以需求驱动生产，把互联网、物联网等信息技术融入柔性制造，实现了个性化产品的智能制造。

产品差异化战略以产品独特性为基础，通过提供独特的产品或服务来满足特定人群的需求。它与成本领先战略完全不同。但是，实施产品差异化战略也需要考虑产品价格问题，要在实现产品差异化的同时确保价格也是可接受的。作为实施产品差异化战略的重要工具和手段，信息技术能够帮助企业形成独特的产品或服务，使企业在市场中处于竞争较少的状态。在这种情况下，如何提高产品对顾客的吸引力和顾客忠诚度是企业要重点考虑的问题。

（3）集中化战略。集中化战略是指企业关注某一个特定市场或某产品的某一个细分区段，专门为该市场或该细分区段提供产品或服务，从而建立独有的竞争优势。企业可以主要针对一个特定市场或消费者群体提供产品或服务，也可以仅针对产品的某一个地域的市场提供产品或服务，这些都属于集中化战略。一般来说，集中化战略往往适用于产品或服务具有足够的规模、顾客具有特殊偏好的情况，此时企业可以聚焦于某个市场，从而在这一市场形成竞争优势。集中化战略被许多公司采用，比如许多餐饮公司只提供某种特殊菜品（川菜、粤菜等）。

信息技术也可以帮助企业实施集中化战略，使企业能够成功地聚焦于某个特定市场，并在该市场形成竞争优势。拼多多是聚焦于下沉市场的电商平台，成立三年就成功在美国纳斯达克上市，与京东、淘宝等电子商务平台不同，拼多多更多地关注三四线城市和低消费人群的购物需求，为消费者提供了品类众多、价格便宜、质量可靠的各类商品，并不断推出各种形式的优惠政策以吸引消费者购物。在后台信息系统的支撑下，拼多多为顾客提供了灵活多样的优惠政策、快捷方便的物流服务和畅通无阻的售后服务，正是这些精准高效的服务牢牢抓住了顾客的消费心理，满足了顾客的消费需求，使拼多多成为中国最大的电子商务网站之一。

◎ 阅读材料 1-5

拼多多的秘密

拼多多成立于2015年，是伴随着2017年小程序的风口而诞生的全新企业。拼多多从萌芽到茁壮生长离不开国内适宜的数字化土壤。2015年，国内信息化基础设施建设如火如荼，移动终端和网络应用逐渐普及。这些硬件条件极大激发了三线以下城市的民众购物需求，并使得满足这些购物需求成为可能。拼多多正是根植于这一巨大市场，迅速发展成为电子商务中的中坚力量。2020年，拼多多的年活跃消费者达到7.88亿人次，成为国内规模最大的电商平台；2022年的年活跃消费者更是突破8.8亿人次。三年即上市，五年即登顶，拼多多在阿里巴巴、京东两家头部电商的"虎视眈眈"下昂首成为一匹超级黑马。

品牌往往意味着良好的质量与用户体验，电子商务消费者对商品的选择往往依赖于品牌情况。因此，国内电商巨头阿里巴巴和京东极为注重品牌效应，特别是在2017年后关停了众多疑似售假的店铺。阿里巴巴和京东平台聚焦于推广品牌产品，以此来提高单用户收益水平，并实现消费升级。然而，中国各行业供应链水平参差不齐、产品品牌数量众多，许多低端供应链在经过多轮产品迭代与用户反馈后，其产品质量能够满足用户需求且价格更为实惠；但由于缺乏品牌意识和有效的营销方式，导致产品不能进入高端市场，也难以得到消费者的普遍认可。与阿里巴巴和京东不同，拼多多引来大量低端供应链商家入驻，为消费者提供了更为丰富的产品品类，满足不同层次消费者的消费需求，从而实现了消费群体的增长和最高的用户黏性。

中国幅员辽阔、地大物博、人口众多，为电子商务行业提供了契机，也带来了挑战。电商巨头阿里巴巴和京东紧紧抓住了中国电子商务的头部城市和头部人群，为消费能力最强的头部城市和头部人群提供高质量电商服务。而拼多多自成立之初就以满足三四线城市和中低收入家庭的消费需求为主要目的，积极打造低价高质产品，为消费者提供品类众多、质量可靠、价格便宜的产品。这些产品虽然没有很高的知名度，但其功能与知名品牌产品的功能相差无几，能够满足消费者的需求。

此外，拼多多销售模式新颖多样，为消费者带来了实实在在的优惠，从而帮助拼多多锁定了一大批忠实用户。拼多多开创了"现金转盘""砍一刀"等全新的销售模式。对中低收入群体的消费者来说，这些模式能够带来一部分的收益。因此，消费者很容易自发地进行社交推广，从而帮助拼多多快速积累三四线城市市场的大量用户。此外，拼多多通过多种销售模式能够快速积累单一产品的巨额用户量，从而与商家协商以量换价，进而凸显拼多多的低价优势。比如，针对与大众生活息息相关的百货品类，拼多多可以轻松打造销量达成10万件以上的爆品，而淘宝产品的销量最高仅有1万件左右。

可以看出，拼多多从成立之初就特意避开了电商巨头阿里巴巴和京东的现有市场，转而关注电子商务的尾端，并利用信息技术创新销售模式和运营策略，不断压缩成本、增加销量，从而占据了主要竞争市场，实现了"农村包围城市"的战略，在很短时间内就成为中国最有影响力的电子商务平台之一。

3. 管理信息系统对企业财务状况的影响

在投入资源时，企业必须思考以下问题：这对企业有什么样的财务影响？投资回报率是多少？这是否有助于降低成本或增加收入？所有这些问题都涉及资源的财务影响。信息技术也不例外，如果需要投入资源来利用信息技术、建立管理信息系统，就必须从财务上证实信息技术的使用价值。然而，对信息技术投入的财务评估有时并不简单，因为信息技术的资源投入可能并不会直接对财务产生影响，或者在短期内并不能带来财务影响，但是，从长期来看，或者从竞争者视角来看，如果没有信息技术的投入，企业可能就会陷入被动竞争状态，也可能会被市场抛弃。因此，对于信息技术投入的财务分析，我们需要从财务和非财务等多个维度进行考量。

盈亏平衡分析是一种评估资源投入所产生的财务影响的重要工具，该工具可以帮助我们分析资源投入对企业的成本和收益产生了哪些影响、在何种条件下将产生影响。盈亏平衡分析涉及固定成本、变动成本和收入三种财务信息。其中，固定成本是指不管企业是否卖出东西都会发生的所有成本，比如，办公楼或零售店的租金、员工工资等。即使企业没有生产或者销售任何产品和服务，企业仍然要支付这些成本。变动成本是指生产出最终销售给客户的单位产品的成本，即除固定成本外，每生产一个产品需要再付出的成本。收入是指产品和服务的销售所得。

假设公司负责代理膳魔师的保温杯，公司以每个保温杯 100 元的价格进货，然后在公司电子商务平台以每个保温杯 150 元的价格出售，将保温杯送到客户手中需要花费 20 元。电子商务平台由 A 网络公司提供，每年需要花费 1 500 元的成本。因此，公司的固定成本是每年 1 500 元，无论有没有卖出保温杯，这笔费用都要支出。公司每个保温杯的变动成本是 120 元，即花 100 元购买一个保温杯，并花 20 元把它配送给客户。公司每个保温杯的收入是 150 元，也就是一个保温杯的售价。

公司需要使用盈亏平衡分析来回答一个重要问题，即要卖多少个保温杯才能保本？每卖一个保温杯可以挣到 30 元的净利润（150 元的销售价格减去 120 元的变动成本）。要抵销 1 500 元的固定成本，至少要出售 50 个保温杯（1 500 元的固定成本除以 30 元的净利润）。如果一年里卖不了 50 个保温杯将会亏本。所以，50 个便是盈亏平衡点。如果你在一年内卖出 70 个保温杯，公司将获得 2 100 元的净利润，即每个保温杯 30 元的净利润乘以 70 个。

那么，信息技术如何影响企业财务状况呢？如何通过信息技术来提升企业的财务绩效呢？实际上，信息技术可以从减少固定成本、降低变动成本、增加收入三个维度帮助企业提升盈利水平。

（1）减少固定成本。任何企业的财务和经营目标之一都是使固定成本为 0，即努力在产生收入的时候才有成本。当固定成本为 0 时，只有在生产产品时才会产生成本（此时是变动成本），而一旦产品销售成功，企业就会获得利润，因此，企业很容易迈过盈亏平衡点实现盈利。

信息技术有助于降低企业固定成本，从而帮助企业更快实现盈利。第一种常见的方式是开设在线网店，即只存在于虚拟网络世界中的企业，如亚马逊和天猫。在线网店不需要租赁店面，也就没有店面的租赁和运营费用，与在商场或者写字楼设立零售空间的企业相比，在线网店能够节省一大笔费用，可显著降低企业的固定成本。第二种常见的方式是采用远程办公。许多企业都使用远程办公来完成工作任务。远程办公使员工不需要到企业上班，只需要在家里或者其他任何地方按照指定要求和指定时间完成相应的任务就可以，这可以大大减少企业办公租金的支出。另一个与远程办公相关的方式是移动办公，即企业会为员工提供一定数量的办公空间，但办公位置远远少于员工总人数，员工到达企业时使用的是一个临时或者说流动工位。第三种方式是云服务。不管多大规模的企业，都要使用管理信息系统来进行企业管理，但管理信息系统的正常运行依赖于足够的软硬件条件，以及相关的安全、备份等工作和措施，而这些都需要大量人力、物力和财力的投入。但是云服务为企业提供了另一种选择，企业可以不再需要自行购买软硬件设备，也不再需要配备专人进行系统管理，而是把所有系统、数据都存放到云服务提供商那里，极大降低了企业的固定成本。此外，区块链、元宇宙等技术的出现也为企业进一步降低固定成本提供了可能。企业需要及时关注信息技术的发展，并思考信息技术为降低固定成本创造的新机会。

（2）降低变动成本。变动成本与企业的总体利润息息相关，在固定成本不变的情况下，变动成本越小，企业利润越高，利润率也越高。当通过降低变动成本增加企业利润时，企业的总成本线将变得更为平缓（意味着随着产品数量的增加，成本增长的速度变缓）。

信息技术有助于企业降低变动成本，从而帮助企业提高利润。企业可以利用信息技术开发设计虚拟商品，从而通过为顾客提供虚拟商品来降低变动成本。虚拟商品是不存在于现实世界中的商品，也是随着信息技术的快速发展和广泛普及而出现的商品，虚拟商品在游戏中普遍存在，如王者荣耀、英雄联盟等游戏中都有很多虚拟商品供消费者购买，消费者可以购买这些商品并在游戏中消费。同时，目前很多软件也变成纯粹的虚拟商品，用户购买软件后，将会获得一个下载地址和注册码，下载软件后就可以直接通过注册码进行安装使用，软件开发商也不再提供任何的实体媒介。因此，消费者购买的也是虚拟商品，没有实物。著名的杀毒软件卡巴斯基使用的就是这种方式。不管是游戏还是软件，企业显然都在提供各种各样的数字化虚拟商品以满足客户需要，除了前期投入的研发成本，这些虚拟商品没有任何变动成本。另一种常见的降低变动成本的方式是众包。众包是指邀请企业外部人员（大多数是志愿者）以免费或者较低费用的方式来完成企业任务，这是一种全新的价值创造手段。前文所述的 Craigslist 网站，就是靠众多志愿者在网上发布各种商品信息得以生存和发展的。我们也可以在猪八戒网发布各种众包任务，请拥有各种专业能力的志愿者来完成指定任务。通过众包，企业可以免费或者以较低的费用获得商品，从而提高企业的利润水平。

（3）增加收入。企业还可以通过增加收入来影响盈亏平衡点。增加收入意味着销售更多的产品或者单位产品的价格更高。销售更多的产品需要企业有更强的销售能力，单位产品的价格更高需要企业能够让消费者心甘情愿地接受高价格。当通过提高价格来增加收入时，企业的盈亏平衡点会更早实现，而单纯销售更多的产品并不会影响企业的盈亏平衡点，但是会给企业带来更大的营收和利润。

信息技术有助于企业增加收入，信息技术可以通过各种技术手段来扩大消费者群体、形成创新型产品和服务，进而推动企业营收和利润的增加。一种常用的技术手段是推荐引擎，推荐引擎可以根据顾客的历史消费记录建立顾客画像，分析顾客的潜在消费习惯和偏好，进而向顾客推荐商品。这种推荐往往能够满足顾客的潜在消费需求，从而为企业带来更大的销售额和利润。京东、亚马逊等电子商务平台都部署了推荐系统。苹果的 iTunes 等平台也提供了虚拟商品的自动推荐功能，登录 iTunes 后往往能够接收到一些平台推荐的音乐曲目。此外，企业还可以充分发挥电子商务长尾的优势，通过信息技术挖掘长尾的潜力，实现收入增长。电子商务长尾是指商品销售曲线的尾部，这一概念最早由《连线》杂志的前主编克里斯·安德森提出。传统商业的基本逻辑是二八规则，即 20% 的商品贡献了 80% 的利润，因此只有 20% 的商品是值得销售的。事实上，人们最关注的就是 20% 的商品，比如，电影，人们大多会关注票房最高的头部电影，票房较低的电影恐怕大多无人问津。然而，信息技术的出现打破了这一规则。事实上，每部电影都有爱好者，只不过头部电影爱好者多、尾部电影爱好者少，但是，如果把 80% 的尾部电影的所有爱好者加起来，可能会比 20% 的头部电影的爱好者还要多。信息技术特别是互联网技术的发展为这种情况的出现提供了可能性。电子商务平台的大多数商品只有少量用户，但是当这个庞大的尾部积累在一起时，其带来的销售额和利润是惊人的。

1.4　数字化转型战略

信息技术助力数字经济蓬勃发展的同时，也为实体经济找到了新的发展突破点，即推动传统产业实现数字化转型。可以说，信息技术的发展推动企业战略选择新动向，即数字化转型战略。数字化转型不仅是指将采购、生产、销售等环节的数据记录于业务系统以高效实现企业的数据管理，而是指在信息化的基础上充分利用各种信息技术来挖掘业务系统中长期积累的各种数据，发现潜在问题并预测未来前景，用数据驱动业务模式及商业模式的优化与创新，形成新的核心竞争力，为客户、合作伙伴和员工创造更大的价值并提供更好的体验。数字化转型的目的是推动传统业务的创新发展，甚至是传统业务的全面颠覆，而这往往涉及企业文化、组织机构和业务流程等方面的重大变革。

1.4.1　数字化转型战略的主要类型

数字化转型战略是企业进行数字化转型首先要考虑的一个重要方面。数字化转型战略将重新定位企业在数字经济中的行动计划。企业需要分析自身存在的主要问题及面临的市场竞争发展状况，评估企业数字化资源的投入能力和组织适应能力，进而确定数字化转型的幅度、范围及外部协作情况，并制定合理的数字化转型方案来推动企业的数字化转型。在制定数字化转型战略时往往需要考虑企业数字化资源的投入能力和适应能力两个方面。其中，数字化资源的投入能力代表了企业对数字化转型的人、财、物等各方面的投入水平和支撑能力。如果企业能够对数字化技术的采购、应用和人才招聘提供充足的保障和支持，则说明企业的数字化资源投入能力强，适应能力代表了企业对组织内外部环境中的各种不确定因素的识别、分析、决策和应对的能力。如果企业能够快速识别各种不确定因素并积极做出应对，从而使企业能够保持良好发展态势，则说明企业的适应能力强。王永贵等学者根据数字化资源的投入能力和适应能力将数字化转型战略分为业务主导型战略、变革依赖型战略、技术主导型战略和生态导向型战略（见图 1-8）。接下来将对四种数字化转型战略进行简要介绍。

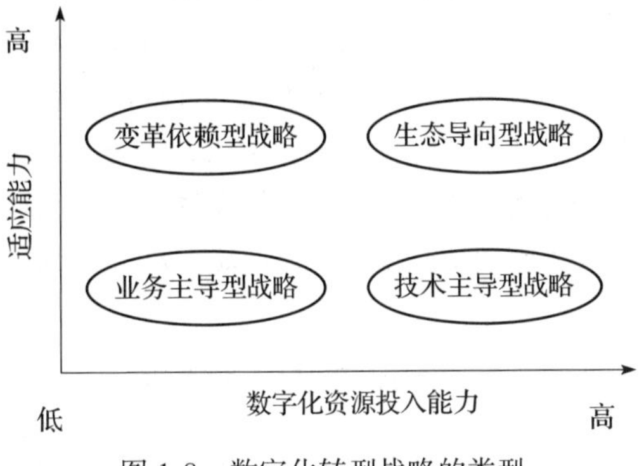

图 1-8　数字化转型战略的类型

（1）业务主导型战略。业务主导型战略适用于数字化资源投入能力低且适应能力低的企业。这类企业的组织结构与经营方式一般难以改变，对内外部环境的适应性较差，同时，企业自身的信息化技术研发水平较低，对前沿信息技术的应用也没有急迫需求，在数字技术的资源投入方面也较少。但是，由于这类企业往往长期在某个行业运营，积累了高水平的传统业务经验，其产品和服务也较为稳定。因此，这类企业采用业务主导型战略进行数字化转型，其重心是推动传统业务的升级改造，主要方式是与掌握了成熟数字技术的企业合作推动数字化转型。例如，传统的大型餐饮企业与阿里云、腾讯云等进行合作以搭建应用程序平台，为客户提供个性化的餐饮服务，从而实现客单量的快速提高。业务主导型战略的切入点就在于利用信息技术赋能传统业务，从而实现业务创新并推出新业务模式，使业务量能够突破现有瓶颈，达到新的成长高度。

（2）变革依赖型战略。变革依赖型战略适用于数字化资源投入能力低但适应能力强的企业。这类企业往往具有较高的灵活性，具有规模较小、层级部门灵活、业务逻辑简单等优势，可以根据市场变化情况及时调整组织结构、管理体制、运营模式等，从而快速响应市场变化、顺应市场潮流。但是，这类企业往往是中小型企业，存在资金流水不足、技术人才匮乏等问题，从而导致数字化技术的资源投入能力和技术研发水平较低，无法为企业开展数字化转型提供扎实的基础。很多中小型零售企业均依托变革依赖型战略来实现数字化转型，通过将传统的实体经济与数字技术相结合，拉近了企业与消费者的距离，从而提升消费者体验、增加企业销量。

（3）技术主导型战略。技术主导型战略适用于数字化资源投入能力高但适应能力低的企业。这类企业往往也存在组织结构和经营方式较为固化、难以改变的问题。它们对企业内外部环境变化的适应较为迟缓、决策时间和周期往往较长。但是，这类企业一般都有较为雄厚的经济实力，对于信息技术的需求较高，会积极推动前沿信息技术在企业中的应用研究和开发，注重通过信息技术的应用来优化业务流程、生产工艺、管理体系等。因此，这类企业采用技术主导型战略，即注重通过信息技术的广泛引用来弱化个体影响、优化业务流程，从而提高企业整体的运作效率。例如，前述提到的三一重工就是应用这一战略的典型企业。三一重工将工业物联网应用于工作设备的参数监督优化中，将人工智能应用于各类设备数据的深度分析中，并通过云服务为客户提供决策支持，大幅度提升了产业链运作的整体效率，从而达到自身的数字化转型目标。

（4）生态导向型战略。生态导向型战略适用于数字化资源投入能力高且适应能力高的企业。这类企业往往具有较高的适应性，企业各部门之间的协调性、灵活性和响应性都处于较高水平。同时，这类企业具备扎实的数字化技术能力和资源配置水平，实施运营了适合本企业的数字化商业模式，取得了斐然的数字化成果，甚至成为该行业数字化应用的典型代表，在行业数字化方面起到了引领作用。因此，企业可以在已有的数字化建设的基础上通过生态导向型战略实现进一步的优化提升，运用成熟的数字化技术深化企业布局，紧密联系上下游企业，带动全产业链的数字化革新，打造新的核心竞争力，为企业自身、合作伙伴及客户创造新的数字化价值。这一战略的实施也要求企业突破传统的企业界限，洞悉自身未来发展的需求和整个产业链的新契机，找到适合自身的合作伙伴和客户，以共筑良好的数字化生态环境，达到互惠共赢的目的，实现可持续的全面建设发展。例如，华为公司以“生态和可持续”为转型目标优化组织架构，在研发、生产、销售、投资等环节寻找合适的生态伙伴；在移动设备、通信工程、智能车辆、芯片制造等领域都投入大量的人才及资源，将技术创新和商业模式创新有机结合，创建大范围高质量的数字化生态圈，成为行业的龙头企业。

1.4.2 数字化转型的主要阶段

企业确定了数字化转型战略后，需要通过一定的步骤来实施数字化转型，以实现数字化转型的目标，推动企业可持续发展。许多学者对数字化转型路径进行了研究，比如，托尼提出了数字化转型的五阶段路线图，认为企业的数字化转型阶段包括夯实基础、单点突破、局部同步、全面同步、活力 DNA。其中，夯实基础是指实现内部流程自动化；单点突破是指依托一个或几个部门以信息技术构建新商业模式；局部同步是指从企业整体层面开始推进数字化转型；全面同步是指实现整个企业内的数字化转型；活力 DNA 是指把数字化转型变成企业的永恒基因，使其成为企业发展的动力源。生命周期理论是一个被广泛使用的理论，其认为任何事物都有成长、成熟、衰退的过程，而许龙等学者认为企业开展数字化转型也存在生命周期，并据此把数字化转型分为技术融入期、数字变革期和智能生态期三个阶段（见图 1-9）。接下来对这三个阶段进行简要介绍。

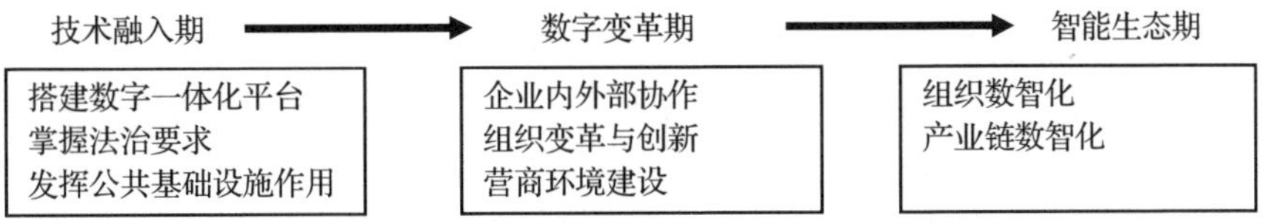

图 1-9　数字化转型的主要阶段

（1）技术融入期。技术融入期类似于托尼提出的夯实基础阶段，该阶段的重点是利用数字技术搭建数字一体化平台。该平台将覆盖企业的各个业务流程，使数字技术与企业的生产、销售、管理等各个环节相融合，并能够实现企业内部的沟通、协同、分析等功能。在这个阶段，企业要合理利用现有的数字化基础设施，掌握数字知识产权保护体系与商业数据交易体系等法治要求，完善企业自身数字化转型的规章制度，并通过数字技术创新企业的管理体系和业务流程，优化物力、人力及资金的利用过程，改善企业生产运营成本结构，以降本增效为目标推动企业数字化转型。此外，该阶段还需要准确把握企业的市场环境和技术环境，了解政府和行业相关政策，充分发挥公共信息技术基础设施及相关资金的作用。

（2）数字变革期。数字变革期对应五阶段路线图的中间三个阶段（重点突破、局部同步、全面同步），其重点是依托当前的营商环境与行业特征对数字化转型方向进行选择或修正，加强企业内外部的协同能力，利用数字技术打通上下游产业链，从而为企业创造新的数字化价值。数字变革期的关键是变革，要通过数字化转型来推动企业运营和管理的变革，依托数字技术实现企业产品、服务和商业模式的颠覆式创新，推动企业各个部门的协同互助，并据此对企业内部的生产运营流程与管理制度体系进行必要的创新。同时，这个阶段还需要考虑与上下游企业之间的衔接和互动，要通过数字化转型改革企业间的生产流程和业务结构，提高全产业链的网络协同能力，重塑整个产业链企业的价值导向。数字变革期是技术融入期后的又一次升级改造，其覆盖面、创新度、影响力都将远远大于技术融入期，其面临的困难和挑战也是巨大的。企业需要深入思考、统筹谋划、系统推进，以确保数字化转型成功实施。

（3）智能生态期。迈入智能生态期阶段意味着企业已经初步实现了数字化转型，需要巩固前期收获的数字化转型成效，并进一步推动企业打造智能化生态环境，达到更高水准的数字化转型层次。在该阶段，企业的重点是实现数智化管理并构建良好的数字生态。一方面，企业内部的数字化管理将不断升级优化，企业信息系统进入数智时代，能够通过对企业内外部数据的深度挖掘提前进行风险预判和智能决策，并充分发挥数字化平台的优势，不断创新产品和服务，持续形成企业的核心竞争力。另一方面，企业通过数字技术加强与合作伙伴的联系，形成基于数字资源共享共建的核心竞争力，构建平台经济、共享经济等新型生产关系，并带动产业链与生态圈的数字化转型升级，推进全产业链生态化与数智化，实现机会共创与价值共生。

◎ 综合案例 立白集团的数字化转型

1. 背景

广州立白企业集团有限公司（以下简称“立白”）是中国民族日化领军企业，其前身是1994年创立的广州市立白洗涤用品有限公司。作为中国洗涤用品领域的领导品牌，立白的产品包括织物洗护、餐具洗涤、消杀、家居清洁、空气清新、口腔护理、身体清洁、头发护理、肌肤护理及化妆品等九大类、十多个品牌、上百个品种。目前，立白集团在全国拥有八大生产基地、三十多家分支机构、一万多名员工，每年向国家上缴税收超15亿元。

2018年以来，随着互联网、大数据、云计算、人工智能等新技术的飞速发展和广泛应用，数字化转型已经成为企业业务流程改造、商业模式创新、管理水平提升的重要工具。传统产业必须充分利用各种信息技术的作用，加速推进企业数字化转型进程，构建全新数字化体系。在信息技术快速发展和不断成熟的背景下，宝洁、联合利华等国际日化企业基本已经完成了传统信息化的改造，并开始快速推进业务、组织、文化等层面的数字化转型，以期构建完善的数字化管理平台，形成企业的核心竞争力。而立白集团的数字化水平在全球日化行业中仅处于中游水平，尽管较早实施了信息化建设，但是立白集团缺乏整体战略布局和发展规划，存在数字化覆盖水平不均衡、数字化程度明显不足等典型问题。

2. 信息化建设过程

2002年，立白集团引入小型营销系统，统一管理各地的销售数据，并且将总部的订单管理与外地仓库的发货联动起来，实现了产品需求的自动化计算，并可以根据销售业务的需求自动生成分析报告。借助于小型营销系统提供的数字化管理方式，立白集团不断扩大市场规模和销售团队，并通过小型营销系统实现对各地产品销售的全面管理。截至2004年，立白集团已在全国各地成立了数家分公司。但是，由于各个分公司分布在不同地区，集团总部只能通过营销系统了解分公司的产品销售情况，无法及时了解分公司的运营情况，也无法及时获得分公司的其他业务数据。同时，分公司在经营中也存在运营流程不规范、市场反应迟滞的现象，导致集团总部获得的分公司业务数据出现标准规范不一致、数据集成共享困难等问题。

为了解决上述问题，立白集团结合公司的发展状况，组织管理层经过仔细研究后决定引入灵狐ERP系统。通过灵狐ERP系统将各分公司的财务、销售、制造等各种数据都集成到一起，实现集团内部数据的实时共享和信息的互联互通。在灵狐ERP系统的助力下，公司数据处理日渐规范化和标准化，而这种数据的规范化和标准化又推动了企业管理的规范化和标准化，帮助企业得到更好的发展。2008年，立白集团的销售额首次突破100亿元大关，还相继收购了“蓝天六必治”牙膏、“奥妮”洗发水、“高姿”化妆品等品牌，从而跻身国内日化企业前三强。

随着集团的高速成长，业务规模日渐庞大，灵狐ERP系统作为一个为中小型企业服务的信息系统已经无法支撑集团的正常运转。在此背景下，升级ERP系统就成为立白集团势在必行的重要举措。立白集团信息化团队根据企业发展实际，对国内外的多个ERP系统进行充分调研和论证，最终决定选择具有国际日化企业成功实践案例的SAP公司进行合作。在选择好软件产品后，为了保证ERP系统能够成功实施，立白集团和IBM公司合作，由

IBM 公司负责立白集团 ERP 系统的实施。最终，ERP 项目实施组细化和梳理了 185 项公司业务流程，有机集成了供应链、生产制造、销售、财务、质量、人力资源、客户关系等环节，实现集团各个层面数据的集成共享，显著提升了资源利用效率和工作效率。

在建立了完整的企业 ERP 系统后，立白集团的内部管理和运营过程得以规范化和标准化，企业管理水平上升到了一个新的台阶。然而，随着信息技术应用的深度和广度不断增加，立白集团发现在面对新零售等新商业形态时存在若干短板，制约了企业市场规模的不断增长。面对这些新的挑战，立白集团与阿里巴巴于 2019 年 7 月达成战略合作意向，以推动立白集团的数字化转型迈入全新的阶段。通过半年的努力，立白集团与阿里钉钉共同打造了一个全新的移动数字化办公平台——嘟嘟，并在集团内部全面推广。嘟嘟平台共集成了 54 个系统应用，涵盖了智慧物流、智慧销售、智慧运营等模块，在经销商、导购员、销售团队、配送司机、业务员之间建立了紧密的连接关系。

3. “三台”架构

嘟嘟平台的搭建推动了立白集团的数字化转型，使立白集团能够借助信息技术实现对不同业态的高效支撑。但与此同时，由于立白集团反复投资建设了多个信息系统，形成了“烟囱式”架构，各个系统的技术及数据架构并不统一，运营需求难以得到有效满足。同时，由于不同阶段建设的系统有一定的相关性，数据需要在不同系统之间进行传递和备份，造成数据冗余和人力资源的浪费，这使得立白集团的数字化转型再次陷入困境。

经过充分的市场调研后，立白集团决定通过建设中台来建立更柔性的基础架构、更高效的资源管控和更敏捷的开发模式，从而打破现有的“烟囱式”架构，消除数据壁垒并减少数据冗余。随后，立白集团与北交联合云计算有限公司和阿里巴巴开展合作，利用最新的设计理念和技术，建设由“前台、中台、后台”组成的“三台”架构，加速立白集团的数字化进程。“三台”架构中的前台一般是指业务前台，聚焦于细分市场开展用户运营工作；中台包括业务中台和数据中台，业务中台是指从企业整体战略、业务创新等维度进行统筹规划，以支撑前台业务的平台，数据中台则是指基于大数据组件形成的数据管理平台；后台是指保证“三台”架构得以顺利实施的技术支持中心。

4. 未来之路

随着技术的快速进步与经济的不断发展，消费者的需求和消费场景将不断升级，新的商业模式、新的产业形态将不断涌现。立白集团将如何主动拥抱这些变化、迎接新的挑战和机遇，并在不断创新的竞争中立于不败之地呢？显然，数字化转型是立白集团洞悉消费者行为、实现企业智能决策、把握世界新格局的重要手段。只有充分利用数字化技术、不断提升数字化水平，才能使立白集团更好地把握市场动态，将不确定性因素变成确定性因素，更好地为客户、合作伙伴和员工创造更大的价值，实现企业的可持续发展。

思考题：

1. 立白集团面临什么样的内外部环境？为何要进行数字化转型？
2. 立白集团的数字化转型有哪些主要阶段？每个阶段有何主要特征？
3. 什么是中台战略？中台战略如何帮助立白集团提升数字化水平？

资料来源：本案例改编自中国管理案例共享中心的案例《民族品牌崛起：立白集团数字化转型三步曲》。

◎ 复习思考题

1. 当前的经济社会发展处于怎样的环境？
2. 什么是信息技术？其发展主要体现在哪些方面？
3. 论述信息技术是怎样影响商业竞争环境的。
4. 论述信息的概念以及信息与数据、知识和智慧之间的关系。
5. 试从不同的维度来判定信息的质量。我们应当如何使信息为我们所用？
6. 简述决策的定义，并说明为什么决策的基础是信息。
7. 企业中的信息流与物流、资金流有什么区别？
8. 从组织边界的维度来看，信息流动的方向可以分为哪几种？
9. 论述管理信息系统的概念、目的和特点。
10. 常见的管理信息系统有哪些？请举例说明。
11. 试述管理信息系统发展经历的五个阶段，并简要说明它们之间的关系和异同。
12. 试述决策支持系统的特点。
13. 简述数智时代的核心技术。
14. 试述信息技术应用视角下组织的三大战略业务目标。
15. 管理信息系统如何推动组织高效运营？
16. 管理信息系统如何提高组织管理者的决策能力？
17. 论述产品和服务创新，以及商业模式创新的概念，以及管理信息系统在其中的作用。
18. 论述组织中管理信息系统涉及的资源组成，以及各组成部分的主要作用。
19. 试述信息技术专家应具备的能力素质。
20. 论述信息技术如何影响购买者议价能力和供应商议价能力。
21. 论述信息技术如何帮助企业降低自身受到的竞争威胁。
22. 试述迈克尔·波特提出的三种竞争战略的主要内容和适用情况。
23. 论述信息技术如何帮助企业实施不同的竞争战略。
24. 试述信息技术帮助企业降低固定成本的主要方式。
25. 什么是长尾理论？企业如何基于该理论发挥竞争优势？
26. 试述企业数字化转型战略的四种主要类型。
27. 论述企业数字化转型的主要阶段。

◎ 参考文献

[1] 陈赢赢，王樱，刘怀阁，等．人工智能对企业管理的影响研究［J］．中国市场，2020（2）：186-188.

[2] 齐佳音．人工智能与变革管理专栏之二　组织管理之变：颠覆性的重建［J］．中国科技产业，2019（11）：73-74.

[3] 巫景飞．当对手比你强大：Netscape 的失败教训与“柔道策略”［J］．企业管理，2003（3）：72-75.

[4] 中国信息通信研究院．中国数字经济发展研究报告（2023 年）［R］．北京：中国信息

通信研究院，2023.
[5] 中国信息通信研究院．全球数字经济白皮书（2022 年）[R]．北京：中国信息通信研究院，2022.
[6] 中国信息通信研究院．中国数字经济发展报告（2022 年）[R]．北京：中国信息通信研究院，2022.
[7] 中国信息通信研究院．全球数字经济白皮书：疫情冲击下的复苏新曙光 [R]．北京：中国信息通信研究院，2021.
[8] 中国信息通信研究院．中国数字经济发展白皮书 [R]．北京：中国信息通信研究院，2021.
[9] 中国信息通信研究院．全球数字经济新图景（2020 年）：大变局下的可持续发展新动能 [R]．北京：中国信息通信研究院，2020.
[10] 中国信息通信研究院．全球数字经济新图景（2019 年）：加速腾飞　重塑增长 [R]．北京：中国信息通信研究院，2019.
[11] 中国信息通信研究院．中国数字经济发展与就业白皮书（2019 年）[R]．北京：中国信息通信研究院，2019.
[12] 中国信息通信研究院．G20 国家数字经济发展研究报告（2018 年）[R]．北京：中国信息通信研究院，2018.
[13] 付凌晖，刘爱华．中国统计年鉴 [M]．北京：中国统计出版社，2022.
[14] 华安证券．拼多多：开立社交电商，后发制人基因蕴含其中 [EB/OL]．(2023-03-24)[2023-07-12]．https://www.hangyan.co/reports/3062662666758653352.
[15] 中国互联网络信息中心，第 51 次《中国互联网络发展状况统计报告》[EB/OL]．(2023-03-02)[2023-07-15]．https://www.cnnic.net.cn/n4/2023/0303/c88-10757.html.
[16] 王永贵，汪淋淋．传统企业数字化转型战略的类型识别与转型模式选择研究 [J]．管理评论，2021，33（11）：84-93.
[17] 姚小涛，亓晖，刘琳琳，等．企业数字化转型：再认识与再出发 [J]．西安交通大学学报（社会科学版），2022，42（3）：1-9.
[18] 中关村数字产业联盟．中国企业数字化转型白皮书（2022 年）[R]．北京：中关村数字产业联盟，2022.
[19] 萨尔德哈．数字化转型路线图：智能商业实操手册 [M]．赵剑波，邓洲，于畅，等译．北京：机械工业出版社，2021.
[20] 许龙，周嘉怡，刘兵．企业数字化转型影响因素与实施路径 [J]．财会月刊，2023，44（10）：146-152.
[21] 李平，竺家哲，周是今．破解企业数字化增长难题的锦囊妙计：知己知彼与和而不同 [J]．清华管理评论，2019（9）：84-93.
[22] 陈新宇，罗家鹰，邓通，等．中台战略：中台建设与数字商业 [M]．北京：机械工业出版社，2019.
[23] 哈格，卡明斯．信息时代的管理信息系统：第 9 版 [M]．颜志军，贾琳，尹秋菊，等译．北京：机械工业出版社，2017.
[24] 劳顿 K C，劳顿 J P. 管理信息系统：第 15 版 [M]．北京：机械工业出版社，2018.
[25] 黄梯云，李一军．管理信息系统 [M]．7 版．北京：高等教育出版社，2019.

C H A P T E R 2

第2章

信息系统的技术基础

本章主要讨论信息系统的技术基础。首先，介绍计算机的发展、类型、数据表达方式，以及计算机系统，并对计算机网络系统的组成、类型、体系结构与协议以及互联网做了简明的介绍。其次，介绍数据库、信息模型与数据模型、数据库管理系统与数据库系统、数据仓库与数据挖掘、数据中台等数据存储及分析技术。最后，阐述人工智能、大数据技术、云计算、区块链、元宇宙等近年来备受关注的前沿信息技术。

■ 开篇案例 沃尔玛善用信息技术增强企业竞争力

沃尔玛（Walmart）公司（以下简称“沃尔玛”）是全球最大的零售商之一，由山姆·沃尔顿（Sam Walton）先生于1962年在美国阿肯色州成立。截至2022年10月，沃尔玛已经在24个国家经营了10 500余家门店和多个电子商务网站，并多次荣登《财富》杂志的“世界500强企业”榜首。令人意外的是，沃尔玛并不是美国最早出现的百货店，当它成立时，美国已经有多个规模庞大的零售店，例如凯马特（Kmart）和西尔斯（Sears）。然而，沃尔玛后来居上，于20世纪90年代成为美国最大的零售商。

沃尔玛取得成功的原因众多，其中之一是沃尔玛善于利用先进的信息系统来优化供应链和物流管理，从而降低成本和提高工作效率。2002年3月，*MIT Technology Review* 中的文章“Wal-Mart Trumps Moore’s Law”称赞沃尔玛是“迄今为止商业界最具影响力的软件和系统的购买者和实施者”。例如，早在1987年，沃尔玛就投资了2 400万美元用于安装美国最大的私人卫星网络通信系统，并利用这个系统跟踪运输车队的位置和运输路线，从而更好地优化物流和减少成本。同时，沃尔玛也可以通过卫星系统将销售数据和库存信息传输到各个店铺和配送中心，用于销售和优化库存管理。2000年，沃尔玛自建了Walmart.com网站，随后并购了Jet.com等多家电子商务平台，积极拓展了网上零售业务。2016年以来，沃尔玛与京东达成战略合作，构建订单信息互通、物流资源共享的电商体系，目前已实现京东在线下单、沃尔玛当天送达的高效配送模式。

近年来，沃尔玛将区块链等前沿技术用于提升供应链系统的综合管理能力。例如，2018年，沃尔玛联合 IBM 和其他 9 家企业，以 IBM Blockchain 为基础建立了 IBM Food Trust 平台。该平台利用区块链技术的去中心化、不可篡改、安全可靠以及可追溯等特性，建立了食品供应链的问责机制和可视化管理模式，并且具备一键报告数据质量和持续监控等多种功能。在面临潜在的食品污染等风险时，该平台可以快速进行反向批次跟踪，从而帮助召回存在问题的产品，防止食源性疾病传播。通过 IBM Food Trust 平台，沃尔玛不仅提升了食品供应链的透明度和可追溯性，还增强了它对食品安全和质量的管控能力。

思考题：

1. 通过互联网查询沃尔玛成功的原因主要有哪些？
2. 在沃尔玛的发展历程中，信息技术起到了哪些关键作用？
3. 类似于沃尔玛的国内最大零售商是哪家公司？请简要叙述它的主要业务和它如何在业务中使用信息技术。

2.1　计算机

2.1.1　计算机的发展

人类计算工具的发展经历了一个漫长的历史过程。1873 年，美国人鲍德温（F.Baldwin）发明了“手摇式计算机”。20 世纪 30—40 年代，出现了自动化的机械计算机。1946 年，世界上第一台电子计算机 ENIAC（电子数字积分计算机）诞生，它标志着计算工具随着世界文明的进步飞跃到了一个崭新的阶段。

计算机器件从电子管到晶体管，再从分立元件到集成电路以至微处理器，促使计算机的发展出现了几次飞跃。依据硬件设备的发展水平，计算机的发展大致经历了四个阶段，或称为四个时代（见表 2-1）。

表 2-1　计算机发展史

时间	发展阶段
20 世纪 40 年代—50 年代末	电子管计算机
20 世纪 50 年代末—60 年代中期	晶体管计算机
20 世纪 60 年代中期—70 年代中期	集成电路计算机
20 世纪 70 年代中期至今	大规模与超大规模集成电路计算机

2.1.2　计算机的类型

对计算机分类有多种维度。依据数的表示方式和计算原理的不同，计算机大体上可以分为数字计算机和模拟计算机两类。它们的根本区别在于前者是对离散符号表示的数进行操作，后者则是对连续变化的物理量进行加工。数字计算机已经普遍应用于人类社会活动的方方面面，人们习惯上简称它为计算机。

按照功能的不同，计算机可分为专用计算机和通用计算机。专用计算机功能单一、适应性差，但是在特定用途下最有效、最经济、最快速。通用计算机功能齐全、适应性强，目前所说的计算机都是指通用计算机。对于通用计算机，又可根据规模、运算速度、输入输出能力、数据存储能力、指令系统功能的强弱等因素，将计算机分为超级计算机、大型机、小型机、工作站、微型机及移动终端等。

1. 超级计算机（Supercomputer）

超级计算机，有时也被称为巨型计算机，是一种极为复杂且功能强大的计算机。它能够以极快的速度进行多达成百上千个变量的十分复杂的计算，特别适合进行复杂数学模型的求解和大型系统的仿真研究；一开始主要应用于航空航天工业、气象分析与预报、石油勘探和其他大型工程计算，后续也走向金融和商业应用领域。随着计算机技术的发展，超级计算机的计算性能不断提升，我国在 2009 年成为第二个可以独立研制千万亿次超级计算机的国家。目前超级计算机的性能最高可以达到每秒百亿亿次。

2. 大型机（Mainframe）

大型机是专门为适应高速计算和大容量存储器的要求而设计的，可支持本地和远程用户同时利用系统的各种资源进行大量的数据处理。大型机制造厂商往往提供不同规模和档次的系列产品，以满足用户的不同需求，便于用户应用系统的升级和换代。

由于大型机拥有极强的数据综合处理能力，主要应用于具有大量信息处理需求的大型公司、金融机构、政府部门和制造企业等，可处理企业资源的协调与管理和企业内部信息管理等大型事务。同时，大型机在大型数据库管理、大型工程和科学计算领域也得到了广泛应用。

3. 小型机（Minicomputer）

小型机具有较强的集中处理能力和通信处理能力，可支持数十个本地和远程用户同时进行联机数据处理。与大型机相比，小型机体积小、价格低，对运行环境要求不高，因此在科学研究、工业过程控制、数据库管理、情报检索、咨询、办公自动化以及信息系统等领域被广泛应用。

4. 工作站（Workstation）

工作站作为小型机微型化的产物，不仅数据处理速度快、存储量大，还具有突出的网络互连功能，快速的数学运算和强大的图形、图像处理功能。其高端的单机处理能力与以网络互连为基础的分布处理能力相结合，在应用领域特别是科学研究、工程技术和信息管理领域表现出极大的潜力。

5. 微型机（Microcomputer）

微型机是人们最熟悉的一类计算机。微型机是利用大规模集成电路技术，将计算机的一些主要功能部件，如运算器、控制器、存储器以及外部设备的控制电路等组合在若干块集成电路芯片上，然后将这些芯片组装成功能完整的计算机。由于微型机采用单用户交互方式进行数据处理，体积小、结构简单、使用方便，很适合个人应用，因此也被称为个人计算机（Personal Computer，PC）。

20 世纪 80 年代后，随着微电子技术的进步，微型机的性能不断改善、价格不断下降。目前，微型机的运算速度已经能够达到每秒执行几百亿条指令，是 20 世纪 60 年代超级计算机的水平。随着硬件性能的提高，微型机应用软件也应运而生，各种应用软件在管理活动中得到了广泛应用。由于操作系统的发展，图形化用户界面大大改善了人机交互能力，更推动了微型机的普及应用。

6. 移动终端（Mobile Terminal）

移动终端是指可以在移动中使用的计算机设备。广义的移动终端包括手机、笔记本、平板电脑、POS 机，甚至包括车载计算机。狭义的移动终端是指手机或者具有多种应用功能的智能手机以及平板电脑。随着网络和技术的发展，移动通信产业将走向真正的移动信息时代，移动终端也将成为重要的计算设备。同时，随着集成电路技术的飞速发展，移动终端已经拥有了强大的处理能力，正在从简单的通话工具变为一个综合信息处理平台。

移动终端作为简单通信设备伴随移动通信发展已有几十年的历史。自 2007 年开始，智能化引发了移动终端“基因突变”，从根本上改变了以终端作为移动网络末梢的传统定位，进而发展为互联网业务的关键入口和主要创新平台。

2.1.3　计算机中的数据表达方式

计算机中采用的是二进制数据表达方式。在计算机内部，为了能够对数据进行处理，所有的数字、字符、符号、文字和图像等都必须以二进制数的形式表达，即以 0 和 1 来表达。不同类型的数据表达方式不同。

1. 数值型数据的表示

计算机系统中最小的数据操作单元为一位二进制数，称为一个比特 bit，只能取值 0 或 1。在计算机中，数据存储的基本单位称为字节（byte），一个字节由 8 个比特组成，可以表达一个十进制数、一个字符、一个符号或图像的一部分。

对于十进制数，可以通过一定的算法表达为二进制数，例如，十进制数 205 可以用二进制数表示为 11001101，其转换关系为：

$$1\times2^7+1\times2^6+0\times2^5+0\times2^4+1\times2^3+1\times2^2+0\times2^1+1\times2^0=205$$

这样，任何十进制数都能够用二进制数表达，换句话说，可以通过 2 的乘幂的多项式运算，将任何一个十进制数表达为一个由多项式系数构成的二进制数。当然，人们在日常工作和生活中依然按传统习惯使用十进制数，向计算机输入十进制的原始数据，并要求计算机也以十进制数形式显示和输出运算结果供人们使用，这就涉及二进制与十进制之间的转换问题，而这一转换过程是由计算机按一定的算法自动完成的。因此，对于普通计算机应用人员来说，并没有直接感觉到二进制的作用，只有计算机技术人员才具体涉及二进制的运算问题。

2. 字符型数据的表示

对于字母、通用符号和控制符号等，也是用 8 个比特构成的一个字节来表示。字符和符号以什么样的规则进行组合编码完全是人为规定的，可以有各种各样的编码方式。国际上普遍采用的一种编码方式是由美国国家标准委员会制定的美国信息交换标准代码（American Standard Code for Information Interchange），简称 ASCII 码。ASCII 码广泛应用于数据传输、微型机和一些大型机。按照 ASCII 码，每个标准字符或符号都可以用一个字节来表示，如字母 A 表示为 10100001。

3. 汉字的表示

汉字也是一种字符，但汉字的计算机处理技术比拼音文字要复杂。与其他字符一样，汉字也只有用二进制编码后才能被计算机接受。汉字的输入方式可以有许多种，但在计算机内部，必须用统一的代码进行存储和处理。我国推出了一系列有关中文信息处理的标准，例如，1981 年实施的国家标准《信息交换用汉字编码字符集 基本集》（GB/T 2312—1980），简称国标码。国际码制定的汉字基本图形字符有 7 000 余个，每个图形字符都规定了相应的二进制编码，每个编码用两个字节表示，例如汉字“啊”的国标码由 01100000 00100001 两个字节表示。

4. 图像的表示

在存储图像时，计算机将每一幅图像划分成多个网格，每个网格被称为一个像素，这些像素是构成图像的基本元素。计算机自动检测每个像素的明暗程度或颜色，通过存储图像的每个像素的信息来存储整个图像。显然，图像网格划分得越细，像素就越多，图像的清晰度就越高，图像还原的效果就越逼真，当然所占用的存储量就越大。通常用图像划分网格的多少来衡量图像的清晰度。

5. 音频和视频的表示

音频和视频需要先转换成二进制数据，才能由计算机进行加工处理。信息的转换是由计算机的声像设备自动完成的，不需要用户干预。目前的声像设备已经发展为数字化设备，可以与计算机直接连接进行声像处理。

2.2 计算机系统

2.2.1 计算机硬件

计算机系统由计算机硬件和计算机软件组成，计算机硬件是计算机系统的“躯体”，而计算机软件则是计算机的“灵魂”。计算机硬件通常是指构成计算机系统的所有物理部件的集合，包括运算器、控制器、存储器、输入设备和输出设备等，其中运算器和控制器合称为中央处理单元（Central Processing Unit，CPU）。计算机硬件的基本结构如图 2-1 所示。

1. 中央处理单元

中央处理单元是计算机硬件中最重要的功能部件，是计算机系统的核心。它由运算器和控制器两部分组成，其运算速度是决定计算机性能的重要指标。微型机的 CPU 能够每秒执行几百亿条指令；而超级计算机的 CPU 更是能够每秒执行百亿亿条指令。衡量 CPU 运算速度的一个通用指标是每秒执行百万条指令（Million Instructions Per Second，MIPS）的数目。

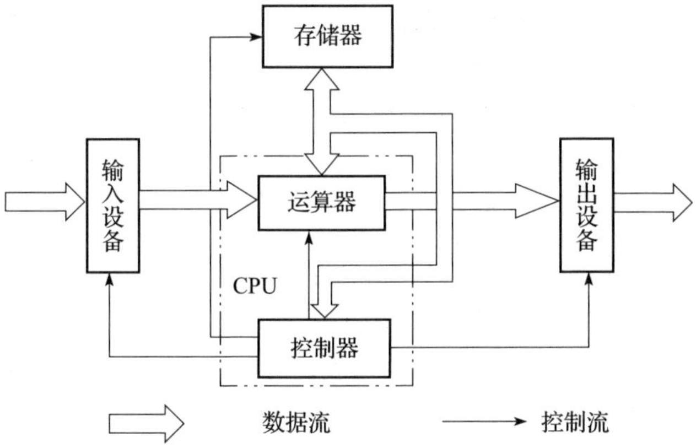

图 2-1　计算机硬件的基本结构

运算器又称算术逻辑单元（Arithmetic Logic Unit，ALU），是计算机对数据进行加工处理的部件。它的主要功能是对二进制数进行加减乘除等算术运算和与或非等基本逻辑运算，实现逻辑判断。运算器在控制器的控制下实现其功能，运算结果由控制器指挥送到内存储器中。

控制器主要由指令寄存器、译码器、程序计数器和操作控制器等组成。它是计算机系统的神经中枢，按照系统主频的节拍产生各种控制信息，指挥控制计算机各部件协调工作，并使整个处理过程有条不紊地进行。它的基本功能就是从内存中取出指令并执行指令，即控制器按程序计数器指出的指令地址从内存中取出该指令进行译码，然后根据该指令功能向有关部件发出控制命令，并执行该指令。另外，控制器在工作过程中，还要接受各部件反馈回来的信息。

2. 存储器

存储器是计算机中用于存储数据和程序的部件。根据存储器在计算机中所处的位置及功能，可分成与 CPU 紧密相联的主存储器（内存）和辅助存储器（外存）两类。

主存储器的最小数据存储单元是字节，每个字节可以存储一个数值、一个字符或一个符号。整个主存储器就如同一座大楼，整齐排列的字节相当于大楼里的房间，每个房间能够存放 8 个比特的信息，并且每个房间都有一个特定的地址，CPU 通过地址在主存储器“大楼”中寻找每个字节数据。由于在主存储器中能够按地址直接存取任意位置的数据，因此主存储器也被称为随机存储器（Random Access Memory，RAM），它可以快速而准确地将数据存储在特定的地址，并能够以同样的速度和准确性在特定的地址找到所需的数据。主存储器一般采用半导体元件作为其记忆部件，直接通过总线与控制器和运算器相连，在数据处理过程中随时进行读写操作，因此又被称为动态存储器。

虽然主存储器的存取速度很快，但其存储空间小、价格昂贵，容量不可能配置得非常大，只能存储有限的数据和程序。更重要的是，作为动态存储器只能在计算机运行时存储数据，一旦计算机关机，内存中的数据和程序将会丢失。因此，计算机系统要有用于大量数据和程序长久保存的辅助存储器，在计算机运行之前，先将数据和程序从辅助存储器传输到主存储器中进行正常的数据运算和处理；在程序运行过程中，还要不断从辅助存储器读出数据到主存储器或从主存储器写入数据到辅助存储器。

辅助存储器是内存的扩充，一般用来存放大量暂时不用而又需要（长期）保存的程序、数据和中间结果。当需要处理外存中的数据时或执行外存中的程序时，必须通过CPU输入、输出指令，将数据和程序调入内存中才能被CPU执行或处理，即外存只能与内存交换信息，不能被计算机系统的其他部件直接访问。常见的辅助存储器有软盘、硬盘、光盘、U盘、磁带等。

3. 输入设备和输出设备

使计算机从外部获得信息的设备称为输入设备。常用的输入设备有键盘、鼠标、光笔、扫描仪、话筒等。把计算机处理信息的结果用人们能够识别的形式表现出来的设备称为输出设备。常用的输出设备有显示器、打印机、绘图仪、音响等。

2.2.2 计算机软件

计算机软件（Computer Software），也称软件，是指计算机系统中的程序及其文档。计算机硬件只能按照指令运行。计算机指令的集合称为程序，程序和相应的有关文档构成了计算机软件。程序是计算任务的处理对象和处理规则的描述，必须装入机器内部。文档是为了便于了解程序所需的阐明性资料。软件是计算机系统的重要组成部分。计算机软件通常分为系统软件和应用软件两大类。

1. 系统软件（System Software）

系统软件负责管理计算机系统中各种独立的硬件，如CPU、存储器、通信连接以及各种外部设备等，使得它们可以协调工作，并为各种数据处理提供基础功能。系统软件使得计算机使用者和其他软件将计算机当作一个整体，而不需要顾及底层的每个硬件是如何工作的。一般来讲，系统软件包括操作系统和一系列基本的工具，比如编译器、数据库管理、存储器格式化、文件系统管理、用户身份验证、驱动管理、网络连接等方面的工具。

2. 应用软件（Application Software）

应用软件是用来完成用户所要求的数据处理任务或实现用户特定功能的程序。换句话说，系统软件为计算机使用提供最基本的功能，但是并不针对某一特定应用领域。而应用软件则恰好相反，不同的应用软件根据用户和所服务的领域提供不同的功能。由于应用软件是为了某种特定的用途而开发的，所以它可以是一个特定的程序，比如一个图像浏览器；也可以是一组功能联系紧密，可以互相协作的程序的集合，比如微软的Office软件。

系统软件和应用软件还可进一步划分为若干个类别，如图2-2所示。

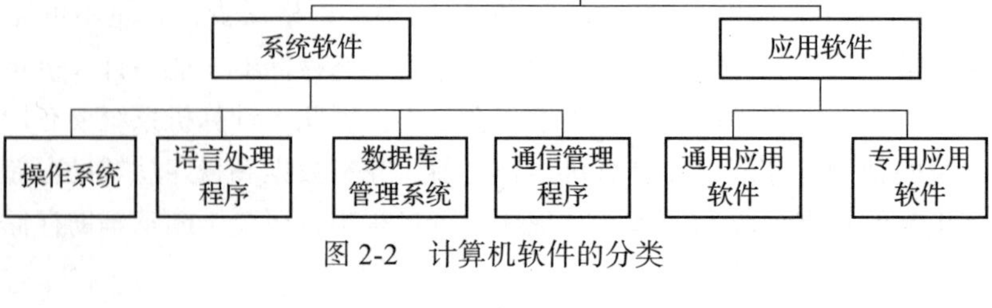

图2-2　计算机软件的分类

各类计算机软件所处的层次不同，它们之间的层次关系可以借助如图 2-3 所示的计算机软件层次结构图进行说明。

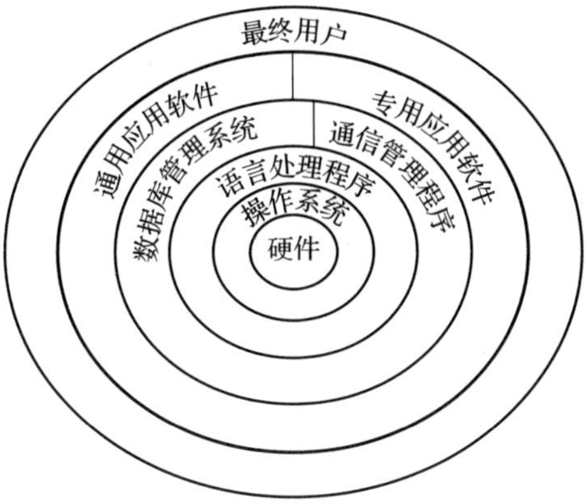

图 2-3　计算机软件层次结构图

◎ 阅读材料 2-1

计算机技术的发展规律

第一个描述计算机技术发展规律的著名规律名为摩尔定律（Moore's Law）。戈登·摩尔（Gordon Moore）是英特尔公司的创始人之一，他于 1965 年在《电子学》杂志上撰文提出了这样一个观点：在最低元件成本下，芯片的复杂度大约每一年会增长一倍。后来，摩尔将增长周期由一年改为两年，这就是摩尔定律的最初版本。事实上，广为流传的计算机芯片性能每 18 个月提升一倍的说法是由摩尔的同事大卫·豪斯（David House）提出的。摩尔定律并非真正的物理定律，而是对半导体芯片行业发展趋势的一种归纳和预测。从提出到现在数十年的时间里，尽管摩尔定律并非百分之百准确，但是却与实际情况相差不大，因此摩尔定律在芯片行业具有重要的影响力。它反映了芯片的性能、价格与时间的关系，很多 IT 公司在制定发展战略和研发新产品的时候，必然要考虑摩尔定律中的 18 个月或两年这一关键限制因素。如果一家 IT 公司的新产品研发时间过于落后同行业的发展速度，该新产品就容易在竞争中被淘汰出局。随着集成电路的尺寸越来越小，物理效应、功耗、经济效益等因素将会制约摩尔定律的可持续性。

第二个定律是安迪—比尔定律（Andy and Bill's Law），其内涵是新软件总是会消耗掉新硬件在计算性能上的增长。这个定律源自 20 世纪 90 年代一句幽默的话——“安迪提供什么，比尔拿走什么”，其中的安迪是指英特尔公司前首席执行官安迪·格罗夫（Andy Grove），比尔是指微软前首席执行官比尔·盖茨（Bill Gates）。随着操作系统和应用软件功能的不断增多、增强，系统软件和应用软件对计算和存储资源的要求也就越来越高，因此带动了计算机硬件市场的快速发展。2006 年上半年，由于微软的 Vista 操作系统的面世时间不断推迟，从英特尔和惠普等主机厂商到 Seagate 等外设厂商的销售量全都受到影响，股票下跌 20% ～ 30%。此外，安迪—比尔定律把原属于耐用消费品的计算机和手机等商品变成了消耗性商品，刺激着 IT 行业的发展。

第三个定律是由谷歌公司前首席执行官埃里克·施密特（Eric Schmidt）提出的反摩尔定

律，它是指将摩尔定律反过来看，即如果一家IT公司今天和18个月前卖出同样多的相同产品，那么它的营业额会下降一半。这是因为摩尔定律指出，IT产品在18个月后性能会翻一番、价格会降一半。这意味着，一家IT公司如果18个月内没有产品创新，那么即使付出同样的努力，收入也可能会减半。这对任何一家公司来说都是难以接受的。反摩尔定律迫使IT行业必须不断发明创造出革命性的新技术或新产品，使得小公司有可能通过开发新技术或新产品来与大公司同台竞争，甚至有可能超越大公司。例如，Instagram是一个成立于2010年的在线照片和视频分享平台，在它成立两年后就被Facebook以7.15亿美元收购了，但是令人惊讶的是，在卖给Facebook的时候Instagram只有13名员工。

2.3 计算机网络系统

2.3.1 计算机网络系统的组成

计算机网络是指将地理位置不同并具有独立功能的多个计算机系统，通过通信设备和通信线路连接起来，以实现相互通信与资源共享的系统。计算机网络系统由主计算机系统、终端设备、通信设备和通信线路四大部分构成。主计算机系统是网络的资源，通信设备和通信线路是网络进行数据通信的手段和途径，终端设备是用户应用网络的窗口。

计算机网络系统可以划分成资源子网和通信子网两级子网。资源子网由主机和终端设备组成，负责数据处理，向网络提供可供选用的硬件资源、软件资源和数据资源；通信子网负责整个网络的通信管理与控制，如数据交换、路由选择、差错控制和协议管理等。通信控制与处理设备（如程控交换机）和通信线路属于通信子网。

2.3.2 网络拓扑结构与计算机网络类型

1. 网络拓扑结构

网络中节点相互连接的方式和形式被称为网络拓扑。网络拓扑结构主要有以下几种。

（1）星形结构。星形结构以中央节点为中心，将其他多个节点通过点到点的线路连接到中央节点上，如图2-4a所示。中央节点执行集中式通信控制策略，相邻节点通信也要通过中央节点，因而中央节点复杂且负担很重，不仅有路由选择功能，还有存储转发功能，而多个其他节点通信处理的负担较小。这种结构主要用于分级的主从式网络，实行集中控制。星形结构的优点是结构简单、延迟小，容易进行节点扩充；缺点是可靠性差，一旦中央节点出故障，整个网络系统就会瘫痪；此外，每段线路为一个非中央节点所专用，线路使用量大、利用率不高。基于交换机的网络普遍采用星形结构，以程控交换机为中心节点，其他节点通过交换机进行通信。

（2）环形结构。在环形结构中，多个节点彼此串接并首尾相连，形成闭合环形，如图2-4b所示。在环形结构中，各节点上的计算机地位相等，网络中的信息流是沿环形定向流动的，因而网络会有传输延迟。其优点是网络管理简单，通信线路节省；缺点是一旦一个节点出故障，环形结点会断开，就会造成全网不能工作，另外，当环中节点过多时，传输效率会降低、响应时间会较长。因此，环形结构往往用于小型局域网。

（3）总线结构。在总线结构中，多个节点都连接在一条公共的总线上，如图 2-4c 所示。每个节点采用广播式发送信息，信号沿着总线向两侧传播，并可以被其他所有结点收到。整个网络上的通信处理分布在多个节点上，减轻了网络管理控制的负担。总线结构的优点是节点增加和拆卸十分方便，便于网络的调整或扩充；所需线路很少，布线容易；可靠性高，某个节点发生故障对整个系统的影响很小；响应速度快，共享资源能力强。总线结构的缺点是故障隔离困难，如果线路发生故障，则整个总线断开，不能正常工作。

在实际的应用中，网络拓扑结构往往不是单一的，可能是几种结构的组合。选择网络拓扑结构时，应将网络应用方式、网络操作系统及现场环境结合起来考虑，并考虑布线费用、适应节点调整（增加、拆卸、移动）的灵活性以及网络可靠性等几个方面的问题。

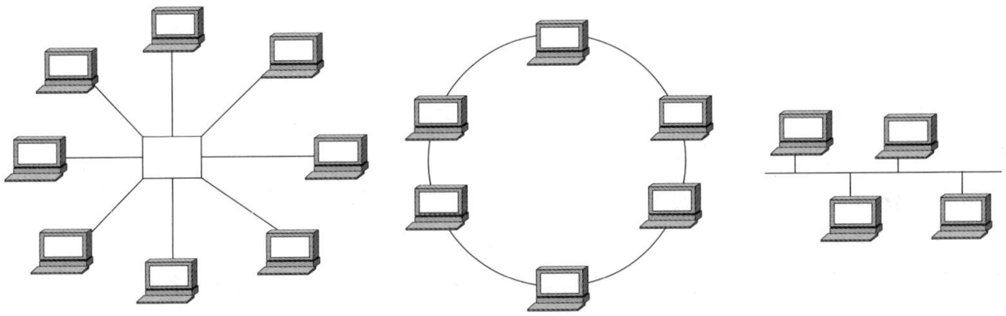

a）星形结构　　b）环形结构　　c）总线结构

图 2-4　网络拓扑结构

2. 计算机网络系统类型

计算机网络系统有多种分类方式。根据网络拓扑结构可将计算机网络系统分为集中式网络系统、分散式网络系统和分布式网络系统。集中式网络系统是指在网络系统中有一个集中交换节点，所有的信息流必须经过这个中心节点，网络的可靠性在很大程度上依赖这个中心节点。分散式网络系统是集中式网络系统的扩展，因此一个分散式网络系统中有多个具有交换功能的节点，在一定程度上提高了系统的管理功能。分布式网络系统，也称网状网络系统，是指网络系统中的每一个节点至少和其他两个节点直接相连，因此，分布式网络系统的可靠性是最高的。

根据网络的使用对象可将计算机网络系统分为公用网系统和专用网系统。公用网系统一般是国家电信部门建立的、为社会和大众提供有偿服务的网络系统。专用网系统是为某个部门建立的、满足系统内部特殊需要的网络系统，一般不向系统外的客户提供服务。例如，军队、电力等系统都有自己的专用网系统。

根据网络的交换方法可将计算机网络系统分为电路交换系统、报文交换系统、分组交换系统和混合交换系统，其中混合交换系统是指在一个网络中同时使用电路交换系统和分组交换系统。

根据网络覆盖范围的大小可将计算机网络系统分为局域网（Local Area Network，LAN）、城域网（Metropolitan Area Network，MAN）、广域网（Wide Area Network，WAN）和互联网。

此外，还可以根据通信方式将计算机网络系统分为点对点网络（Point-to-Point Network）

系统、广播式网络（Broadcast Network）系统；根据网络使用目的将计算机网络系统分为共享资源网、数据处理网、数据传输网；根据企业和公司管理范围将计算机网络系统分为内部网（Internet）、内联网（Intranet）、外联网（Extranet）和因特网（Internet）等。

2.3.3 计算机网络系统的体系结构与协议

在计算机网络系统中，计算机之间仅仅通过彼此的物理连接来发送和接收信号是不够的。在数据交换过程中，应有一套数据交换所必须遵循的规则，如二进制脉冲电信号的形式、数据包的格式、目的地址的表示方法、发送和接收信号的具体方法、差错控制的方法等。两端只有“讲相同的语言”，按照彼此认可的规则行事，才能顺利进行通信。这些在通信过程中必须遵循的规则就是通信协议或规程（Protocol）。协议是网络通信中最重要的基础，各种厂商生产的不同型号的计算机、终端设备或其他网络通信设备，只有遵从相同的协议，才能彼此通信。

计算机网络系统功能强、规模庞大，因此计算机之间的通信是相当复杂的，协议的制定和应用也是极为烦琐、复杂和困难的。为了简化通信功能的设计和实现，通常采用高度结构化的分层设计方法，将复杂的通信功能分解成一组功能明确、相对独立并且易于操作的层次功能，依靠各层次之间的功能组合，完成整个通信功能。在这个分层结构中，每一层都是建立在较低一层的基础之上来完成特定的功能，并为更高的一层提供服务。各层界限分明，避免功能上的重叠，并可使得某层的变更不至于影响其他层。分层结构中的每一层都有相应的协议，以指导本层功能的完成。网络系统的这种分层结构与各层协议的集合构成了计算机网络系统的体系结构。

1. ISO/OSI 参考模型

国际标准化组织（International Standard Organization，ISO）在 20 世纪 70 年代后期提出了开放系统互连参考模型（Open System Interconnection），又称 ISO/OSI 参考模型。该模型规定了一个七层网络通信协议，如图 2-5 所示。

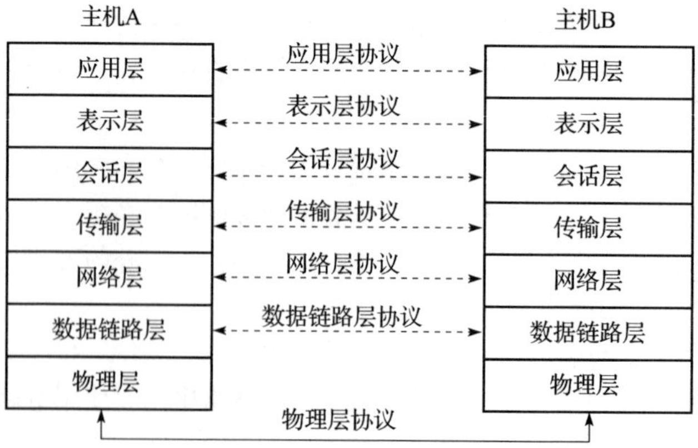

图 2-5　ISO/OSI 参考模型

尽管在实际应用中很难实现 ISO/OSI 参考模型的完整功能，但 ISO/OSI 参考模型在计算机网络中仍然具有十分重要的意义。参考模型各层含义如下。

（1）物理层：通过物理介质传送和接收原始的二进制电脉冲信号序列（位流）。

（2）数据链路层：将位流以报文分组为单位分解为数据包，附加上报头、报尾等信息，向网络层提供报文分组的发送和接收数据服务。

（3）网络层：根据报文分组中的地址，提供连接和路径选择。

（4）传输层：提供计算机之间的通信联系。

（5）会话层：负责建立、管理和拆除进程之间的连接。

（6）表示层：负责处理不同数据表达方式的差异，并提供相互转换的功能。

（7）应用层：直接与用户交互作用，具体取决于通信应用软件的特征。

ISO/OSI 参考模型只是为开放系统相互连接提供了一个概念上的功能性结构，模型中反映了通信结构多层次之间的基本逻辑关系，目的在于为计算机之间的相互连接提供一个标准框架。

2. TCP/IP

传输控制协议 / 网际协议（Transmission Control Protocol/Internet Protocol，TCP/IP）是当今最流行、应用最广泛的工业标准。目前的网络系统几乎都采用 TCP/IP 作为网络通信协议。它是许多大学及研究所经多年学术研究及商品化后得出的成果，著名的互联网就是采用 TCP/IP 进行全球范围内的网络通信的。

TCP/IP 不是指 TCP 和 IP 这两个具体的协议，而是表示 TCP/IP 族。在 TCP/IP 体系结构中，网络模型被分为应用层、传输层、网络层、网络接口层四层。其中，应用层是 TCP/IP 的最高层，与 ISO/OSI 参考模型的上三层相对应，为用户提供一些常用的应用程序服务，与传输层相配合发送或接收数据。传输层解决不同主机的应用程序之间的通信问题，即端到端的通信问题，提供格式化信息、可靠传输、应用程序识别等功能。网络层主要解决不同计算机之间的通信问题，其主要功能包括处理来自传输层的分组发送请求，检查并转发数据报，处理路径选择、流量控制及拥塞控制等问题。网络接口层是 TCP/IP 的最底层，负责接收 IP 数据报并通过网络发送，或从网络上接收物理帧，并转交给网络层。

下面再对 TCP/IP 中的几个关键概念做简要介绍。

（1）互联网协议（Internet Protocol，IP）地址。互联网是由世界各地的许许多多的计算机通过不同的方式连接在一起组成的。互联网上的每一台独立的主机都有唯一的地址与之对应，这就像实际生活中的门牌号码，每个房间都有一个独立的门牌号码与其他房间相区别。这样，在互联网上就可以根据唯一地址快速寻找计算机，而这个唯一地址就被称作互联网协议地址，简称 IP 地址。IP 地址是用来唯一标识互联网计算机的逻辑地址，在互联网上不会有两台主机有相同的 IP 地址。

IP 规定了五类 IP 地址，分别是 A 类、B 类、C 类、D 类和 E 类，其中 A 类、B 类、C 类三类是基本地址，它们之间以 IP 地址的高位来区分。地址格式规定了用作网络号和主机地址的位数，因此也就确定了各类地址的网络总数以及每个网络中的主机总数。

在实际的网络管理过程中，人们经常使用的是 A 类、B 类、C 类三类地址，它们可以适用于不同大小的物理网络。

（2）IPv6。IP 始于阿帕网（ARPANET），1981 年版的 IP 文档（RFC 791）一直是较为稳定的协议版本。由于 RFC 1700 中将 IP 报文的版本字段的值改为“4”，于是 RFC 791 便被称为 IPv4。IPv4 最突出的问题是 IP 地址不够用，虽然子网划分和超网构成策略能够在一定程度上减轻 IPv4 编址所面对的 IP 地址即将耗尽的困境，但这些策略也使路由选择变得更加复杂，而 IPv6 能够从根本上解决该问题。

与 IPv4 相比，IPv6 将 IP 地址从 32 比特增大到 128 比特，扩大了地址空间，因此可以划分为更多的层次，即具有扩展的地址层次结构和更好的 IP 包头格式。IPv6 使用新的 IP 包头格式，大大简化和加快了路由选择过程，并添加了一系列新的选项，从而通过提供许多新的选项实现多种附加功能。

（3）传输控制协议（Transmission Control Protocol，TCP）。IP 负责在互联网的主机之间传递 IP 数据包，但是 IP 并不能区分主机上的哪个应用程序或哪个用户需要传递数据。区分应用程序或用户是由端到端的传输层协议来完成的。互联网传输层提供两种服务：端到端的可靠传输服务和端到端的“尽力而为”数据包传输服务。它们分别对应传输控制协议和用户数据报协议。其中，传输控制协议是一种有连接的传输服务。有连接是指两台主机上的应用程序在通信前先建立逻辑连接，然后进行双向数据流传输，通信结束后撤销连接。

（4）用户数据报协议（User Datagram Protocol，UDP）。UDP 提供端到端、无连接、不保证可靠的数据报传输服务，它允许网上主机的应用程序之间发送数据报。由于是无连接的传输，UDP 比 TCP 的开销要小得多。UDP 也利用端口号来区分不同的应用进程，在 UDP 数据报头中要用源端口号和目标端口号分别说明源进程和目标进程。

虽然 TCP 是大部分互联网应用的基础，但是对于实时视频、音频数据的传输来说，UDP 却比 TCP 更合适，因为视频、音频的数据冗余量大，可以容忍少量丢失，不需要完全可靠传输，但不能容忍重新传输带来的时延。所以，新的实时视频、音频服务常常建立在 UDP 之上，UDP 为互联网上的实时视频、音频服务提供了极好的实验环境。

（5）文件传送协议（File Transfer Protocol，FTP）。FTP 是互联网上使用最广泛的协议之一，用来在计算机之间传输文件。FTP 不仅可以从远程计算机获取文件，而且可以将文件从本地计算机传送到远程计算机。

（6）超文本传输协议（HyperText Transfer Protocol，HTTP）。HTTP 是 Web 浏览器和 Web 服务器之间进行通信最常用的 TCP/IP。它具有以下特点：HTTP 支持浏览器与 Web 服务器之间通信及相互传送数据，一个 Web 服务器可以为分布在世界各地的许多浏览器服务；HTTP 被设计成一个非常简单的协议，使得 Web 服务器能高效地处理大量请求，浏览器要连接到服务器，只需要发送请求方式和路径等少量信息；HTTP 允许传送任意类型的数据，包括传送任何类型的对象，并能够让浏览器程序恰当地处理它们。

（7）超文本传输安全协议（Hypertext Transfer Protocol Secure，HTTPS）。HTTPS 是以安全为目标的 HTTP 通道。在 HTTP 的基础上通过传输加密和身份验证保证了传输过程的安全性。HTTPS 在 HTTP 的基础下加入安全套接层（Secure Socket Layer，SSL），以确保信息传输的安全性。因此，HTTPS 需要利用 SSL 传输加密内容。HTTPS 使用了不同于 HTTP 的默认端口，并在 HTTP 与 TCP 之间增加了一个加密 / 身份验证层，从而实现了身份验证与加密通信。目前，HTTPS 已被广泛用于互联网上安全敏感信息的传输，例如，交易支付等方面的信息。

（8）域名系统（Domain Name System，DNS）。域名系统是 TCP/IP 互联网中所实现的层次型名字管理机制，其中每个结构被称为域，最后形成的具有层次结构的名字称为域名。域名类似于互联网上的"门牌号码"，是用于识别和定位互联网上计算机的唯一地址标识，与该计算机的 IP 地址相对应。相对于 IP 地址而言，域名更便于使用者理解和记忆。域名属于互联网上的基础服务，基于域名可以提供 WWW、EMAIL、FTP 等应用服务。从直观上来看，域名就是由"."连接起来的一连串的字符。例如，www.bit.edu.cn，其中顶级域为 cn 域，第二级域为中国教育和科研计算机网络的"edu.cn"域，第三级域为北京理工大学的"bit.edu.cn"域。

2.4 互联网

2.4.1 互联网的产生与发展

互联网，又称因特网，是由美国国防部于 1969 年建立的高级研究项目部门网——ARPANET 发展而来的，它是美国国防部专门为了进行国防项目研究而建立的网络。互联网产生的目的在于：一方面将研究人员和工作分散到美国各地，避免战争和动乱对项目研究的全面破坏；另一方面通过网络将分布于美国各地参与项目研究的科研机构和大学连接起来，以便于科学家、专家和教授们进行研究成果的交流与沟通。随着冷战的结束和经济的发展，该网络已不再为国防项目研究所专用，美国官方也退出了对该网络的管理与控制。由于该网络由美国国家科学基金会（National Science Foundation，NSF）接手管理，因此被称为 NSFNET。在美国官方退出之后，网络用户不断增加，网络应用有增无减，网络技术与功能得到了很大的发展。但直到 20 世纪 80 年代初期以前，所有网络用户均为科研机构和大学，主要用于科学家、专家教授和科研人员的通信与交流。从 20 世纪 80 年代中期开始，商业机构开始连接到网络上，大量的资金投入使得网络开发与应用飞速发展，网络用户迅速增加，覆盖范围遍及全球。到 20 世纪 90 年代初，网络规模迅速扩大，已超出了 NSF 的管理与控制范围，网络进入了自我发展状态，形成了现在的互联网。目前，互联网已成为全世界应用最为广泛的计算机网络。任何一个希望应用互联网开展业务的组织机构，只要使自己的主机或网络在技术上符合互联网基于 TCP/IP 标准，并进行注册登记，就可以连接到互联网上，使本组织的网络成为互联网的网络资源。

在信息技术发展的推动和应用需求的牵引下，互联网也在发生着巨大变化。物联网的兴起、人工智能的广泛运用、移动互联网的普及、大数据和云计算等新技术的应用和发展都对互联网产生了广泛影响。

2.4.2 互联网的主要技术

1. 超链接

Web 浏览器的基本功能是导航和浏览。导航是指根据给定的超链接在 Web 中定向并从 Web 服务器中获取 Web 页面，超链接的定向位置使用统一资源定位器来描述。浏览是指解释、显示 Web 页面。

超链接以非线性的方式将信息呈现给用户。用户在浏览网页时，只需要单击感兴趣的链接，就可以获得分布在不同服务器上的信息，并且可以通过其他的超链接去访问更多感兴趣的信息。一个超链接通常由三部分构成：首先是超链接标记，表示这是一个链接；其次是属性及其值，这就定义了超链接所指的目标；最后是在超链接中显示在网页上作为链接的文字。

2. 统一资源定位器

统一资源定位器（Uniform Resource Locator，URL）使用数字和字母来代表网页文件在网上的唯一地址，从而帮助用户在互联网的信息海洋中查找到所需要的资料。

Web 上所能访问的资源都有唯一的 URL。URL 包括所用的传输协议、服务器名称和文件的完整路径。它的格式是"访问方法://服务器域名[:端口号]/目录/文件"，如"http://www.bit.edu.cn:8080/test/index.htm"。

URL 的第一部分"访问方法"表示要访问的资源类型，说明要采用的协议类型，协议类型包括"http""ftp""telnet"等。第二部分"服务器域名[:端口号]"指示一个主机域名和端口号。其中，"[:端口号]"是可选项，如果访问的端口是默认端口，则可以省略；如果是非默认端口，则不可以省略。"http"的默认端口是 80，"ftp"的默认端口是 21，"telnet"的默认端口是 23。

3. 超文本标记语言与可扩展标记语言

超文本标记语言（Hyper Text Markup Language，HTML）是基本的 Web 页面开发语言，是万维网联盟（World Wide Web Consortium，W3C）从标准通用标记语言（Standard General Markup Language，SGML）中抽取部分技术而制定的标准，是 SGML 的一个应用。它经历了 2.0、3.0、3.2 和 4.0 多个版本。

HTML 定义了一个复杂的标记集，通过使用"标记"字符串，HTML 文件可以表明 Web 页面的静态组成结构，如文字和图片的位置、大小、背景色彩以及表格的布局等。

使用 HTML 编写的 HTML 文件存放在 Web 服务器的特定文件目录中，浏览器通过网络向 Web 服务器发出读取 HTML 文件的请求，Web 服务器将所请求的 HTML 文件传送给浏览器，然后浏览器将解释 HTML 文件，并将其内容显示在浏览器上。

HTML 简单易学且通用，句法简明紧凑，加上其扩充的表格、帧、脚本等功能，使它在 Web 页面上大显身手。但是，随着 Web 的迅速发展，HTML 过于简单的弱点也越来越明显。主要体现在以下几个方面。

（1）扩展性方面：HTML 不允许用户自己设定标记和属性，因此限制了它的扩展性。

（2）结构方面：HTML 不支持描述数据库和面向对象层次的深层结构规范。

（3）数据确认方面：HTML 不支持检查输入数据合法性的语言规范。

为了弥补 HTML 的上述不足，在 SGML 简化的基础上，1998 年 W3C 宣布了可扩展标记语言（Extended Markup Language，XML）1.0 标准。与 HTML 相比，XML 在上述的三个方面进行了改进。它允许用户根据需要自行定义新的标记及属性名，以便更好地从语义上修饰数据；XML 的文件结构嵌套可以达到任意程度的复杂度并能表示面向对象的等级层次。XML 还包括了一个语法描述，使应用程序可以对此文件进行结构确认。

XML 文档通常包括两个部分：XML 标记及其内容；定义标记及其相互关系的文档类型定义（Document Type Definition，DTD）。DTD 可以和 XML 标记及其内容存放在同一个文档中，也可以单独存放。DTD 规定了文档的逻辑结构和语法，定义了页面的元素、元素的属性以及元素和属性之间的关系。

除 DTD 外，XML 还包括可扩展样式表语言（Extensible Stylesheet Language，XSL）和可扩展链接语言（Extensible Link Language，XLL）。XSL 是专门为 XML 文档所设计的高级样式表语言，它包含一个小而严格的规则集，用来说明 XML 文档中标记的行为格式；浏览器只有通过 XSL 的格式翻译才能阅读 XML 文档的内容，这样使得同一个文档可以有各种不同的显示方式。就好比一个适合用户学习特点的技术手册，它为初学者和更高一级的用户提供不同的样式，而所有的样式都是根据同样的文本产生的。XLL 提供了 XML 文档之间的链接。它由 Xlinks 和 Xpointers 组成，其中 Xlinks 定义了如何进行文档间的链接，且链接可以是双向的，也可以是多向的。当然，Xlinks 也可以使用统一资源定位器来实现链接。Xpointers 是一种链接手段，它定义了如何寻址文档，即链接到特定位置的特定文档，甚至是特定文档中的特定部分。

4. 层叠样式表单

HTML 和 XML 能够帮助我们开发基本网页，也能够对网页的格式进行简单的控制，但当需要开发一个大型网站，多个网页需要使用一致的页面风格（如字体、颜色等）时，对这些网页的统一控制将变得比较困难。层叠样式表单（Cascading Style Sheet，CSS）技术能够帮助开发者格式化多个网页，保持网站整体风格的一致性，进而有效地对页面的布局、字体、颜色、背景和其他效果实现更加精确的控制。

CSS 技术实现了格式和结构的分离，从而可对页面的布局给予更多的控制。CSS 技术提供了强大的页面布局控制能力，可以精确控制行间距和字间距，并可在屏幕上精确定位。利用 CSS，还可以帮助开发者更快、更容易地维护和更新大量的网页，只要将网站上所有的网页都指向单一的 CSS 文件，则当修改该文件中的某一行时，整个站点的格式都会随之发生变化。

◎ 阅读材料 2-2

互联网的发展历程

互联网是当今世界上最为重要的技术之一，它已经深刻地改变了我们的生活和工作方式。从最初的军事通信网络，到后来的学术研究网络，再到现在的全球信息网络，互联网的发展历程是一个充满了创新和变革的故事。

20 世纪 60 年代末期，美国国防部高级研究计划署（ARPA）启动了一个名为阿帕网的计划，旨在将不同地理位置的计算机连接起来，以便更好地共享信息和资源。阿帕网是互联网的雏形，它最初只有 4 个节点，分别设在加州大学洛杉矶分校、斯坦福研究所、加州大学圣巴巴拉分校和犹他大学。

在 20 世纪 70 年代，随着时间的推移，阿帕网开始扩展到更多的大学和研究机构。随着节点数量的增加，到 1971 年年底，已经有 15 个节点连接到阿帕网。同时，新的网络协议和技术不断出现，如电子邮件、TCP/IP、域名系统等也不断被创造出来。这些网络协议和技术为互联网的发展奠定了基础，也使得不同的网络互相连接，形成了一个更大的网络。

1971 年，阿帕网上的第一封电子邮件诞生并成功发送了。雷·汤姆林森（Ray Tomlinson）对已有的传输程序进行了改善，研制出了一套新程序，它可以通过计算机网络发送和接收信息。为了让人们拥有可识别的地址，他决定采用“@”符号，“@”前面加用户名，后面加用户所在地址，这个用法一直沿用至今。

1974 年，温顿·瑟夫（Vinton G. Cerf）和罗伯特·卡恩（Robert E. Kahn）提出了 TCP/IP。这个协议让网络上的不同计算机都能相互传输，而不用受型号、操作系统、硬件等方面的限制。经过十年的不断改进，1983 年，TCP/IP 的第四版研发成功，阿帕网放弃了 NCP，开始采用 TCP/IP。由于温顿·瑟夫和罗伯特·卡恩的巨大贡献，他们于 2004 年获得了计算机领域的最高荣誉——图灵奖。

1985 年，美国国家科学基金会在美国建立了 5 个超级计算机中心。同年，为了促进学术研究，美国国家科学基金会利用 TCP/IP 建立了美国国家科学基金会网络（NSFNET）。由于美国国家科学基金会的鼓励和资助，很多大学或政府资助的研究机构纷纷将自己的计算机加入该网络。1995 年，NSFNET 结束了服务，由多个商业网络和地区性网络接替了它的功能。

20 世纪 90 年代，互联网迎来了最大的变革，即英国物理学家蒂姆·伯纳斯 – 李（Tim Berners-Lee）于 1989 年发明了万维网（WWW）。万维网利用超文本传输协议、超文本标记语言、统一资源定位器等技术，将分散在不同计算机上的信息以网页的形式链接起来，形成了一个巨大的信息空间。万维网使得互联网变得更加丰富和方便使用，也催生了搜索引擎、电子商务、社交媒体等新的应用和服务。

21 世纪初至今，互联网进入了一个快速发展和普及的时期。随着移动设备、无线网络、云计算、大数据、人工智能等技术的发展和应用，互联网不仅覆盖了全球的绝大多数人口，而且渗透到了各行各业。同时，互联网也面临着网络安全、隐私保护、信息过载等一些新挑战。

2.5 数据库

2.5.1 数据库概述

数据库（Data Base，DB）是指按照数据结构来组织、存储和管理数据的仓库，是一个长期存储在计算机内的、有组织的、可共享的、统一管理的大量数据的集合。

信息是对客观事物及其相互关系的表征，同时，数据是信息的具体化、形象化，是表示信息的物理符号。在管理信息系统中，要对大量的数据进行处理，首先要弄清现实世界中事物及事物间的联系是怎样的，然后再逐步分析、变换，得到数据库系统。因此，数据库的形成过程，是一个对客观世界逐步认识、描述的过程，如图 2-6 所示。

（1）现实世界。它是指客观存在的事物及其之间的相互联系。客观存在的事物分为“对象”和“性质”两个方面，同时事物之间有广泛的联系。

（2）信息世界。它是指客观存在的现实世界在人们头脑中的反映。人们对客观世界经过一定的认识过程，进入信息世界形成关于客观事物及其相互联系的信息模型，在信息模型中，客观对象用实体表示，而客观对象的性质用属性表示。

（3）数据世界。对信息世界中的有关信息经过加工、编码、格式化等具体处理，便进入了数据世界。数据世界中的数据既能代表和体现信息模型，同时又向机器世界前进了一步，便于用机器来进行处理。现实世界中的事物及其联系就用数据模型来表示。

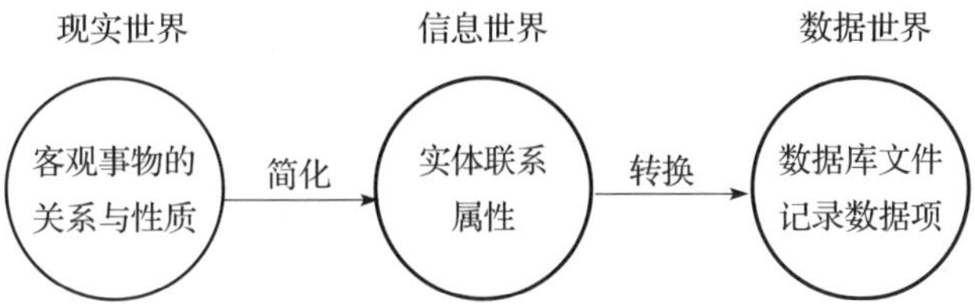

图 2-6　数据库形成过程

通过使用不同的工具，可以实现从现实世界转换到信息世界，再转换到数据世界，从而设计出数据库的基本内容。

2.5.2　数据库的结构

在数据库技术中，为了便于设计、使用和管理，提高数据与应用程序之间的独立性，采用分级的方法，将数据库的结构划分成四个层次。

（1）模式（Schema）。模式也叫作概念模式（Conceptual Suchema），它是全局逻辑级的结构，是数据库的整体逻辑结构。这种模式对应的数据库是概念级的数据库，是数据库管理员（Data Base Administrator，DBA）看到的数据库，所以也叫 DBA 视图。建立概念级数据库的目的是把所有用户子模式有机地结合在一起，形成一个逻辑整体，统一处理所有用户的要求，便于对数据进行统一控制和管理。例如，SQL Sever 中的 Table 对应的就是这里的模式。

（2）外模式（External Schema）。外模式也称子模式（Subschema），它是局部逻辑级的结构，是用户可以看到并获准使用的那部分数据的逻辑结构，因此外模式又叫作用户视图。对应外模式的数据库称为用户级数据库，它是用户可以看到并准许使用的数据库。每个用户及其应用程序使用一个外模式，多个用户或应用程序可以共享同一个外模式。外模式是模式（全局逻辑级）的子集。外模式间允许重迭，还允许模式与外模式间有若干变化，如数据名称、次序等改变。例如，SQL Sever 中的 View 对应的就是这里的外模式。

（3）内模式（Internal Schema）。内模式是数据库的存储结构，是为了提高模式对存储设备的独立性而设立的。对于模式定义的一个概念记录，可以对应存储模式中几个不同类型的存储记录。内模式与模式间也有软件可以进行转换，当数据的内模式（存储结构）发生变化时，可以通过模式 / 内模式间的映像，使模式保持不变，则用户的应用程序不变，这就提供了数据与程序的另一层次的独立性，被称为物理独立性。数据库存储模式的改变，不会影响应用程序的结果，仅影响应用程序操作数据库的效率，对应的数据库是系统程序员编制数据存取软件所使用的内容。因此，也叫作系统程序员视图。

（4）物理级数据库。物理级数据库是指数据库在物理存储设备上的组织。在这个层级中的记录是物理记录（Physical Record）或块（Block），它是物理设备存取的基本单位。内模式中的记录与物理记录间的转换由操作系统中的存取方法（Access Method）软件完成，如处理组块、跨块等。

对于一个数据库来说，实际上存在的只是物理级数据库，其他层级只不过是对物理级数据库的不同程度和不同角度的抽象。用户级数据库是用户与数据库的接口，用户根据外模式来操作处理数据，通过外模式 / 模式映像与全局逻辑级的数据库联系起来，通过模式 / 内模式映像与存储级的数据库联系起来；数据库管理系统（DBMS）完成这三级间的转换，并通过操作系统把用户对数据库的操作最终转化到物理级上去执行。

数据库结构各层级间的关系如图 2-7 所示。

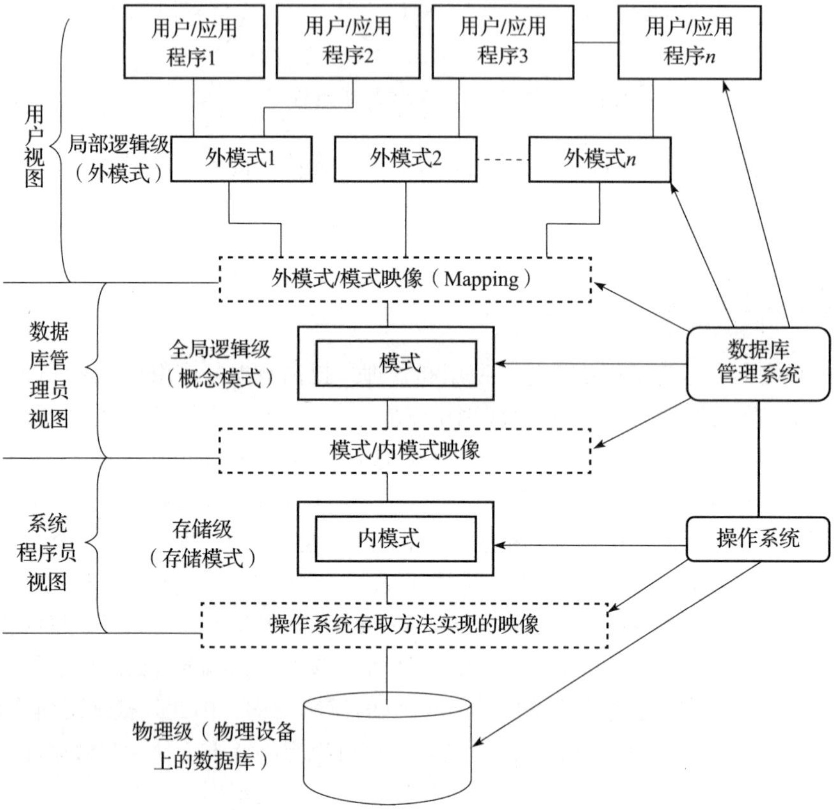

图 2-7 数据库结构各层级间的关系示意图

2.5.3 基于存储模型的数据库类型

根据数据存储模型，数据库可以分为关系型数据库和非关系型数据库。为易于理解，在此也列出了各类数据库的常见产品。准确地说，各类数据库产品是指对应的数据库管理系统。

（1）关系型数据库。关系型数据库是指采用了关系模型来组织数据的数据库，以行和列的形式存储数据，便于用户理解。关系型数据库这一系列的行和列被称为表，一组表组成了数据库。用户通过查询来检索数据库中的数据，而查询是一个用于限定数据库中某些区域的执行代码。关系模型可以简单理解为二维表格模型，而一个关系型数据库就是由二维表格模型及其之间的关系组成的一个数据组织。

关系型数据库按照结构化的方法存储数据，每个数据表都必须定义好各个字段（也就是指先定义好表的结构），再根据表的结构存入数据。这样做的好处就是，由于数据的形式和内容在存入数据之前就已经定义好了，所以整个数据表的可靠性和稳定性都比较高。但是，这种方式带来的问题就是，一旦存入数据后，如果需要修改数据表的结构就会十分困难。

常见的关系型数据库有 Oracle、SQL Server、DB2、MySQL、达梦、金仓等。

（2）非关系型数据库。随着大数据时代的到来，图片、视频、文档或网页等非结构化或半结构化数据存储的需求日益增加，以及数据爆炸式增长所带来的存储压力，使得原有主要处理结构化数据受到数据存储空间限制的关系型数据库不再能满足全部需求。非关系型数据库应运而生。非关系型数据库也称为 NoSQL（Not Only SQL）数据库，它不使用表格来存储数据，而是使用键值对、文档、图形等方式来存储数据。非关系型数据库有如下特点：数据以键值对、文档、图形等形式存储，没有固定的结构；数据之间没有明确的关系，可以通过查询语言进行查询和操作；数据库的结构可以根据需要动态调整。下面阐述几种主要的非关系型数据库。

1）面向对象数据库。面向对象数据库是一种能够支持面向对象编程的数据库，它以面向对象编程的思想为基础，将数据表示为对象，而不是关系型数据库中的表格，并通过对象之间的关系来表达数据间的联系。在面向对象数据库中，对象是数据的基本单位，每个对象都有一个唯一的标识符。面向对象数据库也支持对数据的查询、排序、过滤等操作，可以使用各种编程语言进行交互。

Oracle、Sybase、Informix 等关系型数据库也支持面向对象数据库。

2）内存数据库。内存数据库将数据存储在主内存中，而不是传统的磁盘存储。这使得读写操作更快，适用需要高性能和低延迟的应用场景。

常见的内存数据库有 Redis、Memcached、SAP HANA 等。

3）时间序列数据库。时间序列数据库主要用于处理时间序列数据，即按时间顺序排列的数据点集合，例如，股票价格或者气温数据。

常见的时间序列数据库有 Informix TimeSeries、InfluxDB 等。

4）图形数据库。图形数据库使用图结构，即结点和边来表示和存储数据。图形数据库把数据间的关联作为数据的一部分进行存储，关联上可添加标签、方向以及属性。

常见的图形数据库有 Neo4J、InfoGrid、OrientDB、GraphDB 等。

5）文档数据库。文档数据库将数据存储为一系列的文档，通常使用 JSON、BSON 或 XML 格式。文档数据库允许每个文档具有不同的数据结构，为数据的存储和检索提供了更大的灵活性和可扩展性，特别适合处理半结构化和快速变化的数据。

常见的文档数据库有 MongoDB、CouchDB、Perservere、Terrastore、RavenDB 等。

6）键值数据库。键值数据库以键值对的形式存储数据，其中键是主要标识符，值的类型可以是简单对象或复杂复合对象。键值数据库允许以其他类型的数据库无法实现的规模进行水平扩展，主要用于处理大量数据的高访问负载，适用购物车数据存储等场景。

常见的键值数据库有 Redis、SimpleDB、Scalaris、Memcached 等。

2.5.4　基于存储方式的数据库类型

根据数据存储方式，数据库可以分为集中式数据库和分布式数据库。

（1）集中式数据库。集中式数据库是一种集中存储和管理数据的方式，它把所有的数据都保存在一个中心化的服务器上。用户可以通过网络或其他方式来访问这个服务器，进行数据的查询、修改和删除等操作。集中式数据库通常具有较高的安全性和一致性，但也存在着单点故障、可扩展性不足等问题。

常见的集中式数据库有达梦、金仓、海量等。

（2）分布式数据库。分布式数据库是指将数据分散存储在多个结点上的数据库系统。不同于传统的集中式数据库，分布式数据库可以将数据按照某种规则划分为多个部分，并将这些部分分别存储在不同的结点上，各个结点之间通过网络连接进行通信和数据交换。分布式数据库主要解决了传统的集中式数据库无法满足大型互联网企业高并发、大流量的需求问题，并且具有可扩展性好、容错性强等优点。

常见的分布式数据库有 MongoDB、Cassandra、HBase、Oceanbase 等。

不同的数据库类型适用于不同的应用场景和需求，如何选择适合自己的数据库类型取决于具体的项目和数据管理的需求。

2.6 信息模型与数据模型

2.6.1 信息模型

1. 信息模型的要素

信息世界的模型是信息模型，其主要要素是实体（Entity）。任何客观存在的事物均可以是实体，可以是人，也可以是物；可以指实际的东西，如学生、学校、工厂，也可以指概念性的东西，如工作过程、操作步骤等。信息模型中的另一个要素是属性（Attribute），属性是指实体（事物）某一方面的性质或特性。学生的学号、学校的名称、工厂的性质等均是有关实体的属性。信息模型中还有一个要素是联系（Relationship），联系是指客观存在的事物之间的相互关系，通常也指实体集与实体集之间的关系。

实体分为两个层次：个体和实体集（总体）。个体是指能相互区分的、特定的单个实体。实体集（总体）是指同类个体的集合。

属性由属性名和属性值来描述。属性名表示实体性质的类型。例如，产品销售状况这一实体的属性名是货号、品名、产地、单位、销售数、单价、销售金额等。属性又可分为原子属性和可分属性。其中，原子属性是不可分割的，如职工的年龄、性别、职务等；有些属性，如工资、出生年月是可分割的，被称为可分属性。

2. 实体集联系的基本类别

两个实体集之间的联系是信息模型中最基本的联系，可将这种联系分为以下几种方式。

（1）一对一联系。设有两个实体集分别以 A 和 B 表示。A 和 B 一对一联系是指 A 中任一个体至多与 B 中的一个个体有联系，B 中的任一个体也至多与 A 中的一个个体有联系，记为 1∶1。这类联系在实际生活中的例子有很多，如在工业企业中，车间这一实体集与车间主任这一实体集是一对一联系；乘车旅客与车票之间、住院病人与病床之间也都是一对一联系。

（2）一对多联系。如果实体集 A 中至少有一个个体与实体集 B 中的一个以上的个体有联系，并且实体集 B 中任一个体至多与实体集 A 中的一个个体有联系，则称 A 和 B 是一对多联系，记为 1∶N。例如，车间与职工、产品与零件、学校与教师等都是一对多联系。

（3）多对多联系。如果实体集 A 中至少有一个个体与实体集 B 中的两个或以上个体有联系，并且实体集 B 中也至少有一个个体与实体集 A 中的两个或以上个体有联系，则称 A 和 B 是多对多联系，记为 N∶M。例如，零件与加工车间、商店与顾客、学生与课程等都是多对多联系。

实体集联系的类别如图 2-8 所示。

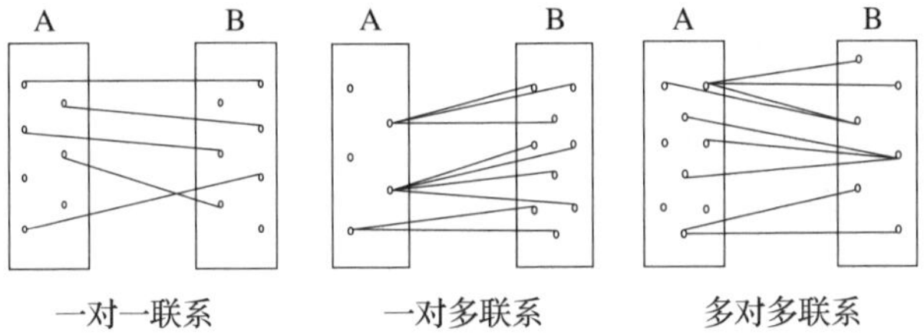

图 2-8 实体集联系的类别

3. 信息模型的描述方法

利用信息模型来描述现实世界实际是对现实世界进行抽象。找出其实体集、实体集的属性、实体集内部与外部的联系，是信息系统中数据库设计的第一步。

P.P.S.Chen 于 1979 年提出了建立信息模型的一种方法：实体 – 联系方法（Entity-Relationship Approach），简称 E-R 方法。应用此方法建立的信息模型被称为 E-R 模型。E-R 方法是一种信息结构的图示法，它主要描述实体集之间的联系。因此，E-R 模型是一种图示模型，有时又称 E-R 图。E-R 模型中使用的图形符号如图 2-9 所示，实体集及其属性的表示方法如图 2-10 所示。

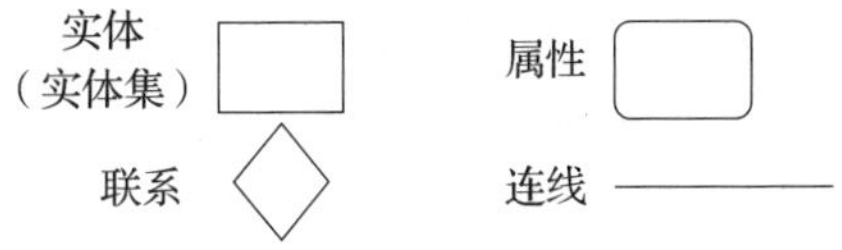

图 2-9 E-R 模型的图形符号

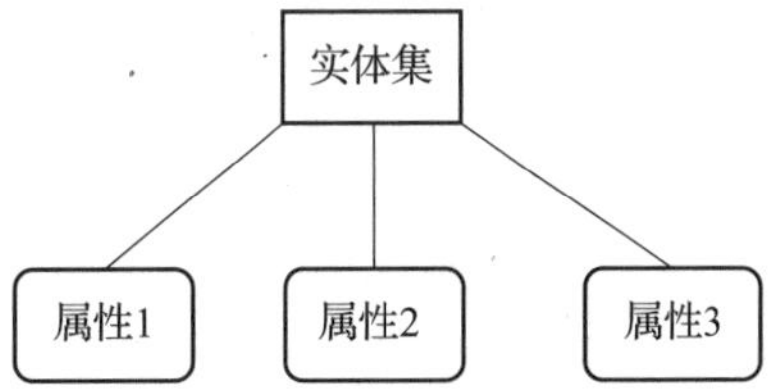

图 2-10 实体集及其属性图

通常在给某特定的实体集命名时，有可能选用某个或某几个能代表此实体集的属性名，也可以另取名称。如车间这一实体集可以包括车间代号、名称、人数、设备台数、工时定额等属性名；车间主任这一实体集包含编号、姓名、性别、出生年月、技术职称、开始任职时间、基本工资、补贴、奖金等属性名。如前所述，E-R 模型主要描述实体集（以实体型为代表）之间的联系。图 2-11 分别表示了三个实体集 1∶1、1∶N、N∶M 的 E-R 图。为简洁起见，各实体型的属性未在图 2-11 中表示。

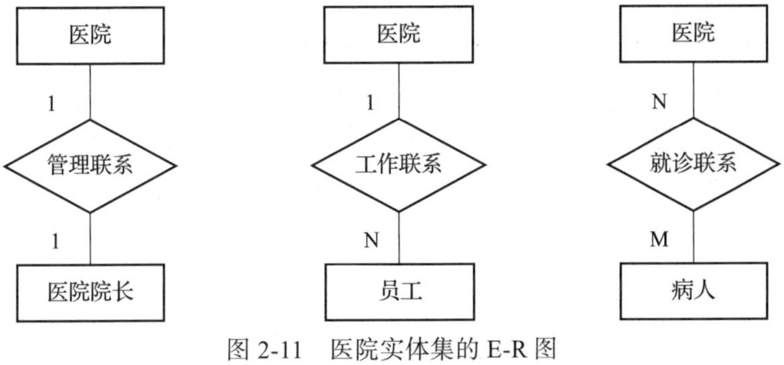

图 2-11 医院实体集的 E-R 图

E-R 图还可以表示多个实体集之间的联系。这里以工程项目的管理为例，供应商向各个工程项目供应各种零部件。供应商是一个实体集，各个工程项目、各种零部件也分别组成两个实体集。供应商可以供应各种零部件给各种不同的工程项目。每个工程项目从不同的供应商那里得到各种零部件，每种零部件可来自不同的供应商。因此，这三个实体集两两之间均为多对多联系，结构图如图 2-12 所示。

信息模型是建立数据库数据模型的基础。在管理信息处理中，必须根据管理问题的性质，对复杂事物的表现、性质及内外部联系进行深入分析，合理地定义实体集、属性及实体集的联系。所建立的 E-R 模型各部分必须意义明确、联系清楚，能准确、清晰地表达所研究事物的复杂信息结构。

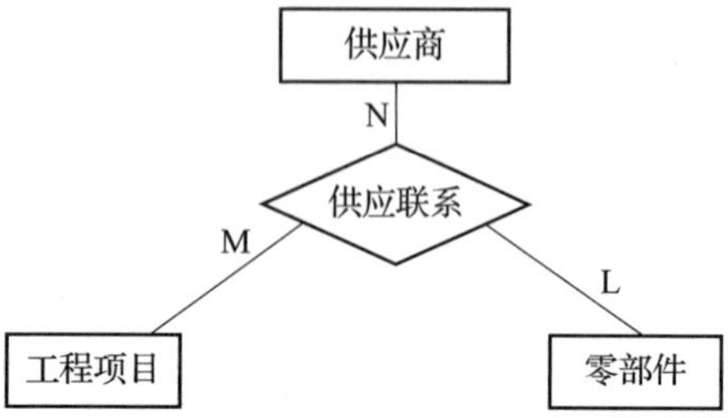

图 2-12　供应商 E-R 结构图

2.6.2　数据模型

1. 数据模型的要素

数据模型一般分为数据项、记录、文件和数据库四个层次。

（1）数据项。数据项是具有确定逻辑意义（即可描述信息内容）的数据的最小单位，它是不可再分的数据单位，一般用于说明事物的某方面性质。例如，在有关某产品销售的数据中，“产品代号”是一个数据项，它说明了某种产品，并可与其他产品相区别；同样，“单价”“销售数量”“销售金额”也都是数据项，表示产品销售中某一方面的特性。

（2）记录。记录是具有一定关系的数据项的有序集合，将描述某事物有关性质的数据项按一定的方式组织起来就形成了记录。记录常用于说明一个客观存在的事物（或事物之间的联系），例如，将产品销售的有关数据排列在一起就可形成产品销售记录（产品代号、单价、销售数量、销售金额）。

（3）文件。文件是指同类记录的有序集合。例如，将某销售部销售的全部五种产品记录按产品代号顺序排列下来就形成了一个产品销售文件，如表 2-2 所示。表 2-2 中的每一列为一个数据项，每一行为一条记录，整个表为一个文件。

表 2-2　产品销售信息表

产品代号	单价 / 元	销售数量 / 件	金额 / 元
A001	236	6	1 416
B002	52	2	104
C003	78	5	390

（4）数据库。数据库是指存储起来的相关数据的集合。相关数据无论其记录类别是否相同，均可存储在一起形成一个数据的有机整体。因此，数据库可以描述更加复杂的信息结构，可以充分地反映客观事物之间的相互关系。数据库是目前数据组织的最高形式，也是应用最广泛的数据组织的管理方法与技术。

2. 数据模型与信息模型的关系

数据模型面向数据库中数据的逻辑结构。一个数据模型实质上是一组向用户提供的规则，这组规则规定了数据是如何组织的、其结构是怎样的以及相应地允许用户进行哪些操作。数据是信息的具体表现形式，是信息载体上反映的信息内容，是接收者可以识别的符号。信息与数据具有一一对应的关系，计算机中的数据组织必须与客观世界中的信息结构相适应。数据模型就是数据组织中各层次内部、外部之间联系的描述。因此，数据模型也必须以相应的信息模型为基础。

信息模型和数据模型要素的对应关系有：实体——记录；实体型——记录型；实体集——文件；个体——特定记录；属性——数据项；属性名——数据项型；属性值——数据项值。

实体型代表了实体的结构，是属性的集合，与记录型对应。每个记录型为数据项型的组合。数据项型是指数据项的名称、数据类型和所占的存储空间。数据项值的组合构成记录值，记录值确定一个特定记录，文件则是记录型和记录值的总和。记录型是文件的一个框架，记录值是文件的内容。由于记录型确定了文件的框架，所以常常用一个记录型代表一个文件（这里只讨论同型记录组成的文件）。

在文件这个组织层次中，记录型与记录型之间是没有联系的。数据从整体上来看是无结构的，只是在一个文件内部记录之间、一个记录数据项之间的关系是结构化的。数据库不但要描述数据项、记录之间的联系，而且要描述记录型之间，也就是各种文件之间的联系。要反映客观世界复杂的信息结构，一个实用的数据库即使很小，也包含十几个至几十个记录型。

一个记录型包含一组数据项型，其中必有一个或几个是关键字，即主键。由于主键是能唯一标识一条记录的数据项的最小集合，所以往往用它来代表一个记录型。例如，职工记录型和部门记录型的关系，实际上是反映职工姓名和部门名称为代表的两个实体集之间的联系。在数据模型中，职工姓名数据项和部门名称数据项就可作为两个记录型的主键。当一个主键不能充分表达这种联系的内容和意义时，可用若干个数据项型联合代表一个记录型。数据库的数据模型主要描述记录型之间的联系。数据模型的种类有层次模型、网状模型、关系模型和面向对象模型等。这里我们主要介绍最常见的关系模型。

3. 典型的数据库模型——关系模型

（1）关系模型的概念。在实际工作中，我们经常使用各种表格（Table）来收集、整理、统计、汇总和分析有关数据，使信息处理工作及信息的使用更为方便、直观、清晰。显然，利用表格处理问题是直观自然的方法，但实际工作中使用的表格有时会很复杂，表中套表的情况很多，将这种表格用于数据库处理则不太方便。因此，关系模型对表格进行了限制。首先，它必须是二维表，另外还有对其他关于表中行、列及各数据之间关系的进一步限制，使数据及表的维护更为方便。

关系模型将数据的逻辑结构归纳为满足一定条件的二维表的形式，称为一个关系（Relation）。关系又由关系框架和若干元组（Tuple）组成，一个元组实际上就是二维表中的一行内容。组成元组的元素是分量，如果关系中的元组由 n 个分量组成，则称此关系为 n 元关系。

一个关系相当于数据模型中的同质文件，关系框架相当于其记录类型，每个元组相当于一个记录值（常代表一个实体）。关系中每一列（分量）是同类型的数据值的集合（常代表实体的属性），也称域。表 2-3 是一个关系表的简化示例（非正式）。

表 2-3 选课表

学生姓名	班号	课号	教师姓名	成绩 / 分
丁江	101911	001	刘红	90
王吉	102931	002	李明	92
冯凡	103963	003	张扬	86
⋮	⋮	⋮	⋮	⋮

表 2-3 实际表达了图 2-13 中 E-R 模型中的四个实体（班级、学生、教师和课程）及两个联系（从属联系和教学联系）。

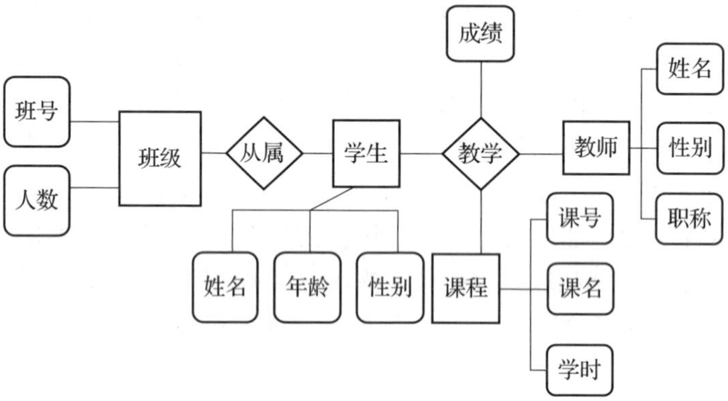

图 2-13 E-R 模型

（2）关系的规范化。我们经常会用表格来记录数据、辅助管理活动，但并不是任意的表格都能够很好地表达事实、节省空间且便于计算机处理。非规范化表格会存在大量的冗余，且不便于在计算机中进行管理。因此，在数据管理时需要使二维表规范化。通常来讲，规范化主要是满足三个范式的过程，包括第一范式、第二范式和第三范式。

1）第一范式（1NF）。第一范式有如下要求。

A. 关系中每个数据项（元组中每个分量）必须是一个不可分的数据项，即此项所表达的实体属性必须是原子属性，并且要求数据项没有重复组。

B. 表中各列是同质的，即每一列中所有数据项类型相同。各列指定一个相异的名字，列的次序任意。

C. 表中各行相异，不允许有重复的行，行的次序任意。

满足上述要求的关系，叫作第一范式，否则称为非规范形式。在建立关系数据模型时，必须将非规范形式规范化。

表 2-4 是一个学生关系的非规范形式示例，其主键由学号和课程编号共同组成。

表 2-4 学生关系的非规范形式示例

学号 *	姓名	专业编号	专业名称	电话号码	课程编号 *	课程名称	成绩
001	李红	AAA	计算机应用	11112222，13800011111	AA1	计算机基础	80
001	李红	AAA	计算机应用	11112222，13800011111	AA2	C 语言	90
002	王杰	BBB	信息管理与信息系统	22223333，13800022222	BB1	管理信息系统	85
003	徐辉	BBB	信息管理与信息系统	33334444，13800033333	BB2	企业资源计划	87
004	郑吉	BBB	信息管理与信息系统	44445555，13800044444	AA1	计算机基础	85
005	吴非	CCC	工商管理	55556666，13800055555	BB2	企业资源计划	90

注：* 表示主键。

从表 2-4 中可以看出，数据项（电话号码）有两个数据项值，这违反了第一范式所要求的实体属性必须是原子属性不可再分的原则。可将数据项（电话号码）分为两个数据项（固定电话号码和移动电话号码），从而使关系满足第一范式的要求，如表 2-5 所示。

表 2-5　学生关系的第一范式示例

学号 *	姓名	专业编号	专业名称	固定电话号码	移动电话号码	课程编号 *	课程名称	成绩
001	李红	AAA	计算机应用	11112222	13800011111	AA1	计算机基础	80
001	李红	AAA	计算机应用	11112222	13800011111	AA2	C 语言	90
002	王杰	BBB	信息管理与信息系统	22223333	13800022222	BB1	管理信息系统	85
003	徐辉	BBB	信息管理与信息系统	33334444	13800033333	BB2	企业资源计划	87
004	郑吉	BBB	信息管理与信息系统	44445555	13800044444	AA1	计算机基础	85
005	吴非	CCC	工商管理	55556666	13800055555	BB2	企业资源计划	90

注：* 表示主键。

2）第二范式（2NF）。在表 2-5 中，学生关系的主键由学号和课程编号共同组成。其中，成绩由学号和课程编号共同决定。但是，姓名、固定电话号码等非主属性仅依赖于学号，并没有依赖于课程编号；同时，课程名称仅依赖于课程编号，并没有依赖于学号。这样就导致了有些学生姓名（如李红）的信息被多次存储，有些课程名称（如计算机基础）的信息也被多次存储，从而产生了冗余。

第二范式的要求是：每个关系中的非主属性均完全依赖于主键。因此可以看出，表 2-5 满足了第一范式，但未能满足第二范式完全依赖的要求，存在着非主属性非完全依赖于全部主键。

我们对表 2-5 进行了分解，分解成分别以学号、课程编号，以及学号 + 课程编号为主键的三个关系，如表 2-6 所示，使其满足了第二范式的要求。

表 2-6　学生关系的第二范式示例

学号 *	姓名	专业编号	专业名称	固定电话号码	移动电话号码
001	李红	AAA	计算机应用	11112222	13800011111
002	王杰	BBB	信息管理与信息系统	22223333	13800022222
003	徐辉	BBB	信息管理与信息系统	33334444	1380003333
004	郑吉	BBB	信息管理与信息系统	44445555	1380004444
005	吴非	CCC	工商管理	55556666	1380005555

a）

课程编号 *	课程名称
AA1	计算机基础
AA2	C 语言
BB1	管理信息系统
BB2	企业资源计划

b）

学号 *	课程编号 *	成绩
001	AA1	80
001	AA2	90
002	BB1	85
003	BB2	87
004	AA1	85
005	BB2	90

c）

注：* 表示主键。

3）第三范式（3NF）。观察表2-6，有多个学生的专业编号是“BBB”，而专业编号“BBB”所对应的专业名称是“信息管理与信息系统”，因而这种关系也有数据冗余（同一个专业编号所对应的专业名称存储多次），容易造成数据矛盾等问题。出现这种情况的原因在于这些属性间存在着一种传递依赖关系，即：专业名称→专业编号；专业编号→学号，从而使：专业名称→专业编号→学号。也就是说，虽然专业名称和专业编号两个属性均完全依赖于主键学号，但实际上，专业名称直接依赖于专业编号，而专业编号直接依赖于学号，因此专业名称是通过专业编号的传递作用间接依赖于学号这个主键。

进一步的规范化就是要消去非主属性对主键的传递依赖性，使其满足第三范式（3NF），如表2-7所示。

表2-7　第三范式示例表

学号 *	姓名	专业编号	固定电话号码	移动电话号码
001	李红	AAA	11112222	13800011111
002	王杰	BBB	22223333	13800022222
003	徐辉	BBB	33334444	13800033333
004	郑吉	BBB	44445555	13800044444
005	吴非	CCC	55556666	13800055555

a）

专业编号 *	专业名称
AAA	计算机应用
BBB	信息管理与信息系统
CCC	工商管理

b）

课程编号 *	课程名称
AA1	计算机基础
AA2	C 语言
BB1	管理信息系统
BB2	企业资源计划

c）

学号 *	课程编号 *	成绩
001	AA1	80
001	AA2	90
002	BB1	85
003	BB2	87
004	AA1	85
005	BB2	90

d）

注：* 表示主键。

可以看出，随着规范化程度的提高，二维表会越来越多、越来越细。在实际应用中是否应该越细越好，还是需要仔细考虑的。至于怎样设计才算恰当合理，则是设计数据库时主要考虑的问题。

2.7　数据库管理系统与数据库系统

2.7.1　数据库管理系统

1. 数据库管理系统的定义

数据库管理系统（Data Base Management System，DBMS）是用户创建、管理和维护数据库时所使用的软件，位于用户和操作系统之间，对数据库进行统一管理。数据库管理系统是数据库系统的核心，是管理数据库的软件。数据库管理系统把抽象的逻辑数据处理转换成为计算机中具体的物理数据，使得用户可以在抽象意义下进行数据处理。

2. 数据库管理系统的主要功能

（1）数据定义。数据库管理系统提供数据定义语言（Data Definition Language，DDL），用于定义数据库的三级模式结构、两级映像以及完整性约束和保密限制等约束。

（2）数据操作。数据库管理系统提供数据操作语言（Data Manipulation Language，DML），供用户实现对数据的追加、删除、更新、查询等操作。

（3）数据库的运行管理。数据库的运行管理包括多用户环境下的并发控制、安全性检查和存取限制控制、完整性检查和执行、运行日志的组织管理、事务的管理和自动恢复等，即保证事务的原子性。这些功能保证了数据库系统的正常运行。

（4）数据组织、存储与管理。数据库管理系统要分类组织、存储和管理各种数据，包括数据字典、用户数据、存取路径等，还需要确定以何种文件结构和存取方式在存储级上组织这些数据，以及如何实现数据之间的联系。数据组织和存储的基本目标是提高存储空间利用率，以及选择合适的存取方法提高存取效率。

（5）数据库的维护。数据库的维护包括数据库的数据载入、转换和转储，数据库的重组和重构，以及性能监控等功能。

2.7.2　数据库系统

数据库系统（Data Base System，DBS）是指数据库及其管理、维护和使用数据库所需的计算机硬件、计算机软件和人员的总和。数据库系统一般由以下四部分组成。

（1）数据库。数据库是指长期存储在计算机内的，有组织、可共享的数据的集合。数据库中的数据按一定的数学模型组织、描述和存储，具有较小的冗余和较高的数据独立性和易扩展性，并可为各种用户所共享。

（2）计算机硬件。计算机硬件是指构成计算机系统的各种物理设备，包括存储所需的外部设备。硬件的配置应满足整个数据库系统的需要。

（3）计算机软件。计算机软件包括操作系统、数据库管理系统及应用程序。数据库管理系统是数据库系统的核心软件，在操作系统的支持下工作，解决如何科学地组织和存储数据、如何高效地获取和维护数据等问题。

（4）人员。人员主要有四类。第一类为系统分析员和数据库设计人员。系统分析员负责应用系统的需求分析和规范说明，与用户及数据库管理员一起确定系统的硬件配置；数据库设计人员负责数据库中数据的确定、数据库各级模式的设计。第二类为应用程序员，负责编写使用数据库的应用程序。这些应用程序可对数据进行检索、建立、删除或修改。第三类为用户。他们利用系统的接口或查询语言访问数据库。第四类为数据库管理员（Data Base Administrator，DBA），负责数据库的总体信息控制。

综上所述，数据库、数据库管理系统和数据库系统是相互关联的三个概念。数据库是数据存储的基本单位，负责数据的存储和管理；数据库管理系统是管理数据库的工具或软件，它提供了各种管理功能以支持用户对数据的操作和访问；数据库系统是一个完整的计算机系统，包含了数据库管理系统和其他相关软件，以及硬件设备、人员、规则和流程等元素，为用户提供全面的数据存储、管理和应用解决方案。

◎ 阅读材料 2-3

Oracle 数据库的制胜之道

Oracle 数据库是全球最流行的数据库管理系统之一，属于美国甲骨文公司（Oracle Corporation）的旗舰商业软件。甲骨文公司由拉里·埃里森（Larry Ellison）、鲍勃·迈纳（Bob Miner）和埃德·奥茨（Ed Oates）于 1977 年创办于美国硅谷，最初名为软件开发实验室（Software Development Laboratories，SDL）。经过四十多年的发展，甲骨文公司已经成为全球顶尖的软件公司之一。它的 Oracle 数据库产品的发展历程可以分为以下几个阶段。

（1）初创阶段（1977—1984 年）。1979 年，SDL 发布了第一个版本的 Oracle 数据库（Oracle V2）。Oracle V2 采用了 IBM 的 System R 数据模型，并支持简单的 SQL。在随后的几个版本中，Oracle 数据库增加了并发控制和可扩展性等功能。

（2）客户端 / 服务器阶段（1985—1997 年）。甲骨文公司于 1985 年发布了 Oracle V5，它支持客户端 / 服务器计算模型和分布式计算，标志着 Oracle 数据库开始支持网络环境和多用户访问。后来，甲骨文公司相继推出了 Oracle V6、Oracle V7、Oracle V8 等多个版本，分别增加了在线备份与恢复、触发器、并行的 SQL 执行、支持面对对象的开发等众多功能。

（3）互联网阶段（1998—2012 年）。甲骨文公司于 1998 年发布了 Oracle8i 数据库，它提供了 iFS、inerMedia、WebDB 等一系列工具，用于管理各种复杂的互联网数据，同时它还支持 Java 开发。2003 年发布的 Oracle 数据库 10g Release 1 版本进一步支持网络计算，并提供了自动化的数据库管理和监测、商务智能、非关系型数据存储等功能。伴随着互联网企业的迅猛发展，Oracle 数据库技术在可扩展性、安全性、便捷性等方面也在不断提升。

（4）云计算阶段（2013 年至今）。2013 年，甲骨文公司发布了 Oracle 数据库 12c Release 1 版本，这标志着 Oracle 数据库首次支持云计算服务，并提供了内存存储、JSON 支持、非结构数据存储、模式匹配等新功能。截至 2023 年，Oracle 数据库已经进化到 23c 版本，在图数据查询、JSON 文档分析、区块链支持等方面又有了进一步的改进。

Oracle 数据库在数据库市场上的成功，一方面源于甲骨文公司自身的研发和创新实力，另一方面也离不开甲骨文公司对一些数据库公司的战略性收购。例如，甲骨文公司于 1994 年收购了一个名为 Rdb 的关系型数据库管理系统；2005 年收购了一家拥有内存数据库管理系统 TimesTen 的公司；2006 年又收购了一家名为 Sleepcat Software 的软件公司，该公司维护和开发着一个用于存储键值数据的软件包 Berkeley DB。在这些收购中，最引人瞩目的是 2010 年甲骨文公司以 74 亿美元的价格收购了 Sun Microsystems。而在此之前，Sun Microsystems 于 2008 年以 10 亿美元的价格收购了开源数据库供应商 MySQL AB。Sun Microsystems 拥有的 Java 编程语言、Solaris 操作系统、SPARC 微处理器、网络文件系统（NFS）等核心技术则进一步提升了甲骨文公司在数据库管理系统领域的竞争力。

2.8　数据仓库与数据挖掘

2.8.1　数据仓库

1. 数据仓库的由来

数据库技术从数据管理技术发展起来，因解决了数据冗余、数据独立性与共享性等问题而得到了广泛的应用。然而，随着应用的不断深入，数据库技术也显现出一些局限性。从整体来看，由数据库发展到数据仓库的主要原因如下。

（1）数据太多，信息贫乏。随着数据库技术的发展，企事业单位建立了大量的数据库。由于数据越来越多，但辅助决策信息很贫乏，因此如何将大量的数据转化为辅助决策信息成为重点。

（2）异构环境数据的转换和共享。由于各类数据库产品的增加，异构环境的数据也随之增加，因此如何实现这些异构环境数据的转换和共享也是需要解决的问题。

（3）从利用数据进行事务处理转变为利用数据支持决策。数据库用于事务处理，但组织对数据的需求已经从简单的事务处理转变为辅助决策。若要实现辅助决策的目的，则需要更多的数据，例如，利用历史数据的分析来进行预测。因此，原有的数据库技术已经不能满足组织辅助决策的需要。

2. 数据仓库的定义与特点

数据仓库是一个面向主题的、集成的、稳定的、随时间不断变化的数据集合，用以支持企业或组织进行决策分析处理。数据仓库有以下特点。

（1）数据仓库是面向主题的。主题是一个在较高层次将数据归类的标准，每一个主题基本对应一个宏观的分析领域。例如，一家保险公司的数据仓库组织的主题可能有客户、政策、保险金、索赔等。按应用来组织则可能有汽车保险、生命保险、健康保险、死亡保险等。由此可以看出，基于主题组织的数据被划分为各自独立的领域，每个领域有自己的逻辑内涵而互不交叉；而基于应用的数据组织则完全不同，它的数据只是为处理具体应用而组织在一起。应用是客观世界既定的，它对于数据内容的划分未必适用于分析的需要。

（2）数据仓库是集成的。在数据进入数据仓库之前，必然要经过加工与集成，即数据抽取和挖掘。这一步实际上是数据仓库建设中最关键、最复杂的一步。不仅要统一原始数据中的所有矛盾之处，如字段的同名异义、异名同义、单位不统一、字长不一致等，还要将原始数据结构做一个从面向应用到面向主题的大转变。

（3）数据仓库是稳定的。数据仓库反映的是历史数据的内容，而不是处理联机数据。因而，数据经集成进入数据仓库后极少或根本不更新。

（4）数据仓库是随时间不断变化的。首先，数据仓库内的数据时限要远远长于操作型环境中的数据时限。数据仓库保存数据时限较长是为了适应决策支持系统进行趋势分析的要求。其次，操作型环境包含当前数据，即在存取一刹那是正确、有效的数据；而数据仓库中的数据都是历史数据。最后，数据仓库数据的码键都包含时间项，标明了该数据的历史时期。

3. 数据仓库的结构

斯坦福大学“WHPS”课题组提出的一个基本的数据仓库模型如图 2-14 所示。

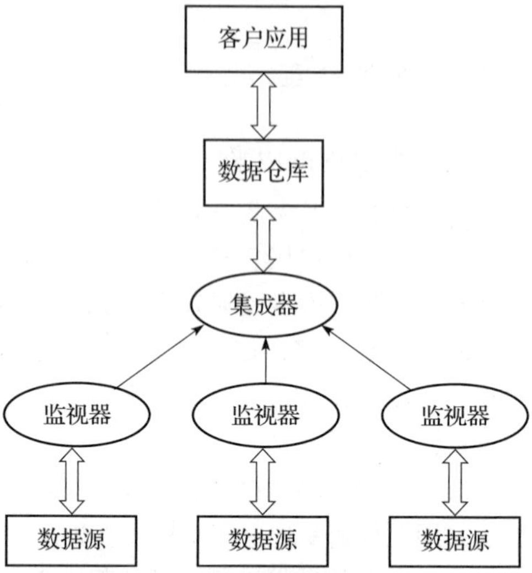

图 2-14　数据仓库模型

该图精简地提炼出了构成数据仓库的最基本框架。严格说来，任何一个数据仓库结构都可以从这一基本框架发展而来，实现时往往还要根据分析处理的具体需要增加部件。为了能够将已有的数据源提取出来，并组织成可用于决策分析所需的综合数据的形式，一个数据仓库的基本体系结构应有以下几个基本组成部分。

（1）数据源：为数据仓库提供最底层数据的数据库系统及外部数据。

（2）监视器：负责感知数据源发生的变化，并按数据仓库的需求提取数据。

（3）集成器：对从运作数据库中提取的数据进行转换、计算、综合等操作，并集成到数据仓库中。

（4）数据仓库：存储已经按企业级视图转换的数据，供分析处理用。根据不同的分析要求，数据按不同的综合程度存储。数据仓库中还应存储元数据，其中记录了数据的结构和数据仓库的任何变化，以支持数据仓库的开发和使用。

（5）客户应用：供用户对数据仓库中的数据进行访问查询，并以直观的表现工具表示分析结果。

4. 数据仓库的关键技术

数据仓库的关键技术分为数据抽取、数据存储与管理以及数据表现三个基本方面。

（1）数据抽取。数据抽取是数据进入数据仓库的入口。由于数据仓库是一个独立的数据环境，它需要通过抽取过程将数据从联机事务处理系统、外部数据源、脱机的数据存储介质中导入数据仓库。数据抽取在技术上主要涉及互连、复制、增量、转换、调度和监控等方面。数据仓库中的数据并不要求与联机事务处理系统保持实时同步，因此，数据抽取可以定时进行，但多个抽取操作执行的时间、相互的顺序、成败对数据仓库中信息的有效性至关重要。

（2）数据存储与管理。数据存储与管理是数据仓库的关键。数据库中的数据在进入数据仓库之前，必须经过规范化处理。根据在数据中所描述的映射关系和各种整理规则，把来自不同数据源的数据转换到数据仓库中，对数据进行清洗、增强、变换和加载等处理，并且根据在元数据中所描述的检验规则和专家知识，消除数据的不一致性和不合理性。

（3）数据表现。要使数据仓库发挥其真正的作用，必须要有一个强有力的分析工具。数据仓库表现工具包括报表生成工具、联机分析处理（OLAP）、数据挖掘、决策支持工具。它们能从大量的数据中提取出原来未知的数据间的相互关系，找出数据间潜在的模式，发现经营者可能忽略的信息，并为企业做出基于知识的决策。

2.8.2　数据挖掘

1. 数据挖掘技术的发展

20 世纪 80 年代，一些学者开始用统计学、机器学习等方法处理大型商业数据库中的数据，从而产生了一个新的术语——数据库中的知识发现（Knowledge Discovery in Database，KDD）。KDD 泛指所有从源数据中发掘模式或联系的方法，常用来描述从最开始的制定业务目标到最终的结果分析和展示的整个过程，而数据挖掘是其中最为重要的一个环节。

现在，数据挖掘技术已经在众多行业得到了应用。其中，最经典的应用当属“啤酒和尿布”的故事。20 世纪 90 年代，沃尔玛建立了数据仓库，按周期统计产品的销售信息。通过数据挖掘技术的分析发现，每逢周末，位于某地区的沃尔玛的啤酒和尿布销量很大，之后该店就将啤酒和尿布的货架放在了一起，这使得啤酒和尿布的销量进一步增长。由此，我们可以看出，数据挖掘技术可以找出那些深藏在数据当中且不为人们所知的信息。

2. 数据挖掘的定义

从技术角度看，数据挖掘就是指应用一系列技术从大型数据库或数据仓库的数据中提取人们感兴趣的知识和信息。这些知识和信息是隐含的、事先未知而潜在有用的。被挖掘出来的知识一般表示为概念、规则、规律和模式等形式。

从商业角度看，数据挖掘是指从大型数据库或数据仓库中发现并提取隐藏在其中的信息的一种新兴的商业分析技术，能够帮助决策者寻找数据间的潜在关系，发现被忽略的因素。这些信息和因素对预测趋势和决策行为是至关重要的。

3. 数据挖掘的任务

数据挖掘的任务分为描述性任务和预测性任务两类。描述性任务主要是指刻画数据库中数据的一般特性，而预测性任务是指在当前数据的基础上推断，以进行预测。基础的数据挖掘任务主要包括关联分析、聚类、异常分析、分类与回归等，其中关联分析、聚类、异常分析属于描述性任务，而分类与回归属于预测性任务。

（1）关联分析。关联分析是指发现两个或两个以上变量的取值之间存在的规律。通过关联分析，可以发现大规模数据集中有意义和有价值的联系。例如，Apriori 算法是一种代表性的频繁项集挖掘（Frequent Itemset Mining）方法，前面提到的“啤酒和尿布”的故事属于该类方法的一种典型应用。

（2）聚类。聚类是指自动寻找并建立分组规则的方法。聚类算法可以判断样本之间的相似性，并把相似样本划分在一个簇中。聚类属于无监督学习，不依赖预先定义的类别和带有类别的数据。聚类方法具有广泛的应用，例如，聚类方法能够帮助市场分析人员将整个客户群体自动地划分为规模不同的客户子群体。

（3）异常分析。异常分析是指发现数据集中与正常数据不一致的异常数据或异常模式的过程。通过异常分析，可以发现数据中的反常实例、模式的例外、结果对期望的偏差等。异常分析既有基于统计学的方法，也有基于机器学习的方法。异常分析方法已经被应用于设备的故障检测、网络安全中的入侵检测、金融行业中的欺诈检测等多个领域。

（4）分类与回归。分类算法可以学习出一组类别已知的数据中所含有的分类模式，然后据此预测出分布相同的其余数据的类别。回归与分类非常相似，不同之处在于分类算法的预测值属于离散型，而回归算法的预测值是连续型的。分类与回归算法都属于机器学习中的监督式学习（Supervised Learning）方法。分类与回归算法在各个领域中都有广泛应用，例如，金融行业可以利用回归算法来预测一些经济指标的变化趋势，电子商务行业可以利用分类算法来挖掘忠诚的客户。

经过数十年的发展，数据挖掘技术突飞猛进，针对时序数据、空间数据、文本数据、网络数据等各种类型的数据都出现了大量的新型数据挖掘方法。

2.9 数据中台

1. 数据中台的基本概念

2015年，国内知名IT公司阿里巴巴在了解了芬兰的Supercell公司的中台概念之后，提出了“大中台、小前台”的组织和业务机制。2018年，腾讯、百度、美团、京东等各大互联网公司纷纷提出了中台战略，并进行了组织架构调整和技术实施。随后，很多公司不断效仿这些顶尖公司开始构建中台。数据中台、业务中台等各种中台概念层出不穷，中台建设也开始从互联网行业扩散到其他行业。

在各种中台中，数据中台通过汇聚、开发、治理和运营企业的各种数据，将数据变成企业资产，以共享的方式服务各个场景的业务，在诸多企业中备受欢迎。对于什么是数据中台，数据中台领域领先企业数澜科技的创始人付登坡等人在《数据中台：让数据用起来》㊀一书中给出了数据中台的定义：“数据中台是一套可持续‘让企业的数据用起来’的机制，是一种战略选择和组织形式，是依据企业特有的业务模式和组织架构，通过有形的产品和实施方法论支撑，构建的一套持续不断地把数据变成资产并服务于业务的机制。”国内领先的中台服务提供商云徙科技在《中台实践：数字化转型方法论与解决方案》㊁一书中将数据中台定义为：“数据中台是一种将企业沉睡的数据变成数据资产，持续使用数据、产生智能、为业务服务，从而实现数据价值变现的系统和机制”。此外，在2019年发表的论文“数据中台技术相关进展及发展趋势”中，苏萌等人认为数据中台可定义为“一个集数据采集、融合、治理、组织管理、智能分析为一体，将数据以服务方式提供给前台应用，以提升业务运行效率、持续促进业务创新为目标的整体平台”。

尽管上述三种定义的表述不一，但是可以看出，数据中台不是一套数据仓库系统，也不是一个单一的大数据技术平台，而是一套关于如何将数据资产化和服务化的机制或解决方案，数据仓库或大数据技术只是其中的一部分组成要素。

2. 数据中台的架构

数据中台的架构当前还没有统一标准，但是数据中台的架构主要包括数据技术平台、数据资产管理体系、数据服务体系以及数据运营体系。

（1）数据技术平台。数据技术平台是提供实时和非实时的大规模数据采集、存储、计算等工具的大数据技术平台。

㊀《数据中台：让数据用起来》第2版已于2024年1月由机械工业出版社出版。
㊁《中台实践：数字化转型方法论与解决方案》已于2020年9月由机械工业出版社出版。

（2）数据资产管理体系。数据资产管理体系则包含了数据和元数据的标准、质量、安全、生命周期等方面的体系建设和管理。

（3）数据服务体系。数据服务体系主要是指将计算能力根据业务需求进行抽象和封装，让不同场景的业务可以通过服务应用程序编程接口（API）来使用数据资产，从而让业务创造更多价值。

（4）数据运营体系。数据运营体系的主要任务在于通过成立专门的组织，从数据的质量、安全、价值、成本等维度对数据中台进行运营，让数据中台能够可持续和高质量地服务业务需求。

3. 数据中台的价值

数据中台的价值主要有以下四个方面。

（1）以一种统一的方式汇聚和联通企业各类数据，克服企业内部各部门中数据的分散、割裂、重复等问题。

（2）对数据进行标准化、体系化、全链条的管理，让数据从采集到接入业务的整个过程变得有序、规范、高效和安全。

（3）将企业的各类数据转化为资产，支持企业的高效运营和决策，促进企业的管理和商业模式的创新。

（4）整合各类业务数据，以可复用的方式快速服务于不同业务，形成一条以业务为导向的闭环。

◎ 阅读材料 2-4

数据科学驱动的 Airbnb

Airbnb（爱彼迎）是一家总部位于美国的住宿预订平台。它通过互联网技术帮助房东和房客建立联系，提供全球各地的住宿选择，包括公寓和别墅等各种类型的房源。截至 2022 年 12 月，Airbnb 已经在全球 220 多个国家和地区拥有 660 万个房源，并为客户提供了超过 14 亿次的短租服务，成为全球最大的短租住宿平台之一。

自 2007 年成立以来，Airbnb 作为提供房屋短租服务的共享经济平台，发展十分迅猛。那么，它是如何帮助全球旅行者找到符合他们需求的住房，以及如何帮助房东设定合适的价格吸引房客的呢？答案是，Airbnb 把数据赋能业务这一策略做到了极致。在 Airbnb 初创之时，它就前瞻性地筹建了自己的数据团队，而不是像很多公司那样待业务成熟之后才筹建。根据 ProjectPro 网站上 2023 年 7 月发布的文章可知，Airbnb 每天产生 20TB 的数据，处理超过 100 万次的搜索查询和大约 1 000 万次的网络请求。由此可见，大数据的存储、计算、分析和挖掘对 Airbnb 的发展至关重要。正如 Airbnb 的数据科学团队负责人莱利 · 纽曼（Riley Newman）所说："数据是客户的声音，是客户活动的有效记录，表达了他们采用或没采用产品的决策。数据科学家能够把这些决策转变为他人能理解的故事。"

Airbnb 使用开源大数据技术框架 Hadoop 来存储和处理海量的房屋、房东、房客等相关数据。此外，为了保障大量 Hadoop 任务的高效运行，Airbnb 还开发了自己的工作流系统软件 Airflow。在 Airbnb 的数据科学团队中，自然语言处理、个性化推荐、图像处理、回归分析、A/B 测试等技术得到了充分的利用。例如，Airbnb 利用情感分析技术从房客的在线评论文本中抽取房客的真实情感，用于修正星级评分可能过高的问题；Airbnb 也使用协同过滤等技术对房客的偏好建模，实现房客需求和房源之间的精准匹配；Airbnb 还利用 A/B 测试来验证他们新设计的网页功能或推荐算法等是否有效。此外，Airbnb 还花费了数月的时间，利用机器学习技术和其他建模方法，开发了一套名为"Aerosolve"的动态定价软件，以帮助房主设定合理的价格。这个软件能让房东在一个电子日历上清楚地看到他们自己设定的价格是否合理，哪些天他们的住房可能被租出去、哪些天不能，并且这个软件会给出对应的价格建议，用于增加这些房屋被预订的可能性。

Airbnb 变革了全球旅行者的租房体验，也为旅游景点所在地的居民带来了新收入。其中，数据科学在 Airbnb 的实际业务中发挥了不可替代的驱动作用。

2.10 前沿信息技术

2.10.1 人工智能

1. 人工智能的基本概念

人工智能（Artificial Intelligence，AI）这个名词最早由约翰·麦卡锡（John McCarthy）于 1956 年夏天在美国达特茅斯学院举办的暑期研讨会上提出。此后，很多学者对人工智能给出了各自的定义，尽管这些定义的表述并不一致，但是人工智能的基本内涵可以概括为：通过计算机或机器来模拟和拓展人类智能的理论、方法、技术及应用系统，这里的智能包括但不限于感知、学习、推理、规划、决策等能力。人工智能是一门交叉学科，与计算机科学与工程、逻辑学、数学、控制理论、认知心理学、神经科学、经济学、语言学等很多学科具有紧密的关联。人工智能的研究内容非常广泛，包括面向问题求解的搜索策略、基于数理逻辑的知识表示与推理、规划、机器学习、自然语言处理、计算机视觉、机器人等分支。在六十余年的波浪式发展过程中，人工智能形成了符号主义、联结主义、行为主义等多个学派。近年来，将符号主义和联结主义融合的研究成为了人工智能领域的一个重要新兴研究趋势。人工智能主要学派的简介如下。

（1）符号主义（Symbolism）学派。这个学派的研究主要利用符号逻辑对人类的思维活动进行形式化表示和推理，它在人工智能的早期研究中占据了主导地位。艾伦·纽厄尔（Allen Newell）、赫伯特·西蒙（Herbert Simon）和克利夫·肖（Cliff Shaw）发明的逻辑理论家（Logic Theorist）属于该学派的一项代表性成果。

（2）联结主义（Connectionism）学派。该学派的研究主要通过人工神经网络等模型来模拟人类大脑的工作方式，代表性工作有弗兰克·罗森布拉特（Frank Rosenblatt）于 1957 年发明的感知器（Perceptron）。近年来，非常盛行的深度学习及大规模语言模型等均属于联结主义学派。

（3）行为主义（Actionism）学派。这个学派的研究主要以控制论（Cybernetics）为理论基础，通过观察和学习人类与环境的交互行为来实现人工智能，代表性成果有罗德尼·布鲁克斯（Rodney Brooks）研制的机器虫。

2. 人工智能的关键技术

机器学习、自然语言处理、计算机视觉等人工智能技术在近年来的信息系统中具有丰富的应用和重要的影响，这些技术的基本概念如下。

（1）机器学习（Machine Learning）。机器学习是人工智能中的一个重要分支，涉及概率论、统计学、随机过程、最优化、线性代数等学科，主要研究如何通过计算方法学习从系统中观察到数据中蕴含的模式或规则，从而改善系统的性能。根据数据和学习方式的差异，机器学习通常分为监督学习（Supervised Learning）、无监督学习（Unsupervised Learning）、半监督学习（Semisupervised Learning）和强化学习（Reinforcement Learning）。监督学习从带有标注信息（即输出）的训练数据（即输入）中学习输入与输出之间的映射关系（即模型），然后训练得到的模型就能预测具有相同分布的测试数据的标注信息。根据标注信息是连续值还是离散值，监督学习还可以分为分类（Classification）与回归（Regression）。常用的监督学习方法有线性回归、朴素贝叶斯分类器、决策树、随机森林、支持向量机、人工神经网络等。无监督学习不需要标注信息，直接根据数据的内在结构或分布来学习数据蕴含的特征或规律，常见的算法包括 K 均值算法、密度聚类（Density-based Clustering）等聚类方法，以及主成分分析（Principle Component Analysis）等降维（Dimension Reduction）方法。半监督学习使用的训练数据中一部分有标注，一部分没有标注，这类算法通过在模型训练中利用未标注的数据来提升学习性能，主要有生成式半监督学习、半监督支持向量机、图半监督学习，以及基于分歧（Disagreement-based）的半监督学习等常见方法。强化学习主要研究智能体（Agent）如何在与环境的动态交互中不断感知环境的状态并采取行动，从而让与目标对应的奖励（Reward）最大化。强化学习的研究问题通常使用马尔可夫决策过程（Markov Decision Process，MDP）来形式化表示。强化学习的研究内容包括动态规划、蒙特卡罗方法、时间差分学习、策略优化、分层强化学习、深度强化学习等。

（2）自然语言处理（Natural Language Processing，NLP）。作为人工智能的一个重要分支，自然语言处理是一门融合了计算机科学与语言学的交叉学科。自然语言处理主要研究如何让计算机处理、理解并生成自然语言，从而让人与计算机之间能够使用人类语言交流。自然语言处理的研究对象既包括对文本的处理和理解，也包括对语音的处理。自然语言处理的研究内容非常广泛，较为基础的研究内容包括自动分词、词性标注、命名实体识别、词义消歧、句法分析、语义分析、语言模型等，而面向应用的研究内容主要包括信息抽取、自动文摘、文本分类、知识图谱、信息检索、问答系统、机器翻译、语音识别、语音合成等。在研究方法方面，自然语言处理领域在 20 世纪 50 年代—20 世纪 80 年代主要以基于规则的方法为主。随着统计机器学习在 20 世纪 90 年代开始盛行，该领域的研究者也开始大量使用支持向量机、条件随机场等统计机器学习方法，而大约在 2010 年，基于人工神经网络的深度学习技术逐渐在该领域成为主流。

近年来，在很多自然语言处理任务上，大规模预训练语言模型（Large Pretrained Language Model，以下简称“大模型”）取得了超越常规机器学习方法的优异成绩，正成为自然语言处理领域的一种新范式。大模型的预训练一般采用基于 Transformer 的深度神经网络架构，其中 Transformer 架构能够使用自我注意力机制来捕获输入序列中的长距离依赖关系。大模型通过在大量语料库中进行无监督学习，从而理解语言中蕴含的各种模式。训练完成后，大模型能够生成连贯的文本，从而具备问答和翻译等任务。然而，大模型可能会生成不准确或带有偏见的内容，因此在使用时需要谨慎。此外，大模型的计算和存储需求非常高。尽管存在不少挑战，但大模型在自然语言处理的各种应用中都显示出了巨大的潜力。

（3）计算机视觉（Computer Vision）。计算机视觉主要研究如何让计算机自动地抽取、分析和理解数字化的图像或视频数据中的内容。计算机视觉也是一门交叉学科，涉及几何、信号处理、数字图像处理、神经生物学、机器学习等多门学科。与数字图像处理不同，计算机视觉的主要关注点是对图像或视频数据中的结构或语义信息进行抽取与分析，而不是对一张二维图像进行降噪、旋转、压缩等变换。计算机视觉处理的数据来自照相机、雷达、X 射线仪器、红外线仪器、超声波仪器等多种成像设备。其研究内容主要包括图像分类、图像识别、3D 场景重建、运动估计、图像修复、图像合成等，这些技术已被应用于人脸识别、汽车自动驾驶、医学图像分析等领域。自 2012 年以来，深度学习技术被广泛应用在图像分类、图像检测、图像合成等计算机视觉任务上，取得了令人瞩目的成绩，例如，微软于 2015 年提出的深度学习模型 ResNet 以 96.43% 的准确率超越了人类的 94.9% 的准确率。

2.10.2 大数据技术

1. 大数据的基本概念

2011 年 5 月，麦肯锡全球研究院发布了《大数据的下一个前沿：创新、竞争和生产力》报告，其中给出了大数据的定义："大数据是一种规模大到超出了传统数据库软件工具的获取、存储、管理和分析能力范围的数据集。"大数据的特征通常可以从体量、种类、速度、真实性、价值等五个维度来描述，图 2-15 为大数据的 5V 特征。

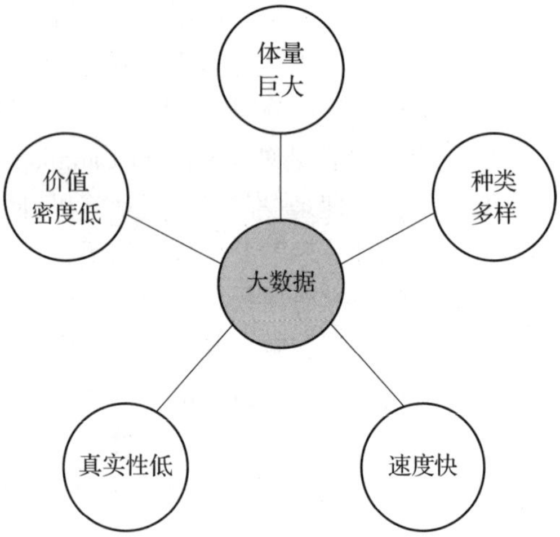

图 2-15　大数据的 5V 特征

（1）体量（Volume）巨大。随着互联网、移动通信、物联网等网络技术在众多行业的应用，以及智能手机、平板电脑、可穿戴设备等移动终端的普及，很多企业和组织每天能够产生 GB、TB 或 PB 以上的数据，这给传统数据分析工具带来了巨大的挑战，但是这些海量数据中蕴含的价值也带来了很多机遇。

（2）种类（Variety）多样。以百度的搜索为例，从大数据的来源来看，其数据来源至少包括百度搜集的各种网页、网民的搜索关键词、网民百度账号中的个人信息、百度的服务器集群的日志等。另外，从大数据类型来看，大数据经常包括结构化数据（如性别、年龄、生日等个人信息）、非结构化数据（如文本文件、图片、音频、视频等）和半结构化数据（如 XML、HTML 等文件）。

（3）速度（Velocity）快。一方面，很多大数据的产生非常快速；另一方面，一些企业或组织的业务需要以实时或近实时的速度来采集、处理和分析大数据。例如，京东等大型电子商务网站举办促销活动的当天，它的信息系统就会面临上述两方面的情况。

（4）真实性（Veracity）低。这里的真实性主要是指大数据的质量和可靠性。由于大数据的来源广泛，一些数据通常会遇到缺失、错误、混杂等问题。如果不及时处理这些有问题的数据，就会对从大数据中挖掘有价值的信息时造成不利影响，从而导致“垃圾进、垃圾出”的结果。

（5）价值（Value）密度低。通过大数据存储、计算、分析和挖掘技术，可以从大数据中发现丰富的信息和知识，为各领域的生产、运营和决策等活动提供支持，从而提高组织的工作效率和创新能力。然而，与大数据庞大的体量相比，高价值知识在大数据中的比例相对较低，想要挖掘出这些知识具有一定的技术难度。

2. 大数据关键技术

传统的数据存储与计算主要采用集中式方式，一般情况下通过单台高性能的计算机来完成。与之不同的是，大数据的存储和计算主要依靠分布式的计算机系统，其中最为关键的技术包括分布式文件系统、分布式计算系统和分布式数据库系统。

（1）分布式文件系统。为了满足常规数据存储的需求，传统的集中式存储方式主要有增加硬盘等存储介质的容量，或者使用独立冗余磁盘阵列（Redundant Array of Independent Disks，RAID）技术将多块硬盘整合。然而，在大数据时代，集中式存储难以满足 PT 级以上的数据存储，因此，分布式存储技术应运而生。分布式文件系统的基本原理是通过网络将多台计算机组成一个集群，将一个文件分割成多块，这些块被复制多份并分散存储在集群中不同的计算机上，从而提升了文件系统的可用性、扩展性、可靠性和存取效率。在设计和实现分布式文件系统时，通常需要考虑数据的一致性、负载均衡、容错性等问题。常见的分布式文件系统有 HDFS、Ceph、Lustre 等开源软件，也有谷歌公司的 GFS 和亚马逊公司的 Amazon S3 等私有软件。

（2）分布式计算系统。提升单台计算机上的内存和 CPU 等硬件的性能已经无法满足很多大数据处理和分析的需求，因此研究人员开始探索如何构建一套能够综合利用多台计算机算力的计算机系统。分布式计算系统的基本原理是将一项计算任务分解成多个子任务，再将这些子任务通过网络分配到不同的计算结点上并进行计算，各个子任务计算完成后再合并成一个最终结果。分布式计算系统不仅处理任务划分和分配，还负责不同计算机结点之间的通信和任务调度，以及整个系统的性能优化。在应用分布式计算系统时，需要利用分布式计算系统软件提供的应用程序接口，根据具体应用编写分布式程序。在实际的大数据业务场景中，有些业务涉及一段时间内批量的历史数据，通常采用离线的批处理计算方式，而一些业务涉及实时或近实时的增量数据，则采用流处理计算方式。对于批处理，常见的分布式计算系统有 Hadoop MapReduce 和 Apache Spark。对于流处理，常用的分布式计算系统有 Spark Streaming 和 Apache Storm。此外，Apache Flink 是一个高性能的开源流式数据处理框架系统，同时支持批处理和流处理。

（3）分布式数据库系统。分布式数据库系统由分布式数据库和分布式数据库管理系统构成。其中，分布式数据库是指分布在多个不同计算机网络结点上的逻辑相关的数据库组成的一个整体。分布式数据库管理系统则是指管理分布式数据库并对用户提供统一、透明的访问机制的软件。这里的透明是指尽管同一份数据被分散存于多个物理位置不同的存储设备上，但是由于数据的分割、复制和分布对用户而言是隐藏的，用户会感觉自己在使用一个集中式数据库系统。分布式数据库系统具有易于扩展、较高的可靠性和可用性、较快的访问效率和处理速度等优点。常用的开源分布式数据库系统有 Apache HBase、Apache Cassandra、MongoDB 等。

构建一个实用的大数据平台不仅需要分布式文件系统、分布式计算系统、分布式数据库系统等核心技术，还需要一些其他软件来进行数据采集、数据转换、数据分析与挖掘、系统资源和运行任务的调度等。例如，互联网行业常使用 Flume 等软件收集海量的日志数据，用 Sqoop 等软件将 MySQL 关系数据库中的数据导入分布式文件系统，用 Apache Kafka 来处理实时的流式消息数据；Hive、Spark SQL 和 Impala 等软件被用于在分布式存储系统上对结构化数据实行类似 SQL 的查询等操作；Elasticsearch、Apache Solr 、Apache Lucene 等软件常被用作分布式搜索引擎；MLlib、Mahout、Giraph 等软件被用于分布式的机器学习或图计算。此外，YARN 等软件被用于大数据平台的资源调度，Apache Oozie 则常用于管理和调度 Hadoop 任务，ZooKeeper 用于为分布式应用提供协同服务。

2.10.3 云计算

1. 云计算的定义及特点

云计算（Cloud Computing）在学术界和企业界存在多个定义，美国国家标准与技术研究所给出的定义使用较为广泛。该定义指出云计算是一种计算模型，它使得通过网络随时地、便捷地、按需地使用可配置的计算资源共享池（例如，网络、服务器、存储、应用程序和服务等）成为现实，也大量减少了快速提供和释放这些计算资源所需的管理工作或与服务提供者的交互。云计算主要有以下五个方面的特点。

（1）按需使用的自助服务。按照云计算服务提供商官网上的操作指南，云计算用户可以独自获取所需的计算资源并且支付相应的费用，不需要与云计算服务提供商进行人与人之间的交互。

（2）广泛的网络接入。云计算用户需要通过互联网才能使用云端的计算资源。用于上网的设备可以是个人计算机、服务器、工作站等传统计算机，也可以是平板电脑或智能手机等移动设备。

（3）计算资源的池化（Pooling）。通过分布式计算、虚拟化、Web 技术等一系列技术，计算、存储、网络带宽、应用软件等大量计算资源被汇聚在云端，云计算用户可以根据需求购买相应的云计算资源。在一般情况下，用户不用考虑计算资源涉及的硬件品牌、参数、地理位置等信息，但是用户可以根据云计算服务提供商的使用指南设置相关信息。

（4）快速和弹性的资源配置。根据业务的动态变化，用户可以快速地增加或减少所需的云计算资源。除了可以手动调整资源的数量，部分云计算服务提供商还允许用户设置一些策略来实现自动扩充或减少云计算资源。

（5）可计量的服务。云计算服务提供商通常拥有一套能够准确地度量、控制和汇报用户资源使用量的机制和技术，并制定了定价和计费规则。不同云计算服务的计费方式并不相同，例如，可以基于资源使用时间、实际使用量、资源配额等计费。用户可以在云计算系统中看到自己的资源使用情况，然后根据需求进行调整和优化。

2. 云计算的类型

根据云计算服务的部署和运营情况，云计算主要有以下几类。

（1）公有云。公有云服务提供给公众使用。公有云的拥有者可以是企业、学术机构或政府机构等。常见的公有云服务供应商有阿里巴巴、腾讯、华为、亚马逊、谷歌、微软等大型 IT 企业。对中小企业和个体用户而言，他们不用自己构建和维护云计算系统，公有云提供了一种便捷的计算资源使用渠道。

（2）私有云。相对于公有云，私有云不对公众开放，专为特定的企业或组织机构提供云计算服务。由于私有云的用户范围及计算资源都控制在企业或组织内部，所以其服务质量和安全性相对更有保障。然而，相比于购买公有云服务的成本，构建、管理和维护私有云的成本取决于很多因素，难以得出统一的定论。

（3）社区云。社区云的开放程度介于公有云和私有云之间。云计算服务系统主要由一个社区所拥有，服务对象是隶属于该社区的成员。社区云一般为一些联盟、协会或集团所拥有，这些组织根据组织内部的共同需求，构建和运营各自的社区云。

（4）混合云。两种或多种不同的云服务（公有云、私有云、社区云）通过标准的或私有的技术组合在一起就形成了混合云，其中的数据和应用能够在混合云上移植。出于对成本和安全性等因素的考虑，一些企业会把不敏感的部分业务放到公有云上，同时把部分核心业务放到私有云上。

3. 云计算的优势及发展趋势

与传统的集中式计算模式相比，云计算的优势主要体现在以下三个方面。

（1）较低的使用成本。相比于购买昂贵的硬件设备和应用软件，以及开发、运营和维护计算平台或应用系统的成本，云计算服务更加规模经济，一般情况下，中小企业按需使用云计算服务，成本相对更低。

（2）灵活的可扩展性。企业对计算资源的需求通常是动态的，如果购买的计算资源过多则造成浪费，过少则难以应对高峰时期。云计算服务允许用户按需快速增加或减少云计算资源，从而让企业的计算资源更加灵活。

（3）随时随地可访问。通常情况下，存在于云端的云计算服务是 24 小时不间断的，用户可以不受时间和空间的限制通过互联网使用云计算服务，从而提高用户工作的便捷性和工作效率。

云计算是一种计算模式，同时它也包含了一种商业模式。随着 IT 技术的日新月异，可以预期云计算的技术和应用也将不断演进。近年来，物联网、5G 移动通信网络、人工智能等高科技的飞速发展也将促进云计算的发展。例如，物联网的广泛应用必将产生海量的传感器数据，云计算服务将在存储、管理、分析这些数据时发挥关键作用。云计算的发展离不开网络技术的提升。5G 网络具有高带宽、低延迟、低能耗等优点。随着 5G 技术的成熟和成本的降低，它也将被大量应用于云计算。人工智能技术已经在信息检索、个性化推荐、生物特征识别等领域获得了巨大的成功。人工智能技术的应用需要大量的数据和强大的计算能力，而这恰好是云计算的优势。未来会有更多的云计算服务提供商将人工智能相关平台或软件作为服务提供给消费者。此外，我们可以预见除了基础设施即服务（Infrastructure as a Service，

IaaS)、平台即服务(Platform as a Service，PaaS)和软件即服务(Software as a Service，SaaS)，云计算领域还会出现更多的服务模式。

2.10.4 区块链

1. 区块链的基本概念

2008 年，一位署名中本聪(Satoshi Nakamoto)的作者发表了一篇名为“比特币：一种点对点的电子现金系统”的论文，其中以“Chain of Blocks”的形式提出了区块链(Block Chain)的概念。2009 年，一个基于区块链技术的去中心化的数字货币系统——比特币(Bitcoin)出现。随着比特币的流行，区块链的英文词语“Block Chain”逐渐广为接受。事实上，区块链相关技术并不是在比特币系统中创造出来的全新技术。在比特币之前，著名密码学家大卫·乔姆(David Chaum)于 1979 年完成的研究工作“由相互怀疑的团体建立、维护和信任的计算机系统”中已经包含了区块链技术的很多要素。尽管区块链伴随着比特币而日益盛行，但是比特币仅是区块链技术的第一个具有重大社会影响力的典型应用。除了应用于数字货币领域，区块链技术还被广泛用于金融、保险、物流、数字版权、司法等其他领域。

2016 年，由工业和信息化部信息化和软件服务业公司指导，中国区块链技术和产业发展论坛编写的《中国区块链技术和应用发展白皮书(2016)》中从狭义和广义两个角度分别给出了区块链的定义，“狭义来讲，区块链是一种按照时间顺序将数据区块以顺序相连的方式组合成的一种链式数据结构，并以密码学方式保证的不可篡改和不可伪造的分布式账本。广义来讲，区块链技术是利用块链式数据结构来验证与存储数据、利用分布式节点共识算法来生成和更新数据、利用密码学的方式保证数据传输和访问的安全、利用由自动化脚本代码组成的智能合约来编程和操作数据的一种全新的分布式基础架构与计算范式”。上述定义简洁地指出了区块链涉及的关键技术及其作用，在近年来国内出版的区块链教材或专著中使用较为广泛。

2. 区块链的组成及特点

区块链系统能够为互不信任的多个参与方提供一个去中心化的分布式的可信计算平台，其组成如图 2-16 所示，一般可以分为数据层、网络层、共识层、激励层以及应用层。

(1)数据层。数据层主要包括数据的结构、模型、存储以及加密等方面，涉及数据区块的链式结构、哈希算法、非对称加密算法、数字签名、数据库等技术。其中，区块是基本的数据存储单元，通常由区块头和区块体组成。区块头包含了本区块的哈希值、前一个区块的哈希值、时间戳、默克尔树根值、版本号等信息，而区块体包含了多笔交易信息。

(2)网络层。区块链的网络层通常采用点对点的(Peer-to-Peer，P2P)对等式组网方式，包含消息传播机制以及数据验证机制等。网络层的机制可以使网络中的所有节点共同参与对数据区块的校验和记录，从而形成去中心化的分布式记账机制。

(3)共识层。区块链本质上是一个分布式系统。为了确保分布式的节点能够在数据一致性上达成共识，共识层主要包含一些共识算法，从而维护区块链的安全性并提升工作效率。常见的共识算法有工作量证明(Proof of Work，PoW)机制、权益证明(Proof of Stake，PoS)机制、委托权益证明(Delegated Proof of Stake，DPoS)机制等。

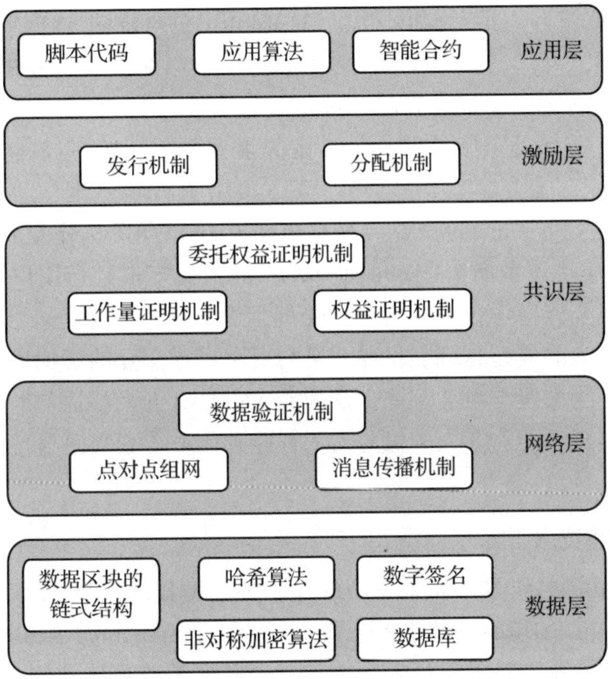

图 2-16　区块链的组成

（4）激励层。公有区块链通常需要结合共识层的算法，设计一些发行机制和分配机制等激励措施，促使区块链的节点积极地参与网络来维护共识和数据，例如，比特币系统通过发行新币和交易费来作为经济奖励。

（5）应用层。针对不同的应用场景和商业逻辑，区块链系统还包含了一些用于操作数据和编程的脚本代码、应用算法、以及相对更为复杂的智能合约（Smart Contract）。智能合约的概念最早由尼克 · 萨博（Nick Szabo）提出，它主要是指能够自动执行合约规定条款的计算机程序。智能合约通常在区块链网络节点上的虚拟机或容器等隔离的沙箱环境下运行。智能合约在区块链中的应用极大地丰富了基于区块链的各种分布式应用。例如，维塔利克 · 布特林（Vitalik Buterin）于 2015 年设计发布的以太坊（Ethereum）首次将图灵完备的智能合约引入区块链系统，成为区块链 2.0 的典型代表，而以比特币为代表的区块链 1.0 系统仅能支持非图灵完备的脚本代码。

从区块链的组成可以看出，区块链通常具有去中心化、不可篡改、公开透明、安全可靠等特点。根据区块链的开放程度，区块链大概可以分为公有区块链、联盟区块链和私有区块链。

2.10.5　元宇宙

1. 元宇宙的基本概念

2021 年 12 月 6 日，国家语言资源监测与研究中心发布了“2021 年度十大网络用语”，元宇宙（Metaverse）位列其中。元宇宙成为当年的一个热门话题，不少媒体也将 2021 年称为元宇宙概念兴起的元年。元宇宙的突然兴起并非偶然，离不开下面几件重要事件的推动。2021年3月，被誉为“元宇宙第一股”的Roblox公司成功在纽约证券交易所上市，估值近400亿美元。2021年7月，Facebook的总裁扎克伯格在接收专访时宣称，他希望在未来5年左右的时间里将Facebook打造成为一家元宇宙公司，并于同年10月将Facebook改名为Meta。随后，微软、英伟达、字节跳动、百度等很多公司开始布局与元宇宙相关的技术和业务。

元宇宙对应的英文词“metaverse”，最早出现于1992年美国作家尼尔·斯蒂芬森（Neal Stephenson）的科幻小说《雪崩》（*Snow Crash*），其中元宇宙是指用户的虚拟化身所存在的虚拟平行世界。中国全国科学技术名词审定委员会给出的元宇宙定义为：人类运用数字技术构建的，由现实世界映射或超越现实世界，可与现实世界交互的虚拟世界。此外，北京大学新闻与传播学院的陈刚教授与董浩宇博士认为元宇宙具有五大特征与属性：①社会与空间属性；②科技赋能的超越延伸；③人、机与人工智能共创；④真实感与现实映射性；⑤交易与流通。

2. 元宇宙的关键技术

元宇宙并非一项新的技术，而是一个涉及多种关键技术的概念。元宇宙相关的技术主要包括虚拟现实（Virtual Reality，VR）、增强现实（Augmented Reality，AR）、混合现实（Mixed Reality，MR）等扩展现实技术，数字孪生和电子游戏技术等元宇宙内容生成技术，区块链、人工智能、云计算、物联网、5G通信技术等其他技术。这些技术在元宇宙中各自发挥着以下作用。

（1）扩展现实技术是元宇宙的关键支撑技术之一，主要提供进入虚拟世界的接入设备，让用户产生沉浸式的体验。

（2）数字孪生技术可以对物理世界进行仿真，为虚拟世界与真实世界的交互提供重要的技术基础。

（3）电子游戏技术中的游戏引擎等工具能够为虚拟世界中的场景、人物、道具等内容创造提供强大的技术支持。

（4）在较为复杂的元宇宙中，交易等经济活动可以使用区块链技术来提供一种安全可信的去中心化记账系统。

（5）人工智能技术一方面能够提升元宇宙中数字人在视觉、听觉、行为等方面智能化水平，另一方面也能够加速元宇宙中内容的创造效率。

（6）元宇宙涉及大量的数据和计算，云计算和边缘计算等先进计算方式能够提供强大的算力保障。

（7）物联网和5G通信技术等网络技术是保障元宇宙的泛在连接、虚实互动、低延迟的重要基础。

◎ 阅读材料 2-5

推荐系统——互联网上的促销利器

Netflix是一家总部位于美国的知名流媒体公司，成立于1997年。该公司提供各种类型的电影、电视节目、纪录片和其他内容的在线流媒体服务，同时还制作和发行自己的原创内容，如《纸牌屋》等，在全球范围内受到广泛喜爱。用户可以通过智能手机、平板电脑、智能电视等各种设备来观看 Netflix 上的影视内容。截至 2021 年，Netflix 已经在全球拥有超过 2.09 亿的订阅用户，是流媒体市场上的领导者之一。2006 年，Netflix 发起了一项极具影响力的推荐算法百万大奖赛，这项比赛一直持续进行到 2009 年。竞赛参与者需要使用 Netflix 提供的大量用户评分数据，训练一个能够准确预测用户对电影和电视节目评分的算法。最终，竞赛胜者将获得 100 万美元的奖金。这个竞赛在推动推荐算法的发展方面起到了重要作用，同时 Netflix 也通过这次比赛成为推荐算法领域的领导者之一。

作为人工智能技术在互联网上的一项典型应用，推荐系统成为电子商务网站上备受青睐的促销利器。原因主要有三个方面：①推荐系统能够帮助用户快速找到他们感兴趣的商品，提高用户的购物体验；②推荐系统能够提供个性化商品推荐，增加用户的购买意愿，从而提高销售额；③通过自动化的推荐算法，可以减少人工干预，从而降低运营成本。

1992 年，哥德堡（Goldberg）等研究者研发了第一个基于协同过滤算法的推荐系统 Tapestry。经过三十余年的发展，工业界和学术界涌现了大量的推荐系统算法。其中，比较典型的推荐系统类型有基于内容的推荐系统、协同过滤推荐系统、基于深度学习的推荐系统和混合推荐系统。基于内容的推荐系统主要基于物品的内容特征，然后根据这些特征与用户消费记录的匹配程度推荐相似的物品。协同过滤推荐系统是一种基于用户历史行为的推荐算法，它将用户之间的相似性作为推荐依据。基于深度学习的推荐系统使用神经网络模型来学习用户和物品之间的关系。混合推荐系统将多种推荐算法结合起来，以提高推荐的准确性和多样性。近年来，因果推断技术也吸引了推荐系统研究领域的关注，被用于解决噪声处理、推荐公平性、推荐效果评估等方面的问题。

虽然推荐系统能给很多互联网应用带来利益，但是如果推荐系统的设计和利用不当，也有可能导致一些不利影响。例如，推荐系统需要收集用户的行为数据来进行个性化推荐，但这可能会涉及用户的隐私保护问题；如果只推荐与过去记录相似的商品，可能会导致用户陷入“信息茧房”，错过其他可能感兴趣的商品；如果过于积极地向用户推荐商品，可能会导致用户厌烦，甚至降低用户的购物体验。

◎ 综合案例 ChatGPT 引领大模型的研发浪潮

ChatGPT 是一款基于大规模预训练语言模型的智能聊天机器人程序，由 OpenAI 开发并于 2022 年 11 月 30 日发布。ChatGPT 不仅具有很强的拟人对话能力，还具备编写和调试计算机程序，撰写电子邮件、诗歌、剧本、广告等文字材料，翻译文档，撰写摘要等众多功能。在推出后的五天之内，ChatGPT 就在社交媒体上引起热议，注册用户数很快就超过了 100 万。令人惊叹的是，截至 2023 年 1 月底，ChatGPT 的用户数量突破 1 亿，成为历史上用户数增长最快的应用程序。

作为 ChatGPT 的创造者，OpenAI 公司并非等闲之辈，它是由山姆·阿尔特曼（Sam Altman）、伊利亚·苏茨克维（Ilya Sutskever）、格雷格·布罗克曼（Greg Brockman）以及其他多位互联网知名人士于 2015 年成立的。该公司致力于人工智能研究与开发，目标是确保通用人工智能造福全人类。除了 ChatGPT，OpenAI 还研发了图像生成模型 DALL-E 和语音识别模型 Whisper 等多个具有影响力的深度神经网络模型。

ChatGPT 的诞生是一个循序渐进的过程，并非一蹴而就。在此之前，OpenAI 开发了多个自然语言生成模型，即 GPT 系列。它们主要基于谷歌提出的一种名为 Transformer 的人工神经网络结构，采用生成式预训练技术，在大规模语料库上进行预训练，以实现更好的语言理解能力。其中，GPT-1 是 OpenAI 的第一个 GPT 模型，于 2018 年发布。它有 12 层 Transformer 和 1.17 亿个参数，使用了 40GB 的网页文本作为预训练数据。GPT-1 在 12 个自然语言理解和生成任务上表现出色。GPT-2 于 2019 年发布，它的结构扩展到了 48 层 Transformer 和 15.4 亿个参数，训练数据达到了 150GB。GPT-2 在阅读理解、问答、翻译和摘要等多个自然语言生成任务上展示了惊人的能力。GPT-3 于 2020 年发布，它的结构进一步升级到了 96 层 Transformer 和 1 750 亿个参数，使用了 45TB 的预训练数据。GPT-3 具有更强大的生成能力，可以完成多种任务，如问答、摘要、翻译等。

从技术角度来看，ChatGPT 是在 GPT-3.5 的基础之上，采用来自人类反馈的强化学习和监督式学习等技术对模型进行了微调。具体而言，人类训练员在 ChatGPT 训练过程中，同时扮演用户和 AI 助手的角色。人类训练员在模型提供的建议之上撰写对话的回复内容。ChatGPT 的初始模型主要通过这种监督式的方式微调。在强化学习阶段，OpenAI 让人类训练员对模型生成的多个答复进行评级，这些评级数据被用于训练奖励模型。随后，OpenAI 采用近端策略优化（Proximal Policy Optimization）方法来进行多次迭代和优化。值得一提的是，ChatGPT 和 GPT-3.5 的训练都是借助微软的云计算平台 Azure 才得以完成的。

ChatGPT 最初发布时是免费的，但在 2022 年 2 月，OpenAI 推出了收费版的 ChatGPT Plus，每月订阅费为 20 美元，付费用户可以享受更快的响应速度和更多的新功能。2023 年 5 月 18 日，OpenAI 发布了 iOS 版的 ChatGPT 应用，该应用集成了语音识别系统 Whisper，付费用户还可以使用 OpenAI 最新的多模态大模型 GPT-4。相比于 ChatGPT，GPT-4 在推理能力、多模态数据分析、输入数据规模、安全性等方面又有了很大的提升。由于 ChatGPT 的卓越性能，2023 年 2 月 2 日，微软宣布将其与 Office、搜索引擎必应、云计算平台 Azure 等产品进行整合。除了微软，很多公司也积极应用 ChatGPT 来提升原有业务。例如，知名软件公司 Salesforce 把 ChatGPT 整合到工作场合通信应用程序 Slack 中，以提供对话摘要、写作助手等功能；教育网站 Quizlet 基于 ChatGPT 推出了一项能提供一对一指导功能的程序；跨国电子商务公司 Shopify 把 ChatGPT 用于帮助消费者搜索和提供个性化商品推荐；知名咨询公司贝恩将与 OpenAI 合作，将 ChatGPT 整合到它的管理系统中，并且可口可乐公司将成为这个系统的第一个主要用户。

ChatGPT 的闪亮登场引起了各行各业的极大兴趣，同时也给谷歌、Meta、百度等国内外相关的互联网企业带来了不小的压力。据《纽约时报》报道，谷歌总裁桑达·皮采（Sundar Pichai）针对 ChatGPT 可能对谷歌搜索等业务带来的冲击，在谷歌内部发布了“红色警报”。随后，在 2023 年 2 月 6 日，谷歌宣布将推出一款新的聊天机器人——Bard；7 月，Bard 已经更新到能够支持 40 多种语言和 20 种编程语言；7 月 19 日，美国的 Meta 公司推出了开源的大语言模型 Llama 2，它分别包含了 70 亿、130 亿和 700 亿参数 3 个版本的大模型。其中，Llama 2-Chat 主要面向对话进行了优化，并且免费提供给研究和商业使用。这无疑对很多技术保密的大模型造成了冲击，有可能深刻改变大模型行业的生态。在国内，ChatGPT 也引起了一阵热潮，企业界和学术界纷纷投入大模型的激烈竞争中。百度、阿里巴巴、华为、腾讯、京东、360、科大讯飞等国内龙头企业陆续结合自身业务场景推出了各自的大模型。中科院、复旦大学、清华大学、哈尔滨工业大学、北京智源人工智能研究院等高校和科研机构也推出了一系列大模型。此外，还有不少国内外的初创公司也投入大模型的“百模大战”中。

尽管 ChatGPT 具有令人震撼的对话和撰写能力，但是它存在的一些问题也饱受争议。例如，ChatGPT 可能会生成一些似是而非的答案，使得 ChatGPT 可能成为制造虚假信息的工具；ChatGPT 也可能会生成带有歧视和偏见的内容；在与 ChatGPT 对话的过程中，可能会造成隐私或信息泄露；如果学生使用 ChatGPT 来写作业或论文，可能会给教育评估带来一定的挑战。尽管 ChatGPT 还面临一些技术和非技术的问题，但是毫无疑问，ChatGPT 是迄今为止通往通用人工智能路上的一项杰作，很有潜力引发新一轮的技术革命，并对其他相关领域产生深刻影响。

思考题：

1. 简要归纳 ChatGPT 具有哪些功能。
2. 在 OpenAI 公司推出的 GPT 系列中，ChatGPT 具有什么特点？
3. ChatGPT 的盈利模式有哪些？
4. 请设想如何基于 ChatGPT 的 API 开发一个具有社会价值或商业价值的应用程序。

◎ 复习思考题

1. 根据计算机的规模和能力，计算机可分为哪几种类型？
2. 计算机中的数值型数据、字符型数据、汉字、图像以及音频和视频是如何表示的？
3. 试述计算机系统的硬件基本结构。
4. 试述计算机软件系统的作用、结构与类型。
5. 试述计算机网络系统的组成与主要功能。
6. 什么是网络拓扑结构？它分为哪几种类型？
7. 计算机网络协议在网络系统中的作用是什么？试述计算机网络的 ISO/OSI 参考模型和 TCP/IP，并比较其特点。
8. 什么是互联网？互联网的主要技术有哪些？
9. 试述信息模型及其描述方法。
10. 什么是数据模型？它与信息模型的关系是什么？
11. 试述关于关系模型规范化中的第一范式、第二范式和第三范式的要求。
12. 试述数据库、数据库系统、数据库管理系统的概念，以及三者的区别与联系。
13. 什么是数据仓库？什么是数据挖掘技术？它们各有什么特点与作用？
14. 简述人工智能的基本概念和关键技术，并举例说明其应用价值。
15. 大数据有哪些特征？大数据关键技术有哪些？它们分别有什么作用？
16. 云计算有哪些特点？相比于传统计算模式，云计算有哪些优势？
17. 简述区块链的基本概念及其组成。
18. 简述元宇宙的基本概念及其关键技术。

◎ 参考文献

[1] 陈晓红. 信息系统教程 [M]. 北京：清华大学出版社，2003.

[2] 左美云，邝孔武. 信息系统开发与管理教程 [M]. 2 版. 北京：清华大学出版社，2006.

[3] 甘仞初，颜志军. 信息系统原理与应用 [M]. 北京：高等教育出版社，2004.

[4] 黄梯云，李一军. 管理信息系统 [M]. 7 版. 北京：高等教育出版社，2019：62-67.

[5] 哈格，卡明斯. 信息时代的管理信息系统：第 9 版 [M]. 颜志军，贾琳，尹秋菊，等译. 北京：机械工业出版社，2019.

[6] 薛华成，张成洪，魏忠，等. 管理信息系统 [M]. 7 版. 北京：清华大学出版社，2022：195-278.

[7] 谢希仁. 计算机网络 [M]. 4 版. 北京：电子工业出版社，2003.

[8] 王继成，武港山，等. Web 应用开发原理与技术 [M]. 北京：机械工业出版社，2003.

[9] 王珊，张孝，李翠平，等. 数据库技术与应用 [M]. 北京：清华大学出版社，2005.

[10] 施伯乐，丁宝康，杨卫东. 数据库教程 [M]. 北京：电子工业出版社，2004.

[11] 石丽，李坚. 数据仓库与决策支持 [M]. 北京：国防工业出版社，2003.

[12] 康晓东. 基于数据仓库的数据挖掘技术 [M]. 北京：机械工业出版社，2004.

[13] 周志华. 机器学习 [M]. 北京：清华大学出版社，2016：1-18.

[14] 徐洁磐，徐梦溪. 人工智能导论 [M]. 2 版. 北京：中国铁道出版社有限公司，2021：160-189.

[15] 华为技术有限公司. 大数据技术 [M]. 北京：人民邮电出版社，2021：1-6.

[16] 华为技术有限公司. 云计算技术 [M]. 北京：人民邮电出版社，2021：1-23.

[17] ERL T，MAHAMOOD Z，PUTTINI R. 云计算：概念、技术与架构 [M]. 龚奕利，贺莲，胡创，译. 北京：机械工业出版社，2014：14-44.

[18] 华为区块链技术开发团队. 区块链技术及应用 [M]. 北京：清华大学出版社，2019：21-51.

[19] 翁健. 区块链安全 [M]. 北京：清华大学出版社，2020：1-17.

[20] 袁勇，王飞跃. 区块链技术发展现状与展望 [J]. 自动化学报，2016，42（4）：481-494.

[21] 王文喜，周芳，万月亮，等. 元宇宙技术综述 [J]. 工程科学学报，2022，44（4）：744-756.

[22] 赵星，乔利利，叶鹰. 元宇宙研究与应用综述 [J]. 信息资源管理学报，2022，12（4）：12-23.

[23] Walmart. From humble beginnings. To redefining retail [EB/OL].（2023-09-07）[2024-09-22]. https://corporate.walmart.com/about/history.

[24] MICHAEL S. Wal-Mart Trumps Moore's Law [J]. Technology Review，2002，105（2）：21.

[25] Wikipedia. Andy and Bill's law [EB/OL].（2023-10-30）[2024-09-22]. https://

en.wikipedia.org/wiki/Andy_and_Bill%27s_law.
[26] HUET E. How Airbnb uses big data and machine learning to guide hosts to the perfect price [EB/OL]. (2015-06-05) [2023-09-22]. https://www.forbes.com/sites/ellenhuet/2015/06/05/how-airbnb-uses-big-data-and-machine-learning-to-guide-hosts-to-the-perfect-price/?sh=25a906d46d49.
[27] PROJECT PRO. How data science increased AirbnB's valuation to $25.5 bn? [EB/OL]. (2024-04-14) [2024-09-22]. https://www.projectpro.io/article/how-data-science-increased-airbnbs-valuation-to-25-5-bn/199#.
[28] APÁTHY S. History of recommender systems [EB/OL]. (2021-01-05) [2023-09-12]. https://onespire.net/news/history-of-recommender-systems/.
[29] Wikipedia. Recommender system [EB/OL]. (2023-11-21) [2024-09-22]. https://en.wikipedia.org/wiki/Recommender_system.
[30] Wikipedia. ChatGPT [EB/OL]. (2023-11-21) [2024-09-22]. https://en.wikipedia.org/wiki/ChatGPT.

C H A P T E R 3

第3章

信息系统的结构与类型

本章主要介绍信息系统的结构与类型。首先，介绍信息系统的组成与结构的复杂性，并从信息处理技术和职能两个角度分别介绍信息系统的功能结构。其次，比较集中式系统与分布式系统的空间分布结构，并介绍信息系统的类型和各类信息系统的特征。再次，介绍基于Web的信息系统，包括Web信息系统的工作原理、动态页面技术、Web服务。最后，介绍移动智能设备、无线通信技术、移动应用系统。

■ 开篇案例　幸福西饼利用多种先进信息系统实现业务升级

幸福西饼是国内知名的蛋糕品牌，于2008年在深圳创立。根据幸福西饼创始人袁火洪的报告可知，经过十余年的发展，截至2020年6月，幸福西饼已经覆盖了全国200多个城市，拥有400多个生产配送中心和70多家新零售门店，用户超过1 000万名。

在发展历程中，幸福西饼通过应用互联网技术、ERP系统、大数据技术等先进信息技术，成功实现了业务升级。具体而言，2013年，袁火洪看到了O2O（Online to Offline，线上线下商务）商业模式在烘焙行业的潜在发展趋势，于是启动了“蓝海战略计划”，减少实体店数量，增加网上业务投入。随后，2014年，幸福西饼开始布局基于线上线下商务模式的互联网蛋糕市场，不仅正式上线了网络商城，还启动了全市免费配送服务。2015年，幸福西饼全面开通了网络商城App和微信移动订购功能，以便更加精细化地进行服务和管理。2016年，在微信公众号用户数达到百万后，幸福西饼进一步优化了菜单栏和后台服务。

2016—2018年，幸福西饼建立了“中央工厂＋卫星工厂”模式的分布式制作配送体系，用于保障蛋糕的新鲜现做和配送及时性。此外，幸福西饼还通过“城市合伙人”加盟模式、娱乐明星代言和多媒体广告投放等方式快速扩张。这些措施帮助幸福西饼由区域性品牌快速发展成为全国性品牌。

在占领大量市场后，2019年幸福西饼开始回归线下业务，利用面包和茶饮等高频业务来增加用户黏性和订单量。同时，针对烘焙行业的三个主要问题，即行业尚未完全互联网化、面包等产品存在 10% 以上的浪费、店铺经营好坏严重依赖于店长管理能力，幸福西饼实施了数据与技术驱动的“新零售 + 新制造战略”。具体而言，幸福西饼采用了金蝶公司的企业 SaaS 管理云“金蝶云 · 星空”，并整合了企业资源规划系统、掌上分销系统、采购系统、仓库管理系统等信息系统，实现了门店 – 仓储 – 供应链的数字化、移动化、智能化管理。借助这套系统，幸福西饼能够实现准确规划原料采购、个性化推送促销信息、及时告知预计交付时间、精准管理客户评价等功能。此外，幸福西饼还与阿里巴巴本地生活合作打造了智能新零售门店。这些门店能够利用智能摄像头抓拍员工不戴口罩、玩手机、不戴手套接触食物等情形，确保操作规范和产品安全。

经过以上三次重大企业战略调整，幸福西饼采用了大量先进的信息系统，提高了企业的生产、运营、服务的效率和质量，并从最初的传统连锁蛋糕店逐渐发展成为由数据和技术驱动的新零售烘焙知名品牌。

思考题：

1. 幸福西饼在发展历程中，应用了哪些不同类型的信息系统？
2. 移动信息系统在幸福西饼的运营中发挥了什么作用？
3. 幸福西饼采用金蝶公司的“金蝶云 · 星空”解决了哪些问题，带来了什么效果？

3.1　信息系统的结构概述

3.1.1　信息系统的组成

如前所述，作为现代社会组织的组成部分，基于现代信息技术的信息系统是计算机硬件、软件、数据通信装置、数据存储设备、规章制度和有关人员的统一体。其目的是实现组织的整体目标，对与组织活动有关的信息进行综合管理，以支持组织的变革与发展，以及各级管理决策与各项业务活动。信息系统包括信息、信息技术、信息技术专家和管理制度四个重要组成部分，并可以进一步细分为以下七个部分。

（1）计算机硬件系统。计算机硬件系统包括主机（中央处理器和内存等）、外存储器（如硬盘和光盘等）、输入设备和输出设备等。

（2）计算机软件系统。计算机软件系统包括系统软件和应用软件两大部分。系统软件有计算机操作系统、设备驱动程序、各种计算机语言编译器或解释器、数据库管理系统等。应用软件可分为通用应用软件和专用软件两类：通用应用软件有文字处理、图像处理、电子邮件收发、网页浏览等普通人常用的软件；专用软件有计算机辅助设计、电路设计软件等面向特色行业或单位的软件。

（3）数据及其存储介质。数据及其存储介质是系统的主要组成部分，有的存储介质已包含在计算机硬件系统的外部存储设备中，另外还有录音、录像磁带、缩微胶片以及各种纸质文件。这些存储介质不仅用来存储直接反映企业外部环境，产、供、销活动，人、财、物状况的数据，还可存储支持管理决策的各种知识、经验、模型与方法，以供决策者使用。

（4）通信与计算机网络设施。通信与计算机网络设施包括用于通信的信息发送、接收、转换和传输的设施，如光纤和卫星等数据通信设施，电话、电报、传真等通信设备，以及计算机网络与数据通信有关的软件。

（5）非计算机系统的信息收集和处理设备。非计算机系统的信息收集和处理设备包括各种电子和机械的管理信息采集装置、摄影和录音等记录装置。

（6）规章制度。规章制度包括关于各类人员的权力、责任、规范、工作程序及奖惩办法的各种规定、规则、命令和说明文件；有关信息采集、存储、加工、传输的各种技术标准和工作规范；各种设备的操作和维护规程等有关文件；信息资源开发、利用与传播的有关制度、政策与法律。

（7）工作人员。工作人员包括计算机和非计算机设备的操作与维护人员、程序设计员、数据库管理员、系统分析员、信息系统的管理人员，人工收集、加工、传输信息的有关人员，以及首席信息官（Chief Information Officer，CIO）等高层信息管理人员。

3.1.2 信息系统结构的复杂性

信息系统的构建和应用通常会面临着用户需求的多样性、组织业务的复杂性、社会与组织环境的多变性以及技术手段的复杂性等因素，这些因素增加了信息系统结构在设计和技术实现上的复杂性。

1. 用户需求的多样性

信息系统的建设与应用旨在实现组织的某个目标集，这个目标集涉及组织及其信息系统的各类利益相关者，包括直接用户和间接用户，以及组织内部用户和组织外部用户。随着互联网和个人计算机的普及，组织的投资者、拥有者、经营管理者、知识工作者、生产与服务职工、外部合作伙伴（如供应商、服务提供商、政府管理部门等）、客户以及一般公众都可能成为信息系统的直接用户或间接用户。他们对信息系统有着各自的利益关系和个性化需求，例如，经营管理者需要辅助决策功能，而客户则更关注查询和订购功能。信息系统结构与功能的实现需要在总体目标下协调和优化，以满足各方多样化和个性化的需求，因此，信息系统的结构和功能必然呈现复杂的情况。

2. 组织业务的复杂性

一个组织的业务活动通常涉及不同的职能部门和其他组织，构成了一个复杂的动态网络。例如，一家企业的业务活动包括管理决策和作业活动，涉及生产、供应、销售、财务、人力资源等职能，其业务涉及政治、经济、文化以及自然与社会科学等领域。随着经济全球化和信息化的推进，企业组织活动的深度和广度迅速增加。为了能够更加有效地支持组织的管理决策和运作，信息系统需要的信息内容就要更加广泛和深入，同时信息处理机制也随之变得复杂。

3. 社会与组织环境的多变性

当前社会正处在大变革时代，社会、经济与科技发展迅速，组织的内部环境和外部环境复杂多变，而环境的变化对组织业务活动的成败具有一定影响。现代信息系统的重要使命之一是使组织适应变化，促进组织变革与创新。因此，信息系统的结构和功能设计既要能够支持组织的日常管理与业务活动，又要具备能够应变与促变的机制。对复杂环境的积极应对也使得信息系统结构的复杂性显著增加。

4. 技术手段的复杂性

由信息系统的组成可知，信息系统是现代信息技术的集大成者。计算机硬件和软件技术、数据库技术、多媒体技术、计算机网络与通信技术等是信息系统的基础技术，人工智能、大数据分析与挖掘、区块链、云计算等新技术也在信息系统中得到了广泛应用。此外，系统科学与管理科学方法的应用增强了信息系统处理复杂问题的能力。集系统科学方法、管理学理论与现代信息技术于一体的信息系统，其技术手段的复杂性也影响了其结构的复杂性。

3.2　信息系统的功能结构

3.2.1　信息处理技术结构

信息系统是一种结构复杂的系统，可以从不同角度进行描述。信息系统的功能是指信息系统及其组成部分对外部世界的直接或间接的作用。从信息处理过程和处理技术来看，其组成符合信息运动的一般规律，信息处理技术结构的一般形式如图 3-1 所示。各部分的简述如下。

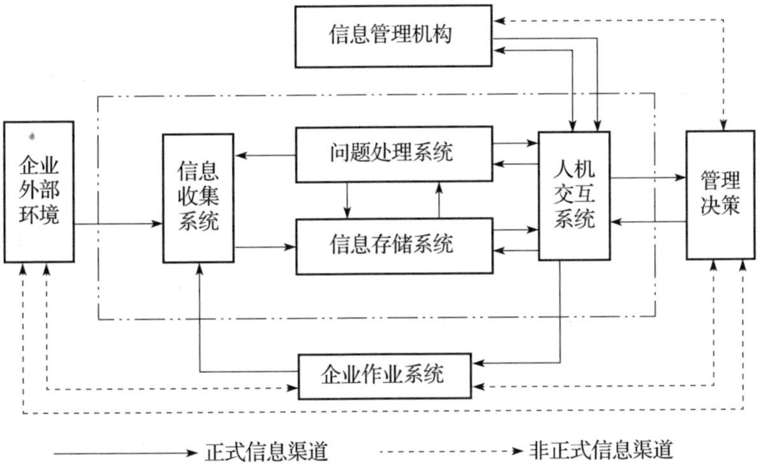

图 3-1　信息系统的信息处理技术结构

1. 信息收集系统

信息收集包括原始数据收集、信息分类与编码、向信息存储系统与问题处理系统传送信息等过程。所收集信息的准确性、完整性和及时性，直接影响系统输出信息的质量以及管理与业务活动的水平。鉴于前面提到的信息的特点，信息收集的方式和手段也是多种多样的。互联网的迅速发展与广泛应用也提供了十分丰富的信息来源。应用互联网技术中的搜索引擎和网络爬虫技术可以从互联网上采集到有关信息，但由于各网站发布的信息缺乏统一的标准与规范，网上收集的信息还需进一步的处理来确保其准确性和完整性。此外，组织也可通过互联网直接从已建立的一些科技文献数据库，经济数据库以及人口、环境、交通、商业等数据库获取信息。

在信息收集中，必须按照统一的规范对各种原始数据进行科学和合理的分类及编码，这样才能保证信息处理和传输的准确性与效率，也便于信息系统各部分以及信息系统与其他系统之间实现资源共享。目前信息收集的自动化程度已经很高，只有少量的工作主要靠人工来完成。在信息收集中，重视人机的密切配合以及多源异构数据的融合具有重要的意义。

2. 信息存储系统

信息存储系统是信息系统的信息基础。从逻辑上看，信息系统的信息存储系统可以分成三大部分：数据库系统、模型库系统和知识库系统。传统的信息系统是以数据库为基础来实现信息处理的系统。当时信息系统的决策支持能力不强，信息处理逻辑大都不太复杂，而数据库能反映复杂事物之间的信息联系，因此，数据库成了信息系统的主要支柱。随着管理学科、系统科学、信息技术的发展，各种数学模型和方法逐步纳入信息系统，为了使管理者与知识工作者可以灵活地调用、补充、修改和建立支持管理决策与知识创新的各种模型与方法，有必要建立模型库及其管理系统，实现应用程序与模型的相对独立和模型资源共享。在模型库系统中，每一类模型都应同时存有相应的建模方法与求解方法。人工智能技术的发展为科学利用人类知识与经验来支持管理决策与知识创新提供了新的方法与手段。其中，机器学习和数据挖掘等算法可以加入模型库系统，为业务数据的分析和预测提供支持。此外，知识库系统的构建也能够帮助企业组织对所需的知识进行收集、存储和管理。

3. 问题处理系统

问题处理是指针对各种管理与作业问题的需要，开展信息查询、检索、分析、计算、综合、提炼、优化、预测、评价等工作。因此，问题处理系统是信息系统的核心，是信息系统支持管理决策成败的关键所在。从技术角度来看，信息系统的开发是围绕问题处理展开的。除了统计报表等日常事务处理可以完全实现自动化以外，为了支持用户在决策过程或知识创新各阶段的工作，必须根据他们的需要，及时地综合利用所收集的数据、模型和方法以及有关知识和经验，提供与问题有关的内外环境信息和背景材料，协助决策者明确问题、探索方案、分析推理，对各种可能方案进行评价和对所制定决策的实施效果进行预测（实施前）和分析（实施后）。现有的信息系统在实现以上功能时可能各有侧重，但从发展趋势来看，这方面的功能正在不断加强。

4. 人机交互系统

人机交互是管理者实施决策、驾驭整个企业的业务活动以及知识工作者探索、研究、创新的主要手段之一。因此，使用者输入信息的方法与手段要方便、快捷、准确，而信息系统输出的信息必须及时、准确、适用。特别是这些信息主要面向广大管理人员和第一线的技术人员与工人，因此，输出信息的形式清晰易懂、内容简练明确、便于执行和检查、安全和保密性好，对于管理决策的制定与实施至关重要。

前面已经提到，信息系统是一个人机交互系统。在信息处理上，人和计算机必须合理分工与密切配合，才能完成信息处理，有效地支持管理与业务活动。因此，信息系统应具有较强的人机交互功能。随着计算机软硬件的发展和智能终端的广泛应用，信息系统发展的一个重要趋向是计算机信息处理工作直接面向最终用户，而信息系统的管理和操作人员只从保证系统的完整、安全及各部分协调一致等方面进行维护，并给最终用户提供协助。通过微型计算机或智能终端，最终用户直接与整个信息处理系统交互，处理各类管理问题，也可以根据解决问题的需要，建立和修改模型，调整和开发各种问题处理的应用软件。企业中信息系统的最终用户主要是各级各类管理和业务人员。对于计算机系统来说，他们一般是非专业用户。因此，一个性能良好的交互系统对于信息系统的正常、有效、高效率的工作，具有十分重要的意义。现代的信息系统必须具备功能强、非过程化程度高、接近自然语言的语言系统，使用户能够方便地进行数据操作、问题处理以及应用程序开发，同时必须具备灵活、多样、可靠的信息输入与输出手段，能准确方便地输入输出文字、图表、图形，甚至声音或影像。各类应用软件在运行时还必须有对用户友好的交互界面。屏幕显示的形式（如格式、色调和转换速度等）与内容、屏幕菜单与提示、提问方式等都要根据用户的需求和特点进行精心设计，为用户提供良好的工作环境。

3.2.2　职能结构

信息系统可以按照管理职能分成若干个相互关联的子系统。例如，制造业企业的信息系统的职能结构可分为以下子系统（见图 3-2）。

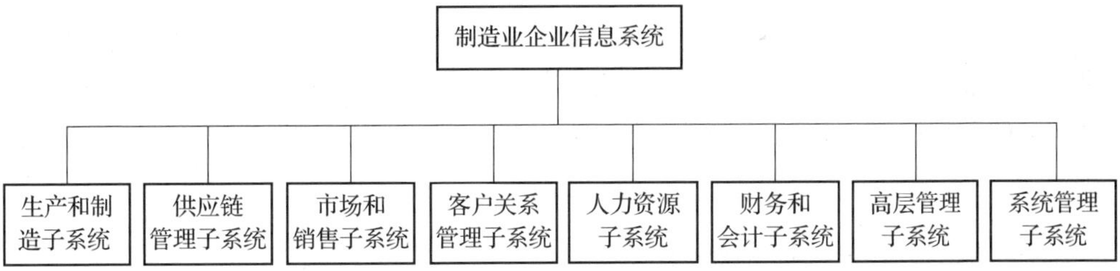

图 3-2　制造业企业信息系统的职能结构

（1）生产和制造子系统。生产和制造子系统协助管理者制定与实施产品开发策略、生产计划和生产作业计划，进行生产过程中的产品质量分析、成本控制分析，组织和实施新产品的研究与开发，管理在研发与生产上的合作等。

（2）供应链管理子系统。供应链管理子系统帮助企业掌握原材料、供应商、库存、订单、物流等信息，辅助管理者优化物资采购计划、降低库存和物流成本、追踪产品和服务的质量和安全性。通过高效、可靠、经济的供应链管理，提高企业的竞争力。

（3）市场和销售子系统。市场和销售子系统协助管理者进行市场研究与开发、销量分析与预测，制定销售计划和促销策略等，并且进行产品定价、订单处理、分销渠道管理、促销活动管理、售后服务等。

（4）客户关系管理子系统。客户关系管理子系统存储和分析客户的个人信息、联系方式、消费偏好、消费记录等信息，识别具有商业价值的客户群体，对企业的市场、销售、售后服务等职能提供支持，提升客户的满意度和忠诚度。

（5）人力资源子系统。人力资源子系统管理员工的基本信息和人事档案，协助管理者进行人员需求预测与规划、新员工的招聘、员工的教育与培训、绩效分析与考评、工资管理等。

（6）财务和会计子系统。财务和会计子系统协助管理者对收入和支出等资金流动进行管理，制定财务计划和资本需求规划，进行收益度量等财务分析。

（7）高层管理子系统。高层管理子系统面向企业最高级的领导部门和人员，为高层管理人员制订战略计划和分配资源等工作提供支持，同时协助管理者进行日常事务处理，对下级工作进行检查、监督和协调。

（8）系统管理子系统。系统管理子系统协助管理者制定信息系统的发展规划，对信息系统的运行和维护进行统计、记录、审查和监督，为各部门工作的协调提供信息技术支持。

人、财、物、产、供、销、信息的管理以及高层管理等职能，都是一家工业企业管理工作不可缺少的内容。按上述管理职能划分管理部门、建立管理机构，是传统的工业企业组织设计的基本原则之一，因而信息系统也多按上述管理职能划分子系统。随着市场竞争日趋激烈、用户需求的多样化和变更频率加快、科学技术发展迅速，工业产品生命周期越来越短，一个产品从概念形成到上市的周期已成为工业企业竞争力的主要标志。然而，管理过程的职能分割可能导致产品从开发到上市的流程分割，造成产品开发过程和产、供、销各环节之间的信息交流与协调困难，难以适应和应对竞争激烈、复杂多变的市场环境。因此，作为一种新的组织管理模式，多功能项目组逐渐被越来越多的企业采用。项目组承担一个产品从开发到上市的全部任务，打破了企业内部的职能分割，集产、供、销、人、财、物、信息等管理职能于一体，按产品形成和上市过程重新设计一体化的企业流程。信息系统为流程的一体化和流程中各环节的协调与控制提供了现代化的方法与手段。为项目组服务的信息系统也有如图 3-2 所示的结构形式，但各管理职能之间的横向联系与协调功能更强。

3.3 信息系统的空间分布结构

3.3.1 集中式系统与分布式系统

1. 集中式系统

根据信息系统的硬件、软件、数据等信息资源在空间的分布情况，信息系统的结构又可分为集中式系统和分布式系统两大类型。信息资源在空间上集中配置的系统被称为集中式系统。以配有相应外围设备的单台计算机为基础的信息系统，通常被称为单机系统，就是典型的集中式系统。面向终端的多用户集中式系统将系统的硬件、软件、数据和主要外围设备集中于一套计算机系统中，使分布在不同地点的多个用户可以通过终端和网络共享这些资源（见图 3-3）。

集中式系统的主要优点是：信息资源集中，管理方便，规范统一；专业人员集中使用，有利于发挥他们的作用，便于组织人员培训和提高工作；信息资源利用率高；系统安全措施实施方便。

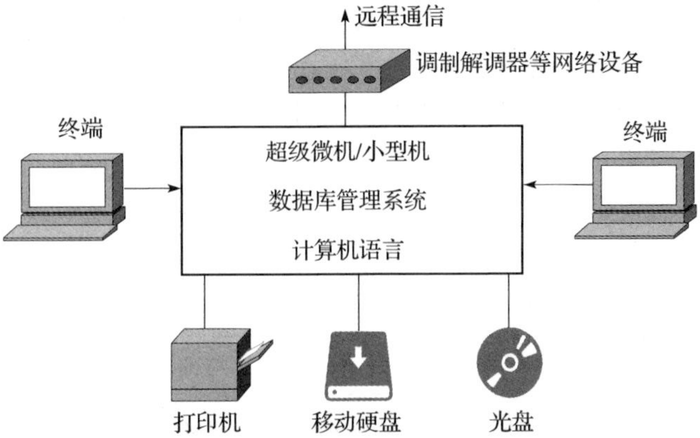

图 3-3　多用户集中式系统

集中式系统的不足之处有：随着系统规模的扩大和功能的提高，集中式系统的复杂性迅速增长，给管理和维护带来困难；对组织变革和技术发展的适应性差，应变能力弱；不利于发挥用户在系统开发、维护、管理方面的积极性与主动性；系统比较脆弱，主机出现故障时可能使整个系统停止工作。

2. 分布式系统

利用计算机网络把分布在不同地点的计算机硬件、软件、数据等信息资源联系在一起，通过相互通信和资源共享来服务于一个共同的目标，就形成了信息系统的分布式结构。具有分布式结构的系统称为分布式系统。

实现不同地点的硬件、软件和数据等信息资源共享，是分布式系统的一个主要特征。另一个主要特征是与计算机网络系统相联的本地计算机系统既可以在计算机网络系统的统一管理下工作，又可脱离网络环境利用本地信息资源独立工作。

利用计算机局域网、广域网和互联网可以组成分布式系统（见图 3-4）。服务器中安装了数据库管理系统及其开发工具等，并配备了高端的外围设备，如打印机、绘图机、外存储器等，分布在各地的计算机通过网络可以共享网络系统上的各种信息资源。

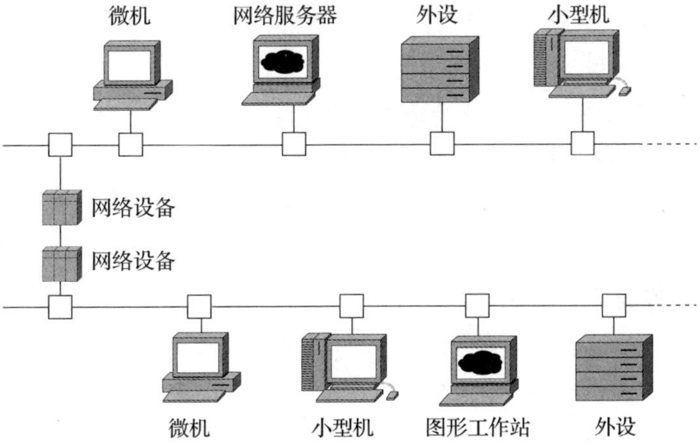

图 3-4　分布式系统

分布式系统的优点有：可以根据应用需要和存取方便来配置信息资源；有利于发挥用户在系统开发与维护、信息资源管理等方面的积极性和主动性，提高了系统对用户需求变更的适应性和对环境的应变能力；系统扩展方便，增加一个网络结点一般不会影响其他结点的工作，系统建设可以采取逐步扩展网络结点的渐进方式，以合理使用系统开发所需资源；系统的健壮性好，网络上一个结点出现故障一般不会导致全系统瘫痪。

分布式系统的不足之处有：由于信息资源分散，系统开发、维护和管理的标准、规范不易统一；配置在不同地点的信息资源一般分属信息系统的各子系统，不同子系统之间可能存在利益冲突，协调有一定难度；各地的计算机系统工作条件与环境不一，不利于安全和保密措施的统一实施。

20 世纪 80 年代以来，随着计算机网络与通信技术的迅速发展，分布式系统已经成了当前信息系统结构的主流模式。根据需要，在一个网络系统中可把分布式系统和集中式系统结合起来，网络上的部分结点采用集中式结构，其余的按分布式结构配置（见图 3-5）。

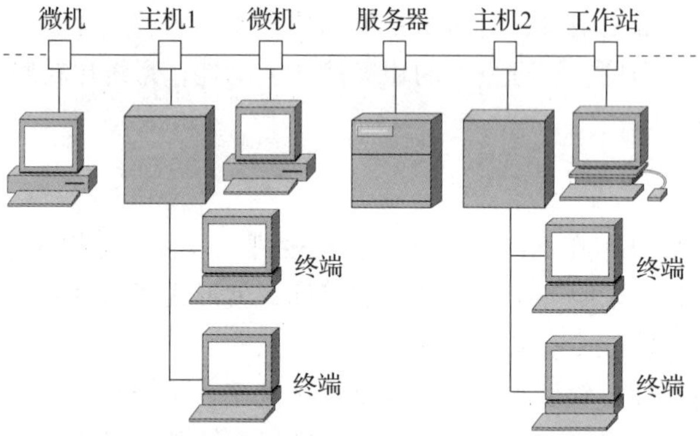

图 3-5　集中式系统与分布式系统的结合

3.3.2　分布式系统的计算模式

随着现代信息技术的迅速发展和社会信息化的推进，计算机网络技术在信息系统中得到日益广泛的应用，基于计算机网络技术的分布式系统在信息处理上出现了不同的计算模式。

1. 资源共享式计算模式

分布式系统的传统计算模式被称为资源共享式计算模式。在这种计算模式中，网络系统中的服务器向各网络节点提供数据和软件等资源的文件服务，各节点可以根据规定的权限存取服务器上的数据文件和程序文件，共享网络上的硬件与软件资源。这种计算模式也被称为文件服务模式。

2. 客户机 / 服务器计算模式

客户机 / 服务器（Client/Server，C/S）计算模式是分布式系统的另一种计算模式，网络系统上的计算机系统分成客户机与服务器两类（见图 3-6）。其中，服务器可能包括文件服务器、数据库服务器、打印服务器、专用服务器等，而网络系统节点上的其他计算机系统被称为客户机。用户通过客户机在网络系统上向服务器提出服务请求，服务器根据请求向有关方面提供经过加工的信息。客户机本身也承担本地信息管理工作。与一般分布式系统相比，客户机 / 服务器将信息处理工作分解为两部分，一部分由服务器来实现，另一部分由客户机本身来完成。合理分配服务器和客户机的信息处理工作，可以大大减轻网上数据传送的负担，服务器上的资源也可得到更充分的利用，增加了系统功能与结构设计的复杂性。

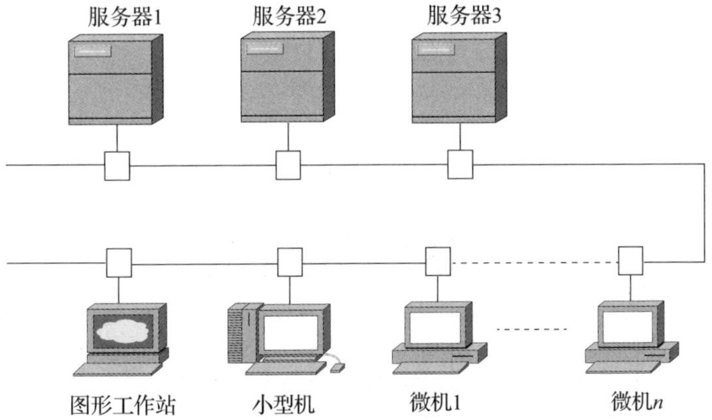

图 3-6　客户机 / 服务器计算模式

常用的 C/S 模式有两层结构、三层结构两种（见图 3-7）。在图 3-7a 所示的两层结构中，数据库服务器对客户机的请求直接做出应答。对于某些需要进行较为复杂处理的服务请求，往往另设具有专门应用软件的应用服务器进行这种信息处理。应用服务器根据客户机的服务请求，访问数据库服务器以获取必要的数据，进行相应的信息处理并给客户机做出应答，这就形成了如图 3-7b 所示的三层结构。应用服务器与数据库服务器根据应用问题的特点进一步分层以形成具有多层结构的 C/S 模式。

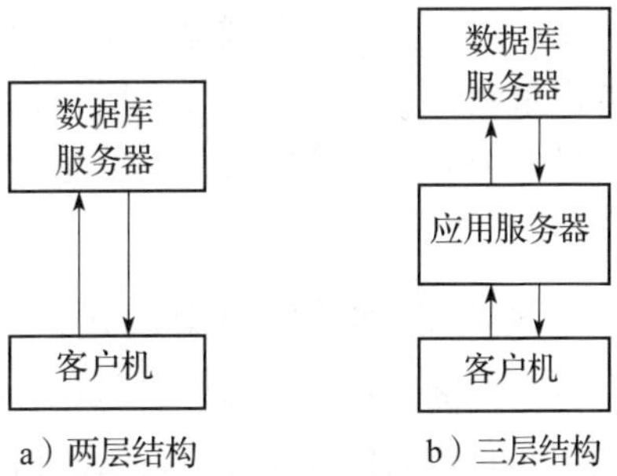

图 3-7　客户机 / 服务器计算模式的两种结构

根据客户机与服务器在系统中所承担的数据处理任务的分工情况，C/S 计算模式可分为以下五种类型（见图 3-8）。

（1）分布式显示型：客户机与服务器共同承担人机界面的构成与显示，数据管理和应用处理的任务由服务器承担。

（2）远程显示型：客户机承担全部人机界面的构成与显示，数据管理和应用处理的任务由服务器承担。

（3）分布式应用处理型：客户机承担人机界面的构成与显示，并与服务器共同承担应用处理任务，数据管理任务由服务器承担。

（4）远程数据管理型：客户机承担人机界面和应用处理任务，数据管理任务由服务器承担。

（5）分布式数据管理型：客户机与服务器共同承担数据管理任务，人机界面、应用处理任务均由客户机承担。

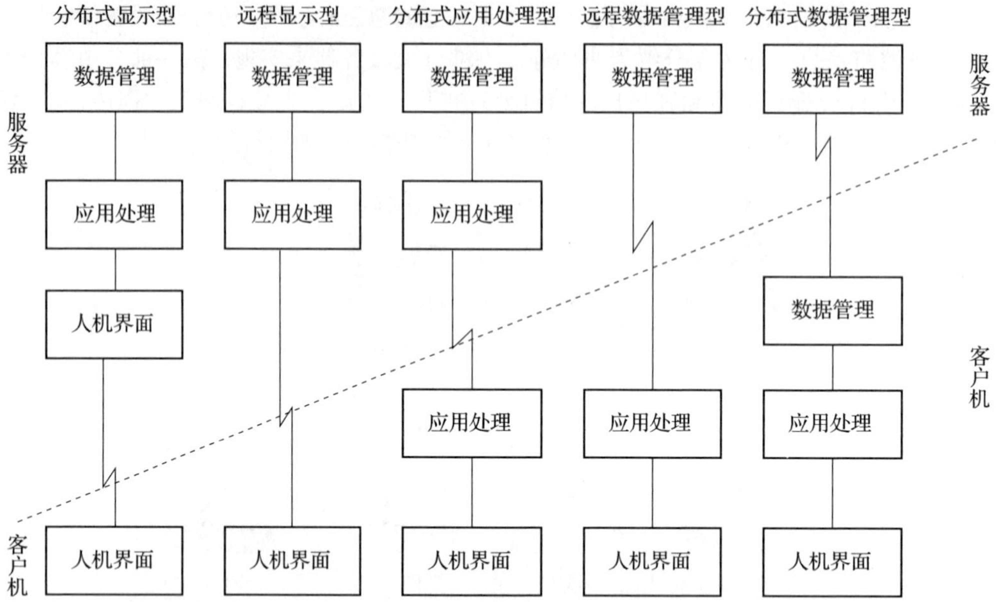

图 3-8 客户机 / 服务器计算模式的类型

由此可见，从分布式显示型到分布式数据管理型，客户机的任务由轻到重，而服务器的任务由重到轻。在一个实际系统中，可能对不同的任务采用不同类型的 C/S 计算模式。恰当地安排各类 C/S 计算模式，是信息系统建设中实现信息资源的合理配置、有效利用和优化系统结构的重要环节。

3. 浏览器 / 服务器计算模式

互联网的迅猛发展与广泛应用，为信息系统的建设与应用提供了新机遇，很多企业等组织利用互联网的技术建设了自己的信息系统。一种典型的基于互联网技术的分布式计算模式就是浏览器 / 服务器（Browser/Server，B/S）计算模式。其中，Web 服务器是互联网上一种基于超文本传输协议的服务器。这里的浏览器又称 Web 浏览器，是用户访问 Web 服务器的通用软件。B/S 计算模式的简化结构如图 3-9 所示。本质上，这也是一种分层的 C/S 结构。用户利用浏览器通过 Web 服务器去访问数据库以获取必需的信息，而 Web 服务器与特定的数据库系统的联接可以通过专用的软件实现。

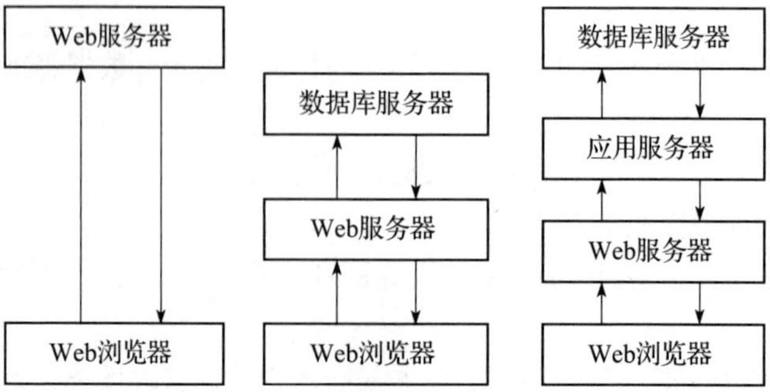

a）两层结构　b）三层结构　c）多层结构（四层）

图 3-9 浏览器 / 服务器计算模式的简化结构

Web 服务器通过“页面”形式给浏览器提供信息，因此，应用系统开发时要对这些页面进行设计，对 Web 服务器与数据库系统的接口软件进行选择或自行开发，以实现两者的信息交换。一般而言，整个系统都有两层以上的服务器，因而 B/S 计算模式是一种基于互联网技术的多层客户机 / 服务器结构，属于一种特定的 C/S 结构。不采用互联网技术的 C/S 计算模式被称为传统 C/S 计算模式。具有 B/S 计算模式的分布式信息系统又称为基于 Web 的信息系统，有时简称 Web 信息系统或 Web 系统。

B/S 计算模式具有以下优点。

（1）由于采用基于超文本协议的 Web 服务器和可以对 Web 服务器上 HTML 文件进行操作的浏览器，信息系统很容易实现集格式化文本、图形、声音、视频信息等多媒体信息为一体的高度交互式环境，从而增加了信息处理的广度和深度。

（2）由于互联网技术采用与平台无关的、统一的跨平台通信协议，浏览器、Web 服务器、相关的接口软件和应用程序可独立于计算机的软硬件系统，整个 Web 系统的开放性和可移植性好。经过良好设计的 Web 信息系统既可以只在组织的内部网络上使用，又可以在必要时联上互联网远程使用。

（3）由于浏览器、Web 服务器及有关接口软件都有不少现成软件可供选择，并且在服务器端或客户端进行应用系统开发时，HTML、XML、JAVA 语言、C++ 语言等开发工具和其他有关开源软件在互联网上具有丰富的资源，这些都有助于节省应用系统开发的成本，缩短开发周期。

4. C/S 计算模式与 B/S 计算模式的综合应用

如果在信息系统中对 Web 服务器要求比较简单，主要是进行查询、检索和公告发布等服务，目前的技术已经很成熟。如果信息处理功能比较复杂，有时也可以把互联网技术和传统的 C/S 计算模式结合起来，客户端既可以利用浏览器通过 Web 服务器实现信息查询和检索等功能，又可以利用基于 C/S 计算模式的客户端应用软件直接与数据库服务器或其他应用服务器进行信息交流。

图 3-10 所示为基于 Intranet 的分布式系统结构示意图。图 3-10 中有两个 Web 服务器，其中一个供互联网上的用户访问，另一个供组织 Intranet 上的用户访问。两个防火墙分别对

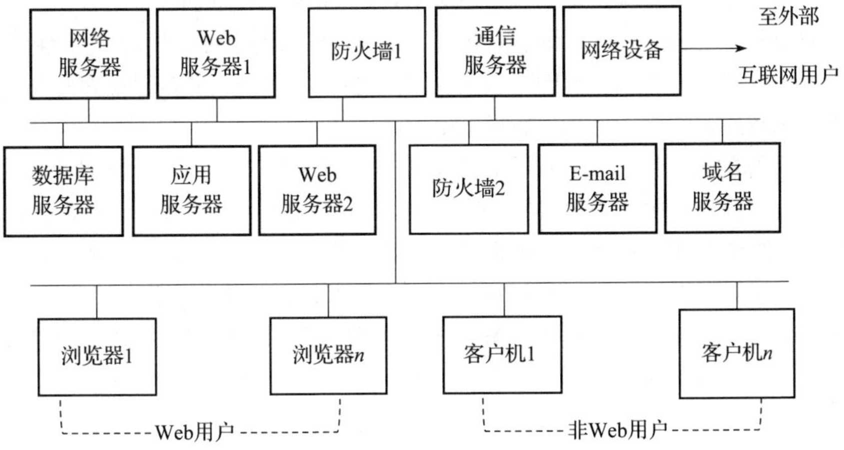

图 3-10　基于 Intranet 的分布式系统结构示意图

外部用户和内部用户的接入提供安全保障。域名服务器对 Web 服务器的用户的域名进行管理。数据库服务器、C/S 应用服务器和 C/S 客户机形成一种两层与三层的 C/S 混合结构，数据库服务器、Web 服务器和浏览器形成 B/S 三层结构。这两类计算模式结合起来，就形成了如图 3-11 所示的综合计算模式。

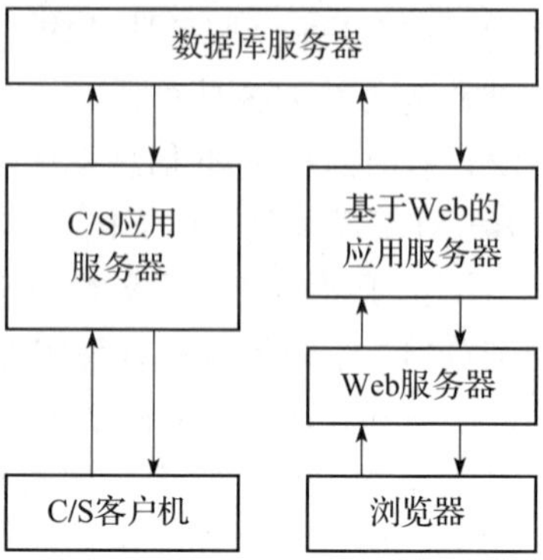

图 3-11　传统 C/S 与 B/S 计算模式的综合

5. 云计算模式

云计算是一种基于互联网的大规模分布式计算模式，它将存储、计算、网络、软件等计算资源作为服务提供给用户。用户可以像使用水电一样按需使用和支付费用，并且用户无须购买、部署和维护有关硬件和软件基础设施，也无须关心这些资源的具体位置和管理方式。云计算模式的基本结构如图 3-12 所示。

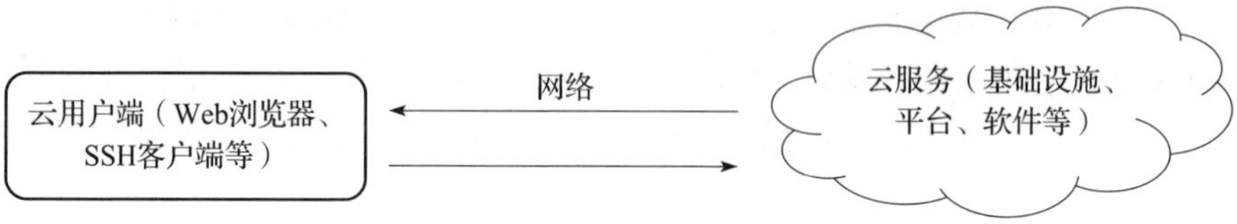

图 3-12　云计算模式的基本结构

就服务模式而言，云计算提供的服务模式主要可以分为以下三类。

（1）基础设施即服务（Infrastructure as a Service，IaaS）。IaaS 是一种最为基础的云计算服务，它向云服务用户提供计算、存储、网络等较为原始的计算资源。通常情况下，这些资源作为新初始化的虚拟服务器提供给用户，用户可以在获得的虚拟服务器上使用操作系统、管理存储空间和部署应用软件，例如亚马逊的 EC2。

（2）平台即服务（Platform as a Service，PaaS）。相比于 IaaS，PaaS 让云服务用户使用基于互联网的编程环境和运行平台来创建和部署应用程序，而不用考虑这些程序开发所需的操作系统、内存、网络带宽等基础资源，例如谷歌的 Google App Engine。

（3）软件即服务（Software as a Service，SaaS）。IaaS 和 PaaS 的用户多为程序员和系统管理员，而 SaaS 的用户则是普通用户。SaaS 用户可以通过 Web 浏览器等客户端工具，使用运行于云端的远程应用软件，例如谷歌的 Gmail。

从上述云计算的内涵以及服务模式可以看出，云计算模式具有一种类似 C/S 计算模式和 B/S 计算模式的结构。其中，云服务用户端采用 Web 浏览器、安全外壳协议（Secure Shell，SSH）客户端软件等工具，通过互联网来访问云端的虚拟服务器、运行环境、应用软件等服务。云计算集成了互联网技术、Web 技术、虚拟化技术、容器技术、分布式计算和存储技术、服务计算等多种技术。因而，根据云计算服务的需要，云计算的技术实现上也会采用 C/S 计算模式或 B/S 计算模式。例如，云存储服务可以使用 C/S 计算模式来实现，其中客户端软件可以安装在用户的本地设备上，通过与云存储服务器的通信来实现数据的上传和下载；云计算中的 SaaS 服务通常采用 B/S 计算模式来提供用户界面，例如 Google Docs、Salesforce 等。

虽然云计算与 C/S 计算模式或 B/S 计算模式有一些技术层面上的联系，但是云计算仍然是一种具有独特优势的先进计算模式。首先，云计算不仅是一种计算模式，同时也是一种以服务为导向的商业模式，而 C/S 计算模式和 B/S 计算模式是相对纯粹的软件架构；其次，云计算提供的资源具有弹性伸缩、按需付费、高可用性和易扩展性等特点，而 C/S 计算模式或 B/S 计算模式的资源则是静态分配和固定的；最后，云计算将计算资源虚拟化为可监控和可计量的服务，这一特色在 C/S 计算模式和 B/S 计算模式中都不存在。

◎ 阅读材料 3-1

云办公软件——居家办公的得力助手

基于云计算的办公软件在很多企业、政府部门、高校等机构得到了大量使用。这些软件让“上班族”居家也能远程工作，省去了通勤的辛苦。根据第 50 次《中国互联网络发展状况统计报告》可知，截至 2022 年 6 月，中国的在线办公用户规模达到了 4.61 亿人，占中国网民整体的 43.8%。

云办公是指基于云计算技术，将文档编辑、电子表格、演示文稿、日历、待办等多种传统办公软件，以软件即服务的形式提供给用户，用户通过 Web 浏览器就能使用这些轻量化的云办公软件，实现便捷的网上办公。相比于传统办公软件，云办公软件具有以下几个优势。

（1）访问灵活。用户通过手机或平板电脑等移动设备连接互联网，然后就可以在任何时间和地点进行移动办公和远程办公。

（2）协作共享。云办公软件具有多人实时协同编辑和文件共享等功能，避免了传统的邮件传输、优盘拷贝等烦琐过程，提高了团队工作效率。

（3）安全可靠。云办公软件可以提供数据加密和权限管理等功能，确保数据安全可靠。此外，云办公软件还可以通过数据备份等措施，保证服务的可靠性和稳定性。

（4）节约成本。相比于传统的办公软件，云办公软件用户无须购买昂贵的硬件设备和软件授权，只需要按使用量付费即可。

云办公软件的盈利模式主要包括：①提供不同的订阅套餐，用户可以订阅适合自己的套餐；②根据用户使用量进行计费，用户只需要支付实际使用量的费用；③通过向用户展示广告获取收益；④向企业提供定制化的服务，收取一定费用。

常见的云办公软件有金山文档的网页版、腾讯文档、微软的 Office 365 等。随着人们对于移动化办公需求的不断增加，云办公软件在未来还有很大的发展空间，必将成为人们日常工作中不可或缺的实用工具。

3.4　信息系统的类型

现代社会组织特别是大中型企业的管理活动均具有层次结构，不同层次的管理活动的决策目标、信息需求、决策过程有着不同的特征。一般企事业单位的管理活动分为三个层次：战略计划、管理控制与战术计划、作业计划和控制。这对应于战略决策、战术决策、运作决策三个决策层次。为了有效地支持各级管理决策，信息系统在处理与管理活动有关的信息时可分为高层管理、中层管理、基层管理三个层次（见图 3-13）。

高层管理者的职责主要是根据外部环境的信息和有关模型方法制定或调整企业的目标、长期规划、总行动方针等，其决策类型属于战略层面的非结构化决策。高层管理者既要利用下面各层的信息处理结果，又要使用大量内外部信息，如用户、竞争者、原材料供应者的情况，国家和行业管理部门的各种政策，国家和地区社会经济状况与发展趋势等。此外，政治、民族、文化背景、心理因素等也对战略决策有一定影响。

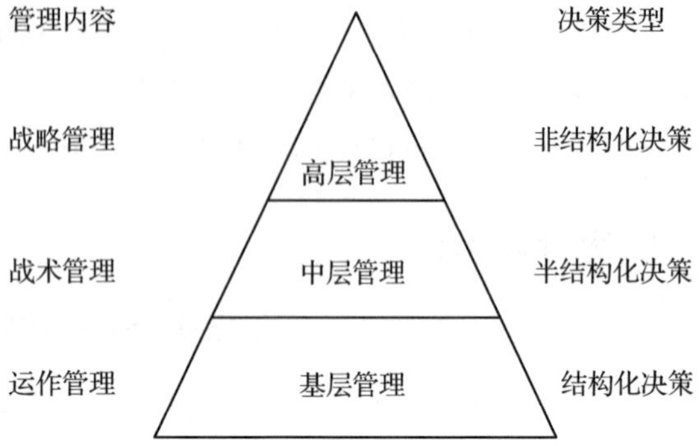

图 3-13　管理活动的层次结构

中层管理者的职责主要是协助高层管理者制定中期的生产、供应、销售等活动的计划和预算，应用各种数据、模型和分析软件发现和分析问题，评价当前活动对企业目标的影响，预测业务状况及其发展趋势等。中层管理者的决策类型属于战术层面的半结构化决策。中层管理者会大量用到反映业务活动状况的内部信息，同时也需要有关市场情况、原材料供应者、竞争者状况的外部信息。

基层管理者的职责主要是协助中层管理者合理安排各项业务活动的生产日程安排等短期计划，其决策类型通常属于运作层面的结构化决策。基层管理者要根据计划实施情况进行调度和控制，并对日常活动进行分析、总结、汇报等，基层管理者主要处理当前业务活动运作的信息，例如，信息查询、处理各类统计和报表、管理文件和档案等常规事务。

近 40 年来，经济、管理与技术环境发生了很大的变化，信息系统的规模、信息处理功能和应用范围也有了显著的发展，已经深入管理与业务活动的各个层次和社会生活的各个领域。由于各组织内部和外部环境的差别，不同组织的系统可能呈现不同的特点。一个组织内由于信息处理的复杂性，其所属的信息系统在功能、结构、信息内容与处理方式上往往有所不同，根据一定原则可以将信息系统分成不同的类型。本章已经讨论过的管理活动分类也可作为分类的依据，例如，将信息系统分为业务信息系统（Operations Information System，OIS）、管理控制系统（Management Control System，MCS）和战略信息系统（Strategic Information System，SIS）三类。我们还可以根据系统资源的空间布局状况将信息系统分成集中式系统和分布式系统两类，也可以按照信息系统面向的职能分为生产、销售、财务、人力资源等系统。

为了便于对一个组织内的信息系统进行开发、应用与管理，按照信息系统支持管理活动的层次，本书把信息系统分成以下各类。

（1）面向业务运作的系统（Operation-Oriented System，OOS）。OOS 可分成以下三类系统：事务处理系统（Transaction Processing System，TPS）、知识工作支持系统（Knowledge Work Support System，KWSS）、办公自动化系统（Office Automation System，OAS）。

（2）面向管理决策的系统（Managerial Decision-Oriented System，MDOS）。MDOS 可分成以下三类系统：管理报告系统（Management Reporting System，MRS）、决策支持系统（Decision Support System，DSS）、主管信息系统（Executive Information System，EIS）。

（3）面向协作与交流的系统（Collaboration and Communication Oriented System，CCOS）。CCOS 可分成以下两类系统：信息门户网站（Information Portal Website，IPW）、协作与协调系统（Collaboration and Coordination System，CCS）。

上述分类结构示意如图 3-14 所示，各类信息系统所对应的管理层次和主要用户如表 3-1 所示。

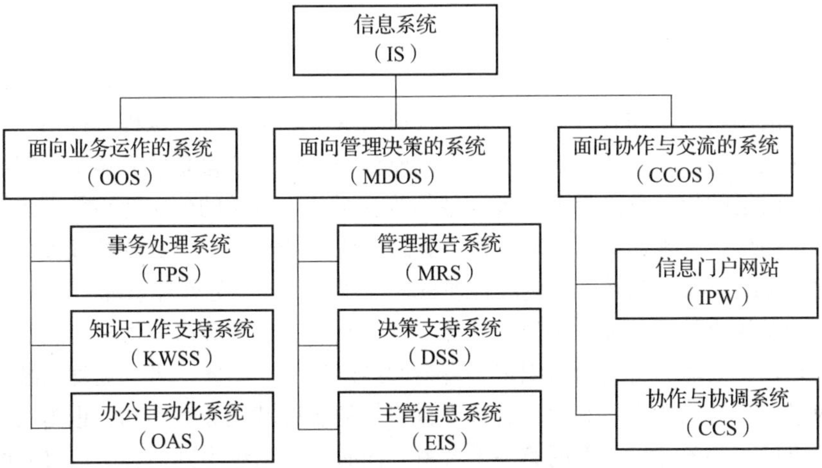

图 3-14　信息系统的类型

表 3-1　各类信息系统的主要特征

信息系统类型	工作内容举例	涉及的管理层次	主要用户
事务处理系统（TPS）	订单处理、生产统计、工资核算、职工出勤记录、现金收支账务管理等	基层管理、中层管理	业务人员、基层管理人员、普通职员
知识工作支持系统（KWSS）	技术设计、文件起草、论文写作、文献检索、问题分析、教育培训等	基层管理、中层管理	业务人员、中层和基层管理人员、工程技术人员
办公自动化系统（OAS）	文件和档案的制作与管理、邮件传送、文字与图像处理等	基层管理	文秘人员、普通职员
管理报告系统（MRS）	生产计划、作业计划、库存控制、财务预算、财务报表、综合统计等	中层管理、高层管理	中层和高层管理人员
决策支持系统（DSS）	成本分析、投资分析、市场预测、价格与利润分析、生产计划的仿真与优化等	中层管理、高层管理	中层和高层管理人员
主管信息系统（EIS）	市场与产品开发计划、经营战略、人力资源计划、重大投资决策等	高层管理	高层管理人员
信息门户网站（IPW）	身份认证、单点登录与一站式信息服务、信息发布、信息检索与收集等	基层管理	信息系统各类用户、信息系统管理与维护人员
协作与协调系统（CCS）	合作伙伴选择、协同制造计划制订、合作新产品设计、商务协商与谈判等	基层管理、中层管理、高层管理	中层和高层管理人员、业务人员

3.4.1　面向业务运作的系统

1. 事务处理系统

事务处理系统是组织中处于业务运作层的最基本的信息系统，它应用信息技术支持组织中最基本的每日例行的业务处理活动，例如日常生产运作、工资核算、销售订单处理、原材料出库、费用支出报销等。一般在组织的业务运作层，业务处理活动是高度结构化的，其过程有严格的步骤和规范，例如，在办理原材料出库时，仓库管理员必须严格按照原材料出库手续执行，检查领料人员的合法性、领料单据的有效性，核对材料的种类和数量，填写出库单，更新库存台账等，每一个环节都有明确的步骤和标准，以保证业务运作的规范性。事务处理系统存在于组织的各个基层业务职能中，企业中一些典型的事务处理系统有销售订单处理系统、生产进度报告系统、库存管理系统、费用支出报销系统、账务处理系统、考勤登记系统和人事档案管理系统等。其他类型的组织中也存在各种各样的事务处理系统，典型的应用系统有学校的学籍注册与管理系统、学生选课与成绩登记系统、课程安排系统，银行的储蓄业务处理系统、信用卡发放与结算系统，民航公司的机票预售系统，宾馆的客房预订与消费结算系统，商场的货品盘点系统、POS 结算收款系统，机关的公文运转管理系统等。企业资源计划系统的生产管理、库存管理、财务管理、资产管理、人力资源管理等部分功能也属于事务处理系统的范畴。此外，供应链管理系统同样也属于事务处理系统。

事务处理系统直接支持业务职能的具体实现，它的有效性和可靠性对组织的业务运行至关重要，一旦发生故障，将会给组织带来直接的经济损失。因此，事务处理系统在安全性和可靠性方面具有极高的要求。它不仅直接支持组织的各项基础业务活动，也为组织内各层次的管理人员提供了业务运行状况的第一手资料，同时也是组织中其他各类信息系统的主要信息来源。

2. 知识工作支持系统

知识工作支持系统主要面向组织中的业务运作层和战术管理层，支持工程师、建筑师、科学家、律师、咨询专家等人员的工作，而由于这类人员的工作具有知识密集型的特征，他们往往被称为知识工作者（Knowledge Worker）。知识工作者的工作主要是创造新的信息和知识，如政策制定、产品创新与设计、产生广告创意等。这些工作需要通过信息技术手段的支持，以集成到组织的产品、服务或管理中。知识工作支持系统要具有强大的数据、图形、图像以及多媒体处理能力，能够在网络化条件下广泛应用多方面信息资源，并为知识工作者提供多方面的知识创造工具和手段。典型的知识工作支持系统有计算机辅助设计系统、平面设计与制作系统、三维动画制作系统以及虚拟现实系统等，它在制造业企业等许多组织中得到了十分广泛的应用。知识管理系统也属于知识工作支持系统，它主要是为了促进组织中的知识创造、分享和应用，进而提升组织的学习能力与工作效率。

3. 办公自动化系统

办公自动化系统主要面向组织中的业务运作层，对各种类型的文案工作提供支持。从事这些工作的主要有秘书、会计、文档管理员及其他管理人员，他们的工作性质主要是应用和处理信息，而不是创造信息。办公自动化系统的主要目的是通过应用信息技术，支持办公室的各项信息处理工作，协调不同地理区域之间、各职能之间和各信息工作者之间的信息联系，提高办公活动的工作效率和质量。典型的办公自动化系统主要通过文字处理、桌面印刷、电子化文档进行文件管理，通过数字化日历、备忘录进行计划和日程安排，通过桌面型数据库（Desktop Database）软件进行数据管理，通过电子邮件、语音信箱、数字化传真和电视会议等进行信息联络与沟通。

3.4.2 面向管理决策的系统

1. 管理报告系统

管理报告系统主要面向组织中的战术决策层和战略决策层，为组织的计划、控制和决策等职能提供规范化的综合信息报告，同时对组织当前运行状态和历史记录信息提供查询与检索功能。相对于事务处理系统，管理报告系统中的信息具有综合性和周期性。综合性是指它的信息不是单纯地来源于某一个事务处理系统，而经常是对各个职能或所有运行环节的信息进行浓缩、汇总和综合，以反映组织内部的综合业务情况。周期性是指它并不像事务处理系统那样注重每日的实时信息，而是从管理控制目标出发，以周、旬、月、年为周期对组织内部的全部信息进行处理，把握组织的基本运行状况，服务于业务分析和管理控制。这类信息的基本表现形式通常是周期性数据报表或分析报告，因此管理这类信息的系统被称为管理报告系统。典型的管理报告系统有销售统计分析系统、库存控制系统、年度预算系统、投资分析评价系统等。

管理报告系统主要涉及的是企业内部的各种信息源，并且往往是以标准数据流程和固定格式展示规范和稳定的经济指标体系，而对一些随机的和非规范的信息处理需求显得灵活性不足。另外，在数据处理方式上，管理报告系统擅长对大量数据进行简单的算术运算，而不以定量化和模型化的分析为重点。一些文献将这类系统称为管理信息系统，但是在本书的概念体系中，管理信息系统有着更广泛的涵义，管理报告系统这个名称更适合这类系统。

2. 决策支持系统

决策支持系统也面向组织的战术决策层和战略决策层，但它侧重于应用模型化的数量分析方法进行数据处理，以支持管理者就半结构化或非结构化的问题进行决策。决策支持系统不仅要应用来自事务处理系统和管理报告系统等内部信息源的数据，同时还要应用来自组织外部环境的各种信息，如国家宏观经济政策与法规、行业统计信息、竞争对手相关信息和股票市场信息等。这些外部信息是组织进行决策的重要依据。决策支持系统最显著的特征是具有很强的模型化和定量化的分析能力。它从决策分析角度出发，运用各种模型和方法对信息进行深入分析，力图挖掘信息内在的规律和特征，并以易于理解和使用的多媒体方式提供给决策者，从而支持决策者的决策活动。另外，由于决策支持系统的用户是进行各级决策的中高级管理人员，因此人机交互方式应更友好，操作应更简便，更易于非专业人员理解和应用。决策支持系统的典型应用有销售分析与预测、生产计划管理、成本分析、定价决策分析等。商务智能系统拥有与决策支持系统相同的功能，有的学者对两者不做区分，有的学者则认为管理报告系统、决策支持系统、主管信息系统均为商务智能系统的具体实现。

3. 主管信息系统

主管信息系统主要面向组织的战略决策层。不同于其他类型的信息系统，专为解决某类或某个特定问题，它为组织的高级管理人员建立了一个通用的信息应用平台，借助功能强大的数据通信能力和综合性的信息检索和处理能力，提供了一个面向随机性、非规范性、非结构化信息需求和决策问题的支持手段。主管信息系统既应能够从组织内的各系统中提取综合性数据，也应能够从组织外部的各种信息渠道获得所需的数据，对这些数据进行组合、筛选和聚合操作，并运用最先进的通信技术和多媒体技术将数据处理结果快速而准确地传递给高层管理人员。同时，对于数据处理结果中的任何一项综合性数据信息，系统都可以按照用户的要求对它进行追溯，跟踪展示该项数据的处理过程、产生根源和收集渠道等。由于高层管理人员通常对计算机系统不太熟悉，而他们的信息需求经常又具有很强的随机性和不确定性，因此主管信息系统对人机交互界面和交互方式有更高的要求，往往采用图形用户界面、可视化的数据表达和更为先进而简单的命令输入方式。

3.4.3 面向协作与交流的系统

1. 信息门户网站

信息门户网站，简称门户（Portal），是一个组织的基于计算机网络的信息系统的单一出入关口。门户可以跨越地域和部门限制，在合理的授权与认证机制下，组织的管理者、员工、合作伙伴和服务对象都可以利用标准的浏览器实现对整个组织信息的单点访问，即只要通过门户的一次登录就可以对整个信息系统进行权限范围内的访问，获得组织内外的各种工作需要的信息，以便开展交流和协同工作。

基于简单的浏览器技术，用户可以利用信息门户实现获取商业信息的一站式服务。这与到业务系统中查询相应业务数据，到数据仓库系统中获取汇总及分析数据，到相关应用系统中获取各类报告等传统信息获取方式形成了鲜明的反差。一个组织可以通过信息门户向其他组织、有关人员或公众发布信息，进行联系、协商、服务、招聘、招标或广告宣传，也可通过信息门户利用搜索引擎等检索工具收集信息。

一家企业的信息门户通常具备以下特点。

（1）易于使用。企业信息门户的一个优势在于它能够使未经培训的用户很快获取所需要的决策信息。这些有用的信息可能以电子表格、业务报表、文档或图片的方式存在，而且可能位于企业的不同地方，可能在 Web 站点或 FTP 站点上。

（2）全面的信息收集与访问能力。企业信息门户能够将用户所需的各类信息收集与存储起来，并提供给客户访问。企业门户可以支持各类信息对象，包括结构化数据、非结构化数据（文档、音频、视频等）。

（3）可交互性。企业信息门户允许用户将信息共享给相应的同事或合作伙伴，获取最大的商业价值。这就意味着它可以发布信息并可以订阅别人的相关信息，提供了强大的订阅及发布功能。

（4）个性化。企业信息门户为不同的组织和用户提供个性化的服务，以满足他们的要求。用户也可以根据需要定制自己所需要的动态信息。

（5）主动通知功能。企业信息门户能够保持信息的更新，帮助用户快速获取信息，加速工作效率。例如，有些门户网站可以提供用户订阅和接收通知等功能。

（6）良好的安全性。企业信息门户对企业的所有数据资源或应用资源都进行了权限的分配，因而能够使整个企业资源得到良好的安全保护。

2. 协作与协调系统

传统的信息系统注重纵向信息交流，即领导者与被领导者、管理者与被管理者之间的交流，以提高行政效率、管理的有效性，以及对环境变化的响应速度。在竞争激烈、复杂多变、发展迅速的环境中，企业等组织不但要重视纵向信息交流，而且要强调部门之间、员工之间的横向交流，以便实现快捷的信息、知识与经验交流。相互协作和协同工作是战胜困难和提升竞争力的有效途径之一。虚拟企业组织、供应链管理和协同商务等都是市场竞争、技术进步和社会经济发展的产物。信息系统能够为一个组织部门之间、员工之间以及组织之间的协作与协调提供技术方面的支持，特别是为企业的供应商、制造商、经销商以及客户创造协作与协调的工作环境。

协作是指有关各方为实现一个共同目标而分担任务、协同工作。协调是指协作各方为解决协作过程中的矛盾、冲突和困难问题而协商和调整有关方面的行为，以保证共同目标的实现。因此，信息系统中的协作与协调系统涉及一个组织的管理与业务的诸多方面，与其他业务和管理系统有着密切联系。客户关系管理系统属于协作与协调系统，它主要是为了增强企业与客户之间的交流与协作，提升客户的忠诚度和满意度，促进企业收益的增加。

协作与协调系统具有以下特点。

（1）实现协作者之间畅通的信息交流和充分的信息共享。例如，在供应链管理中，供应商和制造商之间只有了解彼此的生产能力、库存情况、市场状况与生产、销售计划，才有可能在市场竞争中协调一致。建立信息交流与共享的技术平台、制定所交流的信息标准和信息交换标准、建立信息交流与共享的规章制度与运作机制等，都是协作与协调系统建设与运作的基础。

（2）建立计算机与网络环境下的多人、多单位协同工作环境。例如，合作办公，合作设计，联合制订生产、销售、供应计划，联合进行物料跟踪和调度等。20 世纪 90 年代发展起来的计算机支持协同工作（Computer Supported Collaborative Work，CSCW）的研究和实践以及近年来供应链管理、协同商务等领域的发展，使协作与协调系统成为当代信息系统日益重要的组成部分。

（3）为协作目标的协商、协作者之间的任务分担、工作进度的协调等活动提供支持。在复杂多变的环境中，协作过程中出现新的情况与问题是不可避免的。为了在实现协作目标的同时，维护协作各方的利益与团结，协作与协调系统在计算机与网络环境下应具备提供各种信息与技术支持，使协作各方在良好的环境中进行协商与谈判，并在此基础上协调各方的目标、任务和进度。此时，对各种可能的协调方案进行探索、评价与预测，使各方随时了解协作者的情况、协作任务的进度和需要解决的问题，是协调成功的重要条件。

3.4.4　各类信息系统的关系

一个组织根据其改革、发展需要和信息化进程，可能按统一规划逐步建立起一部分或全部上述各类系统，并将它们集成在一个统一的框架中，互相联系和相互作用，为实现组织的目标服务。图 3-15 所示为这些系统集成的示意图，图中展示了各类信息系统的相互关系，面向业务运作的系统，如事务处理系统、办公自动化系统和知识工作支持系统，以及面向协作与交流的系统成为面向管理决策的系统的主要信息来源。主管信息系统除了从面向业务运作的系统和面向协作与交流的系统获得信息以外，还从管理报告系统和决策支持系统中获取反映组织总体状况的信息以及决策分析的信息。

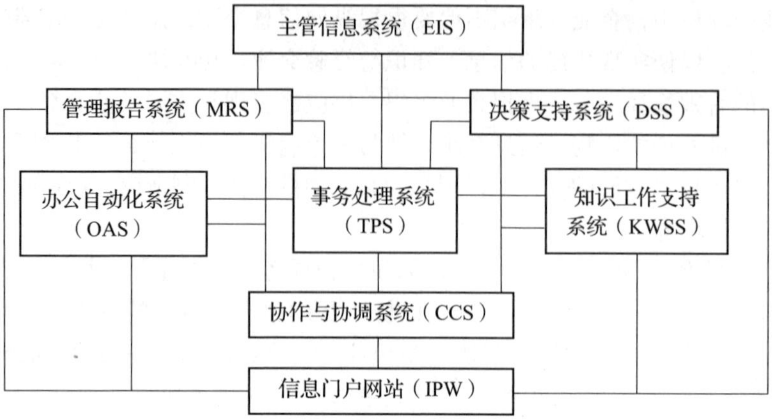

图 3-15　组织中各类信息系统的相互关系

3.5　基于 Web 的信息系统

3.5.1　Web 技术概述

World Wide Web，简记为 WWW 或 Web，中文名为万维网，是互联网技术的重要组成部分，是基于 Web 的信息系统的主要技术基础之一。Web 起源于欧洲量子物理实验室（the European Laboratory for Particle Physics，CERN）。1989 年 3 月，CERN 提出了主从结构的分布式超媒体系统，这就是 Web 的前身。这里将简单介绍 Web 浏览器和 Web 服务器的基本功能。

1. Web 浏览器

Web 浏览器是 Web 系统中面向用户交互的重要客户端软件之一，也是与 Web 服务器交互的工具软件。它可以向 Web 服务器发出服务请求，同时接收 Web 服务器送回的请求响应，并以 Web 页面的形式将其显示出来。Web 浏览器的基本功能包括以下四点。

（1）网页显示。Web 浏览器可以读入 HTML 文件，解释 HTML 所描述的图表、声音、动画、表格以及链接信息，并可利用 HTTP 在任意 Web 服务器上获得权限范围之内的信息。

（2）文件服务。浏览器可以在文件下载时实时查阅该文件，并通过 HTTP 跟踪感兴趣的网络链接，也可以随时中止下载过程，或者保存、打印、前后浏览正在查阅的文件。

（3）离线浏览。浏览器能够把从 Web 服务器上获得的网页、图像以及其他数据存放在磁盘缓存中，并建立相应的文件索引。当用户使用 Web 浏览器进行数据检索时，Web 浏览器首先检索磁盘缓存中是否存在相应的数据，如果有，则直接从本地磁盘上读取显示，而不再从 Web 服务器上下载，节省了信息获取的时间。

（4）其他互联网服务。浏览器还可以提供其他的一些互联网服务，如文件传输（File Transfer Protocol，FTP）、电子邮件（Electronic Mail，E-mail）、远程登录（Telecommunication Network，Telnet）、网络新闻组（Usenet Newsgroups，UseNet）等。

以上是 Web 浏览器的基本功能，各种不同的 Web 浏览器还会有各自不同的功能，表 3-2 列出了几种常见的 Web 浏览器。

表 3-2　几种常见的 Web 浏览器

Web 浏览器名称	开发者	适用平台	主要特点
Chrome	谷歌公司	Windows、macOS、Linux、iOS 和 Android	启动和运行速度快、界面简洁、安全性强；支持扩展程序和主题、地址栏具有多种功能、可跨平台同步
Edge	微软公司	Windows、macOS、Linux、iOS 和 Android	启动加速和睡眠选项卡、安全性强；内置了集合选项卡、垂直选项卡，以及侧边栏等特色功能；支持扩展程序和主题、可跨平台同步
Firefox	Mozilla 基金会	Windows、macOS、Linux、iOS 和 Android	速度快、内存占用平衡、安全性强；内置截图等实用性小工具；支持扩展程序和主题、可跨平台同步
Safari	苹果公司	macOS 和 iOS	速度快、安全性和隐私保护性强；智能工具丰富，如网页翻译和快速记笔记等；支持扩展程序和主题；只能在苹果公司的各种设备上同步
Opera	Opera 公司	Windows、macOS、Linux、iOS 和 Android	速度快、安全性强；内置广告拦截与即时通信，以及免费虚拟专用网络（VPN）等工具；可跨平台同步

2. Web 服务器

Web 服务器是驻留在服务器计算机上的一个应用程序，它通过 Web 浏览器与用户进行交互。Web 服务器的主要功能包括以下两点。

（1）静态信息发布。Web 服务器可以将大量 HTML 文件及其他类型的文件存储在自己的文件系统中，然后根据浏览器发出的请求，将相应的文件发送给浏览器。这样，用户就可以通过浏览器看到含有文字、图像、声音及动画等多媒体信息的页面。同时，通过单击页面中具有超链接的文字或图像，用户可以迅速切换到其他页面上。

（2）动态信息发布。Web 服务器还可以根据用户要求动态生成页面发送给用户。利用 Web 服务器的动态信息发布功能可以获得交互的效果，如用户可以将自己的姓名、地址、信用卡号、购买意向等通过页面上的表格发送给 Web 服务器，Web 服务器将这些信息写入数据库，并反馈给用户，实现电子购物。用户也可以通过浏览器将自己要查找的某方面信息通过页面上的表格发送给 Web 服务器，Web 服务器可以查找数据库，并将查找的结果反馈给用户。表 3-3 对几种常见的 Web 服务器进行了简要介绍。

表 3-3　几种常见的 Web 服务器

Web 服务器名称	开发者	适用平台	主要特点
Apache HTTP Server	Apache 软件基金会	Windows、Linux、Unix、macOS 等	使用最广泛的 Web 服务器；开源免费、性能稳定、速度快；支持多种模块和编程语言
Nginx	伊戈尔·赛索耶夫（Igor Sysoev）	Windows、Linux、Unix、macOS 等	开源免费、高性能、占用资源少；支持反向代理和负载均衡、可配置性强
Internet Information Server（IIS）	微软公司	Windows	与 Windows 操作系统集成；易于安装和配置；支持公共网关接口、因特网服务器应用程序接口、页面超文本预处理器及动态服务器页面编程

3.5.2　Web 信息系统的工作原理

基于 Web 的信息系统就是采用浏览器 / 服务器计算模式的信息系统，本书有时简称 Web 信息系统或 Web 系统。前面已简要介绍了浏览器 / 服务器计算模式的两层结构、三层结构和多层结构。以下根据这几种结构说明基于 Web 的信息系统的工作原理。

1. 两层结构

两层结构是 Web 信息系统最基本的形式，如图 3-9a 所示。两层结构只有 Web 浏览器和 Web 服务器。在 Web 系统中，发起请求的一端常被称为客户端，而响应请求的一端被称为服务器端。在两层结构中，Web 浏览器是客户端，其主要功能是与用户进行界面交互。具体而言，Web 浏览器负责向服务器端提出请求，解析客户端脚本，向用户展示处理结果。Web 服务器作为服务器端，只与浏览器进行交互，负责响应客户端的请求，解析服务器端脚本，最终按照应用需要向客户端发送信息。

两层体系结构的主要特点包括以下三点。

（1）结构清晰，技术难度低，易于维护。

（2）能够实现的功能有限，主要适用于一些静态信息的显示和简单的流程控制。

（3）适合于简单的信息发布，在系统数据量大、功能复杂时难以应用。

两层结构的 Web 系统充分利用了互联网和 Web 服务的优势，以一种简单的方式达到了跨平台展示信息的目的。Web 系统的实现主要以 HTML 技术为主，同时辅以一些动态脚本语言（如 JavaScript、ASP 等）来对系统的执行流程进行简单控制。其执行流程（见图 3-16）如下。

①用户通过 Web 浏览器向服务器端发出 HTTP 请求。

② Web 服务器接收到客户端请求后，提取对应的页面文件。

③如果需要，则执行页面文件中的服务器端脚本程序（如 ASP、JSP（Java 服务器页面）程序）。

④将执行后的结果以 HTML 文件的格式发送到客户端。

⑤如果需要，Web 浏览器将执行返回的 HTML 文件中的客户端脚本程序（如 JavaScript 程序）。

⑥对 HTML 文件进行解析，向用户显示请求的处理结果。

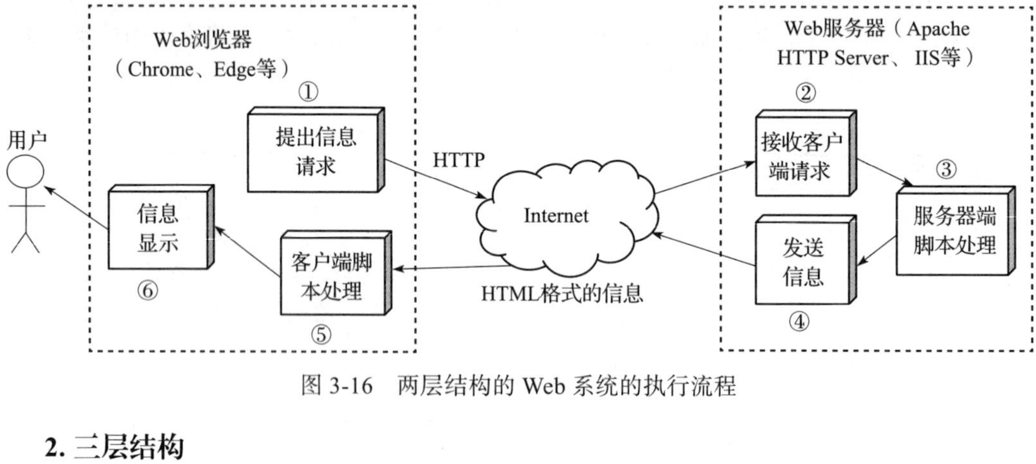

图 3-16　两层结构的 Web 系统的执行流程

2. 三层结构

基于 Web 信息系统的三层结构解决了上述两层结构在数据处理能力方面的不足，它包括 Web 浏览器、Web 服务器和数据库服务器，如图 3-9b 所示。与两层结构相比，三层结构在 Web 服务器后增加了数据库服务器层，用来进行数据的存储和管理。因此，三层结构可以充分利用数据库服务器在数据处理方面的优势，为客户端提供更为丰富和广泛的数据和信息服务。通过 Web 浏览器、Web 服务器和数据库服务器之间的功能协作和服务调用，用户的数据请求和功能操作可以及时地得到响应和执行。

在 Web 系统的三层结构中，Web 浏览器作为客户端，具有与两层结构相同的功能。Web 服务器作为第一层服务器，除了负责响应客户请求，向客户端发送处理结果外，还要向数据库服务器提出数据请求，并把数据请求的处理结果向客户端转发。因此，Web 服务器既是 Web 浏览器的服务器端，又是向数据库服务器提出数据请求的客户端。数据库服务器作为数据请求的响应者，只与 Web 服务器进行交互，根据数据请求进行数据库操作，并将结果返回给 Web 服务器。

相比于两层结构，三层结构中加入数据库服务器。数据库服务器在 Web 系统中主要实现数据的存储和操作。数据库服务器可以使用关系型数据库、层次数据库、面向对象的数据库，也可以使用基于 XML 的数据库。数据库服务器的加入满足了企业数据需要维护、显示、更新的需求，使 Web 系统真正成为了一个有价值并能帮助企业提高管理水平、实现企业现代化管理的应用系统。

三层结构的主要特点包括以下五点。

（1）结构清晰，有一定的技术难度。

（2）能够实现复杂的数据处理功能，可显示复杂的静态信息和动态信息。

（3）充分发挥了数据库服务器在数据处理上的优势，实现了功能和数据之间的隔离，提高了系统的可维护性和可重用性。

（4）具有良好的层次结构，将系统的业务逻辑封装在 Web 服务器中，将数据处理集中在数据库服务器，将数据库服务器置于 Web 服务器的后台，既向用户隐藏了实现细节，又保证了数据的安全。

（5）三层结构虽然保证了功能和数据间的分离，但是当数据处理量庞大、业务逻辑复杂、功能处理动态性较强时，过高的复杂性将导致可维护性急剧下降，因而需要进一步分层。

三层结构的 Web 系统充分利用了 Web 服务器和数据库服务器的优势，实现了数据处理和功能逻辑的分离，为最终用户和开发人员提供了良好的系统视图，在一定程度上保证了系统的可维护性和可复用性。在技术实现上，三层结构的 Web 系统除了 Web 浏览器和 Web 服务器之间使用 HTML 和动态脚本语言进行通信外，在 Web 服务器和数据库服务器之间还要进行数据库连接和数据操作。数据库连接技术在前文中进行过阐述，而数据操作主要通过结构化查询语言来完成。其执行流程（见图 3-17）如下。

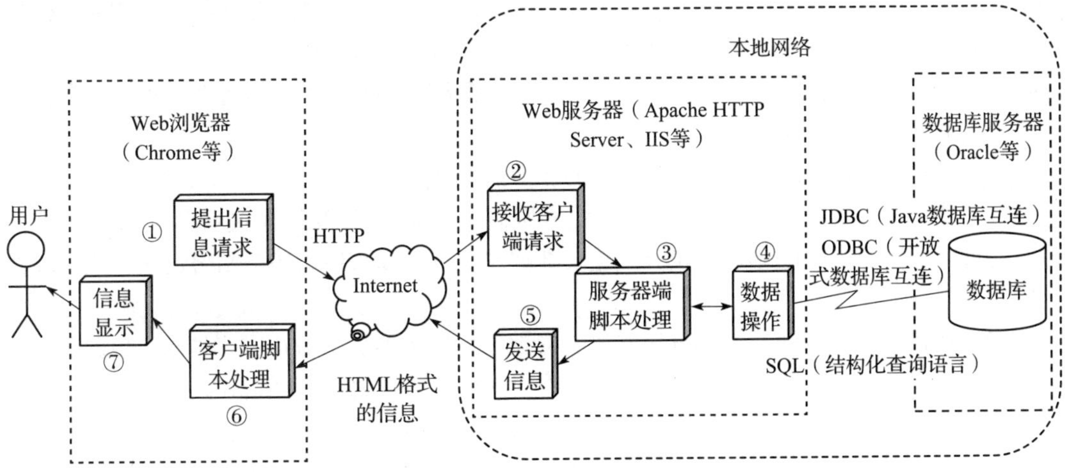

图 3-17　三层结构的 Web 系统的执行流程

①用户通过 Web 浏览器向服务器发出 HTTP 请求。

② Web 服务器接收到客户端请求后，提取对应的页面文件。

③如果需要，则执行页面文件中的服务器端脚本程序。

④如果需要，通过 JDBC、ODBC 等应用程序接口，建立与数据库服务器的连接，然后利用 SQL 向数据库服务器提交数据操作请求。

⑤将执行后的结果以 HTML 文件的格式发送到客户端。

⑥如果需要，Web 浏览器将执行返回的 HTML 文件中的客户端脚本程序。

⑦对 HTML 文件进行解析，向用户显示请求的处理结果。

从图 3-17 中可以看出，与两层结构相比，三层结构在系统执行中增加了对数据库服务器进行操作的一个环节，使得三层结构能够进行企业数据的各种操作，也正是这一特性使三层结构在众多的 Web 信息系统中得到了广泛应用。此外，从图 3-17 中还可以看出，一般而言，Web 服务器和数据库服务器处于同一个本地网络中，这样能够保证对企业数据进行操作的安全性，防止在互联网上泄露关于数据库连接和数据操作的任何信息。

下面以一个电子购物的实现过程为例来说明三层结构的 Web 系统的工作原理。电子购物的基本业务流程包括：①用户登录电子购物网站；②浏览网站商品并进行选择；③选定商品后填写有关的送货信息，并向网站提交订单；④订单提交成功后，电子购物过程结束。

假设电子购物网站的技术实现环境为：Web 服务器使用 Apache HTTP Server，服务器端的程序由 JSP 编写，数据库采用 Microsoft SQL Server。客户访问该网站后，电子购物的具体过程如下。

首先，用户打开 Web 浏览器，通过 URL 向电子购物网站的 Web 服务器发出请求；Web 服务器接受用户的请求，将预先定义好的主页面解析后以 HTML 的形式返回给用户的 Web 浏览器；Web 浏览器根据 HTML 显示页面。

其次，用户可以通过单击页面上的超链接来访问不同的页面。当向 Web 服务器发出浏览商品列表的请求时，由于该页面涉及对数据库的操作，Web 服务器将向数据库服务器提出数据查询请求，并将查询到的商品信息以 HTML 的格式返回给 Web 浏览器。用户可浏览网站提供的各类商品，并根据需要选择自己喜欢的商品。

最后，Web 服务器将会向用户的 Web 浏览器发送一个待填写的送货信息表格，用户将收货人姓名、收货地址和联系电话填写到表格的相应位置中，并提交给服务器。在提交时，Web 浏览器会将页面中的订单（包括用户填写好的送货信息和用户订购的商品）信息封装在 HTTP 消息中，并将包含订单信息的请求提交给电子购物网站的 Web 服务器；Web 服务器在接收到这个请求后将完成以下工作。

（1）解析提交的 JSP 页面，提取订单的详细信息。

（2）由于订单信息要保存到数据库中，所以 Web 服务器首先连接后台的数据库服务器。既可以采用 JDBC-ODBC 桥接方式连接数据库，也可以采用 JDBC 网络连接方式连接数据库。

（3）连接数据库成功后，Web 服务器将向数据库服务器提交数据写入请求（数据写入请求将以 SQL 方式提交）；数据库服务器接收到操作命令后将执行订单信息的写入操作。

（4）写入完成后，Web 服务器将接收到数据库服务器的写入成功信息。

（5）Web 服务器向用户返回订单提交成功的消息。

3. 四层结构与多层结构

随着企业竞争全球化的加剧，企业的规模在不断扩大，企业管理体制和业务流程的变革和调整频率在不断加快，企业信息系统也必须适应企业环境、支持企业的发展和变革。因此，企业系统的业务逻辑和功能处理逻辑会更加的复杂和灵活。

下面先简单解释一下业务逻辑和功能处理逻辑。业务逻辑是企业管理流程和业务流程中的业务规则在信息系统中的实现，是企业对各种不同业务和不同信息的处理规则，代表了信息系统的核心单元。业务逻辑具有一定的稳定性，但是随着企业的发展，它会变得更为复杂，并且有可能随着企业流程的创新而发生巨大的变化。例如，一个游戏网站规定只有 20 岁以上的人才能进行注册，这就是企业的一种业务规则，该规则在信息系统中将以业务逻辑组件的方式来实现。功能处理逻辑一般是指系统对信息的一些初级处理功能，主要为企业的业务逻辑处理做准备。这些处理功能的方式与企业并不是密切相关的，但相对而言是比较通用的，在一定程度上能够在不同的企业信息系统中重用。例如，对页面的解析、对接收到的信息进行解析和简单处理等。

虽然三层结构在一定程度上能够支持复杂系统的开发，并且通过 Web 服务器和数据库服务器的分离降低了功能和数据间的耦合性，但是当系统的业务逻辑复杂、功能处理逻辑动态性较强时，Web 服务器层将会承担过多的任务和负载，从而导致效率的降低。此外，Web 服务器将系统的业务逻辑和功能处理逻辑封装在一起，两者之间是一种紧耦合的关系。这使得当企业的业务逻辑发生变化时，对系统的修改将变得非常困难，并且对业务逻辑的修改很可能会导致对功能处理逻辑的修改。企业的业务逻辑可能会根据市场、政策、行业等因素发生变化，但是系统的功能逻辑、对页面的解析、对数据的正确性判断等可能不需要根据业务逻辑发生变化。因此，随着企业变革的频度不断提高，三层结构已经很难适应企业变革提出的技术要求。在这种情况下，出现了 Web 系统的四层结构，甚至各类服务器的进一步分层形成了多层结构。

Web 信息系统的四层结构包括 Web 浏览器、Web 服务器、应用服务器和数据库服务器，如图 3-9c 所示。与三层结构相比，四层结构在 Web 服务器和数据库服务器之间增加了应用服务器。通过增加应用服务器，可以减轻 Web 服务器的负荷，提高系统的运行效率，并使系统的整体结构更加清晰明了。更重要的是，通过增加应用服务器，系统的业务逻辑处理、数据管理、功能逻辑和页面解析能够实现完全的分离，这种分离导致系统各部分之间形成一种松耦合的关系，从而进一步提高了系统的可维护性和可重用性。

在四层结构的 Web 系统中，每一层的职责都非常清晰。Web 浏览器负责与用户的交互；Web 服务器负责响应客户请求，并将请求转发到应用服务器，同时 Web 服务器还要将请求处理结果以浏览器能够解析的方式返回 Web 浏览器；应用服务器是真正处理各种用户请求的地方，在应用服务器中包含了代表企业各种业务逻辑的组件，这些组件负责如何响应用户请求，并根据需要访问数据库服务器；数据库服务器则进行数据的存储和管理。

随着企业数据量的快速增长和业务处理的日益复杂，在四层结构之上又逐渐形成了多层结构。多层结构是指 Web 系统每个层次的服务器数量没有限制。根据企业的实际情况需要，企业可以搭建任意数目的 Web 服务器、应用服务器和数据库服务器。多层结构是在四层结构的基础上将系统的粒度进一步细分，以提高系统的处理效率。相比于三层结构，四层结构或多层结构中增加了应用服务器层。应用服务器提供了应用开发、动态发布、性能调整、数据库连接、事务管理、系统测试等众多功能，为开发人员提供了应用开发和测试的平台。此外，开发人员可以利用应用服务器来集成各类异构的信息系统。在多层结构中，应用服务器是一个用于创建、部署、运行、集成和维护分布式企业应用的系统平台。它响应用户请求，为业务逻辑提供运行环境，并负责连接数据库、管理系统事务和目录等各项系统资源。应用服务器作为多层企业级应用中的一个重要环节，得到了越来越多的重视，不少厂商都提供应用服务器产品。同时，应用服务器的发展又出现了一个新趋势，WebSphere、WebLogic 等应用服务器产品同时集成了 Web 服务器的功能。

四层结构或多层结构的主要特点包括：①结构清晰，具有良好的可扩展性，技术难度高；②能够实现各类复杂的数据处理功能；③实现了业务逻辑、功能处理逻辑和数据处理的分离，降低了各部分之间的耦合性，提高了系统的可维护性和可重用性；④应用服务器的加入为系统实现跨平台和集成异构系统提供了有利支持。

四层结构的 Web 系统的执行流程（见图 3-18）与三层结构的 Web 系统的执行流程相似，最大的区别在于所有与系统业务有关的功能都集中在应用服务器来完成，而 Web 服务器仅完成一些功能处理逻辑，如接收客户请求、数据的输入检验等。

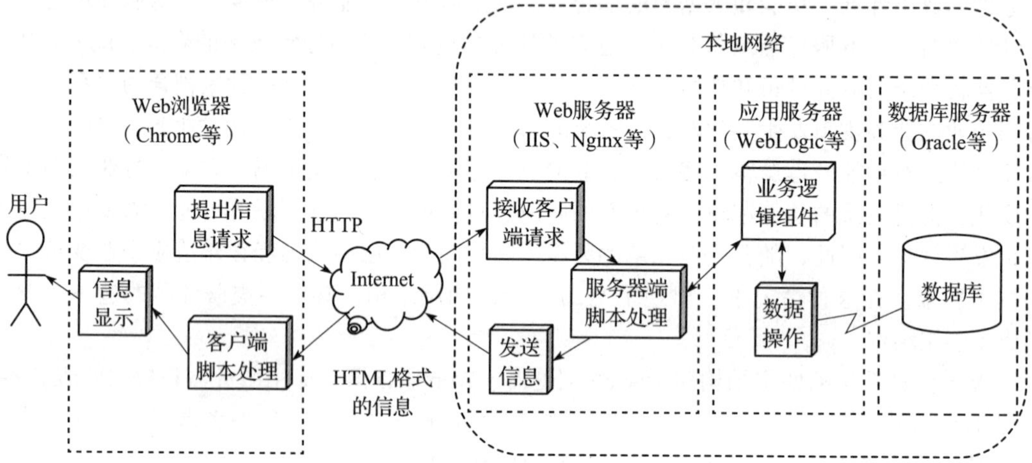

图 3-18 四层结构的 Web 系统的执行流程

3.5.3 动态页面技术

Web 信息系统的开发通常会涉及一些 Web 页面技术，动态页面技术通常需要和 HTML 一起使用，以下对一些动态页面技术进行简要的介绍。

1. CGI 与其他接口

公共网关接口（Common Gateway Interface，CGI）主要的功能是在 Web 环境下，利用浏览器传递信息给 Web 服务器，由 Web 服务器去运行所指定的 CGI 脚本来完成特定的工作。CGI 可以用任何一种语言编写，只要这种语言具有标准输入、输出和环境变量。CGI 作为传统 Web 交互能力的支撑技术，几乎被所有 Web 服务器支持。它虽然开发简单，但它以进程方式装入内存，装载与卸载开销较大，性能不佳。

为提高客户端和 Web 服务器交互的性能，一些 Web 服务器厂商分别提出了因特网服务器应用程序接口（Internet Server Application Programming Interface，ISAPI）和 Netscape 服务器应用程序接口（Netscape Server Application Programming Interface，NSAPI）。利用这些服务器应用程序接口，编程人员可以像编写 CGI 程序一样，编写能够处理请求与返回动态内容的程序。与 CGI 不同的是，ISAPI 和 NSAPI 程序由 Web 服务器加载和调用，可以执行与 CGI 程序相同的任务，但没有装入与终止每个请求的程序开销，这样其运行效率更高。

由于 CGI、ISAPI 和 NSAPI 在性能方面的不足，这三种技术已经逐渐被淘汰。目前，取而代之的是快速公共网关接口（FastCGI）、Web 服务器网关接口（WSGI）、异步服务器网关接口（ASGI）。其中，FastCGI 是 Open Market 公司开发的一种快速、开放和安全的协议，用于连接 Web 服务器和应用程序。它继承了 CGI 的一些优点，但是通过持久进程（Persistent Process）等技术克服了 CGI 在性能方面的问题。WSGI 是另外一种动态页面技术，具有良好的灵活性、可扩展性和安全性，定义了 Web 服务器和应用程序或框架之间通信的接口。WSGI 最初是为 Python 编程语言设计的，但是后来也支持其他可以实现 WSGI 规范的编程语言。ASGI 是 WSGI 的替代方案。它支持异步通信和并发通信，具有更高的性能和灵活性。

2. ASP 与 ASP.NET

Active Server Pages（ASP）是微软公司于 1996 年推出的 Web 页面开发技术，它包含一种可以在 Web 服务器端运行的脚本语言及其运行环境。ASP 适用于微软公司的 Windows NT 服务器平台，并与 IIS Web 服务器紧密集成，具有较高的运行性能。ASP 通过扩展名为 .asp 的 ASP 脚本文件来实现，这些脚本文件位于 Web 服务器的文件目录下。当浏览器向 Web 服务器发出 .asp 文件请求时，Web 服务器解释并执行 ASP 脚本，然后动态生成一个 HTML 页面发送给浏览器。

微软公司在 2002 年发布了 ASP.NET，作为 ASP 的替代品。微软公司对 ASP 的支持持续到 2013 年，之后就不再对其进行开发或更新。ASP.NET 是一种基于 .NET Framework 的开源 Web 框架，能生成多种类型的 Web 应用程序，包括 Web 页面、REST API、微服务等。ASP.NET 使用 .NET Framework 的托管环境运行，可以利用多核处理器，从而提高性能。利用 .NET Framework 提供的组件模型，ASP.NET 可以轻松扩展应用程序。此外，ASP.NET 还提供了许多安全特性，以及丰富的开发工具和资源。

3. JSP

Java Server Pages（JSP）是 SUN 公司推出的动态页面开发技术。与 ASP 相似，它是一个技术框架，也能够生成动态的、交互的和高性能的 Web 服务器端应用程序。另外，JSP 也提供了在 HTML 中混合程序代码并由 JSP 语言引擎解释和执行程序代码的能力。HTML 代码主要负责描述信息的显示样式，而程序代码则用来描述处理逻辑。

与 ASP 使用 VBScript 等脚本语言不同，JSP 使用的是 Java 语言。由于 Java 具有的跨平台特性，使得用 JSP 开发的应用程序适用于不同的软硬件平台。支持 JSP 的 Web 服务器包括集成了 Tomcat 的 Apache 以及 Java Web Server 等。另外，ASP 和 JSP 两种语言的引擎也以完全不同的方式处理页面中嵌入的程序代码。在 ASP 中，VBScript 脚本直接被 ASP 引擎解释和执行。而在 JSP 中，程序代码先被编译成 Servlet，然后由 Java 虚拟机执行，而这种编译操作仅在对 JSP 页面的第一次请求时发生。

JSP 页面文件的扩展名是 .jsp。当 Web 服务器和 JSP 引擎遇到访问 JSP 页面的请求时，首先JSP引擎将请求对象发送给服务器端的组件，如Java Bean组件、Servlet或企业级Java Bean（Enterprise Java Bean，EJB）组件等；其次由服务器端组件处理这些请求，处理时可能需要从数据库或数据存储中检索信息，处理结束后服务器端组件再将响应结果返回JSP引擎，由JSP引擎将响应结果传递给JSP页面，并根据JSP页面的HTML格式完成数据编排；最后Web服务器和JSP引擎将格式化后的JSP页面返回浏览器。

除了普通的HTML代码之外，嵌入JSP页面的其他成分主要有三种：脚本元素（Scripting Element），JSP指令JSP（Directive）和动作（Action）。脚本元素用来嵌入Java代码，这些Java代码将成为Servlet的一部分；JSP指令用来从整体上控制Servlet的结构；动作用来引入现有的组件或者控制JSP引擎的行为。

Servlet是SUN公司推出的、运行在Web服务器端的软件，用于扩展和增强Web服务器的功能，其模式类似于CGI，但是由于其内部以线程方式提供服务，因此它不必为每个请求都启动一个进程。Servlet通过利用多线程机制可以同时为多个请求服务，其执行效率比CGI高。同时，编写Servlet的语言是与平台无关的Java语言，所以Servlet也具有平台无关性，支持Java的所有接口。

随着一些新的Web动态页面技术的出现，JSP在可扩展性、安全性、性能方面的不足越来越明显，逐渐被很多先进的技术替代。

4. PHP

Hypertext Preprocessor（PHP），是一种开源的通用脚本语言，广泛用于Web开发，可以嵌入HTML。根据W3Techs上2023年5月24日的统计数据可知，在Web网站服务器端使用的编程语言中，PHP占据了77.5%的市场份额。PHP的语法借鉴了C语言、Java和Perl，支持面向对象和面向过程两种编程范式，易于学习。PHP的设计目标是让Web开发人员能够快速创建动态网页，但PHP也可以用于其他领域，例如，编写命令行脚本或桌面应用程序。

PHP的一个显著特点是它支持多种文件。PHP不仅能够生成HTML，还能够生成XML、图像、PDF、Flash等格式的文件。PHP具有强大的文本处理能力，它包含了与Perl兼容的正则表达式以及能够处理XML文档的多种工具。PHP也能够通过LDAP（轻量目录访问协议）、IMAP（互联网信息访问协议）、SNMP、NNTP（简单网络管理协议）、POP3（邮局读取协议）、HTTP等与其他服务进行通信。此外，PHP还能够实例化Java对象并像PHP对象一样使用它们。

PHP可以在所有主流操作系统上运行，包括Linux、Unix的各种变体、Windows、macOS等。PHP支持大多数Web服务器，包括Apache HTTP Server、Nginx、Microsoft Internet Information Server、Lighttpd等。此外，PHP也可以作为一个模块或者一个CGI处理器来工作。

5. JavaScript

JavaScript是一种跨平台的脚本语言。它最初由Netscape公司的布伦丹·艾希（Brendan Eich）开发，一开始被称为LiveScript，后来更名为JavaScript。JavaScript与HTML和CSS并列为Web系统前端的核心技术，截至2023年4月1日，W3Techs的统计数据显示，98%的网站在客户端使用JavaScript。所有主流的Web浏览器都有一个JavaScript引擎来在用户的设备上执行JavaScript代码。JavaScript引擎最初主要用于Web浏览器，后来逐渐扩展到服务器端。目前 Node.js 是最为流行的 JavaScript 独立运行环境。在浏览器中，JavaScript 可以动态改变网页的外观与样式，而在服务器上，Node.js 中的 JavaScript 可以对浏览器上的代码发出的客户端请求做出响应。

JavaScript 具有以下特点：① JavaScript 是一种解释型的脚本语言，不需要像 C++ 等语言那样先编译后执行；② JavaScript 是一种面向对象的语言，支持封装、继承和多态等面向对象的概念；③ JavaScript 语法简单，采用了 Java 的表达式语法、命名规范以及基础流程控制，但没有 Java 的静态类型和强类型检查等特性；④ JavaScript 可以在 Windows、Mac、Linux 等各种平台上运行。

目前，JavaScript 已经被广泛应用于网页开发。例如，验证网页表单中的输入数据是否符合要求、创建下拉菜单等动态效果、通过 Ajax 技术与服务器进行异步通信来实现网页无刷新更新、构建在线编辑器和在线游戏等 Web 应用程序。

3.6 Web 服务

随着互联网的迅速发展，特别是 XML 等技术的成熟，20 世纪末，Web 服务（Web Service）的概念被提出。随后，许多的组织和公司都参与了 Web 服务标准的制定，Web 服务成为互联网的一项重要技术。

1. Web 服务概述

随着基于 Web 的信息系统的服务范围和功能的扩展，跨平台的服务成为一个瓶颈问题。例如，在 B2C（Business to Customer）模式下的电子商务中，顾客在 Web 浏览器端填写了订单的信息，通过网络传输给了公司的应用服务器上运行的订单管理系统。然而，公司内部的订单管理系统却不能连接到向供应商发送订单的供应系统，这样在获取了顾客的订单之后，公司不得不组织大量的人员根据顾客的订单手工填写向供应商订货的订单。这个过程既耗费了公司的人力、物力、财力，又妨碍了商品被及时地送出，形成了公司的一个服务瓶颈。为什么同样连接在网络上，公司内部的订单管理系统和供应系统不能很好地协同工作呢？原因在于订单管理系统运行在 Linux 操作系统上，采用 IBM WebSphere 作为 Web 服务器，Web 页面采用 JSP 技术，数据库管理系统采用 Oracle 10i；而供应系统运行在 Windows 2000 Advance Server 操作系统上，采用 Microsoft IIS 5.0 作为 Web 服务器，Web 页面采用 ASP 技术，数据库管理系统采用 Microsoft SQL Server 2000。操作系统、Web 服务器、页面技术、数据库管理系统的不同使得企业之间的数据和事务处理不能交流。Web 服务正好弥补了这个缺陷，它突破了具体平台的限制，使用灵活统一的数据格式，并且使用开放的标准协议，以满足业务的复杂性和规模的可扩展性。

Web 服务是指在互联网或内联网环境下通过标准协议实现信息系统之间共享数据与功能，以提供服务的方法与技术。在 Web 服务的体系中，所提供的各种服务被分割成为高内聚、低耦合的可重用功能组件实现的单项服务，分散配置于网络系统的各个地点，通过相互调用以协同完成客户提交的各种服务。Web 服务的各种软件通过规范的接口进行交互。它们遵循特定的、与平台无关的技术标准与规范，例如 TCP/IP、HTTP、简单对象访问协议（Simple

Object Access Protocol，SOAP）、Web 服务描述语言（Web Services Description Language，WSDL）、通用描述、发现与集成（Universal Description Discovery and Integration，UDDI）、XML 及其相关的语法、文档、数据交换标准、数据与流程建模规范与标准、工作流管理技术标准、安全标准、工程监理与实施规范等。Web 服务技术体现了 Web 技术、组件技术和网络技术的融合，使得信息系统在提供各种服务时不受单一系统或网站功能的限制。

2. Web 服务的工作原理

Web 服务的基本组成如图 3-19 所示。Web 服务的参与者由三种角色组成，分别是服务提供者、服务注册中心和服务请求者。Web 服务还有三种操作，分别是在服务提供者和服务注册中心之间的服务发布（Publish）、服务请求者和服务注册中心之间的服务查找（Find）、服务请求者和服务提供者之间的服务绑定（Binding）。

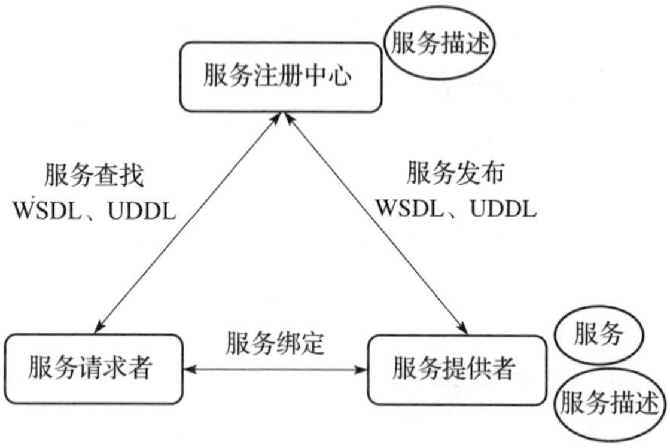

图 3-19　Web 服务的基本组成

简单来说，服务提供者就是服务拥有者，它首先向服务注册中心注册提供服务，继而可以向其他需要服务的用户提供服务；服务请求者就是服务使用者，它从服务注册中心查找所需要的服务，并向服务提供者发送使用服务的请求；服务注册中心是服务的注册、发布、检索中心。服务提供者通过发布操作向服务注册中心注册服务的功能和访问接口；服务请求者通过查找操作向服务注册中心查找需要的服务；服务请求者通过绑定操作来使用服务提供者提供的服务。

通过以上的叙述，我们不难总结出 Web 服务的工作流程如下。

（1）服务提供者向服务注册中心发布它能够提供的服务，服务注册中心收到服务提供者的请求后注册该服务的功能和访问接口。

（2）当服务请求者向服务注册中心查询需要的服务时，如果不存在需要的服务，则向服务请求者说明没有服务可以满足它的请求；如果存在需要的服务，则告知服务请求者服务的位置和访问接口。

（3）服务请求者以给定的接口向指定位置的服务提供者调用服务，服务提供者响应服务请求者的服务请求，向它提供服务。

服务请求者与服务提供者之间的服务调用类似于组件通信，但是它与传统的组件通信方式有明显的不同，它隐藏了平台实现的细节。在传统的组件通信方式中，要为不同类型的组件定义不同的连接器，这就使得调用在不同平台上运行的、由不同语言编写的组件变得非常复杂，而基于 Web 服务的组件通信方式规定所有的服务都以 Web 服务的形式提供，这样就简化了服务调用时的接口，屏蔽了不同组件之间的差异。

3. Web 服务的核心协议

为了实现上节所述功能，Web 服务需要提供一系列的标准协议来实现跨平台的服务操作和交互。实际上，Web 服务协议栈就是定义了 Web 服务的核心协议，如表 3-4 所示。

表 3-4　Web 服务协议栈

<table>
<tr><td colspan="5">路由、可靠性以及交易事务处理协议</td></tr>
<tr><td>Web 服务流语言</td><td>WSFL</td><td rowspan="6">服务管理</td><td rowspan="6">服务质量</td><td rowspan="6">服务安全</td></tr>
<tr><td>Web 服务统一描述、发现和集成协议</td><td>UDDI</td></tr>
<tr><td>Web 服务描述语言</td><td>WSDL</td></tr>
<tr><td>简单对象访问协议</td><td>SOAP</td></tr>
<tr><td>传输层协议</td><td>HTTP、FTP、SMTP</td></tr>
<tr><td>网络层协议</td><td>IPv4、IPv6</td></tr>
</table>

其中，Web 服务协议栈的底部包括前面已经介绍过的 TCP/IP 参考模型的传输层和网络层的标准协议，即网络层的 IPv4、IPv6 协议和传输层的 HTTP、FTP、SMTP，Web 服务构筑在互联网的标准协议之上，这就使得它的应用与现有网络能够很好地融合在一起。

顶部包括更高层的路由、可靠性以及交易事务处理等方面的协议；右边的三个部分是各层协议的公共机制，包括服务管理、服务质量和服务安全等方面的要求。

左边部分是 Web 服务的标准协议，其中的简单对象访问协议（Simple Object Access Protocol，SOAP）是基于 XML 的消息传递的统一标准；Web 服务描述语言（Web Services Description Language，WSDL）是基于 XML 的业务描述的统一标准；Web 服务统一描述、发现和集成（Universal Description，Discovery and Integration，UDDI）提供了在 Web 上描述并发现业务服务的框架；Web 服务流语言（Web Services Flow Language，WSFL）是针对工作流提出的 Web 服务标准。其中，SOAP、WSDL、UDDI 是 Web 服务的核心协议。

（1）SOAP。SOAP 是 Web 服务协议栈中用于计算机之间交换信息的协议。它是一种轻量级的分布式计算协议，主要为在分布式环境中进行通信而设计。SOAP 以 XML 为基础，通过 XML 协议来实现分布式系统之间的通信，这一点使 SOAP 能够跨越各种硬件平台、操作系统和编程语言的限制，实现异构系统间的通信。SOAP 的优点有以下几点。

1）SOAP 基于被广泛应用的技术，包括互联网协议集、XML、远程过程调用（Remote Procedure Call，RPC）等。

2）通过与 HTTP 的结合，SOAP 能够穿越防火墙进行系统通信。

3）能够采用任何编程语言进行开发。

4）与底层的应用结构是一种松耦合关系。

SOAP 规范包括消息和 RPC 两个部分，其中消息用来定义在分布式系统之间进行消息传递时采用的基本结构框架，而 RPC 部分则给出了将远程调用及其结果嵌入消息的具体方法。

一个完整的 SOAP 消息由四个部分组成：SOAP 信封、SOAP 编码规则、SOAP RPC 表示和 SOAP 绑定。一条 SOAP 消息就是一个 XML 文档，它由一个不可缺少的 SOAP 信封元素组成。SOAP 信封（SOAP Envelop）定义了一个整体的框架，用于说明在计算机之间传递的消息的封装规则，包括消息调用的方法名、方法参数、返回值、接收消息的对象、消息传递失败时的错误消息编码规则等。SOAP 信封是由首部（Header）和主体（Body）组成的，其中 Header 是可以省略的，Body 是必须出现的。典型的 Body 元素都包含了对 RPC 的请求和响应。

SOAP 还定义了一套内置的数据编码规则，该规则用于定义应用程序中需要使用的数据类型，并可以用来交换由这些数据类型所产生的实例。由于 SOAP 是基于 XML 的，它的描述和定义规则与 XML Schema 非常类似。虽然 SOAP 中定义了 SOAP 编码规则，但是它们并不是必需的。因此，开发者可以根据系统的需要编写自己的编码规则。

SOAP RPC 表示定义了如何在一个 SOAP 消息中表示 RPC。它详细规定了如何在 SOAP 信封的 Body 部分格式化 RPC 的请求和响应。这包括指定远程方法的名称、传递的参数以及预期返回的结果。通过这种方式，SOAP RPC 表示允许不同系统之间进行有效的方法调用和数据交换，使得网络上跨平台的 RPC 变得可行和高效。SOAP 绑定定义了使用哪种底层传输协议来实现在系统间交换 SOAP 信封。严格来讲，SOAP 并没有绑定到任何一种传输协议上，所以它可以通过互联网上的各种协议来传输，例如 HTTP、SMTP 或 FTP。然而，SOAP 规范只包含有关 HTTP 的细节，因此 HTTP 仍是 SOAP 传输的主要协议。

（2）WSDL。WSDL 是以 XML 为基础、用于描述 Web 服务的语言，不同系统之间将通过交换 WSDL 文件来理解对方提供的服务。WSDL 的主要作用是为 Web 服务提供一些说明，其中包括 Web 服务完成的工作、可以识别的数据类型、使用的方法、服务的位置和错误信息等。WSDL 文档用于动态发布 Web 服务、查找已发布的 Web 服务和绑定 Web 服务。

WSDL 文档是对 Web 服务接口的一种抽象性描述，Web 服务的实现必须符合 WSDL 文档的定义。WSDL 文档为客户端对服务的访问提供了指导和帮助，使得客户端能够通过一定的方式来查找合适的 Web 服务，并进行动态绑定。

WSDL 包括类型（Type）、消息（Message）、端口类型（Port Type）、绑定（Binding）、服务（Service）等多个元素。类型描述了客户端和服务器端使用的所有数据类型。消息代表了需要传输的数据的抽象定义，由一个或多个部分组成。端口类型代表了抽象操作的集合。绑定描述了在互联网上实现服务的具体细节，包括消息如何在网络上传输、传输协议的细节是什么等内容。服务定义了调用具体服务的地址。WSDL 文档及其包含的元素，使得服务的注册、查找和调用变得可能。

（3）UDDI。UDDI 是用来描述、发现和集成 Web 服务的一系列技术规范，它是 Web 服务协议栈的最关键部分。UDDI 对 Web 服务的描述主要通过服务提供者在 UDDI 注册中心注册后利用数据模型来描述，UDDI 发现 Web 服务主要通过调用查找 API 来实现。通过 UDDI，企业能够发布和搜索 Web 服务，降低了信息共享的成本。

UDDI 的核心由两个部分组成。第一个部分是 UDDI 的技术规范，第二个部分是 UDDI 注册中心。UDDI 技术规范定义了搜索已有数据和发布新数据的细节，UDDI 注册中心是 UDDI 技术规范的实现。2001 年 5 月，由微软公司和 IBM 公司联合发起的 UDDI 注册中心已经实现了向公众开放的搜索和发布功能。

一家企业在 UDDI 注册中心注册的信息主要通过基于 XML 的数据模型来表达。UDDI 有四个最基本的数据模型：businessEntity、businessService、bindingTemplate 和 tModel。其中，bussinessEntity 是对企业及其服务的比较完整的描述。businessService 包含单个或一组 Web 服务的信息，包括服务名称、业务描述等。bindingTemplate 包含从哪里以及如何获取一个 Web 服务的信息，它可以在 businessService 和描述其技术特征的 tModel 集之间进行映射。tModel 代表了技术模型，它决定了描述服务的方式，提供了指向外部技术规范的指针。tModel 实现了技术规范的重用，当两家企业引用相同的 tModel 时，它们实现的就是相同的规范。

数据模型 businessEntity 提供关于商家（即服务提供者）的信息，可以包含一个或多个

businessService。Web 服务的技术和业务描述在 businessService 和 bindingTemplate 中被定义。而 tModel 被用于定义服务的技术规范，每个 bindingTemplate 包含对一个或多个 tModel 的引用。

UDDI 规范中提供了两种主要的应用程序接口，即发布 API 和查询 API。发布 API 是一组得到认证的操作，允许各种组织在 UDDI 注册中心发布有关企业、服务、实施或者服务类型的信息。查询 API 是一组不需要进行认证的操作，用户可以通过它从 UDDI 注册中心查询信息。

目前，Web 服务的发现机制主要有直接发现和广告两种方式。直接发现是指服务提供者直接向服务请求者发送服务描述（可以使用 E-mail 或 FTP 进行服务描述的发送）。在直接发现机制下，服务请求者和服务发送者之间不需要 UDDI 注册中心，它们通过网络协议利用手工操作就能够实现服务的发布和查找操作。直接服务的缺点是服务请求者和服务提供者之间建立了一种紧耦合的关系，不利于系统的维护和重用，而且服务描述发生的变化也很难快速地通知到服务请求者。广告是指使用基本的 Web 技术在 UDDI 注册中心的网站上发布服务，并将 Web 服务描述广而告之。服务请求者通过 Web 浏览器的搜索功能就能够完成查找操作，这种方式弥补了直接发现的不足。

Web 服务会根据它的内容而对安全性有不同的要求。例如，提供银行结算的服务要比打印服务需要更高的安全性。Web 服务如何来认证不同的用户，以及对不同的用户进行访问控制都是必须要解决的问题。目前，有两个新的协议对原有的 Web 服务协议栈进行了扩充，它们是用于安全和认证的 WS-Security 和 WS-License。

◎ 阅读材料 3-2

微博的后端技术架构演化

微博成立于 2009 年 8 月，在 2014 年 3 月之前名为新浪微博，现在是中国最大的社交媒体平台之一。它为用户提供了一个发布信息、交流观点和建立联系的平台。微博通过短文、图片、视频等多种形式的内容展示，让用户可以快速地了解最新的资讯和热点事件。微博的用户群体广泛，包含了各行各业的人士和组织。在微博的营业收入中，广告和营销服务的收入占据了绝大部分。

自上线以来，微博的用户数量一直呈爆发式增长状态。2010 年 10 月底，微博的注册用户数超过 5 000 万人次；2012 年 12 月底，注册用户数超过 5 亿人次，日活跃用户数达 4 620 万人次。2023 年第一季度，微博的日活跃用户数达 2.55 亿人次。如此庞大的用户数量给微博的系统架构带来了巨大的挑战。此外，热点事件在微博上的快速传播，经常造成流量在 10 分钟内成倍增长，严重考验着微博的系统稳定性。

为了应对用户数量和流量的快速增长，从 2011 年至今，微博的后端架构进行了 3 次重大升级。对此，微博的研发中心研发总监刘道儒在《中国卓越技术团队访谈录》中进行了简要介绍。2011—2014 年，微博的核心系统由基于 PHP 的架构变为基于 Java 的分布式平台架构，同时也构建了千亿级存储和分布式缓存等基础功能；2015—2019 年，微博研发团队构建了基于公有云和 Docker 的弹性混合云架构，从而使微博的主要业务能够快速扩容，例如，在 10 分钟内弹性扩容 5 000 台服务器；2020 年至今，微博开始构建智能化的云原生架构，对原有的数据库、缓存、消息队列等进行了智能化管理和弹性化调度等方面的升级。

由此可见，Web信息系统的结构并非一劳永逸，而是随着业务发展的需求不断升级和重构。在系统架构调整中如何选择合适的技术方案，一方面取决于业务需求，另一方面取决于企业自身的技术实力和市场上的技术方案供给。

3.7 移动信息系统

3.7.1 移动智能设备

移动设备是指能够连接移动通信网络的便携式计算设备。相比于功能较少和系统相对封闭的传统移动设备，移动智能设备则具有相对开放的操作系统与丰富的应用程序、更强的计算存储与网络连接能力，以及多样化的人机交互方式。

1. 移动智能设备的分类

常用的移动智能设备有智能手机、平板电脑、电子书阅读器、智能穿戴设备等，这些设备为人们的生活、工作和学习带来了很大的便利。

（1）智能手机。从1999年摩托罗拉公司生产的第一款智能手机至今，智能手机不仅在通话和短信等传统基本功能上有了很大的提升，还增加了音视频播放、图像拍摄和剪辑、移动导航、WiFi和蓝牙等功能，社交和购物等移动互联网应用也越来越丰富。根据IDC的数据可知，三星、苹果、小米、OPPO、vivo等品牌在2022年的全球智能手机市场中位列前茅。

（2）平板电脑。平板电脑是一种平板状的便携式个人计算机。它的基本输入设备是触摸屏，用户可以通过手写识别、语言识别、软键盘或外接键盘来操作和使用。它的优点是轻便、电池续航时间长、适合移动办公和娱乐。主要的平板电脑品牌有苹果的iPad、微软的Surface、华为的MatePad等。

（3）电子书阅读器。电子书阅读器是一种以阅读电子书籍或期刊为主要用途的计算设备。电子书阅读器通常使用的是电子墨水技术，既可以模拟纸张的视觉效果，又可以减少蓝光和辐射带来的危害。它具有电池续航能力强、便于携带、易于调节字体和亮度等特点，并且支持PDF、ePuB、mobi等多种格式的电子书。亚马逊、汉王、文石、科大讯飞等国内外公司的电子书阅读器各具特色。

（4）智能穿戴设备。智能穿戴设备是指可以佩戴在身体某些部位的智能化电子产品。它可以通过传感器、无线通信、人工智能等技术，对使用者的生理信号、运动数据、健康状况等进行监测和分析，并且与其他智能设备进行网络连接和交互。其优势在于能够随时随地为使用者提供个性化、便捷、高效的服务，从而增强生活品质和工作效率。智能手表、智能手环、智能眼镜等智能穿戴设备已经被应用于运动和健康监测、移动支付、休闲娱乐等领域。

2. 移动智能设备的操作系统

移动操作系统是一种专门为移动智能设备设计的操作系统，它主要用于管理移动智能设备的硬件资源，以及为应用软件的开发提供平台基础。常见的主流移动操作系统如表3-5所示。

表 3-5　主流移动操作系统

名称	厂商	主要特点	市场情况
塞班操作系统	诺基亚公司、爱立信公司、摩托罗拉公司和 Psion 公司	在安卓和 iOS 之前，使用非常广泛	2013 年正式停止开发
黑莓操作系统	Research In Motion 公司	具有强大的安全性和隐私保护功能	主要用于黑莓手机
微软操作系统	微软公司	技术上与微软的桌面操作系统密切相关	2020 年，微软不再提供对 Windows 10 Mobile 的支持
iOS 操作系统	苹果公司	简洁美观，具有自己封闭的移动智能终端产品生态系统	主要用于苹果公司系列产品
安卓操作系统	谷歌公司	开源和很强的可定制性，支持多种硬件架构	最受欢迎的移动操作系统
鸿蒙操作系统	华为公司	支持多内核，多种设备互联和资源共享	发布时间较晚，主要用于华为手机

（1）塞班操作系统（Symbian OS）。它最初由诺基亚公司、爱立信公司、摩托罗拉公司和 Psion 公司合资研发。2000 年，爱立信公司生产的 R380sc 手机是世界上第一部使用塞班操作系统的手机。塞班操作系统曾是世界上使用最广泛的移动操作系统，然而随着苹果公司的 iOS 操作系统和谷歌公司的安卓操作系统带来的激烈竞争，塞班操作系统的市场份额逐渐减少，于 2013 年正式停止开发。

（2）黑莓操作系统（BlackBerry OS）。它是一款由加拿大 Research In Motion（RIM）公司开发的移动操作系统，主要用于黑莓公司的智能手机。黑莓手机具有强大的安全性和隐私保护功能，在商务人士和政府机构中广受欢迎。随着 iOS、安卓、Windows Phone 等操作系统的崛起，黑莓操作系统逐渐在智能手机市场上失去了竞争力。

（3）微软操作系统。Windows CE 是微软公司开发的一款操作系统，它最初是为掌上计算机设计的。Windows CE 于 1996 年 11 月首次发布，它将用户友好的 Windows 95 界面带入了移动计算领域。它的架构也构成了微软公司后来的移动计算和智能手机产品的基础，如 Pocket PC、Windows Mobile、Windows Phone 7 等。2000 年，微软公司发布了当时被称为 Pocket PC 2000 的移动操作系统，2003 年将其更名为 Windows Mobile。微软公司的移动操作系统在 2007—2010 年间达到了市场份额的高峰，但随着苹果公司的 iOS 操作系统和谷歌公司的 Android 操作系统的崛起，其竞争力逐渐下降。2010 年，微软公司推出了 Windows Phone 7，一种面向消费者市场的新移动操作系统，采用了磁贴式的现代用户界面。2015 年，微软公司发布了 Windows 10 Mobile，一种与 Windows 10 桌面版共享核心和应用商店的移动操作系统。然而，由于缺乏开发者和用户的支持，Windows 10 Mobile 也未能在市场上取得成功。2020 年 1 月 14 日，微软公司正式结束了对 Windows 10 Mobile 的支持。

（4）iOS 操作系统。iOS 操作系统是苹果公司开发的一款基于 Unix 的移动操作系统，专用于 iPhone、iPad、iPod Touch 等苹果公司的产品。最早的 iOS 操作系统伴随第一代 iPhone 手机于 2007 年成功进入市场。iOS 的用户界面颇具特色，简洁美观，允许用户采用多点触摸方式直接操作手机，并且内置的加速器可以使手机屏幕旋转方向。iOS 操作系统内置的 iTunes Store 和 App Store 两个应用程序，构成了苹果公司的移动智能终端产品生态系统的关键。用户可以通过 iTunes Store 购买和下载音乐、视频、电子书等数字产品，也可以通过 App Store 购买或免费使用内置应用软件以外的应用软件。此外，App Store 也为第三方软件开发者提供了一个方便的手机软件销售平台。iOS 操作系统在全球移动操作系统市场中的占有率位列第二，仅次于安卓操作系统。

（5）安卓操作系统（Android）。安卓是一款基于 Linux 内核的开源移动操作系统，已经被广泛用于智能手机、平板电脑、智能手表等各种设备。2005 年，谷歌公司收购了由 Andy Rubin 等人于 2003 年成立的 Android 公司。2007 年，谷歌公司展示了首款基于安卓操作系统的智能手机，并且领导数十家手机厂商、手机芯片厂商和移动运营商等企业成立了开放手持设备联盟（Open Handset Alliance，OHA）。相比于 iOS 操作系统的封闭性，安卓操作系统的最大特色在于开源和很强的可定制性，因而能够满足不同厂商和用户的需求。同时，安卓操作系统还支持 ARM、x86、MIPS 等多种硬件架构，也面向开发者提供了完善的开发工具和文档。类似于苹果公司的 App Store，开发者也可以通过谷歌商店（Google Play）或其他渠道以免费或收费的方式发布安卓应用软件。基于上述特点，安卓操作系统很快就发展成为世界上最受欢迎的移动操作系统。

（6）鸿蒙操作系统（HarmonyOS）。鸿蒙操作系统是华为公司开发的一款面向全场景的分布式操作系统，已被用于包括智能手机、平板电脑、智能穿戴设备等场景。2019 年 8 月 9 日，华为公司正式发布了鸿蒙系统 1.0。2023 年 3 月，鸿蒙系统已经发展到 3.1 版本。鸿蒙系统的架构支持多内核，包括 Linux 内核、LiteOS 和鸿蒙微内核，可根据各种智能设备选择所需内核。鸿蒙系统的多种分布式技术能够实现多款设备的联通，允许一个设备控制其他设备及共享多个设备上的数据资源。用户可以通过华为应用市场下载和安装可兼容鸿蒙系统的安卓应用程序，以及基于鸿蒙系统开发的应用程序。对于开发者，华为公司提供分布式原子化服务及应用集成开发环境，便于实现“一次开发、多设备部署”。

◎ 阅读材料 3-3

“无所不能”的智能手机

智能手机给人们的生活带来巨大的便利，已经成了很多人寸步不离的物品。从在手机闹铃声中起床到刷一刷微博或抖音后睡下，智能手机几乎渗透了人们生活和工作的各个方面。

出门之前，人们经常会使用墨迹天气等软件查看天气状况，并且使用高德地图或百度地图规划出行路径，然后用滴滴出行等软件约车或扫描共享单车。如果是去外地，携程旅行或去哪儿旅行等软件可以提供订机票、火车票、酒店和景点门票等服务。

在需要移动办公的时候，人们可以通过 QQ 邮箱或网易邮箱查看电子邮件，通过钉钉等软件查看工作单位的最新通知，然后借助 WPS Office 等办公软件处理一些工作文档。此外，印象笔记或 OneNote 等笔记软件也可以帮助人们随时记录重要信息。

在学习方面，有道词典可以提供外文翻译等功能，百度百科等在线百科网站可以帮助人们了解更多丰富的知识。此外，人们还可以登录国家高等教育智慧教育平台、学堂在线、Coursera 等国内外慕课网站，通过在线学习来拓宽知识面。

在社交方面，人们可以通过微信或 QQ 等通信软件和亲朋好友交流情感，分享自己的生活，了解他人的生活动态。此外，在关注国内社会动态和讨论各类热点话题时，微博无疑是最受欢迎的移动应用软件。

在生活方面，使用智能手机购物不仅方便快捷，而且还可以享受到更多的优惠。例如，通过淘宝、京东和拼多多，人们居家就能买到各种各样的商品，并且在它们促销时享受到低价的优惠。同时，支付宝和微信支付等移动支付软件可以帮助人们轻松地完成各种支付。不仅如此，购物应用程序还可以让人们随时随地查看物流信息。此外，美团和大众点评等平台可以帮助人们在线预订餐厅并点餐。人们还可以通过下厨房等软件学习制作美食。

智能手机上的音乐、视频、游戏等应用程序丰富多彩，这些应用程序的适当使用可以让人们在闲暇时间里放松身心，享受快乐。例如，人们可以与好友一起畅玩各种手机小游戏，也可以通过网易云音乐、QQ 音乐等听自己喜欢的音乐，还可以在爱奇艺、优酷视频等平台上观看最新的电视剧和电影。

总而言之，智能手机已经不再是简单的通信工具，而是进化为人们生活中的智能小助手。它为人们带来非常多的便利，但是如果使用不当，它也会损害人们的视力和手腕等部位的健康，同时也会导致大量时间和精力的浪费。

3.7.2　无线通信技术

1. 蜂窝移动通信系统

从第一代蜂窝移动通信技术到最新的第五代蜂窝移动通信技术，经历了半个世纪的发展，通信的带宽、时延、速率等方面都有了很大的提升，其发展历程如图 3-20 所示。

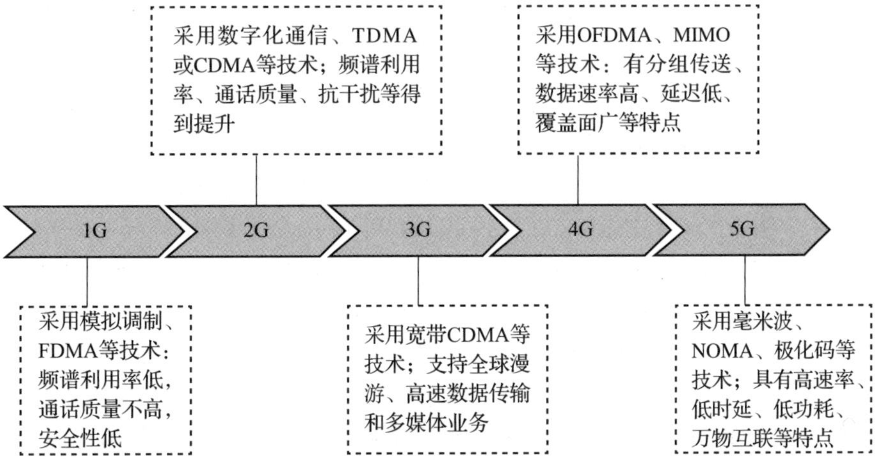

图 3-20　蜂窝移动通信技术的发展历程

（1）第一代蜂窝移动通信技术（1G）。1G 技术盛行于 20 世纪 70 年代中期—80 年代中期。该技术以模拟调制通信技术为基础，并且采用频分多址（FDMA）技术来实现频率复用，从而增加系统容量。由于 1G 技术存在频谱利用率低、通话质量不高、安全性低等问题，随着用户需求的增加和数字技术的发展，1G 技术逐渐被第二代蜂窝移动通信技术取代。

（2）第二代蜂窝移动通信技术（2G）。2G 技术是在 20 世纪 80 年代中期发展起来的一种数字化的无线通信技术。相比于 1G 技术，2G 技术具有更高的频谱利用率、更好的通话质量、更强的抗干扰能力和更多的业务类型。其中，全球移动通信系统（GSM）是由欧洲电信标准组织制定的一个数字化移动通信标准，它采用时分多址（TDMA）技术。GSM 在全球很多国家和地区获得了广泛应用，因此，GSM 用户可以在不同运营商或地区之间漫游。而 CDMA 系统是另一套数字化移动通信系统，采用码分多址（CDMA）技术，尽管 CDMA 系统在通话质量、手机辐射、数据传输上优于 GSM，但是由于推出时间较晚，它的市场占有率远低于 GSM。

（3）第三代蜂窝移动通信技术（3G）。国际电信联盟（ITU）在 2000 年 5 月公布了第三代蜂窝移动通信技术标准 IMT-2000，其中包括宽带码分多路访问（WCDMA）、CDMA200、时分同步码分多路访问（TD-SCDMA）等无线接口标准，威迈（WiMAX）也于 2007 年 10 月成为第四个无线接口标准。3G 技术以宽带 CDMA 为基础，它的优势在于支持全球漫游、高速数据传输和多媒体业务，并且在通话质量、频谱利用率和保密性等方面有了进一步提升。3G 技术的数据传输速率最高可以达到高速移动时 144Kbit/s、低速移动时 384Kbit/s、室内环境下 2Mbit/s。

（4）第四代蜂窝移动通信技术（4G）。4G 采用了正交频分复用（OFDMA）、多输入多输出（MIMO）、软件无线电等技术，从而具有分组传送、数据速率高、延迟低、覆盖面广等特点。LTE-A 和 WiMAX 是目前主要的两种 4G 技术。4G 技术具有超过 2Mbit/s 的数据传输能力，能够提供下载 100Mbit/s 和上传 50Mbit/s 的峰值速率。相比于 3G 技术，4G 技术在视频传输、高清音乐、在线游戏等方面表现更佳。

（5）第五代蜂窝移动通信技术（5G）。5G 包括毫米波、大规模阵列天线技术、非正交多址接入（NOMA）技术、极化码（Polar Code）、低密度奇偶校验码（LDPC）、软件定义网络等关键技术。5G 技术具有高速率、低时延、低功耗、万物互联等特点，其峰值速率可达 20Gbit/s，主要面向增强移动宽带（eMBB）、超高可靠低时延通信（uRLLC）、海量机器类通信（mMTC）等应用场景，因而能够满足超高清视频、虚拟现实、工业控制、自动驾驶、物联网等业务需求。

2. Wi-Fi

Wi-Fi 是一种通过无线电波接入无线局域网或无线互联网的无线通信技术。最早的无线局域网标准 IEEE 802.11 颁布于 1997 年 6 月，但是当时的传输速率最高只有 2 Mbit/s。在此基础上，1999 年颁布的基于 IEEE 802.11a 标准的 Wi-Fi 技术在 5gHz 频段上的传输速率可达 54Mbit/s，基于 IEEE 802.11b 标准的 Wi-Fi 技术在 2.4gHz 频段上的传输速率可达 11 Mbit/s。2003 年的基于 IEEE 802.11g 标准的 Wi-Fi 技术在 2.4gHz 频段上的传输速率也同样可达 54 Mbit/s。2009 年颁布的基于 IEEE 802.11n 标准的 Wi-Fi 技术可以在 2.4 GHz 或 5 GHz 频段上工作，它的传输速率最高可达 600 Mbit/s，属于第四代 Wi-Fi 技术（即 Wi-Fi 4）。2014 年颁布的基于 IEEE 802.11ac 标准的 Wi-Fi 技术的传输速率有了大幅度提升，最高可达 6.93 Gbit/s，属于 Wi-Fi 5。2019 年颁布的基于 IEEE 802.11ax 的 Wi-Fi 技术被 Wi-Fi 联盟列为 Wi-Fi 6，它同样可以在 2.4gHz 或 5gHz 频段上工作，最高可达 9.6 Gbit/s。笔记本计算机、智能手机、平板电脑、打印机等设备可以通过 Wi-Fi 连接互联网，增加了联网的移动性和灵活性，摆脱了线缆的物理限制。Wi-Fi 也支持多种设备的同时连接，从而使用户可以在同一网络下共享资源。Wi-Fi 技术已经被广泛应用于工作、学习和生活，为人们带来了巨大的便利。然而，Wi-Fi 技术也存在一些缺点，例如，Wi-Fi 信号的传输距离有限，它的覆盖范围容易受到建筑物、墙壁等障碍物的影响；与有线网络相比，它的传输速率还存在一定差距；此外，Wi-Fi 信号容易受到电磁波或邻近设备信号的干扰。

3. 蓝牙

蓝牙（Bluetooth）是一种近距离的无线通信技术，通常的作用范围在 10 米之内。它的发明者是瑞典的爱立信公司，后来由蓝牙特别兴趣组（Bluetooth Special Interest Group，

Bluetooth SIG）负责管理蓝牙技术的研发和授权。当前的蓝牙技术主要分为两种：经典蓝牙技术（Bluetooth Classic）和低能耗蓝牙技术（Bluetooth LE）。在 2.4gHz 的无许可 ISM（即工业、科学、医学）频段，经典蓝牙技术通过 79 个信道传输数据，低能耗蓝牙技术在相同的频段通过 40 个信道传输数据。经典蓝牙技术支持点对点的通信模式，而低能耗蓝牙技术可以支持点对点、广播、网络等多种通信模式。在应用方面，经典蓝牙技术主要用于无线音频流数据的传播，已成为无线耳机、麦克风、车载娱乐系统的通信标准，另外也用于无线鼠标和无线打印机等设备与计算机之间的数据传输。低能耗蓝牙技术既能够支持音频流数据传播和普通的数据传播，又能用于一些设备的位置服务和大规模的设备网络构建。

4. 近场通信

近场通信（Near Field Communication，NFC）是一种短距离的无线通信技术，通信距离通常在 10 厘米之内。它的工作频率为 13.56mHz，数据传输速率有 106Kbit/s、212Kbit/s 和 424Kbit/s 三种。近场通信技术最早由飞利浦公司和索尼公司于 2002 年计划研发，2003 年被 ISO/IEC 批准为国际标准。不同的近场通信技术协议采用不同的信号编码、负载调制、数据格式，其中 ISO/IEC 18092 是主要的近场通信技术标准，近场通信设备也能与支持 ISO/IEC 14443、ISO/IEC 15693 或其他 NFC Forum 标准的设备进行通信。近场通信技术的通信模式主要有三种：点对点模式、读写器模式、模拟卡模式。此外，近场通信技术还可以应用于一些耳机、智能手环等小型设备的无线充电。近场通信技术具有启动快速、连接时间短、数据载量小，以及情景化充电等特点。近年来，近场通信技术已被广泛用于智能手机的移动支付、模拟交通卡或门禁卡等场景。

5. 射频识别

射频识别（Radio Frequency Identification，RFID）是一种通过无线电波进行自动识别和数据通信的无线通信技术。射频识别系统的核心组件包括读写器和电子标签，它的基本工作原理如图 3-21 所示。读写器发出某一频率的无线电波，当电子标签被激活后，读写器读取并解码由电子标签发出的无线信号，然后传输到计算机主机上的应用系统做进一步的数据存储和分析。读写器可以是固定或移动的设备，它除了可以读取信号，还能向电子标签写入数据。电子标签可以分为被动标签、主动标签、半主动标签三种。被动标签自身不内置电池，需要由读写器提供电磁能量才能工作，其结构简单、成本低、工作频段较低，典型应用有公交卡和第二代身份证。主动标签内置电池，可以主动发射信号，其通信距离较远、工作频段较高，典型应用有高速路上的电子不停车收费（Electronic Toll Collection，ETC）系统。半主动标签自身不带电池，工作性能介于被动标签和主动标签之间。由于射频识别技术在非接触式识别方面具有普适性、高效性、便捷性等优点，因而在物流管理、生产制造、零售管理、安全防范等诸多领域得到了广泛的应用。

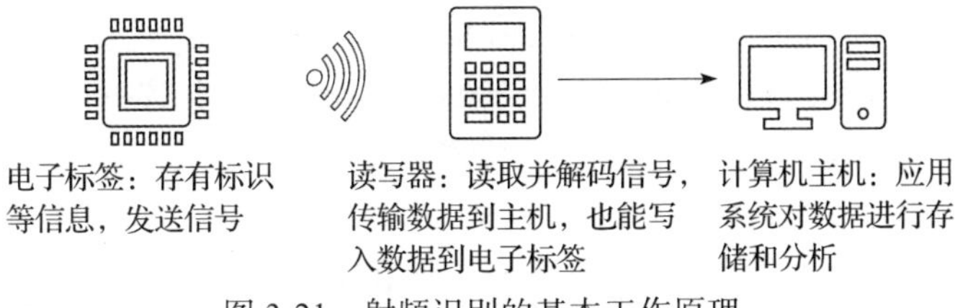
电子标签：存有标识等信息，发送信号
读写器：读取并解码信号，传输数据到主机，也能写入数据到电子标签
计算机主机：应用系统对数据进行存储和分析

图 3-21　射频识别的基本工作原理

3.7.3 移动应用系统

1. 移动应用系统的分类

根据开发方法和内部功能的不同，移动应用系统主要可以分为三类：原生应用程序、Web 应用程序和混合应用程序。

（1）原生应用程序。原生应用程序（Native App）是指基于某一移动操作系统及其对应的 API、软件开发工具包（SDK）、编程环境、编程语言而构建的应用程序。例如，利用 Eclipse 和 Java 可以开发安卓上的原生应用程序，iOS 平台也支持基于 Xcode 和 Objective-C 的开发。一般情况下，用户需要从应用商店中下载原生应用程序，然后在移动终端上安装后才能使用。原生应用程序可以访问摄像头、多点触控手势、生物特征识别、地址簿、地理位置等原生设备功能。在三类移动应用系统中，原生应用程序在运行速度、交互性、用户体验等方面性能最佳，但是它的开发难度大、成本高、上市时间长。例如，美图秀秀手机版是一款国内知名的用于图片处理的原生应用程序。此外，根据 IT 之家 2023 年 11 月的报道可知，美图秀秀、新浪微博、去哪儿等已经分别与华为公司开展合作，将在鸿蒙操作系统上开发原生应用程序。

（2）Web 应用程序。Web 应用程序（Web App）通常是由 HTML5、JavaScript、CSS 等构建的应用程序，通过 Web 浏览器运行。在访问移动设备的硬件和原生功能方面，Web 应用程序受到 Web 浏览器的限制，因而只能访问 Web 浏览器支持的交互功能。Web 应用程序的开发不依赖操作系统，只需要维护一个代码库即可，因而开发难度和成本相对较低，并且上市时间也更短。由于 Web 应用程序依赖于浏览器，所以它的用户体验不一致且响应速度较慢。此外，Web 应用程序不像原生应用程序一样可以在应用商店内推广，因而它的用户覆盖面也相对较小。例如，Trello 是一款备受欢迎的项目管理 Web 应用程序，以其直观的看板、列表和卡片设计而著称。用户可以通过 Web 浏览器访问，不需要本地安装。其简单的拖拽操作使任务管理更为轻松，而实时协作功能允许团队成员在卡片上进行评论和分配任务。

（3）混合应用程序。混合应用程序（Hybrid App）介于原生应用程序和 Web 应用程序之间。类似于原生应用程序，用户需要将它从应用商店下载和安装后才能使用。混合应用程序的内部结构与 Web 应用程序相似，原因是混合应用程序将 Web 应用程序代码与浏览器代码一起打包到原生应用程序的容器之中，从而可以利用移动设备的原生功能。混合应用程序的开发成本较少，响应速度也较快。与原生应用程序类似，混合应用程序的用户体验比较一致，也能提供离线使用的功能。例如，Gmail 是一款全球热门的电子邮件软件，它采用了混合应用程序开发技术，在 iOS 和 Android 等平台上使用 Web 视图和 HTML 等技术，实现了一致的跨平台体验。

2. 移动应用系统开发技术

（1）Ajax 编程方法。Ajax 是 Asynchronous JavaScript and XML 的缩写。Ajax 这个术语由杰西·詹姆斯·加勒特（Jesse James Garrett）于 2005 年提出，用来描述一种基于已有的 XHTML、CSS、DOM、JavaScript、XML、XSLT（可扩展样式语言转换），以及 XMLHttpRequest 等技术实现 Web 浏览器与 Web 服务器之间异步通信的方法。其中，XHTML 和 CSS 用于页面展示，DOM 用于动态显示和交互，XML 和 XSLT 用于数据交换和操作，JavaScript 的 XMLHttpRequest 类

用于异步数据通信，而 JavaScript 用于将上述技术整合。Ajax 的基本工作原理如图 3-22 所示，相当于在 Web 浏览器与 Web 服务器之间加了一层由 JavaScript 代码组成的 Ajax 引擎，用户在浏览器端的请求先通过 Ajax 引擎处理，然后由 Ajax 引擎根据需要与服务器异步通信；服务器响应的数据返回后，由 Ajax 引擎进行处理并动态更新有关页面信息，但是不需要重新刷新整个页面。Ajax 方法的优点包括降低服务器负载、减少数据传输量、动态更新页面、提高用户体验等。Ajax 方法应用广泛，如谷歌的 Gmail 和 Google Maps 很早就开始使用 Ajax。随着 Web 技术的发展，尽管 Ajax 中的 x 代表 XML，但是更加轻量的 JSON 在编程实践中才是首选。自 2005 年以来，Fetch API 和服务端推送事件（Server-sent Event）等技术也被开发出来实现与 Ajax 类似的异步 HTTP 通信。

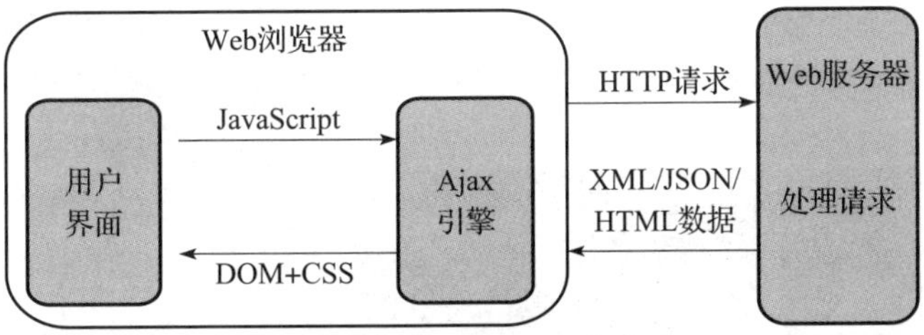

图 3-22　Ajax 的基本工作原理

（2）微件（Widget）技术。微件是指一种基于 HTML、XML、CSS 和 JavaScript 等 Web 技术开发得到的功能相对单一的轻量级小部件。微件可以在台式计算机和移动设备上不依赖于浏览器独立运行，也可以作为一个功能模块嵌入网页。微件具有轻量级、容易移植、开发难度小、可定制等特点，用户可以根据需求和喜好把多个微件进行个性化的组合和布置。微件通常不是为了替代应用软件和网站，而是为了把来自这些软件或网站的一些最重要的信息和最常用的功能，以一种极其简洁、快速和个性化的方式展示。微件技术的应用领域非常广泛，包括工作、学习、生活、娱乐等方面，可以为用户提供天气预报、新闻头条、日历提醒等多种服务，如图 3-23 所示。

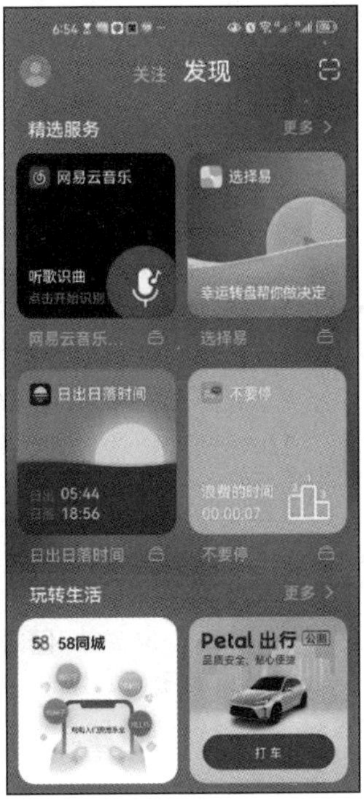

图 3-23　手机微件

（3）Mashup 技术。在互联网应用开发技术中，Mashup 技术是指将不同来源的数据、服务、功能等进行混合和重组，创造出新的应用或服务。Mashup 技术的混搭方式可以在表现形式层、数据层或者功能层实现。此外，根据新应用的实际技术需求，Mashup 技术可以发生在服务器端或者客户端。Mashup 技术涉及的关键技术有 REST 协议、SOAP、RSS 技术、Atom 标准。Mashup 技术具有信息集成便捷、开发速度快、资源重用度高、可扩展性强等特点，但是在使用 Mashup 技术时也需要考虑第三方数据的可靠性和费用、用户的隐私保护、网络安全等相关问题。Mashup 技术的兴起与 Web 2.0 应用的发展密切相关，很多 Web 2.0 网站或应用程序将自身的部分数据通过 API 等方式开放给应用程序开发者。Mashup 技术应用广泛，一个典型应用是 Google Maps 等地理信息与其他数据组合成新的应用，例如，HousingMaps 将 Craigslist 网站上的住房广告链接到 GoogleMaps 上；Wikimapia 网站将维基百科与 Google Maps 组合，让用户标注地理信息和分享相关知识；trulia 网站将社交网络、地图、搜索等技术组合，方便用户快速找到合适的住房，如图 3-24 所示。

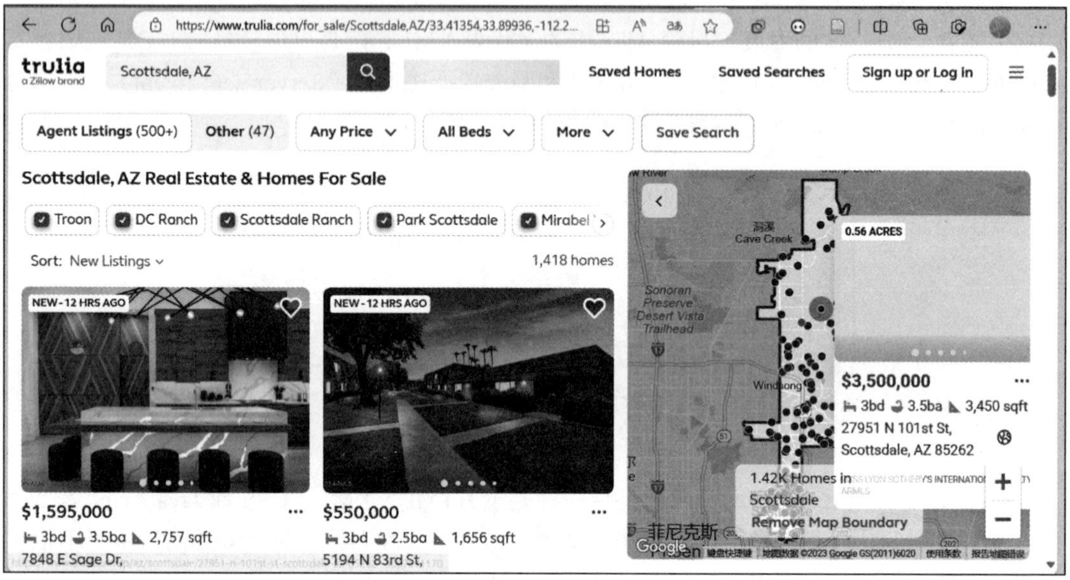

图 3-24 trulia 网站

◎ 阅读材料 3-4

微信的技术创新之路

微信是中国最受欢迎的手机应用程序之一，在全球拥有超过 10 亿名用户。最初于 2011 年 1 月发布时，微信是一款以移动通信为主的软件。经过 10 余年的发展，它已经成为一个覆盖生活、工作、娱乐、财务等方面的综合平台。微信的成功离不开它在功能和技术方面的不断创新。从微信的版本迭代，我们可以一览它的快速发展历程。

1.0 时代，微信以移动即时通信为起点。微信最初只有发送文本和图片、导入通讯录等基本功能。用户主要通过 QQ 号和电子邮箱注册，规模较小、活跃度不高。

2.0 时代，微信与 QQ 等现有平台互通。微信推出了对讲、个性签名、手机号注册等新功能。通过寻找手机通讯录好友、好友推荐消息、查看附近的人等功能，微信吸引了更多用户。此外，通过 QQ 离线消息、微博私信消息、QQ 邮箱提醒等功能，微信进一步实现了与 QQ 和腾讯微博的互通。

3.0 时代，微信社交功能不断完善。微信推出了摇一摇和漂流瓶等功能，借助陌生人社交来增加用户数量。随后，微信增加了视频信息、系统插件、表情、聊天背景、消息群发、写邮件等方面的功能，用于提升用户体验。经过大约一年的推广，截至 2012 年 3 月，微信的用户数突破了 1 亿。

4.0 时代，微信从通信工具进化为社交平台。微信推出了朋友圈和微信开放接口，让用户可以分享自己的生活和兴趣，也可以从第三方应用中获取更多的内容。微信还增加了视频聊天、二维码扫描、多人实时语音聊天等功能，丰富了用户的交流方式。

5.0 时代，微信打通了移动电子商务的通道。微信发布了微信支付、订阅号和服务号、地理位置服务等功能，这些新功能打通了线上线下的商业场景，让用户可以在微信上购物和支付。此外，微信推出了表情商店和游戏中心，增加了微信的娱乐功能。

6.0 时代，微信发展成为综合性数字化平台。微信推出了小视频、小程序、卡包、实时对讲、微信运动等功能，提升了用户的便利性和趣味性。微信还推出了红包、转账、打赏等功能，引发了移动支付的热潮。此外，微信优化了公众号和朋友圈的体验，构建了一个信息传播的闭环。2018 年 2 月，微信的全球用户月活跃数首次突破 10 亿。

7.0 时代，微信对现有功能进行优化和调整。微信推出了看一看、深色模式、青少年模式等新功能，并优化了视频动态、浮窗功能、群聊中的接龙、聊天中的引用等功能。

8.0 时代，微信对特殊人群增加个性化功能。微信增加了个性化的来电铃声和消息提示音、关注特定群成员、关怀模式等功能。

◎ 综合案例　顺丰应用前沿信息技术赋能物流和供应链业务

1993 年，顺丰控股股份有限公司（以下简称“顺丰”）成立于广东省顺德区，是一家国内领先的快递物流综合服务商，也是全球第四大快递公司，其经营业务覆盖了全球主要国家及地区。2022 年，顺丰的营业收入为 2 675 亿元，首次作为中国民营快递企业进入《财富》杂志的世界 500 强排行榜。顺丰拥有“天网 + 地网 + 信息网”的一体化网络，能够根据不同行业和场景的需求，为客户提供包括采购、生产、流通、销售、售后的智慧物流和供应链解决方案。

近年来，数智化转型的浪潮在众多行业不断兴起，物流行业的“收转运派”等业务同样需要借助数智化技术升级改造。在提高效率、降低成本、创新模式等方面，大数据、人工智能、区块链、无人系统、物联网等技术具有重要作用，有助于构建智慧物流和供应链系统。例如，在已有的数据系统基础之上，圆通公司开发了一套包括“管理驾驶舱”“网点管家”“行者系统”等核心功能的全链路管控系统。菜鸟公司也开发了自己的数字化清关系统、智能合单系统、数智化分拣设备等一系列智慧物流系统。

顺丰非常重视物流科技的发展。早在 2009 年，顺丰成立了“致力于构建智慧大脑，建设智慧物流服务”的顺丰科技有限公司（以下简称“顺丰科技”），对科技转型进行了重要布局。在此之前，2005 年，顺丰已经成功研制了红外线扫描器，并推出了第一代巴枪。顺丰的公司愿景提出，打造“数据支持决策”“数据驱动业务”“数据赋能客户”的核心能力，形成以“小前台、大中台、扁平化和自驱式”为特征的数字化组织体系，到 2025 年顺丰将全面完成数字化转型。顺丰的愿景展现了顺丰成为全球智慧供应链领导者的决心和发展战略。

围绕智慧物流和供应链系统，顺丰科技研制了大量的科技产品，并在此基础上提出了众多通用的和面向行业的解决方案。其中，无人机是顺丰创新实力的一项重要体现。在疫情期间，顺丰在武汉、温州、哈尔滨等多个地区投入了数十架无人机，用于开展食品和药品等应急物资的运输作业。2022 年 1 月，顺丰旗下的无人机公司丰鸟科技获得了中国民航局颁发的支线物流无人机商业试运行许可和经营许可，标志着丰鸟科技成为全国首家可在特定场景下开展吨级大业载和长航时支线物流无人机商业试运行的企业。丰鸟科技表示将率先在西北榆林等地展开试运行，并协助顺丰建设“大型有人运输机＋大型支线无人机＋末端投送无人机”的三段式航空运输网络。大型无人机技术的商业化应用将进一步推动航空物流与智慧物流的创新发展。此前，顺丰无人机在2020年非洲无人机国际会议的国际基伍湖挑战赛中已经夺得了两项大奖。当时，顺丰使用了一款全电动重型大容量货运无人机——“Manta Ray”，它能够在超视距飞行中安全地运送或提取医疗用品。在这次比赛中，顺丰无人机是唯一拥有全系统所有代码自主产权的队伍，也是唯一入围两项竞赛决赛的队伍，这展示了顺丰在无人机技术和应用方面的领先水平。

2023年5月，顺丰科技在第六届亚太智慧供应链与物流创新峰会 & 生态精品展上发布了一套智慧供应链系列产品——丰智云，其中包含了丰智云·塔、丰智云·策、丰智云·链。丰智云·塔能够通过离线和实时的数据分析，对供应链运营情况进行全链路、可视化的动态监控，及时发现异常，防范风险。丰智云·策具有智能选址、需求预测、数字营销、库存优化、智能补调、路径优化、执行监控等能力，可以帮助企业解决规划、计划、执行、管控等不同阶段的决策问题。丰智云·链是一套面向供应链执行的运营管理软件，能够从订单、仓储、运输、结算等方面全方位地优化供应链管理流程。据罗戈网报道，丰智云系列产品已在汽配、通信、零售等多个行业为数千家企业客户提供了服务，帮助很多企业完成了供应链的数字化升级，提升了经营效率。

慧眼神瞳是顺丰科技自主研发的另一款热门人工智能物联网（AIoT）感知平台，该平台融合了计算机视觉等AI技术与边缘计算等物联网技术，能够实时感知和智能分析各场景中的关键生产要素，从而辅助用户做出正确的判断和决策。该产品已成功应用于顺丰的大型场地作业场景，帮助顺丰进行质量管控、精益运营以及风险管控。例如，慧眼神瞳中的违规抛扔检测算法能够以场地摄像头为“瞳”，并以场地服务器为“脑”，监管快件中转过程中的不规范操作。该算法的识别准确率达93%，能够有效降低30%的违规抛扔行为。在运营场景中，慧眼神瞳还能够对扫码失败的包裹进行二次解码和实时再分拣，这项智能补码技术可以有效减少人工补码时间。此外，慧眼神瞳中的智慧安检能够以95%的准确率实时扫描和识别违禁品。

据电商报的报道可知，2022年，顺丰的研发投入约为35亿元，是圆通、申通、韵达、德邦四家公司同期研发投入总和的3.8倍。经过数年的发展，顺丰通过自主创新和科创生态结合的方式，在智慧物流和供应链领域积累了3 800余项专利和2 000多项软件著作权，成为该行业的引领者。

思考题：

1. 从不同角度论述顺丰为什么重视信息系统在快递和物流中的应用。
2. 以顺丰的智慧物流和供应链系统为例，阐述信息系统结构的复杂性。
3. 举例说明大数据和人工智能等信息技术如何赋能快递和物流业务。

◎ 复习思考题

1. 什么是基于现代信息技术的信息系统？它由哪些部分组成？

2. 从不同角度阐述信息系统结构的复杂性。
3. 论述信息处理技术结构的组成和各组成部分的关系。
4. 论述信息系统职能结构的组成与特点。
5. 论述信息系统的空间分布结构的类型及其各类型的优缺点。
6. 分别论述资源共享式计算模式、C/S 计算模式、B/S 计算模式的特点。
7. 云计算的服务模式有哪些类型？请分别说明其各自的特点。
8. 阐述 C/S 计算模式和 B/S 计算模式与云计算模式的区别与联系。
9. Web 浏览器的基本功能有哪些？
10. Web 服务器的主要功能有哪些？
11. 论述 Web 信息系统的两层结构、三层结构、四层结构与多层结构的工作原理和特点。
12. 常见的 Web 信息系统的动态页面技术有哪些？简要介绍 PHP 和 JavaScript。
13. 简要论述 Web 服务的基本概念和工作原理。
14. 常见的移动智能设备有哪些？简述其各自的特点。
15. 移动智能设备的操作系统有哪些？从不同维度比较 iOS 操作系统和安卓操作系统。
16. 简要说明常见的无线通信技术有哪些。
17. 相比于 4G，5G 有哪些优势？
18. 简述近场通信技术的特点，并举例说明该技术的应用场景。
19. 简述射频识别技术的特点，并举例说明该技术的应用场景。
20. 介绍移动应用系统的分类和各类型的特点。
21. 举例说明 Ajax 编程方法、Widget 技术、Mashup 技术的特点。
22. 按照信息系统支持管理活动的层次，列出信息系统的类型以及各类型的工作内容、涉及的管理层次和主要用户。

◎ 参考文献

[1] 陈晓红. 信息系统教程 [M]. 北京：清华大学出版社，2003.

[2] 左美云，邝孔武. 信息系统开发与管理教程 [M]. 2 版. 北京：清华大学出版社，2006.

[3] 甘仞初，颜志军. 信息系统原理与应用 [M]. 北京：高等教育出版社，2004.

[4] 黄梯云，李一军. 管理信息系统 [M]. 7 版. 北京：高等教育出版社，2019：62-67.

[5] 哈格，卡明斯. 信息时代的管理信息系统：第 9 版 [M]. 颜志军，贾琳，尹秋菊，等译. 北京：机械工业出版社，2022：183-188.

[6] 张成洪，魏忠，胥正川，等. 管理信息系统 [M]. 7 版. 北京：清华大学出版社，2022：195-278.

[7] LAUDON K C，LAUDON J P. 管理信息系统：第 15 版 [M]. 黄丽华，俞东慧，译. 北京：机械工业出版社，2023：378-380.

[8] 王继成，武港山，等. Web 应用开发原理与技术 [M]. 北京：机械工业出版社，2003.

[9] 李安渝，等. Web Services 技术与实现. 北京：国防工业出版社，2003

[10] 李长云，文鸿，翁艳彬，等. 移动互联网技术[M]. 西安：西北工业大学出版社，2016：171-190.
[11] 张鸿涛. 移动互联网[M]. 北京：北京邮电大学出版社，2018：68-78.
[12] 张普宁，吴大鹏，舒毅，等. 移动互联网关键技术与应用[M]. 2版. 北京：电子工业出版社，2019：12-104.
[13] Wi-Fi Alliance. Wi-Fi CERTIFIED 6[EB/OL]. [2023-08-15]. https://www.wi-fi.org/discover-wi-fi/wi-fi-certified-6.
[14] Bluetooth SIG. Bluetooth wireless technology[EB/OL]. [2023-08-15]. https://www.bluetooth.com/learn-about-bluetooth/tech-overview/.
[15] NFC FORUM. What NFC does[EB/OL]. [2023-08-15]. https://nfc-forum.org/learn/what-nfc-does#.
[16] AMSLER S，SHEA S. RFID (radio frequency identification)[EB/OL]. [2023-08-15]. https://www.techtarget.com/iotagenda/definition/RFID-radio-frequency-identification.
[17] Amazon. Web应用程序、原生应用程序和混合应用程序有什么区别？[EB/OL]. [2023-08-15]. https://aws.amazon.com/cn/compare/the-difference-between-web-apps-native-apps-and-hybrid-apps/.
[18] 幸福西饼. 幸福西饼关于我们[EB/OL]. [2023-08-15]. https://www.xfxb.net/about-us.
[19] 徐少春. 幸福西饼袁火洪：数字化转型的践行者，也是受益者[EB/OL]. [2023-08-15]. https://vip.kingdee.com/article/62838206622063360?productLineId=0.
[20] 李娜. 华为官宣！实现MetaERP研发和替换[EB/OL]. [2023-08-15]. https://www.yicai.com/news/101736709.html.
[21] HUAWEI. 华为宣布成功实现MetaERP研发和替换，重新定义企业核心商业系统[EB/OL]. [2023-08-15]. https://www.huawei.com/cn/news/2023/4/metaerp-press-release.
[22] hunkguo. 云办公概念[EB/OL]. [2023-08-15]. https://xueqiu.com/9440374828/251799789.
[23] 蔡芳芳. 十年三次重大架构升级，微博应对“极端热点”的进阶之路[EB/OL]. [2023-08-15]. https://time.geekbang.org/column/article/468618.
[24] 顺丰科技. 丰智云[EB/OL]. [2023-08-15]. https://www.sf-laas.com/.
[25] 顺丰. 新闻资讯[EB/OL]. [2023-08-15]. https://www.sf-express.com/chn/sc/news.

C H A P T E R 4

第4章

信息系统生命周期与管理

本章讨论信息系统生命周期与管理，重点介绍信息系统生命周期的四个阶段、信息系统管理。其主要内容包括信息系统的生命周期、信息系统规划的目标和工作内容、系统开发的主要活动（信息系统分析、信息系统设计、信息系统实施），信息系统运行与维护、信息系统开发项目管理，以及信息系统工程监理与信息系统审计。

■ 开篇案例 南方电网企业中台建设

随着信息技术的快速发展，世界各国纷纷将数字经济作为推动实体经济增质提效的重要举措。以电力行业为例，数字电网充分发挥了数据的生产要素作用，结合电网企业在算力、算法上的优势，以数据流引领和优化能量流、业务流，使得电网更加智能、绿色和高效。这对于重塑国内能源产业格局、引领经济社会高质量发展具有重要意义。

数字电网的建设是一项综合性系统工程，需要统筹考虑各类因素，实现资源的优化配置与高效利用。随着信息技术不断创新，各种系统之间的相互作用和影响越来越密切。这就需要数字电网要在对电网业务充分理解的基础上建设，构建强扩展性的技术架构，建立敏捷迭代的研发体系，创新多方协作的商业模式。

南方电网作为干系国计民生的重要企业，积极将新一代数字技术与业务生态深度融合，构建企业中台以实现“业务协同＋数据共享”的双轮驱动。基于微服务架构的核心思想，南方电网统一了应用程序编程接口（API）网关等 14 类、137 项技术组件，初步构建了能够提供技术共享服务的企业中台，并形成了以设备中心、合同中心、项目中心等为代表的七大中心。通过企业中台，南方电网构建统一技术栈，集成覆盖人工智能、物联网等领域的标准化技术服务组件。横向打通业务边界、专业壁垒，保障数据一致性，实现跨部门业务协同与资源整合。纵向则为前端业务提供大量标准化服务组件，提升信息系统建设效率。从全局来看，中台架构方案可以在很大程度上提升电网系统整体的灵活性和响应速度，进而更好地适应不断变化的市场环境与企业需求。图 4-1 为共享服务全过程标准体系。

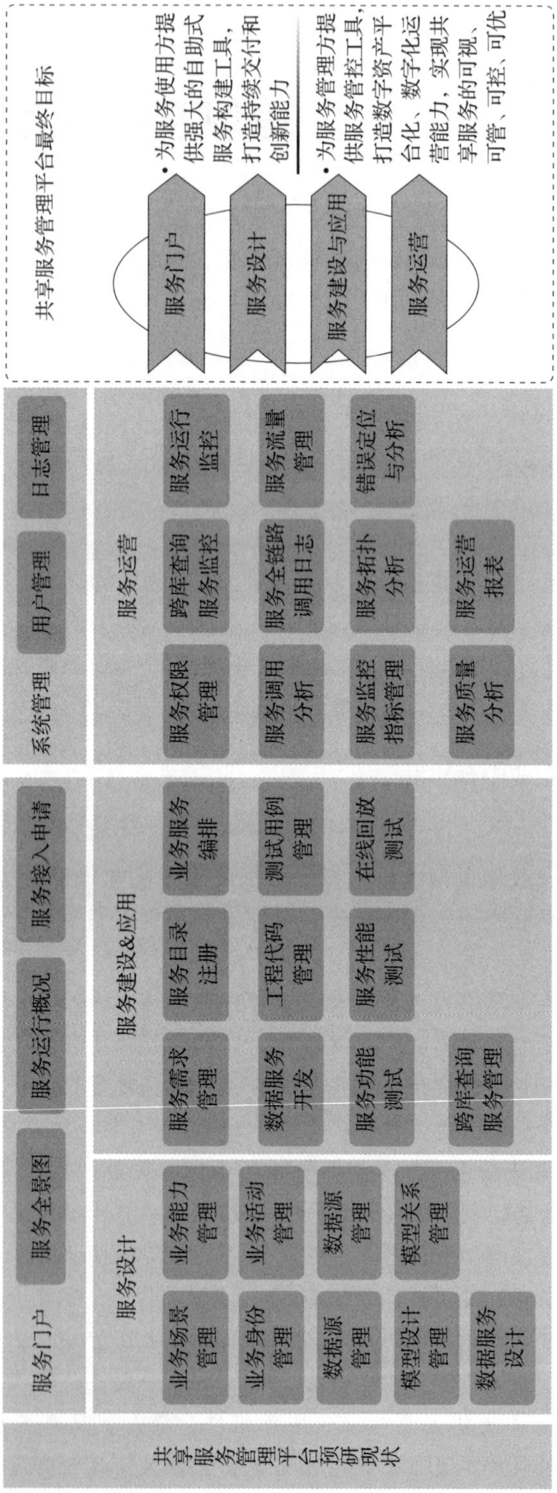

图 4-1 共享服务全过程标准体系

当前，以人工智能、云计算、大数据等为代表的新一代数字化技术已成为推动经济发展的重要引擎。国家“双碳”目标的提出则进一步加速了国家治理体系的数字化进程，这也对电网企业现有的服务及运营模式提出了更高的要求。南方电网响应国家战略要求，携手社会各界融入数字经济、共筑数字电网，切实推动能源行业转型升级与经济社会高质量发展。

思考题：

1. 为什么说数字电网的建设是综合性系统工程？
2. 强扩展性的技术架构设计在数字电网的建设中发挥了哪些作用？
3. 基于微服务架构的企业中台有哪些优势？除了微服务架构之外，你还了解哪些架构？

4.1　信息系统的生命周期

广义地看，任何系统均有产生、发展、成熟、消亡或更新换代的过程。这个过程被称为系统的生命周期。系统生命周期的概念对于复杂系统的建设具有重要的指导意义。信息系统很复杂，其建设工作是一项长期、艰巨的任务，从用户提出要求到系统建成，存在着一系列相互联系的工作环节，每个环节工作的好坏直接影响其他相关环节，进而影响整个信息系统建设的质量与进程。因此，我们要正确认识系统的发展规律，合理划分系统建设的工作阶段，了解不同发展阶段的特点和相互关系，系统建设工作才会有合理的组织与科学的秩序。

生命周期中的每个阶段需要完成许多不同的活动。根据所要建立的系统类型和创建系统时所使用工具的不同，系统最终用户在系统开发过程中的工作将有很大的不同。通常来看，信息系统的生命周期可以分成四个阶段（见表 4-1）。

表 4-1　信息系统生命周期的阶段划分

<table>
<tr><th colspan="2">阶段</th><th>主要活动</th></tr>
<tr><td colspan="2" rowspan="4">信息系统规划</td><td>信息系统战略规划：根据组织的整体目标、变革与发展战略确定信息系统的发展战略</td></tr>
<tr><td>业务流程规划：根据组织的整体目标、战略和用户需求对组织的业务领域和相应的业务流程进行识别、改革与创新</td></tr>
<tr><td>信息系统总体结构规划：根据业务规划确定信息系统的总体功能规划和信息系统的技术基础设施规划</td></tr>
<tr><td>项目开发与资源分配规划：根据应用需要将整个信息系统划分成若干项目，估计每个项目所需硬件、软件、网络、资金、人员等各项资源</td></tr>
<tr><td rowspan="3">信息系统开发</td><td>信息系统分析</td><td>信息系统初步调查，开发项目的可行性研究，信息系统详细调查，开发项目范围内新信息系统逻辑模型的提出</td></tr>
<tr><td>信息系统设计</td><td>信息系统总体结构设计，输入设计，输出设计，处理过程设计，数据存储设计，计算机处理方案选择</td></tr>
<tr><td>信息系统实施</td><td>软件编程和软件包购置，计算机和通信设备的购置，系统的安装、调试与测试，新旧信息系统转换</td></tr>
<tr><td colspan="2">信息系统运行与维护</td><td>信息系统运行的组织与管理，信息系统评价，信息系统维护</td></tr>
<tr><td colspan="2">信息系统更新</td><td>现行信息系统问题分析，新信息系统的建设</td></tr>
</table>

1. 信息系统规划

信息系统规划是信息系统生命周期的起始阶段。信息系统是其所在组织的管理系统与业务系统的组成部分，它的新建、改建或扩建服从于组织的整体目标、组织的变革与发展，以及管理、业务活动的需要。这一阶段的主要任务是：根据组织的整体目标、变革与发展战略，确定信息系统的发展战略，明确用户的需求，并进行业务规划，制定信息系统建设总体规划，其中包括制定系统的总体功能规划与技术基础设施规划，粗略估计所需资源，并根据需求的轻重缓急程度及资源和应用环境的约束，把规划的建设内容分解成若干开发项目，以分期分批进行信息系统开发。

2. 信息系统开发

这一阶段的主要工作是根据信息系统规划阶段确定的拟建系统总体方案和开发项目的安排，分期分批进行信息系统开发。开发是信息系统建设中工作任务最为繁重的阶段。信息系统开发包括信息系统分析、信息系统设计和信息系统实施。如前所述，由于资源及应用环境的制约，一个组织的信息系统一般不可能靠资源的一次性投入而建成，因而一个开发项目通常基于整个信息系统的某个或某几个子系统的建立。合理确定每次开发的目标、边界和开发周期，应用科学的开发方法、工具和规范，对于信息系统开发的成功至关重要。

3. 信息系统运行与维护

每个信息系统开发项目完成后即投入应用，进入正常运行与维护阶段。一般来说，这是信息系统生命周期中历时最久的阶段，也是信息系统实现其功能、发挥效益的阶段。科学的组织与管理是信息系统正常运行、充分发挥其效益的必要条件，而及时、完善的维护是信息系统正常运行的基本保证。

信息系统维护可以分为纠错性维护、适应性维护、完善性维护和预防性维护。纠错性维护是指对信息系统进行定期的或随机的检修，纠正运行阶段暴露的错误，排除故障，消除隐患，更新易损部件，更新备份的软件和数据存储，保证信息系统按预定要求完成各项工作。适应性维护是指由于管理环境与技术环境的变化，信息系统中某些部分的工作内容与方式已不能适应变化了的环境，因而影响信息系统预定功能的实现，故需要对这些部分进行适当的调整、修改，以满足管理工作的需要。完善性维护是指用户对信息系统提出了某些新的信息需求，因而需在原有信息系统的基础上进行适当的修改、扩充、完善信息系统的功能以满足用户新的信息需求。预防性维护是指对预防系统可能发生的变化或受到的冲突而采取的维护措施。

信息系统规模庞大、结构复杂，管理环境和技术环境不断变化，信息系统维护工作量大、涉及面广、投入资源多。据统计，现有信息系统在运行与维护阶段的开支占整个系统成本的三分之二左右。

4. 信息系统更新

现代组织面临的内外环境在不断变化，组织的目标、战略和信息需求也必须与环境的变化相适应。当现有信息系统或信息系统的某些主要部分已经不能通过维护来适应环境和用户信息需求的变化时，或者用维护的办法在原有信息系统上进行调整已不经济时，就要淘汰整个信息系统或某个子系统，新信息系统建设工作或项目开发工作便随之开始。

当现有信息系统进入更新阶段时，新信息系统的建设工作便开始。因此，这一阶段是新旧信息系统并存的时期。对现有信息系统来说，可以全部更新，也可以部分更新或有步骤地分期分批更新。

◎ **阅读材料 4-1**

HG 数字营销系统开发的破局之选

HG 品牌是 A 公司旗下的婴儿护理产品品牌，主要销售婴儿尿布和棉柔巾等产品。面对互联网的蓬勃发展，公司高层决定把握数字营销的商机，并将 HG 品牌的研发项目委托给西安协同数码股份有限公司。为了规范开发过程、减少开发过程中的随意性，项目团队将瀑布开发模型作为项目开发方法，应用软件开发瀑布模型制定原始项目计划基准。项目团队将 HG 品牌应用软件功能的交付过程分为两个阶段：第一阶段周期为 43.5 天，核心目标是实现消费者与导购员之间交流互动的事务功能；第二阶段周期为 67.5 天，核心目标是实现数字化管理及支持，协助导购员更专业化地服务消费者。

第一阶段工作结束后，项目进度严重滞后于项目计划，瀑布开发过程中暴露了很多问题：①很多工作并没有按计划准时开始，前面工作的积压导致后续工作一推再推；②产品部经常添加新的功能需求，导致开发团队工作量骤增；③问题发现不及时，部分质量问题甚至到测试验收时才被提出。针对这些问题，项目组联系了某重点大学的教授，组建了研发项目诊断团队。诊断团队分析指出，前期选择的瀑布开发模型表面上具有很强的工作逻辑，可根据时间节点按部就班地完成本阶段的任务，但这种计划驱动的项目方法难以应对充满变动因素的市场。

相较而言，敏捷开发模型可以通过及时反馈、迭代式开发、增量交付等方式，高效响应市场需求，在很大程度上保证了项目产品的交付质量。在诊断团队的建议下，项目团队应用敏捷开发思想对研发流程进行了优化：剔除部分冗余审批结点，开放部分审批权限；引入自动化测试，连续推动增量交付；完善系统故障预警指标，及时介入修复线上故障等。在项目团队开发模式改变后，HG 品牌项目第二阶段软件研发改善成效显著。项目平均交付周期缩短至一半，质量问题也得到了解决。其中，关键用户使用率提升了 40%，新用户增长率则突破了 400%。

敏捷开发模型在很大程度上助力了 HG 品牌数字营销系统的成功。相较于“按部就班”的瀑布开发模型，“随机应变”的敏捷开发模型允许开发团队根据市场需求及时调整功能模块，在研发过程中可以检查阶段性成果，降低项目开发风险。企业在选择开发模型时应当充分结合业务目标与市场需求，如果产品需求较为明确并且不会频繁变更，可以考虑使用瀑布开发模型，而如果像案例中 HG 品牌研发项目这种需求不确定性较高，需要快速抢占市场份额，则可以选择敏捷开发模型。

4.2　信息系统规划

4.2.1　信息系统规划的目标和工作内容

1. 信息系统规划的目标与任务

信息系统规划是信息系统生命周期的第一个阶段，是信息系统的概念形成时期。这一阶段的主要目标是根据组织的目标与战略制定组织中信息系统建设的长期发展方案，决定信息系统在整个生命周期内的发展方向、规模和发展进程。其主要任务包括以下几个方面。

（1）根据组织的整体发展目标与战略制定信息系统的发展战略。

（2）制定组织的业务规划和业务流程改革与创新的方案。

（3）根据组织目标和业务规划确定信息系统的总体结构规划方案。

（4）确定项目开发与资源分配规划。

上述任务也规定了信息系统规划工作进程的四个主要阶段，形成了信息系统规划四阶段模型的基本框架（见图 4-2）。

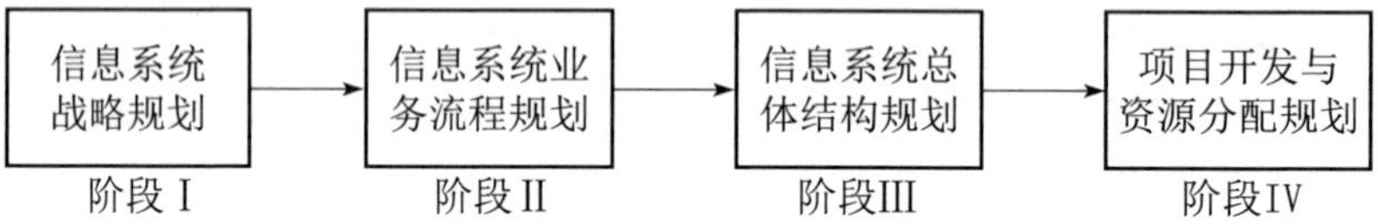

图 4-2　信息系统规划的四个阶段

数字经济的发展为企业与企业之间、企业与顾客之间提供了数据交换与信息共享的平台，同时也为企业的发展提供了更加广阔的空间。因此，当前数字经济环境下的信息系统规划一定要摆脱现行管理体制、组织结构、经营体系与业务流程的条条框框，特别是要突破以现行职能部门为基础的分工式流程的局限性。因此，信息系统规划也应当从供应商、本企业以及顾客所组成的供应链的全局出发，着眼于企业创新，特别是要基于 IT 技术的企业流程创新来规划企业信息系统建设，确定企业信息化的长远目标，在企业流程创新及规范化的基础上进行系统规划。在信息系统规划的过程中，以战略规划为主线，先进行信息系统业务流程规划，然后在此基础上进行信息系统总体结构规划。信息系统规划的具体步骤如图 4-3 所示。

2. 信息系统规划的关键问题

在对信息系统进行系统规划时应注意以下几个关键问题。

（1）战略规划是核心。信息系统战略与组织发展战略保持一致是信息系统建设成功的关键之一。信息系统规划要面向组织管理问题，在高层领导干部参与和管理与技术的结合上下功夫。

（2）业务流程的改革与创新是基础。企业的业务流程直接体现了企业的核心能力，是企业完成其使命、实现其目标的基础。信息系统要支持企业的目标与战略，就必须根据业务流程改革与创新的需要确定信息系统的结构与功能。

（3）需求与服务、业务与技术的协调一致是信息系统成功的关键。信息系统建设能否成功并持续发展，关键在于信息系统在组织的改革与发展中能否见到实效。目前影响系统有效性的问题来自两个方面。一是需求与服务的矛盾。各类用户对信息系统的需求与信息系统可能提供的服务不匹配，信息系统所提供的服务满足不了用户对信息系统的需求，信息系统的社会认知度低、利用率不高。二是业务与技术的矛盾。信息技术不能完全实现业务功能。在信息系统规划中，应从信息系统总体结构与功能设置上做出安排，以实现需求与服务、业务与技术之间的协调一致。

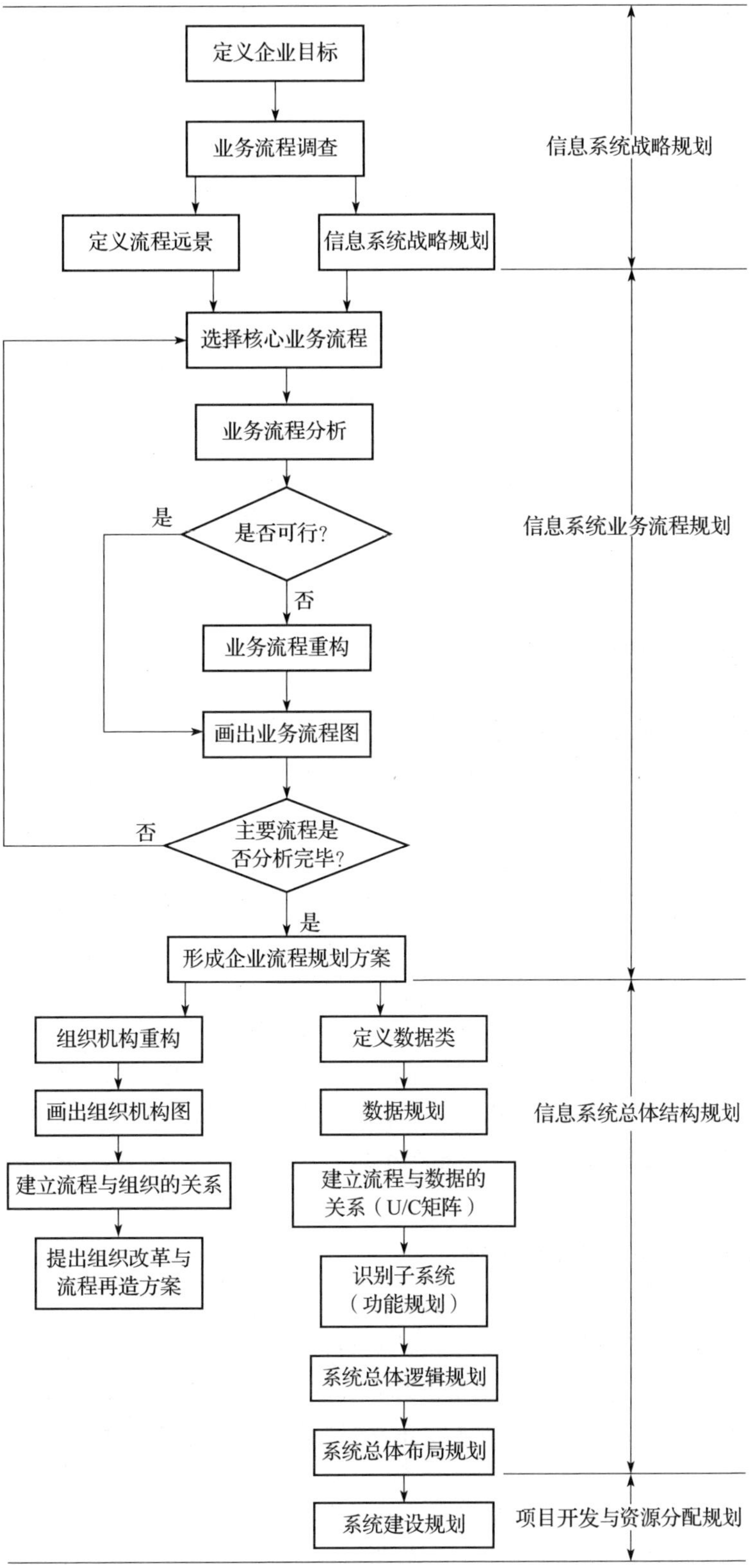

图 4-3　信息系统规划的具体步骤

（4）应变能力是信息系统成功的重要标志之一，也是当前信息系统建设与应用的瓶颈问题。现代企业生存和发展的内外环境变化剧烈，用户需求日趋复杂，企业组织管理及业务流程只有进行不断的调整与改革才能适应形势发展的需要。但已有的一些信息系统经不起环境变化与组织变革的冲击，有的信息系统甚至可能成为变革的阻力，这类教训应当吸取。因此，在信息系统规划中要识别引起信息系统变化的主要因素，从顶层设计的视角，对信息系统的演化与应变机制进行部署。

（5）人、组织管理与技术是信息化生产力的三个重要因素，也是信息系统建设的三项关键资源。人、组织管理与技术应协调发展，在这三个因素中，技术的进步、组织管理的变革和人的素质的提高必须相互匹配、协同发展，才能促进组织的发展和生产力的提高。技术进步的幅度越大，组织变革就越深刻，因而对人的素质要求就越高。这是现代社会生产力发展的客观规律，也是信息系统建设成功的经验。在进行信息系统规划的过程中也应尊重这一规律，把提高人的素质作为整个信息系统规划的中心环节，并以此为基础促进技术的进步和组织管理的改革，使三者之间相互配合、相互促进，以加速组织变革与创新进程。

4.2.2 信息系统战略规划

1. 信息系统战略规划的目的与任务

战略问题是指关于一个组织生存与发展的全局性、关键性和长期性的问题。信息系统战略规划就是针对战略问题提出来的，它通常包括明确主要发展目标、发展重点、实现目标的途径和措施等。信息系统战略规划既可以看作企业战略规划下的一个专门性规划，也可以看作企业战略规划的一个重要组成部分；一般既包含 3 ～ 5 年或更长时期的长期规划，也可能包含 1 ～ 2 年的短期安排。当一家企业制定或调整企业战略规划与核心业务流程时，可以借助已有的信息系统提供支持，因为信息系统能提供各种必要的信息来支持企业战略规划制定和核心业务流程的改革与创新。因此，要强调信息系统战略规划与企业组织战略规划之间的协调。也就是说，不论信息系统战略规划是作为企业战略规划的重要部分，还是一个专门性规划，它都应当与企业战略规划有机配合。信息系统必须支持与促进组织的变革与发展。如何使一个组织中的信息系统发展战略与组织本身的发展战略保持一致，是信息系统战略规划工作的核心问题之一。

2. 信息系统战略规划的主要内容

信息系统战略规划包含以下主要内容。

（1）信息系统战略规划应根据组织的战略目标，明确组织的业务改革与创新的需求以及组织的内外约束条件，制定信息系统的总目标、发展战略规划。其中信息系统的总目标为信息系统的发展方向提供准则，而发展战略规划则提出达到总目标的途径、主要措施与步骤。

（2）对目前的组织业务流程与信息系统的功能、应用环境和应用现状进行评价。了解当前的能力状况和各类利益相关者对信息系统的需求及其满足状况，制定改革业务流程和建设信息系统的政策、目标和战略。

（3）对影响规划的信息技术发展进行预测。信息系统战略规划无疑要受当前和未来信息技术发展的影响。因此，以云计算、大数据、物联网、人工智能、区块链等为代表的新技术的影响应得到必要的重视并在战略规划中有所反映。另外，信息网络、数据库、软件的可用性，方法论的变化，周围环境的变化以及它们对信息系统产生的影响也属于需要考虑的因素。

信息系统战略规划并非一经制定就再也不发生变化。事实上，各种因素的变化都可能随时影响整个规划的适应性。因此，信息系统战略规划总是要不断修改以适应变化的需要。

信息系统战略规划阶段的目标是制定同组织机构的目标与战略相一致、支持组织的管理决策与核心业务流程的信息系统的目标、目的和战略。一个科学合理的信息系统战略规划更多地取决于规划人员对组织内外环境及其发展趋势的正确估计和深刻理解，对发展目标及实现目标的途径的智谋和远见，而各种规划方法可以起到辅助作用。

4.2.3　信息系统业务流程规划

1. 信息系统业务流程规划的目标与工作内容

信息系统对组织中的业务活动起着支持、改革与创新的作用。在战略规划与需求分析的基础上，信息系统业务流程规划的目标是确定规划期内信息系统对组织的业务领域及相应流程的支持、改造与创新方案。其主要内容有以下三个方面。

（1）根据信息系统目标与战略、用户的需求，识别信息系统提供服务的业务领域及相应流程。

（2）分析业务领域及相应流程的现状，明确这些领域和流程在满足需求、实现组织的目标与战略中存在的问题。

（3）提出业务领域的业务内容、流程改造与创新的方案。

信息系统业务流程规划是信息系统规划的重要阶段，既要明确为满足用户需求信息系统必须提供的业务服务，又要制定为实现这些服务的业务内容、流程改造与创新的方案。该阶段是在信息系统规划中处理信息系统需求与业务、业务与信息技术相匹配问题的中心环节。一个组织的业务领域、业务内容与流程的安排，在组织的其他规划、计划与实施的文件中可能都有视角不同、详细程度不等的表述，而这些文件是信息系统业务流程规划的重要参考资料。但信息系统业务流程规划是从组织信息化战略和组织改革、发展的视角提出的，必须从针对组织的信息化建设与改革发展中业务领域的主要问题和今后的发展方向来进行。

2. 业务流程的识别与改革

（1）业务流程的特征。“业务”是指组织中为完成使命、实现目标而进行的各项有组织的活动，如生产、供应、销售、人事、财务、信息、研究与开发以及各类管理决策活动等。业务流程由逻辑上相关的一系列活动组成。活动与活动之间的相互作用和相互联系构成了组织中各类业务流程系统。活动是一种变换式操作，它往往接受某一种输入，在某种规范的控制作用下，利用某种资源，经过交换式操作转换为输出。一家企业的业务流程有以下特征。

1）业务流程都有输入和输出。

2）业务流程都有执行者与用户（顾客）。

3）业务流程都有一个核心的处理对象。一个大的企业流程往往可以体现这个对象的生命周期的演进过程。

4）有些业务流程是跨业务领域或者跨组织的。

信息系统应该具有一定的适应性和应变能力，应当能在企业的长期组织机构和管理体制的变化中发展和健全自己，而不受到大的冲击。企业的业务流程包括企业的基本生产经营与管理决策活动，体现了企业的使命与核心竞争能力，并不取决于组织机构的设置和具体的管理职能的分工。任一类型的企业都可以从逻辑上定义出一组流程。一家企业的核心业务流程一般只与企业的产品或服务有关，只要产品与服务不变，核心业务流程不应随组织机构和管理体制改变。因此，信息系统建设中首先要识别出关系到企业目标与战略实现的主要业务流程，应用信息技术以及现代管理思想与方法，对其中不适应企业生存发展需要的内容进行改革与创新。

（2）业务流程改革与创新的意义。在业务规划中，业务流程的识别与改革、创新是核心。业务流程被定义为一个组织在完成其使命、实现其目标的过程中必需的、逻辑上相关的一组活动。企业的业务流程直接体现企业的核心能力，是企业完成其使命、实现其目标的基础。由于业务流程比组织内部的机构相对稳定，面向业务流程的信息系统在组织机构与管理体制变化时能够保持工作能力。自 20 世纪 90 年代以来，业务流程在管理改革与信息系统建设中受到特别关注。在此之前，人们更多关注的是企业管理的层次结构与职能结构。

在传统的企业管理模式下，企业的业务流程非增值环节多、信息传递缓慢，同一流程的各个环节之间和不同流程之间的关系混乱。特别是完整的业务流程被不同职能部门分割，大大降低了效率与效益，难以及时捕获迅速变化的市场机会，致使企业竞争力弱，对市场形势与用户需求的变化反应迟钝，应变能力差。因此，企业只有应用现代信息技术与管理方法，对其业务流程进行改革与创新，才能在新的经济环境与市场形势下得以生存与发展。

20 世纪 80 年代以来，国际管理学术界和企业界兴起了管理改革的热潮。首先兴起的是业务流程改善（Business Process Improvement，BPI），寻求对企业业务流程的连续、渐进的改善。然而，许多企业发现渐进的改善不能从根本上解决企业面临的挑战。1990 年，美国的迈克尔·哈默（Micheal Hammer）博士把“重新设计”（Reengineering）的思想引入管理领域，提出了业务流程再造（Business Process Reengineering，BPR）的概念。哈默认为，BPR 是对企业的业务流程进行根本性的再思考和彻底的再设计，从而使企业的关键绩效指标（如成本、质量、服务、效率等）获得巨大的提高。哈默主张“推倒重来”，倡导“在一张白纸上重新开始”。BPR 在 20 世纪 90 年代成了西方管理界与企业界的热门话题，被认为是现代管理的一场革命。一些大企业，如福特汽车、通用汽车、IBM 等，都从 BPR 中获得了巨大成就。然而，据统计，BPR 项目的失败率高达 70%。这说明，实行 BPI 还是 BPR，需要视企业面临的问题和环境而定。本书提及的企业业务流程改革包含了 BPI 和 BPR 两方面的内容。

在业务流程识别与分析的基础上，可以进一步对企业信息系统涉及的业务领域与业务流程进行规划，提出初步的改革方案。某企业业务流程规划简表如表 4-2 所示。

表 4-2　某企业业务流程规划简表

系统用户	需要解决的主要问题（需求）	问题对应的业务领域	存在问题的业务流程	改革方案（简介）
客户（零售商）	1. 订货周期过长 2. 供货不及时，有的品种冗余，有的品种短缺，不能满足消费者需求，特别是紧急订货不能保证 3. 售后服务不及时	销售 生产	销售领域：市场研究、销售计划、订单管理、客户服务 生产领域：生产计划、生产工序	在与供应商和重点客户结盟的前提下： ①改造信息流程，建立统一的信息共享机制。保证市场与客户信息，供应、生产、销售的计划、控制与统计信息在联盟内及时、充分地流动与共享。 ②改造计划与控制流程，建立统一的计划、控制与协调机制。联盟成员共同制订和执行统一的供应、生产、销售计划。 ③改造生产工序流程与生产计划流程，将按预测生产与按订单生产结合起来，缩短订单履行周期，以适应缩短订货周期的需求。
供应商	1. 不能及时获得需求调整的信息，在需求变动时难以及时供货 2. 供应计划与生产计划脱节，供应商靠大量库存来缓冲生产计划的变动 3. 供应商的发展计划难以获得制造商的有效支持	综合管理 信息管理 生产	综合管理领域：供应商管理 信息管理领域：市场信息管理 生产领域：供应（配送）管理	
销售经理	1. 不能及时、准确地获得客户（零售商）、消费者的需求变动和市场竞争对手的信息 2. 订货周期主要受生产周期的制约，难以满足客户缩短订货周期和紧急订货的需求 3. 售后服务力量不足，客户与消费者和企业的沟通渠道不畅	信息管理 销售 生产	信息管理领域：市场信息管理 销售领域：市场研究、销售计划、订单管理、客户服务 生产领域：生产计划、生产工序	
生产经理	1. 不能及时获得市场需求变动信息 2. 生产周期主要由产品的工序流程与生产计划流程确定，难以敏捷响应市场需求的变动与销售计划的调整 3. 供应商一般为多个制造商供货，供应计划与生产计划难以协调，靠大量库存缓和供需矛盾	综合管理 信息管理 生产	综合管理领域：供应商管理 信息管理领域：市场信息管理 生产领域：生产计划、生产工序、供应（配送）管理	
总经理	总经理要与关键原材料、零部件供应商和重点客户结盟，建立相互支持与信任的关系，特别是要采取有效措施，帮助解决供应商与零售商发展中的难题	综合管理	综合管理领域：供应商管理、客户（零售商）管理	

4.2.4　信息系统总体结构规划

信息系统总体结构（Information Systems Architecture，ISA）是关于信息系统的组成及各组成部分相互关系的总体描述，是组织的业务逻辑、信息处理逻辑和技术方案的统一体，是信息系统结构的顶层模型。“总体结构”在文献中又被称为“体系结构”或“架构”。

信息系统总体结构规划是在业务流程规划的基础上进行的。信息系统要及时、准确地提供必要的信息，以支持业务流程的高效率、高效益、高应变能力的运作和相关的管理决策活动，实现组织的目标。信息系统总体结构规划的目标是制定信息系统的组成方案，也就是说，确定信息系统各组成部分及其关系和总体布局。信息系统总体结构规划的主要工作内容有：①主题数据规划；②功能规划和子系统划分；③技术基础设施规划。

（1）主题数据规划

1）识别每个业务流程的输入、输出信息。分析与确定信息系统每个业务流程的输入信息与输出信息，以及输入信息的来源和输出信息的去向。

上述信息是基于业务流程、面向整个组织的，而不是基于业务流程中的某项活动的。因此，所得出的结果是与某个或多个业务流程有关的信息类型，如产品信息、顾客信息、财务信息等。这些信息是识别数据的依据。这些信息的细节在信息系统规划阶段确定。表 4-3 举例说明了部分业务流程的输出信息与输入信息。

表 4-3　部分业务流程的输出信息与输入信息

业务流程	产生的信息（输出信息）	使用的信息（输入信息）
库存控制	原料库存；产品库存	部件目录；材料清单；在制品
工序设计	设备	产品；部件目录；材料清单；工序
调度	在制品	产品；部件目录；材料清单；供应商；设备；机器负荷；订货单；待购材料
能力计划	机器负荷	材料清单；供应商；设备；工序
材料需求	待购材料	产品；材料清单；供应商；订货单
生产作业	工序	在制品；机器负荷；待购材料

在定义与识别业务流程的步骤时，对其中现存的不科学、不合理、不适应企业生存发展需要的内容进行分析诊断，提出改革方案。主题数据规划可为实现改革方案确定必需的信息支持。

2）识别主题数据（数据类）。主题数据是指支持业务流程所必需的逻辑上相关的数据。一个主题数据是指满足一个或多个业务流程信息需求的一大类数据，这些数据是按不同的业务领域和内容划分的，表示各类业务主题的内容。根据表 4-3，可以对这些业务流程所产生、控制和使用的数据进行识别，如库存控制业务流程中的部件目录（输入信息）和产品库存（输出信息）。

在各个主题数据被识别出来后，就应当给出其定义，主题数据定义的详细程度在整个规划过程中应当是一致的。

3）对每一个主题数据进行定义与说明。说明每一个主题数据的定义、来源（产生者）和去向（使用者）以及它包含什么样的数据，以供定义信息总体结构时使用。一般来说，数据写得越详细，在后来考虑定义时失误的机会就越小，建立信息系统总体结构规划就越方便。

（2）功能规划和子系统划分。信息系统的功能结构是一群互相关联的功能模块组成的子系统。这些功能模块和子系统是业务流程的信息载体，是主题数据的产生者与使用者。根据表 4-3 所示的业务流程和输入信息与输出信息的关系，可以识别出每一功能模块及相关的子系统。

1）识别功能模块。在对主题数据和企业流程了解的基础上，要对它们的关系进行描述。将业务流程和主题数据依据企业管理的资源而划分成若干组，确定信息系统的功能模块，由这些功能模块形成基本功能子系统的组合，以及这些子系统对相关主题数据的产生、控制与使用。

2）形成信息系统功能结构方案。生产子系统使用研究与开发子系统产生的数据“产品”和“材料清单”，而研究与开发子系统使用由销售子系统产生的数据“顾客”和“销售地区”等，从而形成一个由相互联系、相互作用的各基本功能子系统组成的信息系统功能结构方案。在基本功能子系统的基础上，根据管理决策、信息交流、合作与协调的需要，可以设置诸如信息门户、综合管理、决策支持、交流、协作与协调等子系统。

（3）技术基础设施规划。在功能规划和子系统划分的基础上，技术基础设施（Infrastructure）规划将进一步确定信息系统总体结构规划方案，为系统的项目实施与资源分配规划提供依据。技术基础设施规划的内容包括以下三个方面。

1）计算机软硬件配置方案的规划。根据功能规划和使用要求，以及技术发展趋势，规划计算机硬件的数量与性能的基本要求、系统与应用软件规模的初步设计，以及自行开发与采购的初步选择。

2）网络系统方案的规划。根据组织资源的空间分布情况规划网络系统方案，包括决定是否采用公有云或私有云。若是自建网络系统则需要对网络系统的拓扑结构、计算模式和网络安全方案的应用进行评估和选择。

3）数据存储总体方案规划。在主题数据规划的基础上规划企业数据库的规模和内容，以及数据资源的集中与分散相结合的存储方案。

4.2.5　项目开发与资源分配规划

信息系统建设是一项长期的任务，一般不可能通过一次项目开发就实现所规划的系统。因此，在信息系统总体结构规划完成之后，要根据组织改革、发展的需要和具备的条件，将规划的信息系统分解成若干建设项目来分期分批地进行开发。

安排项目开发的主要原则有以下内容。

（1）组织改革、发展中起重要作用的项目优先，在信息系统建设中具有带动与示范作用的项目优先。

（2）相关部门与人员条件较好的项目优先。

（3）项目的安排应与组织的改革与发展的进程相配合。

（4）项目的安排应与组织在经济上与其他资源上的承受能力相适应。

在项目安排的基础上，对规划期内信息系统建设所需资源进行估计。通常包括以下四个方面。

（1）规划期内信息系统的总投资和每个项目的投资估计。

（2）信息系统人力资源与组织设置规划。

（3）计算机硬件、软件、网络与通信设备的能力与容量规划。

（4）信息系统运行场地及相关动力与安全设施规划。

4.2.6　信息系统规划方法

信息系统规划方法包括多种，其中一些方法主要用来进行信息系统战略规划，例如战略集合转移法和关键成功因素法等；另外一些方法则支持完整的信息系统规划任务，例如企业系统规划法、战略一致性模型等。

1. 战略集合转移法

在组织机构中可能没有任何东西能够有助于导出信息系统的目的、目标和战略规划。此时，系统规划人员必须设法去制定必要的规划，进而制订信息系统的建设计划，而在这种情况下，比较好的方法就是战略集合转移法。

该方法把组织的总战略看成一个“信息集合”，包括使命、目标、战略以及其他战略变量（如管理水平、发展趋向、环境约束等）。信息系统战略规划就是要把组织的这种战略集合转化为“信息系统的战略集合”，而后者由信息系统的系统目标、环境约束和战略计划组成。

该方法的第一步是识别和阐明组织的战略集合。这一工作可以从研究组织已有战略和长期计划文件出发。组织的战略集合的构造过程如下。

（1）勾画出该组织的利益相关者（利益集团）的结构（即组织的投资者、拥有者、经营管理者、员工、直接与间接客户、相关政府机构等）。

（2）识别每个利益集团的目标。

（3）识别组织关于每个利益集团的目的和战略。

该方法第二步的主要任务是把组织的战略集合转化为信息系统的战略集合。信息系统的战略集合包括目标、约束和战略规划。这个转换过程包括针对组织的战略集合的每一个要素确定对应的信息系统的战略集合的要素。在此基础上，信息规划者在系统规划的后续阶段可根据信息系统的战略集合所列举的目标、约束和战略规划，提出各种能够解决需求与业务问题的方案，以及相应的业务流程改革与创新方案和信息系统总体结构规划。

图 4-4 给出了用战略集合转移法进行信息系统战略规划的过程。它说明了信息系统的战略集合直接来源于另一个信息集“组织的战略集合”，而图 4-4 中的“信息系统战略规划的过程”是指把由组织的使命、目标、战略以及其他战略性组织属性组成的“组织的战略集合”转换成包括信息系统的目标、约束和战略规划的“信息系统的战略集合”。

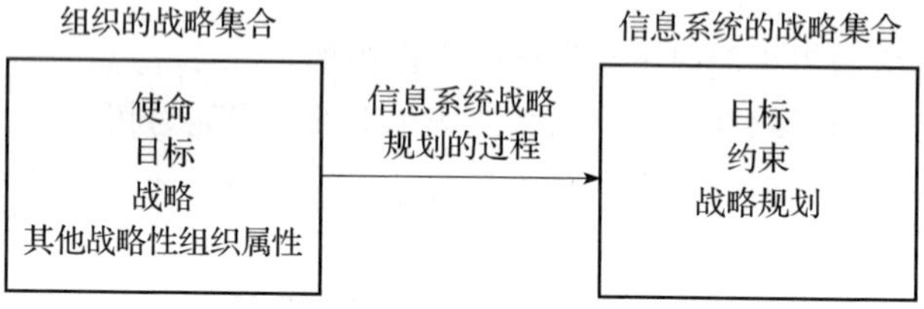

图 4-4　战略集合转移法示意图

2. 关键成功因素法

关键成功因素（Critical Success Factors，CSF）法的核心思想是通过企业的关键成功因素确定企业运营管理的关键信息需求；通过对关键成功因素的识别，找出实现目标所需的关键信息集合，从而确定系统开发的优先次序。该方法的切入点是高层管理人员，因此其目的是获取关键管理控制的信息需求。应用关键成功因素法大致可分为确定企业目标、识别关键成功因素、确定关键信息需求三个步骤，如图 4-5 所示。

3. 企业系统规划法

企业系统规划（Business Systems Planning，BSP）法是 IBM 公司于 20 世纪 70 年代初将其作为内部系统开发的一种方法。它主要基于用信息支持企业运行的思想，其思路与步骤如图 4-6 所示。它将企业目标转化为信息系统战略，通过分析企业的使命、目标和职能来识别企业的流程；根据企业实体和企业流程进行数据分析；最后按照数据分析与设计的原则进行数据处理。最终的 BSP 报告将提供一个全局的信息系统结构和各子系统的实施方案。BSP 法强调，高层管理人员的支持和参与是规划成败的关键。

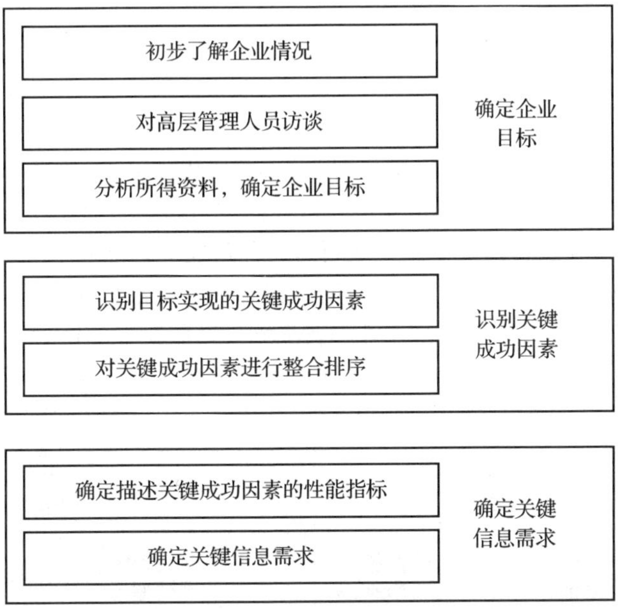

图 4-5　关键成功因素法的步骤

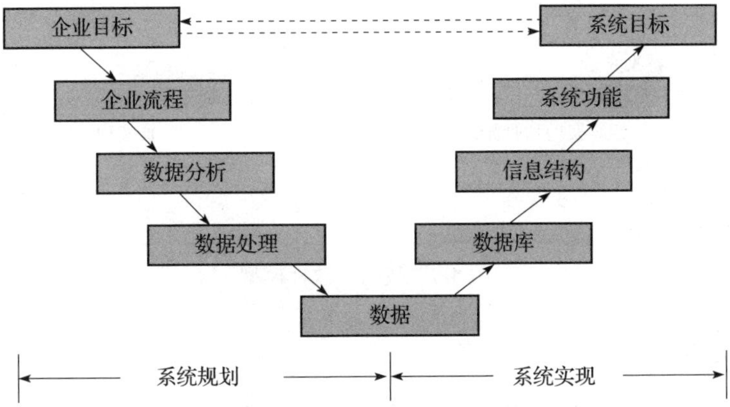

图 4-6　BSP 法的思路与步骤

BSP 法的基本原则有：必须支持企业的战略目标；应当表达出企业各个管理层次的需求；应该向整家企业提供一致信息；应该经得起组织机构和管理体制变化；先“自上而下”识别和分析，再“自下而上”设计。

BSP 法从企业目标入手，逐步将企业目标转化为管理信息系统的目标和结构，从而更好地支持企业目标的实现。采用该方法能保证信息系统独立于企业的组织机构，使信息系统具有对环境变更的适应性。即使将来企业的组织机构或管理体制发生变化，信息系统的结构体系也不会受到太大的冲击。

4. 战略一致性模型

战略一致性模型（Strategic Alignment Model，SAM）在信息系统战略规划领域具有典型代表性，是对企业信息化战略规划和企业战略的一致性匹配展开研究的重要方法。该方法由 Henderson 等在 1992 年提出。SAM 主要包括“内容”和“过程”两个方面。“内容”是指企业战略规划中 IT 战略规划需要匹配的资源要素，而“过程”则是指企业战略规划与 IT 战略规划的集成方式。

在如图 4-7 所示的战略一致性模型中，通过“战略匹配”和“战略集成”手段实现战略一致，具体包括企业经营战略与组织架构和业务流程的匹配、IT 战略与 IT 架构和流程的匹配，以及横向间企业经营战略与 IT 战略的一致性匹配、组织架构和业务流程与 IT 架构和流程的一致性匹配。SAM 也指出了信息化规划的几种路线，只有采用“从企业经营战略到 IT 战略，再到组织架构和业务流程，再到 IT 架构和流程”的路线，才能最大程度地确保企业的 IT 投入能够支持其业务流程，实现企业经营战略，避免企业在 IT 项目上错误投入。

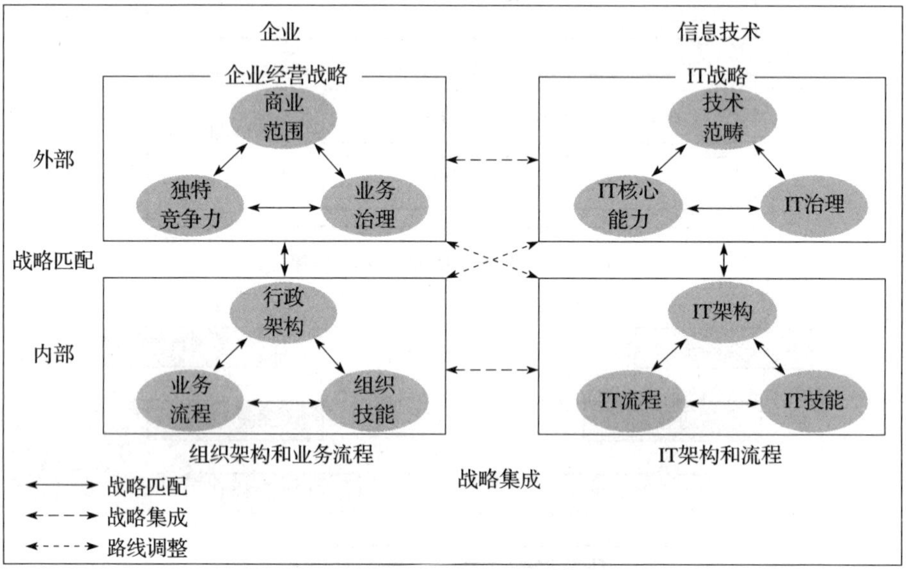

图 4-7 战略一致性模型

◎ 阅读材料 4-2

某汽车装配厂外协部件配送流程的改革

业务流程改革是企业适应市场变化、提升竞争力的必要途径。通过优化业务流程，企业能够降低成本、提高效率，进而实现可持续发展。业务流程改革的重要性在于它能够使企业满足客户需求、创新经营模式，并能为企业的长期发展奠定坚实基础。下面将以某汽车装配厂零部件配送流程为例，简单阐述企业业务流程改革的必要性。

对于汽车行业而言，零部件的配送流程在整车装配中至关重要。图 4-8a）所示为某汽车装配厂外协部件改造前的配送流程，流程中存在诸多问题：①此流程中间各环节的活动不增值，薄壳件在入库、出库时的搬动可能使其变形和表面损伤，影响装配质量与生产成本；②加工好的外协部件在装配前进入零部件库房，占用流动资金；③外协部件体积较大，占用库房较多空间，存储费用高；④外协工厂不能及时响应装配现场需求的变化。

为应对上述问题，管理层采用了供应商管理库存（Vendor Managed Inventory，VMI）的思想。在这里，外协工厂（供应商）直接与装配现场联系，由外协工厂将外协部件直接按需配送到装配现场，装配工人在装配时进行验收，工人装上一件记一件合格，不合格的外协部件及时退还。装配计划由装配厂通知供应商，配送业务由供应商负责，也就是说，装配线上的在制品库存由供应商控制。这需要装配厂与供应商建立良好的合作关系，而信息系统是实现这一流程改造的"使能器"。流程改造可使供应商及时响应装配需求的变化，装配厂可以现场指导供应商提高部件质量、降低生产与配送成本。这种配送方式可提高配送效率与质量，降低配送成本，节省流动资金和存储空间。改造后的配送流程如图 4-8b 所示。许多企业已通过采用 VMI 的思想获得了显著的效益。

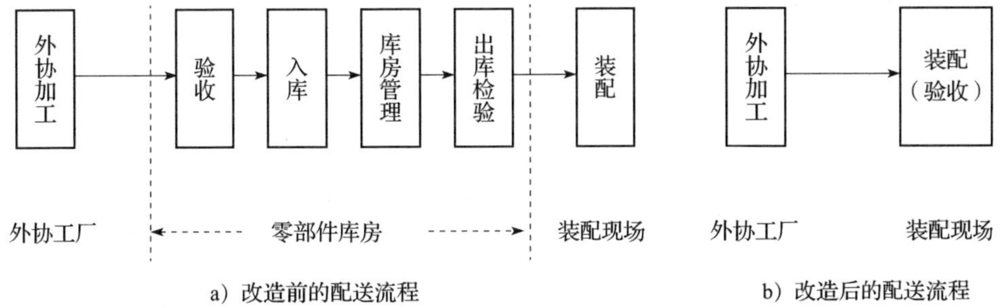

图 4-8　某汽车装配厂外协部件改造前和改造后的配送流程

业务流程改革在企业管理中至关重要。通过业务流程的优化，企业可以在很大程度上降低成本，提高运营效率。此外，业务流程改革还可以激发员工的积极性和创造力，促进企业的创新发展。对于其他企业而言，业务流程改革具有重要的管理启示。首先，企业应该全面评估和分析现有业务流程，找出瓶颈和问题，并明确改革的目标和方向。其次，企业应该打破传统部门之间的壁垒，实现端到端的流程自动化和数智化。最后，企业应该加强流程监控和数据分析，及时发现和解决问题，保障企业业务的健康发展。

4.3　信息系统开发

在信息系统的生命周期中，紧接信息系统规划阶段的是信息系统开发。系统开发阶段的目标是根据系统规划所确定的系统总体结构方案和项目开发计划，按照拟定的项目计划开发出可以运行的实际系统。信息系统开发是系统建设工作中任务最繁重、耗费资源最多的阶段。这个阶段又可划分为信息系统分析、信息系统设计、信息系统实施三个阶段。

4.3.1　信息系统分析

1. 信息系统分析的目的与任务

信息系统分析的目标就是按信息系统规划所定的某个开发项目的范围来明确信息系统开发的目标和用户的信息需求，并提出信息系统的逻辑模型。信息系统分析在整个信息系统开发过程中，是要解决“做什么”的问题，分析清楚“要解决哪些问题”“满足用户哪些具体的信息需求”等；针对信息处理的功能需求提出系统的方案，即逻辑模型，为下一阶段进行物理方案设计、解决“怎么做”的问题提供依据。

“分析”通常是指对现有信息系统的内外部情况进行调查、研究、分解、剖析，明确问题或机会所在，认识解决这些问题或把握这些机会的必要性，为确定有关活动的目标和可能的方案提供科学依据。信息系统分析是指在信息系统开发生命周期中的信息系统分析阶段的各项活动和方法。

随着应用项目规模的扩大和系统建设的内外环境日趋复杂，对管理信息处理的系统性、综合性的要求不断提高，使得信息系统分析成了信息系统开发中最繁重的任务之一。信息系统规模越大，信息系统分析工作就越复杂。由于此项工作既涉及复杂的技术背景，又涉及复杂的组织管理背景，计算机技术人员和管理人员之间的直接交流因专业背景不同而发生困难，因而产生了一项新的职业——信息系统分析员。信息系统分析员是信息系统分析工作的主持者和主要承担者，在整个信息系统开发工作中是管理人员（用户）和计算机技术人员的桥梁。

2. 信息系统分析的主要活动

信息系统分析的主要活动有信息系统初步调查、可行性研究、现行信息系统详细调查、新信息系统逻辑模型的提出。每项活动的目标、关键问题、主要成果（产品）以及管理决策（见表 4-4）。表 4-4 所示各活动的主要成果（产品）是信息系统建设的重要文件，特别是可行性研究报告和信息系统说明书比较重要。可行性研究报告是信息系统开发任务是否下达的决策依据。信息系统说明书是整个信息系统分析阶段的工作总结，是信息系统分析人员和用户交流的主要手段，是信息系统建设领导小组或部门决定是否进入信息系统设计的主要依据，是信息系统设计阶段工作的重要依据。表 4-4 所示的管理决策是指信息系统建设的管理机构（如系统开发领导小组、用户的领导机构或信息管理部门）在信息系统开发过程中为保证信息系统开发的质量与进度而进行的计划、指挥、控制、审核、监督等管理决策活动。

表 4-4　信息系统分析的主要活动

活动名称	目标	关键问题	主要成果（产品）	管理决策
信息系统初步调查	明确信息系统开发的目标和规模	是否开发新信息系统？若开发，提出新信息系统的目标、规模、主要功能的初步设想，粗略估计信息系统开发所需资源	信息系统开发建议书	是否同意信息系统开发建议书？若同意，则安排可行性研究工作
可行性研究	进一步明确信息系统的目标、规模与功能，提出信息系统开发的初步方案与计划	信息系统开发的技术可行性研究、经济可行性研究、营运可行性研究，信息系统开发初步方案与开发计划的制订	可行性研究报告、信息系统开发（设计）任务书（含计划）	审定可行性研究报告，若同意，则下达信息系统开发（设计）任务书（或签协议、订合同）
现行信息系统详细调查	详细调查现行信息系统的工作过程，建立现行信息系统的逻辑模型，发现现行信息系统存在的主要问题	现行信息系统的结构、业务流程和数据的详细分析，具体问题的认定	现行信息系统的调查报告	审查现行信息系统的调查报告
新信息系统逻辑模型的提出	明确用户信息需求，提出新信息系统的逻辑方案	用户需求分析，新信息系统逻辑模型的建立	信息系统说明书	审查信息系统说明书，若同意，则批准进入信息系统设计阶段

◎ 阅读材料 4-3

顺丰快递追踪查询系统建设之路

中国的快递物流市场是全球最大的，但同时也是竞争最激烈的。从大型的国有企业到小型民营企业，从传统的物流公司到新兴的电商物流公司，都在争夺这个巨大的市场。为了适应日益加剧的市场竞争，顺丰采取了诸多有力措施。下面将以快递追踪查询系统建设为例，简要阐述顺丰的信息化建设工作。

信息系统是快递公司运行效率的保证，而快递追踪查询系统数据覆盖面广、结构复杂。它利用条形码电子数据交换（EDI）、全球定位系统（GPS）等技术，为客户和管理工作人员提供了友好的查询界面，让客户能够实时了解到货物的状态信息。在快递追踪查询系统的概念提出后，管理层组织相关人员展开了信息系统分析工作，将信息系统建设目标分为两个阶段：短期目标是信息系统尽可能利用各相关系统得到数据，实现实时采集数据；长期目标则是构建快递追踪查询系统共享平台。

顺丰通过信息系统分析梳理了信息化建设过程中的主要问题：①总部统一管控与分部个性化需求相冲突；②服务网络覆盖广泛，但信息传递链路过长，导致相关信息传递不及时；③信息系统的可扩展性较差，一个普通的需求或业务功能的变更可能需要修改多个信息系统或较大范围的信息系统；④系统缺乏良好协同性。随着业务不断拓展和数据量递增，顺丰需要更广泛的协同性和融合度，以满足企业运营的协同发展的需求。

在前期信息系统分析工作完毕后，顺丰随即组织相关开发人员进行信息系统设计工作，软件项目的交付也很快提上了日程。在信息系统建设过程中，从产品概念的提出到项目落地，中间往往隔着一条鸿沟。信息系统分析则是弥补这条鸿沟的关键环节。企业在信息系统建设的过程中，需要注意前期信息系统分析工作的沉淀与复盘，通过分析业务逻辑抓住核心需求、明确信息系统边界，进而设计出满足业务方要求的应用系统。

4.3.2　信息系统设计

1. 信息系统设计的目的与任务

信息系统设计的主要目的是将信息系统分析阶段所提出的充分反映用户信息需求的信息系统逻辑模型转换成可以实施的基于计算机与网络技术的物理（技术）方案。这一阶段的主要任务是从信息系统的总体目标出发，根据信息系统分析阶段对信息系统的逻辑功能的要求，并考虑经济、技术和运行环境等方面的条件，确定信息系统的总体结构和信息系统各组成部分的技术方案，合理选择计算机和通信的软硬件设备，提出信息系统的实施计划。

2. 信息系统设计的主要依据

信息系统设计是在信息系统分析的基础上由抽象到具体的过程，同时，还应该考虑信息系统实现的内外环境和主客观条件。通常，信息系统设计的主要依据有以下几个方面。

（1）信息系统分析的成果。从工作流程来看，信息系统设计是信息系统分析的后续阶段。因此，信息系统设计人员必须严格按照信息系统分析阶段所规定的目标、任务和逻辑模型进行设计工作。对信息系统逻辑功能的充分理解是信息系统设计成功的关键。

（2）现行技术。现行技术主要是指可供选用的计算机硬件技术、软件技术、数据管理技术以及数据通信与计算机网络技术。

（3）现行的信息管理和信息技术的标准、规范和有关法律制度。

（4）用户需求。信息系统的直接使用者是用户，进行信息系统设计时应充分尊重和理解用户的需求，特别是用户在操作使用方面的需求，尽可能使用户感到满意。

（5）信息系统运行环境。新信息系统的目标要与现行的管理方法相匹配，与组织的改革和发展相适应。也就是说，要符合当前需要，要适应信息系统的工作环境，如基础设施的配置情况、用户的空间分布情况、工作地点的自然条件及安全保密方面的要求；在信息系统设计中还应考虑现行信息系统的硬软件状况和管理，以及技术环境的发展趋势。在新信息系统的技术方案中既要尽可能保护已有投资，又要有较强的应变能力，以适应未来的发展。

3. 信息系统设计的主要活动

信息系统设计工作的环境是管理环境和技术环境的结合。信息系统设计是一项技术性强、涉及面广的活动，它包括以下主要活动。

（1）信息系统总体结构设计。信息系统总体结构设计包括信息系统总体布局设计、信息系统总体功能结构设计、数据存储总体设计等。信息系统总体布局设计是指系统的硬软件资源以及数据资源在空间上的配置方案。信息系统总体功能结构设计的主要任务就是根据信息系统的总体目标和功能将整个系统合理划分成若干个功能模块，正确地处理模块之间的关系和数据联系等。而在数据存储总体设计中主要关心的内容包括数据的分类、数据存储规模的确定、数据存储空间的分布和数据库管理系统的选择等。

（2）信息系统详细设计。信息系统详细设计包括代码设计、数据库设计、人 - 机界面设计、处理过程设计等。其中代码设计是指对系统中涉及的信息进行编码。数据库设计是指要从信息系统的观点出发建立信息系统的数据模式，根据用户需要设计基本数据库和中间数据库的结构，并对信息系统的应用程序提供透明的应用程序结构，降低数据和应用程序之间的耦合性。人 - 机界面设计包括输入设计、输出设计和人 - 机对话界面设计。处理过程设计是指根据信息系统的任务、目标和环境条件，合理地选择信息活动的形态及其具体方法。

（3）计算机网络系统方案的选择。一个现代化的信息系统的主要支撑环境就是一个完整的计算机网络系统，它通常由计算机网络的软件和硬件组成；合理地选择和配置这一信息系统环境，可以使我们以最小的代价，获得最大的效益。因此，这也是信息系统设计阶段的主要工作之一。

（4）信息系统设计说明书的编写。信息系统设计说明书是信息系统设计阶段的成果，它从信息系统设计的主要方面说明信息系统设计的指导思想、采用的技术方法和设计结果，是信息系统实施阶段工作的主要依据。信息系统设计说明书的主要内容应包括信息系统开发项目概述、信息系统总体结构设计、处理过程设计、代码设计、数据库设计、人机交互界面设计、输入设计、输出设计，以及网络环境说明、安全保密说明、信息系统设计实施方案说明等。

◎ 阅读材料 4-4

中国铁路客服中心 12306 平台的信息系统架构设计

中国铁路客服中心 12306 网站承载着全国铁路客运与货运的服务业务，为千家万户提供出行服务。据报道，春运高峰期间，12306 平台日点击量高达 14 亿次，访问人数达 2 000

万。然而，如何应对大型网站所面临的高负载流量和高并发访问一直以来都是全球技术领域面临的挑战。

为保障用户在高峰期间的订票体验，12306 系统在两地三中心混合云架构的基础上进行了系统升级与建设工作。其中，两地是指中国铁路总公司主数据中心和中国铁道科学研究院数据中心，彼此作为异地容灾备份，通过并行作业提供整套业务的流程服务。当某个生产中心系统出现故障时，可以快速将数据迁移至另一个数据中心进行处理与计算，以保障服务的连续性。此外，为解决业务量短暂性、周期性的高负载和高并发问题，12306 系统将用户访问高峰期消耗服务器资源最多的余票查询业务放在阿里云上。阿里云只提供租赁查询服务，不涉及任何系统功能的改造。经过升级后，12306 平台的点击速度和页面打开速度均比升级前缩短了一半，在很大程度上改善了用户的网络购票体验。图 4-9 展示了 12306 系统两地三中心混合云实例。

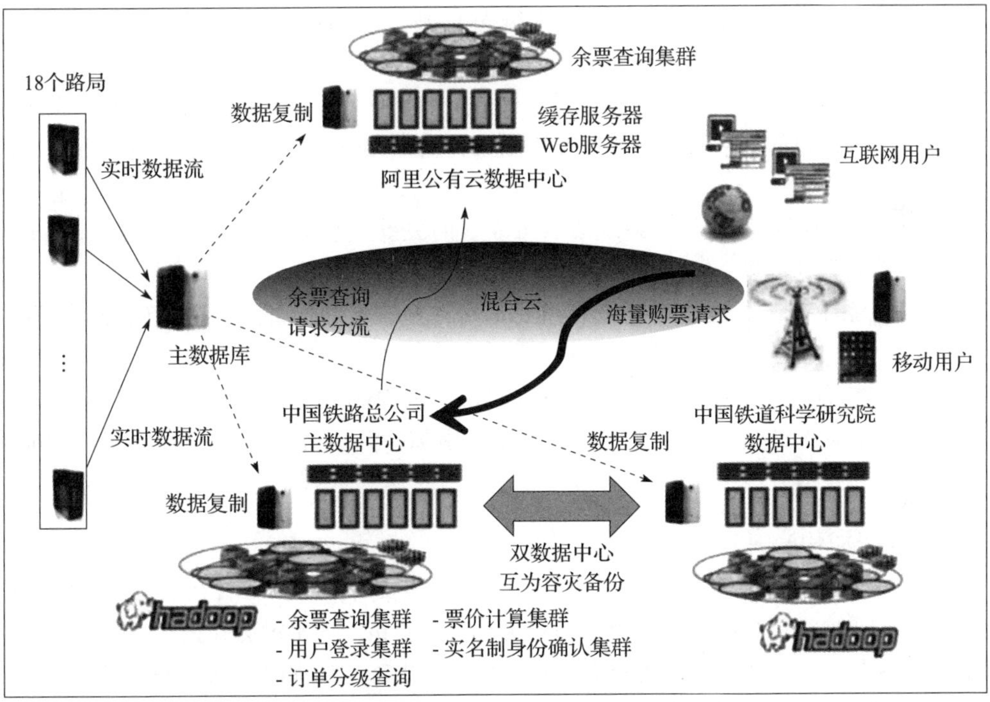

图 4-9　12306 系统两地三中心混合云实例

从经济性角度考虑，一个网站很难以峰值的承受力为标准来建设，平台需要在满足日常需求和高峰期服务需求之间找到最佳点，合理进行硬件配置。目前云技术已经非常成熟，租用云服务成为一种经济性的选择。对于初创公司或 IT 资源和预算有限的小型公司来说，将更多的计算机处理和存储功能转移到公有云上也是一种可行的解决方案。

4.3.3　信息系统实施

1. 信息系统实施的目的和条件

信息系统实施作为信息系统开发生命周期中的后期阶段，其目的是把信息系统分析和信息系统设计的成果转化为可实际运行的信息系统。再好的信息系统设计，如果不经过信息系统实施也只是不能带来现实效益的“空中楼阁”。信息系统实施作为信息系统的物理实现阶段，对于信息系统的质量、可靠性和可维护性等性能有着十分重要的影响。

信息系统实施工作必须在信息系统分析和信息系统设计工作完成后，严格按照信息系统开发文档进行。信息系统实施是以信息系统分析和设计文档资料为依据的。这里特别强调一点，信息系统开发人员不仅要了解他们自己所承担的部分工作，还要了解信息系统总体结构、彼此接口、数据交换等相互联系部分的内容，以保证在信息系统实施工作中保证局部分散实施与信息系统整体的协调一致性。

2. 信息系统实施的主要活动

信息系统开发工作沿着信息系统的生命周期逐渐推进，经过详细的信息系统设计阶段后，便进入信息系统实施阶段。这一阶段由编程（编码）、测试、信息系统安装和新旧信息系统转换等主要活动构成。

（1）编程。编程又称编码，其任务是使用选定的计算机程序设计语言，把软件系统详细设计所得到的各模块的信息处理功能和过程描述转换成能在计算机系统上运行的程序源代码（源程序）。

（2）测试。测试是保证信息系统质量可靠性的关键，它是指运用一定的测试技术与方法，通过一系列测试步骤，发现和排除信息系统可能存在的问题。

（3）信息系统安装。信息系统安装主要是指各种软硬件设备的选型、论证、购置、安装，以及整个信息系统的调试运行。

（4）新旧信息系统转换。新旧信息系统转换，也称信息系统切换与运行，是指以新开发的信息系统替换旧的信息系统，并使之投入使用的过程。它包括信息系统交付前的准备工作、信息系统转换的方法和步骤等。

3. 信息系统测试

信息系统测试是信息系统开发周期中一个十分重要的活动。尽管在信息系统开发周期的各个阶段均采取了严格的技术审查，但难免会出现差错。如果没有在投入运行前的信息系统测试阶段被发现并纠正，问题迟早会在运行中暴露出来，到那时再纠正差错将会付出更大的代价。信息系统测试占用的时间、花费的人力和成本在软件开发中的比例很大。统计表明，在开发较大规模的信息系统时，信息系统测试的工作量大约占整个软件开发工作量的40%～50%。

信息系统测试以找错误为目的，因此要精心选取那些易于发生错误的测试数据，以十分挑剔的态度去寻找程序的错误。关于测试目的的观念对于我们的测试工作有很大影响。人类思维的严密性是有限度的，加之开发人员主观、心理、经验等方面的因素，大型的软件在测试前是不可能没有错误的，因此测试的目的就是发现程序的错误。

在进行信息系统测试时应遵循以下基本原则。

（1）测试工作应避免由原开发软件的个人或小组来承担。

（2）设计测试用例不仅要包括合理、有效的输入数据，还要包括无效的或不合理的输入数据。

（3）不仅要检验程序做了该做的事，还要检查程序是否同时做了不该做的事。

（4）保留测试用例，给重新测试和追加测试带来方便。

对系统进行测试的主要方法包括人工测试和机器测试。一般源程序通过编译后，要先经过人工测试，然后再进行机器测试。人工测试采用人工方式进行，目的在于检查程序的静态结构，找出编译不能发现的错误。经验表明，组织良好的人工测试可以发现程序中 30% ～ 70% 的编码和逻辑设计错误，从而可以减少机器测试的负担，提高整个测试工作的效率。机器测试是运用事先设计好的测试用例，执行被测程序，对比运行结果与预期结果的差别以发现错误。

机器测试有黑盒测试、白盒测试和灰盒测试三种方法。

（1）黑盒测试，也称功能测试，是指将系统看作黑盒子，在完全不考虑程序的内部结构和特性的情况下，研究系统的外部特性。根据系统的需求规格说明书设计测试用例，从程序的输入和输出特性上测试是否满足设定的功能。

（2）白盒测试，也称结构测试，是指将系统看作一个透明的白盒子，按照程序的内部结构和处理逻辑来选定测试用例，对软件的逻辑路径及过程进行测试，检查与设计是否相符。

（3）灰盒测试，是介于白盒测试与黑盒测试之间的一种测试，多用于集成测试阶段，不仅关注输出、输入的正确性，同时也关注程序内部的情况。灰盒测试不像白盒测试那样详细、完整，但又比黑盒测试更关注程序的内部逻辑，常常通过一些表征性的现象、事件、标志来判断内部的运行状态。

此外，系统测试方法还有性能测试、压力测试以及回归测试等。

（1）性能测试是指为了在一定负载下检查系统的响应时间、运行速度等性能指标，例如，检查一个网站在 50 个用户同时在线的情况下的性能指标，每个用户是否都可以正常使用等。其目的不是去找缺陷，而是排除系统的瓶颈，以及为以后的回归测试建立一个基准。

（2）压力测试，也称强度测试、负载测试，是指在性能可以接受的前提下，测试信息系统可以支持的大负载。其目的是在软件投入使用前或软件负载达到极限前，通过执行可重复的负载测试，了解其可靠性、性能瓶颈等，以提高系统的可靠性、稳定性，减少系统的宕机时间和由此带来的损失。例如，针对一个网站进行测试，如果模拟 50 ～ 100 个用户就是在进行常规性能测试；如果用户增加到千个乃至上万个就变成了压力测试。

（3）回归测试是指修改了旧代码后，重新进行测试以确认修改没有引入新的错误或导致其他代码产生错误。自动回归测试将大幅降低信息系统测试、信息系统维护升级等阶段的成本。回归测试作为软件生命周期的一个组成部分，在整个软件测试过程中占有很大的工作量比重，软件开发的各个阶段都会进行多次回归测试。在渐进和快速迭代开发中，新版本的连续发布使回归测试更加频繁，而在极限编程方法中，更是要求每天都进行若干次回归测试。

系统测试工作一般有四个步骤：单元测试、集成测试、信息系统测试以及验收测试。每一步都是在前一步的基础上进行，其过程如图 4-10 所示。

（1）单元测试，也称模块测试，其目的是保证每个模块作为一个单元能够独立运行。所谓单元是指程序中的一个模块或一个子程序，是程序设计的最小单元，是程序最小的独立编译单位。由于每个模块完成一个明确定义而又相对独立的子功能，因此可以把每个模块作为一个单独实体来测试，而且通常比较容易设计测试用例。在单元测试中所发现的往往是编程和详细设计的错误。

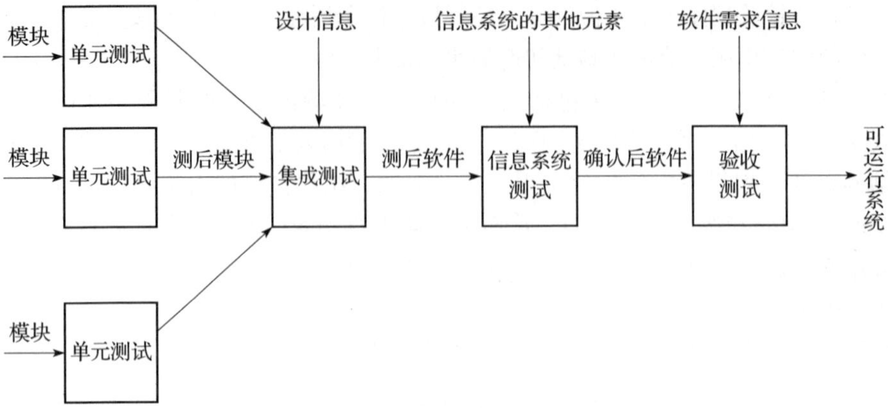

图 4-10　系统测试步骤

（2）集成测试。在每个模块完成了单元测试以后，需要按照设计时做出的层次模块图把它们连接起来，进行集成测试，也称组合测试。

（3）信息系统测试。经过集成测试后，系统已测试完毕，然而系统只是信息系统的一个组成部分，还要与信息系统中的其他部分配套运行。信息系统测试是指将信息系统的所有组成部分，包括软件、硬件、用户以及环境等综合在一起进行测试，以保证信息系统的各组成部分协调运行。

（4）验收测试。验收测试是指进一步检查软件是否符合软件需求规格说明书的全部要求，因此又称合格性测试。验收测试可分为 Alpha 测试、Beta 测试和第三方测试等。其中，Alpha 测试是在一个受控的环境中进行的，由用户在开发者的场所进行。Beta 测试由软件的最终用户在一个或多个用户场所进行，开发者通常不在现场，用户记录测试中遇到的问题并报告给开发者。

4. 信息系统转换

新信息系统测试通过以后，并不能马上投入运行，还存在一个新旧信息系统如何交替的问题。信息系统转换就是指以新信息系统替换旧信息系统的过程，即旧信息系统停止使用，新信息系统开始运行。主要有以下三种转换方式。

（1）直接转换。直接转换是指在旧信息系统停止运行的某一时刻，新信息系统立即开始运行，因此也称切换。如图 4-11 所示，直接转换最简单，而且信息系统转换的费用也很低。但它的风险很大，因为一旦新信息系统发生严重问题而运行不起来，将会给业务工作带来混乱，产生极大的不良影响。所以，如果采取这种方式转换，应该具有谨慎的转换计划，做好各种准备工作，安排充分的时间去修正可能出现的问题。除此之外，还应采取一些预防性措施，例如，使旧信息系统保持在随时可以启动的状态。

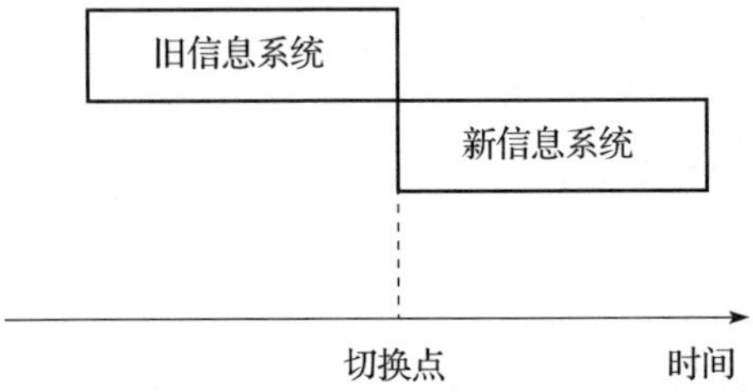

图 4-11　直接转换

（2）并行转换。并行转换是指新旧信息系统先并行工作一段时间，在经过一段时间的考验后，再以新信息系统正式全面代替旧信息系统，如图 4-12 所示。采用这种转换方式，用户一方面可以继续用习惯的方法使用旧信息系统；另一方面也开始使用新信息系统。这样可以保证业务工作的延续性，两个信息系统可进行对比，互相校对结果，以使用户对新信息系统有一个逐渐认识和接受的过程。并行转换方式是最安全、保险的方式，并且也是最常用的方式，因为一旦新信息系统发生问题，旧信息系统仍然在正常工作，从而保证了过渡过程的可靠平稳。但是，并行转换方式的系统开销大、费用高，业务工作量是正常情况下的两倍，并行转换过程一般不超过几个月。由于用户在心理上有旧信息系统可以依靠，如果他们偏爱旧信息系统，心理上对转换有阻力，有可能使新信息系统运行不顺利，从而延长并行运行时间。

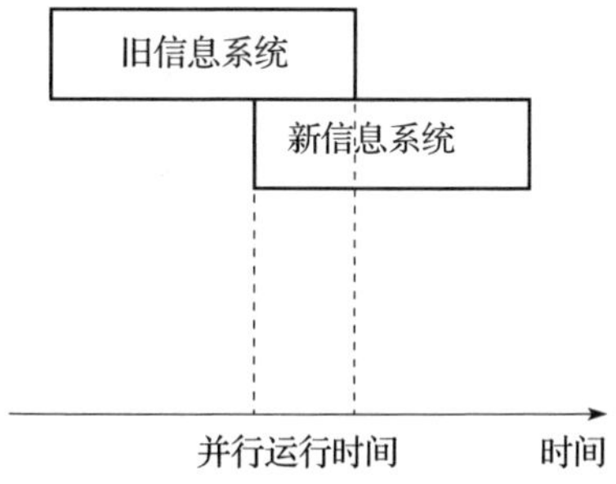

图 4-12　并行转换

（3）分段转换。分段转换实际上是上述两种方式的结合，是指在新信息系统全部正式运行之前，分阶段一部分一部分地替代旧信息系统，如图 4-13 所示。由于分段转换是一个渐进的过程，转换过程中没有正式运行的部分，可以在部分并行的模拟环境下考验。这种方式避免了上述两种转换方式的不足，转换过程可靠且费用不高。但它也带来了新的问题，增加了部分转换中的接口问题，即部分新信息系统与部分旧信息系统的衔接问题。例如，一个基于网络的信息系统在分段转换的过程中，某旧信息系统的功能要向新信息系统的功能模块提供数据，只能以人工方式键入，并且要编制临时接口程序。

分段转换方式比较适用于大型信息系统的转换，可以保证平稳、可靠地转换，并且管理上也是可行的。在分段转换的过程中，第一批新旧功能转换的效果至关重要，如果效果好，将会给以后其他部分的转换带来积极的影响；否则将会使用户产生猜疑和抵触的情绪，这种消极影响将大大延长转换的过渡过程。

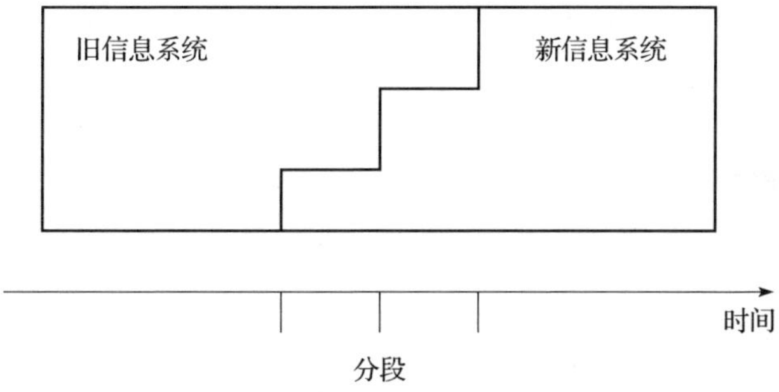

图 4-13　分段转换

在根据信息系统的实际开发和应用情况，确定了系统转换的方式后，除了做好组织准备、物质准备和人员培训等工作之外，最重要且工作量最大的是数据准备和信息系统初始化。

数据准备是指从旧信息系统中整理出新信息系统运行所需的基础数据和资料，即把旧信息系统的文件数据加工成符合新信息系统要求的数据，其中包括历史数据的整理，数据口径的调整，数据资料的格式化、分类和编码，统计口径的变化，个别数据及项目的增删改等。特别是对于那些采用手工方式进行信息处理的旧信息系统，数据准备的工作量是相当大的，应提前组织进行，否则将延迟信息系统转换的进程。

信息系统初始化包括设置信息系统的运行环境和资源、设定信息系统运行和控制参数、数据加载以及调整系统与业务工作同步等内容。其中数据加载是工作量最大且时间最紧迫的一个重要环节。大量的原始数据需要一次性输入系统，而且企业生产或管理业务活动不断产生新的信息，如果不能在有限时间内将数据输入完毕并启动系统，则新数据的变化会造成信息系统中的数据失效。信息系统初始化中大量的数据加载工作是信息系统启动的先决条件，并且一般都是由手工输入突击完成的，因此输入工作中最重要的是正确性。数据加载中出现的数据错误，大体有四种来源：原始数据中就存在错误；数据整理工作中产生的错误；输入错误；新信息系统可能的程序错误。在信息系统初始化过程中要注意采取一定的手段来查错和纠错，以防止错误的数据进入信息系统。例如，为了保证输入的正确性，有时采用数据的重复输入法，即把同一批数据分两次重复输入，由信息系统自动核对输入的差异，以检查数据输入的错误；尽管输入工作量增加了一倍，但有效地避免了数据的输入错误。如果数据内部有计算或平衡关系，可用程序对输入的数据进行检查，发现可能存在的错误。如果旧信息系统是计算机系统，则数据加载的主要工作是进行数据和文件的转换，使数据转入新信息系统中。总之，数据加载工作量大、要求高，应予以高度重视。

◎ 阅读材料 4-5

邮梦启航——中国邮政移动应用平台建设

随着业务部门对移动互联网的需求不断增加，中国邮政集团公司及其各省分公司近年来投资搭建了许多终端 App 与微信公众号，以适应业务的快速发展。然而，重复建设的移动应用平台不仅增加了运营成本，也让业务难以管理。在这种背景下，中国邮政集团公司推出了基于云计算架构的中国邮政移动应用平台，用于实现对用户、设备、开发、应用以及安全的统一管控。

通过全面整合运营方式，中国邮政移动应用平台较好地解决了现有平台应用各自为政、重复开发及资源无法共享等问题。该平台的架构主要由硬件资源池、基础设施即服务层、平台层及服务层和客户端构成。互联网用户可以通过安卓、iPad 等终端接入中国邮政外部统一门户，并使用服务层提供的各类移动应用服务，如信息查询和移动客服等。而中国邮政内部系统与外部第三方系统的数据交换，则通过平台即服务层的数据接口 / 服务接口实现。图 4-14 详细展示了中国邮政移动应用平台的总体架构。这种整合的方式使得资源得以最大化利用，提高了系统的灵活性和可扩展性，为用户提供了更便捷和更高效的服务体验。

通过引入云计算、大数据等先进技术，中国邮政移动应用平台整合集成了原有基于分散架构的各种应用终端，满足了新时代用户的个性化诉求，实现了 IT（信息技术）时代逐渐向 DT（数据技术）时代转变。未来，中国邮政移动应用平台的建设将紧跟时代发展潮流，努力打造自身在 "互联网 +" 时代的核心竞争力，进而为人们提供更高效、更便捷的服务体验。

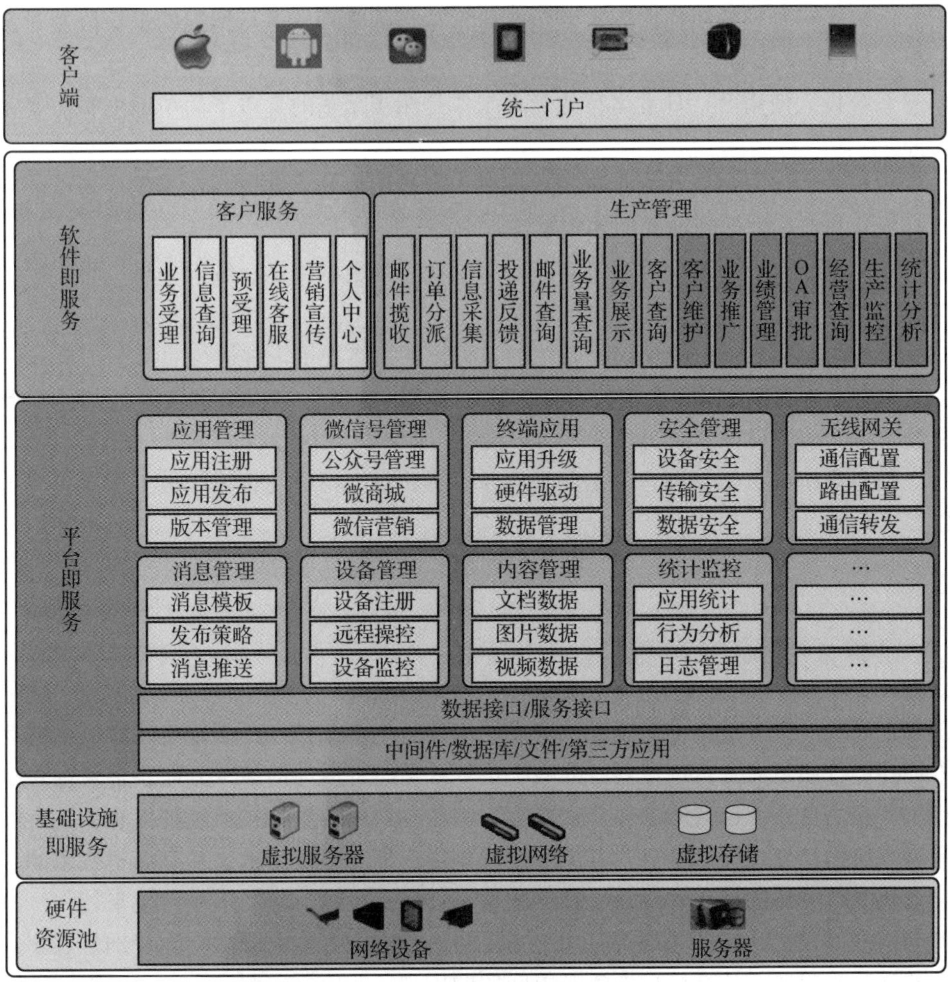

图 4-14　中国邮政移动应用平台总体架构

4.4　信息系统运行与维护

信息系统运行与维护属于信息系统生命周期中的第三个阶段。信息系统不同于其他产品，它不是“一劳永逸”的最终产品。它在被开发完成并交付用户使用后的运行过程中，还有大量运行与维护工作要做。如果运行管理不善，新信息系统仍然不能充分发挥其效益。为让信息系统长期高效地工作，必须大力加强对信息系统运行工作的管理。

4.4.1　信息系统的运行管理

信息系统运行管理的目标是对信息系统的运行进行监督控制，记录其运行状态，保证信息系统正常运行，以便及时、准确地向一个组织提供必要的信息，满足管理决策与其他业务工作的需求。

信息系统运行管理的工作内容主要包括日常运行的管理、运行情况的记录以及对系统的运行情况进行检查与评价。

信息系统投入使用后，日常运行的管理工作是相当繁重的。以下简单地列举需要完成的各项任务。

（1）数据的收录，包括数据收集、数据录入及数据校验。其目的在于保证数据的及时获取、及时更新和系统数据的准确性和完整性。

（2）例行的信息处理及信息服务工作，包括例行的数据维护、统计分析、报表生成、数据的复制及保存、与外界的定期数据交换等。

（3）记录好运行日志，确保信息系统的各种设备始终处于正常运行的状态。

（4）管理好信息系统机房，包括除数据、计算机软硬件与网络设备外的其他资源。例如，办公设备、动力设备、照明设备、防护设备、计算机耗材等。

（5）信息系统的员工管理，包括员工岗位设置、员工招聘与选拔、员工教育与培训、员工激励等。

（6）信息系统安全管理，主要是指加强防范和抵御信息系统安全威胁的能力。

4.4.2 信息系统的安全管理

随着信息技术的发展，信息资源的开发与应用范围不断扩大，不论是在各领域的运行操作、管理控制，还是经营管理计划、战略决策等社会经济活动的各个方面，都发挥着越来越大的作用。在信息系统运行的内容中，既有日常业务处理信息、技术经济信息，也有涉及企业或政府高层的计划、决策信息，其中可能有相当一部分是极为重要并有保密要求的。这种社会信息化、数字化的趋势，导致了社会的各个方面对信息资源的依赖性越来越强。一旦信息资源的某些部分遭受破坏，都将对用户乃至整个社会产生重大的影响。特别是近年来世界范围内的计算机犯罪、计算机病毒泛滥等问题的出现，使信息资源安全方面的脆弱性表现得越来越明显。在这种情况下，信息系统的安全问题显得很重要。

信息系统的安全性是指防范和抵御对信息资源不合法的使用与访问以及有意无意地泄露与破坏的能力。计算机网络技术的发展和互联网的广泛应用，使信息被广泛公开和共享，安全问题成为当前信息系统需要解决的最紧迫的问题之一。

1. 信息系统的不安全因素

信息系统的不安全因素有很多，主要可以划分为以下几类。

（1）自然及不可抗拒因素。例如，地震、火灾、水灾、风暴以及社会暴力或战争等因素将直接危害信息系统实体的安全。

（2）硬件及物理因素。硬件及物理因素主要涉及信息系统硬件及环境的安全可靠，包括机房设施、计算机主体、存储系统、辅助设备、数据通信设施以及信息存储介质的安全性。

（3）电磁波因素。一方面，计算机系统以及它们的控制信息和数据传输通道在工作过程中都会产生电磁波辐射，在一定地理范围内用无线电接收机很容易检测并接收到，这就有可能造成信息通过电磁辐射而泄露；另一方面，空间的电磁波也有可能对系统产生电磁干扰，影响信息系统的正常运行。

（4）软件因素。软件的非法删改、复制与窃取将使信息系统的软件受到损失，并可能泄密。另外，危害极大的计算机病毒也是以软件为手段进入信息系统进行破坏的。

（5）数据因素。主要涉及数据信息在存储和传递过程中的安全性。数据是计算机犯罪的主攻核心，是施以安全和保密的重点。

（6）人为及管理因素。主要涉及工作人员的素质、责任心，以及严密的行政管理制度和法律法规，以防范人为的主动因素直接对信息系统安全性产生威胁。

2. 信息系统安全涉及的范围

在信息系统的运行过程中，由于应用环境复杂多变，涉及的环节众多，使得各个环节都可能存在不安全因素。因此，信息系统安全涉及的范围相当广泛。一般来讲，它至少应当包括以下四个方面的内容。

（1）从信息处理的要求来看，即内容的真实无误，以保证信息的完整性；信息不会被非法泄露和扩散，以保证信息的保密性；信息的发送者和接收者无法否认自己所做过的操作行为，以保证信息的不可否认性。

（2）从信息组织的层次来看，即信息系统的管理者对网络和信息系统有足够的控制和管理能力，以保证信息的可控制性；准确跟踪实体运行来达到审计和识别的目的，以保证信息的可计算性；网络协议、操作系统和应用系统能够互相连接、协调运行，以保证信息的互操作性。

（3）从信息运行的环境来看，一般包括各种硬件设施的物理安全。

（4）从信息管理的观点来看，主要包括各种规章制度、法律法规，以及人员安全等。

由此可见，信息系统涉及的安全范围要比一般意义上的计算机安全、软件安全、网络安全等更广泛。信息系统安全包括了从信息的产生直至信息应用的全过程。信息系统安全的根本目的就是防止信息在采集、传输、加工、存储和利用的全过程中，以及与这一过程相关的信息及其载体、各类硬件设备和软件等被非法破坏、窃取和使用。

信息资源的安全通常可以从两个方面加以保证：技术性安全措施和管理性安全措施。技术性安全措施如使用防火墙、安装防病毒软件、信息加密、身份确认与授权等；管理性安全措施，如加强安全教育、制定法律政策、完善企业规章制度、采取必要的实施监控手段、应用检查安全漏洞的仿真系统、制定灵活有效的安全策略、加强对信息资源安全的审计和管理等。

其中，技术性安全措施是被动的，主要在信息资源受到攻击的情况下发挥作用。而管理性安全措施则是相对主动的，它在信息资源的安全保护体系中往往占有更重要的地位。一般来讲，在信息资源的安全保护措施中，物理安全措施、技术性安全措施、法律安全措施所占的比例较小，而更多的是行政安全措施，如图 4-15 所示。在实际工作中，我们必须多种安全措施并举，以确保信息资源的安全。

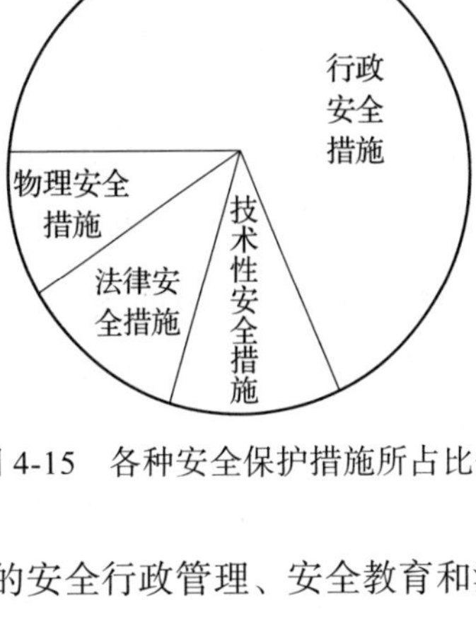

图 4-15　各种安全保护措施所占比例

3. 信息系统安全管理的内容

实现信息系统安全，不仅要靠先进的技术，还要靠严格的安全行政管理、安全教育和法律约束。要实现严格的信息系统安全管理，应建立相应的信息系统安全管理办法，加强内部管理，建立合理的安全管理系统，提高整体安全意识。

信息系统安全管理的内容主要包括：同一性检查，即用户在使用信息系统资源时，事先检查是否规定他们有访问数据资源的权力；用户使用权限检查，即检查用户是否有权访问想访问的数据；建立运行日志，即记录信息系统运行时产生的特定事件；建立安全事故预防与应急机制，即为了减少意外事件引起的对信息系统的损害，制订应付突发事件的应急计划以及数据设备等资源备份。

4. 信息系统安全管理的原则

信息系统安全管理的原则主要包括多人负责原则，任期有限原则，职责分离原则，采用多层、多面防御的纵深防御策略，加强对薄弱环节的安全防护等。

4.4.3 信息系统的维护管理

一般信息系统的使用寿命短则 3 ～ 5 年，长则 10 年以上。在信息系统的整个使用寿命中，信息系统维护的工作贯穿始终。系统维护的目的是保证信息系统正常而可靠的运行，并使信息系统不断得到改善和提高，因此，信息系统维护就是为了保证信息系统中的各个要素随着环境的变化始终处于最新的、正确的工作状态。

信息系统维护任务是十分繁重的。重开发、轻维护是造成信息系统低水平重复开发的原因之一。而相对于具有开创性的信息系统开发工作来说，信息系统维护工作属于继承性工作，其挑战性不强、成绩也不显著，使得很多维护人员不安心于信息系统维护工作，这也是造成人们重视开发而轻视维护的原因。但是信息系统维护是信息系统可靠运行的重要技术保障，要给予足够的重视。

1. 信息系统维护的内容

信息系统维护面向系统中各种构成因素。按照维护对象的不同，信息系统维护的内容可分为信息系统软件维护、信息系统硬件维护、信息系统网络维护三类。

（1）信息系统软件维护。信息系统软件主要包括信息系统管理程序和信息系统支持程序。信息系统管理程序的维护主要是指对计算机操作系统的维护。信息系统支持程序通过提供各种服务，以支持计算机系统的操作和管理。

（2）信息系统硬件维护。信息系统硬件维护分为定期保养维护和突发性故障维护两种。定期保养维护是硬件维护的主要工作，维护内容是进行例行的设备检查和保养。突发性故障维护是辅助性工作，一般由专职的维修人员或厂商来完成。

（3）信息系统网络维护。信息系统网络维护是指保证通信的顺畅和网络安全。

2. 信息系统维护的类型

信息系统维护可以划分为纠错性维护、适应性维护、完善性维护和预防性维护四种类型。

（1）纠错性维护。纠错性维护是指在信息系统运行过程中发现错误、故障或漏洞后进行的修复工作。这种维护通常由用户报告问题后触发，开发人员需要迅速响应并修复程序中的故障，以确保信息系统的正常运行。

（2）适应性维护。适应性维护是为了使信息系统适应环境的变化而进行的维护工作。一方面，计算机科学技术的迅速发展要求信息系统能够适应新的软硬件环境，以提高信息系统的性能和运行效率；另一方面，应用对象也在不断发生变化，机构的调整、管理体制的改变、数据与信息需求的变更等都将导致信息系统不能适应新的应用环境。因此，必须对信息系统进行调整，使之适应软硬件环境以及应用对象的变化，以满足用户的要求。

（3）完善性维护。在信息系统的使用过程中，用户往往要求扩充其功能，提高其性能，如增加数据输出的图形方式、增加联机在线帮助功能、调整用户界面等。为了满足这些要求而进行的信息系统维护工作就是完善性维护。

（4）预防性维护。信息系统维护工作不应总是在被动地等待用户提出要求后才进行，应进行主动的预防性维护，目的是通过预防性维护为未来的修改与调整奠定更好的基础。例如，将目前尚能应用的报表功能改成通用报表生成功能，以应对今后报表内容和格式可能的变化。

4.4.4　信息系统评价

1. 信息系统评价的内容

如果要判断信息系统投入使用后是否切实发挥了管理服务的作用、是否实现了用户提出的目标，这就需要进行全面的检验和分析，并给出真实、客观的评价结论，而完成这项工作的整个过程就是信息系统评价。对信息系统的评价主要从技术和经济两个方面进行。

技术上评价的主要是系统的性能，其内容包括：信息系统总体水平，如信息系统的总体结构、地域与网络的规模、所采用技术的先进性等；信息系统功能的范围与层次，如功能的多少与难易程度或对应管理层次的高低等；信息资源开发与利用的范围与深度，如企业内部与外部信息的比例、外部信息的利用率等；信息系统的质量，如信息系统的可使用性、正确性、可扩展性、可维护性、通用性等；信息系统的安全与保密性；信息系统文档的完备性。

经济上评价的主要是信息系统的效果和效益，包括直接与间接两个方面。直接的评价内容有信息系统的投资额、信息系统的运行费用、信息系统运行所带来的新增效益、投资回收期等；间接的评价内容有对企业的改革与创新所起的作用，对企业形象的改观和员工素质的提高所起的作用，以及对企业各部门间和人员间合作精神的加强作用。

信息系统评价应该定期进行或者在信息系统有较大改进后进行。信息系统的第一次评价一般安排在开发完成，并投运一段时间进入了相对稳定的状态后进行。通常第一次评价的结论将作为信息系统验收的主要依据。

信息系统评价由信息系统开发人员、信息系统管理与维护人员、信息系统用户、用户单位领导以及信息系统外专家等共同参加，评价方式可以是鉴定或者评审等，评价的结论以书面的评价报告或评价意见等提出。

2. 信息系统的评价指标

如前所述，信息系统评价是一项难度较大的工作，它属于多目标评价问题，只能对部分评价内容列出可度量的指标，其余内容只能用定性方法做出叙述性的评价。信息系统评价的指标通常分为信息系统的性能指标、与直接经济效益有关的指标，以及与间接效益有关的指标。

（1）信息系统的性能指标主要有：信息系统功能满足用户需求的程度（信息系统功能的有效性）；信息系统的效率与敏捷性；人机交互的友好性与操作的方便性；信息系统的可扩展性与可变更性；信息系统的可靠性与安全性；信息系统文档资料的规范、完备与正确程度。

（2）与直接经济效益有关的指标主要有以下几点。

1）信息系统投资额，包括信息系统硬件和信息系统软件的配置、安装，应用系统的开发或购置所投入的资金。另外，组织内部投入的人力、材料等也要计入。对验收评价后所作的评价还要包括信息系统维护所投入的资金。

2）信息系统的运行费用，包括消耗性材料费用、信息系统投资折旧费以及硬件日常维护费等。另外，信息系统所耗用的电费、系统管理人员费用等也应计入信息系统的运行费用。

3）信息系统运行新增加的效益，主要反映在成本降低、库存积压减少、流动资金周转加快与占用额减少、销售利润增加，以及人力的减少等方面。

4）投资回收期，即为通过新增效益，逐步收回投入的资金所需的时间。它是反映信息系统经济效益好坏的重要指标。

（3）与间接效益有关的指标。间接效益由于成因关系复杂，计算困难，我们只能作定性的分析，所以间接效益也叫定性效益。一般信息系统的成功应用所产生的间接效益可体现在多个方面，例如，为组织的改革与发展、制度创新与技术创新所起的推动作用；对企业管理中决策支持的重要作用；对改善企业形象、提高客户对企业的信任和全体员工的自信心的作用；使员工获得新知识、新技术与新方法，进而提高他们的素质、拓宽他们的思路，促进组织发展的作用；加强部门之间、员工之间信息的共享与交流，提高他们的协作精神与组织的凝聚力的作用；对组织的规章制度、工作规范、定额与标准、计量与代码等基础管理产生的促进作用。

4.5 信息系统管理

4.5.1 信息系统开发项目管理

1. 概述

信息系统开发阶段的任务就是在信息系统规划所规定的某个开发项目内，进行信息系统调研和信息系统开发的可行性研究、信息系统逻辑模型的建立、信息系统设计、信息系统实施、信息系统转换和信息系统评价等工作。由于此阶段的工作既涉及复杂的组织管理背景，又有很强的技术性，因此管理工作比较复杂，难度较大。

信息系统开发项目管理的基本问题就是如何按所选择的开发方法进行有效的计划、组织与控制。像其他工程项目一样，开发一个信息系统也需要在给定的时间内计划、协调和合理使用各种资源。信息系统开发项目管理应包括的主要内容为：任务划分、计划安排、经费管理、项目执行状况的跟踪与变更控制、风险管理、组织机构设置、质量控制、需求管理、软件版本管理和文档管理等。

2. 任务划分

按信息系统的观点进行项目的分解（即任务划分）对项目管理是十分有效的。

任务划分是指利用工作分解结构（Work Breakdown Structure，WBS）把整个项目分解、定义为一组任务的集合，而这组任务又可以进一步划分为若干个子任务，进而形成具有层次结构的任务群。工作分解结构中的最底层的项目通常被称为工作包。任务划分是整个工作计划和监督工作执行的基础。只有将整个项目开发工作划分成较细的任务群，并将这些任务落实到责任人，才能进行有效的项目管理。任务划分也是整个资金分配的基础，而有效的资金控制是项目管理的法宝。任务划分与工作责任和工作质量密切相关，要保证信息系统开发按时按质完成，就必须分清每个人的职责。因此，进行任务划分是实施项目管理的第一步，也是关键的一步。

3. 计划安排

依据划分完毕的任务即可制订出整个开发及项目管理计划，并产生任务时间计划表。信息系统的开发计划可以划分为配置计划、应用软件开发计划、测试和评估计划、验收计划、资源计划、成本预算计划、质量保证计划、组织与人员计划、沟通计划、风险及其应对计划、采购计划，以及信息系统工程管理计划和项目整体管理计划等。

除此之外，计划安排还包括培训计划、安装计划、安全性保证计划等。在这些计划制订完成后，可以采用甘特图等工具进一步绘制任务时间计划表，表明任务的开始时间、结束时间以及任务之间的相互依赖程度。

4. 经费管理

经费管理是信息系统开发项目管理的关键，经费的有效运用可以起到事半功倍的效果。在项目管理中，在赋予任务负责人一定职责的同时，还要赋予他经费支配权，同时还要对负责人进行适当的控制。

在经费管理中要完成两件最重要的工作，即制订经费开支计划和对经费开支计划进行预测分析与控制。

5. 项目执行状况的跟踪与变更控制

项目执行状况的跟踪是整个项目管理的重要部分，它对于整个信息系统开发能否在资源预算的范围内按照任务时间表来完成相应的任务起着关键的作用。通过记录以下信息可以较好地跟踪项目执行状况并进行变更控制。

（1）已完成工作情况：将已完成的工作任务文档化，审查质量保证工作，确保项目目标的实现。

（2）进度计划执行情况：识别已经实现的里程碑、任务和子任务，识别更新后的关键路径和邻近的关键活动，审查进度计划是否符合逻辑、是否有效。

（3）实际成本：审查项目的劳动力和其他成本内容，核实所有相关的成本要素是否已经被记录下来，将成本控制要素和科目文档化。

对于信息系统开发中出现的变化情况，项目经理要及时与用户和主管部门联系，取得他们的理解和支持，及时针对变化情况采取相应的对策。

6. 风险管理

信息系统项目实施尽管经过了前期的可行性研究以及一系列管理措施的控制，但其效果一般来说还不能过早确定，因为它与风险相联，可能达不到预期的效果。例如，费用可能比计划的费用高，实现的时间可能比预期的时间长，硬件和软件的性能可能比预期的性能低等。因此，任何一个信息系统开发项目都应进行风险管理，这样才能更好地防范风险并使项目实施有序进行。我们将从以下四个方面来讨论风险管理。

（1）风险管理中的注意事项。首先，在制订项目的各类计划时（进度计划，费用计划，人员、设备及其他资源需求计划），应考虑相关风险因素，使计划尽量做到切实可行，必须严格审查。其次，技术方面必须满足需求，应尽量采用商品化技术，这样可以降低信息系统开发的风险。再次，加强沟通与联系，让所有人员对于项目进展做到心中有数。同时，及时采纳减少风险的建议。最后，充分估计可能出现的风险，将项目实际情况与项目计划进行对比，分析偏差产生的原因，及时进行调整和变更。总之，风险管理也是项目管理的重要内容，是项目经理的重要职责。

（2）风险管理过程的步骤。

第一步，风险识别。首先列出一个潜在问题表，然后再考虑其中有哪些问题会出现风险。风险的确定应听取技术专家和广大用户的意见。潜在的风险源包括以下多个方面。

1）在总体规划和信息系统分析阶段所进行的需求分析不完全、不清楚、不稳定、不可行，最终影响软件集成和信息系统集成，从而不能获得全部预期的收益，甚至完全失败。

2）在信息系统设计过程中，设计结果的可用性、可实施性、可测试性较差，影响信息系统的后续开发工作，使开发出来的信息系统性能达不到预先的要求，之后的管理维护困难。

3）在程序设计过程中，可能出现非一致性或信息系统的支持性较差，以及信息系统与所选择的软硬件不匹配的情况。

4）在整个开发过程中，当遇到困难和问题时，开发团队工作的不利、沟通不足或协调不好等都将影响信息系统开发的质量和开发进度，造成成本超支和进度拖延等。

5）在实施项目管理的过程中，计划的准确性、可监控性，经费运用及分配情况不合理等也都将对整个开发工作产生影响。

第二步，风险分析。对辨识出的风险进行进一步的确认后，还需要进行更深入的分析，查找风险源，确定规避风险的措施，研究如何使风险带来的影响尽量减小等问题。例如，在某一风险出现后，分析其是否会有连锁反应、是否会有其他风险出现，或假设这一风险不出现将会产生什么情况，又或是在主要风险出现最坏情况后，考虑如何将主要风险的影响降到最小，同时确定主要风险出现的个数及时间等。

第三步，风险应对。通过对风险的分析确定风险的等级，尤其是对于高级别的风险要制定出相应的对策，采取特殊的措施予以处理，并指定专人负责重要风险项目的实施，同时在风险管理计划中进行专门的说明。

第四步，风险监控。在信息系统开发过程中要对辨识出的风险进行跟踪管理，随时确定还会有哪些变化，以便及时修正计划。其具体内容包括：实施对重要风险的跟踪；定期（如每月）对风险进行一次跟踪；风险跟踪应与项目管理中各阶段、各环节的管理活动相一致；

风险的内容和对项目开发的影响应随着时间的不同而相应地变化等。

因此，在项目实施管理过程中，随时研究项目的风险并做出相应的对策是管理工作不可缺少的。

（3）信息系统开发项目的风险因素。通常，影响项目内在风险的因素有三个：项目规模、业务的结构化程度以及技术难度。

1）项目规模。项目规模越大，内容越多，所涉及的人员就越多，投入就越大，经历的时间就越长，从而风险就越大。

2）业务的结构化程度。如果某项管理业务的目标明确，有确定的信息需求，解决问题有规律和经验可循，则称这类业务是结构化的，或称之为具有较高的结构化程度的业务。反之，如果某项管理业务的目标模糊、不清晰，多个目标混杂并且互相之间冲突，信息不全、无固定的规则和程序来解决问题，即解决问题的随意性比较大，更多地依靠人的智力、知识和经验，则称这类业务是非结构化的，或称之为结构化程度低的业务。介于两者之间的则是半结构化的管理业务。如果信息系统开发项目所涉及的业务是结构化的，则其风险就较小，其问题明确，有规律可找，有经验可以借鉴，不可预见的因素少，项目的计划更加准确。而对于结构化程度低的业务，其不确定因素多，且多涉及组织的中高层管理，影响大，所以项目的风险就大得多。

3）技术难度。如果使用的技术是相当成熟的且开发人员十分熟悉它，则项目的技术难度相对较低，风险就会小一些。如果所采用的技术不十分成熟（当然，一般应避免这种情况），或者开发人员不熟悉相应的硬件、操作系统、数据库管理系统、网络或缺乏相应环境下的开发经验等，则风险会大大增加。

（4）风险管理的措施和技术。为了做好项目管理，可采用三类措施和技术。一是项目组与用户结合的外部结合措施和技术，例如，用户项目管理组织、用户参加的项目小组和用户指导委员会。二是项目组协调工作的内部结合措施和技术，例如，项目评审会、备忘录和项目组参与决策。三是任务结构化、条理化的规范计划措施和技术，例如，关键路线图、抓重大事件以及项目审批程序等。

在特定项目中，这三类措施和技术应综合选择、交叉使用，并使其制度化，才能取得较好的效果。

7. 组织机构设置

信息系统项目具有智力密集与劳动密集的特点，涉及的人员类别较多、背景复杂。项目组中人员的构成、能力、责任心及团队精神均会对项目的成功产生重大影响。要想保证信息系统开发工作的顺利开始，首先要建立一个项目组这样的组织机构。项目组可以由负责项目管理和开发的不同方面的人员组成，由一个被称为项目组长或项目经理的人来领导。一般来说，可以根据项目经费的多少和系统的大小来确定相应的项目组。项目组根据工作需要可设若干小组，小组的数目和每个小组的任务可以根据项目规模、复杂程度和周期长短来确定，可以设立的小组有：过程管理小组、项目支持小组、质量保证小组、信息系统工程小组、信息系统开发与测试小组、信息系统集成与测试小组等。

8. 质量控制

项目开发的质量控制是保证整个信息系统质量的关键，尤其是信息系统开发初期的质量控制更为重要。从质量管理的角度来说，错误发现得越早，就越容易修改，所付出的代价就越小。

项目开发的质量控制包括以下几个方面。

（1）确保获得完整正确的需求。

（2）在开发的每一个阶段，要进行充分审查并确保该阶段的工作与系统要求相一致。

（3）采用具有质量控制内容的开发规范。

（4）发布与执行质量标准和规范。

（5）事后审计评价。

在信息系统开发的全过程中，尤其是在信息系统分析阶段，运用质量控制和检查的方法针对信息系统项目实施质量管理是使新信息系统满足管理人员要求的保证。

一般来说，可以采取以下方法与措施，对信息系统开发的全过程进行质量控制与检查。

（1）严格挑选信息系统开发团队成员，并加强培训工作。

（2）正确选择信息系统开发策略与方法，实行开发工作的工程化。

（3）建立信息系统开发各阶段的质量检查制度。

9. 需求管理

需求管理是在软件开发过程中对软件系统的需求进行管理和控制的一项关键活动，其指明了所有开发设计应该提供的功能以及相应的约束，用于获取、组织和记录软件系统需求并使客户和项目团队在软件系统需求变更上保持一致。有研究指出，软件项目 40% ～ 60% 的问题来源于需求分析阶段的隐患。随着软件项目规模不断扩大、复杂度不断提高，需求管理的难度也随之加大，并成为影响开发项目成败的关键因素。

需求管理对于确保产品质量、提高开发效率、控制开发成本并促进沟通与合作至关重要，其主要内容包括：确定需求变更过程，进行需求变更影响分析，建立需求基准版本和需求控制版本文档，维护需求变更历史记录，跟踪各项需求状态并衡量需求稳定性。需求管理确定了系统开发所要做的和必须做的工作，指明了所有设计应该提供的功能及相应的约束条件。

需求管理的过程大致可以分为需求捕获、需求分析、需求确认、需求分配、需求验证及需求变更六大阶段。

（1）需求捕获，即问题识别，通过与用户沟通和分析现有业务流程，在产品定义阶段界定相关方的需求与约束，确定目标与改进方向。需求捕获的主要方法有头脑风暴法、问卷调查法、访谈法等。

（2）需求分析，即对需求信息进行分析、综合、评审，找出错误或其他不足之处，并建立需求层级关系。需求分析的主要方法有功能分析、需求逻辑分配、用例建模等。

（3）需求确认，即收集相关信息以维持需求数据库的完整性，根据确认计划定义确认规程，最终形成结果确认报告以支持需求审查。需求确认的主要方法有根据需求属性筛查过滤、需求检查与分析等。

（4）需求分配，即基于已有需求信息制定方案，评估可行性，生成替代物理方案。针对替代方案进行权衡分析，找出满足需求的最佳可行方案，并详细定义每个物理条目。

（5）需求验证，即建立需求追溯链接，检查、修订每个需求描述，创建与其他先前捕获需求的关系，并结合需求管理工具的报告功能对需求进行验证。

（6）需求变更，即持续跟踪需求信息，及时发现并记录需求变化；界定需求基线，做好版本控制；建立变更控制流程，评估变更影响；跟踪需求变更对产品系统的后续影响。

需求管理的重要性在于确保软件开发过程中需求的正确性、一致性和完整性，从而提高开发效率和软件质量。通过有效的需求管理，可以避免需求误解和遗漏，减少需求变更和重新开发的风险，进而提高软件项目开发的成功率。

10. 软件版本管理

随着数字经济时代的到来，软件规模日趋庞大、复杂，用户需求不断更新，软件版本升级日趋频繁。在软件的升级迭代中，其版本管理就显得尤为重要。软件版本管理，是在软件开发过程中对软件版本进行管理和控制的一项重要活动，是针对开发过程中产生的各种资源（包括源码、文档、数据等）进行的全方位跟踪管理。通过有效规范的版本管理，可以对软件开发中所涉及的各个版本进行追踪、控制和管理，以确保软件的质量水平与可靠性。

为了实现开发过程的有效管理，版本管理通常涉及多个方面的内容，包括但不限于版本控制、分支管理、合并处理、标记管理、版本号规划等。

（1）版本控制是版本管理的核心功能，主要记录和管理每个版本的改动情况，方便开发者轻松管理代码库，包括代码和文件的新增、修改和删除。版本控制可以追溯每个修改的作者、时间和内容，从而实现对代码变更历史的可追溯性和可管理性。

（2）分支管理是版本管理的重要功能之一，支持并发开发和团队协作。通过分支管理，不同的团队成员可以在不同的分支上独立开发和测试，避免冲突和干扰。分支可以根据功能、需求或者团队成员进行划分，保证代码的独立性和隔离性。

（3）合并处理是版本管理的重要组成部分，负责将多个分支内容合并成一个主干版本，保证代码的统一性和一致性。

（4）标记管理是为代码特定版本打上相应标签的过程，以便在后续开发中使用。根据代码库的标签信息，开发人员可以回溯历史版本，对代码细节进行回顾与分析。

（5）版本号规划是对每个代码特定版本标记一个唯一的版本号，减少代码混乱，便于提高团队成员间的协调、沟通效率，以更好地整合、测试代码模块。

版本管理是软件开发过程中不可或缺的一环，允许团队成员在同一文件或代码库上工作，并且每个人的更改都被记录下来，方便以后回溯更改。版本管理在很大程度上保证了代码、文档和其他文件免受意外更改、遗失和损坏的影响，对于软件研发与项目管理具有至关重要的意义。

11. 文档管理

文档是人脑思维活动的体现，是信息系统建设中反映系统结构、功能、开发过程的记录。它可以用来统一思想，防止遗忘和误解，是信息系统开发团队中各类人员之间及团队内外的沟通依据，同时也是观察、控制、协调信息系统开发过程的依据。文档可以用在各个方面，如表达用户需求、制定总体方案、进行信息系统分析与设计、管理建设过程，以及支持信息系统的运行与维护等。信息系统的各个层次和各个开发阶段都要有相应的文档。

按照信息系统生命周期的进行，文档可包括用于信息系统规划阶段的信息系统规划书；用于信息系统开发阶段的信息系统立项报告或合同、协议书、可行性研究报告、信息系统开发计划书、信息系统分析说明书、信息系统设计说明书、信息系统实施说明书、信息系统测试计划、信息系统测试报告、信息系统验收报告、信息系统开发总结报告等；用于信息系统运行、维护阶段的信息系统使用说明书、信息系统维护手册、信息系统评价报告等。为了做好信息系统建设，必须重视并强化文档管理工作，努力使文档标准化、规范化，维护文档的一致性、可追踪性。

信息系统开发建设过程是一个不断变化的动态过程，一旦需要对某一文档进行修改，就要及时、准确地修改与之相关联的文档，否则将会引起信息系统开发工作的混乱。而这一过程又必须有相应的制度来保证，有明确的修改、发布的流程来规范。通常通过维护提议、审批、实施等步骤进行控制。

◎ 阅读材料 4-6

京东物流云仓业务项目管理实践

京东云仓业务是京东物流推出的一种全新仓储服务模式。区别于传统仓和电商仓，京东云仓是以整合共享为基础、为商家与合作伙伴赋能的云物流基础设施平台。通过整合资源和共享服务，京东物流实现了仓储和物流的高效运营。商家和合作伙伴可以借助京东的系统和数据产品，提高仓储和物流的管理效率。下面将以京东物流云仓业务为背景，简单阐述互联网公司 IT 项目管理的实践过程。

（1）搭建项目组织架构。在内部，明确京东组织结构，由项目经理牵头负责整体的项目管理工作，包括组织、协调、进度监控等。在外部，建立商家技术信息小组，确定主接口人员，统一协调商家端事项。

（2）确定项目目标。做好相关方梳理工作，确保项目中所有的活动都围绕项目目标展开；帮助项目成员找准切入点，进而有针对性地开展工作。

（3）召开项目启动会。项目经理进行整体报告，介绍新项目团队组建、整体排期、项目质量控制等内容。同时，引导相关方通过各种渠道进行沟通，加强相互了解，促进项目协同工作。

（4）进度监控。采用每日站会、多方周例会、定期阶段报告等方式，识别项目异常问题和待办事项并及时调整和解决，以保证项目顺利进行。

（5）变更管理。在数字经济蓬勃发展的时代背景下需要积极拥抱变化。项目的变更管理需要从需求范围、时间、成本等多维度进行综合考虑。

（6）召开上线部署碰头会。在项目上线的两周前开始开会商议上线部署相关事项，并达成一致结果，确保项目顺利上线。

（7）项目结项。京东云仓的推出，为商家和合作伙伴提供了更灵活、高效的物流解决方案。通过在云端共享资源和服务，京东云仓帮助商家降低运营成本，提高物流效率，促进供应链的协同发展。

在云仓业务建设过程中，京东物流借鉴了现代项目管理模式，探索了在开放环境下项目管理的方法和思路，通过引导项目管理者和项目成员积极主动思考，让整个项目团队充满活力和斗志以协同作战。实践证明，这是一种行之有效的项目管理方法。

4.5.2　信息系统工程监理

信息系统工程是指信息系统工程建设中的信息网络系统、信息资源系统和信息应用系统的新建、升级、改造工程。信息系统工程监理是指通过对信息系统工程的整个生命周期进行规范的监督、审核、控制和协调，从而维护业主权益的一种机制，是一种特殊的咨询服务，即受业主单位委托，依法对信息工程项目的全过程进行监督管理，并站在第三方的立场上，公正地对待承建单位、协调业主单位和建设单位的关系，以及按质量和进度达到信息系统工程建设的目的。它有广义和狭义两种定义，这里重点介绍其广义定义。

信息系统工程监理的广义定义为信息系统工程领域的一种社会治理结构，包含信息网络系统、信息资源系统和信息应用系统的治理，即以独立的第三方机构，采用公平、公正、独立的原则，为信息系统工程提供项目论证、信息系统规划与设计、项目组织、关系协调与沟通、质量控制与项目管理、监督与系统评测等方面的服务，以支持和保障信息系统工程的建设。

从信息系统工程监理的内容来看，信息系统工程监理的主要工作是“三监理、三控制、两管理、一协调”。三监理是指在项目实施前、实施中、实施后的三个阶段进行监理；三控制是指质量控制、投资控制、进度控制；两管理是指合同管理和信息管理；一协调是指监理方站在中立的立场协调甲乙双方的工作。要做好第三方监理，必须选派经验丰富的咨询顾问组成监理团队。监理团队对项目管理必须有深刻的理解，还需要熟悉企业的情况和软件的特点，并具备良好的沟通技巧和协调能力。

从信息系统工程监理的过程来看，信息系统工程监理就是以技术协议和商务合同为准绳，以三方确定的项目计划、实施方案和项目目标为依据，结合信息化实施的内在规律，发现偏差、寻找原因、纠正偏差的过程。通过前期分析及早发现问题、锁定企业信息化需求、控制过程更改、项目检验与评测等方法来有效地控制信息化项目的实施风险。

从信息化监理的工作方法来看，主要有监理方的独立调查、方案审核、实施检查、项目阶段及总体验收等。独立调查就是指监理方独立对企业的信息化需求进行调研，获得企业信息化实施的重点和关键点，从而在信息化监理的过程中抓住重点，并保持监理的客观性和中立性；方案审核就是指对乙方所提交的关键性文档，如调研方案、总体规划方案、技术开发方案和实施方案等进行审核；实施检查就是指要建立健全监理工作制度，如日志制度、例会制度、例外报告制度等（其中项目的例外报告是监理的重点和关键），针对实施中出现的问题，监理方要客观地进行判断，提出相应的解决方案，推进项目的顺利进行；项目阶段及总体验收就是指根据项目实施计划，对项目所设定的关键点进行评审和验收（验收标准是关键），并对项目目标及进度等进行合理的调整，保证项目的顺利推进。

4.5.3　信息系统审计

1. 信息系统审计的定义与目标

信息系统审计是指通过收集和评价审计证据，对信息系统是否能够保护资产的安全、维护数据的完整、使被审计单位的目标得以有效实现、使组织的资源得到高效使用等方面作出判断的过程。其目的是采用各种方法来测定信息系统的可用性、保密性、完整性和有效性，对来自内部和外部的各种隐患提出相应对策，确保信息系统能够保护资产的安全、数据的完整并有效地利用资源来实现组织目标。概括来说，信息系统审计追求的是资产保护与信息系统的效益和效率，其关注的核心问题有以下四点。

（1）可用性——信息系统能否在任何需要的时刻提供服务？信息系统是否被完好保护以应对各种损失和灾难？

（2）保密性——信息系统保存的信息是否仅对需要这些信息的人员开放，而不对其他任何人开放？

（3）完整性——信息系统提供的信息是否始终保持正确、可信、及时？能否防止未授权的人对信息系统数据和软件进行修改？

（4）有效性——信息系统能否有效地利用资源以实现组织目标？

2. 信息系统审计的作用

信息系统审计是全部审计过程的一部分，是指信息系统审计主体对被审计单位的信息系统和其输出的信息的真实性、完整性、可靠性以及政策遵循的一贯性进行审计，出具审计报告，提出意见和建议，促进和帮助被审计单位健全内部控制制度，提高被审计单位信息系统实现其组织目标的效益和效率。信息系统审计主要起到鉴证、咨询和促进的作用。

（1）鉴证作用。信息系统审计的鉴证作用是指通过审计，合理地保证被审计单位信息系统及其处理、产生的信息的真实性、完整性与可靠性，以及政策遵循的一贯性。例如，在电子商务中，交易双方在虚拟空间中进行交易活动，信息的真实性、可靠性、完整性以及双方声明的商业政策能否被一贯地遵循，直接影响到交易是否顺利实现或公平实现。在这种情况下，不仅被审计单位关注其信息系统对于信息资产的安全、完整、真实的作用，同时交易的另一方也非常关心。由于技术、商业机密以及距离上的限制，信息的使用者不可能亲自对信息的质量做出审查，因此需要一个可信赖的一方为此提供鉴证。信息系统审计师以其独立的身份，对被审计单位的信息系统及其输出的信息进行审计，查出各种错误与舞弊，是合理地保证被审计单位信息系统及其处理、产生的信息的真实性、完整性、可靠性，以及商业政策遵循的一贯性的重要环节，是维护数字经济时代正常经济秩序必不可少的重要手段。

（2）咨询作用。信息技术的发展为组织的管理变革提供了技术手段，但同时信息化是有风险的，信息系统规模越大，功能越复杂，应用的范围越广，风险也就越大。为减少信息化风险，信息系统审计师可以从项目计划开始介入信息系统建设的每个环节，凭借其专业知识和实践经验，受托或主动服务于被审计单位的管理者或其业务人员；在企业信息化过程中，从项目的初始阶段一直到运营的全过程，帮助企业建立健全内部控制制度，进行系统诊断，根据企业需要，确定信息化的目标和内容，选择合适的软件产品，帮助企业调整现有的管理架构和流程或修改软件产品，使其更好地服务于管理的需要，提高信息系统的投资效益。

（3）促进作用。促进作用主要体现在两个方面。一方面，信息系统审计师在完成审计后，出具审计证明，即审计报告，以证明被审计单位信息的真实、完整、可靠。信息系统审计师的证明可以增强人们对其信息的信任程度。随着网络技术的普及，商业信息的在线和实时披露都是不可扭转的必然趋势。信息系统审计师能够以在线、实时的信息为基础提供鉴证，这对使用信息的所有相关者而言是具有巨大价值的。当然，对投资大众而言将更有意义。这也会给被审计单位带来更多的资金、更多的业务及合作伙伴。同时，信息的使用者也可以借助这些信息，加强被审计单位的管理决策，提高其经济效益。另一方面，信息系统审计在审计过程中发现的控制缺陷或漏洞，可通过审计报告、管理建议书等形式报告给委托人或被审计单位，并提出解决问题的建议，从而促进被审计单位提高管理水平和经济效益。信息系统审计从外部对被审计单位信息系统进行全面的审视，可以发现从内部看不到的问题。信息系统审计师提供的外部审视的价值既表现为用新的思维方式、新的观点去观察企业，分析其存在的问题及原因，也表现为以科学的态度和创新精神去设计解决问题的方案。

3. 信息系统审计的主要内容

信息系统审计不仅包括对信息系统建设过程的审计，还包括对建设阶段之前的信息系统战略规划审计和建设阶段之后的信息系统运行维护审计。其活动存在于信息系统的战略规划、建设、运行维护的全过程，包括与信息系统有关的所有领域，例如，对组织的信息系统审计（主要集中在对信息技术的管理控制）、技术方面的信息系统审计（包括架构、数据中心、数据通信等）、应用的信息系统审计（包括经营、财务）、开发实施信息系统审计（包括需求识别、设计、开发，以及实施后阶段）和信息系统是否符合国家标准或国际标准的审计，以及网誉审计和电子签名审计等电子商务审计，此外，还包括业务流程的风险管理与应用控制水平的评估、财务系统的评估等。

◎ 综合案例　面向流程的信息系统规划

通过分析电子商务环境下 B 公司信息系统建设中存在的问题及其战略，给出了一个面向流程的信息系统规划实例，在信息系统战略规划的基础上强调了以流程为主线，在流程规划的基础上进行了信息系统总体结构规划。

B 公司是专业经营民用液化气的中外合资企业，拥有 40 万名用户，建有 26 个门店。公司组建了下列部门和单位：财务部、零售部、行政人事部、营销部、技术设备部、安全保卫部、生产部。此外，B 公司还有管道液化气公司、压力容器检测中心等非独立核算单位。

近年来，随着公司业务发展日新月异，计算机技术发展推陈出新，管理信息系统伴随着公司的各项业务逐渐展开；根据当时的成熟技术、性能价格比、紧急需求折中选择，形成公司目前多机种、多种网络环境、多种操作系统、多种数据库、多种开发工具并存的局面；由多家公司开发的具有共性的应用（如财务、进销存、人事管理）在不同的分公司中版本林立，形成了一个个信息孤岛。应用系统依靠不同地域和业务的管理特色、管理习惯、职能范围的部门（地域）需求而开发，缺少整体性、全局观。其主要问题如下。

（1）公司的信息集成度很低。

（2）信息管理不系统、不规范。

（3）信息管理手段尚待改进。

（4）已有信息系统缺乏灵活性与适应性。

在数字化转型的过程中，为了能在激烈的市场竞争中立于不败之地，实现企业未来的经营战略，同时改善液化气销售管理、配送管理及客户关系管理中的薄弱环节，B 公司拟在原有企业信息化建设的基础上开发企业级信息系统，为公司的进一步发展提供技术上和管理上的支持。

1. 信息系统战略规划

信息系统必须要支持企业的目标，在分析 B 公司发展目标的前提下，制定 B 公司信息系统的战略规划。

（1）公司的发展目标。为了充分发挥现有的资源优势，需要结合先进的连锁经营配送理念，大力发展多商品配送业务，提供第三方配送服务，建立一个适应市场经济发展潮流、具有全新经营理念和管理模式的连锁经营企业。

（2）信息系统建设目标。通过公司的信息化建设，充分利用公司内部和外部的信息，实现信息的快捷传递与反馈，准确、及时地响应内外环境的变化，统一协调公司的活动，以提高管理的有效性与公司的竞争能力，为正确决策提供有力保障，使公司能在日趋激烈和残酷的市场竞争中站稳脚跟；积极且有步骤地推进电子商务的应用，逐步实现网上商务处理，拓展公司商务活动的广度和深度，吸引潜在的客户群，同时树立企业形象，加强客户服务，使企业不断发展和壮大。

2. 业务流程重构与规划

（1）业务流程分析（识别关键流程）。根据业务流程的定义与流程重构的基本思想，将B公司的业务流程分为以下三类。

1）计划与控制流程：战略计划流程、管理控制流程。

2）产品与服务流程（主干业务流程）：商品配送流程（含液化气的采购、存储、加工、运输与销售）。

3）支持性资源流程：资金管理、人力资源管理、物资管理、技术安全质量管理、社会性事务管理和信息资源管理。

表4-5是采用权重选择法在经营计划、商品配送、人力资源管理、资金管理四个业务流程中选择重构对象。由管理者针对四个流程从五个方面进行评估并给出权重作为评估值（权重取1～5），再综合每一个流程五个方面的权重得到一个总评估值，总评估值大的流程为优先重构对象。

表4-5 采用权重选择法选择重构对象

业务流程	指标及其权重					
	可变化性	流程绩效	对企业竞争力的影响	对顾客的影响	IT潜能	总计
经营计划	4	4	4	3	4	19
商品配送	4	5	5	5	5	24
人力资源管理	3	4	3	3	3	16
资金管理	2	3	4	2	3	14

从表4-5中可以看到，商品配送流程的总评估值最高，是该公司首选的重构对象。

（2）商品配送流程与运作模式重构。由于B公司配送范围广、用户较多，并且用户分散，适合采用由一级配送中心和连锁分店（具有零售和配送功能）两个层面组成的二级配送体系，其商品配送的运作模式如图4-16所示。

客户可以通过电子商务平台进行交易，配送中心获取交易后通过与各连锁分店之间的内部信息网络进行配送任务的分配与调度；同时各连锁分店可以通过内部信息网络直接向配送管理中心要货，配送管理中心将各连锁分店要货信息汇总后利用电子商务平台进行统一采购，将采购商品统一发送到各连锁店或客户手中。电子商务平台的构架为信息流的畅通提供了保障，而信息流的进一步综合使得物流配送更准确、更及时、更直接。

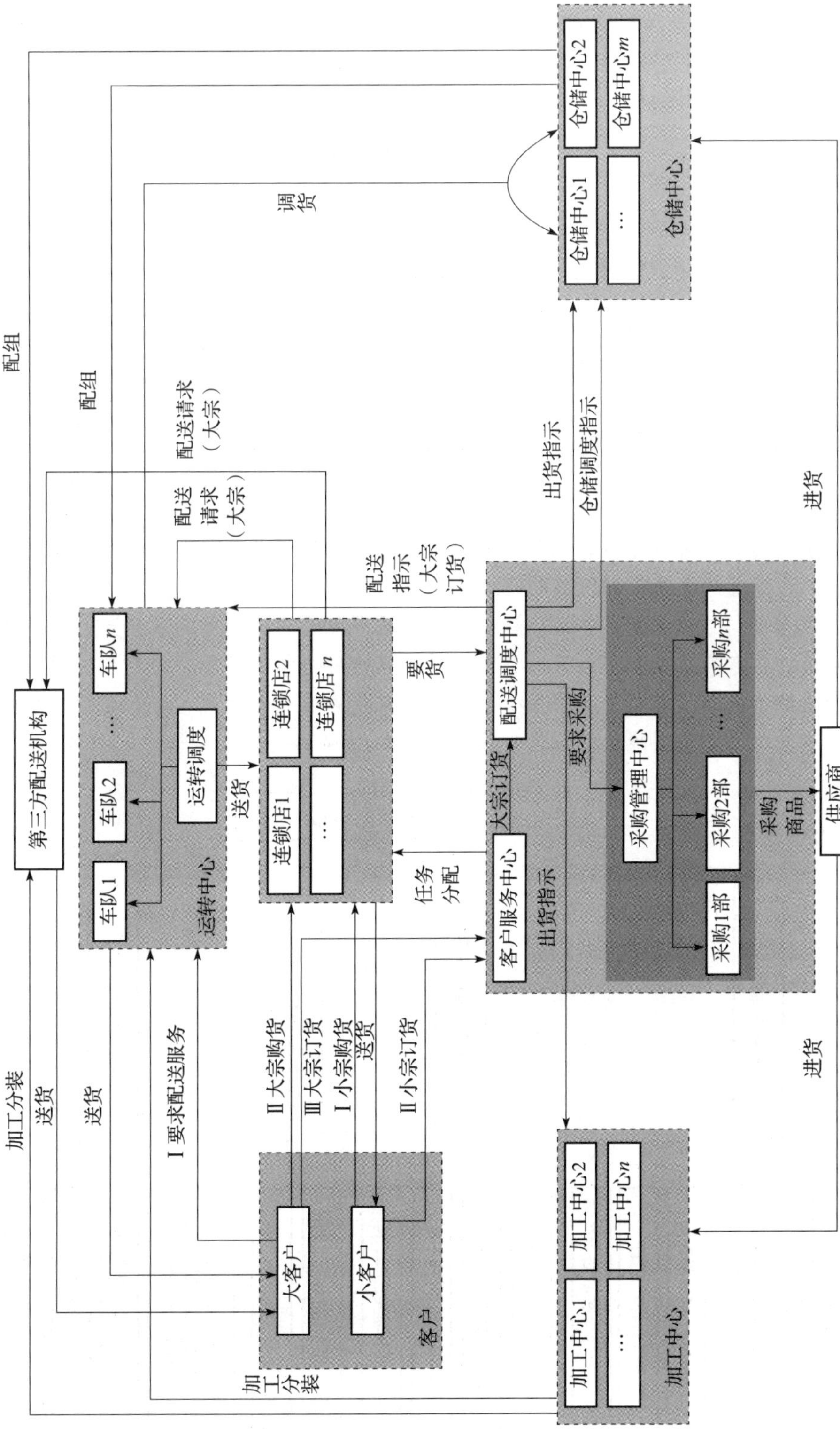

图 4-16　B 公司的商品配送运作模式

3. 信息系统总体结构规划

（1）建立业务流程与主题数据的关系。根据对B公司业务流程重构与规范化设计的结果，分析业务流程使用和产生的数据总结出主题数据（数据类）以及业务流程与主题数据的关系。部分业务流程使用和产生的数据如表4-6所示。

表4-6 部分业务流程使用和产生的数据

业务流程	使用的数据	产生的数据
制订营销计划	企业战略、目标市场特征、营销方案	营销计划
营销组织管理	营销计划	市场营销信息
市场调查	市场预测、项目意向书、文件档案	项目市场现状、目标企业情况
制定加工目标	公司总的战略计划、当年的市场信息	年度计划、月度计划
加工进度控制	月加工计划、本月完成信息	月度计划
加工综合统计	日加工台账	日报表、月报表
物资库管理	采购发票、入库单、领料单	库存报表

在得到每个业务流程使用和产生的数据后，对这些数据进行相应的合并，总结出主题数据并进一步将主题数据进行分类，识别出关键数据、基础数据、共享数据、综合数据，并按照业务职能、存档与加工情况，以及时间尺度分类。

（2）信息系统总体功能结构规划。B公司在对业务流程进行重构的基础上，结合对自身活动基本环节的信息需求分析，以及业务流程与数据类的分析，将整个信息系统划分为配送业务管理子系统、行政人事财务管理子系统、数据采集点管理子系统、综合管理子系统、高层决策支持子系统。各子系统功能模块分解图如图4-17所示。

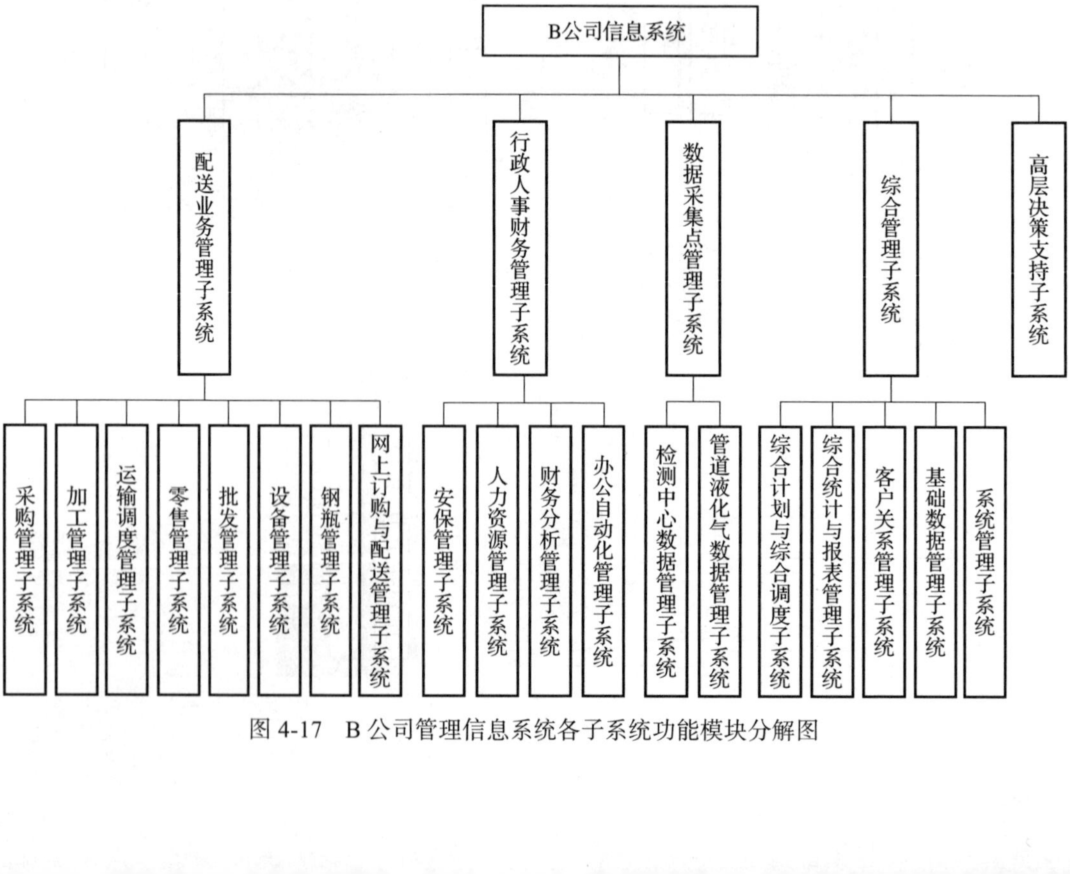

图4-17 B公司管理信息系统各子系统功能模块分解图

整个信息系统要满足公司液化气的进销存、配送和客户服务等管理，同时要能够满足客户对其他多种商品的配送需求和多种支付方式的需求。

思考题：

1. B 公司的信息系统规划包括哪些主要的工作内容?
2. 在 B 公司的业务规划中是如何进行关键业务流程识别的?
3. 在信息系统规划的过程中为何要进行业务流程重构?

◎ 复习思考题

1. 试述信息系统生命周期的概念及其对信息系统建设的指导意义。
2. 试述信息系统生命周期的阶段划分及每个阶段的主要内容。
3. 试述信息系统规划的目标和主要工作内容。
4. 试述信息系统战略规划、信息系统业务流程规划、信息系统总体结构规划以及项目开发与资源分配规划的目标与内容。
5. 什么是业务流程? 试述业务流程识别的方法与步骤。
6. 试述业务流程改革的意义、方法与实施策略。
7. 试述信息系统总体结构规划中数据规划、功能规划与子系统划分的内容与方法，以及信息系统技术基础设施规划的主要内容。
8. 信息系统分析的目标、任务与主要活动内容是什么?
9. 信息系统设计的目标、任务与主要活动内容是什么?
10. 试述信息系统总体设计的主要活动内容。
11. 试述软件系统总体功能设计的任务。
12. 信息系统实施的目标、任务与主要活动内容是什么?
13. 试述信息系统测试的目的、意义、方法与步骤。
14. 选择你所熟悉的小单位或小部门，按本章的方法，为其做出信息系统规划。
15. 信息系统开发项目管理的主要内容有哪些?
16. 试述信息系统开发项目管理中的风险及风险管理的内容与步骤。
17. 信息系统运行管理的目标和内容是什么?
18. 试述信息系统安全管理的主要内容与原则。
19. 试述信息系统维护的对象和类型。
20. 试述信息系统评价的内容与指标。

◎ 参考文献

[1] 甘仞初. 管理信息系统[M]. 2版. 北京：机械工业出版社，2008.
[2] 肯德尔 K E，肯德尔 J E. 系统分析与设计：第 10 版[M]. 北京：机械工业出版社，2020.
[3] 惠滕，本特利. 系统分析与设计导论[M]. 北京：机械工业出版社，2012.

[4] 杨曙贤. 软件外包概论 [M]. 北京：人民邮电出版社，2015.

[5] 哈格，卡明斯. 信息时代的管理信息系统：第 9 版 [M]. 颜志军，贾琳，尹秋菊，等译. 北京：机械工业出版社，2019.

[6] LAUDON K C，LAUDON J P，BRABSTON M E. Management information systems：managing the digital firm [M]. New Jersy：Prentice Hall，2018.

[7] 陈翔，骆珣. 项目管理 [M]. 3 版. 北京：机械工业出版社，2023.

[8] 梁寿愚，胡荣，周华锋，等. 基于云计算架构的新一代调度自动化系统 [J]. 南方电网技术，2016，10 (6)：8-14.

[9] 中国南方电网.《数字电网实践白皮书》[EB/OL]. (2021-12-01)[2023-07-05]. https://www.csg.cn/xwzx/2021/gsyw/202112/t20211215324311.html.

[10] 中国管理案例共享中心. 瀑布 VS 敏捷：谁能破解 HG 数字营销系统开发之困境? [EB/OL]. (2020-10-07)[2023-08-10]. http://www.cmcc-dlut.cn/Cases/Detail/4651.

[11] 豆丁网. 顺丰物流信息系统分析报告 [EB/OL]. [2023-12-11]. https://www.docin.com/p-2414032972.html.

[12] CSDN. 技术揭秘 12306 改造（二）：探讨 12306 两地三中心混合云架构 [EB/OL]. (2015-05-17)[2023-12-10]. https://blog.csdn.net/u013488847/article/details/45789221.

[13] 中国管理案例共享中心. 涅槃重生：中国邮政移动应用平台建设之路 [EB/OL]. (2019-10-05)[2023-08-10]. http://www.cmcc-dlut.cn/Cases/Detail/4068.

[14] 知乎用户 DZaCN8. 厉害了！京东物流开放云仓项目管理经验分享！[EB/OL]. (2020-08-07)[2023-12-12]. https://zhuanlan.zhihu.com/p/172203552.

[15] 张成洪，魏忠，胥正川，等. 管理信息系统 [M]. 7 版. 北京：清华大学出版社，2022.

[16] 黄梯云，李一军. 管理信息系统 [M]. 7 版. 北京：高等教育出版社，2019.

[17] 胡笑梅，张子振. 管理信息系统 [M]. 北京：机械工业出版社，2021.

C H A P T E R 5

第5章

信息系统开发方法

本章讨论信息系统开发方法，阐述结构化生命周期法、原型法、面向对象方法、基于组件的开发方法的相关内容。其主要内容包括：结构化生命周期法的基本思路和主要原则，结构化分析与设计；原型法的提出、基本思想和工作步骤；面向对象方法的基本概念，统一建模语言，面向对象开发过程与开发过程举例；基于组件的开发方法概述，快速应用开发法，极限编程法，敏捷开发法；信息系统外包概述和主要形式等。

■ 开篇案例　开放银行平台建设：构建“金融+场景+服务”的开放生态

开放银行是在一系列网络、信息、人工智能技术的支撑下，遵循开放、共享、共赢的发展理念，以场景为驱动，以构建和融入生态为目标，通过标准化数字接口与各行各业互通互联，建立的一套新的业务与技术融合体系。开放银行的本质是在优化银行自身技术架构、交互方式、运营风控的基础上，为用户提供无感、无缝、无界的金融服务。

科技创新和市场变革驱动开放银行飞速发展。以人工智能、大数据、云计算、区块链等为代表的新兴技术促进了银行产品和服务模式的创新，催生了金融新业态。中国农业银行以全行数字化转型战略思路和Bank4.0理念为指导，以客户需求和场景服务为导向，构建开放银行平台，切实提升用户触达、场景融合、模块复用三大能力，逐步实现金融服务从超级入口到超级接口、从单一产品到综合方案、从单兵作战到合成作战、从被动输出到主动开放的转变，开放金融产品服务，搭建场景金融生态。中国农业银行开放银行平台总体架构如图5-1所示。

建设开放银行是综合性系统工程，需要在对银行业务与产品充分理解的基础上，构建强扩展性的技术架构，建立敏捷迭代的研发体系，创新多方协作的商业模式。

在技术基础架构方面，中国农业银行采用“薄前台、厚中台、强后台”的IT技术架构支撑开放银行的快速发展。前台通过渠道平台实现业务条线在全渠道快速发布产品，线上线下协同发展；中台建成分布式核心系统和业务中台，支持个性化、多样化产品与服务的快速

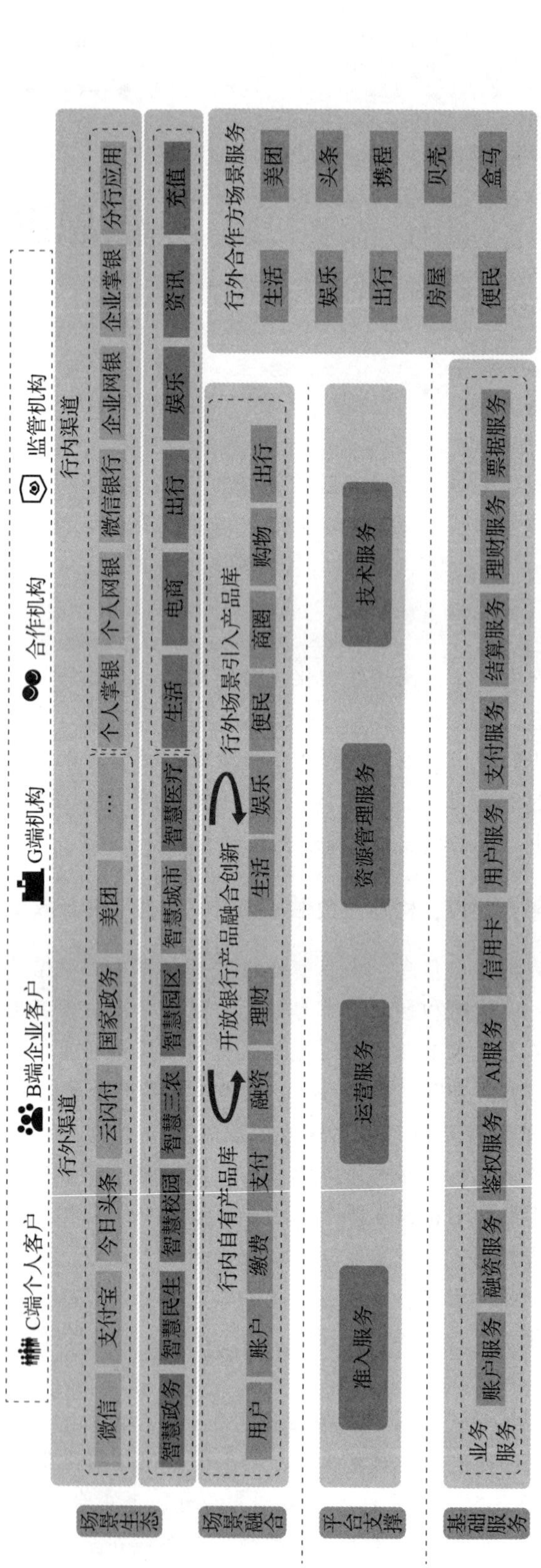

图 5-1 中国农业银行开放银行平台总体架构

灵活构建，全面支撑业务快速开发与创新，支撑场景金融生态业务拓展；后台通过关键技术的整合，赋能业务智能化及资源集约化。此外，中国农业银行还持续加强云计算技术能力提升，构建具备异构资源纳管能力的云计算平台；强化人工智能平台赋能，推进智能服务引擎的建设，积累数据资产，加速场景化应用，为营销、风控、运营、决策等领域赋能。

在敏捷开发体系方面，构建开放银行协同创新体系，支持行内各研发团队以众包形式创新输出各业务条线的开放产品，满足开放场景的快速拓展需要和统一管控诉求。在体制机制上，积极采用敏捷开发的项目管理模式，支持服务组件化和应用快速更新、持续构建、集成和发布部署，从而适应产品敏捷交付、快速迭代的要求，提高市场和客户需求的响应速度。在人才配置上，由于开放银行及场景金融是业务与技术高度融合的新型银行业务，所以既熟悉产品又懂得如何拓展业务的新型人才将成为场景金融拓展的主力，中国农业银行为此投入了大量“业务＋技术”复合型人才。

在商业运作模式方面，中国农业银行遵循“既开放合作又自主可控”的原则，强化内部研发力量，建立业务、科技、运营等跨部门柔性团队，深耕开放银行场景应用市场，做好专业技能和工作经验的传帮带。成立金融科技公司，对行内成熟科技成果进行产品化改造，对接外部生态场景应用、产品研发和合作伙伴。引入外部科技人员作为研发力量的补充，参与开放银行平台建设。加强外部伙伴合作，推动与互联网头部平台、政务平台等第三方合作；通过共建合作的商业模式实现资源整合共享；针对细分场景定制行业解决方案，持续推进优质高频场景拓展，并加强场景应用在分行间的复制推广。

随着数字中国、智慧社会、数字经济等国家战略纵深推进，进一步加速了国家治理体系和治理能力的数字化进程，对商业银行现有的服务方式和经营模式形成了巨大的挑战，也进一步凸显了开放银行场景生态建设的重要性和迫切性。中国农业银行顺应市场变化趋势，加快数字化转型步伐，在实践中探索开放银行服务方式和经营模式变革路径，真正做到以市场和客户需求为导向，构建中国农业银行“金融＋场景＋服务”的开放生态。

思考题：

1. 开放银行平台的成功构建需要考虑哪些重要因素？

2. 在开放银行平台这一信息系统的开发中，选择了哪种开发方法和系统架构来满足业务需求和性能要求？

3. 银行系统中不同模块之间如何进行有效的集成和交互，从而确保数据一致性和业务连续性？

5.1 信息系统开发方法概述

1. 早期的信息系统开发方法

信息系统自 20 世纪 60 年代中后期兴起以来发展十分迅速。其发展初期由于人们对这类系统的建设缺乏历史经验，在建设方面呈现较为混乱的状态。系统生命周期概念在信息系统建设中的应用，使这类复杂系统的建设开始有章可循，因而早期生命周期法为信息系统开发方法的科学化打下了一个良好的基础。然而，这些方法在实际应用中仍然出现了不少问题。例如，工作阶段的划分原则不明确，各阶段的工作缺乏规范的规程、方法、表达工具与标准；建设进程和工作质量难以进行有效的控制；系统建设过程用户参与程度低，用户与专业人员对话缺乏有效的手段，使得系统建成后，遗留问题多、用户满意度低；系统开发的工作任务集中在系统实施阶段，系统分析、设计工作不深入而给系统实施和系统运行与维护阶段留下后遗症等。这些问题影响系统建设的质量与进程，常常导致用户对所建系统不满意、不能完全实现预定的目标与功能、使用效果差、可行性低、维护工作量大、维护费用高等后果。图 5-2 所示为系统生命周期各阶段中的费用变化情况。图 5-3 说明了系统建设费用犹如一座冰山，维护阶段的大量耗费往往事先难以预计。

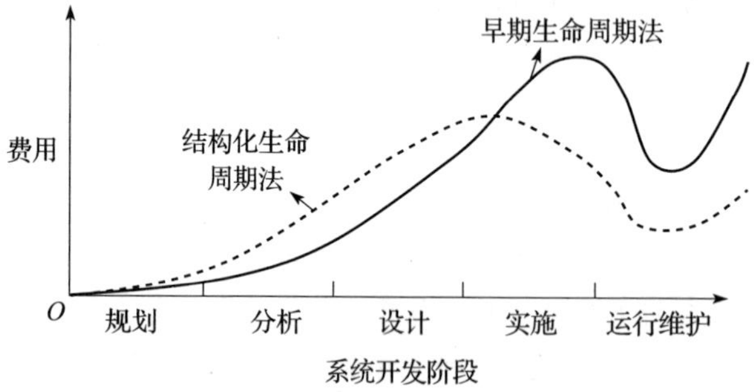

图 5-2　系统生命周期各阶段的费用变化

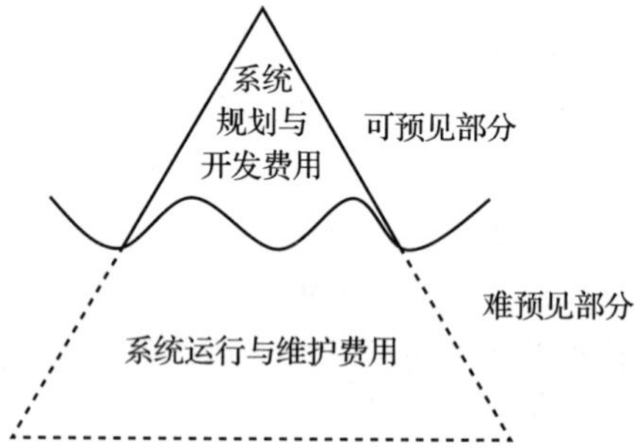

图 5-3　冰山式系统建设费用分布

结构化生命周期法（Structured Development Life cycle，SDLC）的出现，为解决这些问题提供了新的途径。在生命周期的基础上，应用结构化生命周期法，使信息系统的建设逐渐形成一套比较严格的标准、规范、方法与技术，系统建设的组织管理与实施有章可循，成功率和有效率提高了，信息系统的建设开始走上科学化、规范化的道路。一些大型信息系统的成功开发与应用，也不断充实着这一方法。然而，在 20 世纪 80 年代，已有的信息系统开发方法不能满足日益增长的系统建设的需要，结构化生命周期法遇到了一系列挑战，主要有：整个系统的开发工作是劳动密集型的，费时过长，难以适应环境的急剧变化，维护工作繁重，对用户需求的变更不能做出迅速的响应，对非结构化因素较多的问题难以处理等。随着信息技术应用的日益普及和信息系统建设任务急剧增长，传统的开发方法已经无法适应未来发展的需要。为解决以上问题，原型法、面向对象方法等应运而生，在信息系统开发中迅速发展。

2. 信息系统开发方法的发展

20 世纪 80 年代发展起来的原型法（Prototyping Approach）是指通过快速建立供用户使用的原型（Prototype）确定用户的信息需求。原型法是一个迭代的过程。在这个过程中，人们从基本业务需求出发建立一个模型，让用户对这个原型进行评审，并提出修改建议；然后，进一步精练和改善，形成能够反映这些建议的原型。原型法是一个动态的过程，它允许系统用户使用并评估原型，还可以对原型提出改进意见，从而提高拟建系统成功的可能性。原型法在系统开发中是一种很有价值的工具，它加速了系统开发中用户需求的获取过程，提高了系统开发效率与有效性，有助于解决一些规模不大而不确定因素较多的管理决策问题。

与此同时，面向对象方法（Object-oriented Approach）也得到迅速发展。在面向对象方法中，系统模型的基本单元是对象，是问题空间中客观事物（实体）的抽象。系统的功能是通过对象之间的消息传递来实现的，而对象所代表的客观事物在复杂多变的环境和用户需求的变更中是相对稳定的。因此，用面向对象方法建立的系统具有较强的应变能力，各组成部分可重用性好。并且，面向对象方法在系统分析、设计和实施阶段均采用以对象为基本单元的统一的模型，只随着系统开发的进展对模型进行逐步细化与扩充，开发阶段之间有着良好的衔接。这使得面向对象方法在 20 世纪 80 年代后期以来得到迅速发展和日益广泛的应用。

21 世纪以来，随着信息化的推进，基于组件的开发方法也逐渐活跃起来。基于组件的开发方法从软件重用的角度出发，强调在新系统开发时可以在软件库查找已存的可重用代码，并以组件形式构建新的软件，使它们能在后续的软件开发项目中被重用。基于组件的开发方法包括很多类型的新的系统开发方法，如快速应用开发、极限编程和敏捷开发等。

5.2　结构化生命周期法

5.2.1　结构化生命周期法概述

“结构化”一词在系统建设中的含义是用一组规范的步骤、准则和工具来进行某项工作。基于系统生命周期概念的结构化生命周期法为信息系统建设提供了规范的步骤、准则与工具。

1. 结构化生命周期法的基本思路

结构化生命周期法的基本思路如图 5-4 所示。这类方法就是把整个系统开发过程分成若干阶段，每个阶段进行若干活动，每项活动应用一系列标准、工具、技术和方法，完成一个或多个任务，形成符合给定规范的产品（成果）。

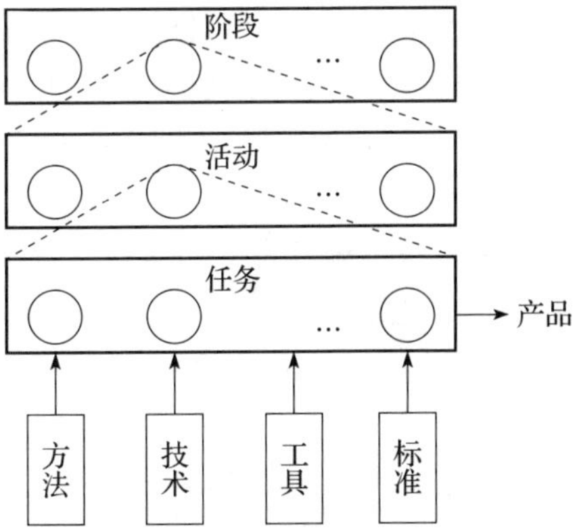

图 5-4　结构化生命周期法的基本思路

2. 结构化生命周期法的主要原则

结构化生命周期法的主要原则，归纳起来有以下四条。

（1）用户参与的原则。前面已经指出，信息系统的用户是各级各类管理与业务人员。满足他们在管理活动中的信息需求是信息系统建设的直接目的。由于系统本身和系统建设工作的复杂性，用户的需求不容易一次性表达清楚。随着建设进程的推移和工作的深入，用户需求的表达和系统建设的专业人员对用户需求的理解才能逐步明确、深化和细化。此外，信息系统是人 – 机系统，在实现各种功能时，人与计算机的合理分工和相互密切配合至关重要，这就需要用户对系统的功能、结构和运行规律有较深入的了解，专业人员也必须充分考虑用户的特点和用户使用方面的习惯与要求，从而协调人 – 机关系。信息系统的建设不同于一般工程项目的开发，不能简单地采用“交钥匙”的办法进行承包，用户必须作为信息系统主要建设者的一部分在系统建设的各个阶段直接参与工作。用户与建设工作脱节，常常是系统建设工作失败的重要原因之一。

信息系统的建设关系到一个组织的管理决策水平和创新能力，要用先进的管理模式、管理方法与手段代替落后的管理，涉及组织改革与发展大局的战略举措。只有组织的主要领导者亲自主持和直接参与，系统建设的目标才有望实现。在系统建设中，用户的高层领导要主持协调信息系统和其他部门之间的关系，调配所需资源，审核系统建设的阶段成果。国内外经验表明，各级管理人员，特别是主要决策者的参与和重视，是信息系统建设成功的重要条件。

（2）严格划分工作阶段，“先逻辑、后物理”的原则。为了建立系统建设的科学秩序，保证建设工作的质量与效率，结构化生命周期法严格按照系统生命周期划分工作阶段，每个工作阶段的活动内容、工作任务、所用方法、工具、准则都有明确的规定；每个阶段的工作成果（产品）也有具体要求。结构化生命周期法总结了以往的信息系统建设成功和失败的经验，强调在进行技术设计和实施（即涉及计算机技术和资源的具体分配）之前，要进行充分的调查、分析、论证，进行逻辑方案的探索，弄清系统要为用户解决哪些问题，即解决系统“做什么”的问题，然后再进入系统设计阶段，解决“怎样做”的问题。

（3）“自顶向下”的原则。在系统分析、系统设计与系统实施各阶段，结构化生命周期法强调在工作中贯彻执行“自顶向下”的原则，先把握系统的总体目标和功能，然后逐级分解、逐步细化。系统测试也从总体功能开始，先检查有关总体的问题，然后逐级向下测试。这一原则使建设者在系统建设整个过程中始终把握全局，致力于总体目标与功能的实现，把以下各级作为实现总体目标和总体功能的保证。这有利于各部分的合理分工、协调与正确配置。这样做所建立的系统结构合理，总体与各部分容易协调一致，总体目标和总体功能的实现有保证。“自顶向下”的原则在应用时并不完全排斥“自底向上”的原则。例如，系统规划阶段进行“自顶向下”的组织信息需求分析，进而将整个拟建系统分成若干开发项目，分期分批进行系统开发，先实现某些子系统，再逐步实现总的目标和功能。这就是“自底向上”逐步实现的系统开发方法。但在具体开发某个子系统时，仍需要应用“自顶向下”的原则。在结构化生命周期法中，“自顶向下”是主导原则，“自底向上”是辅助原则。

（4）工作成果描述标准化原则。结构化生命周期法强调各阶段工作成果描述的标准化。每一工作阶段的成果必须用明确的文字和标准化的图形、图表，完整、准确地进行描述。它们不仅作为一个阶段工作完成的标志和管理决策的依据，而且作为系统建设必需的文件进行交流和积累存档，有的文件还是下一阶段工作的主要依据。工作成果描述标准化可以防止由于描述的随意性造成建设者之间的误解而贻误工作，便于工作交流和各阶段的交接，便于今后对系统进行检查、修改与扩充。结构化生命周期法重视用标准化图形来表达工作成果。图形表达工具使工作成果一目了然、直观、明确、清晰，避免了许多烦琐的文字，可读性、可修改性好，不容易产生歧义与误解。在描述工作成果时，结构化生命周期法强调与用户对话的重要性，要求描述工具尽可能简易、明了、容易掌握，以便有效地与用户进行交流。

5.2.2 结构化分析与设计

1. 结构化分析

结构化分析就是结构化生命周期法的基本思想和主要原则在系统分析中的应用所形成的一系列具体方法和有关工具的总称。系统分析面向组织管理问题，而这类问题非结构化程度高、不确定因素多。系统分析人员的大量工作是与用户单位中各类有关人员进行交流，明确系统开发的目标、现行系统的问题及用户的信息需求。这些工作都应该有计划、有步骤地进行，尽可能采用科学的方法。按照结构化生命周期法的基本思路，我们已把系统分析这一阶段分解成四项主要活动，包括系统初步调查、开发项目的可行性研究、系统详细调查、开发项目范围内新系统逻辑模型的提出。每项活动完成若干任务，应用一系列工具，做出符合标准与规范的产品。下面所要讨论的结构化分析方法，主要是描述反映用户信息需求的逻辑模型的建立方法和有关工具。结构化分析方法种类较多，每种方法所用工具也有所不同。本书重点介绍数据流图（Data Flow Diagram，DFD）和数据词典（Data Dictionary，DD）。

虽然结构化分析方法可以使整个系统分析工作规范化和系统分析的主要成果——系统逻辑模型的描述标准化，但由于系统分析涉及复杂的组织管理与技术环境，分析过程中要处理的问题有一些是结构化生命周期法不能完全覆盖的。也就是说，对这些问题的分析依赖环境和条件，其方法与步骤难以规范化、标准化。例如，可行性研究中的技术可行性研究，经济可行性研究中的成本 – 效益分析、运营可行性研究等；系统与设备的性能分析、方案选择；体制与政策问题的分析以及项目的组织管理等。对于这类问题，在分析过程中，要依据与问题有关的环境和条件，运用与问题有关的领域知识与经验进行工作，而分析的结果应尽可能纳入结构化分析工具表达的系统逻辑模型中。

2. 结构化设计

结构化设计（Structured Design，SD）从建立一个具有良好结构的系统的观点出发，基于把一个复杂的系统分解成相对独立的模块的原则，主要研究了将系统分解为不同模块的方法与技术，分析系统分解时产生的各种影响，提出了评价模块结构质量的具体标准，并给出了从数据流图导出模块结构图的规则。

分层和输入 – 处理 – 输出（Hierarchy plus Input/Process/Output，HIPO）技术是结构化设计的常用方法，能够用图形方法表达一个系统的输入和输出功能以及模块层次。HIPO 技术包含两个方面的内容。

（1）H 图。用此图表示自顶向下分解所得系统的模块层次结构。H 图又可称为模块层次图。

（2）IPO 图。此图描述分层图中一个模块的输入、输出和处理内容。

5.2.3　数据流图

1. 数据流图的作用

为了建立一个满足用户需求的信息系统，系统分析人员应在深入调查、详细了解调查材料的基础上，集中分析组织活动中信息运动的规律和存在的问题，研究如何改善信息流的运动、满足用户管理决策活动中的信息需求。因此，要对调查材料进行加工、提炼，把用户的需求转换成对信息处理功能的需求，从而建立系统的逻辑模型。

数据流图就是组织中信息运动的抽象，是信息系统逻辑模型的主要形式。这个模型不涉及硬件、软件、数据结构与文件组织，与对系统的物理描述无关，只是用一种图形及与此相关的注释来表示系统的逻辑功能，即所开发的系统在管理信息处理方面要做什么。由于图形描述简明、清晰，不涉及技术细节，所描述的内容是面向用户的，所以即使完全不懂信息技术的用户也容易理解。因此，在结构化分析方法中，数据流图是系统分析人员与用户进行交流的有效手段，也是系统设计（即建立所开发的系统的物理模型）的主要依据之一。

2. 数据流图的基本组成及符号

数据流图由四种基本成分组成。

（1）外部项（外部实体）：外部项在数据流图中表示所描述系统的数据来源和去处的各种实体或工作环节。这些实体或工作环节向所开发的系统发出或接收信息。系统开发不能改变这些外部项本身的结构和固有属性。

（2）加工（处理逻辑）：描述系统对信息进行处理的逻辑功能。在数据流图上，这种逻辑功能由一个或一个以上的输入数据流转换成一个或一个以上输出数据流表示。

（3）数据存储：逻辑意义上的数据存储环节，即系统信息处理功能需要的、不考虑存储物理介质和技术手段的数据存储环节。

（4）数据流：与所描述系统信息处理功能有关的各类信息的载体，是各加工环节进行处理和输出的数据集合。在数据流图中，数据流用箭线表示，箭头指处表示数据流的输送处，箭尾连接处表示数据流的来源。

图 5-5 所示为常用的三类数据流图基本成分的符号。本书主要采用第Ⅰ、Ⅱ类。其中第Ⅱ类主要在作草图时使用。

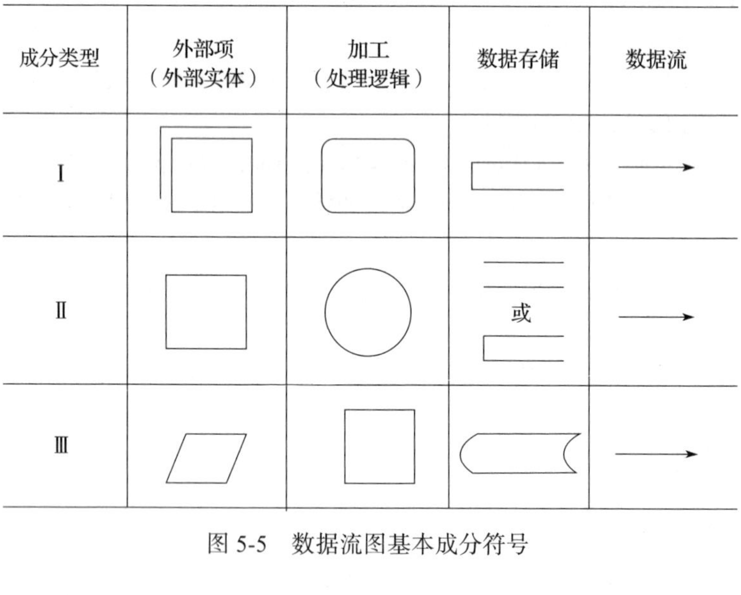

成分类型
外部项（外部实体）
加工（处理逻辑）
数据存储
数据流
Ⅰ
Ⅱ
或
Ⅲ

图 5-5　数据流图基本成分符号

3. 绘制数据流图的主要原则

由于数据流图在系统建设中具有重要作用，绘制数据流图必须坚持正确的原则和运用科学的方法。绘制数据流图应遵循的主要原则有以下几项。

（1）明确系统界面。一张数据流图表示某个子系统或某个系统的逻辑模型。系统分析人员要根据调查材料，首先识别出那些不受所描述的系统的控制，但又影响系统运行的外部环境，而这就是系统的数据输入的来源和输出的去处。把这些因素都作为外部项确定下来。确定了系统和外部环境的界面，就可集中力量分析、确定系统本身的功能。

（2）自顶向下逐层扩展。信息系统庞大而复杂，具体的数据加工可能成百上千，关系错综复杂，不可能用一两张数据流图明确、具体地描述整个系统的逻辑功能，自顶向下的原则为我们绘制数据流图提供了清晰的思路和标准化的步骤。数据流图的绘制过程如图 5-6 所示。首先，在调查研究的基础上，明确所描述的系统与各外部实体的信息联系。绘制出最高层的数据流图——关联图。在关联图中（见图 5-6a），所描述的系统当作一个数据加工项，着重描述系统与外部实体的联系，表明系统作用的范围和边界。其次，确定系统的几个主要的综合性的逻辑功能，绘制顶层图（见图 5-6b）。其中每个逻辑功能由一个数据加工符号描述。再次，顶层图可进一步分解，其中某些或者所有的数据加工项可分解为数个数据加工项，这样就形成第一层数据流图（见图 5-6c）。最后，依次逐层向下扩展，直到最底层的数据流图表示了所有具体的数据加工功能和输入输出关系（见图 5-6d）。

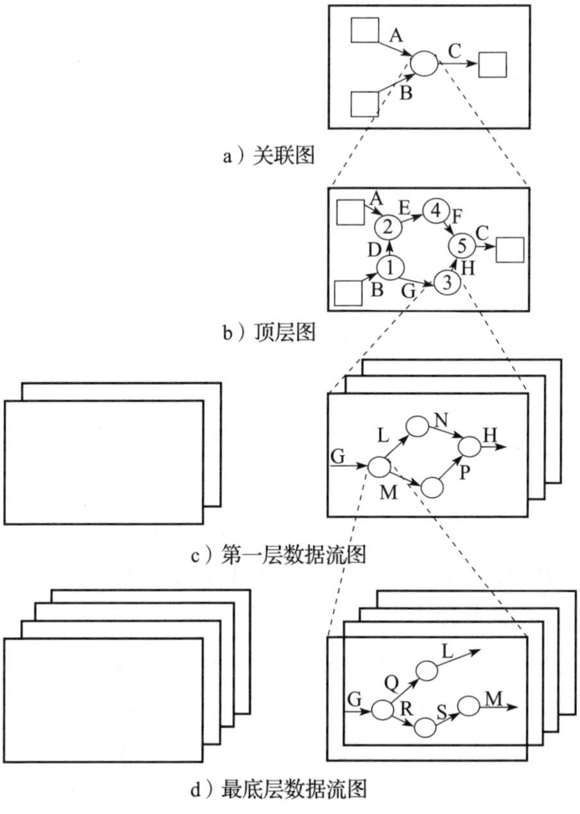

图 5-6　数据流图绘制过程示意图

（3）布局合理。数据流图各种符号要布局合理、分布均匀、整齐、清晰，使读者一目了然，这才便于交流，免生误解。一般系统数据主要来源的外部项尽量安排在左侧，而数据主要去处的外部项尽量安排在右侧，数据流的箭线尽量避免交叉或过长，必要时可用重复的外部项和重复的数据存储符号（见图 5-7 和图 5-8）。

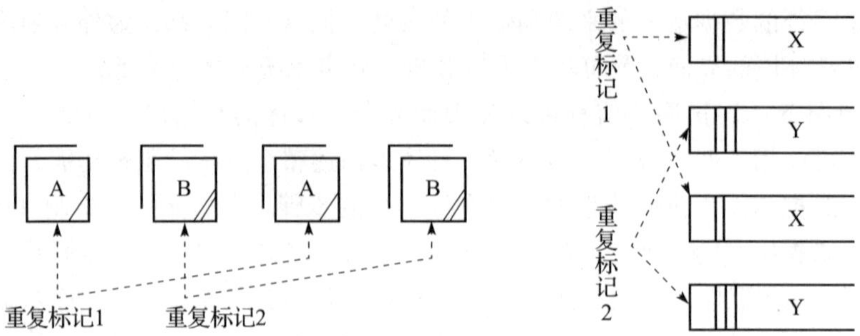

a）重复的外部项　　b）重复的数据存储

图 5-7　重复项的表示方法

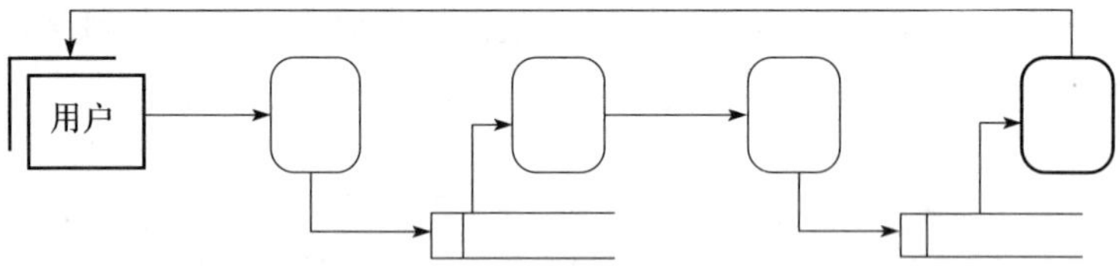

a）未用重复标记

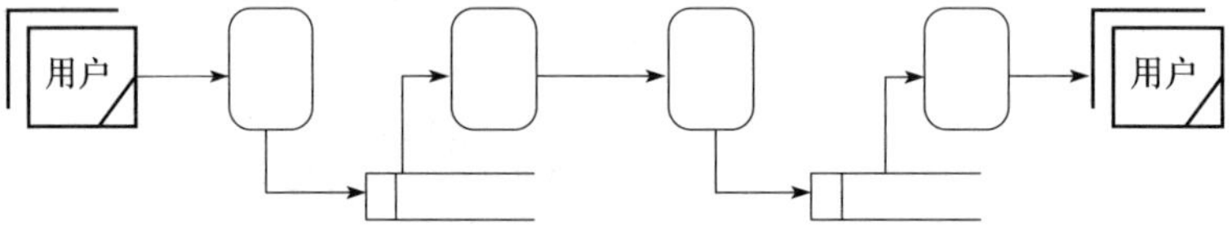

b）使用重复标记

图 5-8　重复数据存储符号的表示方法

（4）数据流图只反映数据流向、数据加工和逻辑意义上的数据存储，不反映任何数据处理的技术过程、处理方式和时间顺序，也不反映判断与控制条件等技术问题。这样，只从系统逻辑功能上讨论问题，便于与用户交流。

（5）数据流图绘制过程，就是系统的逻辑模型的形成过程，必须始终与用户密切接触，详细讨论，不断修改，要与其他系统建设者共同商讨以求意见一致。

4. 数据流图绘制的主要步骤

（1）确定所开发的系统的外部项（外部实体），即系统的数据来源和去处。

（2）确定整个系统的输出数据流和输入数据流，把系统作为一个加工环节，画出关联图。一般应把数据来源置于图的左侧，数据去处置于图的右侧。

（3）确定系统的主要信息处理功能，按此将整个系统分解成几个加工环节（子系统）。确定每个加工的输出与输入数据流以及与这些加工有关的数据存储。根据各加工环节和数据存储环节以及输出与输入数据流的关系，将外部项、各加工、数据存储环节用数据流连接起来，为各数据流和各加工和数据存储环节命名、编号，这样就形成所开发系统的数据流图顶层图（总图）的草图。

（4）数据流图草图。一般情况下，下层一张数据流图对应其上层数据流图中的一个加工环节，在上层数据流图的加工环节分解成下层加工环节数量少时，下层一张数据流图也可对应上层图中一个以上的加工环节。

（5）重复步骤（4），直到逐层分解结束。分解结束的标志是：对于每一个最底层的加工，各层数据流图中不做进一步分解的加工，其逻辑功能已足够简单、明确和具体，可以写出清晰的说明。

（6）对草图进行检查和合理布局。主要检查分解是否恰当、彻底，DFD 中各成分是否有遗漏、重复、冲突之处，各层 DFD 及同层 DFD 之间关系是否正确以及命名、编号是否确切、合理等，对错误与不当之处进行修改。

（7）与用户进行交流。在用户完全理解数据流图的内容的基础上征求用户的意见，与用户讨论的主要问题是：系统逻辑功能的设置和描述是否合理，能否满足用户的信息需求，数据流和数据存储的内容以及数据来源和去处（外部项）是否符合实际，描述是否准确、合理；用户在了解数据流图的全部内容后对系统逻辑功能有什么进一步的意见与要求。系统分析人员根据与用户讨论的结果对数据流图的草图进行修订。

（8）用计算机或其他制图、编辑工具画出正规的数据流图。

（9）将正规的数据流图提交系统分析负责人复审。若有修改之处，则组织人员修改；否则，通过复审，数据流图绘制过程结束。

5. 绘制数据流图的几点注意事项

（1）关于自顶向下、逐层分解。数据流图的绘制过程，是系统分析过程的重要组成部分。这一过程自顶向下、逐层分解，就是由系统外部至系统内部、由总体到局部、由抽象到具体的系统逻辑模型建立过程。在整个绘制过程中，始终要把握住对系统总体目标与总体功能的要求，在给定的系统边界范围内进行工作。为了使数据流图简洁、清晰、功能明确、方便交流，分解的层次和每张图的内容要适当。如每张图分解的加工环节少，要做到彻底分解，则导致层次增多、查询复杂化；若过分压缩层次，则导致每张图布局拥挤、结构复杂，难以做到使读者一目了然。

根据经验，由于一般信息系统建设项目规模较大，每张 DFD 分解的加工环节可以稍多一些，从而减少图的层次，但每张图的加工项目以不超过 7 ～ 8 个为宜。加工的分解要抓住主要问题，每个分解后的加工环节要功能明确、易理解。一般分解后的加工先确定输出数据流，再确定输入数据流，然后定义加工的内容，进行命名和编号。图上不应有无输入或无输出的加工环节。

在数据流图分解中，要保持各层成分的完整性与一致性。数据流图的逐层分解是以加工的分解为中心的，属于功能分解性质。我们把上层被分解的加工环节称为父加工环节，分解后的环节称为子加工环节。从逻辑上来讲，父加工环节的功能为对应的子加工环节功能之和。因而在分解时要防止功能的削弱、畸变或增添。

加工的分解可能导致数据流的分解、数据存储的分解，甚至外部项的分解。分解时也一定要保持父项（被分解项）的内容为对应各子项（即分解后的各项）的内容之和。防止任意增、删、改，保持各层数据流图之间数据的平衡。

下层数据流图不应出现不属于上层图中的数据流子项的新数据流，但可以出现不属于上层图的数据存储环节子项的新的数据存储环节，因为随着加工的分解，分解后的加工（子加工）之间的界面可能是上层图未定义的数据存储，这就需要在下层图加以定义、命名与编号。

数据流图逐层分解也可能导致某个或某些外部项的分解，因为分解后的各子加工可能与上层图中某个外部项的不同组成部分相联系。当外部项的分解有助于更明确描述系统某些部分的功能与信息需求时，下层图要对分解后的外部项加以定义和命名。下层图不应出现不属于上层图外部项的子项的新外部项。

（2）数据流必须通过加工，即流向加工或从加工环节发出。不通过加工环节的数据流（如外部项之间的数据交换）不在数据流图上表示，因为这类数据流与所描述的系统无直接关系。

（3）数据存储环节一般作为两个加工环节的界面来安排。只与一个加工环节有关的数据存储，如果不是公用的或特别重要的，可不在数据流图上画出。直接从外部项来的数据流与直接到外部项去的数据流应直接与加工环节相连，不应通过数据存储环节相连。

（4）命名。数据流图上的成分一般都要命名，命名的原则包括以下几项。

1）名称要反映被命名的成分的真实和全部的意义，不能只反映部分内容。

2）名称要意义明确、易理解、无歧义，不会造成错觉或混乱。

3）加工的名称一般以动词 + 宾语或名词性定语 + 动名词为宜，从而明确反映信息处理的逻辑功能，其他成分的名称以名词或者名词性定语 + 名词为宜。形容词、副词、感叹词等一般不在命名中使用。

4）避免使用不反映实际内容的空洞词汇，如数据、信息、优化、计算、处理等词条。

5）进出数据存储环节的数据流如与内容和存储者的数据相同，可采用同一名称。

（5）编号。每个数据加工环节和每张数据流图都要编号。按逐层分解的原则，父图与子图的编号要有一致性，一般子图的图号是父图上对应的加工的编号。顶层图的图号为 0，其中各加工环节按 1，2，3，… 的顺序编号，1 号加工环节分解后的子加工按 1.1，1.2，1.3，… 的顺序编号，2 号加工环节按 2.1，2.2，2.3，… 的顺序依此类推。加工环节 1.1 分解后的子环节按 1.1.1，1.1.2，… 的顺序依此类推。

数据流与数据存储环节也要进行编号以便于编写、分析与维护。编号方法原则上与加工环节的编号方法相同。为避免混淆，可在数据流与数据存储编号的第一位数字前冠以不同的字符以示区别，如数据流编号冠以 F，数据存储编号冠以 D。

同样，在分层数据流图中，如下层图上的数据流或数据存储是由上层图的某个成分分解而得的，则父项与子项的编号要体现数据流图分解的完整性与一致性的原则，如父项编号为 F1 或 D1，则其子项分别为 F1.1，F1.2，… 或 D1.1，D1.2，…。

如果外部项较多，为便于分析、维护，也可在数据流图上进行编号；如果外部项较少（7 个以内）可不在数据流图上编号。

（6）只画所描述的系统稳定工作情况下的数据流图，因而数据流图不描述系统启动时或结束工作时功能和数据流运动规律处于变动状态的情况。

（7）数据流图的局限性。数据流图在描述系统逻辑功能和有关信息内容的细节方面仍存在较大的局限性，比如不能反映系统中的决策与控制过程，难以对系统中人机交互过程以及信息的反馈与循环处理进行描述，等等。因此，在系统分析中，除了用数据流图描述系统逻辑模型外，还要辅以其他工具。

6. 数据流图举例

学籍管理系统是某大学里教学管理系统的一个子系统，下面给出该系统的关联图和顶层图。

关联图给出了系统的一个总概念，明确了系统的外部项和整个系统的界面，如图 5-9 所示。这个系统具备四个最基本的功能，即信息注册、成绩管理、资格管理和奖励管理，如图 5-10 所示。

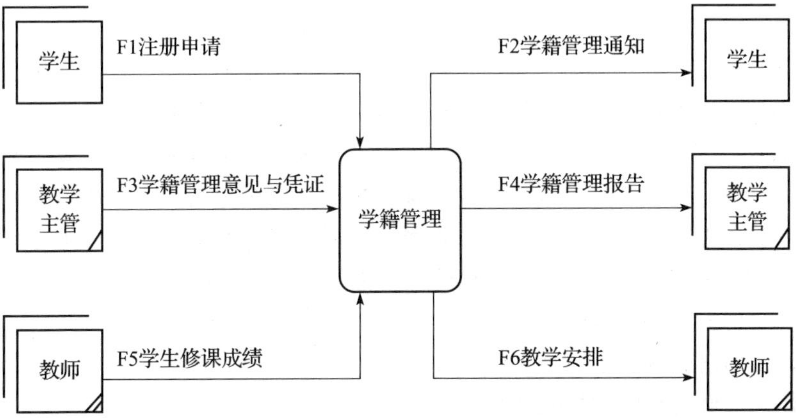

图 5-9　学籍管理系统关联图

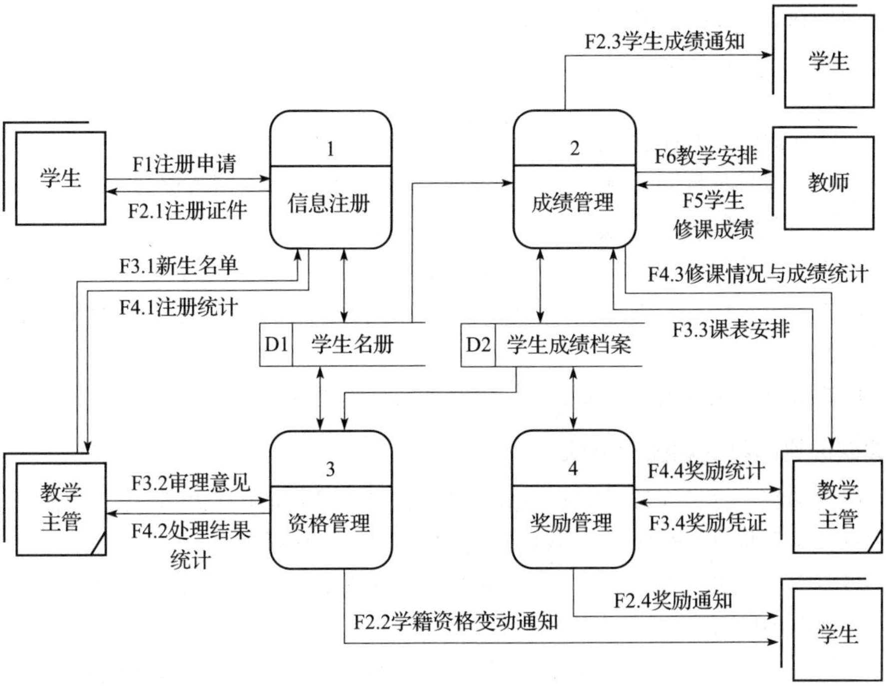

图 5-10　学籍管理系统顶层图

绘制数据流图要经过系统开发人员认真分析、与用户多次讨论和反复修改才能完成。最后得到的数据流图就是系统的逻辑模型，是系统设计的重要依据。

5.2.4 数据词典

1. 数据词典的作用和内容

在结构化分析中，数据词典（Data Dictionary，DD）的作用是定义和说明数据流图上的每个成分。前面讨论的数据流图只能给出系统逻辑功能的一个总框架而缺乏详细、具体的内容。数据词典对数据流图的各种成分起注解、说明作用，给这些成分赋予实际内容。除此之外，数据词典还要对系统分析中其他需要说明的问题进行定义和说明。

数据词典描述的主要内容有数据流、数据元素、数据存储、加工、外部项。其中数据元素是组成数据流的基本成分。在系统分析中，数据词典起着重要的作用，它包含关于系统的详细信息。除了上述有关成分的定义与解释之外，比如关于数据流与加工发生频率、出现的时间、高峰期与低谷期、加工的优先次序、加工周期及安全保密等方面的信息，在数据词典中都在有关成分的基本定义与说明后，根据系统开发、维护和运行的需要加以说明。总的来说，数据词典对数据流图中有关成分的描述尽可能说明下列问题。

（1）什么？（是什么或做什么）。

（2）何处？（在何处或者来自何处、去向何处）。

（3）何时？（何时出现、时间长短）。

2. 编写数据词典的基本要求

从前面的讨论可知，数据词典是系统逻辑模型的详细说明，是系统分析阶段的重要文件，也是内容丰富、篇幅很大的文件。编写数据词典是一项十分重要而繁重的任务。编写数据词典的基本要求有以下几点。

（1）对数据流图上各种成分的定义必须明确、易理解、唯一。

（2）命名、编号与数据流图一致，必要时（如计算机辅助编写数据词典时）可增加编码，方便查询检索、维护和统计报表。

（3）符合一致性与完整性的要求，对数据流图上的成分定义与说明无遗漏项。数据词典中无内容重复或内容相互矛盾的条目。数据流图中同类成分的数据词典条目中，无同名异义或异名同义者。

（4）格式规范、风格统一、文字精练，数字与符号正确。

3. 数据词典的格式和编写方法

（1）格式和有关符号。数据词典的格式是根据各类条目的内容以及编写、维护、使用方便来设计的。为了准确、规范地描述各类条目的内容，数据词典中采用以下符号。

1）等号：=。意义：等于、是、由…组成，表示等式左边的项目由等式右边各项组成或等式两边项目内容相同。

2）加号：+。意义：与，表示加号两边项目同时出现或共同组成某项内容。

3）方括号：〔 〕。意义：或者，表示方括号内各项目中至少一项出现。

4）大括号：{ }。意义：重复，表示大括号内项目重复出现多次或重复取值多次。重复次数注明的方式为：n{}，表示重复 n 次；$_1^n\{\}$，表示大括号内取第一个值到第 n 个值；{}（条件），表示在满足所注明的条件下重复。如不注明条件，表示无条件重复；如不注明次数，表示重复次数任取。

5）圆括号：（ ）。意义：选择项，表示圆括号内所列项目为可选项目，即有可能出现，也有可能不出现。

数据流结构示例：

学生成绩通知 ={ 学号 + 学生姓名 +{ 课程名称 + 成绩 }+(补考课程名称 + 补考时间 + 补考地点)} 所有在册学生

在数据字典中，如遇数值型数据元素也采用各种数据运算符号，如加（+）、减（-）、乘（*）、除（/）、分式、乘方、开方等符号。

计算机辅助编写词典时，计算机以输入的方式接受数据词典各类成分的定义和说明的原始数据，根据规范要求提供编辑、索引、完整性、一致性检查的功能，并具有统计、报告、查询功能，可以定义某些加工中有而数据流图上未注明的数据元素。这类计算机辅助工具称为计算机辅助系统工程（Computer-aided System Engineering）工具，或称为计算机辅助软件工程（Computer-aided Software Engineering，CASE）工具。这些 CASE 工具提供 DFD 和 DD 的编制功能，具有图形处理、数据管理和文字编辑的能力，有的还能在系统设计与系统实施阶段提供辅助。

（2）基本加工的描述。数据流图中所有不进一步分解的加工，称为基本加工。基本加工是最底层的加工，但并不都在最底层的数据流图中。上层数据流图中某些加工环节不进一步分解的，都属于基本加工。基本加工有父项、无子项，而非基本加工均有子项。这是识别基本加工的主要原则。在数据词典中，非基本加工可用基本加工的组合来描述，因而比较简洁。准确、清晰地描述基本加工是表达系统逻辑功能的关键。

为了准确、清晰、简洁地对基本加工进行描述，可以采用这些工具：自然语言的文字叙述、结构化语言、决策树、决策表、数学公式等。这些工具均有其优势和劣势，并可以综合在一起使用，读者可以在一些相关的文献中查阅其详细使用方法。

4. 数据词典举例

图 5-11 至图 5-15 举出了数据词典中各类条目编写的例子，以供读者参考。

数 据 流					
系统名：学籍管理 条目名：学生成绩通知			编号：F2.3 别名：成绩通知单		
来源：成绩管理			去处：学生		
数据流结构： 学生成绩通知：{ 学号 + 学生姓名 + { 课程名称 + 成绩 } 该生本学期所修课程 +（补考课程名称 + 补考时间 + 补考地点）} 所有在册学生					
简要说明： 学生成绩通知在每学期期末考试结束后一周至下学期开学前一周期间内发布给所有本期在校学生。					
修改记录：	编写	张 ××	日期	2021/5/10	
	审核	李 ××	日期	2021/5/20	

图 5-11 数据词典：“数据流”条目举例

数 据 元 素

系统名：学籍管理　　　　编号：

条目名：学号　　　　　　别名：

属于数据流：
F1 ～ F6

存储处：
D1 学生名册
D2 学生成绩档案

数据元素结构：

代码类型　取值范围　　　　　　　意义

字符　　0001001 ～ 9920999

（由数字组成的字符串）

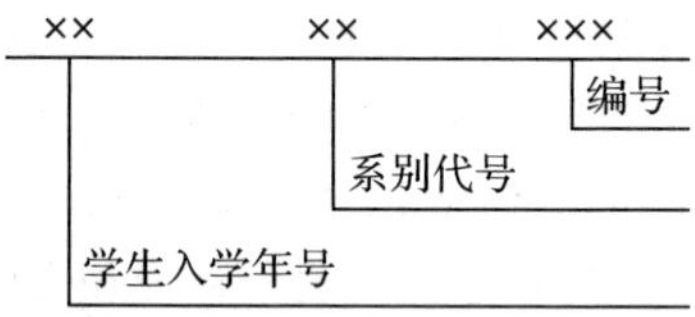

简要说明：
学号是学生的识别符，每个学生都有唯一的学号。

修改记录：	编写	张 ××	日期	2021/5/10
	审核	李 ××	日期	2021/5/20

图 5-12　数据词典：“数据元素”条目举例

数 据 存 储

系统名：学籍管理　　　　编号：D1

条目名：学生名册　　　　别名：

存储组织：
每个学生一条记录
按学号顺序排列

记录数：约 800　　主关键字：学号

数据量：约 73KB　辅关键字：学生姓名

记录组成：

项名：	学号	姓名	性别	出生年月	注册学期	修课代号 1	…	修课代号 7	备注
近似长度（B）	7	10	2	8	4	6	…	6	20

简要说明：

①学籍变动（留级、转专业）在备注中说明。

②重修课程在备注中说明。

修改记录：	编写	张 ××	日期	2021/5/10
	审核	李 ××	日期	2021/5/20

图 5-13　数据词典：“数据存储”条目举例

加　工

系统名：学籍管理　　编号：2

条目名：成绩管理　　别名：

输入：

学生修课名单

课表安排

学生成绩

输出：

教学安排

学生成绩通知

学生修课情况与成绩统计

加工逻辑：

①从学生名册中获取修同一课程的学生名单。

②统计每门课程的修课人数并报教学主管。

③从教学主管获取课程安排数据，包括各门课程的上课时间、地点。

④形成教学安排数据，其中包括各门课程的修课学生名单、上课地点，通知有关任课教师。

⑤任课教师给出学生成绩数据，并登录在学生成绩档案中。

⑥进行成绩统计，计算每门课程成绩优良、及格、不及格、缺考各项人数及比例，计算各科平均成绩，并向教学主管报告。

⑦向学生发出学生成绩通知，并附补考安排。

简要说明：

课程安排由教学管理人员直接向学生公布。

修改记录：

编写	张 ××	日期	2021/5/10
审核	李 ××	日期	2021/5/20

图 5-14　数据词典：“加工”条目举例

外　部　项

系统名：学籍管理　　编号：

条目名：教师　　别名：任课教师

输入数据流：

教学安排

输出数据流：

学生成绩

主要特征：

教师，即本系统中为修课学生授课的任课教师。其主要特征有教师姓名、讲授课程名称、联系方式。

简要说明：

本系统负责下达教师的教学任务，根据课程安排通知教师有关教学安排。

修改记录：

编写	张 ××	日期	2021/5/10
审核	李 ××	日期	2021/5/20

图 5-15　数据词典：“外部项”条目举例

5.2.5　HIPO 技术

在软件系统设计中，模块是指包括输入与输出、逻辑处理功能、内部信息及其运行环境的一组程序语句。

（1）输入与输出。模块的输入来源和输出去向在正常的情况下都是同一个调用者，即上级模块。从调用者处获得输入信息，经过模块本身的处理后，再把输出返送给调用者。

（2）逻辑处理功能。模块的逻辑处理功能描述了该模块能够做什么样的事情、具备什么样的功能，即对于输入信息能够加工成什么样的输出信息。

（3）内部信息。模块的内部信息是指模块执行的指令和在模块运行时所需要的属于该模块自己的数据。

（4）运行环境。模块的运行环境说明了模块的调用与被调用的关系。

在系统设计中，我们只关心模块的外部信息，即研究模块能完成什么样的功能，具体的实现将在系统实施阶段完成。除了上述四个特性外，一个模块通常还有一些其他附加属性。例如，模块的名称、编号等。

模块化就是把系统划分为若干个模块，每个模块完成一个特定的功能，然后将这些模块汇集起来组成一个整体（即系统），用以完成指定功能的一种方法。采用模块化设计原理可以使整个系统设计简易、结构清晰，可读性、可维护性增强，系统的可行性提高，同时也有助于信息系统开发与组织管理。系统设计强调把一个系统设计成具有层次的模块化结构。

（1）每个模块完成一个相对独立的特定功能。

（2）模块之间的接口简单。

模块独立程度可以由两个定性标准度量，这两个标准分别称为块间耦合（coupling）和块内联系（cohesion）。块间耦合是度量不同模块彼此间互相依赖（联结）的紧密程度，块内联系则是衡量一个模块内部的各个部分彼此结合的紧密程度。

块内联系和块间耦合是相辅相成的两个原则，是进行模块化设计的有力工具。模块内元素的紧密联系往往意味着模块之间的松散耦合。要想尽量减少模块间的耦合，往往必须努力提高模块内部要素联系的紧凑性。

应用HIPO技术可以进行系统功能模块结构设计。HIPO图清晰易懂，可以使用户、管理人员和其他系统建设者方便地理解软件系统的结构，也有利于程序的编写和系统的维护。

现以一个库存管理系统为例，针对其中的数据加工“修改库存数据”这一功能，应用HIPO技术进行功能模块结构设计。

1. H图的绘制

H图中用一个正方形的方块代表一个模块，方块内可写出标识此模块的处理功能或模块名。模块之间的调用关系用连接两模块的直线表示。采用自顶向下扩展的方法先画比较综合、层次较少的模块结构，然后再根据需要一步一步扩充，直到每个模块的处理功能和规模符合上一节提出的系统分解的原则。例如，首先把修改库存数据这一处理逻辑看成由一个模块来实现，画出第一层一个模块。此时系统需要具备以下几种数据处理过程。

（1）提取库房收发数据。

（2）提取原有库存数据。

（3）处理收发数据。

（4）重写库存数据主记录。

按以上几种数据处理过程，如果用一个模块实现，则规模过大、内部结构不合理。因此，将第一个模块的功能分解成四个模块。第一个模块成为第二层四个模块的总控制模块，负责调用它们，得到第一轮 H 图，如图 5-16 所示。

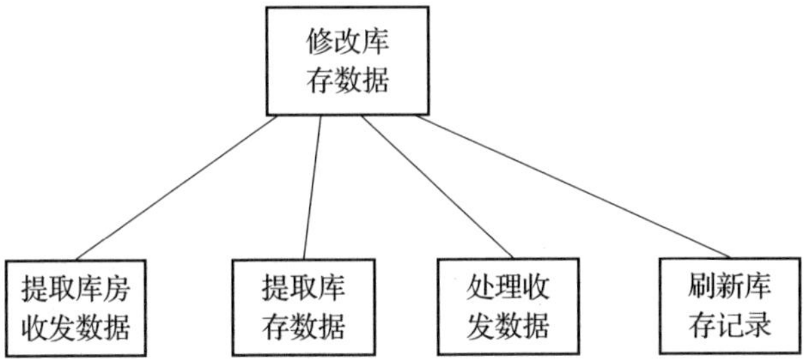

图 5-16　第一轮 H 图

图 5-16 所示 H 图还可进一步分解，因为模块结构要求每个模块的数据处理功能尽可能单一、明确、完整，它所占的程序行数最好不超过一页（50 ～ 100 行）。例如，处理收发数据这一模块对收发数据具有以下四种类型的处理过程。

（1）当库房收货时要增加在库数。

（2）当库房发货时要减少在库数。

（3）在库存文件中增加一条新记录。

（4）从库存文件中删除一条旧记录。

以上处理可由 H 图第三层的四个模块实现，处理收发数据这个模块成为这四个模块的控制与调用模块。根据以上分解，我们得到本例中的第二轮 H 图，如图 5-17 所示。图 5-17 就是实现修改库存数据这一处理逻辑的模块结构图。整个系统的总体结构可以按此法逐步推出。

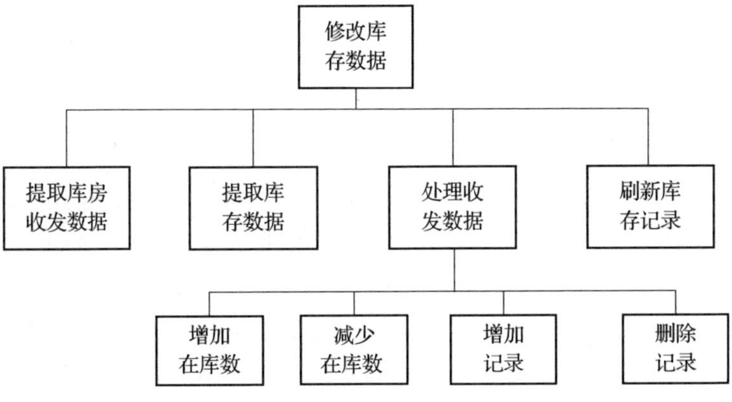

图 5-17　第二轮 H 图

2. IPO 图的编制

IPO 图实际上是一张图形化的表格。它描述分层图中每一个模块的输入输出关系、处理内容、本模块的内部数据和模块间的调用关系，是系统设计的重要成果，是系统实施阶段编制程序设计任务书和进行程序设计的出发点和依据。在系统设计中，每一模块必须有相应的 IPO 图作为设计结果的描述。图 5-18 所示为图 5-17 中“处理收发数据”模块的 IPO 图，以作示例。

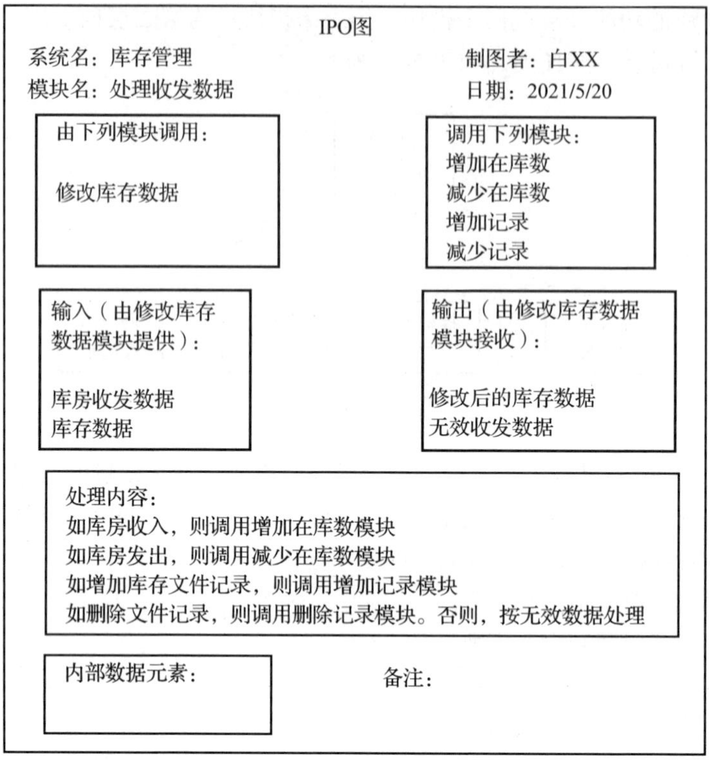

图 5-18　处理收发数据模块的 IPO 图

◎ 阅读材料 5-1

面向对象开发思想的起源与发展

随着社会经济和科学技术的迅速发展，各类社会组织，特别是企业面临的环境复杂多变，竞争日趋激烈，信息系统建设需求紧迫。以结构化生命周期法为代表的传统的开发方法已经无法适应时代发展的需要，面向对象开发方法应运而生。面向对象的思想最早起源于一种名为 Simula 的计算机仿真语言，20 世纪 80 年代进一步出现了 Smalltalk、C++、Objective C 等通用面向对象的语言。这些面向对象的语言在编程方法上和以前的语言有很大的不同，它们不再采用传统的编程语言的结构化、确定性和串行的编程模式，而采用了 Simula 首创的对象、属性、责任和消息的编程模式。由于 Smalltalk-80 和 C++ 语言的推出，使面向对象的程序设计语言趋于成熟，从而形成了面向对象编程（Object-Oriented Programming，OOP）这一新的程序设计方法。自此，业界真正开始考虑使用面向对象的语言来开发系统。

OOP 解决问题的思路是从对象（人、地方和事情）入手，而不像传统方法和结构化生命周期法一样从功能入手，或像信息工程一样从信息角度入手。由于 OOP 解决问题的策略比较特殊，因此需要相应的面向对象的系统分析和设计方法。从 20 世纪 80 年代中后期开始，人们在系统开发各个环节中应用面向对象概念和方法的研究，并逐渐出现了面向对象分析（Object-Oriented Analysis，OOA）、面向对象设计（Object-Oriented Design，OOD）等涉及系统开发其他环节的方法和技术，它们与更早出现的 OOP 结合在一起，形成了一种新的系统开发方式，即面向对象（Object-Oriented，OO）方法。

5.3　原型法

5.3.1　原型法的提出

传统的结构化生命周期法基于两个基本假设：用户提出的需求明确、具体且具有相对稳定性；系统的应用环境（包括系统开发环境、技术环境、企业组织环境等）相对稳定。然而，用户需求的多变性和环境的不确定性动摇了结构化生命周期法的基本前提。虽然可以通过详细的需求分析、系统分析和定义得到一份良好的规格说明书，但很难做到将整个信息系统描述完整，且与实际环境完全相符，很难通过逻辑推断看出新系统的运行效果。此外，随着系统开发工作的进行，用户对建设中的系统会有更深刻的理解，并会提出一些新的要求或因环境变化希望系统也能随之作相应的更改。系统开发人员也可能因碰到某些意料之外的问题希望在用户需求中有所权衡。总之，规格说明的难以完善和用户需求的模糊性、多变性已成为传统的结构化生命周期法的重大障碍。

原型法正是针对传统结构化生命周期法存在的问题进行变通而产生的一种新的信息系统开发方法。20 世纪 80 年代诞生的第四代计算机编程语言，以及后来出现的功能强大的集成化系统开发环境为原型法的实施提供了技术上的可行性。原型法通过快速建立供用户试用的原型确定用户的信息需求，加速了系统开发中用户需求的获取过程，有助于解决一些规模不大但不确定因素较多的系统开发问题，提高了系统开发效率与有效性。

5.3.2　原型法的基本思想

原型法是建立一个能够显示拟建产品、服务或系统特征的模型的过程。一个原型就是一个拟建产品、服务或系统的模型。例如，汽车制造商建立的汽车原型，可用于展示和测试其安全性、空气动力和舒适程度；建筑承包商建立的住宅和其他建筑物的模型，用于显示整体布局。信息系统开发中的原型则是一个实验系统，它仅反映新系统的部分重要功能和特征，而在一般情况下，对诸如网络性能、信息处理的效率、错误的检查、输入数据的验证、系统和信息的安全性、对用户的在线帮助等内容考虑较少。

在系统开发中，原型法的应用是一个迭代的过程。在这个过程中，人们从基本业务需求出发建立一个模型，该模型大致体现了系统开发人员对当前用户需求的理解。这个应用开发的实验模型叫作系统的原型。通过让用户对这个原型进行评审并提出修改建议，开发人员进一步修改完善，使它成为能够反映用户建议的原型，从而更好地获得用户对新系统的需求，应对需求的不确定性，提高拟建系统成功的可能性。对于广大用户和管理者来说，通常是“只有在见到时，才知道什么是真正需要的”。原型法迎合了人们的这种思维方式，它采用启发方式引导用户对系统做出响应，在逐渐加深理解的过程中逐步确定各种需求的细节。原型法目前广泛应用于基于组件的开发方法中。

原型系统作为一个拟建设系统的先行者，让人们，特别是用户认识它、使用它、修改它、评价它，这对于系统建设既是预演，又是确定系统建设目标和功能的实验。原型系统运行一段时间，与系统建设有关的问题就容易显露出来，系统建设的目标和功能需求就可以定得切实、合理、针对性强。

5.3.3 原型法的工作步骤

通常，IT 专家使用原型法来形成系统的技术蓝图。但在用户自行开发中，可以持续改善原型，直至成为最终系统。在这两种情况下，原型法的应用流程在一定程度上是相同的，只是结果不同。原型法的基本工作原理包括四个步骤，如图 5-19 所示。

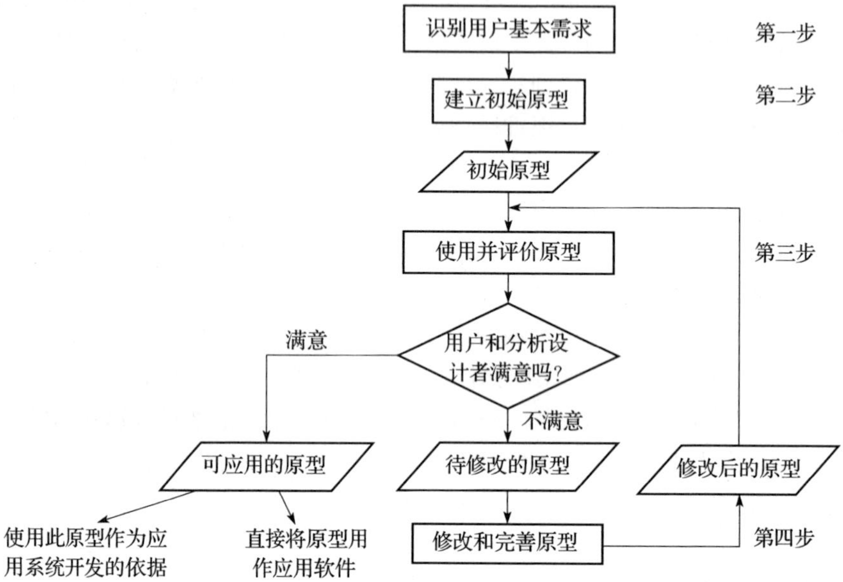

图 5-19 原型法的工作步骤

（1）识别用户基本需求。在第一个步骤中，需要收集拟建系统的基本需求。这些基本需求既包括期望的输入和输出信息，如报表格式、屏幕菜单设计，又包括一些简单的过程，如主要问题处理程序等，但此时基本不用关心系统录入规则、安全问题等的处理。此外，还要明确原型系统的规模和估计成本。

（2）建立初始原型。在获得用户基本需求的基础上，着手建立一个初始原型。通常初始原型包括用户界面、系统最基本的需求，是一个可以运行的、简单的功能模型，如数据输入界面和报表。

（3）使用并评价原型。第三步开始了真正的迭代过程。当用户首次进入该步骤时，要使用原型并对原型进行评价，然后提出修改建议。

（4）修正和完善原型。在原型法的最后一个步骤中，要按照用户提出的意见修正和改进原型，即对已有的原型进行修改并增加各种新的需求。然后，再转到第三步，由用户对新的原型进行评审。之后再进行第四步，循环往复，直到用户满意为止。

5.3.4 原型法的应用方式

用原型法能够完成系统开发过程中的多种功能，由于信息系统建设项目的特点、运用原型开发策略的不同，原型法可表现为以下五种不同的应用方式。

（1）获取需求。原型法是一种很好的需求获取工具。针对开发目标模糊、用户和开发人员对项目都缺乏经验的情况，原型法从建立系统基本需求的简单原型开始，之后在修改与完善原型时，允许最终用户增加更多的需求（信息或过程）。

（2）帮助确定需求。在许多系统开发项目中，用户往往难以确定自己究竟需要什么，只知道现行系统不能满足自己的需求。在这种情况下，可采用原型法帮助系统用户明确他们的需求。通常，系统开发人员使用专门的原型开发工具来开发原型，所完成的原型成为最终系统的一个蓝图或技术设计。而在开发生命周期中的合适阶段，系统开发人员将利用更适合开发系统的应用开发环境来完成系统。

（3）证明系统在技术上的可行性。技术的发展日新月异，系统开发中对新技术的采用存在一定的风险，技术可行性分析往往是系统开发过程中难度较大的工作。根据用户提出的系统功能、性能及实现系统的各项约束条件，从技术角度研究实现系统的可能性显得尤为重要；可以通过建立原型证明拟建系统在技术上的可行性，而这种原型也被称为概念证明原型（Proof-of-Concept Prototype）。

（4）推广拟建系统的思想。人们有时会抵制 IT 带来的变化。在这种情况下，需要使用户确信拟建系统将比现行系统更好。这种用于向人们证明拟建系统价值的原型，被称为推广原型（Selling Prototype）。

（5）演化为最终的系统。开发者很可能使用有针对性的应用软件包或应用开发工具来开发原型，并不断地改善原型，直至它成为最终工作系统，被称为演化原型（Evolutionary Prototyping）。

5.3.5　原型法的优缺点

1. 原型法的主要优点

（1）鼓励用户积极参与。原型法鼓励用户积极地参与开发过程，允许用户使用并评价系统原型，而不仅仅是查看和评审系统开发文档。

（2）有助于解决用户之间的差异。更多的用户参与需求定义、原型评价的过程，有助于解决不同用户在使用系统过程中的偏差。

（3）能让用户对最终系统有直观感受。用户通过原型能够直观地感受到系统看起来如何、怎样运行、用户界面如何等，将更有助于他们提出建议并对未来的系统充满信心。

（4）有助于确定技术上的可行性。建立概念证明原型，将有助于确定拟建系统的技术可行性。

（5）有助于推广拟建系统。如果为用户提供一个工作原型证明新系统将是成功的，那么用户就更倾向于接受拟建系统。

2. 原型法的主要缺点

（1）导致人们认为最终系统将很快产生。当用户见到了以原型形式出现的系统，往往会认为最终系统将很快产生。而实际上，可能还需要花费几个月甚至更长的时间才能将系统应用到实际工作中。

（2）没有给出系统运行条件的有关说明。原型很少考虑全部的系统运行条件，这可能是原型法的最大缺陷。因此，在建立原型时，除了考虑界面和过程外，还要考虑运行条件。

（3）导致项目团队忽略了测试和编写文档的重要性。如果开发者认为在开发过程中已对原型进行了测试，只用原型作为系统的文档资料而放弃了测试用例和文档编写，将给后期的系统运行与维护带来极大的困难。

◎ 阅读材料 5-2

原型法实践：助力“河湖长制管理信息系统”开发

西安山脉科技有限公司是国家科技部认定的高新技术企业，主要为政府部门提供水利行业信息化、水利工程信息化、水务环境信息化服务。为响应国家“科学布设湖泊水质、水生态等监测站点，加强对湖泊环境的动态监测”的政策文件要求，陕西省西咸新区水利局与山脉科技有限公司展开合作。水利局工作人员向山脉科技项目团队介绍了当前阶段水利局水质监测方式、监测指标等情况。经过交谈，山脉科技了解到目前水利局监测站点存在基础设施老化、设备维护不及时等问题，导致采集数据不够准确。水利局在实际工作中甚至需要通过电话核实统计数据，并且针对湖泊水质变化情况也缺乏有效动态监测手段。

在初步明确水利局的实际需求后，山脉科技项目组决定应用原型法进行“河湖长制管理信息系统”开发。一个月后，山脉科技项目组向水利局初步演示了系统原型的基本功能模块，主要包括巡河管理、通知公告、代办事项等。作为系统模型参照版本，尽管水利局工作人员一致认为原型系统解决了数据共享、信息采集等问题，但也指出系统原型并没有涉及动态监测、移动巡河等深层业务诉求。例如，如何利用移动端实时记录巡河轨迹、如何让普通公众实时了解河湖治理动态等。

在系统原型交流会议结束后，山脉科技项目组进一步明确了系统适用对象，决定采用“一平三端”的架构模式响应用户需求。其中，App端主要服务于河湖长及巡河人，用于辅助记录巡河轨迹、上传监测数据；微信端服务于普通公共群众，引导并鼓励他们参与治水、曝光水质问题；PC端则主要面向河湖长制办公室及成员单位，通过仪表盘动态监测区域河湖相应水质指标，发布河湖治理的相关政策推送。在现有问题达成共识后，山脉科技项目组与水利局明确了系统建设总体要求，围绕“河湖长制管理信息系统”展开了系统分析、系统设计以及系统开发等相关工作。

自“河湖长制管理信息系统”2020年7月上线后，累计登录用户达25 000余人次，河湖巡查接口调用日均300余次，受到了政府部门工作人员及普通用户的一致好评。

在本案例中，原型法发挥了重要作用。原型开发的核心思想是在限定的时间范围内构建一个可运行的系统原型，用户可以将系统原型作为参照，结合原型系统的使用体验，针对性地提出改进意见，进而对原型逐步完善，直至满足预期需求为止。企业在实际工作中可以考虑引入原型开发，参照原型系统梳理业务部门自身需求，进而明确项目开发目标、加速项目交付进程等。

5.4 面向对象方法

5.4.1 面向对象方法概述

在面向对象方法中，系统模型的基本单元是对象，是问题空间中客观事物（实体）的抽象。系统的功能是通过对象之间的消息传递来实现的。客观事物在复杂多变的环境和用户需求的变更中是相对稳定的，因而用面向对象方法建立的系统具有较强的应变能力，各组成部分可重用性好。同时，面向对象方法在系统分析、设计和实施阶段均采用以对象为基本单元的统一的模型，只是随着系统开发的进展对模型进行逐步细化与扩充，开发阶段之间有着良好的衔接。这使得面向对象方法得到迅速发展和广泛应用。

1. 面向对象方法的基本概念

面向对象方法基于几个重要的概念，下面将重点介绍对象、类，以及消息等基本概念。

（1）对象。在面向对象方法中，对象（Object）是最基本的概念。简而言之，对象是信息系统必须觉察到的问题域中的人、地点和事物的抽象。面向对象方法关注对象以及与对象有关的属性。在用户看来，对象相当于现实世界的某个事物，而在系统分析员眼中，对象则是描述该事物的一组属性数据和作用于这些属性数据之上的操作方法。因此，一个对象是把事物的属性和对属性数据的操作方法结合成的整体。对象表示真实的事物。以大家熟悉的电子商务购物场景为例。它可以是视觉可见的东西（如某个客户、某个商品），也可以是抽象概念（如某次订购和某个促销策略）；它既可以是主动的并且可以启动或控制过程的事物（如某个传感器和某个人），也可以是被动响应服务请求的事物（如某个订单）。

对象有三个重要的组成部分：标识、状态和预定义行为。标识是对象的唯一编号，用来与其他对象相区别，从而可以接收其他对象发送的消息。一个对象可以有任意个属性或域，对象的状态和存储在它的域中的值相对应。而预定义行为是对象初始时所定义的动作序列。对象的标识不依赖于对象的状态和行为，也不随对象状态的变化或行为的发生而改变。

（2）类。类（Class）是面向对象方法中最重要的概念之一。这种把一组对象的共同特征加以抽象并存储在一个类中的思想正是面向对象方法中最重要的一点。类是在对象之上的抽象。一个类定义了一组大体上相同的对象。一个类所包含的操作方法和属性数据描述了一组对象的共同行为和属性。类是用于创建对象的蓝图，它是一个定义了包括特定类型对象的方法和属性的模板。对象是类的具体化，是类的实例。如图 5-20 所示，图书是一个类，而具体的图书《管理信息系统》《数据科学》是两个对象，是图书类的实例。

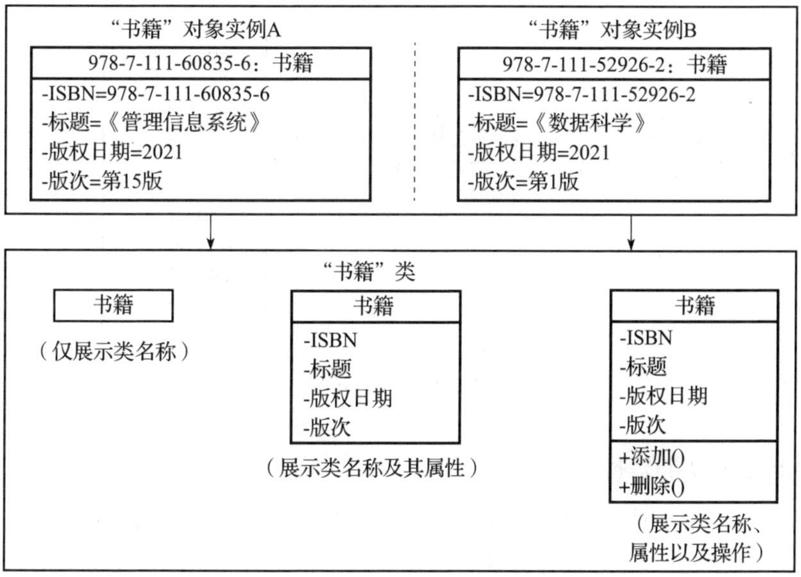

图 5-20　对象与类

每一个对象都属于某个类。类不仅决定了对象的类型，还决定了它的域和方法。域和方法在类定义中表达出来。在创建一个新对象时，与对象类型相对应的类的定义决定了对象的结构和行为。

一个类的上层可以有超类，下层可以有子类，这样就形成了一种层次结构。在这种层次结构中，一个类可以有多个超类，也可以有多个子类。在面向对象方法中，类（包括超类、子类）具有对象的全部特征，类的层次结构就是对象的层次结构。强调类的概念和类层次结构是为了强调对于大体相同的一批对象的共性进行抽取，从而形成具有继承关系的层次结构。而继承性正是面向对象方法最优越的特性之一。

类和它的子类之间通常有分类结构和组装结构两种主要的层次结构。分类结构即一般 – 具体结构关系或者“ is a”关系，如汽车、交通工具都是对象类。汽车是子类，汽车是一种交通工具。这类分类结构既是继承性的基础，也是面向对象技术中抽象和泛化机制的体现。组装结构即整体 – 部分结构关系或者“ a part of”关系。例如，汽车和车轮都是对象类。车轮是子类，车轮是汽车的一个组成部分。这是一种由部分聚集成整体的聚集关系。

对象之间除了层次关系，还有关联关系。关联关系表示对象之间行为的依赖关系和消息传递关系等。关联有多重性，其中包括一对一、一对多、多对多的关联关系。

（3）消息。消息是指在一个对象调用另一个对象的方法（行为）来请求信息或某些操作时的通信。对象的行为是指如何响应它所接收的消息。每一个接收到的消息都会由对象的预定义行为来响应。对象对消息的响应方式和结果是由预定义的行为和对象的当前状态共同决定的，状态的不同对响应消息的行为和行为的执行结果会产生影响。在对象响应消息时，它的状态有时也随之变化，这也就意味着它的域值的改变。

在对象的内部，每个消息对应一个方法，实施对属性数据的操作，对消息进行响应，如图 5-21 所示。

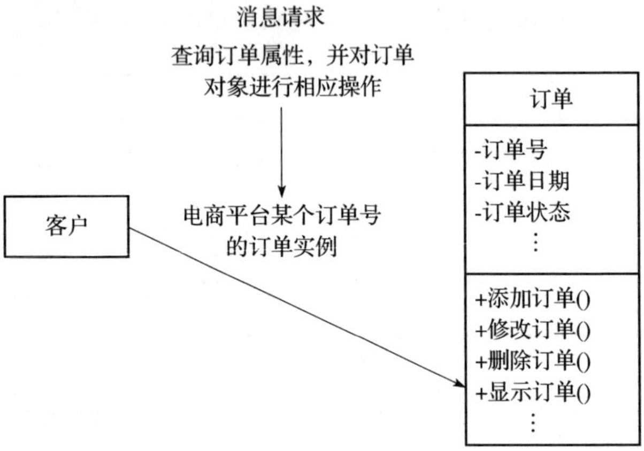

图 5-21　消息传递

2. 面向对象方法的特性

（1）继承性。“继承性”（Inheritance）是面向对象方法的一项重要特性，在类层次结构中是父类和子类之间共享数据和操作方法的机制。通常在定义和实现一个新类时，可以在一个现有类的基础上进行，将已有的类所定义的内容进行继承，并加入新的内容。父类 A 和它的子类 B 之间的继承关系如图 5-22 所示。如果类 B 继承自另一个类 A，就把这个类 B 称为“A 的子类”，而把类 A 称为“B 的父类”。

继承可以使子类具有父类的各种属性和方法，而不需要再次编写相同的代码。在令子类继承父类的同时，可以重新定义某些属性，并重写某些方法，即覆盖父类的原有属性和方法，使它们获得与父类不同的功能。此外，为子类追加新的属性和方法也是常见的做法。

如图 5-23 所示，学校的“人员”（Person）可以分为“学生”（Student）和“教师”（Teacher）两个子类。子类在继承了其父类“人员”（Person）的所有属性和方法外，还可以各自追加新的属性和方法。

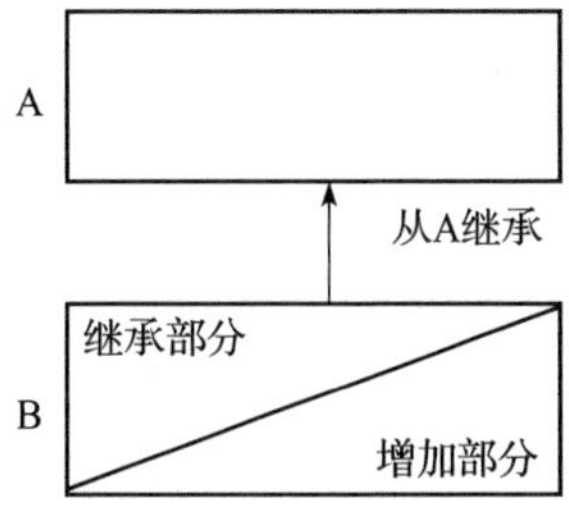

图 5-22　类的继承关系

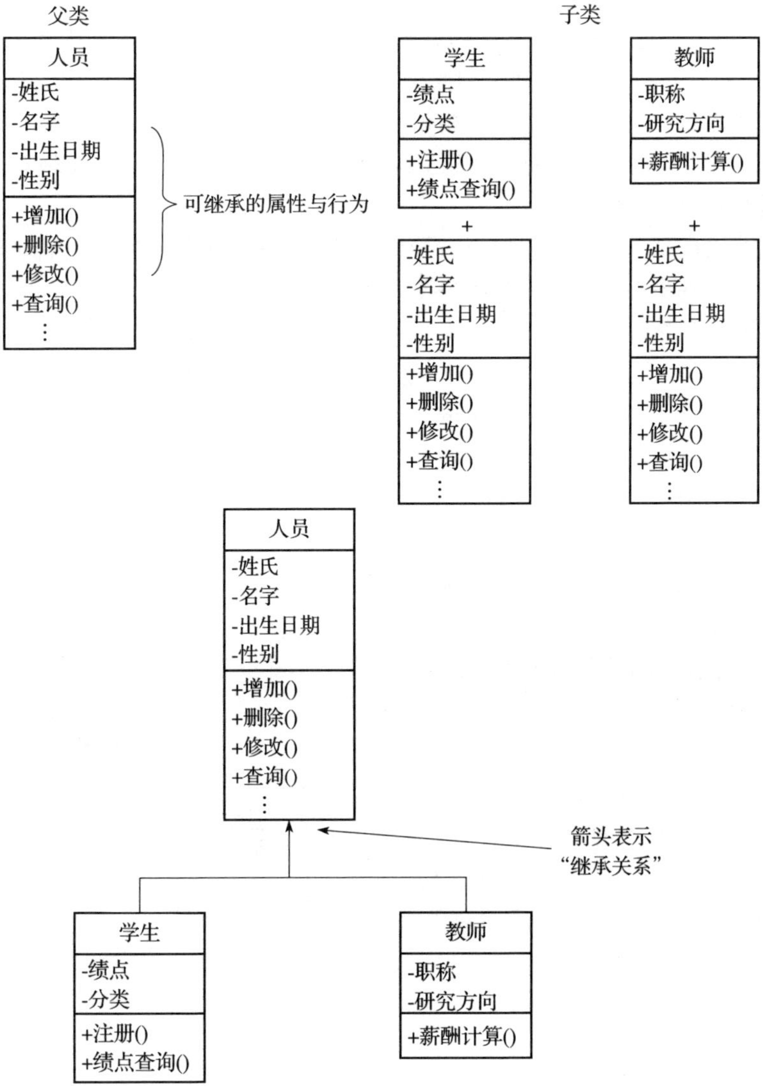

图 5-23　继承关系示例

继承有三种使用方式：

第一种，子类定义新的属性和方法作为对它所继承的属性和方法的补充。

第二种，子类重新实现所继承的一个或多个方法。被子类重定义的方法称为覆盖，也可以说子类覆盖了特定的方法。方法被覆盖后，类的行为发生了变化：对同一个消息，子类和父类的实例调用不同的方法，产生不同的行为。

第三种，子类实现一个或多个其父类声明但没有实现的方法。这种情况下，父类就是一个抽象类，它声明但没有实现的方法称为抽象方法。

当利用继承定义新的子类时，这个新的子类就可以被使用，软件系统也因增加新的子类而扩展了。虽然有了新的子类，但软件系统还是如同以前一样工作，父类和使用它们的系统都不会因为新的子类的加入而受到影响或发生变化。因此，继承可以在不影响类本身和其他相关元素的情况下达到重用。

（2）封装性。封装（encapsulation）是指把一组相关软件元素组织到一起的方法，将对象的属性和行为都打包在一起。其目的在于将对象的使用者和设计者分开，使用者不必知道对象行为实现的细节，只需要用设计者提供的对象接口来访问对象，其他对象不能执行该对象的行为。

封装的基本单位是对象，对象的规格说明或接口则作为对象的外部界面，指明该对象所能接收的消息。在对象的内部，每个消息对应一个服务（操作方法），它实施对属性数据的操作，对消息进行响应。

利用封装来隐藏那些不属于对象公有接口的软件元素称为信息隐藏。抽象和信息隐藏是相辅相成的概念。抽象揭示出了一个用户要使用一个对象必须了解的内容；信息隐藏则为了防止客户滥用对象，把没有必要知道的内容隐藏起来。抽象和信息隐藏给出了对象提供的服务——对象接口，与此同时隐藏了如何完成这些服务的——对象方法的实现。

（3）多态性。多态性（polymorphism）是指不同对象可以用不同的方式响应同一消息。用户可以发送一个通用的消息，而实现的细节则由接收对象自行决定，这样，同一消息就可以由不同的对象调用不同的方法来响应，从而产生不同的响应结果。

如图 5-24 所示，父类“员工”可以分为“计时工”和“普通员工”两个子类，而在薪酬计算时，两个子类可以有不同的计算方式。普通员工按年薪计算薪酬，而“计时工”在收到“薪酬计算”消息时将计算时薪。

多态性的实现受到继承性的支持，利用类层次的继承关系，把具有通用功能的消息存放在高层次，而实现这一功能的不同的行为放在较低层次，则在这些低层次上生成的对象就能给通用消息以不同的响应。

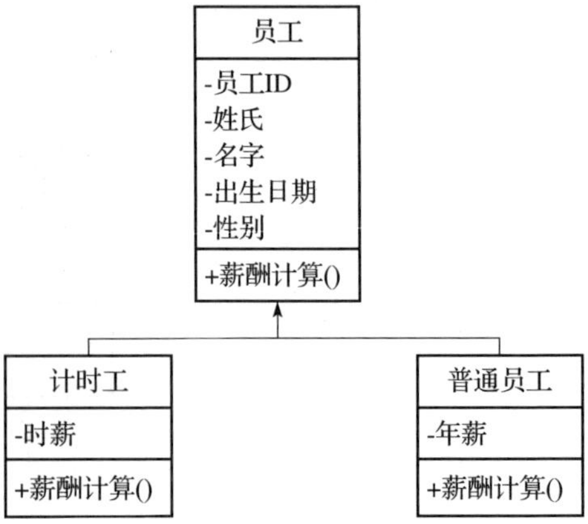

图 5-24　多态性示例

5.4.2　统一建模语言

统一建模语言（Unified Modeling Language，UML）是一种为面向对象系统的产品进行说明、可视化和编制文档的标准语言。UML 是面向对象设计的建模工具，独立于任何具体程序设计语言。作为一种定义良好、易于表达、功能强、适应面广的面向对象的建模语言，UML 能够有力支持从需求分析开始的软件开发的全过程。UML 为通用、稳定、表达能力强的面向对象方法提供了基础。

UML 的第一个版本是由 Grady Booch（Booch 方法的创建者）、lvar Jacobson（面向对象软件工程，OOSE）和 Jim Rumbaugh（对象建模技术，OMT）共同创建的，其目前版本为 UML 2.5。UML 规范（标准）由对象管理组（Object Management Group，OMG）更新和管理。

在 UML 中可以将词汇划分为三种基本元素，即三类词汇：事物、关系和图。其中，事物是对模型中最具有代表性的成分的抽象，如类、接口、协作、用例、状态、交互、接点、构件、包、注解等，如图 5-25 所示。关系能把事物联系在一起，可分为依赖、关联、泛化、实现。图则是聚集了相关事物的集合，可分为类图、对象图、用例图、顺序图、协作图等。

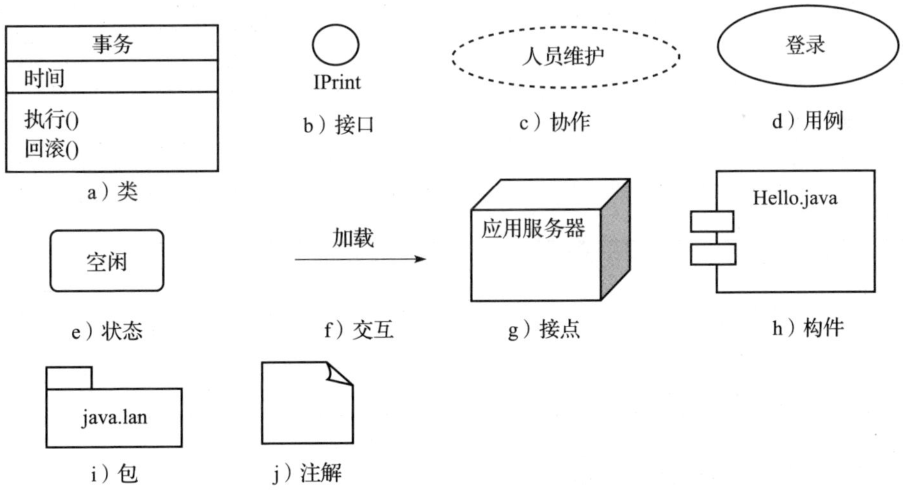

图 5-25　UML 中各种事物的图示法

区分 UML 模型和 UML 图是非常重要的。UML 图包括用例图、类图、对象图、包图、协作图、活动图、顺序图、部署图、构件图、状态图等，是模型中信息的图形表达方式，而 UML 模型独立于 UML 图存在。

UML 系统开发中有三类主要的模型。

（1）功能模型：从用户的角度展示系统的功能，包括用例图。

（2）对象模型：采用对象、属性、操作、关联等概念展示系统的结构和基础，包括类图、对象图。

（3）动态模型：展现系统的内部行为，包括序列图、活动图、状态图。

5.4.3　UML 中的图形

UML 图表示了系统的一个特殊部分或某个方面，是 UML 元素组合而成的一个集合体，通过多个元素的组合共同来展示系统的某一方面的特性。一个典型的系统模型应包括多个类型的图，即有多个角度的视图。UML 中主要包含五类图：用例图、静态图（类图、对象图、包图）、行为图（活动图、状态图）、交互图（顺序图、协作图）、实现图（构件图、配置图）。表 5-1 对 UML 中的主要图形及功用进行了简单介绍。

表 5-1 UML 中的主要图形及功用

图形	功用	类型
用例图	描述角色以及角色与用例之间的连接关系，说明是谁要使用系统，以及他们使用该系统可以做些什么。一个用例图包含了多个模型元素，如系统、参与者和用例，并且显示了这些元素之间的各种关系，如泛化、关联和依赖	用例图
类图	类图是描述系统中的类以及各个类之间的关系的静态视图，能够让我们在正确编写代码之前对系统有一个全面的认识。类图是一种静态模型。类图表示类、接口和它们之间的协作关系	静态图
对象图	对象图与类图极为相似，是类图的实例，显示类的多个对象实例。其描述的不是类之间的关系，而是对象之间的关系	
包图	包图是在 UML 中用类似于文件夹的符号，表示模型元素的组合。一个包图可以是任何一种 UML 图组合，通常是 UML 用例图或 UML 类图。它使我们能够把诸如用例或类等模型元件组织为组	
活动图	描述用例要求所要进行的活动，以及活动间的约束关系，有利于识别并行活动	行为图
状态图	描述类的对象所有可能的状态，以及事件发生时状态的转移条件，可以捕获对象、子系统和系统的生命周期。状态图可以确定类的行为，以及该行为如何根据当前的状态变化，也可以展示哪些事件将会改变类的对象的状态	
顺序图	用来显示参与者如何以一系列顺序的步骤与系统的对象交互的模型。顺序图可以用来展示对象之间是如何进行交互的。顺序图将显示的重点放在消息序列上，即强调消息是如何在对象之间被发送和接收的	交互图
协作图	用于描述对象如何协作来实现某个功能或行为，显示对象间的动态合作关系，特别是在特定场景下的交互过程	
构件图	用来展示系统的物理构件（如软件模块、库、组件等）以及它们之间的依赖关系	实现图
配置图	用来建模系统的物理部署。例如，计算机和设备，以及它们之间是如何连接的。部署图用于表示一组物理结点的集合及结点间的相互关系，从而建立系统物理层面的模型	

1. 用例图（Use Case Diagram）

用例图从用户角度描述系统功能，并指出各功能的操作者。用例图显示若干角色或执行者以及这些角色与系统提供的用例之间的连接关系。用例是系统提供的功能，即系统的具体用法的描述。用例图仅从用户使用系统的角度描述系统中的信息，也就是站在系统外部查看系统功能，它并不描述系统内部对该功能的具体操作方式。

用例图定义的是系统的功能需求。例如，在图 5-26 中，用户需要使用系统提供的“生成订单”“跟踪订单”等功能。同时，用例之间还存在扩展（Extend）或者包含（Include）关系，其中“生成订单”“跟踪订单”用例包含用例“用户校验”，而用例“修改用户信息”则是“生成订单”的扩展用例。

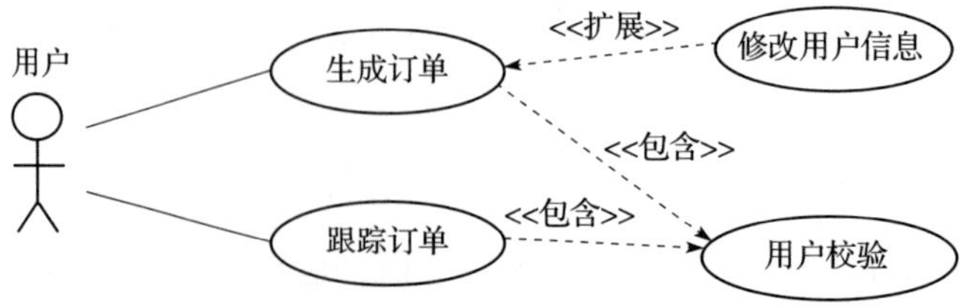

图 5-26 用例图示例

2. 静态图（Static Diagram）

静态图包括类图、对象图和包图三种。

（1）类图。类图（Class Diagram）用来表示系统中的类以及类与类之间的关系，它是对系统静态结构的描述。类图不仅定义系统中的类而且表示类之间的联系，如关联、依赖、聚合等，还包括类的内部结构（类的属性和操作）。

图 5-27 所示的类图包括五个实体类（员工、计时工、普通员工、佣金员工、订单），其中包含了两个继承关系（“计时工”和“普通员工”继承于“员工”，“佣金员工”继承于“普通员工”）和一个聚合关系（“佣金员工”和“订单”之间）。

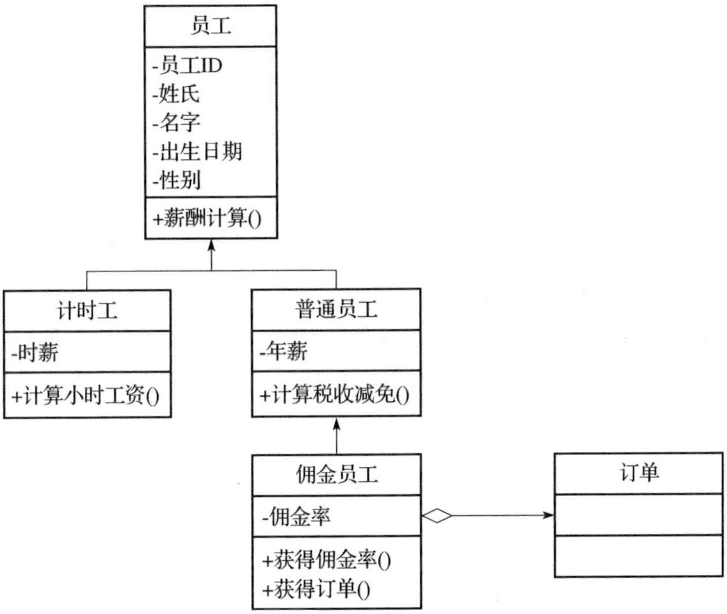

图 5-27　类图示例

（2）对象图。对象图（Object Diagram）是类图的变体（见图 5-28），两者之间的差别在于，对象图表示的是类的对象实例，而不是类。对象图是类图的一个实例，它及时、具体地反映了系统执行到某处时系统的工作状况。对象图中使用的图示符号与类图几乎完全相同，只不过对象图中的对象名加了下划线，而且类与类之间关系的所有实例也都画了出来。对象图通常用来示例一个复杂的类图，通过对象图反映真正的实例是什么，以及它们之间可能具有什么样的关系，有助于理解类图，是描述系统静态结构的一种辅助工具。由于对象存在生命周期，因此对象图只能在系统某一时间段存在。

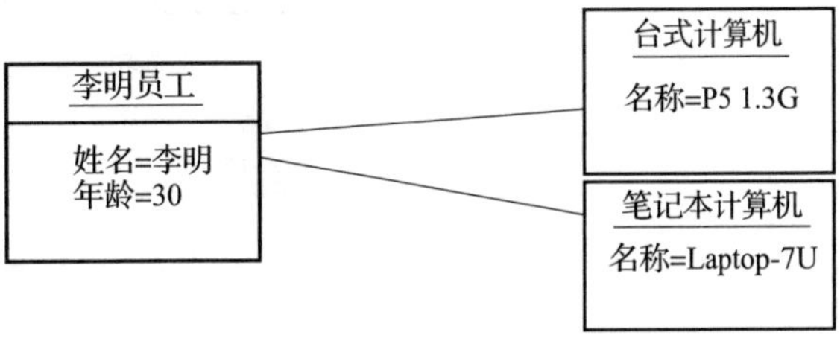

图 5-28　对象图示例

（3）包图。包图是 UML 中的一种分组事物，由包或类组成，表示包与包之间的关系。

包图用于描述系统的分层结构或事物的组织结构，其基本示例如图 5-29 所示。

一个包图可以由任何一种 UML 图组成，通常有用例包图或类包图。包是一个 UML 结构，它能够把诸如用例或类等模型元件组织为组。创建一个包图往往是为了描述需求的高阶概述、设计的高阶概述，在逻辑上把复杂的图模块化或是组织 Java 源代码等。

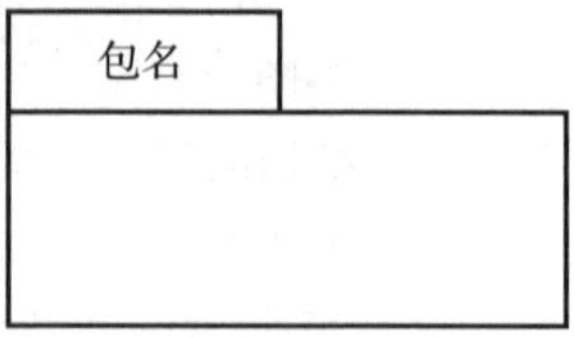

图 5-29　包图示例

3. 行为图（Behavior Diagram）

行为图描述系统的动态模型和组成对象间的交互关系，包括状态图和活动图两种。

（1）状态图。状态图（State Diagram）描述类的对象所有可能的状态以及事件发生时状态的转移条件。通常，状态图是对类图的补充。在系统开发过程中并不需要为所有的类画状态图，仅为那些有多个状态、其行为受外界环境的影响，以及易发生改变的类画状态图。此外，也可以为系统描绘整体状态图。

一般来说，状态图是对类所描述事物的补充说明，它显示了某个类的所有对象可能具有的状态，以及引起状态变化的事件和变化的过程。事件可以是给它发送消息的另一个对象或者某个任务执行完毕（比如，到指定时间）触发的。状态的变化称作转移，一个转移可以有一个与之相连的动作，这个动作指明了状态转移时应该做些什么。

图 5-30 显示了某智能客服系统在添加机器人话术过程中话术对象的状态转移，其状态包括“已创建”“已录入”“队列等待”以及“已添加”。不同状态之间通过相应事件触发进行转换。

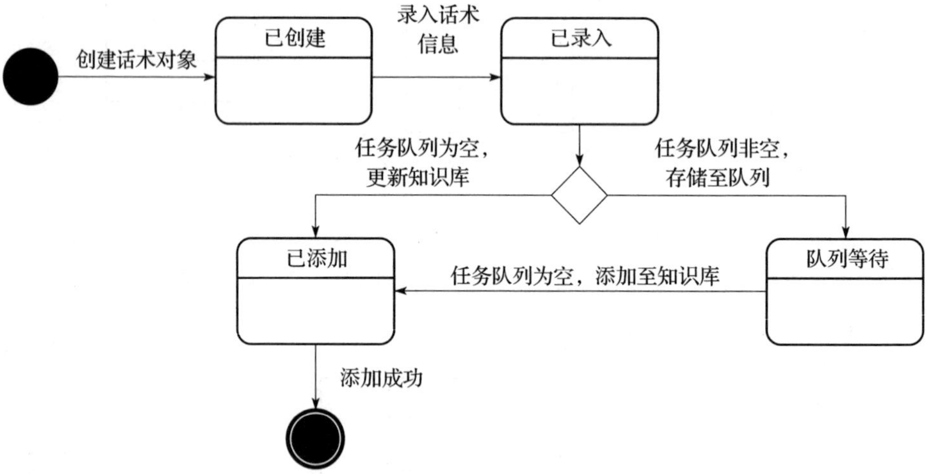

图 5-30　状态图示例

（2）活动图。活动图（Activity Diagram）描述满足用例功能需求所要进行的活动以及活动间的约束关系。活动图反映的是一个连续的活动流，常用于描述某个操作执行时的活动状况。活动图由各种动作状态构成，每个动作状态包含可执行动作的规范说明，当某个动作执行完毕，该动作的状态就会随之改变。这样，动作状态的控制就从一个动作状态流向另一个与之相连的动作状态。活动图还可以显示决策、条件、动作状态的并行执行、消息的规范说明等内容。图 5-31 描述了某智能客服系统中高级用户（管理员）给聊天机器人添加话术的执行过程。管理员通过单击按钮，触发添加话术指令，并根据要求输入相应的话术信息，聊天机器人后台处理系统则会检查新增话术是否符合客服聊天规则，最终将符合规则的话术添加至聊天机器人知识库中。

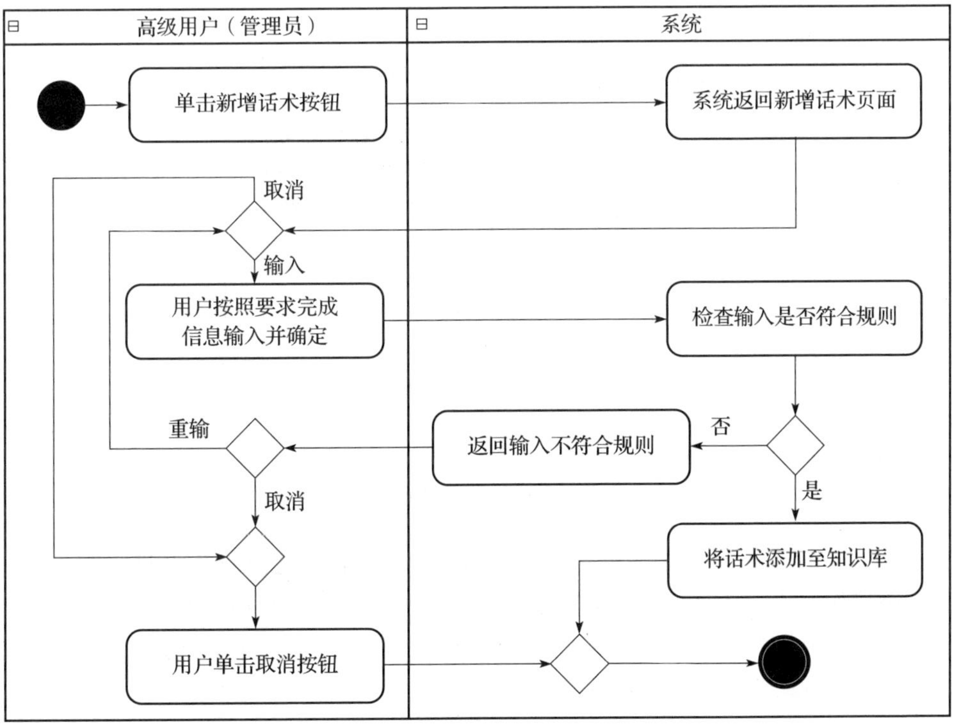

图 5-31　活动图示例

4. 交互图（Interactive Diagram）

交互图描述对象间的交互关系，包括顺序图和协作图两种。

（1）顺序图。顺序图（Sequence Diagram）用来反映若干个对象之间的动态协作关系，即随着时间的流逝，对象之间是如何交互的。顺序图主要反映对象之间发送消息的先后次序，说明对象之间的交互过程以及系统执行过程中的某一点将会有什么事件发生。顺序图由若干个对象组成，每个对象用一个垂直的虚线表示（线上方是对象名）；每个对象的正下方有一个矩形条，它与垂直的虚线相叠；矩形条表示该对象随时间流逝的过程（从上至下）；对象之间传递的消息用消息箭头表示。图 5-32 描述了在某智能客服系统中，高级用户（管理员）给聊天机器人添加话术过程中的交互行为。

（2）协作图。协作图（Collaboration Diagram）和顺序图的作用一样，反映的也是动态协作。由于协作图或顺序图都反映对象之间的交互，所以建模者可以任意选择一种反映对象间的协作。如果需要强调时间和序列，最好选择顺序图；如果需要强调对象间关系，最好选择协作图。协作图与对象图是完全同构的，即一个协作图对应一个顺序图，一个顺序图也对应一个协作图。

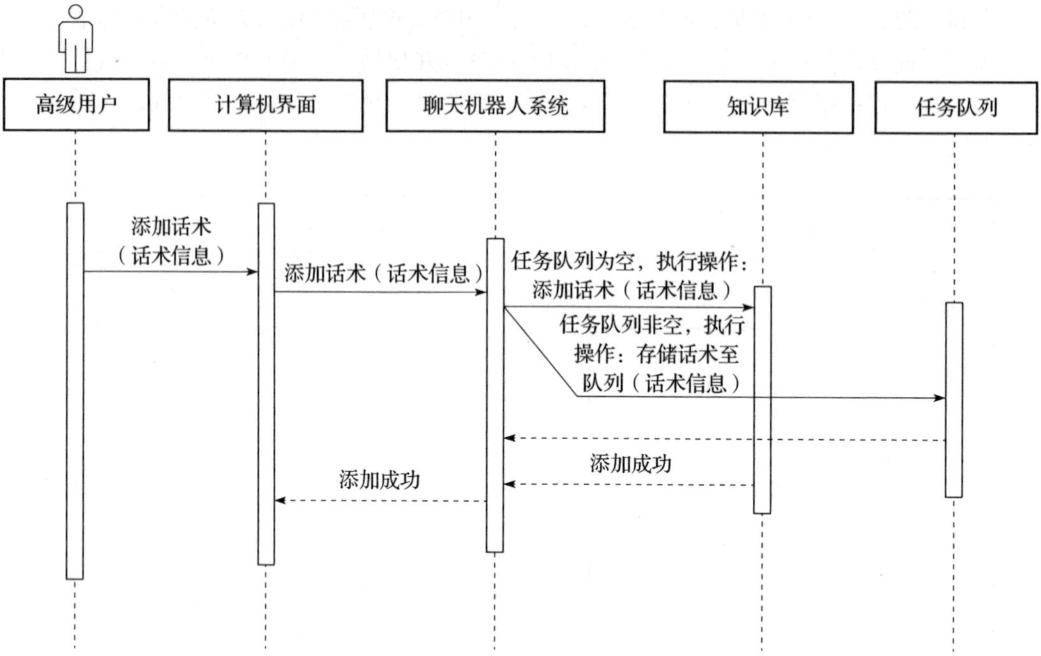

图 5-32　顺序图示例

图 5-33 显示了某智慧客服系统在添加机器人话术过程中几个对象之间的交互关系，主要包含三个操作。首先是通过计算机界面调用聊天机器人的“添加机器人话术”服务，接着聊天机器人系统判断聊天机器人任务队列是否为空，如果为空，则更新知识库；如果非空，则将机器人话术对象存储至任务队列。

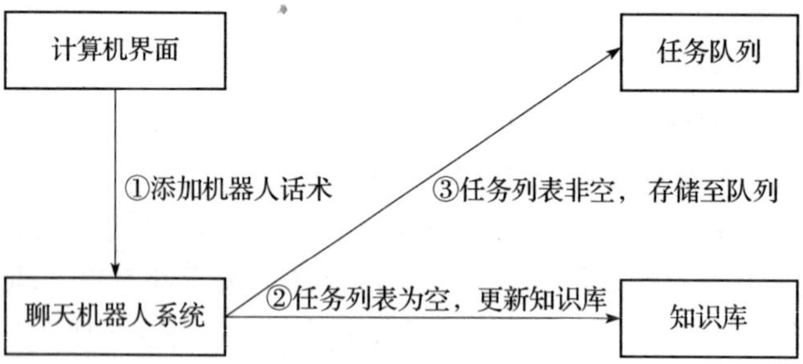

图 5-33　协作图示例

5. 实现图（Implementation Diagram）

实现图包括构件图和配置图两种，其中构件图描述代码部件的物理结构，配置图则定义系统中软硬件的物理体系结构。

（1）构件图。构件图（Component Diagram）用来反映代码的物理结构及各部件之间的依赖关系。代码的物理结构用代码构件表示。构件可以是源代码、二进制文件或可执行文件。构件包含了逻辑类或逻辑类的实现信息，因此逻辑视图与构件视图之间存在着映射关系。构件之间也存在依赖关系，利用这种依赖关系可以方便且容易地分析一个构件的变化会给其他的构件带来怎样的影响。构件可以与公开的任何接口一起显示，也可以把它们组合起来形成一个包。构件图有助于分析和理解部件之间的相互影响程度。图 5-34 显示了一个简单的“ HelloWorld”程序中构件的物理结构情况，helloworld 页面依赖于一个图片（hello.jpg）和类（HelloWorld.class）。

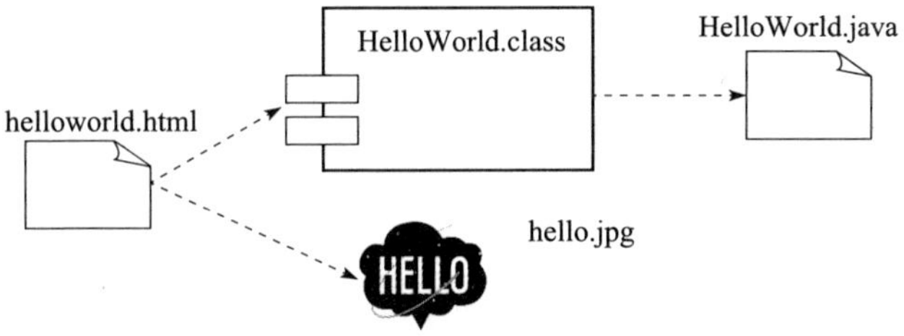

图 5-34　构件图示例

（2）配置图。配置图（Deployment Diagram）定义系统中软硬件的物理体系结构。它可以显示实际的计算机和设备（用节点表示）以及它们之间的连接关系，也可显示连接的类型及部件之间的依赖性。在节点内部，放置可执行部件和对象以显示节点与可执行软件单元的对应关系。

图 5-35 显示了多层体系结构下的系统配置方案。整个系统包括三台服务器和若干客户机，其中服务器为一个 Web 服务器、一个应用服务器和一个数据库服务器，均使用 DELL R920，客户机则包括华为台式计算机和联想笔记本计算机若干。

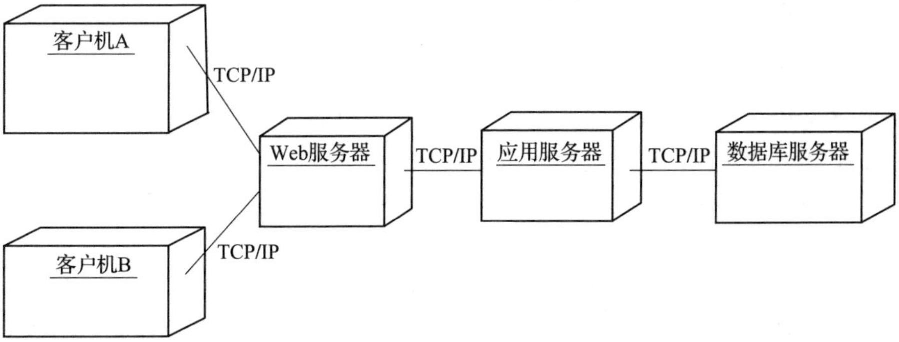

图 5-35　配置图示例

上述内容是对 UML 图形及其应用的简单介绍，读者可从 UML 的相关书籍中获得对 UML 更深入的了解。

5.4.4　面向对象开发过程

一种建模方法应包含建模过程和建模语言两个部分。其中，建模过程定义建模的步骤和处理问题的基本原则，而建模语言是对建模过程的基本概念、步骤以及各环节、各项工作的结果进行表述的工具。UML 仅仅是一种建模语言，它在信息系统开发中必须与一定的建模过程相结合，以 UML 为表征手段，进行面向对象系统的开发。

基于 UML 的面向对象开发过程一般可以分成五个阶段：需求获取、面向对象分析、面向对象设计、面向对象编程和面向对象测试。

1. 需求获取

基于 UML 的面向对象开发采用用例模型来获取客户需求。了解对系统感兴趣的外部人员对系统功能的需求，把这些需求抽象为用例，再分析与用例相关的事件来进行建模。模型表达的是人员和用例的关系，形成具有相互协作、通信的一个层次。人员和事件在 UML 中用用例图描述，同时使用文本方式详细说明用户需求。

这一阶段的主要任务是要明确系统在功能上需要“实现什么”，而不是“如何去实现”。需求获取是一个业务流程的分析。需求分析内容可以分为功能性需求、非功能性需求与设计约束三个方面。

（1）功能性需求：软件的主体需求，明确项目完成哪些开发任务、具体实现哪些功能模块。开发人员需要明确系统目标用户，在充分了解业务流程的基础上，结合用例分析、用例描述、活动图等建模工具梳理、细化需求问题。

（2）非功能性需求：作为功能性需求的补充，主要包括用户对软件使用过程中性能方面的要求，比如界面友好性、响应时间、稳定性、可靠性、可拓展性等。

（3）设计约束：对系统设计或实现方案的约束说明，针对项目开发技术、开发环境设定限制条件。例如，要求使用 Mysql 数据库实现数据管理功能，要求软件环境便于部署到服务器 Linux 系统上等。

在明确工作内容后，项目内部需要整理软件需求文档（即软件需求规格说明书），并组织技术人员进行评审，针对目标用户的需求予以评价，判断项目可行性。评审通过后，方可开展下一环节的工作。

2. 面向对象分析

面向对象分析包括对类和对象的抽象以及问题领域中的一些通用机制等内容。在 UML 中用类图来描述类和类之间的相互关系，而事件与类之间的协作关系通常由 UML 的动态模型来描述。面向对象分析阶段只对问题领域中的类建立模型，而不是定义细节类或软件技术类。

面向对象分析主要运用对象、类、继承、封装等面向对象的思想进行系统分析，将问题域的事物抽象为系统中的对象及其相互关系。在需求分析的基础上，面向对象分析可以抽象出问题域中的实体、属性和关系，并将它们转化为可用于面向对象设计的模型。基于面向对象分析思想，开发人员可以将复杂业务问题转化为系统概念模型，并通过活动图、顺序图等 UML 工具，定义系统的功能和行为，为后续的系统设计阶段提供指导。面向对象分析的工作内容主要包括概念建模、系统流程定义与行为定义。

（1）概念建模：基于面向对象思想抽象出对象及关系，确定系统中的众多类。结合业务需求，对类职责功能进行划分。在此基础上，根据各个类之间的关联关系、继承关系对模型进行调整，最终应用分析类图构建系统概念模型。

（2）系统流程定义与行为定义：梳理业务流转过程，结合 UML 活动图定义系统流程。在此基础上，分析用户的动态行为及其与系统间的交互过程，基于 UML 顺序图定义系统行为过程。

3. 面向对象设计

面向对象设计是指根据面向对象分析模型，系统地进行概念化设计和详细设计的过程。在面向对象设计阶段，开发人员进一步细化系统需求，通过分析问题域的实体与关系，将系统概念模型转化为可执行的功能模块和系统结构，进而为系统实施提供蓝图。面向对象设计的工作内容主要包括结构设计、功能模块设计、交互设计等方面。

（1）结构设计：根据面向对象分析模型，明确系统的类和对象。在分析类图的基础上，对类属性与方法进行详细定义，引入界面类、控制类以及接口类，保障类间的协作和关联，以设计类图的形式对系统进行结构建模。

（2）功能模块设计：根据系统结构和业务需求，划分不同的系统功能模块，优化系统设计，提高系统的灵活性与可拓展性。

（3）交互设计：应用 UML 顺序图与状态图，进一步定义用户与系统间的交互细节与状态转移过程，梳理业务逻辑与实现细节。

4. 面向对象编程

面向对象编程是指基于面向对象设计模型，使用面向对象程序语言实现系统的过程。这一阶段的核心目标是将面向对象设计的模型转化为可执行的代码，完成系统各个功能模块的开发。

面向对象编程工作的难易程度要看所用编程语言的功能。在前面阶段的工作中，建立模型就是理解和构造系统，编程阶段是把模型转换成代码，如转换成 Java 代码。如果分析和设计是基于 UML 建立的模型，则可借助 CASE 工具从模型转换成部分代码。

5. 面向对象测试

面向对象测试是指将各个开发团队开发的代码模块进行系统集成，对系统各个模块展开测试工作，确保系统能够稳健、高效地运行，满足目标用户的业务需求。同一测试小组使用不同的 UML 图作为测试的根据：单元测试用类图和类说明书；集成测试用构件图和协作图；系统测试使用用例图以确定系统工作与用户需求是否一致。

测试工作通过后，系统将部署到实际的运行环境中，上线相应的功能模块，保障业务能够更高效地运转。最后，根据业务方的需求变化，项目团队还需要对系统进行维护、升级与优化。

5.4.5　面向对象开发过程举例

A 公司为解决市场需求，决定推出一款 B2C 电子商务系统，从而提供更加完善、便捷、优质的购物体验。以下将重点结合开发实例介绍需求获取、面向对象分析与面向对象设计等阶段的主要活动与建模。

1. 需求获取

通过需求获取，开发人员可以确定系统的目标与范围，避免开发非必要的功能，进而保障项目的开发质量。该公司电商平台主要基于 B2C 的交易模式，即买卖双方可以直接通过电商平台进行交流与实现交易过程。电商系统的使用对象主要为消费者用户与商家用户两类。图 5-36 所示为 A 公司电商平台客户服务系统用例模型。

其中，普通用户（消费者）可以通过在电商平台检索商品、浏览商品主页、将商品收藏或者加入购物车，并根据自身需求选择是否下单。用户在完成下单后，还可以对订单进行修改、取消操作，同时也可以选择对应的售后服务。商家用户作为卖家群体，可以根据不同产品的月销情况及节假日时间节点发布一些促销活动，比如发放优惠券、满减以及折扣优惠等。表 5-2 给出了用户“下新订单”用例对应的描述，图 5-37 则展示了该用例的活动流程。

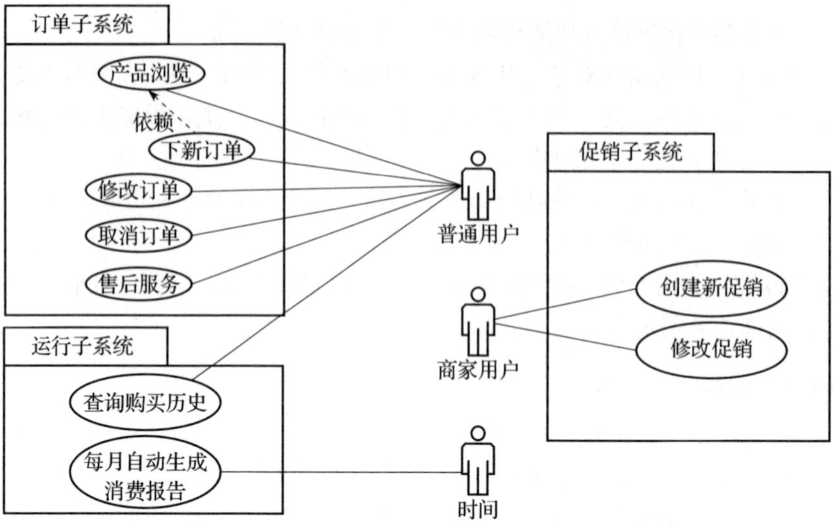

图 5-36　A 公司电商平台客户服务系统用例模型

表 5-2　A 公司电商平台客户服务系统“下新订单”用例描述

用例名称	下新订单	**用例类型**
用例 ID	S002	**业务需求：**□ **系统分析：**☑
优先权	高	
来源	需求用例—S002	
主要业务参与者	普通用户	
其他参与者	无	
利益相关人员	普通用户、商家	
描述	该用例描述系统用户在完成账号的注册基础上，在电商平台上查询商品页面、浏览产品信息，并根据需要单击商品详情页，将商品加入购物车，创建相应的订单。当订单创建请求发起，并且用户在规定时间支付相应的款项时，系统最终会生成一条有效订单记录	
前置条件	用户用自身账号信息登录电商平台系统 用户输入的产品查询信息合法	
触发器	用户单击登录按钮	
典型事件过程	**参与者动作**	**系统响应**
	步骤 1：用户输入商品名称	**步骤 2：**系统展示商品列表
	步骤 3：用户单击商品主页	**步骤 4：**系统返回商品详情页
	步骤 5：用户将产品加入购物车，并根据需要发起订单创建请求	**步骤 6：**系统处理订单创建请求，并返回订单详情页信息
	步骤 7：用户选择相应的支付方式，完成未支付订单	**步骤 8：**系统显示最终订单的信息
	步骤 9：用户可以根据自身需要选择是否取消订单	—
替代过程	**步骤 1：**如果商品数据库中没有相应的商品信息，则显示“该商品不存在，请重新输入商品名称检索词”窗口提示信息	
	步骤 7：如果用户没有在规定的时间内完成支付操作，则平台弹出“订单支付超时，请重新创建订单”窗口提示信息	
结束	如果用户最终核对订单信息无误，并且没有取消订单，则该用例结束	
后置条件	订单被记录下来，如果订购的商品有货，则发货；如果商品缺货，则生成一份延迟交货单	
业务规则	用户收货地址与联系方式准确无误 只有在商品成功发货后，电商平台才会将用户支付款项转给商户	
实现约束和说明	必须实现 24 × 7 可用	
假设	无	
开放问题	无	

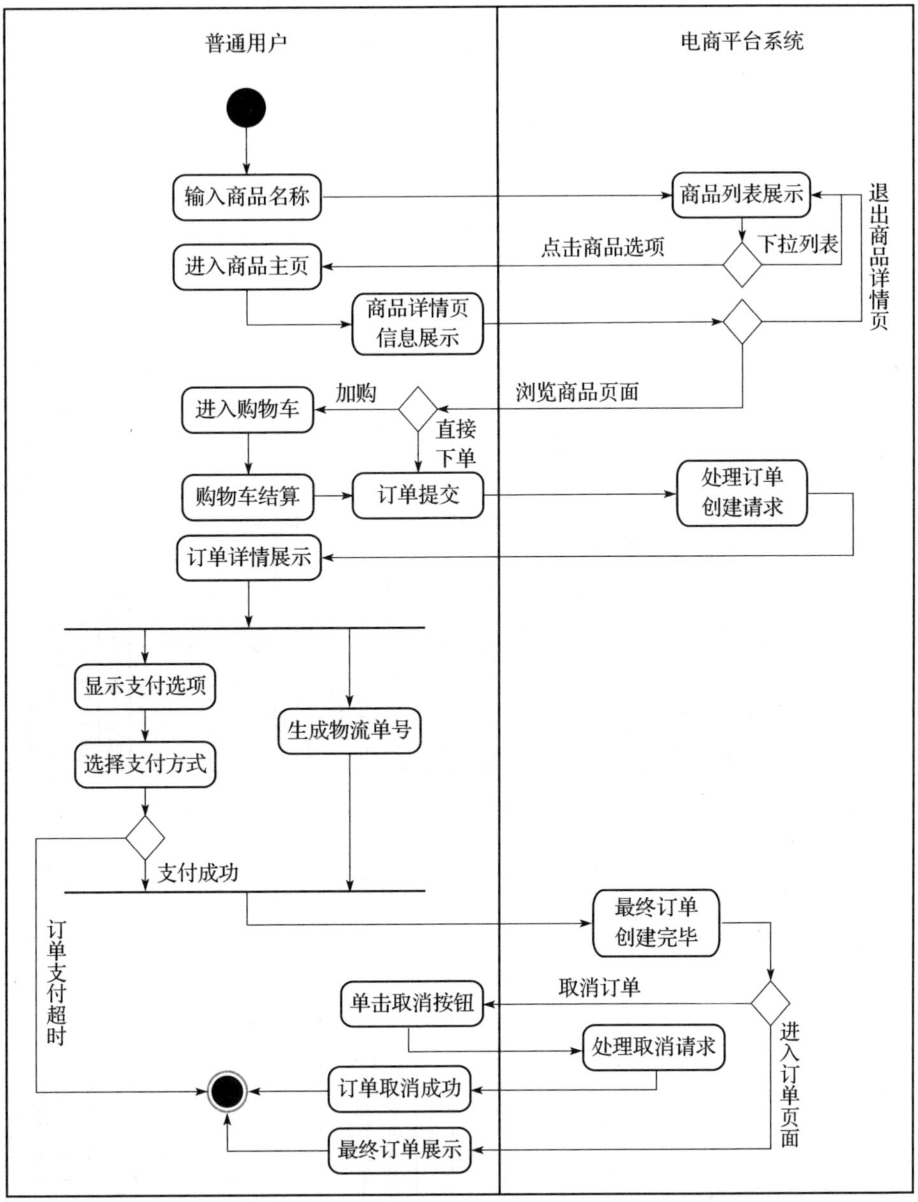

图 5-37　A 公司电商平台客户服务系统“下新订单”活动流程图

2. 面向对象分析

通过深入分析需求分析阶段各个用例参与者和功能，细化其中的业务流程并确认活动顺序和消息传递顺序，可以得到系统中的众多类。在此基础上根据各个类之间的关联关系和继承关系对模型进行相应调整，最终构建系统概念模型（即系统分析类图），如图 5-38 所示。图 5-38 所示系统概念模型中的核心类主要包括用户类（User）、订单类（Customer Order）、产品类（Product）、运输类（Transaction）以及订单明细类（Customer Order Product）等。其中，商户类（Shop Owners）与消费者类（Customer）均继承自用户类，分别对应 B2C 交易模式中的卖家与买家。

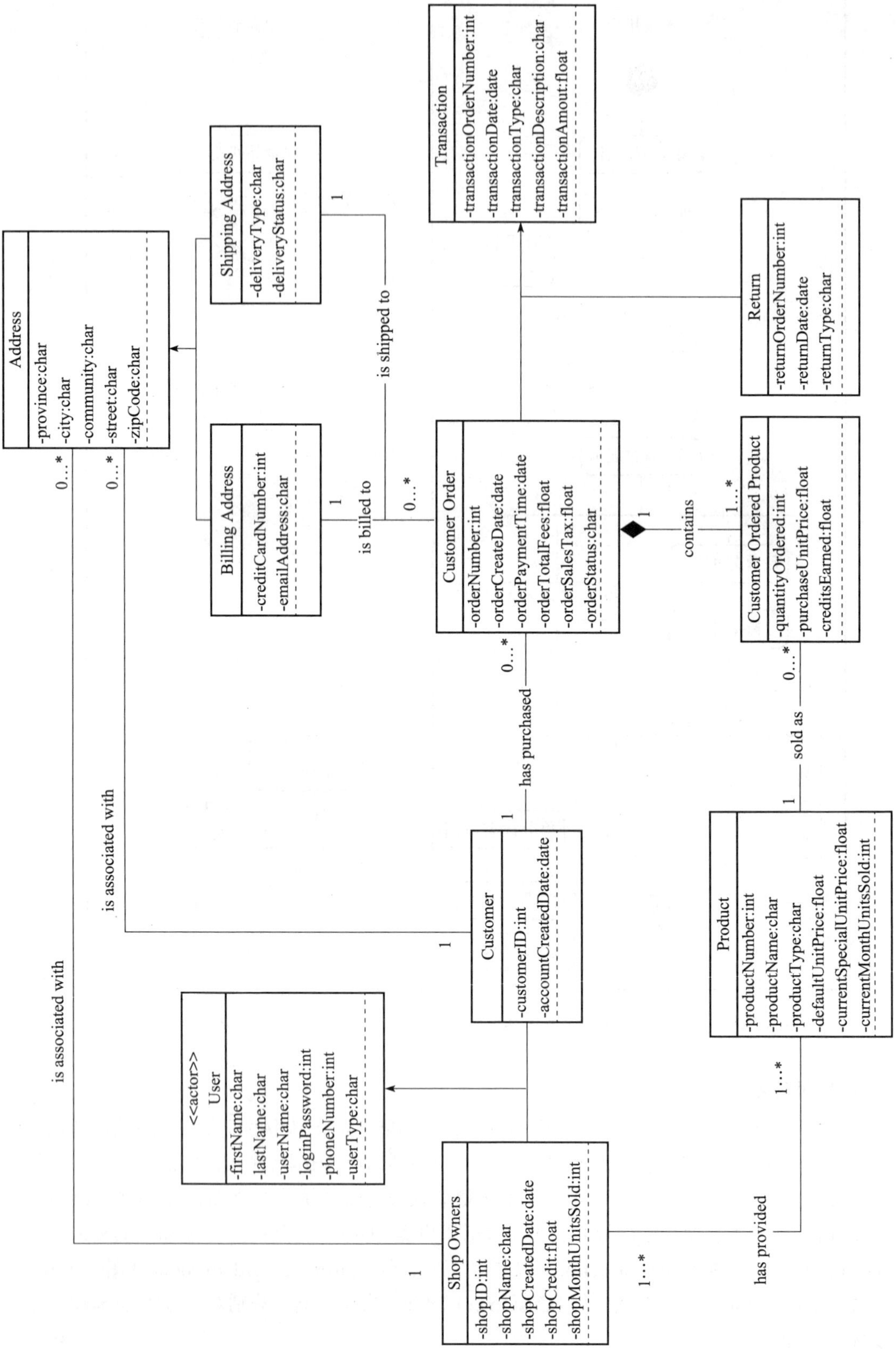

图 5-38 A公司电商平台客户服务系统分析类图

图 5-39 所示为消费者“下新订单”用例的系统顺序图，描述了消费者在下单过程中的具体操作及人机交互行为。系统顺序图主要由以下六种符号构成：①角色（用例发起者）；②系统（运行实例）；③生命线（生命顺序，由角色、系统符号向下延伸的垂直曲线）；④活动条（置于生命线上的长条形，表示参与者进行交互活动的时间）；⑤输入信息（由角色指向系统的水平箭头）；⑥输出信息（由系统到角色的显示为虚线的水平箭头）。

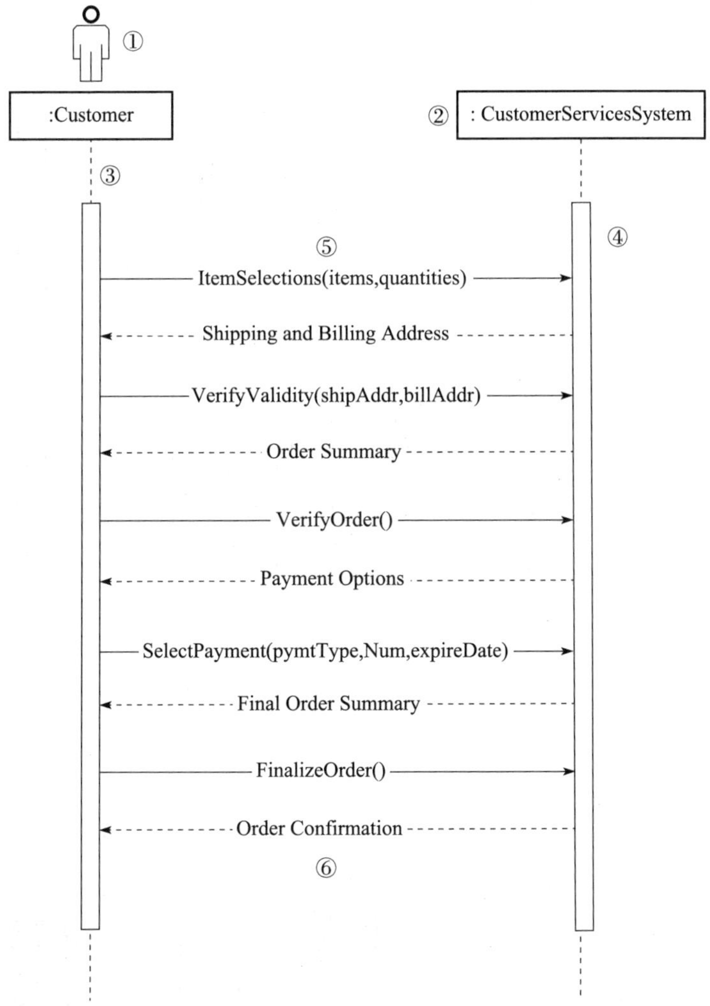

图 5-39　A 公司电商平台客户服务系统消费者“下新订单”用例系统顺序图

3. 面向对象设计

面向对象设计是系统开发中极为关键的一环，对于合理规划系统架构与模块设计、提高系统开发效率具有重要意义。面向对象设计主要包括系统的结构设计、交互设计、数据库设计和其他功能设计。图 5-40 为 A 公司电商平台客户服务系统的设计类图，主要在分析类图的基础上引入控制类（Place New Order Handler）与界面类（Order Summary Display），并且详细定义了不同类的行为与功能，实现系统的结构建模，进而为后续的开发迭代过程奠定基础。

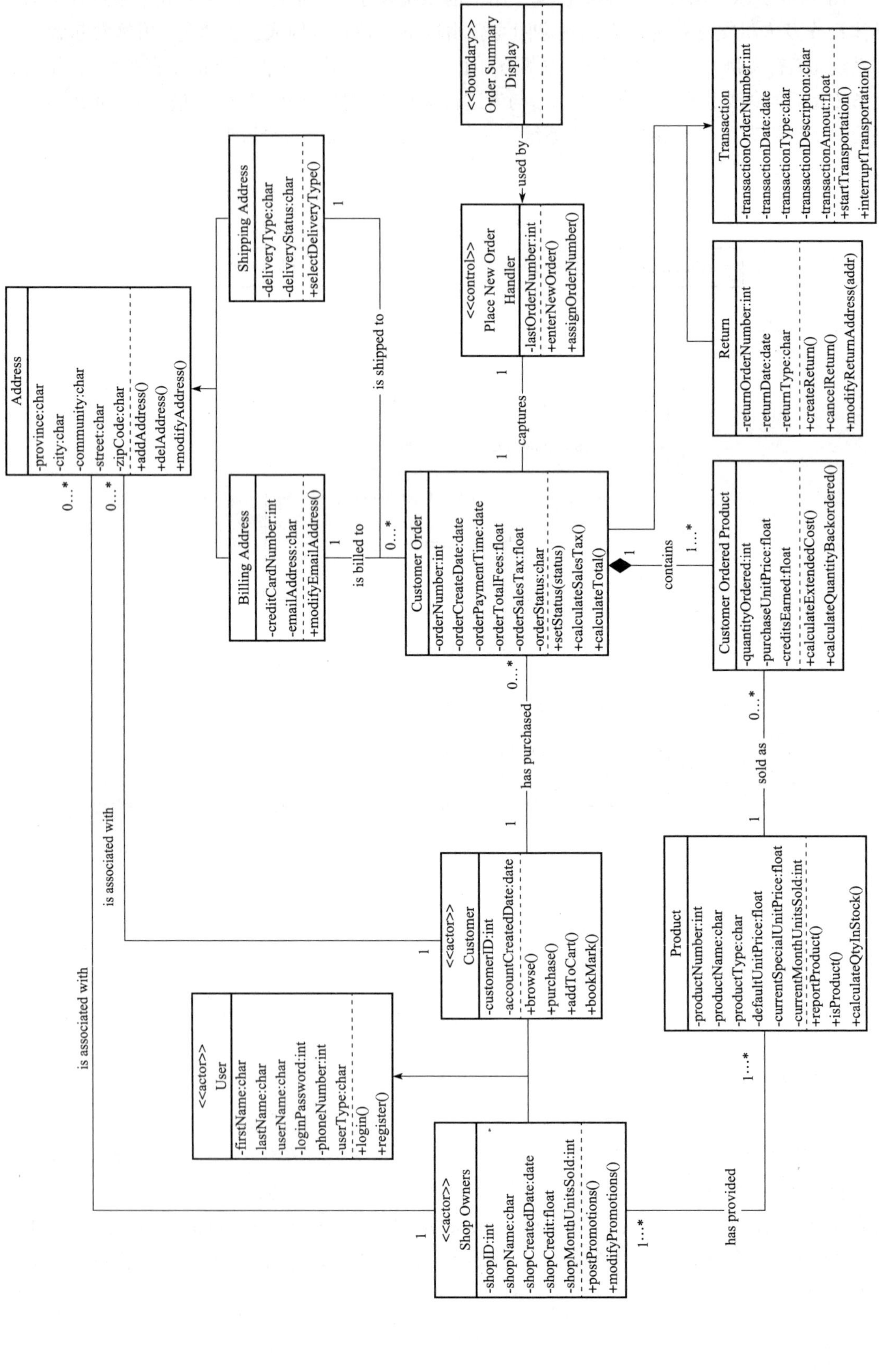

图 5-40 A公司电商平台客户服务系统设计类图

下面将以消费者“下新订单”用例为例，通过系统（设计）顺序图展现用户下单过程中的交互行为，具体过程如图 5-41 所示。顾客使用接口类（Order Window）中提供的界面选项作为交互工具，传递包含订单项目和数量说明的选择给控制类（Place New Order）。控制类将遍历每个订单项目，并通过调用产品类（Product）的相应方法查询产品对应的库存信息。在库存数量满足订单需求的情况下，系统将计算并返回订单对应的价格信息。

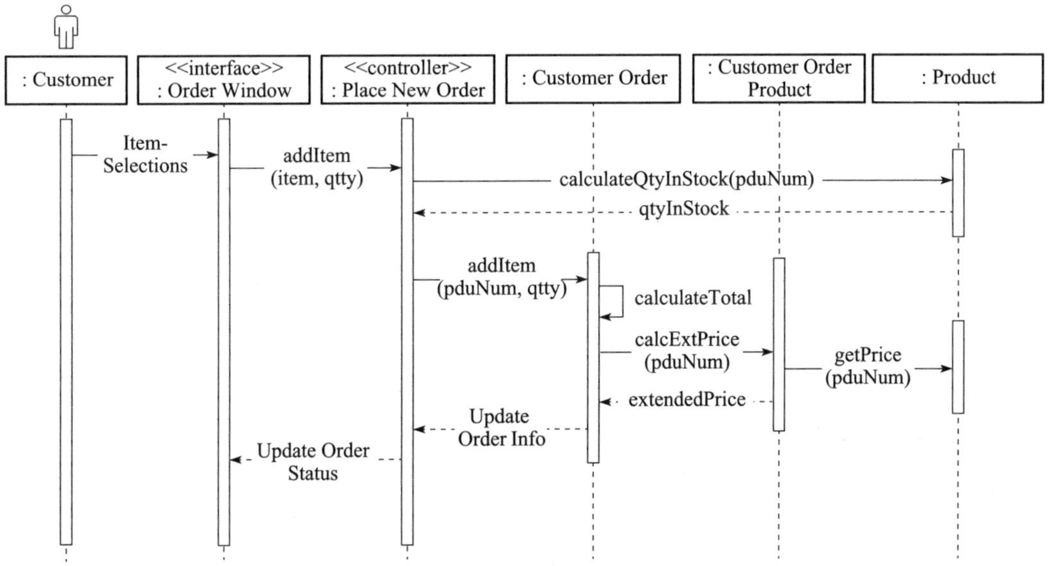

图 5-41　A 公司电商平台客户服务系统消费者“下新订单”用例设计顺序图

图 5-42 则描述了 A 公司“客户订单”（Customer Order）对象的状态转移过程，它从初始状态（实心圆）开始，经过不同事件（箭头），触发状态间（圆角矩形）的状态转换过程，最后进入结束状态（实心圆圈）。

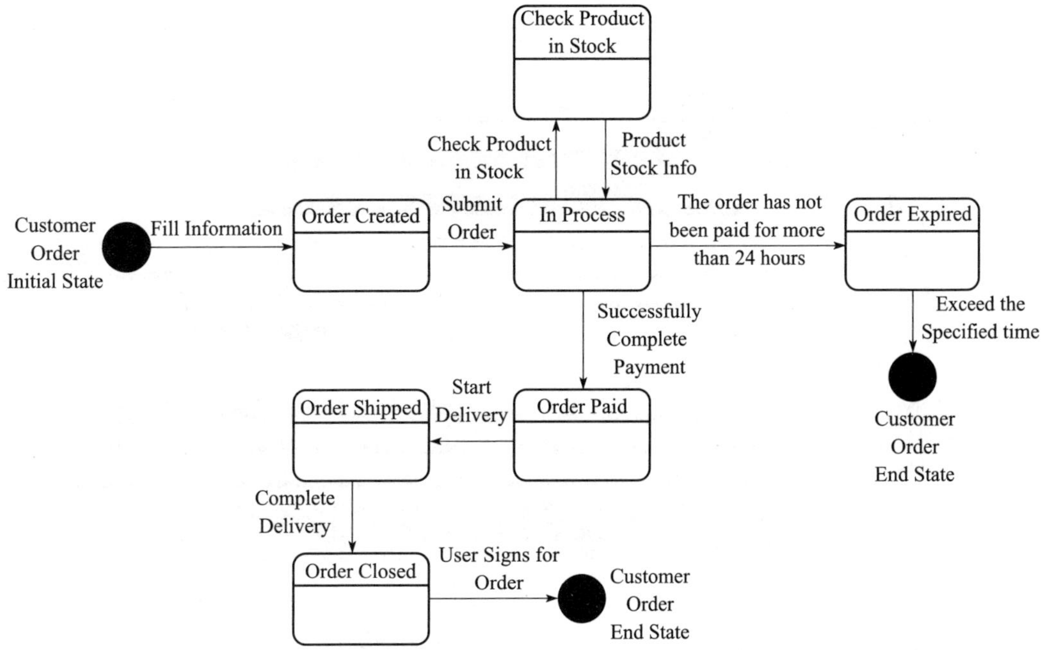

图 5-42　A 公司电商平台客户服务系统“客户订单”对象状态图

◎ 阅读材料 5-3

统一过程

统一过程（Rational Unified Process，RUP）是与 UML 并行开发出来的一种软件开发过程方法，是美国 Rational 公司提出的软件过程（Rational Object Process）的后继，而且合并了数据工程、业务建模、项目管理和配置管理等领域的更多内容。

在软件开发中存在的两难境地是既要求快速发布产品，又要求开发出低成本、高质量的产品。统一过程正是逐步发展起来的支持企业系统不断更新并保证高质量、短周期软件产品的软件开发过程。

首先，统一过程是软件开发过程，它是将用户的需求转化为一个应用系统的一系列活动的总称。然而，统一过程又不仅仅是一个过程，它是一个通用过程框架，可以应用于各种不同类型的软件系统、各种不同的应用领域、各种不同类型的组织、各种不同的功能级别以及各种不同的项目规模。其次，统一过程是基于组件的，即利用它所开发的软件系统是由组件构成的，组件之间通过定义良好的接口相互联系。

统一过程使用的建模语言是 UML，依靠 UML 来表达软件开发各阶段的产物。事实上，UML 是"统一过程"的有机组成部分——它们是同步开发的。统一过程被证明是一种能协助开发机构走出软件开发两难境地的过程，是一种支持递增和迭代发布系统可执行版本的过程。

统一过程最突出的特点有三个：用例驱动、以基本架构为中心、迭代式和增量性的开发。这些特点使得统一过程能成为一种帮助软件开发机构快速发布高质量产品的软件过程。

统一过程的工作流程与内容如图 5-43 所示。统一过程可以用二维结构或沿着两个轴来表达。

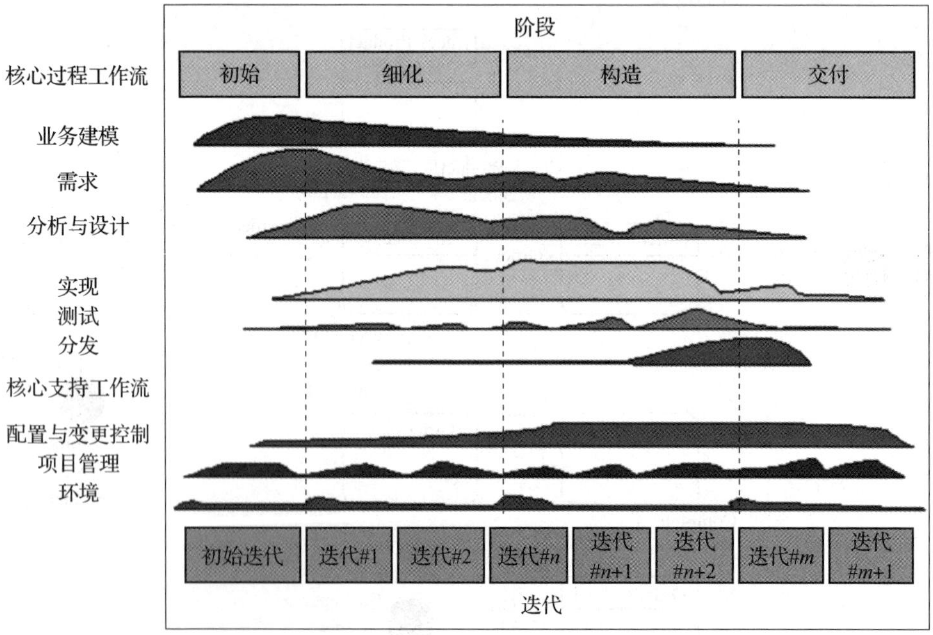

图 5-43　统一过程的工作流程与内容

横轴——代表制定开发过程时的时间，体现过程的动态结构，表示存在于生命周期中的节点和循环，以术语周期、阶段、迭代和里程碑来描述，它包括以下阶段：

（1）初始——项目版本描述。

（2）细化——计划必需的活动和资源；详细描述功能和设计结构。

（3）构造——在一个循环周期内创建产品。

（4）交付——发放产品到用户群体中（制造、分发和培训）。

纵轴——代表过程的静态结构，对具有良好定义的特定人工活动细节进行描述，以术语活动、产物、角色和工作流来描述。纵轴包括核心过程工作流和核心支持工作流两部分，其中核心过程工作流主要包括：

（1）业务建模——对业务流程进行描述。

（2）需求——对系统要做什么进行描述。

（3）分析与设计——描述循环增长状态中系统如何实现。

（4）实现——编码，最终获得可执行版本的产品。

（5）测试——对整个系统的确认。

（6）分发——产品打包、安装。

5.5　基于组件的开发方法

5.5.1　基于组件的开发方法概述

基于组件的开发（Component-Based Development，CBD）是一种通用的系统开发方法，是指通过集中建立小型完备的代码模块（组件），使它在多个应用开发中被重复使用。例如，只编写一次客户视图界面和更新软件，并将其放入一个软件组件库中，允许软件开发团队将该组件（有点像即插即用的概念）加入任何需要开发的系统中。

基于组件的开发方法从根本上改变了系统开发生命周期法的理念。它从软件重用的角度出发，强调在新系统开发时可以在软件库查找可重用代码，并以组件形式构建新的软件，使它能在后续的软件开发项目中被重用。多种新的系统开发方法都采用了基于组件开发的思想，如快速应用开发、极限编程和敏捷开发等。

5.5.2　快速应用开发法

快速应用开发（Rapid Application Development，RAD）法，也称为快速原型（Rapid Prototyping）法，强调让用户深入地参与系统原型的快速演化构建，从而加速系统开发过程，如图 5-44 所示。

RAD 包括以下基本步骤。

（1）同传统的系统开发生命周期法一样，完成计划和分析阶段的活动。

（2）检查软件库，确定是否存在可以应用到新系统中的组件。

（3）构建与拟建系统的界面和功能类似的原型，设计、开发和测试原型，直至它们成为具有完整功能的软件组件。

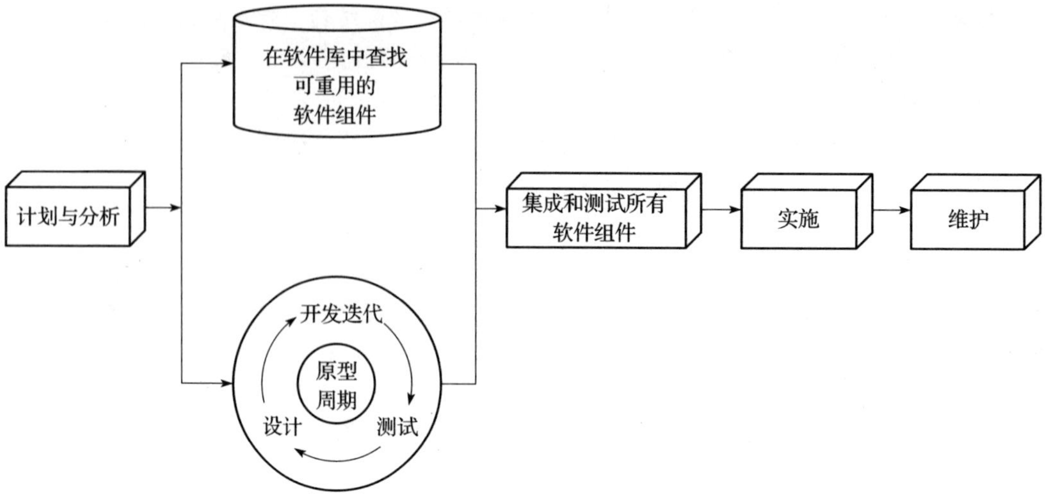

图 5-44 快速应用开发过程

（4）将在前两个步骤中得到的软件组件进行集成，并将它作为一个完整系统进行测试。

（5）遵循传统结构化生命周期法中的原则，实施新系统。

（6）提供持续的支持和维护。

快速应用开发法强调最终用户积极地参与分析阶段，以及新系统组件的设计、开发和测试的迭代过程。这种最终用户的参与和原型的使用，将极大地提高业务需求的获取和软件（即组件）开发的速度。此外，如果能在已有软件库中找到可重用的软件组件，将大大缩短整个开发过程的时间。

5.5.3 极限编程法

极限编程（Extreme Programming，XP）法将一个项目拆分成许多很小的阶段，只有在当前阶段完成后，开发者才能继续下一个阶段。极限编程很像拼图游戏，有很多小块（即软件组件）。如果独立地来看，每个小块毫无意义，但当它们被组合在一起时，就组成了整个系统。极限编程法以迭代的方式开发系统（见图 5-45），并充分利用现存软件库中已有的软件组件。

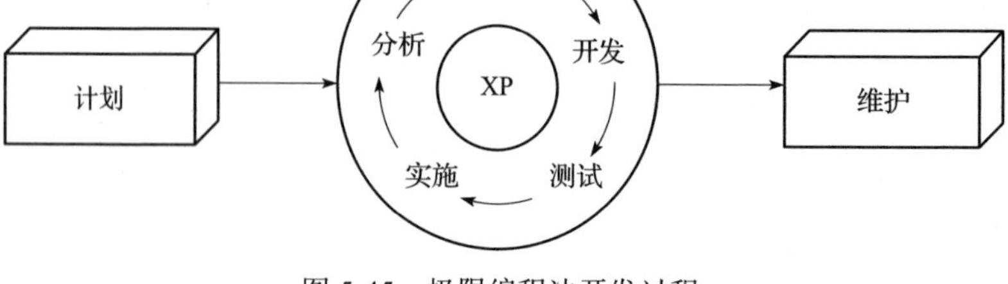

图 5-45 极限编程法开发过程

例如，微软公司开发 IE 浏览器使用的就是极限编程法。微软公司在晚上对整个项目进行创建，把当前所有的组件整合在一起。同时设立了发布日期，并尽力让客户参与到每一次发布中，微软公司经常举办用户设计体验和战略性会议，来征求和吸取用户反馈。

极限编程法通过实施简单而有效的方法来进行团队开发，因而能够对变化的需求和技术进行快速的反应。极限编程法成功的原因之一就是强调客户的满意，即使是在系统开发生命周期的后期，极限编程法也能使开发人员对变化的客户和业务需求做出快速应对。此外，极限编程法强调团队合作，管理人员、客户和开发人员都作为团队的一部分，一起致力于交付高质量的软件。

5.5.4　敏捷开发法

1. 敏捷开发法概述

敏捷开发法（Agile Development Method）是一种基于不同的价值理念、原则和核心实践的软件开发方法，是极限编程法的一种形式，通过及早、连续地交付有用的软件组件来使客户满意。相对而言，敏捷开发法较少地关注团队编程，而较多地关注限定项目范围。一个敏捷开发项目会设置最小限度的需求，并将它变为可交付的产品。敏捷开发法如同它的名字，快速而有效、小巧而敏捷，强调较低的成本、较少的功能，以及较短的时间开发项目。

敏捷开发法的价值理念主要体现为：沟通、反馈、价值与勇气。敏捷开发法强调互动与增量式的开发。频繁的迭代对于成功的系统开发是必不可少的。敏捷开发过程如图 5-46 所示。

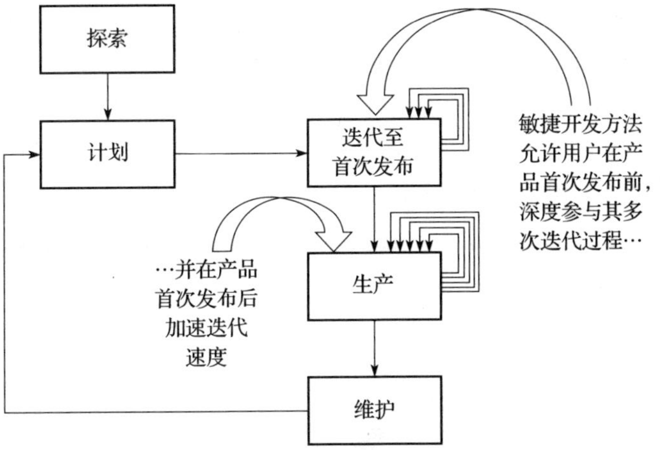

图 5-46　敏捷开发过程

敏捷联盟将改善软件开发过程作为使命，倡导以下原则。

（1）通过及早、连续地交付有价值的软件来使客户满意。

（2）即使是在开发的后期也欢迎需求的变化。

（3）在整个项目开发过程中，企业人员和开发人员必须每天一起工作。

（4）选择有积极性的人员来开发项目，为他们提供环境和支持，并且相信他们能完成任务。

（5）最好的架构、需求和设计来自自我组织的团队。

（6）团队会定期反思如何才能更为有效的开发，并相应地调整团队的行为。

敏捷开发实践有以下四个核心要点。

（1）短时间发布——开发团队压缩产品发布之间的时间间隔。

（2）每周工作 40h——团队在每周 40h 的工作时间内紧密合作。

（3）现场客户——作为业务专家的用户参与开发过程。

（4）结对编程——与自己选择的另一个程序员一起工作。

2. Scrum

Scrum 是迭代式增量软件开发过程，是敏捷方法论中的重要框架之一，通常用于敏捷软件开发，运用该流程能使团队高效工作。Scrum 包括了一系列实践和预定义角色的过程框架。Scrum 中的主要角色包括类似于项目经理的 Scrum 主管，负责维护过程和任务；产品负责人，代表利益所有者；开发团队，包括了所有开发人员。Scrum 方法是一种高强度的开发方法，其重要组成描述如下。

（1）产品待办事项列表（Product Backlog）：也称产品功能列表，由产品规格衍生而来，是设计人员根据用户故事为产品设计的功能和其他可交付成果。用户描述列表被重新组织，以便最重要的用户描述出现在顶部。

（2）冲刺待办事项（Sprint Backlog）：也称迭代任务，在一个冲刺周期中要完成的动态变化的任务列表，是上述待实现的产品功能或其他可交付成果的一部分。

（3）冲刺（Sprint）：一个冲刺周期，在此期间开发团队将迭代任务转换为可演示的软件。冲刺周期的长短可以有所不同，但通常是 2 ～ 4 周。在冲刺周期结束时，确定产品是否发布。

（4）每日例会（Daily Scrum）：一个简短会议，沟通是会议的首要原则。

（5）演示程序（Demo）：可以向客户演示的工作软件。

Scrum 强调迭代、协作、自组织和透明度，使团队能够更好地应对不断变化的需求和复杂性。系统团队在严格的时间框架内工作（通常为 2 ～ 4 周的开发时间）。在 Scrum 迭代开发中，一个冲刺周期的团队合作如图 5-47 所示。

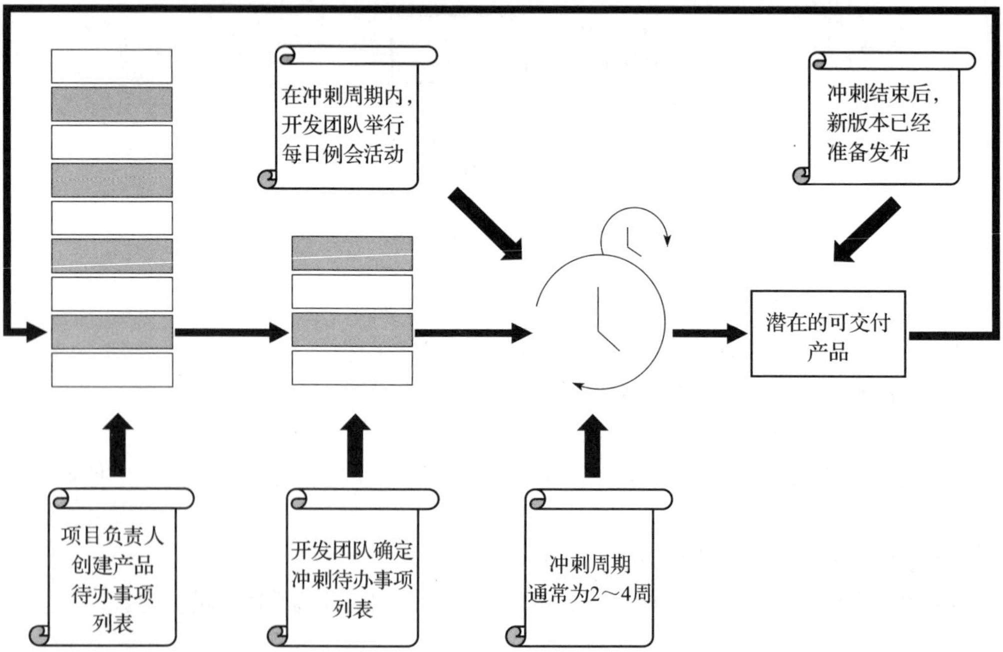

图 5-47　一个 Scrum 冲刺周期的团队合作

在一个 Scrum 冲刺周期中，首先由项目负责人创建产品待办事项列表，开发团队在此基础上确定本次冲刺周期中待办事项列表；一个冲刺周期通常为 2 ～ 4 周；在冲刺周期内，开发团队每天会举行每日例会活动；开发团队最终在一个冲刺周期内把待办事项转变为能够演示的工作软件，即潜在的可交付产品。

◎ 阅读材料 5-4

敏捷开发法的前世今生

20 世纪 90 年代，敏捷开发法作为一种新型软件开发方法开始步入人们的视野。与传统的瀑布开发方法不同，敏捷开发法强调迭代、快速交付和持续改进，大大降低了软件开发的时间成本，能够迅速适应各种软件开发的需求，因此在软件开发行业受到了广泛的关注。

2001 年 2 月 11 日—13 日，在犹他州的雪鸟滑雪胜地洛奇酒店，17 位软件开发领域的领军人物进行了一场具有历史意义的讨论。经过深入交流和讨论，他们在价值观和原则层面上达成共识，制定并发布了软件行业历史上最为重要的文件之一：敏捷宣言。参会者将自己命名为“敏捷联盟”(The Agile Alliance)，希望能够帮助软件行业中的其他人以新的、更敏捷的方式思考软件开发项目。

敏捷宣言中的价值观可以分为四点。一是个体与互动高于流程和工具。虽然流程和工具在软件开发过程中也很重要，但是更重要的是有能力的个体和高效的团队互动。二是工作的软件高于详尽的文档。软件开发的关键是产出可运行、已集成、已测试的产品。通过持续集成和持续交付，能够更好地跟踪项目进展。三是客户合作高于合同谈判。敏捷开发强调与客户的密切合作，这样有助于理解客户的需求，并进行快速响应。四是响应变化高于遵循计划。这意味着欢迎需求变化，哪怕是开发后期。

截至目前，敏捷宣言已被翻译成了 60 多种语言，并在全球范围内得到了广泛的传播和应用。更重要的是，敏捷的理念和原则不仅局限于软件行业，而是被推广至其他行业，并成为一种信仰，影响着人们的工作方式和思维模式。这一历史性的事件为软件开发领域开启了全新的篇章，为推动软件行业向更加灵活、创新的方向发展做出了重要的贡献。

5.6　信息系统外包

5.6.1　信息系统外包概述

信息系统的建设可以分为内包、自包和外包等不同的方式。其中，内包是指由组织内的 IT 专家来开发系统；自包是指在没有或者较少有 IT 专家帮助的情况下，最终用户自行开发 IT 系统或支持 IT 系统的运行；外包则是指企业将原来由企业内部完成的工作交给第三方，企业通过购买第三方提供的服务来完成。可见，信息系统外包是指将基础性、非核心的开发工作外包给外部优秀的专业团队，从而降低成本、提高效率、增强企业核心竞争力的一种高效开发方式。

信息系统外包（IS Outsourcing）是指一个组织将本组织信息系统的开发、维护与运行管理的部分或全部工作委托给外部的信息服务组织。随着计算机网络的普及与信息服务的发展，信息系统外包逐渐成为许多组织（如企业、政府部门）信息系统建设的重要方式。由于信息系统开发、维护与运行管理涉及专门的信息技术与管理方法，外包可以使信息系统的用户致力于本组织的核心业务，并且承包者一般是有较好资质的信息系统开发商、应用系统集成商或云服务提供商，用户可以得到良好的信息服务。正确的外包选择可以使企业和社会的资源配置更加合理，减少信息系统低水平、重复建设造成的资源浪费，特别适合缺乏信息系统专业人员而又急需信息系统的中小型企业。

信息系统外包使得组织能够让其他组织接管和履行某些业务职能。这为当今许多企业的数字化转型提供了一个重要的机会，能使组织保持市场和技术的领先，减少人力资源和财务资源方面的压力，确保 IT 基础架构能够与不断发展的市场环境同步。

5.6.2 信息系统外包的主要形式

由于划分方法的差异，可以将信息系统外包分为不同的形式。下面将从外包业务量以及战略意图两个角度对外包的形式进行介绍。

根据外包业务量的多少，信息系统外包可以分为整体性外包和选择性外包。整体性外包是指将 IT 职能的 80% 或更多外包给外包商，这种外包方式通常需要签订超过五年的外包协议，具有较高的风险性。由于涉及的范围广泛，整体性外包通常持续时间较长。发包方在选择整体性外包时需要十分谨慎，因为这种外包方式可能会使发包方的业务灵活性变弱，过度依赖接包方。

根据战略意图，信息系统外包可以分为信息系统改进型外包、业务提升型外包和商业开发型外包三种类型。其中，信息系统改进型外包旨在通过外包提高发包方的核心竞争力、改善绩效，如降低成本、改善服务质量等。业务提升型外包则是指通过外包商的业务承接开发发包方所需的技术和能力，更好地整理 IT 资源，从而培养基于 IT 的新业务能力。商业开发型外包则是通过外包为发包方降低成本，从而提高 IT 的投资收益。

5.6.3 信息系统外包的流程

信息系统外包的流程与系统开发生命周期在一些方面相似，但也存在很大的不同。不同之处在于信息系统外包将设计、开发、测试、实施和维护等步骤的大部分工作交给了另一个组织来完成。下面将概述信息系统外包的流程及相关的活动。

1. 招标信息发布

信息系统外包项目的需求通常来自开发组织之外，因此项目的需求和来源是项目启动的重要依据。企业通常会采取两种方式发布外包信息。一种是通过媒体发布招标信息，吸引潜在的开发商参与竞标。另一种是在有良好合作关系的软件公司范围内选择合适的开发商，这种方式通常更直接和有效。对于外包项目而言，选择合适的开发商是确保项目成功的重要因素，企业需要综合考量合作方的开发经验、技术实力、项目价格等要素。

2. 需求分析

在项目负责人与客户方面就项目进行深入洽谈并被接纳为候选开发商之后，技术人员可以前往客户现场进行详尽的项目需求调研。这一阶段的调研结果将成为项目开发范围的基础，同时也将作为制定项目预算的依据。在外包协议尚未签订之前，需求分析的结果主要用于对工作量和技术要求的分析，并以此作为项目费用预算的依据，这一阶段的工作对于确保项目的成功实施至关重要。

3. 项目启动

项目启动是指项目在开始阶段的一系列重要活动，主要包括三个阶段。首先，项目承担组织的高层管理者会宣布项目经理及其职责，并以文件的形式正式任命和发布这一信息。其次，项目经理需要编写项目章程，明确项目的背景、目标、组织结构及成员、项目范围、相关条件与约束、项目总体时间计划、项目风险及对策等关键信息。最后，举行正式的项目启动会议和仪式，以正式宣布项目的开始，并激励所有相关人员为项目的成功付出努力。

4. 组建项目开发团队

开发团队是由一定数量的个体成员组成的集体，其中包括组织内的成员、客户相关人员、供应商和其他与项目有关的人员。团队的组织和管理工作通常贯穿整个项目生命周期，从而确保项目的顺利进行。在组建开发团队时，需要根据项目的要求制订团队人员计划，即项目人力资源配置计划。项目经理需要管理和维护该计划，并根据项目的进展、内容变更或项目团队出现的各种情况进行调整，从而确保项目的顺利进行。

5. 信息系统开发活动

信息系统开发活动是指在项目启动后，进行项目开发过程中的一系列重要活动。从软件开发的观点出发，主要涉及使用适当的资源，包括人员、软硬件资源、时间等，进行相应的开发活动。这些活动的目的是将现有的需求转化为最终符合用户要求的系统。

6. 质量保证活动

信息系统开发项目能不能成功，主要取决于四个方面的因素：在约定的时间内完成开发，按预算的成本进行，完成了规定的系统功能范围，并达到了预定的质量标准。在这四个评判标准中，时间、成本和功能是比较容易进行量化跟踪和监控的。然而，对于质量的评判则较为困难。为了确保系统开发的质量，开发团队需要采取一系列措施，包括进行充分的测试、采用合适的开发方法和工具、制定并执行严格的质量控制流程等。

7. 项目交付与验收

软件外包的结果是承包方向发包方提交开发完成的成果物，涵盖了项目从开始到结束过程中产生的各种需要提交的内容，包括技术文档、代码、测试文档和测试结果等。总体上讲，外包项目的成果是承包方和发包方共同努力的结果，需要双方密切合作、协调沟通，以确保项目的顺利完成和成功交付。

5.6.4　信息系统外包的优缺点

信息系统是否外包对企业而言是重要的决策，这就需要进一步了解信息系统外包的主要优点和缺点。

组织将从信息系统外包中获益。信息系统外包的主要优点如下。

（1）通过把支持非关键业务的系统开发工作进行外包，组织能够将力量集中在支持重要的、独特的核心竞争力的系统开发上。

（2）信息系统外包使得组织可以通过购买的形式从另一个组织获得知识资本。

（3）无论是将系统开发，还是将某些其他的业务功能进行外包，组织会进行精确的成本估算。

（4）信息系统外包使得组织能够获得前沿技术，而不需要掌握专业知识并承担技术选择错误的内在风险。

（5）信息系统外包常常被看成是组织的“资金节省器”，降低成本是组织实施外包的重要原因之一。

（6）通过外包能够从承包商那里获得高性能的系统。

信息系统外包也会给组织带来一些问题。信息系统外包的主要缺点如下。

（1）降低了对未来技术变革的了解程度。

（2）降低了对系统功能的控制力。

（3）增加了战略信息的脆弱性。

（4）增加了对其他组织的依赖性。

随着信息技术的快速发展，国内外各行业市场竞争日趋激烈，企业不得不集中优势资源到自身的核心业务上。随着信息技术的快速发展和普及，信息系统外包的开发方式逐渐为越来越多的企业和组织所青睐，这种趋势将会在未来继续得到加强和推广。

◎ 阅读材料 5-5

外包 VS. 自主开发：中国通服江西电子档案系统建设

随着信息化与大数据时代的到来，中国通信服务股份有限公司（以下简称中国通服）已成为我国新一代综合智慧服务商，主要服务于各行业的信息化改革与建设。作为该公司在江西的分公司，中国通服江西的业务涉及渠道建设、网络维护等领域。2019 年初，中国通服江西档案部在归档时发现，公司 T 项目财务数据的电子档案与纸质档案间存在偏差。然而，档案核对工作落实难度极大。该档案部耗时半个月才完成档案复核工作，并查明档案偏差产生的原因。由于档案查阅工作过于繁重，公司高层经过讨论，决定建设电子档案系统。

然而，针对电子档案系统开发选择内包还是外包的问题，公司内部存在较大分歧。大部分人员认为公司资金充裕，主张直接将系统外包给有经验的开发团队，沟通清楚所需系统目标、功能与标准，稍稍等待便可用上一个相对稳定、成熟的电子档案系统。部分技术人员则认为自主开发更适合公司选择。相比较而言，外包确实更加省时省力，然而系统的后续维护也是一项长期工作。如果全部外包给第三方团队，那么当面临系统故障难题时，公司将迫不得已向外包团队寻求帮助，这将对工作效率产生一定影响。相反，由于公司内部技术人员更熟悉业务逻辑，如果选择自主开发，则有可能设计出更加适用于公司实际档案状况的信息管理系统，同时也可以培养内部技术人员的开发能力与经验。

经过分析比较，自主开发比外包方式更适合该公司。建设电子档案系统的最终目的是打破信息孤岛，这就要求在现有业务系统间搭建数据沟通桥梁。以自主开发的方式推进电子档案系统的建设，可以使公司更好地管理和利用档案信息，进而促进公司彻底治理信息孤岛。2020 年 3 月，中国通服江西电子档案系统成功上线运行，其档案部的工作效率得到极大的提升。

由此可见，外包与内包是企业项目开发中的两种不同策略，而策略本身并没有优劣之分。在企业项目开发中，选择内包还是外包需要根据具体情况和业务需求而定。相比较而言，内包可以充分发挥企业自身的专业性与自主性，确保企业对项目的全面掌控；外包则可以在保证项目成本基本可控的情况下，获得有优势的技术与人才资源。企业在选择开发策略时，应全面考虑内外部因素，包括自身资源、业务环境、技术能力以及外部市场等，从而制定更加科学与合理的决策。

◎ 综合案例　A 公司“智慧客服”产品的敏捷开发

1. 企业介绍

A 公司是最大的在线汽车广告及线索服务供应商，运营中国领先的汽车消费者在线服务平台。自 2018 年起，A 公司专注于用人工智能、大数据及云计算开发全套智能产品和解决方案，通过提供跨价值链的端到端数据驱动产品和解决方案，构建一个连接汽车行业所有参与者的集成生态系统（3.0 战略：智能生态）。本案例中的“智慧客服”正是该公司从 2.0 战略向 3.0 战略推进过程中，研发的多款以人工智能技术为业务赋能产品中有代表性的一种。

2. 产品介绍

智能客服是利用聊天机器人模拟人类客服为被服务对象提供信息服务的一种软件系统。智能客服多应用在客服与被服务对象非面对面时进行文字沟通的场景。其他（如电话、实体机器人等）形式的智能客服近年来也较多见。智能客服在没有真人客服提供服务的情况下，为被服务对象提供一种基于自然语言的快捷有效的沟通方式。相较于用户自助系统，智能客服可以使被服务对象获得更好的用户体验。现在企业多出于成本方面的考虑，采用智能客服与人工客服相结合的方式为用户提供服务。首先由智能客服为用户提供服务，当解决问题的难度超出智能客服能力时则升级为人工客服处理。

A 公司致力于打造一款能够代替经销商销售顾问处理“400”来电咨询的“智慧客服”产品。这个“智慧客服”一定要给消费者提供与真人接待一样的体验，不降低消费者用户体验的同时把经销商销售顾问从随时需要接听“400”来电咨询的工作中解脱出来。最终形成消费者体验满意、经销商销售顾问工作强度降低、网站服务更加受消费者和经销商欢迎的三赢局面。

3. 系统开发过程及功能介绍

对于 A 公司来说，人工智能产品研发项目相对于传统互联网产品研发项目，具有更高的不确定性，特别是算法效果的不确定性。尤其是项目冷启动阶段，只有少量训练数据甚至没有训练数据用于训练算法模型。而算法模型的效果直接决定人工智能产品能否满足应用需求，也是项目最终能否成功的关键。传统互联网产品不存在这方面的风险，在需求确定的一刻，最终功能效果即确定。敏捷开发以用户的需求进化为核心，采用迭代、循序渐进的方法进行软件开发，适合低成本快速试错，为高不确定性、高投资风险的人工智能产品研发提供了降低不确定性和投资风险的解决思路。从这个角度来说，人工智能产品研发项目更适合采用敏捷开发法。A 公司人工智能产品项目敏捷开发过程如图 5-48 所示。

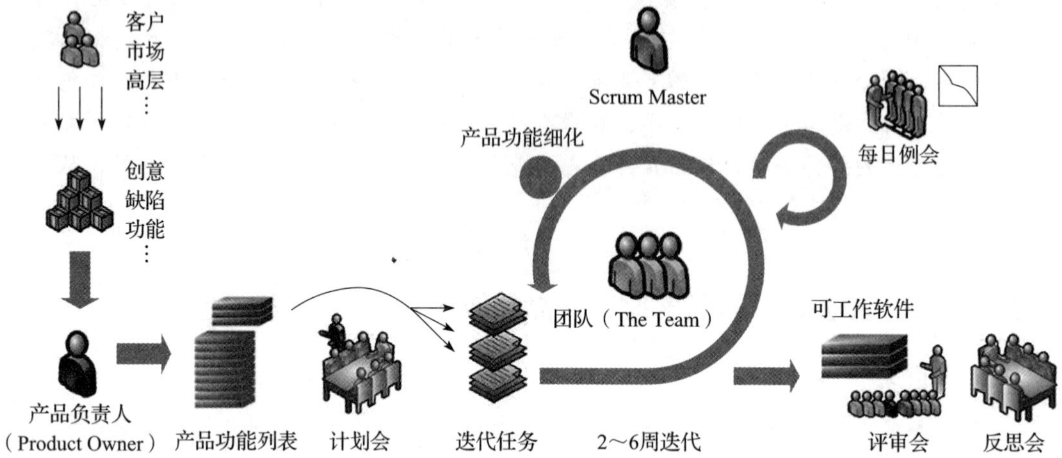

图 5-48　A 公司人工智能产品项目敏捷开发过程

经过数据技术团队开会讨论，认定“智慧客服”在技术上是可行的，并设计了“智慧客服”需要具备的功能模块：对话管理模块，构建智慧客服的对话；对话引擎模块，实时理解对方语义并做出正确回应；机器人训练模块，管理训练语料和训练意图识别模型；知识图谱模块，存储和调取对话所需要的知识信息；ASR（语音识别技术），用于对话引擎模块做自然语言理解（NLU）；TTS（文本—语音转换），用于语音对话；通信管理模块，支撑“智慧客服”接听或拨打电话。A 公司“智慧客服”模块架构图如图 5-49 所示。

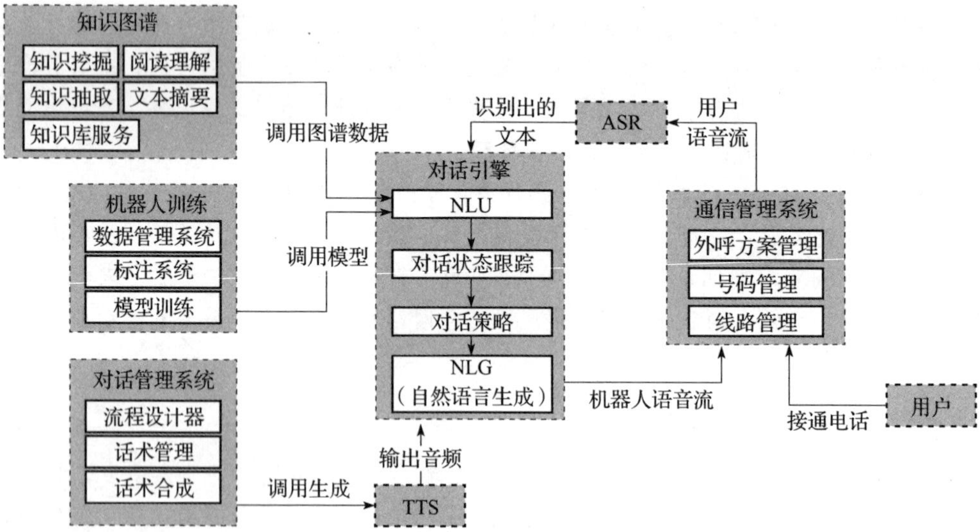

图 5-49　A 公司“智慧客服”模块架构图

经过会上讨论和分析，确定团队现有能力范围内可开发的模块有对话管理模块、对话引擎模块；需要技术攻关的模块有对话训练模块、通信管理模块；现有能力无法完成的模块有 ASR、TTS；对论证可行性无影响的模块是知识图谱。数据技术团队组成一个项目组，决定采用 Scrum 方法开发“智慧客服”产品，并决定根据实际情况将一周至二周作为一个迭代周期。第一个迭代主要做需求分析、技术调研和详细设计工作，为期一周。经过第一次迭代后，项目组决定接下来的迭代时间为两周，迭代内完成所有模块的开发工作，剩下的一周进行第三个迭代，做模块集成工作。经过三个迭代，“智慧客服”的最小可用产品如期上线。数据技术团队成员纷纷试用。虽然与真人对话的体验相比差距比较大，但整个对话流程都能行得通，证明了实现“智慧客服”的技术方案是可行的。

数据技术团队进一步总结了前三个迭代遇到的响应速度慢、声音与真人声音差别大等问题，把让工作产出尽早地在系统中体现出来作为第一目标，使每个需求点都以迭代的方式去完成。以上传录音的页面为例，即使与上传功能相关的程序还没有实现，但页面前端布局完成后就发布到系统中让项目组都可以看到。然后再完成与上传功能相关的程序。在这样的思路指导下，项目组把接下来要改进的需求功能点列入 Backlog（待办事项）。考虑到都是一些细节上的优化，并且没有大的功能模块开发，因此确定每个迭代周期为一周。在每次迭代工作评审会上，根据“智慧客服”演示的情况，项目组很容易明确下一个迭代要做的工作，Backlog 中的内容也在不断增加和删除。

一个月后，“智慧客服”优化版上线。事业部领导对优化后的“智慧客服”表示满意，希望尽快把“智慧客服”纳入公司 3.0 战略转型，打造成一款商业产品提供给客户使用。在公司的安排下，产品团队和商业产品研发团队加入“智慧客服”商业产品研发，使得研发力量大大增强，但矛盾也随之出现。新加入的产品团队和商业产品研发团队习惯采用瀑布式开发，而数据技术团队刚刚尝试了 Scrum 敏捷开发并认为其取得了有益成果。新成员对 Scrum 敏捷开发表达了自己的疑虑。如果项目组采用 Scrum 敏捷开发，无疑使得之前产品经理和开发人员角色之间很明确的分工不得不调整。之前由产品经理负责产出的产品需求文档变成了 Backlog 里的用户故事。按以往的工作分工和协作习惯，产品需求文档就是产品经理工作的产出物，研发团队完全依据产品需求文档来开发产品。如果产品符合文档描述但又不满足用户需求，那么研发团队不承担责任。Scrum 敏捷开发支持口头沟通胜于文档，那么如果出现产出的功能与沟通的结论不一致，又没有文档可参照的情况怎么办。数字技术团队项目组同意部分工作按照传统的瀑布式模式运行，并希望在今后的工作中展示出 Scrum 敏捷开发的优势来说服新成员。三个团队确定分工：产品团队负责商业产品设计及收集用户反馈推动迭代优化；商业产品研发团队负责客户管理等与“智慧客服”相关的信息系统的开发；数据技术团队负责“智慧客服”对话能力构建。这样的分工既兼顾了各团队擅长的工作，又允许不同团队采用不同的开发方法。“智慧客服”的对话能力构建基本没有用户使用的界面，也不需要产品经理输出详尽的产品需求文档，只需要产品经理给出用户反馈即可。产品经理也同意尝试以用户故事的方式向数据技术团队输出需求。

两个月后，A 公司“智慧客服”产品发布。该产品既能代替经销商销售顾问接听“400”咨询电话，又能帮助销售顾问致电潜在客户确定潜在客户的买车意愿并邀约他们到店试驾或洽谈成交，大大减轻了销售顾问的工作强度，使销售顾问能专心服务到店的客户。由于产品设计始终遵循站在用户视角去审视产品能否真正满足用户的原则，产品一经推出就得到汽车主机厂及经销商的认可，购买量快速上升。然而，经过一段时间的使用，客户对产品的投诉渐渐多了起来，甚至有客户吐槽“智慧客服”没有智慧，不是人工智能，是人工智障。负责收集用户反馈的产品团队也对数据技术团队表达不满，要求数据技术团队立即把问题解决。

数据技术团队分析了客户所投诉的问题，基本上与“智慧客服”不能正确理解用户所说的意思，从而做出了错误的应答有关。项目组分析原因，认为“智慧客服”能否正确理解人类语言的意思要受到几个因素的影响。首先，ASR能否把人类的语言正确转换成文本。如果ASR输出的文本是错的，将对下一环节的意图识别造成很大影响。而ASR能否把人类的语言正确转换成文本又要受人说话声音的大小、吐字是否清楚、地方口音和方言及环境噪声的影响。其次，意图识别模型能否正确识别文本的意思。如果意图识别模型识别出了错误的结果，“智慧客服”自然会给出错误的回应。再次，“智慧客服”没办法像人一样通过对对话意思的理解来判断对方的发言是否完成，只能依靠对方多长时间没有发出声音来判断。最后，“智慧客服”通过文本来理解对方的意思。人在面对多个人说话时可以轻松识别出与自己相关的声音，但现有技术条件下的“智慧客服”无法做到这一点。

“智慧客服”与人对话的场景是在电话里，它面对的影响因素都是不可控的。从技术角度很容易理解“智慧客服”可能出现的问题，但很多客户是在只看到“智慧客服”好的一面、智能的一面的情况下决定购买的，对“智慧客服”的期望值很高。项目组达成了共识，组建兼职核查团队的同时协同销售部门做好客户的解释安抚工作。兼职核查团队到位后，开始按周统计并报告线上“智慧客服”的准确率和召回率，并把发现的错误情况于每天中午发给算法工程师进行优化。算法工程师下午优化后，晚上上线新版模型。项目组既可以及时掌握线上情况，又可以了解优化效果。如此迭代优化一个月的时间，“智慧客服”的准确率和召回率逐渐由80%左右上升到了90%。但与项目组的优化目标——95%以上还有差距。与此同时，在销售部门的解释说明和安抚下，随着“智慧客服”准确率、召回率的提升，客户的质疑声逐渐消失。又经过两个月的系统功能迭代，“智慧客服”在对话中比较明显的问题均得到有效解决。线上准确率、召回率均达到95%左右并能保持稳定。

2020年初夏的午后，某豪华汽车品牌B公司智能客服项目招标POC（概念验证）测试评分公布，A公司“智慧客服”产品技术综合得分第一，战胜了几家参与竞标的行业知名的头部云服务公司。A公司历时近4个月的项目，终于收获了令人满意的结果。这是来自重要客户的肯定，是对A公司“智慧客服”产品技术能力最好的背书。

思考题：

1. A公司为什么采用敏捷方法开发“智慧客服”？
2. A公司具体是怎样进行敏捷开发的？过程中有哪些好的做法？存在哪些问题？
3. 在开发一款产品原型时，应该注意什么？
4. 要开发一款AI产品，关键成功因素有哪些？

◎ 复习思考题

1. 什么是信息系统开发的结构化生命周期法？其基本思路与主要原则是什么？
2. 结构化分析方法与工具有哪些特点？
3. 试述数据流图与数据词典在系统分析中的作用以及绘制的方法与步骤。
4. 试述结构化设计中的HIPO技术。

5. 结构化生命周期法存在的主要问题有哪些？
6. 试述原型法的基本思想与工作步骤。
7. 原型法有什么优缺点？适用于哪种类型的项目？
8. 什么叫对象？对象和类有什么区别？
9. 试述面向对象方法中的继承性、封装性和多态性。
10. 统一建模语言的主要内容包括哪几个部分？
11. 统一建模语言中有哪几种主要的图形？这些图形的主要作用是什么？
12. 简述面向对象开发过程。
13. 试述面向对象方法中的分析阶段和设计阶段的主要工作。
14. 简述基于组件的开发方法。
15. 敏捷开发法与极限编程法的主要区别是什么？
16. 什么是信息系统外包？信息系统外包有哪些主要形式？
17. 简述信息系统外包的流程。
18. 选择你熟悉的与信息系统开发相关的单位或部门，调研其信息系统开发中所采用的开发方法，并给出信息系统开发过程。
19. 选择你熟悉的小单位或小部门，按面向对象方法进行需求分析、系统分析与系统设计。提出基于 UML 的面向对象分析与设计模型。

◎ 参考文献

[1] 甘仞初. 管理信息系统［M］. 2 版. 北京：机械工业出版社，2008.

[2] 肯德尔 K E，肯德尔 J E. 系统分析与设计（英文版）［M］. 北京：机械工业出版社，2020.

[3] 惠滕，本特利. 系统分析与设计导论［M］. 肖刚，孙慧，等译. 北京：机械工业出版社，2012.

[4] 杨曙贤. 软件外包概论［M］. 北京：人民邮电出版社，2015.

[5] 哈格，卡明斯. 信息时代的管理信息系统：第 9 版［M］. 颜志军，贾琳，尹秋菊，等译. 北京：机械工业出版社，2019.

[6] LAUDON K C，LAUDON J P，BRABSTON M E. Management information systems：managing the digital firm［M］. New Jersy：Prentice Hall，2018.

[7] SATZINGER J W，JACKSON R B，BURD S D. Introduction to systems analysis and design：an agile，iterative approach：4th ed［M］. 北京：机械工业出版社，2014.

[8] 马丁. 敏捷整洁之道：回归本源（英文版）［M］. 北京：人民邮电出版社，2020.

[9] 张成洪，魏忠，胥正川，等. 管理信息系统［M］. 7 版. 北京：清华大学出版社，2022.

[10] 黄梯云，李一军. 管理信息系统［M］. 7 版. 北京：高等教育出版社，2019.

[11] 胡笑梅，张子振. 管理信息系统［M］. 北京：机械工业出版社，2021.

[12] 埃尔. SOA 架构：服务和微服务分析及设计：第 2 版［M］. 李东，李多，译. 北京：机械工业出版社，2017.

[13] 雅各布森，布谢，朗博．统一软件开发过程［M］．周伯生，冯学民，樊东平，译．北京：机械工业出版社，2002.

[14] 谢凯．农业银行构建“金融＋场景＋服务”的开放生态［J］．金融电子化，2020（7）：42-44.

[15] 中国管理案例共享中心．“水”到渠成：山脉科技河湖长制管理信息系统开发之路［EB/OL］．（2019-10-05）［2023-08-10］．http://www.cmcc-dlut.cn/Cases/Detail/5952.

[16] 老王聊研发管理．敏捷宣言及完整解读［EB/OL］．（2022-02-20）［2023-12-12］．https://baijiahao.baidu.com/s?id=1725247386344776884&wfr=spider&for=pc.

[17] 中国管理案例共享中心．打破信息孤岛，构建数据桥梁——中国通服：电子档案系统建设之路［EB/OL］．（2022-01-01）［2023-08-05］．http://www.cmcc-dlut.cn/Cases/Detail/5951.

CHAPTER 6

第6章

信息系统在组织中的主要应用

本章主要讨论信息系统在组织中的主要应用，包括企业资源计划、客户关系管理、供应链管理、知识管理和商务智能。通过不同的信息系统的具体案例，深入分析这些信息系统能够为组织带来的支持作用。

■ 开篇案例　盒马鲜生：数据驱动核心能力建设

走进任何一家盒马鲜生（以下简称“盒马”）店，你不仅可以看到类似超市的生鲜产品陈列区，还可以看到生鲜产品加工区和就餐区，以及挂在天花板悬挂链上徐徐流动着的拣货袋。这是一家超市还是一家餐饮店？面对客户的好奇，盒马创始人兼CEO侯毅回答道：“这不是超市也不是餐饮店，而是一个数据和技术驱动的新零售平台。”

盒马隶属于阿里巴巴集团。创建于1999年的阿里巴巴集团（以下简称“阿里”），是中国最大的电子商务企业，于2014年开始向线下延伸业务。按照侯毅的说法，盒马是针对生鲜行业缺少高品质、安全、新鲜食品的痛点而创建的商业模式，而数据和技术在盒马的运营过程中具有核心作用，主要体现在以下方面。

（1）数据选址。在线下开店首先要面临选址问题。盒马选址的首要依据就是支付宝用户的大数据画像。当盒马考察某个地址时，会对周边3km支付宝活跃用户进行大数据分析，这些数据来源于支付宝消费，或者微信、微博等第三方平台。盒马之所以将成都首店开在红牌楼区域而不是传统商圈春熙路上，就是因为大数据分析显示红牌楼区域的网购用户数量相对较大，客单价也较高。

（2）门店引流。盒马App是其线下线上流量转换的关键节点，盒马所有渠道、场景都在为App导流。第一，客户到线下店消费，被强制用App结算。第二，在盒马线下线上商品实现同种、同质、同价的前提下，线下商品都附有条形码。客户在线下店时可以通过App扫描条形码后在线上下单，然后商品就会被快递回家。第三，盒马线下店内有自助结账机器，可以让客户自己扫商品码并通过App自助支付，从而省却了排队的麻烦。第四，客户在餐饮区点餐后，盒马会在餐品准备好后用 App 提醒客户，这样客户可以边等餐边逛盒马超市。

（3）个性化营销。线上线下客户都通过 App 结算的举措，让盒马统一了其线上线下会员，并获得了会员线上线下全方位的消费需求和消费习惯数据。基于这些数据，盒马 App 引入了阿里的个性化推荐技术，实现了面向不同客户的千人千面式营销。而营销互动场景，可以是实体店的各种聚会，也可以是线上各种形式的促销。例如，当某种商品需要促销时，盒马 App 会将促销信息直接发送给需要此类商品的客户。由于掌握了客户的清晰画像，盒马的广告基本上都是能引起客户共鸣的场景式内容。

（4）智慧供应链管理。盒马从商品采购到仓储物流，再到配送给消费者的供应链，都是借助新技术和设备进行管理的。盒马的供应链管理系统构建在阿里云系统之上，包括 ERP 系统、门店 POS 系统、物流系统、配送系统以及 App 系统。这些系统对盒马会员、商品、营销、交易、供应链和门店作业实现了全面的数字化管理。利用这些系统中产生的数据与盒马体系外的数据，在诸如深度学习、图像识别、语音识别、温度识别和定位等技术的支持下，形成了具备选品、仓储管理、门店作业、订单履约与配送等供应链运营管理能力的智能算法模型。

随着 5G 时代的到来，盒马意识到更多的数据来源以及由此产生的更多商机。因此，盒马希望借助物联网技术加强线上线下渠道建设，并凭借渠道能力赢得在产业链上的议价权和定价权。针对线上渠道，除盒马 App 外，淘宝、饿了么等其他阿里系电商渠道也将成为盒马引流渠道；针对线下渠道，除自有实体店外，盒马还通过赋能的方式将战略合作伙伴的渠道变成自己的渠道，“盒小马”就是一例。线上线下渠道的拓展，不仅能为盒马带来规模市场，也能带来大量实时的一线数据。这些规模采购量和大数据将成为盒马实现商品采购议价权的筹码。

思考题：

1. 盒马采用了哪些数据和技术驱动？
2. 数据和技术驱动形成了盒马的哪些核心能力？
3. 盒马数据和技术驱动所成就的核心能力与商业模式间存在怎样的关联？
4. 盒马如何进一步实现数据和技术驱动的创新？

资料来源：张文清，朱琼，盒马：中国零售市场的新物种，中国工商管理国际案例库，2019。

6.1 企业资源计划

企业资源计划（Enterprise Resource Planning，ERP）于 20 世纪 90 年代初由美国著名信息技术研究和分析公司 Gartner 首先提出。ERP 是指基于信息技术，结合现代系统化的管理思想，整合企业内外所有资源，为企业战略决策及员工运营决策提供支持的管理平台。

6.1.1 企业资源计划的相关概念及发展历程

ERP 的发展历程可以追溯到 20 世纪 40 年代初期。西方经济学家基于随时间推移库存物料被使用的规律，提出了订货点法，应用于企业的库存管理。为解决订货点法的诸多问题，20 世纪 60 年代中期，基于独立需求和相关需求，物料需求计划（Material Requirement Planning，MRP）的概念被提出。20 世纪 70 年代，通过增加用于销售计划、客户订单处理和粗略产能规划的工具，MRP 系统得到了增强，并被称为闭环 MRP。20 世纪 80 年代，为了解决闭环 MRP 仅针对物流管理的局限性，出现了制造资源计划（Manufacturing Resource Planning，MRP Ⅱ）。MRP Ⅱ 集成了生产、财务、销售、采购、工程技术等子系统，引领了集成业务系统的发展，实现了物流和资金流的一体化。到 20 世纪 90 年代，随着计算机网络技术的成熟，局限于企业内部资源管理的 MRP Ⅱ 逐渐发展成企业资源计划。ERP 提供了公司财务会计、人力资源、供应链管理和客户信息中所有信息流的无缝集成。21 世纪初，美国 Gartner 公司扩展了 ERP，通过增加与客户及公司之间的联系，形成共同发展的生存链，产生了 ERP Ⅱ。因此，ERP 的演变过程大致经历了六个阶段：订货点法、MRP、闭环 MRP、MRP Ⅱ、ERP 以及 ERP Ⅱ。

1. 订货点法

订货点法（Reorder Point Method）又称安全库存法，是指当库存物料随着消耗而降低到某一个点时，便开始采购该物料来补充库存的订购方法。该方法基于实际的库存水平和历史订货量计算下一个订货点，从而确保企业保持安全库存水平，如图 6-1 所示。订货点法的选取主要基于以下三个关键因素。

（1）订货提前期（Lead Time）：从下订单到收到库存的时间，包括订购、运输、检验和入库等各个环节。

（2）需求量（Demand）：某个时间段内的销售量或预测的需求量。

（3）安全库存量（Safety Stock）：在订货到货之前需要存放在库存中的额外量，以应对突发情况。

基于以上因素，订货点法的计算公式为：

订货点 =（单位时间的需求量 × 订货提前期）+ 安全库存量

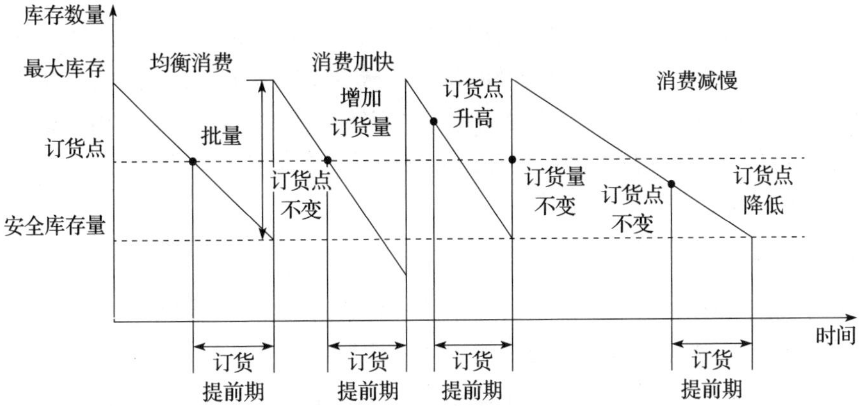

图 6-1　订货点法

订货点法是一种重要的库存管理工具，可以帮助企业避免库存短缺和过剩，提高库存管理效率，并降低库存成本。然而，在实际应用中，它也存在以下局限性。

（1）基于历史数据。订货点法是基于大量的历史数据和平均使用量来计算的。因此，如果需求量、供应链、交通运输等发生变化，可能会导致订货点法的计算结果不准确。

（2）忽略季节性需求。订货点法只基于平均每日使用量计算，而忽略了某些季节性需求的周期性变化，这可能导致库存过剩或不足。

（3）不适用于高风险库存。订货点法不适用于高风险库存，如易损坏物品、易过期物品、贵重物品等。

（4）忽略供应链风险。订货点法只关注企业自身的库存管理，而忽略了供应链中可能存在的风险，如供应商的交货延迟或质量问题。

2. MRP

MRP 是一种由需求驱动，用于计算和管理生产过程中所需物料的计划方法，旨在确保生产过程中所需物料的及时供应，从而最小化库存和减少生产成本。通过分析产品生产过程和物料清单，根据生产计划、库存状况和提前期，确定每种物料的需求量和需求时间，从而确定材料的加工进度和订货日程，实现生产计划的顺利执行。MRP 主要利用以下四个关键信息。

（1）主生产计划（Master Production Schedule，MPS）。在某一计划时间段内，基于销售订单和市场需求预测确定每个具体的最终产品的生产数量。它是制订 MRP 的主要依据。

（2）物料清单（Bill of Material，BOM）。物料清单是指产品组成的清单，包括产品所需的原材料、零部件、工具和设备等信息。它指明了物料之间的结构关系，以及每种物料需求的数量，是 MRP 中最为基础的数据。

（3）库存信息。库存信息是指企业现有的原材料和半成品库存信息，反映了每个物料品目的现有库存量和计划接受量的实际状态。它可以指导采购计划和生产计划，避免物料短缺和库存积压等问题。

（4）提前期。提前期是指从下订单到供货到位所需的时间，用于指导物料的采购计划和生产计划，决定着每种物料何时开工、何时完工，从而确保物料的及时供应，避免物料短缺和生产停滞等问题。

相对于订货点法，MRP 通过物料清单解决了独立需求和相关需求的脱节问题。实施 MRP 可以确保生产过程中所需物料的及时供应，减少库存成本，并通过协调生产计划和物料供应提高供应链的协调性和响应能力，优化供应链管理。然而，由于 MRP 需要良好的信息系统支持和准确的数据支持，因此也存在依赖市场需求预测、不适用于灵活生产、无法应对紧急需求和需要大量数据支持等不足之处。

3. 闭环 MRP

闭环 MRP 是在 MRP 的基础上发展而来的一种改进版本。它将生产计划、采购计划和库存管理等业务过程融合在一起，通过使用实时数据和信息反馈，及时做出动态调整和修正，确保计划的准确性和可行性，实现闭环控制，如图 6-2 所示。

闭环 MRP 包括了主生产计划和物料需求计划，闭环 MRP 系统的工作原理则是在 MRP 的基础上，增加粗能力计划和能力需求计划，以此对 MRP 进行校检、执行和控制。其流程主要分为以下三个步骤。

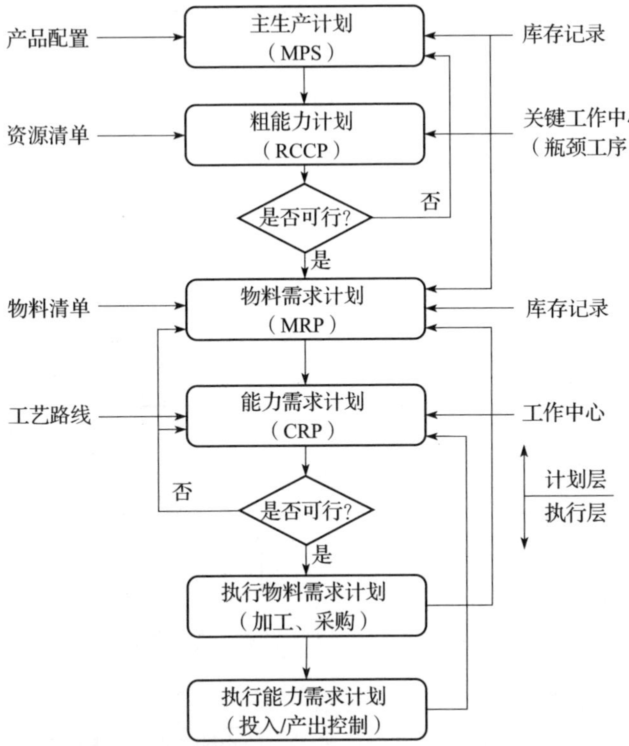

图 6-2　闭环 MRP 示意图

（1）MRP 计算。根据销售预测、库存、生产计划和物料清单等数据，计算出每个部件的需求量和采购计划，生成 MRP 表。

（2）计划执行。根据 MRP 表中的需求量和采购计划，采购部门开始采购物料，生产部门开始安排生产任务，这些执行过程中产生的实时数据（如采购到货时间、生产完成时间等）将反馈到系统中。

（3）MRP 调整。系统根据实时数据和信息反馈，对原有的 MRP 表进行调整和修正，从而确保主生产计划和物料需求计划与实际情况保持一致。如果出现了不符合计划的情况（如物料短缺、生产延误等），系统将根据调整后的 MRP 表重新计算和安排生产和采购任务，从而实现闭环控制。

相对于物料需求计划，闭环 MRP 解决了能力问题，即生产计划必须与采购能力和生产能力关联起来。闭环 MRP 的特点是具有更高的实时性和灵活性，能够及时响应生产过程中的变化和调整，从而更好地适应市场需求的变化。通过在计划执行过程中加入反馈控制机制，实时监控生产过程中的变化，如生产延迟、质量问题等，并根据这些变化及时进行调整，从而确保计划的准确性和可行性。为了更好地实现资源协调和优化，闭环 MRP 不仅包含了 MRP 的功能，还集成了其他生产管理系统、质量管理系统、供应链管理系统等。总之，相对于传统的 MRP 系统来说，闭环 MRP 更为全面、灵活和高效，能够更好地应对复杂的生产环境和变化，为企业提供更准确可靠的生产计划和资源管理支持。

4. MRP Ⅱ

MRP Ⅱ是对 MRP 的进一步发展。与 MRP 不同，MRP Ⅱ不仅考虑到物料需求计划，还考虑到人力资源、设备、资金、能源等制造企业的资源管理。它是一个集成了生产计划、库存控制、采购管理、生产计划、设备维修等多个功能的综合性管理系统，旨在帮助企业优化其生产过程，提高效率和生产能力，如图 6-3 所示。

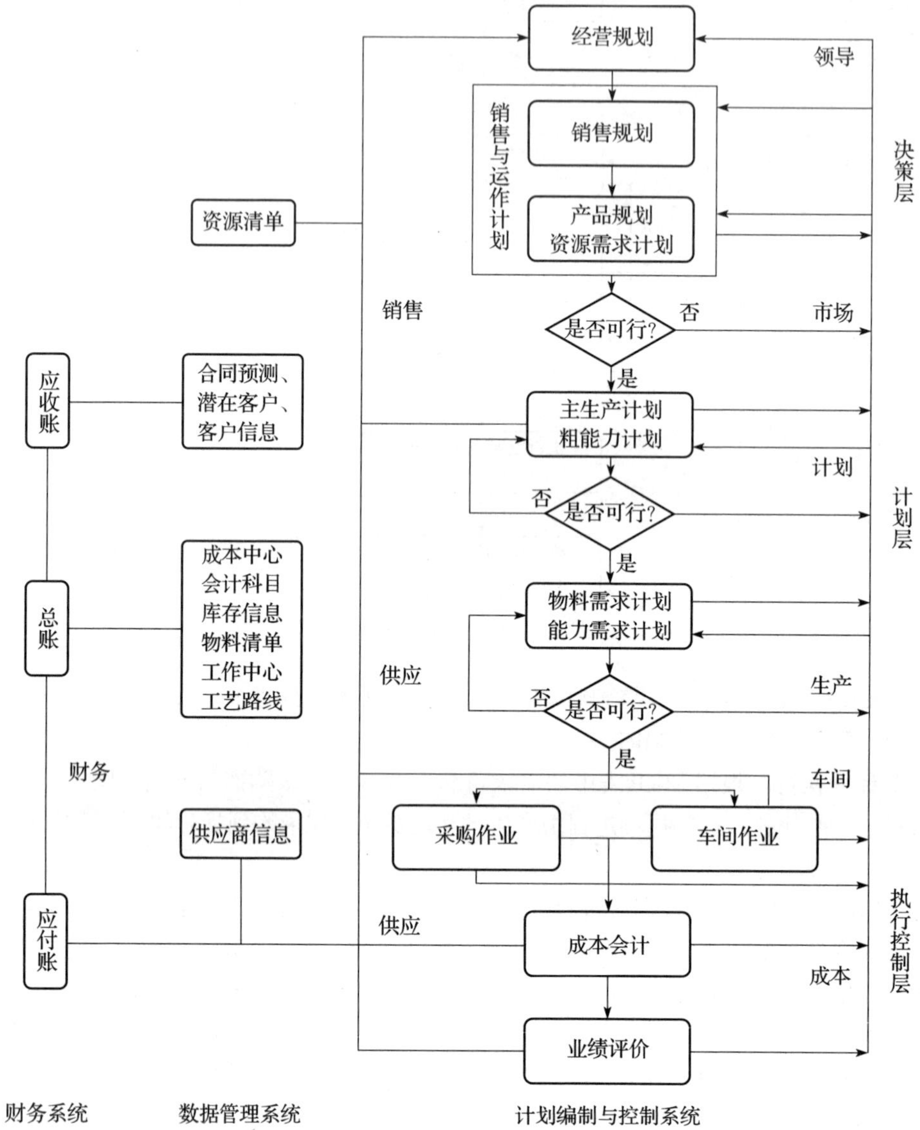

图 6-3 MRP Ⅱ示意图

MRP Ⅱ主要由数据管理系统、计划编制与控制系统、财务系统三个子系统组成。数据管理系统将物料基础数据、供应商基础数据、客户基础数据、生产资源基础数据等整合在一起，为后续的计划编制与控制系统、财务系统提供数据支持。计划编制与控制系统基于数据管理系统提供的基础数据，通过一系列算法进行物料需求计划、生产计划、生产控制等计划编制和调度控制，并通过反馈机制不断地更新和调整计划，以实现计划与实际生产之间的一致性，优化生产流程和资源分配。财务系统主要负责成本控制、预算管理和财务分析，与生产活动紧密集成，以确保财务上的可持续性。

MRP Ⅱ主要有以下几个特点。

（1）高度自动化。MRP Ⅱ采用先进的计算机技术和自动化工具，可以实现计划、调度、控制等多个环节的自动化处理，减少人工干预和管理成本。

（2）高度集成化。MRP Ⅱ可以与企业内部各个部门和外部合作伙伴进行数据共享和集成，实现信息的快速传递和协作管理。

（3）高度可定制化。MRP Ⅱ可以根据企业的具体需求进行定制，满足企业不同业务流程和管理要求。

（4）高度智能化。MRP Ⅱ可以根据市场需求、物料供应和生产能力等因素，自动调整计划和排程，提高企业的生产效率和竞争力。

相对于闭环 MRP。MRP Ⅱ首次将财务能力考虑进来，其应用范围更广泛，涵盖制造业、零售业、服务业等各个行业。它可以帮助企业提高生产效率、降低成本、提高客户满意度和市场反应速度，从而提高企业的竞争力和盈利能力，是一个比较完整的生产经营管理系统。

5. ERP

ERP 是一种基于 MRP Ⅱ发展起来的以信息技术为基础的企业管理软件系统，针对制造业进行物质资源、信息资源、资金资源等的一体化管理。MRP Ⅱ主要解决的是企业内部物料计划和生产计划的问题，重点在生产计划和物料管理，而 ERP 在此基础上增加了更多的业务功能，包括采购、销售、库存管理、财务会计、人力资源等方面的管理，主要体现业务流程自动化。同时，ERP 系统还具备数据的集中管理、信息的共享和智能分析等特点，通过自主学习和主动响应，以企业全局优化为目标，为企业的管理决策提供了重要支撑。

相对于 MRP Ⅱ，ERP 是一种更综合的企业管理信息系统，是对整个企业全方面资源的整合。ERP 的特点主要体现在三个方面：首先，ERP 具有更高的流程自动化功能，它可以自动化各部门的业务流程，从而提高生产效率和减少错误；其次，ERP 能更好地实现数据整合和共享，通过整合各个部门的数据，并使它在企业内部共享，从而提高信息的可访问性和准确性；最后，ERP 能提供更好的决策支持，它可以提供实时数据和报告，使企业管理者能够更好地了解企业状况，并做出更明智的决策。

6. ERP Ⅱ

21 世纪以来，市场竞争已经不再是单一企业之间的竞争，而是企业群体之间的竞争。很多企业通过结成战略联盟的方式来获得竞争优势，并重视整个企业联盟体内资源的整合与协同。为了满足企业间的协同管理，ERP Ⅱ基于成熟的互联网技术并在原有 ERP 的基础上扩展后得到。ERP Ⅱ是指通过支持和优化企业内部及其之间的协同和整合，创造客户和股东价值且面向具体行业领域的应用系统。

传统 ERP 注重企业内部业务流程的自动化，而 ERP Ⅱ为企业增加了与客户或供应商实现信息共享和直接的数据交换的能力，全面整合了企业的内外部关系和资源，形成共同发展的生存链。ERP Ⅱ主要有以下特点。

（1）面向过程和价值链。ERP Ⅱ不仅着眼于企业内部各个流程之间的协同和整合，更注重企业与外部客户和供应链之间的协同。

（2）突出智能化。ERP Ⅱ借助人工智能和大数据分析等新兴技术，实现了更高级别的智能化处理，帮助企业在面对复杂的业务场景时做出更为精准的决策。

（3）以用户为中心的个性化定制。ERP Ⅱ注重提升用户体验和满意度，通过灵活的定制化功能，帮助企业更好地适应不同业务场景和应对各种挑战。

（4）以价值创造为导向。ERP Ⅱ以“协同、集成、内外部关系资源的整合”为设计理念，旨在帮助企业实现业务增长、降低成本、提升效率，优化客户和股东价值。

6.1.2 企业资源计划的管理思想

在 ERP 的发展历程中，蕴含着多种管理思想，这些思想对于企业的管理具有重要的指导作用。ERP 的精髓是管理思想，即借助技术手段将企业的财务、采购、生产、销售、库存和其他业务功能整合到一个信息管理平台，从而实现对整个企业的有效管理，主要包括以下几个方面。

（1）整体性。ERP 的核心理念是整合企业各个部门和业务流程，从而构建一个整体性的信息化系统。这一思想反映了 ERP 的根本目标是消除信息孤岛，促进信息共享和协同工作。在企业管理中，整体性思想也体现为强调组织的整体效益，而不是局部部门的利益，鼓励跨部门协作，促进资源的整合和优化。

（2）流程再造。ERP 的实施通常涉及对企业流程的重新设计和优化，从而适应系统的整合。这一思想体现了 ERP 对企业管理的深刻影响，不仅将既有业务迁到系统中，而且重新审视和优化流程，从而提高效率和降低成本。企业管理中的流程再造思想强调对流程进行彻底的改造和创新，从而适应市场和技术的变化。

（3）数据驱动决策。ERP 系统收集、存储和处理大量的企业数据，为管理者提供实时准确的信息和数据分析报告，从而支持管理决策。这一思想强调管理决策应该基于数据和事实，而不是主观臆断。通过 ERP 系统，管理者可以更好地了解企业运营状况，抓住问题、发现机遇，并做出科学合理的决策。

（4）标准化与最佳实践。ERP 系统通常基于一系列行业标准和最佳实践进行设计，从而确保企业在实施过程中遵循通用的业务流程和标准，避免定制化的高成本。这一思想反映了 ERP 对企业管理的规范化要求，推动企业在实践中借鉴行业内成功的经验和做法，提高管理效率和水平。

（5）持续改进。ERP 的实施不是一次性项目，而是一个持续改进的过程。通过 ERP 系统的运行和使用，企业可以不断收集反馈、发现问题、优化流程，并逐步完善系统。这一思想与现代管理中的持续改进和迭代思想相吻合，强调企业应该不断学习和进化，从而适应不断变化的市场和竞争环境。

（6）综合管理。ERP 系统涵盖了企业各个方面的信息和流程，使得管理者可以综合考虑各种因素以进行决策。ERP 以这一思想为核心，实现了对整个企业供应链的综合管理，强调了企业之间的协同和一体化管理，实现了信息共享和资源优化利用，适应了企业市场竞争的需要。

ERP 的管理思想蕴含着整体性、流程再造、数据驱动决策、标准化与最佳实践、持续改进以及综合管理等关键观念。这些思想不仅在 ERP 系统的设计和实施中发挥着重要作用，也对现代企业管理具有深远的启示和借鉴意义。

6.1.3　企业资源计划的优劣势

1. 企业资源计划的优势

ERP 的优势主要体现在以下方面。

（1）流程规范化。ERP 的使用需要企业各个部门共同遵循流程标准，从而提高企业的管理效率和协同能力。

（2）信息共享化。ERP 打破了传统的信息孤岛，实现了不同部门之间的信息共享和协作，促进了企业内部协同和跨部门沟通。

（3）业务一体化。ERP 将企业的各个业务环节进行了整合，实现了从采购到生产，再到销售等全流程的协同和优化，提高了企业的业务处理能力和市场竞争力。

（4）决策支持化。ERP 通过提供全面、准确、及时的数据支持，帮助企业领导层做出更加明智的决策，预测和应对市场变化和业务风险。

2. 企业资源计划的劣势

在一定程度上，ERP 是强加于整个组织的，迫使每个人都与新系统保持一致，因此也存在着若干劣势，主要表现为以下几个方面。

（1）业务适配性差。通用的 ERP 系统在某些特定行业或业务场景下的适应性较差，需要进行二次开发和定制化，增加了企业的成本和风险。采用 ERP 是为了降低管理成本，但是节约成本往往很难实现，因为企业很难预测用户需求的差别。

（2）维护难度大。ERP 具有复杂性和高度定制化，因此维护和升级难度较大，需要投入更多的技术和人力资源。例如，数据在 ERP 中实行一体化，一旦有数据发生错误，需要对错误数据进行修正，ERP 必须要确保对数据的修改不会造成新的错误，这也为维护修正工作带来了困难。

（3）人才管理匮乏。如今社会严重缺乏信息系统管理人才，尤其缺少企业配套的 ERP 系统管理人才。此外，企业多数管理者的思想需要更新，应关注企业内部了解业务并懂经营的管理人才，这样才能在 ERP 建设过程中将具体业务和系统工作流程结合起来。

（4）受多种外部因素干扰。ERP 会受到外部因素如政策、市场变化等的影响，有可能导致计划进度延误或者实施效果不佳。ERP 开展业务的本质是找到最佳方法。然而，最佳方法的应用效果要基于首先需要确定处理特定商务职能的最佳方法，其次其实现需要付出极大的努力，而且可能需要大大改变组织成员的工作方式，并且未必能得到所有人的认同。

6.1.4　ERP 系统

1. ERP 系统的结构

ERP 系统是一种综合性的管理信息系统，它将企业的各个业务领域进行模块化设计，包含生产、物流、财务、库存、采购、销售、人力资源等。每个模块都拥有丰富的功能，不同的企业可以根据自身的需求进行定制和配置，从而实现企业业务的全面管理和控制，成为企业在信息时代生存和发展的重要工具。一个 ERP 系统通常包括以下几个模块。

（1）基础数据模块。该模块包括物料信息、工作中心、工艺路线、物料清单、企业组织结构信息等各类数据，是 ERP 系统中最重要的一个模块，也是 ERP 系统运行的基石。

（2）销售管理模块。该模块包括客户管理、销售订单管理、销售出库管理、销售发票管理等功能，用于管理企业的销售过程并提高销售效率。

（3）生产管理模块。该模块包括制订生产计划、生产排程、生产执行、品质管理等功能，用于管理企业的生产过程并提高生产效率和产品质量。

（4）采购管理模块。该模块包括供应商管理、采购订单管理、采购到货管理、采购发票管理等功能，用于帮助企业优化采购流程并降低采购成本。

（5）库存管理模块。该模块包括库存盘点、库存查询、物料管理、货位管理等功能，用于管理企业的库存情况并避免库存积压问题。

（6）财务管理模块。该模块包括会计核算、财务报表生成、财务分析以及成本核算等功能，为企业提供精细化的财务管理服务。

（7）项目管理模块。该模块包括项目计划、资源分配、进度跟踪和成本控制等功能，用于规划、执行和监控项目，帮助企业有效管理项目，提高项目的成功率和效率。

（8）人力资源管理模块。该模块包括招聘、员工档案管理、薪资福利管理、绩效考核等人事管理工作，用于实现人力资源的优化配置和管理。

（9）企业资产管理模块。该模块包括资产采购、资产维护、资产报废和折旧计算等功能，用于管理企业的固定资产。

ERP 系统中包含的多个管理模块通过集成和协同工作，为企业提供了全面的信息管理和综合决策支持。

2. ERP 系统的主流产品

目前我国市场上主流的企业资源计划系统有以下几种。

（1）SAP ERP。由 SAP 公司开发，提供全面的 ERP 解决方案，涵盖了财务、采购、销售、仓储、生产计划等领域，适用于各种规模和行业的企业。具体有 SAP S/4 HANA、SAP Business ByDesign 等产品。

（2）Oracle ERP。由 Oracle 公司开发，包括财务、供应链、人力资源管理、客户关系管理等多个模块，广泛应用于全球各大行业。具体有 Oracle Fusion Cloud ERP 等产品。

（3）Microsoft Dynamics 365。由微软公司开发的 ERP 解决方案，结合了 ERP 和 CRM 功能。它提供了财务、销售、服务、供应链和人力资源等模块，帮助企业实现高效协作和智能决策。

（4）金蝶 K/3。由金蝶公司开发，适用于各种规模和行业的企业，具有较强的本土化特色和适配性。

（5）用友 U8。由用友公司开发，是国内重要的管理软件，是从财务软件转型而来的。

◎ 阅读材料 6-1

华为成功实现 MetaERP 的自主研发和替换

华为是一家全球领先的高科技公司，其产品主要包括信息与通信基础设施和智能终端。华为于 1987 年成立于深圳，在 170 多个国家和地区拥有 20 多万名员工。2023 年 4 月 20 日，华为宣布成功研发了自主可控的 MetaERP 系统。2023 年 5 月 13 日，华为把全球的 88 家华为子公司的 ERP 系统切换为 MetaERP，并实现了采购、销售、物流、财务等业务的平稳过渡。

华为于 1996 年引入某厂商的 MRP Ⅱ，并持续迭代升级 ERP 版本。ERP 系统作为华为企业经营最核心的系统之一，支撑了华为 20 多年的快速发展、每年数千亿产值的业务，以及全球 170 多个国家和地区业务的高效经营。

2019 年，面对外部环境的压力和自身业务的挑战，华为决定启动研发自主可控的 MetaERP 系统。作为华为有史以来牵涉面最广、复杂性最高的项目。华为投入数千人，联合产业伙伴和生态伙伴攻坚克难，研发出面向未来的超大规模云原生的 MetaERP。

为了尽量减少对业务的影响，同时充分发挥 MetaERP 的先进性，让业务运营更安全高效，华为在 2023 年将全球 200 多个子公司分两批进行切换。首批大规模切换于 2023 年 5 月 13 日 9 时启动，于 5 月 14 日 0 时 00 分切换成功。历经 15 小时，MetaERP 进入稳定运行阶段。这次大规模切换涉及亚太、欧洲、中东、中亚、非洲南部、拉美等地区部以及 6 个账务共享中心、75 个国家的 88 家子公司，业务涵盖 ICT、华为云、终端等多个产业。

通过本次成功切换，MetaERP 覆盖了 90% 的全球税法和会计准则，完全覆盖了华为公司的全球销售、供应、采购、交付、财经等场景，同时构建了跨领域、跨时区高效协同作战的能力，为 MetaERP 的全面切换奠定了坚实基础。

华为 MetaERP 实现了全栈自主可控，基于华为欧拉操作系统、GaussDB 等根技术，联合众多伙伴，采用了云原生架构、元数据多租架构、实时智能技术等先进技术，能够有效提高业务效率、提升运营质量。华为将继续围绕“极简架构、极高质量、极低成本、极优体验”的目标，在 ERP、PLM（产品生命周期管理）等领域，和伙伴一起打造自主可控、更加高效安全的企业核心商业系统。目前，MetaERP 仅为华为公司内部所使用，未来能否进入全球的 ERP 高端市场，打破国外软件企业主导的市场格局，它还面临着一段艰难的路程。

华为时任轮值董事长、CFO 孟晚舟表示：“技术的每一次跨越，不仅需要以匠心精神日积月累，更需要秉承开放精神推动认知的跃升。MetaERP 的建设，需要合作伙伴的共同投入。只有开放才能创新，只有合作才能繁荣。”

资料来源：HUAWEI，华为宣布成功实现 MetaERP 研发和替换，重新定义企业核心商业系统，https://www.huawei.com/cn/news/2023/4/metaerp-press-release.

6.2　客户关系管理

6.2.1　客户关系管理的定义及发展历程

1. 客户关系管理的定义

客户关系管理（Customer Relationship Management，CRM）是一种以客户为中心的商业策略，通过建立、维护和加强企业与客户之间的良好关系，实现企业营销、销售、客户服务等多个领域的有效管理和协调。其目的是建立长期、稳定、相互信任的客户关系，从而提高企业的盈利能力和客户满意度。

不同的学者或商业机构也从不同角度提出了客户关系管理的定义。

Gartner 公司相关人员最早提出了客户关系管理的定义，认为客户关系管理是整个企业范围内的一个战略，通过组织细分市场、培养客户满意行为、将从供应商到客户的系列处理过程联系在一起，最大化利润、收益、客户满意程度。他们指出了 CRM 并非某种单纯的 IT 技术，而是企业的一种商业策略，注重企业盈利能力和客户满意度。

CRMguru.com 公司中，客户关系管理是在营销、销售和服务业务范围内，对现实的和潜在的客户关系以及业务伙伴关系进行多渠道管理的一系列过程和技术。该定义重点指出了客户关系管理的管理手段，即过程和技术，比较适用于客户关系管理系统的开发，并界定了客户关系管理的业务领域。但此定义弱化了客户关系管理的策略性，简单归纳为一种技术处理。

IBM 公司中，客户关系管理是通过提高产品性能，增强客户服务，提高客户交付价值和客户满意度，与客户建立起长期、稳定、相互信任的密切关系，从而为企业吸引新客户、维系老客户，提高效益和竞争优势。对客户来说，客户关系管理关心一个客户的“完整的生命周期”。对企业来说，客户关系管理涉及企业“前台”和“后台”，需要整个企业信息集成和功能配合。对具体操作来说，客户关系管理体现在企业与客户的每次交互上，这些交互都可能加强或削弱客户参与交易的愿望。

SAP 公司中，客户关系管理的核心是对客户数据的管理。客户数据库是企业最重要的数据中心，记录了企业在整个市场营销与销售的过程中和客户发生的各种交互行为以及各类有关活动的状态，并提供各类数据的统计模型，为后期的分析和决策提供支持。客户关系管理主要具备了市场管理、销售管理、销售支持与服务以及竞争对象的记录与分析等功能。

中国信息化推进联盟下客户关系管理专业委员会的专家认为，客户关系管理是现代管理科学与先进信息技术结合的产物，是企业树立“以客户为中心”的发展战略，并在此基础上开展的包括判断、选择、争取、发展和保持客户所实施的全部商业过程；它以企业客户关系为重点，通过再造企业组织体系和优化业务流程，展开系统的客户研究、提高客户满意度和忠诚度、提高运营效率和利润收益的工作实践；是企业为最终实现信息化、运营目标所创造和使用的软硬件系统及集成的管理方法、解决方案的总和。

上述定义的角度和侧重点各有不同，涵盖了客户关系管理的战略性、管理手段、技术应用、企业文化变革等方面。总体来说，客户关系管理对于企业具有重要的意义，它可以帮助企业有效地组织和管理客户信息，提高客户服务质量，提高客户忠诚度和满意度，提高企业竞争力和盈利能力。

2. 客户关系管理的发展历程

客户关系管理的发展可以分为以下五个阶段。

（1）理念发展基础阶段。CRM 的发展可以追溯到 20 世纪 50 年代末 60 年代初的市场导向理论。当时，企业开始将客户满意度放在重要位置，并通过市场调研和调查等方式了解客户需求，从而提高产品和服务质量。这是 CRM 发展的基础阶段。

（2）信息技术应用阶段。随着信息技术的快速发展，20 世纪 90 年代初，CRM 开始引入计算机技术，形成了基于软件和数据库的 CRM 系统。这一阶段，主要解决的是客户信息的收集、整理和管理，以便企业能够更好地了解客户、提供个性化的服务和定制化的产品。

（3）数据挖掘和分析阶段。进入 21 世纪，随着大数据和云计算等技术的兴起，CRM 进入了数据挖掘和分析阶段。企业开始利用大数据技术，挖掘和分析海量的客户数据，以预测客户行为、优化营销策略，并进行精准推荐和个性化定制。这一阶段，CRM 不仅包括简单的客户信息管理，更注重对数据的深度挖掘和分析，从而获取更多商业价值。

（4）社交媒体和移动互联网的融合阶段。随着社交媒体和移动互联网的普及，CRM 进入了社交媒体和移动化阶段。企业开始利用社交媒体平台和移动应用，与客户建立更紧密的联系和互动；通过社交媒体营销、移动支付和移动客户服务等方式，提升客户体验和满意度。在这一阶段，CRM 不再局限于企业内部，而是与外部的社交媒体和移动互联网紧密结合，打造全方位的客户关系管理体系。

（5）AI 和智能化发展阶段。随着人工智能和智能化技术的快速发展，CRM 进入了智能化的发展阶段。企业开始利用人工智能、机器学习和自然语言处理等技术，构建智能化的 CRM 系统，实现智能客户分析、智能推荐和智能客户服务等功能。在这一阶段，CRM 不仅包括对数据的挖掘和分析，更注重对客户的个性化推荐和智能化服务。

6.2.2 客户关系管理的思路

1. 销售漏斗模型

客户关系管理是基于销售漏斗模型的原理来实施的。销售漏斗模型将客户的整个购买过程分为不同阶段，并通过 CRM 系统来管理和优化每个阶段的客户关系，如图 6-4 所示。

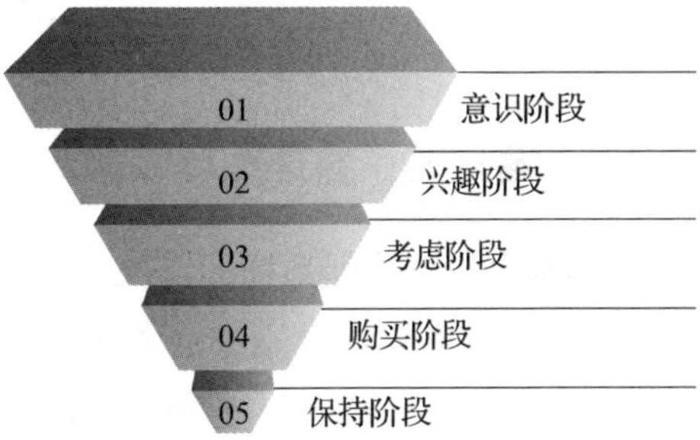

图 6-4 销售漏斗模型

（1）意识阶段。在漏斗的第 1 层，许多潜在客户对企业的产品或服务可能还不太了解，处于了解企业的初步阶段。在这个阶段，企业可以通过广告、社交媒体、内容营销等手段提高品牌知名度，吸引更多潜在客户进入漏斗。

（2）兴趣阶段。在漏斗的第 2 层，潜在客户开始表现出对企业产品或服务的兴趣，并主动寻求更多信息。企业可以通过营销自动化和个性化营销追踪客户行为和兴趣，向潜在客户提供相关内容和信息，进一步培养兴趣，使他们更有可能转化为付费客户。

（3）考虑阶段。在漏斗的第 3 层，潜在客户已经收集了足够的信息，开始对比企业与竞争对手，并评估购买价值。在这个阶段，企业可以提供个性化的销售呼叫、演示或试用来解答客户疑虑，强调产品或服务的独特卖点，从而增加潜在客户的购买意愿。

（4）购买阶段。在漏斗的第 4 层，潜在客户已经做出购买决定，并成为实际付费客户。一旦客户购买了产品或服务，客户关系管理并不终止，而是进入客户保持阶段。企业可以通过及时响应客户问题、提供优质的售后服务和回馈政策来增强客户满意度，提高客户忠诚度。

（5）保持阶段。在漏斗的第 5 层，客户已经购买并与企业建立了初步关系。为了保持客户的忠诚度，企业可以通过定期联系、个性化关怀和特别优惠等方式与客户保持联系，确保他们继续选择企业的产品或服务。

总体来讲，客户关系管理通过管理和优化客户关系的各个阶段，从而提高客户满意度、客户忠诚度和实现持续业务增长。

2. 客户关系管理的目标

客户关系管理的目标有以下三个方面。

首先，采用信息技术，CRM 可以提高业务处理流程的自动化程度，使得企业范围内的信息共享更加高效，并提高企业员工的工作能力，有效减少培训需求，从而使企业内部更加高效地运转。这一方面的目标是提高企业效率，缩短客户服务周期和决策的时间，提高企业的竞争力和市场占有率。

其次，CRM 可以通过新的业务模式（电话、网络）扩大企业经营活动范围，及时把握新的市场机会，占领更多的市场份额。在大数据时代，通过对客户信息数据的收集和分析，企业可以更好地了解客户需求、喜好、行为习惯等，从而针对性地提供产品和服务。这一方面的目标是拓展企业市场，增加销售额和利润，提高客户的满意度。

最后，CRM 通过给客户提供更好的服务，提高客户的满意度，从而吸引更多的新客户，并帮助企业保留更多的老客户。客户可以通过自己喜欢的方式同企业进行交流，方便地获取信息和服务，这也可以进一步提高客户的忠诚度和满意度。这一方面的目标是保留现有客户，提高客户的忠诚度和满意度，从而增加客户的生命周期价值。

企业需要重视客户关系管理的价值和目的，并在此基础上探究有效管理客户关系的方法，创新管理工具和方式，提高管理效率，切实防范企业销售风险，提高市场竞争力。

6.2.3 客户关系管理系统

1. 客户关系管理系统的定义

客户关系管理系统（CRM 系统）是指利用软件、硬件和网络技术，为企业建立一个客户信息收集、管理、分析和利用的信息系统。该系统以客户数据的管理为核心，记录企业在市场营销和销售过程中与客户发生的各种交互行为，以及各类有关活动的状态，提供各类数据模型，为后期的分析和决策提供支持。

CRM 系统可以归纳为三个方面：对销售、营销和客户服务三部分业务流程的自动化；与客户进行沟通所需手段（如电话、传真、网络、电子邮件等）的集成和自动化处理；对前面两个方面的所积累下的信息进行加工处理，产生客户智能，支持企业决策。CRM 系统的体系如图 6-5 所示。

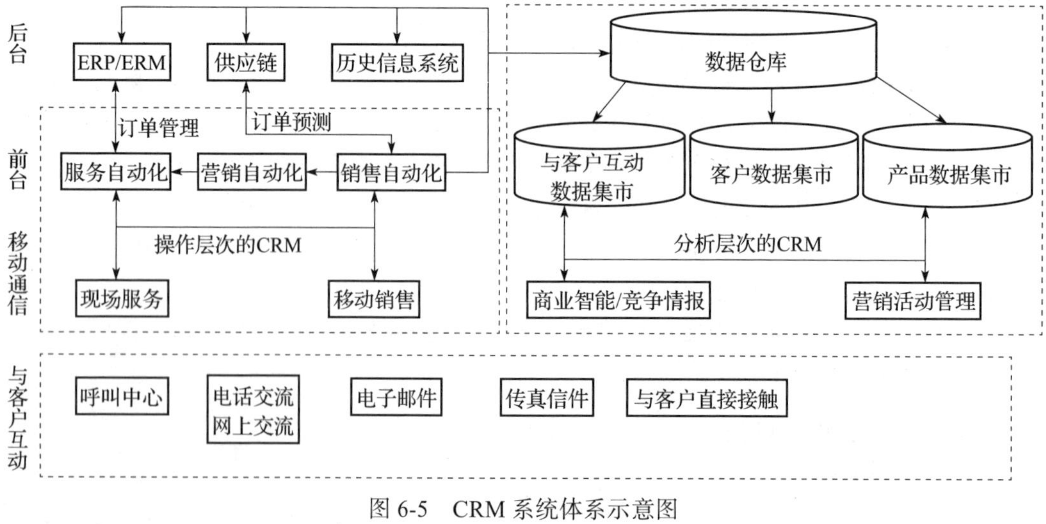

图 6-5　CRM 系统体系示意图

2. CRM 系统的结构和类型

CRM 系统一般由销售管理子系统、市场管理子系统、客户支持与服务管理子系统构成。

（1）销售管理子系统。销售管理子系统可以快速获取和管理日常销售信息。它能够为销售人员提供流畅、直观的工作流功能，从而提高工作效率，同时也保证客户和销售人员之间进行充分的沟通。此外，销售管理人员能有效地协调和监督整个销售过程，从而保证销售取得最大的成功。销售管理子系统一般包含客户（销售）信息管理、订单管理、业务流程管理、动态库存调配管理、分销商信息管理、销售统计分析与决策支持等功能模块。

（2）市场管理子系统。市场管理子系统能够提供完整的客户活动、事件、潜在客户和数据库管理，从而使寻找潜在客户工作的效率得到提高。用户可以从任何一个地点快速获取所有关于市场销售活动、事件和潜在客户的信息，并对客户进行高度专业化的细分。市场管理子系统一般包括客户（市场营销）信息管理、营销活动管理、市场资料管理、统计与决策支持等功能模块。

（3）客户支持与服务管理子系统。客户支持和服务管理子系统能够将客户支持人员与现场销售紧密地集成在一起。该子系统可以为用户提供定制的“桌面”，综合所有关键客户信息，并管理客户日常的服务活动与任务，从而在解决客户问题时可以快速高效地存取关键的客户信息。客户支持与服务管理子系统一般包含客户（服务）信息管理、服务合同管理、服务档案管理、统计与决策支持等功能模块。

按照应用功能的不同，CRM 系统可分为三种类型：运营型 CRM 系统、分析型 CRM 系统以及协作型 CRM 系统。

（1）运营型 CRM 系统。运营型 CRM 帮助企业集成前台、后台所有的业务流程，提供各种直接面对客户需求的自动化服务功能与应用。运营型 CRM 主要包括协助企业后台集成，提供订单承诺与订单追踪等管理功能，致力于前端的销售、营销与客户服务自动化。

（2）分析型 CRM 系统。分析型 CRM 根据各种沟通渠道所搜集到的客户资料来分析客户行为，拥有提供企业决策判断依据的功能，主要以传统的数据库、数据仓库与数据挖掘等功能为基础。

（3）协作型 CRM 系统。协作型 CRM 建立企业与其客户不同的接触和沟通的通道，促使彼此间更易于交流和交互，主要包括电话、网页、电子邮件、传真、即时通信、面对面等沟通渠道的集成方案。

3. CRM 系统的主流产品

目前市场上主流的 CRM 系统有以下几种。

（1）Salesforce。由 Salesforce 公司开发，在全球范围内拥有的用户数较多。用户每月支付一定费用租赁平台上的账户，便可获得 Salesforce 上的服务，这些服务涉及客户关系管理的多个方面，从普通的联系人管理、产品目录到订单管理、销售机会管理、销售管理等。

（2）Dynamics CRM。由微软公司开发，让使用者能以网页浏览器的接口存取系统，或者在 Outlook 中直接操作。这套 CRM 系统能够追踪联络人的消息、工作进度或信件，同时也具备离线功能，方便业务人员外出时使用。此外，它也结合了 SQL Server 的报表服务，制作与检视报表更加方便。工作流程也可自行新增、自订，让所有使用者依循制定的流程来工作。

（3）SAP 客户体验管理系统。由 SAP 公司开发，能够针对特定行业进行定制，不仅能够满足核心业务需求，而且能够覆盖客户体验的各个触点。该系统可以整合电商、营销、销售和服务等多方面的数据，支持端到端流程，从而帮助企业充分发挥 CRM 系统的最大价值。

（4）纷享销客。由纷享科技开发，覆盖从营销获客、销售管理、订单回款到售后服务的 CRM 服务，强调简单易用的界面和友好的移动端体验，将销售业务与企业 IM（即时通信）沟通、工作信息流融合。

（5）Neocrm 销售易。由北京仁科互动开发，以支撑销售人员高效工作为设计出发点，整合了销售全流程管理、移动办公、运营管理等模块。其特点是帮助企业解决销售管理问题，整体提升销售团队的效率和盈利，市场份额占比较高。

（6）八百客。由八百客公司开发，该公司在国内较早从事 SaaS 型客户关系管理。八百客产品主打“社交企业”，通过在企业内部实现交流与协作，借此提高企业协同办公效率。

◎ 阅读材料 6-2

沈鼓集团的数字化客户关系管理工具

沈阳鼓风机集团股份有限公司（以下简称沈鼓集团）是中国重大技术装备行业的支柱型、战略型领军企业，为大型乙烯、大型炼油等重大工程项目提供国产装备。然而，沈鼓集团的信息系统存在一系列问题：①系统的数据质量较差且处理速度慢，导致客户体验受损；②未能对不同的客户群体提供差异化的服务；③客户联络渠道相对单一，导致与客户之间的沟通和互动受限；④系统中的数据无法有效沉淀和统一管理，导致企业难以全面了解业务情况和客户需求；⑤在进行数据分析及管理层决策时，缺少可视化数据的支持。

沈鼓集团负责人意识到，要想提升客户服务的质量和效率，必须利用数字化技术，把控客户全触点，运用整体化的思路，统一管理与客户相关的所有环节。针对客户服务部门的管理痛点和业务需求，沈鼓集团打造了一套由项目管理平台、社交型客户服务门户、移动端服务平台、员工赋能平台等多个信息化平台组成的服务云平台。

（1）项目管理平台。项目管理平台完善了客户从订单签订之后到设备质保期之前的生产及售后服务的线上管理流程，记录了项目实施的人员、工时、预算、费用及项目基线管理。同时，沈鼓集团的客户可以实时查询和跟踪设备定制生产进度。沈鼓集团为客户筑起了一道透明的服务部门参观墙。

（2）社交型客户服务门户。沈鼓集团客户总量不大，但客户关系相对稳定，且一笔订单产生的后续服务关系可以持续数年，这要求服务管理系统支持集团与客户随时随地保持联系。系统升级提供了多种与客户沟通的手段，包括分级沟通手段、标记客户特征、高效记录手段。

（3）移动端服务平台。系统升级后，沈鼓集团实现了全流程移动平台操作。现场工程师可以在移动 App 上查看项目计划并接收项目任务，以及现场签到、开箱验货、客户签名、查看资产 BOM、收集设备信息等一系列现场动作。

（4）员工赋能平台。员工可以通过员工赋能平台分享产品安装调试技巧、现场问题处理方案等内容。在系统中，企业全体员工都可以参与编制、处理案例，经过审批后将成为成功案例发布在知识库中，供所有同事学习；知识库中还会定期发布相关专业的培训课件或教材，供工程师在现场服务时查询，从而大大降低现场无法操作的风险、节约客户时间、提升客户满意度。

通过逐步改进和优化，沈鼓集团更好地适应了快速发展的行业需求，提高了企业的管理水平和客户服务质量，加强了市场竞争力。

资料来源：销售易研究院，CRM 国产化替代选型指南，https://www.xiaoshouyi.com.

6.3　供应链管理

6.3.1　供应链管理的相关概念及发展历程

1. 供应链概述

（1）供应链的定义。供应链（Supply Chain，SC）是指围绕核心企业，从配套零件开始，制成中间产品以及最终产品，最后由销售网络把产品送到消费者手中，将供应商、制造商、分销商直到最终用户连成一个整体的功能网链。一般来说，一条完整的供应链由供应商（原材料、零配件供应商）、制造商（加工厂或装配厂）、分销商（代理商或批发商）、零售商（超市、卖场等）和最终用户五个重要部分组成，如图 6-6 所示。在实际运作中，供应链可能会涉及许多其他环节和构成部分，如物流、仓储、配送、质量控制等。这些不同的环节需要密切合作和协调，使整个供应链保持高效率和稳定性。

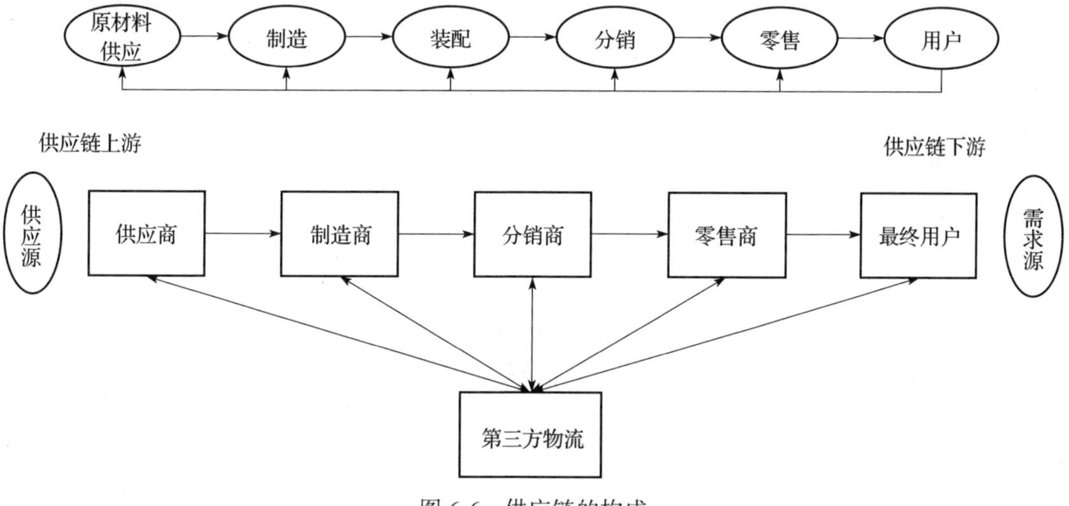

图 6-6　供应链的构成

（2）供应链的发展历史。现代管理学之父彼得·德鲁克最早提出了“经济链”这一概念，后经迈克尔·波特发展为“价值链”，最终演变为“供应链”这一名词。早期的供应链仅仅被视作企业内部的一个物流过程，描述的是企业通过生产和销售活动，将采购得到的原材料最终以产品的形式传递到消费者手中。进入 20 世纪 90 年代，由于供需环境的变化，消费者的重要性日益凸显，原本被排除在供应链外的消费者也被纳入供应链的范围，这意味着供应链由一条简单的生产链扩展成为涵盖整个产品运动过程的增值链。随着信息技术的发展和产业不确定性的增加，供应链逐渐由线性的单链发展为非线性的网链，表现出明显的网络化趋势。时至今日，供应链的全球发展以及供应链生态体系的建设已经受到国家和产业的重点关注。2022 年 10 月，工业和信息化部正式确定杭州、武汉、成都等 12 个城市为首批产业链供应链生态体系建设试点，通过机制创新、政策支持等多种手段，推动区域产业链供应链生态体系迭代升级。

2. 面向供应链的供应链管理

（1）供应链管理的定义。供应链管理（Supply Chain Management，SCM）是指在满足一定客户服务水平的条件下，为了使整个供应链系统成本达到最小，而把供应商、制造商、仓库、配送中心和渠道商等有效地组织在一起来进行产品制造、转运、分销及销售的管理方法。

（2）供应链管理的基本内容。供应链管理由计划、采购、制造、配送和退货五大基本内容构成。

计划是供应链管理的策略部分，涉及采购、生产、仓储、配送、销售等多个环节，是所有供应链活动能够有序高效开展的基本保障。好的计划是指建立一系列方法对供应链的执行进行实时监控和指导，有的放矢，从而在控制成本的前提下，实现向消费者高效地递送高质量和高价值的产品或服务。

采购是指选择能为企业产品和服务提供原材料和服务的供应商，并与供应商建立一套定价、配送和付款流程，想办法监控和改善管理，并把对供应商提供的货品和服务的管理流程结合起来，包括提货、核实货单、转送货物、批准付款等环节。

制造是指安排生产、测试、打包和准备送货所需的活动，是供应链中测量内容最多的部分，包括质量水平、产品产量和工人生产效率等的测量。

配送常被叫作“物流”，是指调整用户的订单收据、建立仓库网络、派递送人员提货并送货到客户手中、建立货品计价系统、接收付款的活动。

退货是指建立网络来接收客户退回的次品和多余产品，并在客户应用产品出问题时提供支持，是供应链中的问题处理部分。

3. 供应链管理的发展历程

（1）供应链管理理论的演进。关于供应链管理理论的起源，目前学术界众说纷纭，没有统一的说法。以 Croom 为代表的学者们认为，SCM 的确切起源是不清楚的，但 SCM 主要从两个方面发展而来：一方面，SCM 建立在 Forrester 教授的工作基础之上，即应用产业动力学的方法，SCM 理论随着实体分销和运输的发展而发展；另一方面，SCM 建立在 Heckert、Miner 和 Lewi 等人的研究基础之上，随着对分销和物流中全面成本的研究而发展起来。虽然这两个思路的发展方向路径和研究方法并不相同，但二者有一个共同点，即聚焦于供应链中的单一企业并不能确保整体效率的提高。此外，Tan 等人也认为 SCM 由两个不同的方面发展而来：一是从工业企业的采购和供应发展而来；二是从批发商和零售商为提高竞争优势而整合物流功能的领域发展而来。最近十年来，传统的供应链管理沿着这两个方向不断发展，并最终融合成具有历史意义和战略意义的供应链管理。

供应链管理的发展历程可总结为三个阶段。第一阶段（20 世纪 60—70 年代）为独立的物流配送和物流成本管理阶段，主要研究实体分销和对下游厂商的配送。第二阶段（20 世纪 70—80 年代）为整合的物流管理阶段，注重企业内部物流和外部物流的整合，并研究企业间采购和供应战略，强调合作关系的加强。第三阶段（20 世纪 90 年代及以后）为整合供应链管理阶段，主要研究从供应商的供应商到客户的客户的整体供应链研究，注重整体价值链效率的提高和价值增值。

（2）供应链管理提出的时代背景。供应链管理这一概念的提出主要具有下述两方面的时代背景。

一是全球经济一体化。随着世界经济和技术的发展，全球经济一体化程度越来越高，跨国经营的现象越来越普遍，进而形成了复杂的产品生产供应链网络。当市场需求出现波动时，一旦缺乏有效的、系统的管理，供应链的价值将大幅下降。

二是横向产业模式的发展。计算机和信息技术的发展，使人们逐渐意识到，几乎不可能由一家庞大的企业控制着从供应链的源头到产品分销的所有环节，而是在每个环节都有一些企业占据着核心优势，并通过横向发展扩大这种优势地位，集中资源发展这种优势能力。现代供应链由这些分别拥有核心优势能力的企业环环相扣而成，同时企业联盟和协同理论快速发展，支撑了这种稳定的链状结构的形成和发展。

6.3.2　供应链管理的思路

1. 供应链管理的八大原理

（1）资源横向集成原理。在经济全球化迅速发展的今天，企业仅靠原有的管理模式和自己有限的资源，已经不能满足快速变化的市场对企业所提出的要求。企业必须放弃传统的基于纵向思维的管理模式，朝着新型的基于横向思维的管理模式转变，着眼于优势资源的横向集成，即供应链的各节点企业均以能够产生竞争优势的资源来参与供应链的资源集成，在供应链中以其优势业务参与供应链的整体运作。

（2）系统原理。供应链是一个系统，是由相互作用、相互依赖的若干组成部分结合而成的具有特定功能的有机整体。供应链是围绕核心企业，通过对信息流、物流、资金流的控制，把供应商、制造商、分销商、零售商直到最终用户连成一个整体的功能网链结构模式。

（3）多赢互惠原理。供应链是相关企业为了适应新的竞争环境而组成的一个利益共同体，其密切合作建立在共同利益的基础之上。供应链各成员企业之间通过一种协商机制谋求一种多赢互惠的目标。供应链管理改变了企业的竞争方式，将企业之间的竞争转变为供应链之间的竞争，强调核心企业通过与供应链中的上下游企业建立战略伙伴关系，以强强联合的方式，使每个企业都发挥各自的优势，在价值增值链上达到多赢互惠的效果。

（4）合作共享原理。合作共享原理具有两层含义：一是合作，二是共享。由于任何企业所拥有的资源都是有限的，它不可能在所有的业务领域都获得竞争优势，因而企业要想在竞争中获胜，就必须将有限的资源集中在核心业务上。与此同时，企业必须与全球范围内的在某一方面具有竞争优势的相关企业建立紧密的战略合作关系，将本企业中的非核心业务交由合作企业来完成，充分发挥各自独特的竞争优势，从而提高供应链系统整体的竞争能力。

（5）需求驱动原理。供应链的形成、存在、重构，都基于一定的市场需求而发生，并且在供应链的运作过程中，用户的需求是供应链中信息流、产品 / 服务流、资金流运作的驱动源。基于需求驱动原理的供应链运作模式是一种逆向拉动运作模式。它以用户为中心，其驱动力源于最终用户。

（6）快速响应原理。在全球经济一体化的大背景下，随着市场竞争的不断加剧，经济活动的节奏也越来越快，用户在时间方面的要求也越来越高。用户不但要求企业要按时交货，而且要求的交货期越来越短。因此，企业必须能对不断变化的市场做出快速反应，必须要有很强的产品开发能力和快速组织产品生产的能力。供应链具有灵活、快速响应市场的能力，通过各节点企业业务流程的快速组合，加快了对用户需求变化的反应速度。供应链管理强调准时，即准时采购、准时生产、准时配送，强调供应商的选择应少而精，强调信息技术应用等，均体现了快速响应用户需求的思想。

（7）同步运作原理。供应链是由不同企业组成的功能网络，其成员企业之间的合作关系存在着多种类型。供应链系统运行业绩的好坏取决于供应链合作伙伴关系是否和谐，因为只有和谐而协调的关系才能发挥最佳的效能。供应链管理的关键就在于供应链上各节点企业之间的联合与合作以及相互之间在各方面良好的协调。供应链的同步化运作要求供应链各成员企业之间通过同步化的生产计划解决生产的同步化问题。只有供应链各成员企业之间以及企业内部各部门之间保持步调一致，供应链的同步化运作才能实现。

（8）动态重构原理。供应链是动态的、可重构的。供应链是在一定的时期内，针对某一市场机会，适应某一市场需求而形成的，具有一定的生命周期。当市场环境和用户需求发生较大的变化时，围绕着核心企业的供应链必须能够快速响应，并能够进行动态快速重构。

2. 供应链管理中的“牛鞭效应”

（1）“牛鞭效应”的定义。“牛鞭效应”，也叫“长鞭效应”，是对需求信息扭曲在供应链中传递的一种形象的描述。其基本思想是：当处于供应链上的各节点企业只根据来自其相邻的下级企业的需求信息进行生产或者供应决策时，需求信息的不真实性会沿着供应链逆流而上，产生逐级放大的现象。当信息达到最源头的供应商时，它所获得的需求信息和实际消费市场中的客户需求信息发生了很大的偏差。由于这种需求放大效应的影响，供应方往往维持比需求方更高的库存水平。

举个例子：A 企业需要购买 50 台设备，由于该型号的设备最近在市场销售火热，当购买设备的信息传递给供应商 B 公司时，B 公司会认为 50 台设备可能不能满足需求，并判断最终需求是 60 台，于是向上游的生产商 C 传递了购买 60 台设备的信息。同样地，生产商 C 判断 60 台设备的需求比较保守，于是向上游的芯片制造商 D 订购了 70 台设备的芯片。由此，最终的需求变成了 70 台设备，与实际需求 50 台设备相比，增加了 20 台设备的额外库存。这仅是一个订单，如果是多个订单、多个需求端的信息，所产生的额外库存就会是一个惊人的数字。

（2）“牛鞭效应”产生的原因。产生“牛鞭效应”的原因主要有六个方面，即需求预测修正、订货批量决策、价格波动、短缺博弈、库存责任失衡和应付环境变化。

1）需求预测修正。当供应链的成员采用其直接的下游订货数据作为市场需求信息和依据时，就会产生需求放大现象。随着供应链的各个环节的成员向上游成员传递夸大信息，一层一层地增加预订量，导致“牛鞭效应”。

2）订货批量决策。在供应链中，每个企业在向上游供应商订货时，考虑到运输成本和库存费用，会选择在一个周期或者汇总到一定数量后再向供应商订货。为了减少订货频率并尽早得到货物，或者为备不时之需，企业往往会人为提高订货量，这样的订货策略导致“牛鞭效应”的产生。

3）价格波动。价格波动是由于一些促销手段，或者经济环境突变造成的，如价格折扣、通货膨胀、自然灾害、社会动荡等。这种因素使许多零售商和推销人员预先采购的订货量大于实际的需求量，因为如果库存成本小于由于价格折扣所获得的利益，销售人员当然愿意预先多买，但这样的订货没有真实反映需求的变化，从而产生"牛鞭效应"。

4）短缺博弈。当需求大于供应时，理性的决策是按照订货量比例分配现有供应量。然而，销售商为了获得更大份额的配给量，故意夸大其订货需求，当需求降温时，订货又突然消失，这种短缺博弈最终导致"牛鞭效应"。

5）库存责任失衡。营销操作上的通常做法是供应商先铺货，待销售商销售完成后再结算。这种机制导致的结果是供应商需要在销售商结算之前按照订货量负责将货物运至销售商指定的地方，而销售商并不承担货物搬运费用；在发生货物毁损或者供给过剩时，供应商还需要承担调换、退货及其他相关损失，这样，库存责任自然转移给供应商，从而使销售商处于有利地位。因此，销售商普遍倾向于加大订货量、掌握主动权，这样也必然会导致"牛鞭效应"。

6）应付环境变化。自然环境、人文环境、政策环境和社会环境的变化都会增强市场的不确定性。销售商应对这些不确定性因素影响的主要手段之一就是保持库存。为了保持应付这些不确定性的安全库存，销售商会加大订货，将不确定性风险转移给供应商，这样也会导致"牛鞭效应"。

（3）解决"牛鞭效应"的方法。从供应商的角度看，"牛鞭效应"是供应链上的各层级销售商转嫁风险和进行投机的结果，它会导致生产无序、库存增加、成本加重、渠道阻塞、市场混乱、风险增大，因此妥善解决"牛鞭效应"能在一定程度上规避风险、减量增效。企业可以从以下六个方面进行综合治理。

1）订货分级管理。从供应商的角度来看，并不是所有销售商（批发商、零售商）的地位和作用都是相同的。因此，供应商应根据一定标准将销售商进行分类，对于不同的销售商划分不同的等级，对他们的订货实行分级管理。例如，对一般销售商的订货实行满足管理，对重要销售商的订货进行充分管理，对关键销售商的订货实现完美管理。

2）加强出入库管理，合理分担库存责任。

3）缩短提前期，实行外包服务。一般来说，订货提前期越短，订购量越准确，因此鼓励缩短订货期是破解"牛鞭效应"的一个好办法。此外，使用外包服务，如第三方物流，也可以缩短提前期和使小批订货实现规模经营。

4）规避短缺情况下的博弈行为。面临供应不足时，供应商可以根据客户以前的销售记录来进行限额供应，而不是根据订购的数量，这样就可以防止销售商为了获得更多的供应而夸大订购量。

5）参考以往经验，适当减量修正，分批发送。供应商根据以往经验和当前环境分析，适当削减订货量。此外，为保证需求，供应商可使用联合库存和联合运输方式多批次发送，这样，在不增加成本的前提下，也能够保证订货的满足。

6）设定提前回款期限，根据回款比例安排物流配送。

（4）大数据时代下解决"牛鞭效应"的新方案。供应链共享信息差异化是导致出现"牛鞭效应"的重要因素。用户的实际需求信息预判会出现误差。而将数字化技术应用到供应链管理过程中，可以使多个企业之间实现数据信息的共享化，避免出现供应链"牛鞭效应"。例如，利用信息共享能够使整个供应链掌握最末端用户的需求情况，从而降低企业供应链上出现过多库存积压的现象，也就是说，加强供应链上的信息交流和共享在一定程度上对缓解“牛鞭效应”有明显的帮助。

6.3.3 供应链管理系统

1. 供应链管理系统的定义

供应链管理系统是基于协同供应链管理的思想，配合供应链中各实体的业务需求，使操作流程和信息系统紧密配合，做到各环节无缝链接，形成物流、信息流、单证流、商流和资金流五流合一的领先模式。

2. 供应链管理系统的功能

供应链管理系统能够为供应链上下游企业提供信息服务、交易服务、物流服务等一站式深度价值服务，实现数据互通、全链融合的目标。一个完整的供应链管理系统常包括以下几个功能模块（见图 6-7）。

（1）供应商管理。负责企业和供应商的直接管理和协调，包括供应商选择、绩效评估等。

（2）采购管理。负责企业采购活动的计划、执行和监控，包括物料采购、订单管理、采购成本核算等。

（3）销售管理。负责企业销售活动的计划、执行和监控，包括订单管理、促销活动管理、市场支持等。

（4）生产管理。负责生产活动的计划、执行和监控，包括生产需求预测、生产进度跟踪等。

（5）仓库管理。负责仓库业务的计划、执行和监控，包括产品出入库管理、仓库协调等。

（6）库存管理。负责企业库存的管理和优化，包括库存清查、库存分析等。

（7）物流管理。负责企业物流活动的计划、执行和监控，包括运输管理、配送管理等。

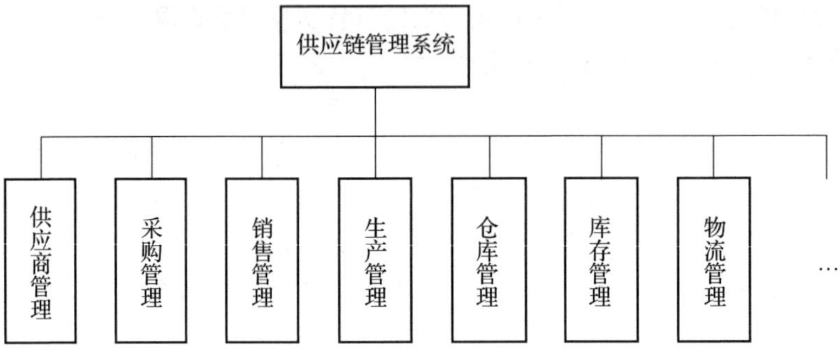

图 6-7 供应链管理系统常见功能模块

3. 供应链管理系统的主流产品

目前市场上主流的供应链管理系统有以下几种。

（1）SAP SCM。由 SAP 公司开发，是一款基于 SAP HANA 内存计算平台的供应链管理系统软件。该软件采用模块化结构件，SAP SCM 是 SAP Business Suite 的成员，可以与其他 SAP 和非 SAP 软件配合使用。

（2）Oracle SCM。由 Oracle 公司开发，使用跨平台的供应链可视化分析工具，能够提供数据分析及决策支持。其功能模块包括物流计划、运营管理、库存管理、采购管理和销售管理等。

（3）金蝶云 · 星空供应链。由金蝶公司开发，整合传统的采购管理、销售管理、仓库管理系统，结合大数据与机器学习技术，为企业提供端到端的可配置、可组装供应链的能力。

（4）用友供应链云。由用友公司开发，主要实现供应链云与各领域云的深度融合，将采购、生产、销售、库存、服务等活动衔接在一起。通过社会化协同，形成上游与下游企业涉及的供应商、生产商、分销商等企业间的商流、物流、信息流、资金流的一体化运作。

（5）浪潮 PS 供应链管理系统。由浪潮公司开发，包括采购管理、销售管理、库存管理、存货核算、应收管理、应付管理等 13 个子系统。浪潮 PS 供应链管理系统中相关业务系统的数据自动传递给财务部门，可提高企业各部门工作协同的高效性和准确性。

◎ 阅读材料 6-3

宋小菜——反向供应链的数字化变革

提到农产品供应链，农产品沿着“上游农户 – 中间运输商 – 下游菜贩”进行运作的传统模式并不让人陌生。然而，假如农产品是由下游菜贩的需求导向的，这样的供应链创新是否可行呢？结合这种反向供应链模式，宋小菜为农产品供应链的变革提出了一种新的可能。

宋小菜，又称蜂巢社区冷链，成立于 2015 年 1 月，由一手创建淘宝农业电商、淘宝特色中国的余玲兵创建，是全国大型的蔬菜 B2B 垂直电商平台。宋小菜以改善菜贩的业务现状入手，形成了以销定产、反向供应链的订单模式。宋小菜为下游农贸市场的菜贩和生鲜店等中小零售商提供采货配送和售后服务，同时也为上游服务产地的生产组织者（如农户）提供持续的订单并指导其生产。经过四年的运营，宋小菜上游已覆盖山东、云南、甘肃、内蒙古等十大蔬菜核心产区，下游涵盖北京、上海、广州、武汉、杭州等 45 个消费城市，公司业务逐渐从 B2B 电商撮合拓展到物流、仓储、加工、数据、金融等供应链相关服务。

在传统农产品供应链中，农产品从上游农户发出，经历多个中间环节（如农民经纪人、批发商、运输方等），最终到达下游销地。因此，传统农产品供应链面临着产销两地的信息严重不对称、中间环节成本高等问题。针对这些痛点，宋小菜首先打造了一个反向供应链：下游的农贸市场菜贩通过宋小菜 App 提前下单，平台收集完订单信息后，再反馈给上游的生产端，生产者根据订单需求备货，再通过宋小菜的第三方冷链物流系统，将农产品直接送到下游农贸市场附近的站点区域虚拟仓，通知菜贩们取货。

在农产品反向供应链的基础上，宋小菜进行了一系列数字化的变革。首先，宋小菜的技术团队搭建了一个功能强大而稳固的分层式技术系统，从应用层、系统层、数据层三个层面实现了数字供应链上各个环节的无缝对接。其次，宋小菜专注于供应链环节中的服务，外包了配送、切配等非核心环节，让专业的人做专业的事。最后，宋小菜于 2018 年初启动了“ALL-IN 上游”项目，拓展物流、仓储、数据、金融等供应链相关服务，不断赋能上游。

在竞争激烈的生鲜电商市场中，宋小菜依靠其独特的商业模式和数字化供应链在市场中占据了一席之地。创始人余玲兵坚信，谁掌握了供应链的核心价值，谁就掌握了未来，利用订单数据优势建设上游的数字供应链网络是大势所趋。

资料来源：姚燕飞，付文慧，郭红东，等. 宋小菜：生鲜 B2B 服务商的供应链数字化变革. 中国工商管理国际案例库，2019.

6.4 知识管理

6.4.1 知识管理的相关概念及发展历程

1. 知识概述

（1）知识的含义。在管理的大变革时期，彼得·德鲁克曾说："知识已经成为关键的经济资源，成为竞争优势的主导，甚至是唯一来源。"知识这个概念的出现对企业经营方式的影响是深远而巨大的。它影响着从公司战略到产品、从流程到公司组织方式的一切事务。当市场发生变化、技术激增、竞争者增多，产品几乎在一夜之间就被淘汰时，那些不断创造新知识，在整个组织内广泛传播，并迅速将其体现在新技术和产品中的公司更容易脱颖而出。

具体来说，知识指的是人们通过实践对客观事物及其运动过程和规律的认识。知识属于信息的一种范畴。被人们理解和认识并经过头脑重新组织和系统化的那部分信息就是知识。从实践的角度来看，知识被视作付诸行动的信息。这意味着信息直到被人们获取并使用，才能够成为知识。作为一种智力资产，知识有两个特点：使用知识并不意味着消耗知识；共享知识并不导致失去知识。

（2）知识的类型。知识能够被细分为隐性知识和显性知识两类。具体来说，隐性知识是指难以用文字、图表等方式进行表达和存储，深藏于人们的头脑、心里和行为之中的具有抽象性、逻辑性、经验性、技能性的知识，是一种难以直接复制的知识。而显性知识是指通过各种载体表达出来的客观知识。然而，应该注意的是，这是一种简单化的二分法。隐性知识的属性是认识者的属性，可能是指一个人容易表达，而另一个人难以外化的东西。同样的内容对一个人来说可能是明确的，而对另一个人来说可能是隐性的。此外，高度熟练的、有经验的个体可能更难表达他们的知识。相比之下，新手更容易用语言表达他们所要做的事情，因为他们通常按照程序手册来做。表 6-1 总结了隐性知识和显性知识的一些主要属性。

表 6-1　隐性知识和显性知识的主要属性

隐性知识	显性知识
适应、处理新的和特殊情况的能力	在整个组织内传播、复制、访问和重新应用的能力
专业知识，知道如何、知道为什么，并且关心为什么	教学和学习的能力
协作、分享愿景、传递文化的能力	组织和系统化的能力，将愿景转化为使命宣言并转化为操作指南的能力
辅导和指导，以一对一、面对面的方式传授经验知识	通过产品、服务和文档化的流程传递知识

2. 知识管理概述

组织的成功取决于如何有效地获得和使用知识。在此背景下，知识管理应运而生。知识管理是指在整个组织中应用系统的方法获取、构建、管理和传播知识的过程，这些举措能够加快工作速度、重复使用最佳实践，并减少项目之间昂贵的返工费用。知识管理最宝贵的收益来自与员工分享知识。与员工分享知识可以确保知识在组织内流动，这样每个人都可以从最佳实践（采用更新、更好的做事方式）和经验教训（避免重复失败的事情）中受益。

通过知识的使用和再利用，知识管理主要可以实现两个主要目标：提高组织效率和增加组织的创新能力。知识管理通过深思熟虑和系统的方法来培养和共享公司的知识库。该知识库包含海量的有效和有价值的经验教训以及最佳实践。为了在如今充满挑战的组织环境中取得成功，公司需要从过去的错误中吸取教训。值得一提的是，组织知识不是为了取代个人知识，而是为了通过其更强大、更连贯、更广泛的应用来补充个人知识。

人们对知识管理的观点可以被分为三个独特的学派：技术学派、行为学派以及综合学派。技术学派强调“知识管理即对信息的优化管理”。对于技术学派而言，知识被视为一种可以被数字化、处理和传播的实体，在信息系统中可以被精确标识和储存。行为学派则更注重“知识管理即对人的有效引导和激励”。从行为学派的角度来看，知识是一种不断变化的过程，是一系列技能等动态安排的组成部分。在这一学派的指导下，个体的学习和行为在知识管理中占据了核心地位。综合学派主张“知识管理需要综合考虑信息与人的因素，从而增强组织的适应能力”。综合学派强调信息与人的相互作用，认为知识管理的成功取决于将信息处理能力与人的创新能力相结合，以便组织更好地适应变化的环境。综合学派通过促进技术学派和行为学派之间的互动和融合，创造了一个更全面的知识管理方法。

3. 知识管理的发展历程

在 20 世纪 80 年代末，随着信息技术的快速发展和知识经济的兴起，知识管理开始受到广泛的关注和研究。具体来说，知识管理的发展历程可以分为以下几个阶段。

（1）知识管理的起源阶段（20 世纪 80 年代—20 世纪 90 年代初期）。在这个阶段，人们开始关注知识在企业中的作用，也开始探讨如何将知识管理应用到企业实践中。这个阶段主要的贡献是提出了一些知识管理的重要理论和思想，比如 Nonaka 和 Takeuchi 提出知识创造是企业创新的重要手段。此外，彼得·德鲁克提出了“知识经济”的概念。

（2）知识管理的发展阶段（20 世纪 90 年代中期—21 世纪初期）。在这个阶段，知识管理的理论和方法不断完善，例如，社会化知识建构理论、知识转移和知识共享等被提出。同时，知识管理的具体实践问题的关注度也在逐渐提升，这其中包括知识管理的过程、工具、技术和策略等。这个阶段主要的贡献是提出了一些知识管理的实践模式和方法。

（3）知识管理的成熟阶段（21 世纪 00 年代中期—21 世纪 10 年代初期）。在这个阶段，知识管理对企业的战略性价值逐渐被探讨。知识管理作为一种战略资源能够推动企业的创新和发展。此外，知识管理作为一门学科逐渐得到了学术界的认可，并出现相关的专业认证，例如，专业的知识管理学术期刊《知识管理杂志》（*Journal of Knowledge Management*）的创立，APQC（美国生产力与质量中心）的知识管理认证。这个阶段主要的贡献是出现了一些知识管理的成功案例和最佳实践，比如麦肯锡公司发布的“知识管理十大实践”。

（4）知识管理的新发展阶段（21 世纪 10 年代至今）。在这个阶段，关于知识管理的系统的标准被构建，例如，ISO 30401 KM Standard。同时，随着人工智能、大数据等概念的兴起，人们开始关注知识管理与新兴技术的结合。在这个阶段，知识管理的方法和技术在不断地多元化和丰富化，以满足不同的知识管理需求。

6.4.2　知识管理的思路

1. 知识管理价值链

美国战略管理学家迈克尔·波特认为，企业每项生产经营活动都是创造价值的活动，企业中所有互不相同但又相互关联的生产经营活动构成了一个价值创造的动态过程，被称为一个价值链。知识管理价值链是指知识在被创造到被应用的不同环节所产生的价值。它强调的是知识在不同环节中的价值，旨在通过最大化每个环节知识的价值，提高知识管理的综合效益和战略价值。知识管理价值链主要包括三个阶段：知识收集或创造、知识共享和传播，以及知识获取和应用。

（1）知识收集或创造。该阶段通过各种方式（如调查、观察、交流等）收集已有的知识、信息和经验。特别是信息技术的发展为企业的信息和知识收集提供了便捷的手段，企业不仅能够访问到更加广泛的知识，并且知识收集的速度和成本都得到了进一步优化。此外，除了获取现有的知识，还可以通过创新和探索等方式，产生新的知识和信息。这些有用的知识和信息不仅能够为组织的决策和行动提供支持和指导，还能够为组织提供新的思路和方法，从而应对挑战和机遇。知识收集与知识创造的关系在于，知识收集提供了已有的知识和信息，为知识创造提供了基础和条件，而知识创造则扩展了组织知识库的范围和深度，为知识管理提供了更多的资源和支持。

（2）知识共享和传播。该阶段将组织内部的知识和经验通过各种途径（如会议、报告、文件、社交媒体等）分享给组织内的其他成员，从而提高组织整体的知识水平和能力。通过知识共享和传播能够促进组织内部知识的流动和共享，避免信息孤岛，提高组织的创新能力和绩效并且扩大组织的影响力和知名度，获取更多的资源和机会，推动行业的发展和创新。

（3）知识获取和应用。该阶段主要将知识生产过程中得到的显性知识和转化的隐性知识应用到实际行动和业务决策中。知识应用可以采取多种形式，如解决问题、决策、创新和持续改进。又如，营销人员利用他们对消费者行为、市场趋势和广告技巧的了解安排有效的营销活动。此外，当员工将生产出来的显性知识运用到实践中时，可能会遇到新的问题或情境，需要不断地寻找新的解决方案。这种实践中的经验和学习有助于拓展员工的知识储备，提高他们的专业水平和解决问题的能力。通过不断地应用知识、反思经验、总结教训，员工可以逐步积累更加丰富和深入的知识。

2. 知识管理流程

知识管理价值链提供了知识管理的总体框架和目标，而要实现这些目标需要一系列的实践步骤和方法，其流程如下。

（1）计划知识：在组织内识别、创建、组织和维护知识资源从而支持其战略目标的系统过程。它涉及分析组织的知识需求，识别知识差距，并制定获取、创造或传播知识以填补这些差距的策略。

（2）创造知识：通过研究、实验、观察和体验等各种方式产生新的知识、见解和想法。它还可能涉及捕获和记录隐性或非结构化的现有知识，并使它明确并可供其他人使用。

（3）整合知识：将来自各种来源的知识结合起来，并使它易于组织访问和使用。它可以包括整合来自内部来源（如员工、部门和系统）以及外部来源（如客户、供应商和行业专家）的知识。

（4）组织知识：创建一个知识结构，以便易于获取知识并将知识用于决策和解决问题。知识可以通过多种方式组织，包括分类法、本体和元数据。分类法是基于共享特征或属性的知识分层分类。本体是表示概念和类别之间关系的知识模型。元数据是用于组织和检索知识

（如标签和关键字）的描述性信息。

（5）传递知识：在个人、团队、部门或组织之间共享知识的过程。它可能涉及各种方法，如指导、培训，或者基于技术的平台。

（6）应用知识：将知识应用于组织的业务流程和决策。它可以通过建立决策支持系统、专家系统、工作流程、培训课程等方式来完成。

（7）评估知识：衡量和评价知识管理举措的有效性并确定需要改进的领域的过程。它涉及使用各种指标和方法来评估知识管理实践对组织绩效和竞争力的价值和影响。

6.4.3　知识管理系统

1. 知识管理系统的定义

知识管理系统是一种建立在 IT 系统之上，能够被用来支持和强化组织内部知识的创造、存储、转移和应用过程的信息系统。知识管理系统为参与者网络（即活跃的知识工作者）提供集成服务，从而在整个知识生命周期中部署知识管理工具，应用于知识密集型业务过程。知识管理系统的终极目标是支持组织学习和组织效率的动态发展。通过知识管理系统，组织能够更好地利用知识，促进知识的创造、分享和应用，从而增强组织的学习能力和绩效水平。

知识管理系统可以从以下不同的角度来看待。

（1）着重于信息通信技术对知识管理生命周期的支持，以及对作为知识管理计划一部分实施的特定组织工具的支持。

（2）着重于将人类信息处理、学习和记忆与组织信息处理进行类比的提议。

（3）对市场上提供的一系列知识管理系统的功能进行审查。

（4）对现有软件工具（如企业内部网解决方案、文档管理系统、工作流管理系统、群件软件、人工智能技术、通信系统等）的扩展和 / 或集成。

知识管理系统可被视为一个由人、工具、技术以及知识所组成的系统，这些要素相互交织，为组织中需要获取知识的成员提供了有力的知识支持。在这个系统中，人员利用工具和技术来获取、共享、应用和传递知识，从而促进组织的学习和效率提升。知识管理系统的目标是使组织中的知识得以充分利用，推动创新和协作，从而提升组织的绩效和竞争力。

2. 知识管理系统的功能

知识管理系统的主要功能如下。

（1）知识收集与整理：用于收集、整理和组织各种知识资源，包括文档、图片、音频、视频等。

（2）知识分类与标注：将收集到的知识按照一定的分类体系进行分类和标注，方便后续的检索和管理。

（3）知识存储与管理：将整理好的知识资源进行存储和管理，建立知识库或知识图谱，以便用户能够方便地查找和访问。

（4）知识检索与查询：根据用户提供的查询信息，在知识库中进行检索，并返回相关的知识结果。

（5）知识分享与传播：将系统中的知识资源进行分享和传播，如分享到社交媒体、博客或其他平台，或通过邮件、即时消息等方式传播给其他用户。

（6）知识协作与交流：支持多用户的协作和交流，允许用户共享和讨论知识，提供协同编辑和评论功能。

（7）知识分析与挖掘：对知识库中的知识进行分析和挖掘，发现潜在的关联和模式，提供洞察和决策支持。

（8）知识推荐与个性化：根据用户的需求和兴趣，向用户推荐相关的知识内容，提供个性化的使用体验。

（9）知识评估与反馈：对知识资源进行评估和反馈，比如，用户可以对文档进行评分和评论，帮助改进和完善知识库。

（10）知识更新与维护：定期更新和维护知识库，增加新的知识，删除过时的知识，确保知识的及时性和准确性。

这些功能可以根据具体的需求和系统设计进行扩展和定制。知识管理系统的目标是帮助组织和个人更好地管理、利用和共享知识，提高工作效率和创新能力。

3. 知识管理系统的主流产品

目前市场上主流的知识管理系统有以下几种。

（1）Confluence：由 Atlassian 公司开发的企业 Wiki 软件，集成了文档管理、团队协作和知识共享等功能。

（2）SharePoint：由微软公司开发的企业级内容管理系统，可实现文档管理、团队协作、知识管理、搜索等功能。

（3）Knowledge Center：由 IBM 公司开发的知识管理系统，支持文档管理、知识共享、搜索等功能。

（4）360 亿方云：360 集团旗下企业文件管理及协作平台，一站式满足企业文件全生命周期管理及协作需求。企业通过 360 亿方云可以实现文件的聚合、存储以及规范化管理，实现知识的有效沉淀和安全保护。

（5）Salesforce Knowledge：由 Salesforce 公司开发的知识管理系统，可实现知识库管理、团队协作、知识分享、搜索等功能。

（6）ConvergePoint Policy and Procedure Management：由 ConvergePoint 公司开发的企业级政策和手册管理系统，可帮助企业制定、维护、分享和审批政策和手册。

◎ 阅读材料 6-4

一汽大众的知识管理系统

一汽大众是一家由国外和国内汽车集团合资经营的大型乘用车研发、生产企业，目前已在全国范围内拥有五大生产基地，二十余款产品。

近几年来，一汽大众面临着利润率逐渐下滑的问题，而且企业在日常的运转中产生的海量知识员工很难通过方便、快捷的方式找到所需要的信息。因此，对一汽大众的研发部门来说，改造和完善当前的知识管理方式，或升级、建设新的知识管理系统，都是迫切需要完成的事情。

一汽大众产品研发部门的组织机构如图 6-8 所示。

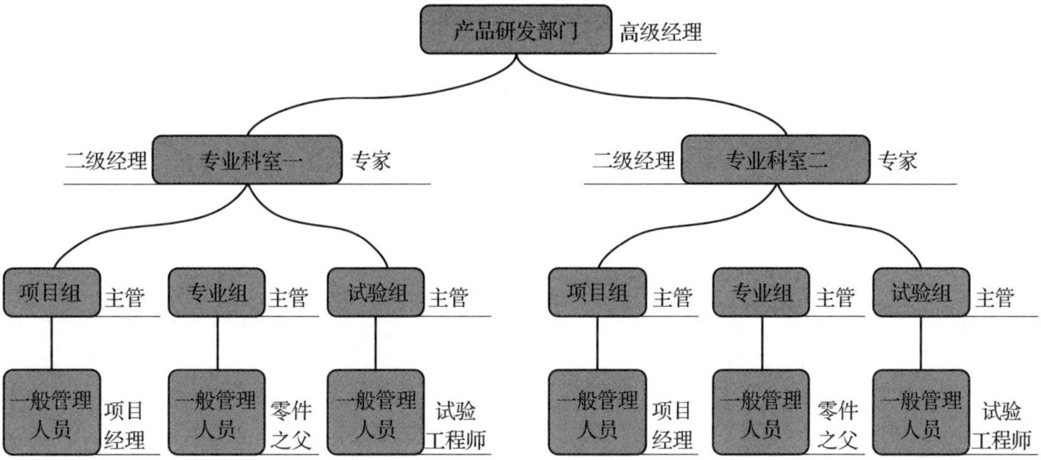

图 6-8　一汽大众产品研发部门的组织机构图

在该公司的产品研发部门中，各层级、员工处都会在日常的工作中产生大量知识。一汽大众的高层已经认识到实施知识管理的重要性，并根据自身情况初步进行企业内部知识管理的建设，但探索初期问题频出，领导与员工都十分困扰。

为了解决目前实施知识管理存在的问题，一汽大众的产品研发部门设立了知识管理优化小组。该小组成立后首先通过实地走访考察，了解了本公司技术开发部目前知识管理的现状。

20 世纪末，一汽大众设置了档案管理部，对公司的重要知识文件进行存储。但进入 21 世纪，单纯依靠档案部对各类知识文件分类存储已不现实。一汽大众为了使知识管理与时代接轨，逐步引入了四套知识管理系统，见表 6-2。但系统引入后收效甚微，领导百思不得其解。

表 6-2　一汽大众的知识管理系统

系统名称	系统功能
SAP R3 系统	实现对产品、规划、物流、财务、销售等信息的管理和维护工作
KVS 数据管理系统	储存一汽大众所有开发设计中所需要的图纸数据
AVON 系统	用于管理产品生命周期中产生的技术更改
KPM 系统	用户管理产品开发中的试验状态以及故障抱怨的跟踪情况

经过对一汽大众研发部门员工的访谈和问卷调查，知识管理优化小组的成员认为，目前公司产品研发领域对待知识管理并没有一个宏观的总体管理和控制。具体问题体现在：各级领导者和员工对知识管理的认识并不是十分深刻；知识来源丰富，但缺乏对知识大规模统一采集和梳理的过程；被利用采集的知识分别储存在现有的系统中或个人手中，员工在寻找知识资源时有时会出现所需知识源不完善甚至不存在的情况。

对知识管理的现状有了初步的了解之后，小组成员梳理了产品诞生的流程以及知识诞生的过程。小组成员还意识到，要想解决问题，不仅要从企业内部着手，还应向优秀企业看齐。小组的第三个工作便是查阅资料和实地走访，学习其他企业知识管理成功的经验。

对于汽车制造行业，不同公司的知识管理发展现状也不尽相同。小组成员总结了丰田、广汽等五家公司知识管理的方式与特点及其所取得的成效。通过分析，知识管理优化小组认为，在各大知识管理成功的公司中，建设一个功能健全的企业知识管理系统十分必要。它不仅可以有效地整合各渠道的知识源，还能根据员工的不同需求，实现不同功能的知识功能，从而达到满足知识应用及共享的目的。

小组成员经过夜以继日的工作，实地考察了知识管理的现状，梳理了知识产生的流程，也收集了大量相关公司的信息并总结出了各自成功的一些经验与做法，但每个公司的企业文化与发展背景是不同的，这些成功的做法并不能生搬硬套。具体要如何做才能改善目前的状况而使得知识管理更有效的问题仍然困扰着小组的成员。

资料来源：王军，刘潇蔓，李子舰. 风云激涌，时代变迁：A公司的知识管理之路该走向何方？中国管理案例共享中心. 2019.

6.5 商务智能

6.5.1 商务智能的定义及发展历程

1. 商务智能的定义

商务智能（Business Intelligence，BI），又称商业智慧或商业智能，其定义最早由美国Gartner公司于1996年提出。Gartner公司将商务智能定义为：商务智能描述了一系列的概念和方法，通过应用基于事实的支持系统来辅助商业决策的制定。商务智能技术提供使企业迅速分析数据的技术和方法，包括收集、管理和分析数据，将这些数据转化为有用的信息，然后分发到企业各处。简单来讲，商务智能是指用现代数据仓库技术、线上分析处理技术、数据挖掘和数据展现技术进行数据分析并形成知识或情报，从而帮助组织了解运作状况并进行分析、预测、计划的方法和过程。

自Gartner公司首次提出商务智能的概念后，企业界和学术界对商务智能的概念也提出了许多种说法，但迄今为止对商务智能的定义尚未有统一的、被广泛认可的明确定义。这是因为商务智能由来已久，其发展经历了不同的阶段，在不断地演变和创新。此外，不同专业领域的人可能从不同角度或者侧重点去理解商务智能，因此，商务智能定义的确切范围和内涵有时难以界定。

尽管如此，原则上，商务智能的核心意义是利用数据分析和相关工具为企业提供更好的决策支持，并就组织内部的运营、市场环境等方面提出改进建议。商务智能是个概括性术语，它包括了构架、工具、数据库、分析工具、应用和方法论，其主要目标就是实现数据的交互以及对数据的操作，使管理者和分析员能够实施合理的分析。

2. 商务智能发展历程

商务智能的发展经历了以下几个阶段。

（1）早期商务智能的发展。商务智能的概念在20世纪90年代首次被提出，当时主要关注数据仓库和在线分析处理技术的发展。这些技术使企业能够将分散的数据整合到一个统一的平台上，并通过多维数据分析提供更深入的见解。

（2）商务智能的成熟期。随着互联网的普及和数据量的爆炸性增长，商务智能开始进入成熟期。在这个阶段，商务智能的重点转向了数据挖掘和预测分析。企业开始使用更先进的算法和模型发现隐藏在数据中的模式、规律和趋势，并利用这些信息来预测未来的市场走向。

（3）商务智能的现代化。现代商务智能的发展主要受到大数据技术和云计算的推动。大数据技术使企业能够处理和分析以往无法处理的大规模数据集，从而提供更准确和全面的洞察力。云计算则为企业提供了灵活的数据存储和处理能力，降低了商务智能的成本和复杂性。

6.5.2　商务智能的应用与步骤

1. 商务智能在企业管理中的应用

商务智能融合了先进信息技术与创新管理理念，集成了企业内外的数据，对它进行加工并从中提取能够创造商业价值的信息，面向企业战略并服务于管理层、业务层，指导企业经营决策，提升企业竞争力。商务智能在企业管理中的具体应用主要体现在以下几个方面。

（1）数据驱动决策。数据驱动决策是指通过收集、整合和分析大量的内部和外部数据，借助商务智能技术来实现数据挖掘、分析和可视化等功能，为企业决策提供依据，并帮助企业发现潜在的商机和优化业务流程。

（2）战略管理。战略管理是指通过对企业内外部环境的分析，确定企业长期发展方向和目标，并制定相应的策略，从而指导企业的发展方向和行动计划。商务智能可以帮助企业收集和分析市场情报、客户需求和竞争对手信息，从而帮助企业制定更加科学的战略规划和行动计划，提高决策的准确性和效率。

（3）绩效管理。绩效管理是指通过设定目标、制订计划、实施监督和反馈评估等环节，从而提高企业员工的工作绩效和组织绩效。商务智能可以帮助企业建立完整的绩效管理体系，对企业绩效进行可视化展示、实时监测和分析，从而帮助企业评估员工绩效和组织绩效，促进绩效优化，更好地管理企业。

（4）风险管理。风险管理是指通过识别、评估和应对企业所面临的潜在风险，保障企业运营的稳健性和可持续性。商务智能技术可以帮助企业进行风险监测和预警，及时发现并处理潜在风险以及制定相应的风险应对策略，从而降低风险对企业的影响。

（5）创新管理。创新管理是指通过推动创新和变革，促进企业内部创新和转型升级，从而提高企业的竞争力和适应性。商务智能技术可以帮助企业收集和分析市场与客户信息、挖掘内部创新潜力与外部市场需求，为企业创新提供数据支持和决策依据，从而更好地满足客户需求、增加企业价值。

2. 商务智能的关键步骤

商务智能遵循四个关键步骤，从而将原始数据转换为易于消化的见解，供组织使用。

（1）从多个源收集和转换数据。商务智能工具通常使用提取、转换和加载方法来聚合来自多个源的结构化和非结构化数据。然后，这些数据被转换和重塑，以便应用程序可以轻松地将其作为一个全面的数据集进行分析和查询。

（2）发现趋势和不一致之处。在数据驱动和模型驱动相结合的前提下，商务智能关注因果关系和相关性。借助数据挖掘和数据发现等自动化工具，迅速分析数据以查找模式和异常值，深入了解当前业务状态。BI 工具通常具有多种类型的数据建模和分析功能，包括探索性、描述性、统计性和预测性，可进一步探索数据、预测趋势并提出建议。

（3）使用数据可视化来显示结果。商务智能使用数据可视化工具提供各种报告，使结果更易于理解和共享。报告形式包括交互式数据仪表盘、图表、图形和地图，以帮助用户了解当前业务中正在发生的事情。

（4）实时根据洞察采取行动。在与业务活动相关的环境中查看当前的和历史的数据，使公司能够快速从见解转向行动。商务智能支持实时调整和长期战略变更，避免低效率，适应市场变化，纠正供应问题并解决客户问题。

6.5.3 商务智能系统

1. 商务智能系统的定义

商务智能系统是一种利用数据分析和可视化工具来支持企业决策的技术。它通过汇集、整合、分析企业各种数据资源，从而形成全面、准确的数据视图，帮助企业更好地发现问题、解决问题和提高绩效。

商务智能系统的设计任务并非仅仅停留在技术架构和数据处理层面，更是一项关乎企业核心战略的全局性任务。在这个日益数字化的商业环境中，商务智能系统的构建必须以企业整体优化思想为基础，并将它嵌入企业的经营哲学之中。也就是说，商务智能系统不仅是数据分析工具，更是战略执行和决策的强大驱动力。

此外，商务智能系统的设计必须以企业现有的业务系统和业务需求为基准。这意味着系统设计者需要充分了解企业的运营模式、流程和目标，确保系统能够无缝集成并提供有意义的分析结果。设计要求还必须与企业的发展环境和战略保持一致，从而确保系统在未来的发展中仍然具备适应性和可扩展性。

2. 商务智能系统的组成部分

商务智能系统主要包括以下几个组成部分。

（1）数据仓库。数据仓库是商务智能系统的核心组成部分。它是一个大型的、集成的、面向主题的、时态一致的数据存储库，用于支持商务智能分析和决策制定。数据仓库的建设需要进行数据清洗、转换、集成和存储等多个步骤。

（2）数据挖掘。数据挖掘是商务智能系统中的一个重要部分，用于从大量数据中挖掘出潜在的、有价值的信息和知识。数据挖掘可以帮助企业发现新的商机、优化产品设计和提高运营效率。

（3）数据可视化。数据可视化是商务智能系统中最直观、最易于理解的组成部分之一。通过图表、仪表盘、报表等多种方式，数据可视化可以将抽象的数据转化为具体、易于理解的图形形式，帮助企业更好地识别数据中的模式、趋势和异常。

（4）报告和分析工具。报告和分析工具可以根据用户的需求和角色，提供不同层次和颗粒度的数据分析和报告。报告和分析工具可以帮助企业管理者快速发现业务问题、制定更明智的决策、评估业务绩效和预测未来趋势。

（5）数据集成和管理工具。商务智能系统需要从不同的数据源中汇集和整合数据。因此，数据集成和管理工具是不可或缺的组成部分。这些工具可以帮助企业在不同数据源间进行数据传输、转换和清洗，确保数据的完整性、准确性和一致性。

商务智能系统的各个组成部分都是相互依存的。它们只有在充分发挥各自优势的同时进行有效协作，才能实现商务智能系统的最大价值。

3. 商务智能系统的主流产品

目前市场上商务智能系统的主流产品有以下几种。

（1）SAP Analytics Cloud：由 SAP 公司开发，具有数据可视化和数据整合的功能。企业能够通过集成 SAP 应用并访问异构数据源，将分析和计划执行整合一体。作为 SAP BI 系统解决方案，SAP Analytics Cloud 可为企业提供数据可视化分析辅助，并提供洞察和集成式计划流程。

（2）Tableau：由 Tableau 公司开发，是一款桌面系统中的商务智能工具软件，其将数据运算与图表“嫁接”在一起。Tableau 界面上的数据比较容易操控，用户可以用它将大量数据拖放到数字“画布”上，创建各种图表。

（3）PowerBI：微软公司推出的数据分析和可视化工具，包括桌面版 PowerBI Desktop、在线 PowerBI 服务和移动端 PowerBI 应用。PowerBI 可从各种数据源中提取数据，并对数据进行整理分析，然后生成图表，并且可以在电脑端和移动端与他人共享。

（4）IBM Cognos Analytics：IBM 公司的商务智能产品，能够支持数据挖掘、分析、报告和可视化等多种功能，可以帮助企业将数据转化为见解，并支持多种数据源的集成，包括大数据、云数据和传统数据库等。

（5）FineBI：帆软软件有限公司推出的商务智能产品，可以通过最终业务用户自主分析企业已有的信息化数据，帮助企业发现并解决存在的问题，协助企业及时调整策略并做出更好的决策。

◎ 阅读材料 6-5

DT 公司的商务智能

瑞士 DT 科技有限公司（以下简称“DT 公司”）成立于 1970 年，是全球色彩管理解决方案和色彩通信技术的领导者。公司涉足纺织、汽车制造、涂料等行业，在全球成立了 13 个子公司，负责市场开拓、产品销售和售后服务。21 世纪以来，DT 公司逐步实现了其内部的信息化建设。DT 公司先后引进 ERP、CRM、MES、HRIS（人力资源信息系统）和定制化 OA 等智能管理系统，各个系统都在有条不紊地运行着。

虽然 DT 公司信息化程度很高，但各部门都只围绕自己的信息系统开展工作，忽视与其他部门的沟通联系和数据对接，特别是销售部与生产制造部之间缺少沟通配合。同时，由于 DT 公司的销售模式是由工厂卖给关联方公司，再由关联方公司销售给客户的，所以整个交易过程相当于三方贸易，导致出现了信息孤岛问题。

为了解决信息孤岛问题，DT 公司需要收集销售部门与其他部门之间的信息，整合企业核心业务数据，打通 ERP 系统和 CRM 系统，生成公司最核心的可视化管理报表，让其高层能够一目了然地观察企业的整体运营情况。DT 公司选择将大数据与传统的商务智能分析相融合，并组建了专门的项目组。项目组的最终目标是要建立一个基于销售业务的商务智能分析系统，让它作为业务运营的桥梁，解决公司面临的信息孤岛问题。

新成立的项目组立即开始进行第一项任务——需求分析。经过一段时间的调研，项目组收集到大量的需求信息。销售部希望能够有一套系统进行销售相关数据的多维度统计；生产制造部希望完善销售部各销售模块流程，并设定安全库存。总而言之，DT 公司目前最关键的需求是将各销售公司和制造工厂的业务流程整合协同。

确定需求后，DT 公司开始了商务智能系统选型工作。通过调研对比不同的商务智能分析系统工具，并结合公司的精细化需求分析，DT 公司最终选择了 QlikView 商务智能分析系统。它将系统的用户作为数据接收方，致力于衔接不同的数据，从而保持数据挖掘和增进数据可视化展示的灵活性。在处理数据方面，它将大量的数据存储在多个用户的数据库中，可以加快查询速度。在确定了把 QlikView 作为公司的商务智能分析系统平台后，DT 公司在 QlikTech 公司实施顾问的指导下，结合其详细需求方案开展了商务智能分析系统的设计工作。

在项目组长达半年的系统设计、可视化分析、试运行后，基于销售业务的商务智能分析系统正式投入运行，成为公司销售决策支持上的最大助力。通过不断的努力，DT 公司成功构建了一套基于销售业务的商务智能分析模式，不仅实现了销售数据的可视化展示，建立了新的 KPI（关键绩效指标）体系，使得销售和制造两个团队知己知彼，两个系统的数据融洽对接，有效解决了信息孤岛造成的问题，还以销售业务为主线、以智能分析为核心来驱动经营数据。更重要的是，DT 公司在不改变 ERP 和 CRM 系统业务的前提下，将核心数据融入商务智能分析系统中，实现了数据价值的升华。

（资料来源：薛建武，贺娉，唐再歌，郝彦彬. DT 公司面向销售业务决策的商务智能分析. 中国管理案例共享中心. 2021）

◎ 综合案例　名创优品的新零售探索之路

1. 实体零售的困顿之局

随着互联网技术的广泛应用，网络零售成为零售业一种蓬勃发展的新渠道。而实体零售要想逆转突围，必须寻找新的机遇。根据我国商务部发布的《中国零售行业发展报告（2018/2019 年）》，2018 年我国商品零售总额达到 33.8 万亿元，同比增长 8.9%，但其中实体零售总额是 24.8 万亿元，同比降低了约 3 个百分点。

名创优品由中国青年企业家叶国富于 2013 年开始经营，其总部位于广东省广州市海珠区，其定位是“年轻人都爱逛”的生活好物集合店。名创优品的横空出世让实体零售行业眼前一亮，但创业初期的遗留问题逐渐使其经营和管理陷入困境。

为了选店的精准性和合理性，名创优品门店的选址和店员招聘由加盟方完成，名创优品负责人员管理和日常经营。连接店铺和总部的节点是各个区域的区域经理。他们一方面对区域内门店进行指导经营，另一方面也起到监督管控作用。尽管店长一般都会尽可能招募值得信任的员工，但在实际情况中，经常发生店员迟到或早退的情况，甚至还有部分店长为了谋取私利，故意虚假上报店员数量，导致系统中存在“吃空饷”的人头数。在这种情况下，区域经理由于管辖范围内门店众多，很难一一彻底排查清楚。即便区域经理亲自上门排查，不良店长还会以“请假”“调休”等各种理由搪塞，形成“内外勾结”。

除了人员的管理，店铺内货品的管理也是一大难题。名创优品旗下商品品类众多，每月开发 400 款新品，每年开发近 5 000 款新品，单个门店有 3 000 多 SKU（最小存货单位）。合理地将这些 SKU 进行分配、铺货和陈列是一项技术活。名创优品的做法是，总部和区域经理根据经验完成门店的铺货策略，形成纸质的货品清单交付给门店，店员根据货品清单完成货物的上架和陈列。区域经理不定期前往门店实地检查，通过线下或者微信群的方式告知结果。这种方法虽然加强了货品的管控，但区域经理巡店的效率不高，信息经过层层传递容易失真，货品的管控不及时、不全面。

为了提高管理效率，抢占更多市场份额，名创优品于 2018 年上线了一期 SAP 公司的 ERP 系统。为了加强集团化管控能力，该系统在门店完成试点运作后才开始在全国推广。ERP 系统的上线使得名创优品摆脱了以往零散式的管理手段，在商品计划、库存管理、物流跟踪、财务一体化、人力资源管理等方面取得了优秀绩效，并增加了竞争的砝码。

2. 披荆斩棘：项目落地的重重关卡

为了解决现有的问题，名创优品高管分享了基于“人、货、场”的新零售战略打法。项目主要借助 AI 技术的应用，全方位打造实体门店新零售转型方案，主要体现为人员实时监测、货品实时监管、交易场景实时监控的数字化能力，对人、货、场进行精细化管理，实现名创优品“千店千面”的新零售业态。

2019 年 6 月，经过近半年的不懈努力，名创优品信息科技中心终于迎来了市场驱动的数字供应链项目的第一期在全国的上线。然而，结果并不让人满意。首先，门店员工对 AI 考勤产生抵触心理，相较于以往松散的管理制度，现在借助机器监管免不了让员工觉得不适应，甚至有的员工偷偷将设备断电，导致后台接收不到任何数据。其次，各平台数据流通问题频发，反而增加了员工的工作量，员工只好转而依赖传统的方法，相当于“架空”了项目成果。

3. 崭露头角：数字化转型结果初现

（1）市场驱动的数字化供应链——前台。名创优品的前台是对接和服务客户群体的主要触手。在线上，名创优品通过小程序、微信、短信，实现了与客户的互动；在线下，门店内的物联网采集客户群体的行为信息，POS 采集了门店销售信息。

微信成为名创优品线上的主要推广工具，客服通过微信小程序给会员发放优惠券、推送订单消息等。每个门店都会建立多个专属的会员优惠微信群（已累计 8 000 多个微信群）。运营人员第一时间将活动信息发放给客户，并组织线上拉新、抢红包等促销活动。通过门店宣传、公众号宣传、微信支付有礼等向线上引流，客户可以在微信小程序上下单，由门店打包，交付给第三方配送；也可以在微信小程序上看到新品信息或者优惠券信息，去实体店购买。截至 2020 年 5 月，微信小程序已经为名创优品积累超过 2 700 万名会员。

客户在线下门店内的偏好信息，为名创优品提升复购率带来数字化支撑。客户群体交易形成的数据成为影响门店陈列、铺货、补货的关键决策参考。例如，当某件化妆品频繁被客户从货架上拿下，说明该化妆品的目标客户群体较多，此时该商品可能被标记为“推荐试用”的产品。

线上线下的融合，极大地促进了客户复购。基于线下购买数据而做的线上商品推荐，使客户加购转化率明显提升，是促销模块加购转化率的近3倍。基于线上行为数据的短信触达的召回有效率比基于线下购买的短信触达的召回有效率提升了3～6倍。

（2）市场驱动的数字化供应链——中台。中台是名创优品用于数据处理、业务支撑的支柱。在实施数字化转型之前，名创优品内部的业务数据分散到各项业务所在的资源库中，缺乏统一的存储和使用规范，缺少统一管理，更别谈从数据中获取价值。门店部署AI设备之后，实现了门店在线、人在线、货在线的互联状态，它产生的所有数据都会存储在中心数据库。除了线下，线上的数据也受到名创优品的重视，以往存放在第三方的用户数据，逐步开始向自有的App和小程序引流。融合两种数据之后，名创优品开始对这些千万量级的数据进一步深度挖掘，构建了各个门店的“门店画像”和“客户画像”，并应用于从总部到门店的关键决策活动中，实现“千店千面”的新零售业态。

数据的良好保管和利用也为名创优品的业务活动带来了“润滑剂”，例如，当前单个门店有3 000～4 000个。补哪些货、补多少、什么时候补等问题影响着门店的经营绩效和库存压力。实施数字化转型之后，名创优品针对每个门店构建了一套个性化的补货模型，根据门店销售库存数据、环境数据（如天气、公共事件）、门店客户偏好数据等，预测下一阶段的商品销量，形成补货决策。

针对旗下所有门店，名创优品已经建立2 500多个补货模型，在门店货品方面实现了精准补货、精细管理。补货决策的时间环比提高了4.6%，补货准确度提高了3.8%，库存周转天数平均减少了两天，滞销库存下降了2%，畅销品缺货率下降了1.2%。

（3）市场驱动的数字化供应链——后台。后台是名创优品用于约束和规范内部管理的抓手，克服了过去门店管理的不规范，以及供应链环节的信息不对称、不完备的现象。经过数字化方案的部署，名创优品在规范性、执行力方面取得了成效。

总部的远程巡店系统完成了对门店现场的在线管理，包括对门店陈列规范性、新品上架的及时性、门店布设的标准性，以及门店常规运行情况的检查、分析与处理等。远程巡店系统上线之后，区域经理的巡店效率大大提升。以往每天最多只能实地考察两家门店，现在每天可以考察6家门店，提升了效率，节省了巡店的成本。通过AI考勤制度，以往数据库中“吃空饷”的情况不再存在，门店员工的管理制度更趋向流程化和规范化。

在智能供应链的指挥下，以ERP系统为主的执行供应链提高了其精准、个性化、高效的执行力，保证了名创优品“千店千面”的实现。在供应链管理方面，基于SAP+IaaS的服务架构，名创优品在全球实现了供应链管理的敏捷部署，将供应商生命周期纳入考核体系，对关键节点进行异常报警。同时，名创优品优化了国内总部与海外市场分仓供应链，提高了总部与子公司之间单据的流通效率。在多部门系统之间交互协同、跟单职能实施系统化后，效率提升了40%。在物流管理方面，名创优品搭建了全球通用的物流业务流程末班，实现了仓库模式、仓内结构、业务流程等方面的标准化。

4. 尾声

项目已经取得了一定成效，走向了“千店千面”之路。现在的数字化供应链支持名创优品经营战略的实施，侧重服务于业务和管理。直接带来业绩上的提升，利用信息技术引领经营创新、管理创新，才是名创优品更高层次的数字化转型。

思考题：

1. 名创优品发展迅速的背后，遭遇了哪些管理上的难题？为什么名创优品决定借助数字化转型解决难题？
2. 与线上线下的竞争对手相比，名创优品构建的数字化转型方案有哪些特殊之处？
3. 你认为实现名创优品的数字化转型方案需要具备哪些条件？可能产生哪些影响？
4. 结合本案例，你认为数字化转型的第一性原理是什么？

资料来源：蔡淑琴，邹新文，王瑞．实体零售的数字化转型——名创优品的新零售探索之路，中国管理案例共享中心，2020.

◎ 复习思考题

1. 请简述企业资源计划的发展历程。
2. 企业资源计划发展历程中的每个阶段，相对于上个阶段的改进之处是什么？
3. 如何理解企业资源计划的优势和劣势？
4. 请简述客户关系管理的发展历程。
5. 如何利用客户关系管理系统来管理和优化每个阶段的客户关系？
6. 客户关系管理系统的结构和类型是什么？
7. 什么是供应链和供应链管理？
8. 请简述供应链管理的发展历程。
9. 如何理解供应链管理中的“牛鞭效应”？如何解决？
10. 什么是隐性知识和显性知识？什么是知识管理？
11. 请简述知识管理的发展历程。
12. 知识管理系统的功能有哪些？
13. 请简述商务智能的发展历程。
14. 商务智能在企业管理中有哪些应用？
15. 商务智能系统由哪些部分组成？

◎ 参考文献

[1] AIN N，VAIA G，DELONE W H，et al. Two decades of research on business intelligence system adoption，utilization and success-a systematic literature review [J]. Decision Support Systems，2019 (125)：113113.

[2] ALAVI M，LEIDNER D E，郑文全．知识管理和知识管理系统：概念基础和研究课题 [J]. 管理世界，2012 (5)：157-169.

[3] BAARS H，KEMPER H-G. Management support with structured and unstructured data-an integrated business intelligence framework [J]. Information systems management，2008，25 (2)：132-148.

[4] GANESH K，MOHAPATRA S，ANBUUDAYASANKAR S P，et al. Enterprise resource planning：fundamentals of design and implementation [M]. Berlin：Springer International Publishing，2014.
[5] HOWELLS J. Tacit knowledge [J]. Technology Analysis & Strategic Management，1996，8 (2)：91-106.
[6] MANAVALAN E，JAYAKRISHNA K. A review of internet of things (IoT) embedded sustainable supply chain for industry 4.0 requirements [J]. Computers & Industrial Engineering，2019，127：925-953.
[7] OZTEMEL E，GURSEV S. Literature review of industry 4.0 and related technologies [J]. Journal of Intelligent Manufacturing，2020 (31)：127-182.
[8] RUGGLES R. The state of the notion：knowledge management in practice [J]. California Management Review，1998，40 (3)：80-89.
[9] SHARDA R，DELEN D，TURBAN E. Business intelligence：a managerial perspective on analytics [M]. New Jersy：Prentice Hall，2013.
[10] ZACK M H. Managing codified knowledge [J]. Sloan Management Review，1999，40 (4)：45-58.
[11] 埃克特斯，布拉基斯，米尼斯，等. 供应链 4.0：大数据和工业 4.0 驱动的效率革命 [M]. 刘大成，周家弘，译. 广州：广东经济出版社，2022.
[12] 柴天佑，刘强，丁进良，等. 工业互联网驱动的流程工业智能优化制造新模式研究展望 [J]. 中国科学：技术科学，2022，52 (1)：14-25.
[13] 产业政策与法规司. 工业和信息化部启动首批产业链供应链生态体系建设试点工作 [EB/OL]. [2023-12-01]. http://www.ce.cn/xwzx/gnsz/gdxw/201005/01/t20100501_21204885.shtml.
[14] 陈国青，吴刚，顾远东，等. 管理决策情境下大数据驱动的研究和应用挑战：范式转变与研究方向 [J]. 管理科学学报，2018，21 (7)：1-10.
[15] 陈良华，李文. 供应链管理的演进与研究框架的解析 [J]. 东南大学学报 (哲学社会科学版)，2004 (1)：26-29+123.
[16] 陈鹏. 企业资源计划在企业融合发展中的作用 [J]. 工矿自动化，2021，47 (增刊 2)：153-154.
[17] 陈小秀，张兵. 客户关系管理实务 [M]. 2 版. 合肥：中国科学技术大学出版社，2022.
[18] 丁蔚. 从信息管理到知识管理 [J]. 情报学报，2000 (2)：124-129.
[19] 胡翠华，陈登科. 商务智能在我国的发展现状、问题及其对策 [J]. 科技管理研究，2007 (10)：50-52.
[20] 胡仁昱，兰天. 新一代 ERP 技术的特征与应用 [J]. 财务与会计，2022 (10)：49-51.
[21] 冷霞. 实施客户关系管理系统不断提升企业竞争力 [J]. 中国商论，2020 (23)：129-130.
[22] 李鹤尊，孙健，安娜. ERP 系统实施与企业成本粘性 [J]. 会计研究，2020 (11)：47-59.

［23］ 李小乐．供应链管理理论发展研究［J］．全国流通经济，2021（36）：15-17.
［24］ 刘鲁．信息系统：原理，方法与应用［M］．北京：高等教育出版社，2006.
［25］ 刘淑春，闫津臣，张思雪，等．企业管理数字化变革能提升投入产出效率吗［J］．管理世界，2021，37（5）：170-190+13.
［26］ 刘雪巍．ERP 管理信息系统在企业中的运用探讨［J］．全国流通经济，2021（2）：90-92.
［27］ 彭志忠，李蕴．客户关系管理：理论、实务与系统应用［M］．济南：山东大学出版社，2005.
［28］ 苏选良．管理信息系统［M］．北京：电子工业出版社，2003.
［29］ 唐晓波．企业资源计划（ERP）．武汉：武汉大学出版社，2009.
［30］ 田军．企业资源计划（ERP）．北京：机械工业出版社，2007.
［31］ 田歆，汪寿阳，鄂尔江，等．零售大数据与商业智能系统的设计、实现与应用［J］．系统工程理论与实践，2017，37（5）：1282-1293.
［32］ 汪定伟，于海斌．面向敏捷制造的企业资源计划的设计与开发［J］．计算机集成制造系统，2001，7（2）：35-37.
［33］ 王广宇．客户关系管理［M］．3 版．北京：清华大学出版社，2013.
［34］ 吴江，邹柳馨，胡忠义．大数据环境下电子商务学科的智能化转型和商务智能研究［J］．图书情报知识，2020（5）：94-103.
［35］ 吴珊燕．中国电信客户关系管理系统（CRM）实施．中国工商管理国际案例库．2012.
［36］ 吴玥辰，刘波，范丽华．供应链牛鞭效应的成因及抑制方法研究［J］．中国储运，2022（12）：138-139.
［37］ 薛华成．管理信息系统［M］．3 版．北京：清华大学出版社，2003.
［38］ 张继栋．地方国有企业数字化转型路径探讨［J］．现代管理科学，2021（3）：96-102.
［39］ 张群．生产与运作管理［M］．3 版．北京：机械工业出版社，2014.
［40］ 左美云．国内外企业知识管理研究综述［J］．科学决策，2000（3）：31-37.

CHAPTER 7

第7章

信息系统使能的商业模式创新

本章将围绕信息系统使能的商业模式创新展开讲解。首先，介绍商业模式的认知阶段与分析工具，并基于商业模式画布介绍商业模式的基本要素；其次，探讨商业模式的相关理论，特别突出信息系统对商业模式创新的作用；最后，系统性讲解信息系统驱动的价值链重构和商业模式创新。

■ 开篇案例　交通出行商业模式的变革

信息技术的快速发展，使得各行各业的传统商业模式都受到了不同程度的冲击，其中一个典型代表就是交通出行行业。在网约车出现之前，出租车主要通过“招手即停”的方式提供乘车服务：乘客在路边只需要伸手打招呼，就可以提示过往的出租车驾驶员他们需要乘车服务。除此之外，有些城市也会提供出租车叫车热线，乘客可以通过打电话的方式将出发地以及目的地告知服务平台，然后由平台安排周围的出租车前去载客。传统出租车的服务模式效率低、等候时间长、沟通不便、空载率高，不利于提高出租车和乘客的匹配效率，而且因为出租车驾驶员服务意识差、拒载现象频发，行业服务质量有待提高。

以北京首汽（集团）股份有限公司为代表的传统出租车公司，借力“供给侧改革”东风，变革商业模式，推出“首汽约车”移动应用，实现了由传统出租车公司向线上汽车服务平台的转变。首汽约车不提供路边招手即停服务，而是全面采用线上预约模式。在变革初期，首汽约车采用 B2C 模式开展网约车服务，平台使用自有车辆并招募自有驾驶员提供网约车服务。乘客在平台下单后，由平台将订单指派给驾驶员，驾驶员不需要抢单。驾驶员每天需要完成特定数量的订单，无特殊情况不得拒绝指派的订单，完成指标后可以根据自身情况设置相关订单偏好。此外，公司统一驾驶员着装、车辆及其外观，并对驾驶员进行统一培训，从而提高服务质量。该模式能够有效地把控驾驶员服务水平，有助于品牌形象的建立。后期随着用户规模的增加，公司通过吸纳社会车辆的方式来增加运量不足等问题。

除这一模式外，以滴滴为代表的“共享出行”新模式也得到快速发展，对整个交通出行行业产生了深远的影响。“共享出行”是指在共享经济的大背景下，以互联网平台为依托，整合社会闲置车辆、车内空间或驾驶技能等交通资源，通过大数据等技术，实现出行供给与需求的高效匹配，从而实现与其他人共享车辆出行或合乘的出行方式。开展业务初期，滴滴出行通过补贴的方式快速吸引出租车驾驶员加盟平台，通过为乘客减免车费的方式吸引大量乘客使用滴滴出行，从而构建了最大用户规模的线上出行平台。以上策略能够帮助平台快速积累大量的用户和车辆，从而能够激发网络效应，促进平台的飞速发展。由于滴滴平台不收取出租车驾驶员的佣金，限制了平台的变现能力。因此，滴滴后续又推出了“顺风车”“滴滴专车”等各类盈利能力更强的出行服务。

首汽约车和滴滴出行的商业模式并不同：滴滴出行采用 P2P（个人对个人）模式，通过经济激励等手段吸引个人车辆或驾驶员接入滴滴平台，滴滴平台提供信息对接服务，同时会对驾驶员进行安全审核及培训，并提供保险支持；而首汽约车则采用 B2C 模式，平台拥有车辆及职业驾驶员，在接到消费者出行需求后指派专车为其服务。滴滴出行采用的是一种轻资产模式，公司不需要购买车辆并雇用驾驶员作为员工，而首汽约车则需要购买车辆并雇用驾驶员作为公司员工，这就造成两个平台在经营成本、价格水平和服务质量上的差异。

总体来看，不管是传统出租车行业，还是新兴的网约车服务模式（见图 7-1），都是通过匹配出行供给和需求来创造价值的。交通出行行业的商业模式发生了翻天覆地的变化，乘车服务变得快捷、高效，而这一切都离不开移动互联网和移动应用等信息技术的赋能。

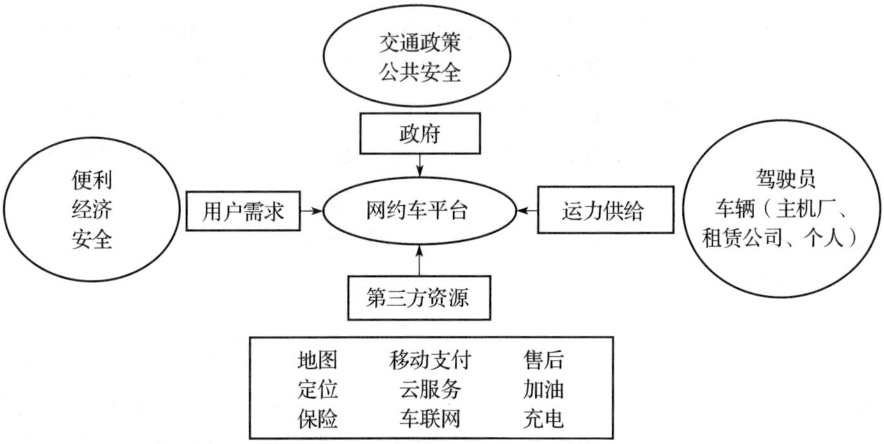

图 7-1　新兴网约车服务模式

资料来源：《2022 年网约车行业研究报告》。

思考题：

1. 哪些因素推动了商业模式的变化？
2. 数字平台的发展对商业模式带来什么影响？
3. 如何刻画一种商业模式的关键要素？

7.1　商业模式概述

在正式学习商业模式概念之前，我们先来看几个日常生活的例子。打印机的价格一般比较便宜，但是墨盒价格很贵；滤水壶价格相对便宜，但是需要定期更换滤芯。显然，销售打印机和滤水壶的企业都采取低价售卖产品、高价售卖后续易耗品的模式来赚取利润。这种低价销售基础产品、高价销售需要频繁更换的附属产品进行盈利的模式被称为剃刀模式，又称诱饵或鱼钩模式。再来看一下租房市场中的例子。北京主要有两大房产中介公司：链家和我爱我家。在传统租房模式中，房东委托中介公司将房产出租给租户，租户需要支付房产中介一个月的房租作为服务费。但是链家为了快速提升在北京租房市场中的占有率，曾采取了逆向收取佣金的模式，免去租户服务费，但是收取房东低于一个月房租的固定金额作为服务费。对于租客来说，由于他们不需要缴纳一个月的房租作为服务费，所以他们涌入链家门店租房，而租户数量大增能够大大增加房东把房子租出去的概率。此外，固定金额的服务费大大低于一个月的房租，房东一般能够接受这一金额的佣金，从而集聚了大量的租户和房东。这一定价模式使得链家快速积累了大量的租户和房东，从而提高了链家双边市场的规模，使它获得快速成功。这一例子不仅涉及商业模式中的定价策略，还涉及什么是双边市场以及双边市场如何定价的问题。通过上述例子，我们可以发现，好的商业模式对企业盈利具有重要作用。但是这些例子仅反映了商业模式的某些要素，本节后续内容将阐述商业模式以及商业模式创新的相关内容。

7.1.1 商业模式的认知阶段

商业模式的概念最早出现于 1957 年，John W. Tukey 提出了“ Business Model”这一概念，用它描述企业如何获得收入和利润。这一概念在当时并没有引起很大的关注，直到 1985 年哈佛大学教授迈克·伯特正式提出商业模式的概念，认为它是公司实现战略目标的重要手段，并将它定义为企业充分发挥和调动拥有的资源、能力、技术和市场等要素，通过开展各类商业活动来赚取利润的方式和方法。自此之后，“商业模式”成为管理学领域最重要的概念之一。我们接下来将从广义和狭义两个角度来帮助大家理解这一概念。

广义上讲，商业模式描绘了一个企业的利益相关者之间的交易结构，这些交易结构主要通过不同利益相关者之间各种各样的交易关系和联系方式来刻画。具体来说，这些交易结构包括企业与外部企业之间、企业内部的各部门之间、企业与顾客之间、企业与渠道之间的交易关系和联系方式。通过这些交易方式和联系方式，企业运行所需的各要素被有机地整合起来，形成一个完整、高效、有独特核心竞争力的商务运作系统，进而满足客户需求，实现员工、顾客、合作伙伴、投资人等各方利益相关者的价值，同时实现持续赢利。

狭义上讲，商业模式描述了企业创造价值、传递价值和获取价值的基本逻辑。尽管有观点认为商业模式就是盈利模式，但是商业模式与盈利模式不同。商业模式与盈利模式有机联系而又各有侧重。商业模式更宏观、更整体，而盈利模式则更聚焦。商业模式强调企业如何快速切入市场，而盈利模式强调如何获取利润。以滴滴为例，其商业模式是通过补贴吸引出租车驾驶员和乘客使用平台，将传统的招手即停的打车模式改为平台对接的模式；而其盈利模式则具体指的是通过对私家车驾驶员抽成等方式进行赢利。总体来说，商业模式决定盈利模式，盈利模式是商业模式体系中最重要的部分，并影响商业模式。

商业模式的概念具有三重含义：从经济含义上来讲，商业模式最直观的说法就是“赚钱”的方式或方法；从运营含义上来讲，商业模式涉及企业内部流程及构造，如产品或服务的交付、生产运作、知识管理等；从战略含义上来讲，商业模式涉及企业的市场定位、组织边界、竞争优势的获取等。

纵观我们对商业模式的认知历程，主要经历了三个阶段：局部认知阶段、整体认知阶段、微观认知阶段。

1. 商业模式的局部认知阶段

早期探索就像盲人摸象一般，人们根据自身理解提出了关于商业模式的见解。在此阶段，我国学者和企业管理者引入商业模式概念，少数先行者开始探索什么是商业模式，从而获得了一些直观的、初步的认识。当当网创始人李国庆在 1998 年发表的文章中引入商业模式这一概念，并认为它是企业成功的关键。在此背景下，他将线上销售模式引入中国图书领域并创建当当网。在传统图书销售模式中，读者需要到实体书店购买图书，而新华书店是当时最大的图书销售渠道，但是在当当网成立后，读者只需要登录网站就可以选购喜欢的图书。由于线上渠道销售量大、不需要固定营业场所等，价格往往比线下门店售价低，从而吸引了大量的读者。当当网曾经一度是中国最大的图书零售商。

2. 商业模式的整体认知阶段

经历过之前的局部认知阶段，我国管理者和学者积累了很多关于商业模式的结论，开始思考如何系统地看待商业模式的问题，相关研究也变得更加丰富和深入。人们首先思考的就是，商业模式的概念很空泛，能否刻画出一个体系来描述商业模式的具体内涵。2008 年，亚历山大・奥斯特瓦德在其著作《商业模式新生代》中提出“商业模式画布”理论体系，从四个视角、九个模块对商业模式进行了系统性阐释，使人们对商业模式的认知从局部认知上升到整体认知。

3. 商业模式的微观认知阶段

经历过商业模式初探的局部认知阶段以及深入思考的整体认知阶段后，人们对商业模式的探索进入微观认知阶段，像利用基因组学来探索生命奥秘那样，开始探索决定商业模式新旧、优劣和兴衰的核心要素，信息技术对商业模式的影响机制以及商业模式的创新路径等核心问题。人们对商业模式的探索进入一个崭新的阶段。

7.1.2　商业模式的分析工具

随着商业模式重要性的日益凸显，人们提出一些商业模式的分析工具，其中比较有影响力的有以下三种。

1. 麦肯锡 7S 模型

麦肯锡 7S 模型是 20 世纪 80 年代初，由麦肯锡公司基于多年的管理咨询实践和研究提出的一种商业模式的管理模型，可以用于帮助企业对内部环境进行评估和优化，并协同多方要素提升企业整体效能。该模型认为企业的商业模式主要包括战略（Strategy）、结构（Structure）、制度（System）、风格（Style）、人员（Staff）、技能（Skill）以及共同价值观（Shared Values）七个维度（见图 7-2）。战略是指企业长期发展的方向和目标，结构是指企业的组织结构，制度是指企业确立的制度规范与体系，风格是指企业的管理风格（如集权与分权管理风格），人员是指企业的人员组成、数量和质量，技能是指企业的核心技术和能力（如研发、创新、管理能力等），共同价值观是指企业的核心价值观和理念。该模型被广泛应用于各种类型和规模的企业，包括大型跨国公司、中小型企业、政府机构和非营利组织。

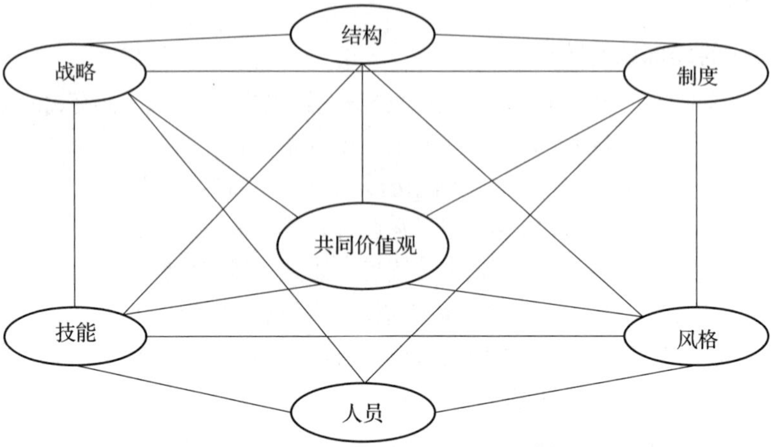

图 7-2　麦肯锡 7S 模型

资料来源：毕德士·华特曼，《追求卓越：美国企业成功的秘诀》

商业模式的七个维度可以分为“硬件”和“软件”两个方面。其中“硬件”包括商业模式中的战略、结构和制度三个维度，“软件”包括风格、人员、技能和共同价值观四个维度。该模型要求企业对七大维度之间的关系进行协调和维护，通过实现不同维度的协同来构建企业的动态运作机制，从而有效执行企业战略并创新机制。但是该模型也有一些不足：模型更像是经验的凝练和总结，缺少可操作性的技术与工具；模型只是给出一个简单的框架，虽然强调不同维度之间的协同，但是并没有详细说明如何协同，因而容易忽视不同因素之间的相互作用和影响；模型强调企业聚焦内部因素，但是忽略了外部环境对企业商业模式的影响，缺少对企业长远规划的考量。

2. 商业模式画布

商业模式画布是一种分析和设计商业模式的工具，由亚历山大•奥斯特瓦德于 2008 年提出。该模型提出商业模式包含九大要素，分别是客户细分、价值主张、渠道、客户关系、收入来源、核心资源、关键业务、重要合作、成本结构。商业模式画布能够帮助企业填充各部分要素内容，快速总结和概括企业的商业模式，而不再需要通过大篇幅的商业计划书描述自己的商业模式，大大提高了企业商业模式的可视化。在商业模式画布的基础上，企业可以结合外部环境和发展趋势，通过分析商业模式画布的内容来发现商业模式的问题、提出优化的方法以及寻找商业模式创新的机会。

3. 六要素模型

我国学者也结合本国实际提出商业模式相关框架，其中最有影响力的当属魏炜和朱武祥在 2009 年出版的《发现商业模式》一书中提出的商业模式的六要素模型（见图 7-3）。该模型认为企业的商业模式主要包括定位、业务系统、关键资源能力、盈利模式、现金流结构和企业价值六个维度。

（1）定位是指企业在产品或服务以及服务客户上的布局，即通过提供什么特征的产品或服务来满足哪部分客户的价值。

（2）业务系统是商业模式的核心，是指企业为了服务在定位中确定的客户，所构建的业务环节、合作伙伴和利益相关者网络以及交易环节等内容。

（3）关键资源能力是指企业为了使得构建的业务系统运转所需要的重要资源和能力。

（4）盈利模式刻画了企业如何获取收入、如何控制成本以及如何实现利润最大化。

（5）现金流结构是指企业应当构建何种现金的流入和流出结构，以及如何在比例和时间序列维度上对现金流进行优化。

（6）企业价值即企业的投资收益，是指企业如何通过为客户创造价值进而获利。

总体来说，六要素模型强调企业在设计商业模式的时候应该首先定位好服务的客户群体，然后通过构建业务系统以及优化企业内部的运行机制来服务客户并创造企业价值。

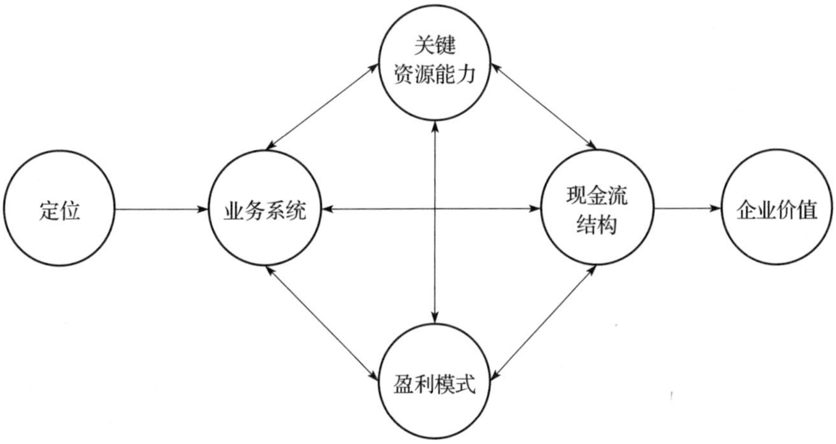

图 7-3　商业模式六要素模型

资料来源：魏炜，朱武祥．发现商业模式［M］．北京：机械工业出版社，2009.

7.1.3　商业模式的基本要素

在前面讲解的商业模式分析工具中，商业模式画布使用最为广泛，因此本小节将基于商业模式画布分析商业模式的基本要素。根据商业模式画布，商业模式主要包括客户细分、价值主张、渠道、客户关系、收入来源、核心资源、关键业务、重要合作、成本结构等要素。而这九大要素可以归结为四大类，分别是基础条件、核心价值、客户和财务。其中基础条件包括重要合作、关键业务、核心资源三个要素，核心价值即价值主张，客户主要涉及客户细分、客户关系和渠道，财务主要包括成本结构和收入来源。这九大要素的基本内容如下。

（1）客户细分。企业的目标客户群体是哪些人？为谁创造价值？

（2）价值主张。提供什么样的产品或服务给目标群体？为核心用户提供何种价值，以及满足用户的何种需求？

（3）渠道。如何接触目标用户群体，并向他们传递价值主张？怎样宣传自己的产品？怎样向客户交付产品？

（4）客户关系。如何与目标群体打交道？应该与他们建立一种什么样的关系？

（5）收入来源。企业如何从价值主张中获得收入？收入的来源是什么？

（6）核心资源。为了实现价值主张，企业需要掌握哪些核心资源，以及构建何种能力？

（7）关键业务。为了维持业务运转，企业需要哪些业务环节？

（8）重要合作。企业为实现价值主张，可以与哪些重要伙伴合作从而获得帮助？

（9）成本结构。企业为获取资源、维持业务，需要付出哪些成本？

商业模式画布的使用者需要按照一定的顺序总结企业的商业模式：了解目标用户群（客户细分），确定他们的需求（价值主张），想好如何触达他们（渠道），如何与他们建立好关系（客户关系），怎样赢利（收入来源），凭借什么能力（核心资源），做哪些事情维持业务运转（关键业务）进而实现盈利，在这一过程中谁能帮助你（重要合作），以及根据综合成本定价（成本结构）。下面将详细解读商业模式的基本要素。

1. 客户细分

服务不同的人群需要不同的资源和人才，但是企业的资源是有限的，所以企业需要确定自己的目标客户。客户细分需要企业通过分析来确立目标用户群体。以手机为例，华为手机重点面向追求设计和制造品质的用户，苹果手机重点面向追求科技时尚感的用户；以笔记本为例，联想 ThinkPad 系列重点面向追求安全性、稳定性的商业用户，而外星人笔记本重点面向追求流畅度和画面质感的游戏玩家。在客户细分过程中，需要注意区分产品的使用者和决策者可能不是同一人，譬如婴幼儿产品，使用者是婴幼儿，但是决策者却是婴幼儿的父母。只有找到正确的决策者，才能准确地进行后续的商业模式设计。

2. 价值主张

价值主张反映企业为客户细分中确定的目标群体提供什么产品或服务，以及满足他们的何种需求。在这一环节，企业需要进行几个关键决策。

（1）目标用户需求分析。两种常用的目标用户需求分析工具包括马斯洛层次需求理论和卡诺模型。在分析用户需求的时候需要避免营销近视。营销近视是指企业不适当地把注意力放在产品上，而不是放在用户需求上。在需求分析时，要避免出现营销近视。以电钻设计为例，市场上的电钻在设计上大致相同，并没有太多个性化的设计。如果有企业推出一款镶钻的电钻，就犯了营销近视的错误。购买电钻的顾客真正需要的是使用电钻来钻孔，因此电钻的核心功能是能够高效地获取精准尺寸的钻孔，而电钻的装饰则是本质需求之外的边缘需求，忽略了本质需求而过度关注产品的边缘属性就导致了营销近视。企业可以通过思考以下三个问题来防止营销近视：第一，用户愿不愿意跟你交换金钱，愿不愿意为你的服务或者产品买单；第二，用户愿不愿意为使用你的产品或服务而花费时间；第三，是否通过整合企业洞察和用户反馈来把握用户的需求。如果企业识别的需求能够满足前面三个问题，那么大概率能够正确识别用户的需求。

（2）确定产品种类。企业可以设计很多不同的产品或服务来满足用户的某种特定需求，接下来企业需要确定产品种类。根据二八定律，满足大众需求的百分之二十的产品能够创造百分之八十的利润，因此大多数企业往往更关注满足大众需求的产品。但是随着互联网时代的到来，长尾理论的出现也支持企业关注那些满足个性化需求的产品，企业可以致力于发现利基（Niche）市场，即针对企业的优势细分出来的市场，这些市场目前没有令人满意的产品或服务。然后，企业可以提供有别于其他竞争对手产品的利基产品，从而满足消费者的个性化需求。利基产品集合起来，就可以创造一个可观的大规模市场，这使得企业在满足消费者个性化需求的同时，也能够创造企业价值。

（3）产品策略。为了满足不同客户的需求，企业往往需要确定在消费者众多需求中哪些是最本质的需求，从而提出公司的最小可行产品（Minimum Viable Product，MVP）。最小可行产品这一概念由埃里克·莱斯在他发表于《哈佛商业评论》中的“The Lean Startup”一文中提出，它是指企业为快速抢占市场，可以搭建一个能满足消费者基本需求的产品，去掉一些细枝末节的边缘需求，只保留核心功能，并在投入市场后主动收集用户反馈并基于此对产品进行迭代，通过不断地迭代将产品升级到一个相对稳定的状态。在此基础上，企业可以构建个性化的产品，从而更多地服务目标客户群体，满足其他相对而言较为小众的需求。以甜甜圈为例，不加任何辅料的甜甜圈就是满足人们最基本需求的最小可行产品，商家可以添加巧克力、糖浆、小糖果等辅料，构建满足不同类别需求的产品（见图 7-4）。

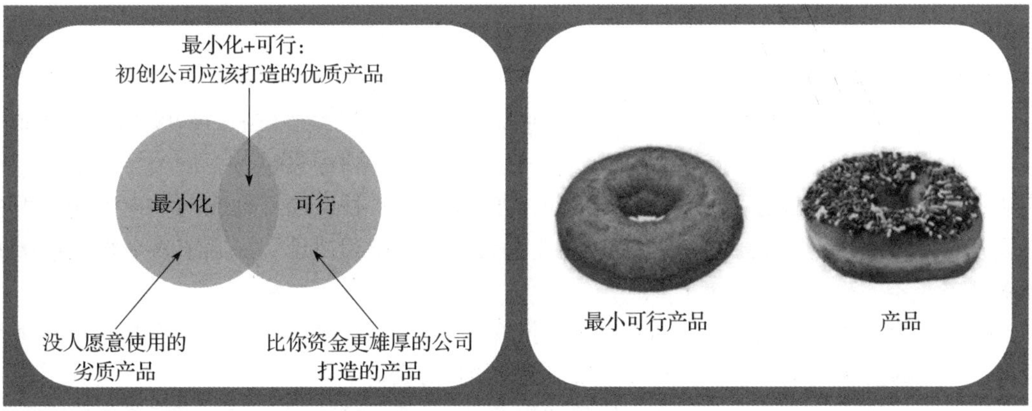

图 7-4　最小可行产品示例

（4）价值定位的确立。价值定位反映特定企业在消费者心目中的形象。例如，如果你需要尽快寄送一份纸质合同到合作公司，你会选择使用哪家快递公司？如果需要邮寄档案，你会选择哪家快递公司？如果你急需一个产品，需要从一个电商网站购买，你会想到哪个平台？当谈到顺丰的时候，你会想到什么？当谈到中国邮政的时候，你会想到什么？当谈到京东的时候，你会想到什么？当谈到拼多多的时候，你会想到什么？你心中的答案就体现出企业的价值定位。

3. 渠道

在确定了通过提供何种产品或服务来满足哪些人的特定需求后，企业需要思考如何触达目标消费者，将企业的价值定位传递给他们，向他们宣传自己的产品并将产品送达消费者手中。企业需要思考用户在哪里；他们最常出现的渠道或者平台在哪里；用什么样的方式去触达他们；是用直接的产品形式，用内容营销的方式，还是用私域流量去触及他们。如果某制药公司需要向特定医生群体传递一种新的治疗方案，那么通过抖音和微博等面向社会大众的社交媒体开展宣传可能不见得有效，但是通过丁香园等在线医生社区则可能事半功倍。

4. 客户关系

企业获得目标用户后，需要通过客户关系管理的方法把用户留存下来，把他们转化为忠实用户，并让他们推荐更多的用户，从而为企业持续创造价值。

5. 收入来源

企业可以通过向消费者传递价值来获取收入。不同类型企业的收入来源也不同。对于生产产品的企业来说，它们主要通过销售产品来获得收入；对于提供服务的企业来说，有更多的获取收入的来源，如广告费、竞争排名、服务费、佣金、中介费等。总体来说，企业可以通过吸引新用户、增加老用户平均客单价、关注用户生命周期价值来提高收入。以电信服务为例，每年大学新生开学季，各大电信公司会推出很多低价套餐吸引大学生入网；电信公司还会向老用户推荐各种新的增值服务，并鼓励老用户升级套餐；为留存用户，电信公司还会推出诸如家庭成员号码等业务，提高用户使用其他竞争对手产品及服务的成本，从而提升用户黏性，帮助企业获取用户生命周期价值。

6. 核心资源

企业的核心资源是其竞争优势的来源。通常来说，企业的核心资源包括以下几个方面。

（1）实物资产：企业的实物资产如生产设备、厂房、物流设施等。例如，京东通过构建亚洲无人仓，系统性集成了物联网、人工智能等前沿科技，使用物联网实现了仓库内各种设备和系统的互通互联，使用人工智能提供大数据分析和决策，提升了整个物流系统的效率。

（2）人力资源：企业的人员和专家，包括管理者、一线员工等。业务的开展离不开优秀的员工，人的主观能动性决定了人力资源是企业的核心资源。

（3）知识资产：企业特有的专有知识和技术，如专利和商标。例如，截至 2023 年 7 月，华为在 5G 领域拥有超过 9 000 项专利，位居世界第一，这也成为它在万物互联时代拥有竞争优势的核心资源，也是让其他国家和地区的企业感受到威胁的重要原因。

（4）品牌资产：企业品牌的影响力、品牌形象及品牌声誉。可口可乐已经是世界皆知的品牌，但是为什么它每年还会持续大量地投放广告进行宣传？根本原因是需要通过此举不断强化品牌影响力。

（5）专有权利：准入行业所需的牌照和资质等。例如，中国人民银行根据《中华人民共和国中国人民银行法》等法律法规，向符合相关规定的企业发放支付业务许可证，加强对从事支付业务的非金融机构的管理；未获取许可证的机构不得开展相关的支付业务。这本身就是企业的一种准入门槛，也是企业核心竞争力的重要来源。

7. 关键业务

为了使商业模式能够有效运行，企业需要确认关键业务活动。企业可以结合价值链理论来进行关键业务的设计。价值链理论由迈克尔·波特提出，他认为每个企业是各种业务环节的集合，这些业务环节包括设计、生产、销售、发送和辅助过程。具体来讲，价值链的业务环节主要包括基本活动和支持活动两大类。基本活动包括物流、生产、后勤、市场营销、售后，支持活动包括人力资源管理、研发、采购、法务。企业可以根据商业模式的需要确定关键业务活动并制定相应指标。这些重要的指标一旦选定，将成为商业模式中的“指南针”，指导企业所有资源的整合、所有业务的进行、所有人员努力的方向。

8. 重要合作

企业需要很多关键的外部合作伙伴从而保证商业模式的有效运作。稳健的合作网络能够减少商业模式运作的风险和不确定性，还能够为企业提供特殊资源。企业与关键伙伴之间往往涉及多种不同的合作关系，包括基于供应关系的合作关系、非竞争者之间的合作关系、竞争者之间的合作关系、为新业务建立的合作关系等。

9. 成本结构

商业模式运作需要成本，包括生产设备、厂房等固定成本，以及生产资料、员工工资等可变成本。为提高获益空间，企业需要严格控制成本。企业需要思考以下问题：站在用户角度上来看，钱是不是花在了最应该解决的问题上；花同样的成本、雇用同样数量的员工，与同行业其他企业相比创造的价值和收入是不是更高；与行业中其他企业相比，本企业的毛利率是否更高。如果答案是否定的，那么企业需要致力于控制成本并优化成本结构。

◎ 阅读材料 7-1

共享单车的商业模式

在公共交通出行领域，城市居民面临“最后一公里”的难题。以北京为例，北京市地铁系统、公交系统十分发达，但是居民搭乘地铁或公交后，很多时候还需要步行一段时间。共享单车的出现有效地解决了城市居民“最后一公里”的难题。共享单车企业采用了何种商业模式？

（1）客户细分。在城市交通中，虽然地铁网络与公交路线覆盖率日益提升，但是公共交通与目的地之间 1 ～ 3km 距离的交通往往存在诸多不便，比如地铁口或公交车站与工作单位之间，以及地铁口或公交车站与家庭住址之间没有合适的出行解决方案。随着共享经济的蓬勃发展，共享单车应运而生，致力于为有 1 ～ 3km 距离出行需求的人群提供解决方案。

（2）价值主张。坐公交车、地铁或步行存在一些不便，坐出租车又不经济，自行购买自行车容易丢失。在这种背景下，曾经有一段时间，非法营运的三轮车填补了这一空白，但是它们安全性低、服务体验差。共享单车企业通过在地铁口、公交车站等短距离出行需求旺盛的场所投放共享单车，为消费者提供可以短时租赁的自行车，解决了他们的出行需求。

（3）渠道。通过在选定的位置摆放大量共享单车，能够有效起到推广的作用。因此，共享单车投放点的选择变得非常重要。此外，在共享单车行业起步阶段，相关企业通过免费试用、价格补贴、低价月卡等方式，快速吸引消费者使用并鼓励他们推荐给朋友、同事及家人。

（4）客户关系。一开始的时候，共享单车企业需要消费者缴纳押金才能使用其产品，后来为避免诸如 OFO 的退押金问题，允许消费者无押金就可以使用产品。同时，对于不同类别的用户推出不同类型的服务，比如对于学生和教师推出优惠月卡。企业还会推出不同类型的促销活动来增强消费者黏性。

（5）收入来源。图 7-5 展示了美团共享单车的多种收入来源，主要通过收取消费者单次使用费以及销售月卡的方式获得收入，还可以通过销售 App 广告位的方式收取广告费。

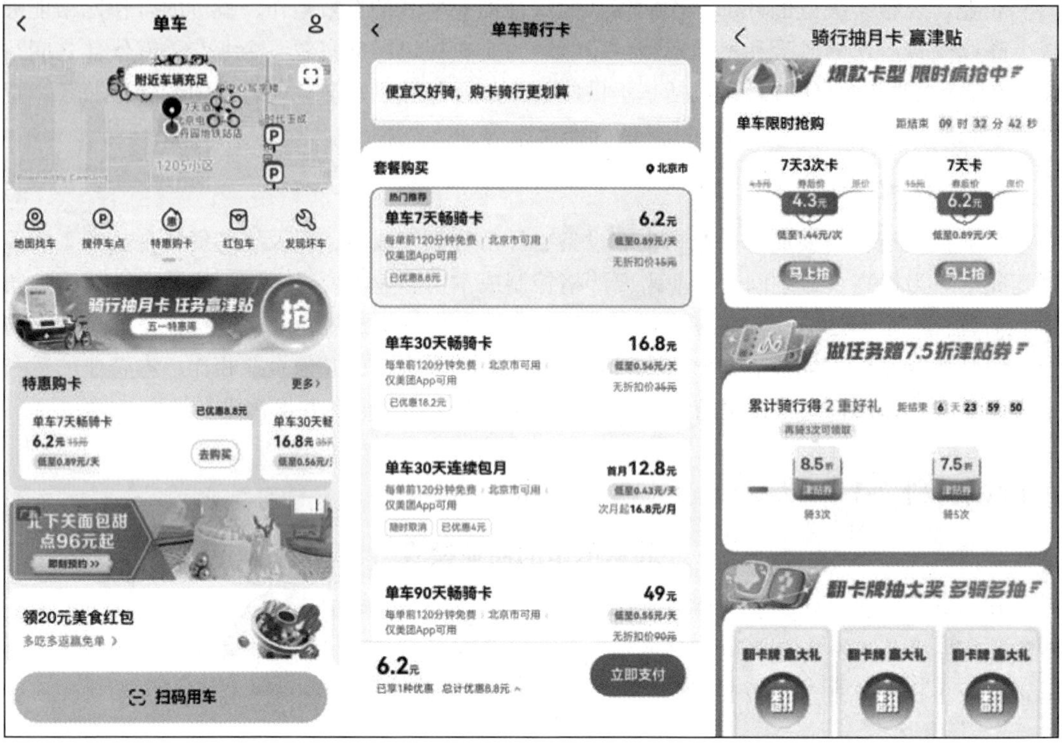

图 7-5　美团共享单车收入来源示意图

（6）核心资源。共享单车企业的核心资源主要体现在用户体验、管理精细化、模式可复制三个方面。一是使用户用车换车更方便，提高用户体验；二是优化企业内部管理，提升共享单车整个业务流程的流畅性；三是不断优化商业模式，使得共享单车业务能够快速推广到各大城市。

（7）关键业务。企业通过增加投放数量、优化还车点布局等策略，解决规律性用车“潮汐”问题（比如早上用车大多由住所到公共交通站点以及由公共交通站点到工作单位，晚上用车大多由公共交通站点到住所等），使用户能够更加迅速地找到可供使用的共享单车；企业还通过提升定位技术、开锁技术等，让用户更快速、方便地租借共享单车；企业还需要为用户提供更加便捷的反馈机制，允许用户上报故障车等反馈，进而加快故障车处理速度，提升用户体验。

（8）重要合作。共享单车业务的顺利开展离不开车辆生产制造商、移动支付平台、地图软件、活动代理商等合作伙伴。

（9）成本结构。共享单车企业的主要成本包括企业运营本身所需的各类成本，车辆的采购、维护、折旧等成本。

经过上述分析，我们可以将共享单车的商业模式总结为图 7-6 所示的共享单车商业模式画布。

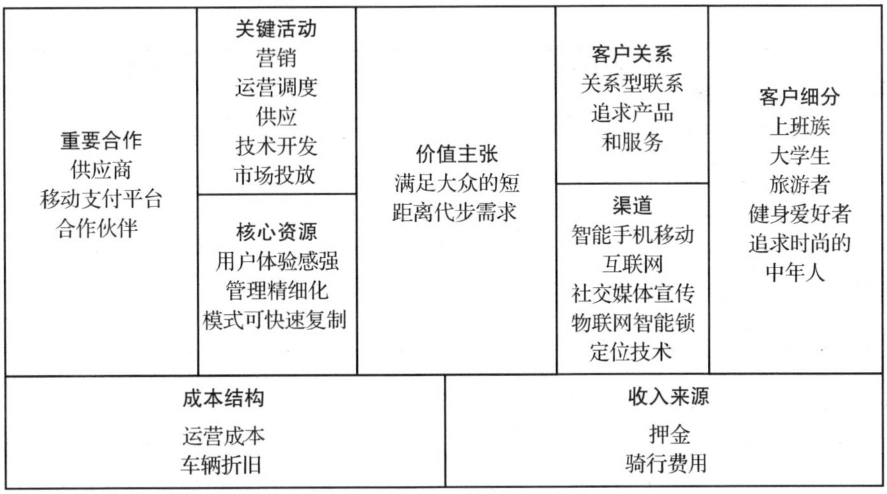
重要合作
供应商
移动支付平台
合作伙伴
关键活动
营销
运营调度
供应
技术开发
市场投放
核心资源
用户体验感强
管理精细化
模式可快速复制
价值主张
满足大众的短
距离代步需求
客户关系
关系型联系
追求产品
和服务
渠道
智能手机移动
互联网
社交媒体宣传
物联网智能锁
定位技术
客户细分
上班族
大学生
旅游者
健身爱好者
追求时尚的
中年人
成本结构
运营成本
车辆折旧
收入来源
押金
骑行费用

图 7-6　共享单车商业模式画布

资料来源：莫瑞亚. 精益创业实战［M］. 北京，人民邮电出版社，2013。

7.2　商业模式创新概述和相关理论

7.2.1　商业模式创新概述

商业模式能够为顾客提供价值，为企业提供可观的利润，为企业提供竞争优势。但是商业模式可以被复制，这会弱化企业的竞争优势。企业要想避免商业模式被模仿并维持竞争优势，就需要根据商业环境不断地进行商业模式创新。根据陆雄文于 2013 年出版的《管理学大词典》，商业模式创新是指通过改变企业价值创造的基本逻辑，从而提升顾客价值和企业竞争力的活动。商业模式创新既可能包括多个商业模式构成要素的变化，也可能体现在不同商业模式要素间关系或者动力机制的变化。企业通过在各自的市场领域引入新的商业模式，不仅能从现有竞争者那里获取商业份额，还能通过做大市场的方式扩大现有市场规模。商业模式创新者并不需要开发新产品或新服务，而是通过引入新的商业模式要素重新定义现存产品或服务，变革将产品和服务提供给客户的方式。

表 7-1 总结了各行各业的一些商业模式创新的代表。以图书行业为例，传统图书销售主要通过书店，新华书店就是当时最典型的代表。李国庆创立当当网将在线 B2C 交易模式引入图书销售行业，读者足不出户就能通过在线的方式购买纸质图书。这一商业模式创新并没有改变图书这一产品的本质，但是通过引入在线渠道重新定义了提供图书销售服务的方式以及配送图书的方式。随着信息技术的发展，越来越多的出版社推出电子图书，允许读者用较为低廉的方式购买电子化图书，搭配各类电子设备即可阅读。这比在线销售图书更进一步，更加深化了图书销售行业的商业模式创新。

表 7-1　各行业商业模式创新代表示例

行业	新商业模式	代表
图书行业	在线 B2C 交易平台	当当网、京东
娱乐行业	在线音乐、在线视频、网络大电影	腾讯音乐、网易云音乐、爱奇艺、腾讯视频
汽车租赁	在线租赁、分时租赁	神州租车、一嗨租车、Gofun 出行

（续）

行业	新商业模式	代表
共享出行	网约车、共享单车	滴滴出行、Uber、美团单车、哈啰单车
医疗行业	在线医疗社区、互联网医院	春雨医生、微医网、好大夫
钢铁行业	在线 B2B 交易平台	找钢网
餐饮行业	外卖、团购	美团外卖、饿了么、美团点评、口碑网
金融业	网上银行、移动银行、移动支付、在线基金	招商银行、微信支付、支付宝支付、余额宝
酒旅行业	在线旅游平台	携程、飞猪、中国国航 App
二手交易	在线 C2C 交易平台	闲鱼、转转
计算机零售	直销模式	戴尔计算机

娱乐行业的商业模式也进行了创新。在数字化平台飞速发展之前，人们购买唱片、磁带和 CD 并在相关设备上播放来听音乐。作为信息技术的原生居民，21 世纪之后出生的年轻人可能没有见过唱片、磁带和 CD，也不了解什么是 MP3 播放器、唱片机以及磁带播放器。他们如今可以打开腾讯音乐、网易云音乐等音乐平台的移动应用，搜索并播放自己喜欢的歌曲。凭借数字平台技术，人们不再依托实体的媒介就能够播放歌单，而随着大数据技术的发展，平台能够了解用户喜欢什么风格以及哪位明星的歌曲，从而推荐更加个性化的歌单。

汽车租赁行业的商业模式也发生了很大变化。即使是在数字经济高度发展的今天，还有一些地方通过线下租赁的方式实现汽车的租赁服务。人们需要携带驾驶证到特定的门店，填写纸质票据租赁汽车。但是由于数字平台、移动网络、移动定位等技术的快速发展，我们已经可以实现汽车的线上租赁。你可以通过在线平台上传驾照照片、选择自己喜欢的车型以及相应的辅助服务来租赁汽车，很多公司还提供把汽车送到车站或机场等特定场所的服务。在信息技术的帮助下，共享出行也发生了翻天覆地的变化。

医疗行业的商业模式也在不断创新。在传统医疗中，患者需要到线下排队挂号然后到指定医生处就诊。由于医疗资源分布不均，容易出现小病也去大医院的情况。为了挂到专家号，很多患者需要很早就到医院排队，这造成了大量时间的浪费。对于外地患者来说，他们需要到大城市就诊，增加了他们的时间成本、住宿和出行的费用。随着信息技术的飞速发展，在线医疗平台涌现出来。患者不仅能够通过这些平台挂号，还能通过线上的方式咨询不同级别医院的不同职级的医生，从而给出就诊建议，大大减少了患者的就医成本。

7.2.2 商业模式创新的相关理论

有关学者提出了一些理论来指导商业模式创新。这些理论主要包括资源 – 流程 – 价值观框架、技术 – 组织 – 环境框架、资源视角的相关理论、价值视角的相关理论、生态系统视角的相关理论和战略匹配视角的相关理论。

1. 资源 – 流程 – 价值观框架

Christensen 和 Raynor 通过研究某些行业的兴衰提出了分析企业创新能力的 RPV 框架，即资源 – 流程 – 价值观框架。RPV 框架梳理了企业维持竞争优势所需的企业能力。其中，资源是企业赖以生存的基础，主要包括人员、设备、技术、信息、资金、社会资本等。流程类似于企业价值链，是指企业将资源转化为价值输出的动态过程。价值观是指企业确立的衡量什么该做、什么不该做的价值标准。企业可以依据价值观判断一份订单是否有吸引力、某个客户是否比另一个客户更重要，或者某个新产品是否具有吸引力。

在竞争日益激烈的环境下，企业需要主动变革 RPV 框架从而推动商业模式创新。否则，原有商业模式不仅不会助力企业竞争，反而会阻碍企业价值创造，使得企业无法发起颠覆性创新，甚至还有被迫退出市场的风险。在此框架基础上，企业可以通过创建资源优势、打造数字化流程、创造新的价值观来打造企业的创新能力，影响商业模式的价值主张、价值创造与价值实现，进而升级甚至革新商业模式（见图 7-7）。

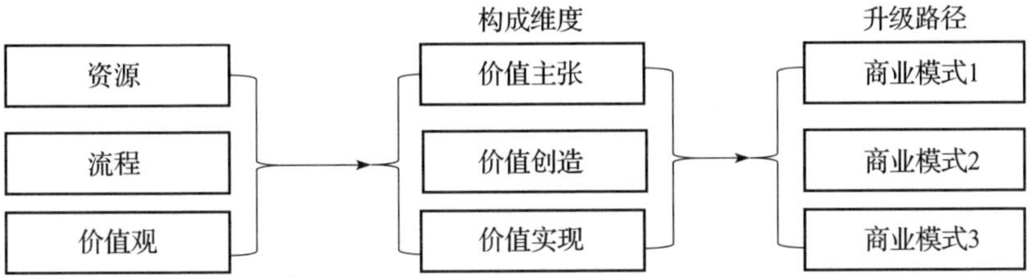

图 7-7　资源 – 流程 – 价值观框架

2. 技术 – 组织 – 环境框架

除 RPV 框架外，还有学者基于技术 – 组织 – 环境框架研究商业模式创新的驱动路径。该框架由 Tomatzky 和 Fleischer 于 1990 年在 *The processes of technological innovation* 一书中提出，该框架认为技术、组织、环境三类要素的整合驱动商业模式创新（见图 7-8）。技术包括企业现有或将要引进的技术，它是驱动商业模式创新的重要驱动力。新兴技术，如人工智能、区块链、云计算等，是企业进行创新的重要资源。这些技术可以帮助企业开发新的产品和服务，改进工作流程，降低成本，提高效率。组织反映的是企业的一些特征，如管理者素质、企业规模、企业文化等。环境表示企业所处的外部环境，主要包括政府支持、环境动态性、竞争程度、商业模式创新压力等。企业需要整合以上因素，共同驱动商业模式创新。

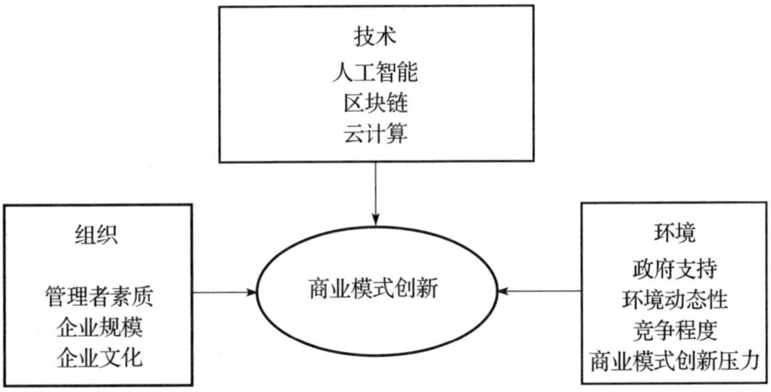

图 7-8　技术 – 组织 – 环境框架

3. 资源视角的相关理论

商业模式创新的资源视角主要关注企业如何利用并重新配置其内外部资源来创新商业模式，主要包括资源基础理论和动态能力理论。资源可以包括物理资源、人力资源、技术资源，以及更抽象的资源，如知识、信息、技能、关系和社会资本等。在资源视角下，企业的商业模式创新被视为一种资源的获取、配置和利用的过程。通过有效地管理和利用这些资源，企业可以创新其商业模式，从而适应和抓住市场的变化和机遇。

（1）资源基础理论。1984 年，沃纳菲尔特（Wernerfelt）提出资源基础理论（Resource-Based View）。该理论认为企业是一组特定资源的集合，这些资源包括有形和无形的资源。企业应该识别关键资源，并将这些资源转变为独特的能力。如果这些资源以及能力能够保持其独特性和不易仿制性，那么就能确保竞争优势。资源要素视角强调对企业资源的分解和再组合。企业可以通过对资源要素的重新组合来创新其产品、服务和业务流程，实现商业模式的创新。例如，数据已成为重要的生产要素，数据驱动的商业模式逐渐兴起，企业可以依托其大数据开展创新；通过分析大数据发现新的商业机会，提供更精细化、个性化的产品和服务，优化内部的运营和决策。此外，企业的社会资本也体现了基于关系和网络的资源，如信任、声誉、合作关系等。企业可以通过利用和增强其社会资本来获取更多的资源，增强其竞争优势，推动商业模式创新。

（2）动态能力理论。动态能力理论是资源基础理论的发展，资源基础理论提出了资源对于企业的重要性，但是在快速变化的产业环境中，有些过去是竞争优势的资源会慢慢丧失其重要性。例如，微软公司积累了大量的计算机用户，但是在移动化成为主流的今天，这些优势资源并不能为它在手机端的成功建立竞争优势。动态能力理论的提出弥补了资源基础理论的不足。该理论强调企业应该构建根据环境的变化来调整和重新配置资源的能力。在动态环境中，企业需要不断地学习、适应和创新，从而保持其竞争优势。

4. 价值视角的相关理论

商业模式创新实质上是指实现持续的价值创造。商业模式创新的价值视角主要关注企业如何创造、提供和获取价值。这涉及价值的定义、价值的来源、价值的分配以及价值的获取等多个方面。在价值视角下，企业的商业模式创新被视为一种新的价值创造和提供方式。通过创新价值链、构建价值网、实现价值共创，企业可以提供更高的价值，实现商业模式创新。

价值链是企业创造和提供价值的过程，包括设计、生产、营销、分销和服务等多个环节。企业可以通过优化价值链的各个环节，提高效率、降低成本，提供更好的产品和服务，从而创新其商业模式。例如，苹果公司通过控制硬件、软件，以及服务和零售等价值链的各个环节，创造了独特的用户体验和高额的利润。

价值网是企业与其合作伙伴、供应商、客户等之间的关系网络，这些关系网络共同创造和提供价值。企业可以通过构建和参与价值网，获取更多的资源，扩大市场，创新产品和服务，实现商业模式创新。例如，阿里巴巴通过构建包括卖家、买家、物流、支付等在内的电商价值网，实现了快速发展和扩张。

价值共创强调企业与其用户、合作伙伴、社区等共同创造价值，这可以通过共享创新、协作设计、众包等方式实现。通过价值共创，企业可以获取更多的创新点子，更好地满足用户需求，创新商业模式。例如，星巴克通过“My Starbucks Idea”平台，邀请顾客参与新产品和服务的创新，实现了价值共创。

5. 生态系统视角的相关理论

商业模式创新的生态系统视角主要关注如何在广泛的合作伙伴和利益相关者网络中创建和交付价值。这包括跨越传统行业界限的合作、开放创新，以及创建共享价值。

跨越传统行业界限开展合作是企业推动商业模式创新的重要方式之一。在生态系统视角下，企业需要跨越传统的行业界限，寻找和其他企业的合作机会，一起创建和交付价值，这可能涉及新的合作模式，如联盟、伙伴关系等。

在生态系统中，创新不再仅限于企业内部，而是需要在更广泛的网络中进行。这可能包括与合作伙伴共享知识、技术和资源，或通过众包、众创等方式引入外部的创新。

从生态系统视角出发，企业需要关注如何创造对所有利益相关者（包括合作伙伴、客户、员工、社区等）都有价值的产品和服务，这可能需要企业寻找新的商业模式，如循环经济、共享经济、社会企业等。

例如，阿里巴巴的生态系统包括电商平台、支付平台、云计算服务、物流网络等多个部分，这些部分通过数据和技术连接在一起，形成一个复杂的生态系统，共同为用户、商家、合作伙伴提供价值。总体来说，要想在复杂的网络中创建和交付价值，适应和利用数字化和全球化带来的机会，需要企业有更广阔的视野、更开放的姿态，以及更强的协作和创新能力。

6. 战略匹配视角的相关理论

商业模式创新的战略匹配视角主要关注如何将商业模式与企业的战略目标、核心竞争力、资源和能力以及外部环境进行匹配，从而能够使得商业模式更加符合企业发展方向，进而提供持久的竞争优势。首先，商业模式应该服务于企业的长期战略目标，企业可以通过商业模式创新来更好地助力企业实现战略目标，如市场领导、创新、社会影响力等。其次，企业应通过商业模式创新，充分利用和增强企业的核心竞争力，如技术、品牌、人才、知识产权等。再次，企业应选择与资源和能力匹配的商业模式。只有考虑资金、技术、人力和管理等的约束，才能提高商业模式的可行性。最后，企业应该适应和利用外部环境的变化，通过创新商业模式，如采取新的营销策略、优化价值链等，提高商业模式与外部环境的匹配度。

7.3　信息系统对商业模式创新的作用

目前接受度较高的商业模式创新框架是五步模型（见图 7-9）。该框架认为企业实现商业模式创新需要经历客户定位、价值构建、价值实现、盈利模式和战略控制五个步骤。随着信息系统的飞速发展，它能够作用于商业模式创新的每一个环节。本书将结合商业模式创新的五步模型来阐述信息系统对商业模式创新的作用。

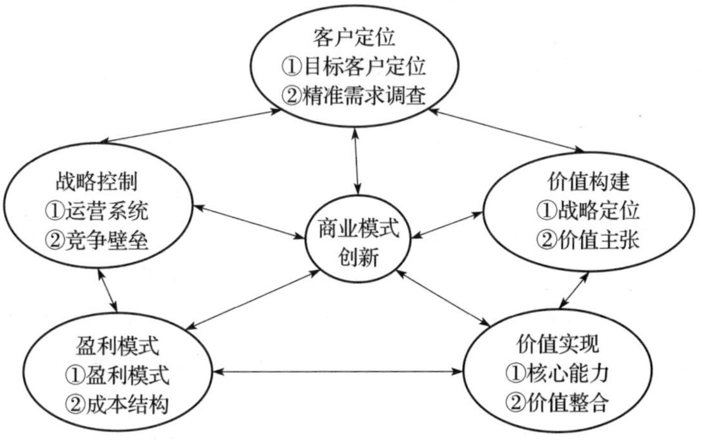

图 7-9　商业模式创新的五步模型

资料来源：陈亮，郭庆，魏云豪．收益管理：有效降低空置率，实现收益翻番［M］．北京：人民邮电出版社，2018.

7.3.1 客户定位

俗话说："知己知彼，百战不殆。"商业模式创新首先要从客户定位上下功夫。客户定位就是要确定企业的产品或服务瞄准的是哪一类用户的哪一类需求。也就是说，我们需要确定用户群体及其需求。商业模式创新的主要来源就是发现其他竞争者忽略的客户群体。这部分群体之所以被忽略，主要是因为规模太小或者预期无法获益，从而被其他公司忽略。这种情况之所以出现，是因为根据传统行业奉行二八定律，主流需求能够实现企业 80% 的收益，所以企业更关注主流需求而忽略个性化需求。但是随着互联网的快速发展，长尾理论（见图 7-10）开始流行起来。根据长尾理论，只要产品的流通渠道足够大，即使是个性化的需求，它积聚起来的市场份额也可以与少数热销产品的市场份额相匹敌甚至更大。也就是说，在互联网的帮助下，众多个性化的小市场也可以汇聚成与主流产品相匹敌的市场。

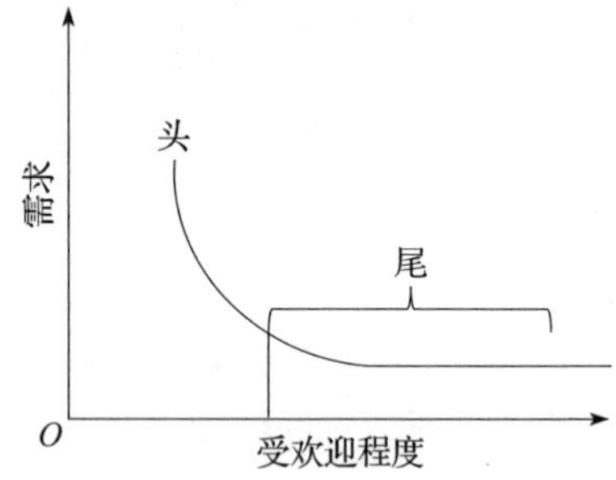

图 7-10　长尾理论示意图

信息系统能够帮助企业更好地服务长尾理论中具有个性化需求的客户，一个很好的例子就是余额宝。传统基金公司重点关注大客户，但是大部分用户只拥有小额资金，无法满足动辄几百万元的投资限制。在传统基金行业中，这部分只拥有小额资金的投资人很容易被传统基金公司忽略。随着信息技术的发展，数字平台使得汇集小额资金投资变为可能。余额宝敏锐地抓住了这一时代趋势，关注拥有小额资金的大量用户，通过吸纳这些过去被忽视的小额用户汇集成非常大的基金市场。根据天弘余额宝基金对外发布的数据，截至 2021 年 6 月 30 日，天弘余额宝规模达到 7 808 亿元，持有人户数约 7.12 亿。

◎ 阅读材料 7-2

长尾理论的推动力量

以往的研究表明，长尾理论的出现得益于三种力量：生产工具的普及、传播工具的普及以及高效连接供需的技术和方式。

第一种力量是生产工具的普及。在 Web2.0 飞速发展的背景下，人们从网络内容的被动消费者成为主动生产者。手机成为普通消费者手中的新生产工具，数据成为新生产要素，内容更多、长尾更长。以短视频平台为例，平台用户通过生产视频内容吸引更多粉丝和关注。根据用户类型，我们可以将网络内容分为用户生成内容（UGC）、专业生成内容（PGC）、人工智能生成内容（AIGC）。普通用户拍摄并上传到视频平台的内容称为用户生成内容，这些内容丰富但是质量参差不齐，但更容易被其他消费者信任。由专业团队拍摄并上传的内容称为专业生成内容，这些内容的编辑专业、质量高，更能吸引用户的关注和转发，但是消费者的信任度相对较低。随着人工智能技术的突破性发展，特别是大模型的火爆发展，这些由 ChatGPT、文心一言等大模型生成的内容被称为人工智能生成内容，这种方式大大提升了生成内容的效率和丰富度，但是在生成内容真实性及质量把控等方面也面临挑战。

第二种力量是传播工具的普及。在互联网蓬勃发展之前，个性化需求分散在不同地理位置，消费者不能有效地聚集在一起，从而无法支撑相应市场。随着互联网技术日新月异的发展，人人都学会使用移动互联网、移动应用和社交媒体等传播工具，消费者获得利基产品信息的途径也越来越多，使得长尾更加扁平，企业能够通过互联网平台有效地聚集分散的个性化需求。例如，喜欢玩棋牌类游戏的消费者在互联网蓬勃发展前只能在线下进行，但是随着互联网技术的发展，很多服务提供商构建了棋牌类游戏的平台，这些平台通过营销活动快速获得大量喜欢棋牌游戏的用户，并有效支撑平台的发展。三国杀、狼人杀、会玩平台、JJ 斗地主等棋牌类游戏的平台都是传播工具的普及带来的长尾理论的体现。

第三种力量是高效连接供需的技术和方式。我们以团购模式为例，美团点评是我国主要的在线餐饮团购平台。在团购平台刚刚兴起时，商家给出的优惠券往往限制购买人数，团购超过一定人数后才能够有效。随着互联网技术的发展，平台提出在线评论的功能，能够帮助消费者快速了解产品信息，从而做出购买决策。这使得用户群体快速聚集在一起，并能快速提高团购券销量。因此，现在的美团点评优惠券已经没有购买数量超过多少才能生效的限制了。

当我们确定目标客户后，需要从需求入手展开分析。如果脱离了用户需求，再好的产品或服务也无法引发用户共鸣。下面将讲解洞察用户需求的两种常用方法。

1. 马斯洛层次需求理论

马斯洛层次需求理论将人的需求分为生理需求、安全需求、社交需求、尊重需求和自我需求五大类。基于这一经典理论，企业可以将用户需求进行细分，从而提出完整的用户需求列表，进而选择产品计划满足的需求（见图 7-11）。

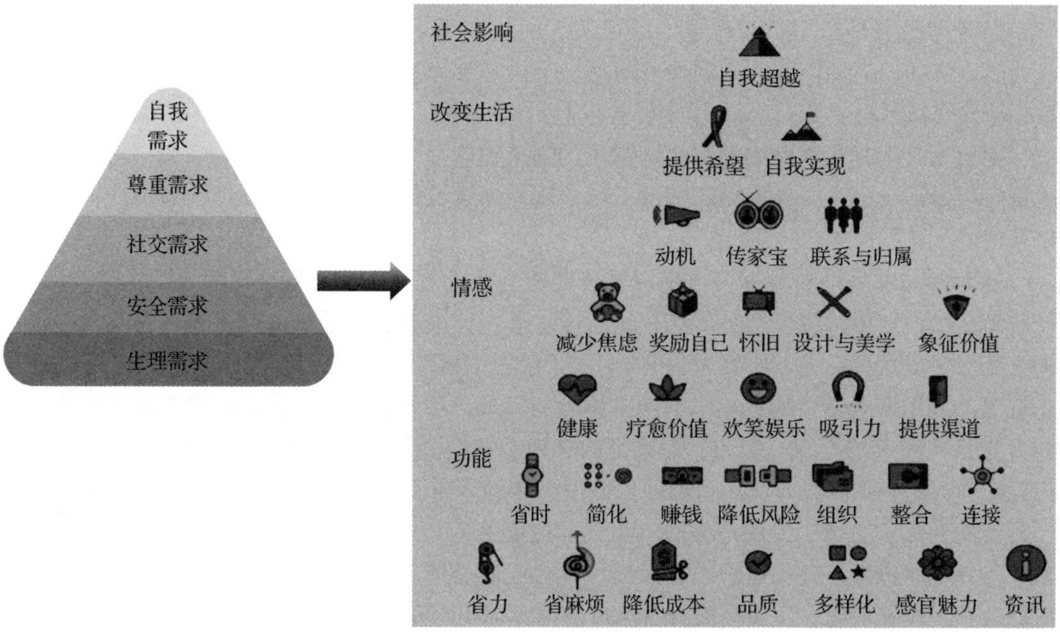

图 7-11　马斯洛层次需求理论及需求细化

2. KANO 模型（卡诺模型）

KANO 模型由东京理工大学教授狩野纪昭提出，是用来对用户需求进行分类并排序的分析框架（见图 7-12）。

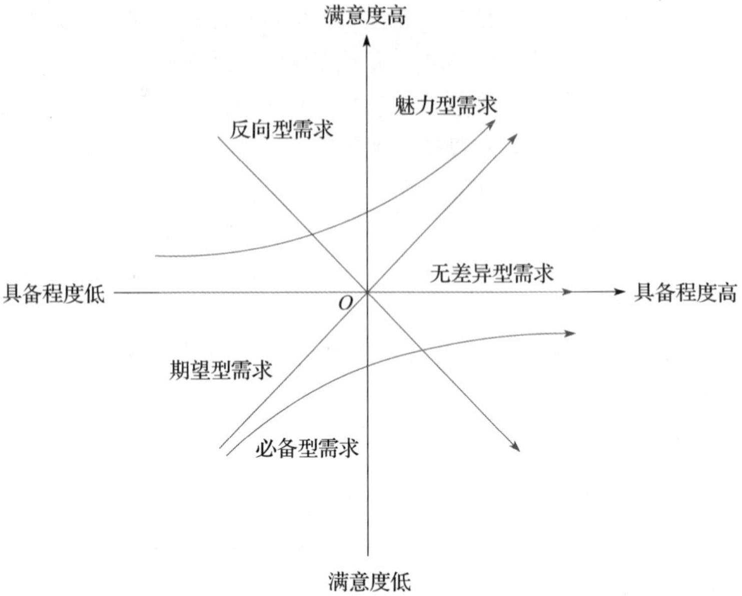

图 7-12　KANO 模型示意图

资料来源：Noriaki Kano，Fumio Takahashi，Motivator and Hygiene Factor in Quality。

KANO 模型以分析用户需求与用户满意的关系为基础，将用户需求分为必备型需求、期望型需求、魅力型需求、无差异型需求和反向型需求五类。

必备型需求是指用户对企业产品或服务的基本要求，是产品或服务“必须有”的属性或功能。例如，空调能够用来制冷及制热，手机能够通话且信号稳定。如果这类需求不能满足，用户会感到很不满意，但是如果这类需求超过用户的期望，也不会带来更多的好感。

期望型需求是指那些满意程度与需求的满足程度呈正比关系的需求。例如，当用户因为质量问题投诉时，企业处理得越圆满，用户就越满意；如果处理得不满意，则用户不满也会显著增加。

魅力型需求是指那些不会被用户过分期望的需求。当企业为用户提供这类需求的时候，随着满足用户期望的程度增加，用户满意度也会急剧上升，即使企业的表现存在不足，用户满意度也会很高；反之，如果无法满足用户的此类需求，用户也不会因此感到不满。

无差异型需求是指那些不影响用户体验的需求，不管企业是否提供此类需求，用户都不会为此感到满意或不满。例如，餐饮类商家西少爷会随外卖订单赠送带有企业标识的徽章，相对来说，这些赠品没有实用价值，因此不会让顾客感到满意或不满。

反向型需求是指引发用户强烈不满和导致低水平满意的质量特征。由于消费者偏好存在差异，许多用户没有此类需求，如果提供过多反而会使用户满意度下降。例如，手机生产厂商提供过多额外功能，反而会因为占用过多内存而引起用户不满。

信息系统能够更好地支持企业进行客户定位。特别是以大数据和人工智能技术为代表的信息系统能够帮助企业实现用户体验从量化到优化，再从优化到创新的全过程。我们以社交媒体抖音为例，其信息系统收集用户浏览、收看、分享、点赞、评论、购买等各方面的数据，对用户行为进行分析和挖掘，能够量化用户对于商品、服务和交互体验等方面的需求。此外，抖音依托大数据分析实现了内容与人的高效匹配，不仅降低了用户主动寻找感兴趣内容的难度，通过协同过滤技术也扩大了用户可以获得的内容范围。这些技术的应用，使得数字内容的传播与消费更为便捷，让用户可以更加方便地获取感兴趣的内容，提升了用户的满意度和忠诚度，大大优化了用户体验。通过对用户体验的量化与优化，信息系统可以帮助平台推荐个性化商品或服务，为用户精准匹配所需商品，创新销售模式，从而提高用户的购买率和满意度，同时提高企业的销售额。

◎ 阅读材料 7-3

基于卡诺模型的信用卡权益设计

我国信用卡业务经过多年的发展，目前已成为商业银行提高盈利水平的重要渠道，银行也逐渐意识到信用卡业务对于自身的重要性。开展信用卡业务有利于增强银行的品牌价值，提高客户对于银行服务的认同。但是目前我国信用卡权益设计同质化严重，权益设计大多围绕免年费、积分奖励、礼品馈赠等内容，亟须从客户实际需求出发，满足用信用卡群体的精准需求。目前，信用卡的权益主要分为：消费权益（首刷、立减、积分），商旅权益（酒店、机场、旅游），娱乐权益（餐饮、电影、K 歌），出行权益（加油、打车、洗车），生活权益（商超、外卖、影音），运动权益（健身、瑜伽、高尔夫），健康权益（体检、护理、医疗），保险权益（意外、重疾、交通），特殊权益（抽奖、活动、定制），奢侈权益（汽车、住宅、奢侈品）。

（1）必备型需求。“消费权益（首刷、立减、积分）”和“生活权益（商超、外卖、影音）”为信用卡客户需求中的必备属性。在首刷时获得奖励、在用信用卡支付时获得立减优惠、使用支付积分兑换奖品，以及获得一定的外卖平台和影音平台会员卡或打折券等，是用户心中认为理所应当的服务。信用卡公司进一步优化这两项权益，客户满意度可能并不会出现特别明显的上升，但是如果没有这两项权益，客户满意度将会下降。

（2）期望型需求。“商旅权益（酒店、机场、旅游）”“娱乐权益（餐饮、电影、K 歌）”和“出行权益（加油、打车、洗车）”为信用卡客户需求中的期望属性。银行如果增加“商旅权益（酒店、机场、旅游）”“娱乐权益（餐饮、电影、K 歌）”和“出行权益（加油、打车、洗车）”，客户的满意度会上升，但是如果没有这样的权益，则会让客户感到失望，满意度也随之下降。

（3）魅力型需求。随着经济的发展和人们生活水平的提高，人们对于健康和运动的关注度明显增强。“运动权益（健身、瑜伽、高尔夫）”“健康权益（体检、护理、医疗）”和“保险权益（意外、重疾、交通）”为信用卡客户需求中的魅力属性。如果信用卡公司能够增加健身、瑜伽、高尔夫体验服务，那就会超出消费者的预期；同样，增加保险服务和定期体检、理疗权益等，也会给客户带来很大的惊喜，进而大大提高客户的满意度。当然，如果没有提供这些权益，客户满意度也不会下降。

（4）无差异型需求。特殊权益（抽奖、活动、定制）属于无差异属性。银行针对该项权益进行优化改进或取消该项权益，对客户的信用卡使用体验不会带来任何影响。具体来说，特殊权益包括抽奖、参加公司开办的节日活动，以及根据客户自身的情况或需求定制个性化权益，比如赠送生日礼物、定制私人钥匙扣、定制私人相册等。同前文中提到的其他权益相比，特殊权益并不必备，也不广泛，更不是刚性需求，而更接近于“锦上添花”式的权益，这使得大部分信用卡客户并不会冲着所谓的特殊权益而办理该信用卡；缺少了特殊权益的服务，他们也并不会觉得吃了大亏或者少了一些该有的权益等。

（5）反向型需求。奢侈权益（汽车、住宅、奢侈品）属于反向属性，表示当信用卡增加该项权益时，会对客户使用信用卡造成负面影响，从而降低其满意度。银行优化该项权益的内容并不会在资源投入后得到预期的市场正向反馈，客户的使用体验感和满意度会随着该项权益的增加而下降，取消或不上线该项权益则能使客户获得更好的体验感。究其原因，一方面，奢侈权益并不是消费者的刚性需求，另一方面，奢侈权益一般给到的优惠都只是“九牛一毛”，比如，有的信用卡提供的与奢侈权益相关的权益是“购买××豪华轿车送一万元减免券”，这对于一些动辄上百万元的豪车来说，一万元减免券的边际效益也并没有那么高。因此，银行增加了这类权益，不仅会让信用卡消费群体感到“没有意义和实用性”，还可能会降低客户对该信用卡权益的好感，认为该信用卡的权益是“华而不实”的，从而降低对信用卡的需求水平和满意度。

7.3.2 价值构建

价值构建包括战略定位和价值主张。企业在确定目标用户及其需求后，需要思考企业需要制定何种策略、满足客户的什么需求，以及为客户创造何种独特的、有差异化的价值。

1. 战略定位

战略定位主要是指企业采取何种竞争战略来满足用户需求以及锁定用户。最权威的竞争策略模型是迈克尔·波特于1980年提出的三种卓有成效的竞争战略，分别是成本领先战略、差异化战略以及集中化战略。那么企业战略和信息系统是什么关系？首先，企业战略决定信息系统的选择。企业根据行业中面临的竞争压力，进而制定相应的竞争战略。为实现该战略，企业需要梳理关键的业务流程，进而选择能够支撑业务流程开展的信息系统。其次，信息技术对战略的实施起到重要的支撑作用。在当今的组织体系里，企业的信息系统和业务能力之间的相互依存度日益增长。战略、制度和业务流程的变化越来越依赖于硬件、软件、数据库和通信的改变。通常，企业想做什么将取决于其信息系统允许它做什么。

◎ 阅读材料 7-4

三种竞争战略

为加深大家对三种竞争战略的理解，该阅读材料给出了每种战略的小例子。

（1）成本领先战略。小米是成本领先战略的典型代表，它将重心放在生态构建及软件研发上，其硬件生产实行外包的方式，降低了建立工厂的成本。此外，小米重点布局网络渠道，不过度依赖门店销售，减少营销成本和各级经销商的加价。通过这些手段，小米在保证质量的同时使得成本低于竞争对手，从而获得竞争优势。

（2）差异化战略。海底捞采取的就是服务差异化策略，在客户等待叫号时为客户提供免费美甲、免费擦鞋等服务；在客户就餐时，提供各类贴心、惊喜的服务。例如，为过生日的顾客提供生日祝福，为单独就餐的顾客提供娃娃陪伴等服务。在竞争十分激烈的火锅市场上，海底捞通过差异化服务大获成功。

（3）集中化战略。美柚 App 采用的就是集中化战略。研发美柚 App 的美柚公司创办于 2013 年，是一家移动互联网行业的国家高新技术公司，它从研发经期工具 App 起步，通过不断挖掘女性用户需求，持续开发并运营围绕女性生活的各类移动应用产品。不同于小红书，美柚 App 专注服务女性用户，逐步发展成为最活跃的女性生活服务提供商。

2. 价值主张

企业确立战略定位后，需要通过战略实施来确立价值主张。信息系统的使用可以更好地支持价值主张的实现，改变企业的价值主张，从而提供新的产品或服务。表 7-2 给出了一些价值主张的创新案例。

表 7-2　价值主张的创新案例

案例	价值主张
滴滴	通过信息系统以及大数据，精准了解消费者需求、用户画像，提供个性化服务，如发放优惠券等
京东	通过创新物流系统，构建无人仓库，推动无人配送；依托大数据分析，提供高效的配送服务，满足消费者快速购物的需求
沃尔玛	通过率先引入信息技术，如 RFID、供应链管理软件，对供应链进行优化，从而降低成本，打造低价形象
网易云音乐	网易云音乐通过部署个性化推荐算法，依托强大的数据挖掘和分析能力，为用户提供多样化、个性化的音乐推荐，满足用户对音乐风格的不同需求
美团	提供“一站式”生活服务平台，实现了点外卖、骑单车、订房间、游景点等的全领域覆盖。通过合理的商业模式和强大的运营能力，为用户提供更加便捷的生活服务。其提供的信息系统，还为餐饮商家、酒店等行业数字化转型起到了促进作用
阿里巴巴	作为中国最大的电子商务公司之一，致力于推动互联网技术的普及，通过构建方便、安全、高效的在线交易平台，让消费者和商家更容易地进行交易和合作。阿里巴巴的价值主张之一就是“让天下没有难做的生意”
线上教育品牌 VIPKID	在信息技术的支持下，构建线上教育平台，打造社交媒体运营品牌社群，构建私域流量，提升教育培训效率

7.3.3　价值实现

当企业确定了目标客户并确立了战略定位和价值主张后，需要构建新的价值链才能落地。价值链的概念也是由迈克尔·波特提出的，他认为每一个企业都是在设计、生产、销售、发送和辅助其产品的过程中进行种种活动的集合体，所有这些活动可以用一个价值链来表明。那些能够完成某一特定任务的一系列标准的活动被称为业务流程。每个业务流程都能在企业向顾客提供的产品或服务中添加一些价值，这些能够为顾客创造价值的一系列业务流程的整合就称为价值链。一个基础的价值链如图 7-13 所示。

一个完整的价值链包括基本活动和支持性活动两大类。在企业所有活动中，只有某些特定的环节才真正创造价值，而这些真正创造价值的活动就是价值链上的“战略环节”。只有顾客愿意支付的价格大于价值链活动运营的成本，企业才能获得边际收入或利润。企业要保持竞争优势，就要在价值链的战略环节上保持高效运作，节省更多费用或者创造更多价值。

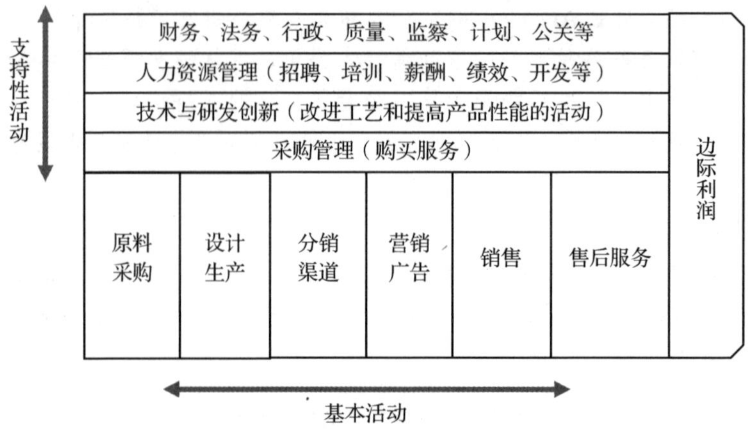

图 7-13　基础价值链示意图

资料来源：廉湘，基于核心竞争力的企业价值链重组研究。

信息系统对企业价值链产生重要影响。在前面介绍了供应链管理系统、客户关系管理系统、ERP 系统等信息系统。供应链管理系统能使得整个供应链信息串接起来，有效提高供应链效率，进而降低生产成本；客户关系管理系统能够有效维持用户关系，提升用户满意度，提升市场营销效率及售后服务质量，创造顾客终生价值；ERP 系统更是能够将企业各个部门，各个业务流程的信息流、资金流、物流等有机地整合在一起，从而提高整个企业的生产效率。

信息系统的应用可以帮助企业开拓新市场、提升客户体验和提高效率，进而实现商业模式的创新和升级。信息系统可以将各个环节的信息集成在一起，实现信息共享和协同办公，避免重复劳动和信息孤岛。此外，信息系统还可以通过自动化和智能化技术，降低企业的人力、物力成本，提高企业的生产效率和竞争力。企业应当根据自身的情况和目标，结合信息系统技术的优势，积极探索和应用适合自己的信息系统，推进数字化转型，实现可持续发展。信息系统对企业价值链的各环节进行改造，催生了各种互联网商业业态和企业创新商业模式。

7.3.4　重建盈利模式

盈利模式是指企业盈利模型和成本结构，它强调企业要明确提供何种价值才能促使客户购买商品，以及思考如何有效地控制企业成本。在此，我们重点关注盈利模式的变化，即主要关注信息技术对收入的影响。一方面，通过信息系统的支持，企业可以开发付费的增值服务，提供定制化的解决方案或订阅模式的服务。此外，信息系统还可以实现广告投放、数据销售或平台服务收费等多种收入模式的创新。例如，抖音平台能够通过信息系统数据分析精准地把握消费者的偏好，从而将合适的产品在合适的时间投放给潜在的顾客，这样能够增强广告效果，进而提高平台收入。另一方面，信息系统能够影响企业的定价模式，进而影响企业的收入模式创新。

下面将讲述三种新的定价方式：第一种是动态定价，第二种是根据竞争对手定价，第三种是反向定价。

1. 动态定价

思考一下，在我国春节期间，蔬菜的价格是便宜了，还是贵了？在七夕到来之际，鲜花和电影票是便宜了，还是贵了？在旅游旺季的时候，机票和酒店是便宜了，还是贵了？相信你都能给出准确的回答：价格往往变贵了。之所以这样，是因为在供应量没有得到很大提升的前提下，需求量大增使得供需失衡，价格上升。这反映了经济学中的核心概念——供需平衡。动态定价策略本质上是在一定的市场环境中，在供需双方未达到平衡点时做出的价格调整。动态定价并不是新概念，但在加上了算法、智能、大数据等新概念后，变得新颖。

动态定价有以下前提条件。

第一，平台上的产品极为丰富，能够充分涵盖大众产品、长尾产品。如果没有足够丰富的产品，动态定价无从谈起。如果没有充足的供应，利用动态定价调节供需的目标就无法实现。

第二，平台大量的数据是动态价格的重要支撑。动态定价需要构建精准定价模型，其中影响价格变动的参数不计其数。只有拥有足够的数据，才能构建稳定的定价模型，并依托平台的大数据分析能力实施动态定价。

第三，动态定价依赖平台实力。动态定价并非价格的波动那般简单，其背后有一套复杂的价格调整系统在实时运转。唯有龙头企业的差异化定价，才有较强的说服力，才能成为定价的主导者。

动态定价是一个行业精细化运营的开始，是零售行业的至高点，公司能够借此走出“价格战”。因此，越来越多的企业思考如何借助大数据、人工智能等新一代信息技术来强化动态定价的能力。

◎ 阅读材料 7-5

动态定价实例

1. Uber 动态定价

Uber 的中文为“优步”，是美国一家提供共享出行服务的科技公司。它与以滴滴为代表的共享出行企业大大方便了用户出行，但是在出现极端天气时或者在上下班用车高峰期，常出现司机少、乘客打不到车的问题。这一现象背后的逻辑如图 7-14 所示。向上的实线表示接单人的供给，价格越高，接单人越多；向下的实线表示打车人的需求，价格越高，打车人越少。两条直线的交叉点即均衡点，表示达到供求均衡。在极端天气下，出租车司机接单人数变少，向上的实线向左移到新的虚线位置，均衡点左移；在用车高峰时，需求人数大大增多，向下的实线向右移到新的虚线位置，均衡点向右移动，但是不管如何都会导致价格上升。因此，动态定价正是这种情况的体现。

在大数据的帮助下，在线出行平台可以通过多种手段缓解打车压力。一方面，平台通过技术手段自动调控，能够将车辆引导至需求量密集的地区，从而最大限度地调动供给方的积极性，提升达成率；另一方面，根据规则为用户提供建议，调节出行时间，避开高峰，从而更合理地服务双方。

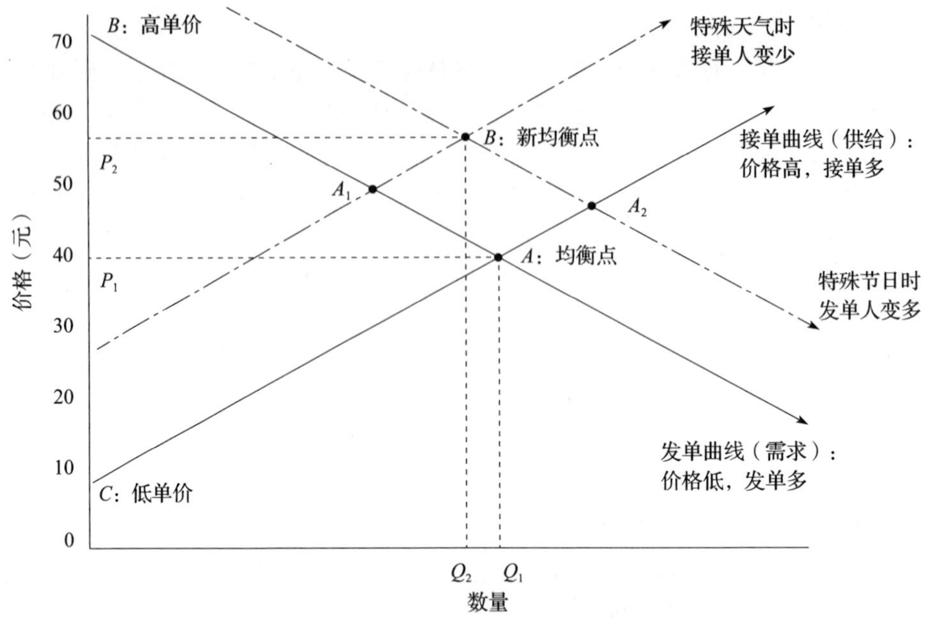

图 7-14　共享出行供求曲线示意图

资料来源：财经故事荟，亚马逊、UBER、瓜子二手车为何集体动态定价？

此外，通过动态定价更好地匹配出行服务的供需关系。当打车需求高的时候，通过提高价格吸引更多的私人车辆车主加入市场。提高价格会降低一部分价格弹性高的用户，从而更好地实现供需平衡。当打车需求低的时候，通过降低价格吸引更多的用户释放打车需求，从而提高成交量。Uber 专门开发了一套系统，名为“Surge Pricing”（动态定价），成为 Uber 应对出行潮汐波动的秘密武器。而 2014 年元旦深夜，由于 Uber 的系统出现问题，动态定价系统出现 26min 的失灵，叫车成功率大大降低到平时的 25%，这也说明了 Uber 动态定价系统对促成交易产生了重要作用。

2. 亚马逊的动态定价

你是否留意过很多数字平台上的价格总在动态变动。亚马逊就是动态定价的先行者，它平均每十分钟就会实时调整平台中产品的价格。据《每日邮报》报道，在一年时间内，亚马逊上同一款产品的价格波动幅度最高达到 260%。报道还指出，在亚马逊英国平台中，某款冲浪板的价格在 235 英镑和 699 英镑之间来回波动。这充分体现了亚马逊的动态定价。

亚马逊的动态定价模型依托深度学习模型，它像一个黑盒子，无人知晓其内部原理和机制。在这一模型中，有非常多的参数影响产品价格的变动。这离不开亚马逊先进的大数据分析能力。亚马逊利用其大量的用户账号数据、浏览数据、购买数据等，实现精准动态定价，提升企业盈利能力。

2. 根据竞争对手定价

随着大数据时代的到来，产品或服务的价格透明度大大增加，消费者可以浏览不同网站以了解同一产品或服务的价格，甚至还能通过比价网站比较不同平台中产品的价格，从而增加企业面临的降低价格的压力。同样，企业也可以观察到竞争对手的价格，对于那些标准化程度高的产品来说，依赖竞争对手价格进行定价成为一种重要的定价模式。以电影票价为例，常见的电影票销售平台包括淘票票和猫眼，如果你比较两个平台上的价格就会发现两者的最终价格基本上保持一致（见图 7-15）。

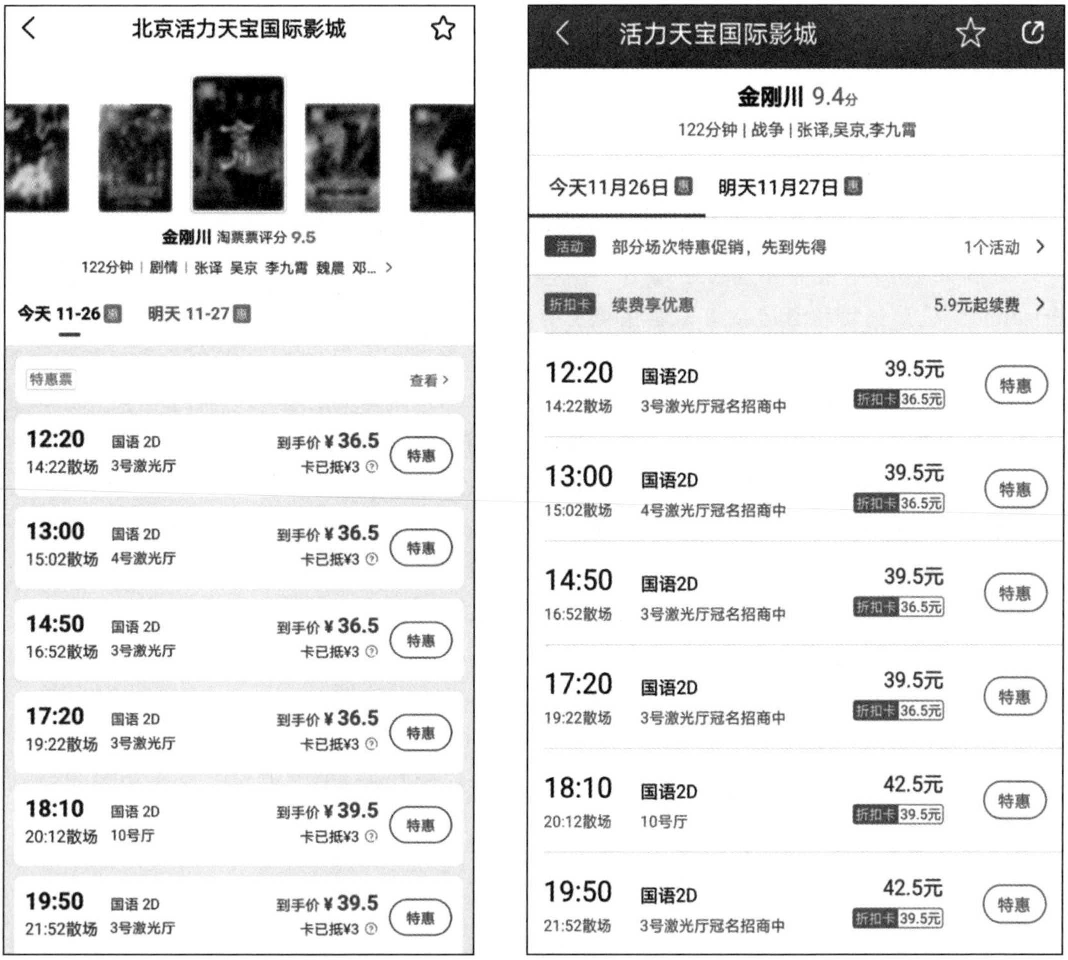

图 7-15　淘票票和猫眼电影票定价示意图

3. 反向定价

反向定价也称“逆向定价”，是指供应商设定一个最低成交价，然后将产品或者服务的定价权交给消费者，允许消费者根据自己的意愿出价，当消费者出价不低于设定的最低成交价时才能达成交易。该模式主要满足两大需求。一是很多企业提供的产品是时效性产品，比如航空公司提供的机舱座位、酒店提供的房间、电影院的座位等都有很强的时效性，如果特定时间段没有顾客进行消费，那么就会丧失价值。但是供应商会担心降价行为如果被披露会使得企业品牌受到影响，且容易引发消费者等待最后时刻进行购买的行为。二是有些消费者对价格十分敏感，希望能用较低的价格来购置质量优异的产品。只要拥有一个适当的信息平台，允许交易双方通过平台交换信息和资金，并提供必要的保障措施来撮合交易，那么前面谈到的供给和需求就很容易得到匹配，而且在这种供求背景下很适合进行逆向定价。

我国也有在线旅游服务平台应用过逆向定价模式，如携程网和去哪儿网，但是业务效果不佳。这是因为逆向定价交易中有很多信息不对称，而绝大多数消费者厌恶信息不对称。这种模式主要满足大市场中对价格弹性特别敏感的一部分人的需求，而且它针对的是如何去库存，而不是销售所有产品，所以它没有成为当今市场的主流。

◎ 阅读材料 7-6

美国 Priceline 的反向定价

反向定价的应用并不常见，其中一个典型代表就是美国的一个在线旅行交易平台 Priceline，机票销售和酒店预订是其主要业务。某些产品越接近保质期，使用价值就越小，比如临近登机或者入住时间，它们的实际价值变小，而且一旦飞机起飞或者客房空置超过夜里 24 时，它们的价值便会清零。但是很多公司出于品牌的考虑，担心打折过多会对品牌形象带来不利影响，而且也会让很多消费者采取等待策略，在最后一刻购买产品，大大降低利润，所以很多大航空公司和星级酒店并不会通过大比例折扣的方式来促销。美国 Priceline 的反向定价使用一种博弈的观念来解决这样一种困境，把定价策略变为一个心理游戏交给消费者，允许他们针对想要购买的产品与供应商进行一个博弈。其原理如图 7-16 所示。

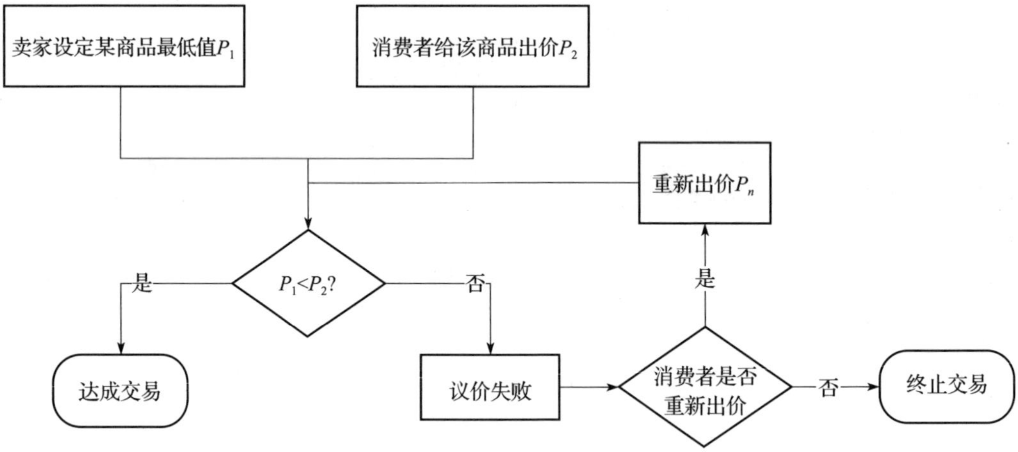

图 7-16 反向定价示意图

在博弈过程中，Priceline 网站会让消费者选择所需要产品的大致背景，如酒店星级、所在城市的大致区域、日期和价格区间。Priceline 从自己的数据库或供应商网络中寻找到合适的产品和价格并出售，返回一个页面告知此价格是否被接受，然后进行交易。消费者要将信用卡信息提交后才能提交购买条件，一旦提交被接受就不能反悔，可以与商家直接交易。Priceline 上没有报价信息，消费者只知道最终成交价和星级、大致位置，只有接受交易后才能知道酒店的具体名称，因此起到保护商家的作用。通过这种机制，一方面不会因为打折而影响消费者对品牌的形象感知，另一方面帮助商家解决剩余产品或服务的购买问题。

7.3.5 战略控制

战略控制是商业模式创新的重要步骤。在前面的阶段中，企业确立了新商业模式的各项主要内容，在后期需要通过构建有效的运营系统和竞争壁垒来巩固和扩大新商业模式带来的优势。下面是一些关于信息系统如何赋能战略控制的具体建议。

1. 构建高效运营系统

商业模式确立后，需要将该模式放在真实事件中通过开展业务的方式检验其优越性。企业需要构建高效的运营系统，才能有效验证商业模式的可行性和优越性。高效的运营系统具体表现在优化业务流程、提高运营效率、降低成本，以及提高服务质量等方面。例如，京东将无人仓作为构建高效物流运营系统的重要环节，客户下单后，拣货机器人、打包机器人、托盘机器人等高效联动，大大提高了订单处理速度以及准确率。第一，通过自动化运营降低了运营成本；第二，降低了因为货物发货失误导致的客户投诉；第三，提高了出货速度，有效提升了服务质量。无人仓的建设提升了京东物流运营效率，为京东自营商业模式创新提供了有力支持。

2. 构建竞争壁垒

商业模式具有较高的可复制性和可模仿性，因此企业需要构建竞争壁垒来保护企业的商业模式创新成果。常见的壁垒形式包括技术壁垒、品牌壁垒、规模壁垒、网络效应壁垒等。在数字经济高度发展的当今社会，信息系统能够赋能商业模式中竞争壁垒的构建，数字平台能够通过发挥网络效应构建竞争壁垒。例如，腾讯通过旗下的社交媒体软件积累了大量的用户群和丰富的服务生态，集聚了大量用户，其旗下的即时通信产品微信和 QQ 已成为大量用户与亲朋好友和同事保持联系的重要手段，形成了强大的网络效应壁垒。微信和 QQ 也很难被其他社交媒体产品取代，腾讯构建了强有力的竞争壁垒。

3. 持续创新

行业竞争日趋激烈，技术发展日新月异，企业为保证竞争优势需要持续创新以适应市场和技术的变化。企业可以在技术创新、产品创新和服务创新上下功夫，信息系统也能够为商业模式在这些领域的创新赋能。以字节跳动为例，该公司以短视频平台快速切入社交媒体市场，通过初期的补贴鼓励用户浏览内容、发布内容、分享内容，迅速积累了大量用户。在后期运营中，它不断优化推荐算法，提高推荐内容匹配精度和用户体验感。此外，它不断推出创新性功能，如各种特效等，有效增强用户黏性。此外，字节跳动布局餐饮、旅行等服务，利用积累的用户画像为用户提供全场景服务和精准营销，提升交易的成交率，保持它在短视频领域的领先地位。

7.4 信息系统驱动的价值链重构和商业模式创新

商业模式的核心要义是盈利，商业模式创新本质上是重构盈利模式。而企业的盈利取决于价值链的效率，因此信息系统可以通过革新企业价值链的方式来创新商业模式，提升企业盈利空间。信息系统作为支持企业实现战略目标的重要手段，与价值链理论密不可分。信息系统对价值链的基本活动和辅助活动都起着重要的作用，它可以通过支持和优化各类活动的方式，帮助企业提高效率、优化资源配置、降低成本，从而实现企业的竞争优势，创造更多的价值。

7.4.1 信息系统赋能的价值链重构步骤

前面我们讲解了信息系统如何通过价值链环节的优化与革新来实现商业模式的创新。总体来说，基于信息系统重构价值链的过程主要可以通过以下步骤进行。

（1）分析当前价值链。首先，你需要详细了解业务当前的价值链，包括供应链管理、运营、分销、营销和售后服务等环节。这需要分析每个环节的作用、效率、成本以及可能存在的问题。

（2）确定信息系统的应用领域。根据你对当前价值链的理解，确定信息系统可以应用的领域。这可以包括任何环节，如供应链管理、客户关系管理、内部协作、产品设计和开发等。

（3）选择和实施信息系统。根据你的需求，选择合适的信息系统。例如，购买现有的解决方案，或者定制开发新的系统。然后，在整个组织中推广和实施这个系统。

（4）调整和优化价值链。在信息系统的帮助下，调整和优化你的价值链。这可能涉及重新配置资源、改进流程、提高效率、减少成本、增加灵活性、改善服务等。

（5）评估和持续改进。评估新价值链的效果，看看它是否达到了预期的目标。然后，根据反馈和结果，持续改进你的价值链和信息系统。

7.4.2 信息系统赋能价值链重构的具体方式

信息系统能够作用于价值链的各个环节，通过赋能价值链来推动商业模式的创新。具体来看，体现在以下几点。

（1）信息系统可帮助企业更好地管理物流、仓储和库存等内部后勤活动，优化生产运营流程，提高效率和降低成本。例如，轮胎生产厂家大陆集团引入一整套内部后勤信息系统，并将 RDIF（快速开发集成框架）安装在运输车的两侧以及工厂里所有组件上，通过系统能够监测运输车和组件的位置，从而帮助员工快速定位组件位置，确保材料不会因为放错地方而造成浪费，提升生产效率。

（2）信息系统可支持企业的生产过程，包括计划制订、物料控制、质量管理等方面，提高生产效率和质量水平。例如，制造企业经常出现需要考虑的生产信息过多、无法充分考虑生产计划细节的问题，导致有时出现不合理的加班或停工的情况。同时，制造企业也往往存在生产车间调度计划缺乏整合、生产进度执行情况无法及时监控的问题，导致生产车间产能利用率低等情况。而制造企业引入 ERP 系统后，能够整合企业的物流、资金流、信息流和人流，通过系统制订准确的作业计划，提高生产效率和资源利用率。

（3）信息系统可支持企业的采购、供应商管理、运输和配送等外部后勤活动，优化供应链管理，提高运营效率和服务水平。此外，信息系统可支持企业的采购活动，包括供应商管理、采购订单管理、采购成本分析等方面，优化采购流程，实现采购成本的降低。20 世纪初，沃尔玛就在总部建立了庞大的数据中心并引入供应链管理系统，将供应商、运输机构、配送中心等连接成遍布世界的物流系统，从而有效降低物流成本，提高物流效率，为天天低价创造条件。同时，沃尔玛也通过 POS 机设备快速盘点产品库存，及时订购商品，减少因为商品不足导致的销售机会丧失，从而提升企业竞争力。

（4）信息系统可帮助企业更好地了解市场需求、定位客户群体、制定营销策略，并通过电子商务平台等方式实现线上销售，提高销售额和市场占有率。企业可以通过客户关系管理系统收集用户的各类信息，构建用户画像，从而更精准地细分用户需求，将合适的产品在合适的时间推荐给合适的用户，实现精准营销。抖音、京东、网易云音乐等互联网公司正是借助这些信息系统整合大数据，为用户提供千人千面服务，为不同的用户推荐不同的内容。

（5）信息系统可支持企业提供售后服务，包括客户服务热线、服务订单管理、服务人员调度等方面，提高客户满意度和忠诚度。企业已经在信息系统的帮助下，建立了高效的呼叫中心。当客户打电话进入后，会根据用户资料（如手机号码）判定该客户是否属于高价值用户，从而通过优化接待资源实现不同等级用户进入不同的通道。此外，企业还通过部署智能聊天机器人，提供智能语音导航服务，从而更好地将消费者按照诉求进行转接。智能化的呼叫中心有效地提升了客户接待效率。

（6）信息系统可支持企业的研发活动，包括知识管理、研发项目管理、技术创新等方面，提高研发效率和创新能力。在信息系统的帮助下，企业能够收集各种来源的大数据，从而更有效地分析市场趋势、竞争对手动态和企业产品的市场表现。例如，企业可以通过对在线平台中用户评论的分析，识别企业产品的改进方向。此外，企业可以构建内部员工的在线知识社区，从而有效促进各类知识的分享。企业还可以借助信息系统构建对外开放的平台，收集用户的创新性建议。更重要的是，企业可以使用信息系统整合管理研发的整个流程，从项目立项，到设计、实施、测试，再到最后的产品发布，从而有效协调管理资源，降低研发风险，提升研发效率。

（7）信息系统可支持企业的人力资源管理活动，包括员工招聘、培训、绩效管理等，同时也可以提高人力资源管理的效率和质量。信息系统可以帮助企业管理招聘和选拔流程，例如，发布职位广告、收集简历、安排面试等。此外，先进的人力资源信息系统还可以通过算法来预筛选合格的候选人，从而节省企业的时间和资源。信息系统能管理员工的各种信息，如个人信息、工作经历、技能与资格、工资与福利等，这使得人力资源部门能够快速和准确地获取员工信息，从而提高工作效率。信息系统可以帮助企业实施绩效管理，比如设置和跟踪员工的绩效目标、收集和分析绩效数据，以及进行绩效评估。信息系统可以自动化企业的福利和薪酬管理流程，比如计算员工的工资和奖金、处理税务和社保事务，以及管理员工的福利计划等。通过这些功能，企业可以更公平和客观地评价员工的工作表现，以及更有效地激励和奖励优秀的员工。

7.4.3　互联网赋能的企业价值链和商业模式重构

信息系统对各个商业模式要素的影响非常显著。通过信息系统的支持，企业可以优化各项生产经营活动，从而提高效率、降低成本、提高品质和服务水平，进而创造更多的价值。在新兴突破式技术的影响下，企业还可以通过创新商业模式来实现竞争优势。

价值链理论清晰地刻画了企业价值生成各环节的衔接关系，但是由于企业性质不同，价值链环节也有所不同。本部分将围绕信息技术特别是互联网对电子商务企业价值链环节的颠覆性改变探讨信息系统对商业模式创新的影响（见图 7-17）。对于电子商务企业而言，一个较为完整的价值链的基本业务包括原料采购、设计生产、分销渠道、营销广告、销售消费和售后服务。在互联网的飞速发展中，“互联网 +”模式逆流而上地渗透企业价值链的方方面面，实现了商业模式的创新。越接近价值链环节的上游，“互联网 +”的难度越大，因此互联网与企业价值链的融合往往从较为简单的价值链下游开始。

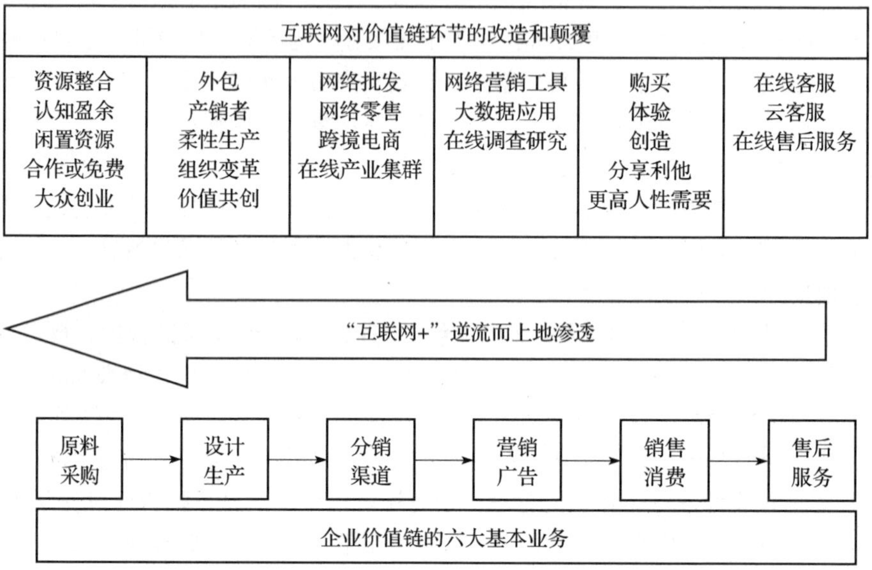

图 7-17　基于“互联网 +”的电子商务企业价值链重构

资料来源：广东省采购与供应链协会，互联网 + 背后的供应链与价值链。

在传统背景下，企业的售后服务严重滞后于消费行为。它主要依托顾客主动反映产品消费中出现的问题，而且大多通过客服中心电话联系，往往需要很长时间才能给出处理意见，具有周期长、效率低、效果差等特点。依托互联网时代的信息系统，企业可以通过即时沟通软件提供售后服务，可以实现 24 × 7 的客服在线和咨询互动；顾客购买后可以及时联系到客服进行在线咨询、反映问题和交流反馈。由于社交媒体的飞速发展，很多用户将公司的社交媒体账号作为售后服务的重要渠道，用户的反馈能够在社交媒体中大范围扩散并引发广泛关注，如果企业处理不当很可能会产生巨大影响。企业如何进行客户关系管理，特别社交媒体中的客户关系管理已经成为重要议题。随着互联网技术的飞速发展，社会上出现了专业从事互联网客户服务的第三方公司，通过招募和培训社会人员承担企业的客户服务工作，其员工工作的地点和时间也很自由，而这种借助大数据和远程管理而实现的运营方式被称为云客服。在云客服的作用下，企业在客服中心上的投入得以减少，能够更专注在产品等核心业务上。而随着人工智能的快速发展，聊天机器人和大模型（如 ChatGPT）等人工智能技术逐渐被用于客服领域，也为企业售后服务带来机遇。

互联网也深刻地影响了企业的销售业务。传统互联网企业的商业模式以流量变现和广告收入为核心，提供信息和娱乐的自我消费。以新浪、雅虎等为代表的互联网门户网站成为流量入口，掌握很强的话语权。第二代互联网企业强调市场需求和盈利模式，关注产业和个体需求的网络批发零售业务，促进了互联网组织从社交门户网站向商业化公司的完美转身。亚马逊、阿里巴巴、京东等大型综合性电子商务企业提供面向消费者和面向企业的电子商务业务。这些企业依托信息系统和信息技术的快速发展，抓住人口红利和消费市场潜力，通过风险低、投入少的网络批发零售业务为企业赚取第一桶金。随着经济发展，人们对个性化需求的满足愿望日益增加，如尊重、自我实现、自我超越，信息系统和信息技术为这些个性化需求提供了强有力的支持，比如在社交媒体和 Web2.0 技术的加持下，催生出高品质个性化品牌、粉丝经济、体验经济、消费者价值共创、健康养生等新商业模式。

互联网也对企业营销带来了重大影响，营销的传播方向、传播费用和传播受众都发生了根本性的改变。在传播方向上，传统互联网营销中的企业被动地向全体用户投放资源，消费者被动地接收广告信息，接受度低、成效差。在大数据时代，企业可以在信息系统的帮助下针对特定用户群体精准投放，而且允许消费者根据自身偏好选择浏览部分商品和广告，使消费者成为网络信息的绝对主导者。消费者的注意力、消费意愿、浏览场景等都是值得研究的新主题。例如，抖音会不定时邀请用户对上一个视频进行评价，此外还通过分析用户点赞、分享、评论内容对消费者偏好进行捕捉，从而提升内容推送精准度以及营销效率。在传播费用上，传统的媒体资源由于供应有限和需求旺盛，价格越来越高。而互联网则是免费的或低收费的。社交媒体，包括社区、论坛、微博、微信群、QQ 群等都提供了大量的免费传播的机会和空间。在此背景下，私域流量成为众多企业追求的营销模式，其价格相较于传统营销模式更低。在传播受众上，首先，很多免费信息一直存在于互联网中，任何用户都可以通过搜索免费获取；其次，企业可以通过购买关键词、竞价排名等，提升企业在搜索结果中的位置；最后，企业还可以有针对性地进行推广，比如药厂可以通过在丁香园等医生社区进行信息投放，提高其药品在医生中的接受度。

互联网还使企业的分销渠道发生了重大变化。传统零售业依赖渠道商进行产品的销售，层层加价导致销售价格高。在信息系统的帮助下，企业能够直接触达消费者，比如可以在京东、天猫等电商平台设置店铺直接卖货给消费者。这使得企业有能力减少产品和服务的中间分销环节，从而压缩成本和费用。这种模式被称为去中介化和再中介化。毫无疑问，这种模式颠覆了大部分制造业所依赖的线下分销渠道商，对传统零售业、分销商和相关产业产生了一定的破坏性，但同时也明显激发和释放了市场潜力，促进了最终消费的大幅增长和经济繁荣，实现了中国零售业在国际市场中的变道超车。

以互联网为代表的信息技术也颠覆了企业的设计生产环节。传统制造业生产符合大众需求的产品，然后通过销售渠道推销给消费者。而未来的模式将会倒置，消费者的个性化需求会推动定制化模式的发展。消费者参与生产和设计的需求和热情越来越强烈。例如，小米通过社交网络口碑传播，发展“米粉”成为潜在消费者，并不断收集消费者对产品的意见和建议改进产品，既节省了市场调查费用和传统渠道的分销费用，又通过不断改进的产品提高了消费者的满意度和忠诚度。在这个过程中，消费者和企业充分互动，完成了产品的设计工作。除了消费者参与设计之外，也有专业的互联网公司提供专业的创意和产品设计服务，如猪八戒网是全国最大的创意设计服务类电子商务交易平台，其服务交易品类涵盖创意设计、网站建设、网络营销、文案策划、生活服务等多种行业，为企业、公共机构和个人提供定制化的解决方案，将创意、智慧、技能转化为商业价值和社会价值。

互联网还影响了企业的原料采购环节。在传统企业中，自身投资相关资源是主要模式，它们产权清晰，资源和组织边界清楚，力图通过独占性的资源优势建立竞争优势，或者实现投入产出的最大化。但是以互联网为代表的信息技术彻底颠覆了自有投资的商业模式，共享经济模式兴起。例如，Uber 和滴滴公司在创始之初没有一辆自有的出租车，也没有很多的固定资产，通过整合闲置的汽车资源，联合私家车主提供出租车服务而推动公司的迅速成长。

◎ 综合案例 AIGC 对商业模式创新的影响

技术的发展往往能够推动行业模式的变革。在 Web1.0 技术背景下，互联网内容以专业团队生产为主，称为专业生产内容。这种模式的特点是内容质量高，但是内容丰富度受限制。以雅虎、搜狐等新闻平台为代表的传统互联网企业就是在这个时代占据了绝大多数的流量。随着 Web2.0 技术的快速发展，所有用户都可以参与内容生成，称为用户生成内容。这种模式大大降低了参与内容生成的门槛，提高了内容的丰富度，但是内容的质量需要浏览者自行判定。例如，各大数字平台中的用户评论、维基百科、百度百科、问诊平台中的问诊记录等都是用户生成内容的范畴。随着自然语言生成技术和人工智能模型的飞速发展，大模型（LLM），特别是 ChatGPT、Midjourney 等工具涌现，人工智能生成内容（AIGC）逐渐受到关注，大大提高了生产效率。AIGC 可以覆盖文字、图片、音频、视频等各种内容形式，还可综合图像、视频、文本等形式进行跨模态生成，并应用于各类细分行业成为具体的生产力要素，例如，商务邮件的撰写、策划书的制作、游戏行业中的 AI NPC、虚拟人的视频制作与生成等。AIGC 的发展速度惊人，大模型商业化趋势明显，各大公司积极布局大模型研发（见表 7-3）。

表 7-3 国内外公司大模型布局

公司	大模型布局情况
微软	投资 OpenAI，于 2023 年 2 月 2 日官宣希望把 ChatGPT 整合进 Office（包括 Word、PowerPoint、Outlook 等软件）以及其旗下的搜索引擎 Bing；此外，其 Copilot 产品可协助代码开发
谷歌	旗下的 DeepMind 在 2022 年 9 月提出 Sparrow 模型。该模型与 ChatGPT 类似，采取了一种基于人类反馈的强化学习（RL）框架
百度	2022 年 1 月发布虚拟数字人；2022 年 8 月，基于自身的文心大模型推出 AI 绘画平台——文心一格，并已与数十家权威媒体合作成立“AIGC 媒体联盟”
英伟达	在视觉生成研究领域始终位于前沿，其代表作品包括 CycleGAN、GauGAN、EditGAN、GANverse3D、Instant NeRF 等。同时，英伟达 AI 芯片可以用于 AIGC 模型训练
Meta	2022 年 11 月，旗下的 AI 实验室 MetaAI 推出 Make-A-Video，用 AI 驱动文本、图片生成短视频等。2022 年 5 月，MetaAI 官宣发布了基于 1 750 亿参数的超大模型 OPT-175B，对所有社区免费开放
BuzzFeed	2023 年 1 月 26 日，“美版今日头条”BuzzFeed 宣布将使用 ChatGPT 帮助创作内容。AI 创作内容将在 2023 年从研发阶段转变为核心业务的一部分
亚马逊	亚马逊云科技推出了基于 Amazon Trainium 芯片的 Amazon EC2 Trnl。Amazon Trainium 芯片可以助力 ChatGPT 这类 AIGC 提高运算效率。ChatGPT 已被亚马逊用于多个场景，包括回答面试问题、编写软件代码和创建培训文档等
科大讯飞	积极布局基于预训练模型的文图生成、对话生成等技术方向，其相关技术均达到业界领先水平，并通过 AI 虚拟人交互平台在媒体、金融、教育、文旅等领域赋能内容生产创作和业务服务
其他公司	腾讯推出 AI 写稿机器人 Dreamwriter；阿里巴巴旗下的 AI 在线设计平台鹿班可以实现海报设计生产；字节跳动旗下的剪映和快手推出的云剪能够进行 AI 视频创作

AIGC 可以划分为四个层次：算力层、平台层、服务层和应用层（见图 7-18）。算力层包括 AI 芯片及处理器、AI 服务器、AIGC 计算中心等基础设施。平台层包括模型生产平台、模型训练平台和内容合成平台，代表企业有 Open AI、Stability AI、百度等公司。服务层则是提供垂直化、场景化和个性化模型及应用工具的层次，向 B 端和 C 端用户提供内容生成服务的公司。应用层则是以现实世界具体产品和应用的形式提供服务的层面。

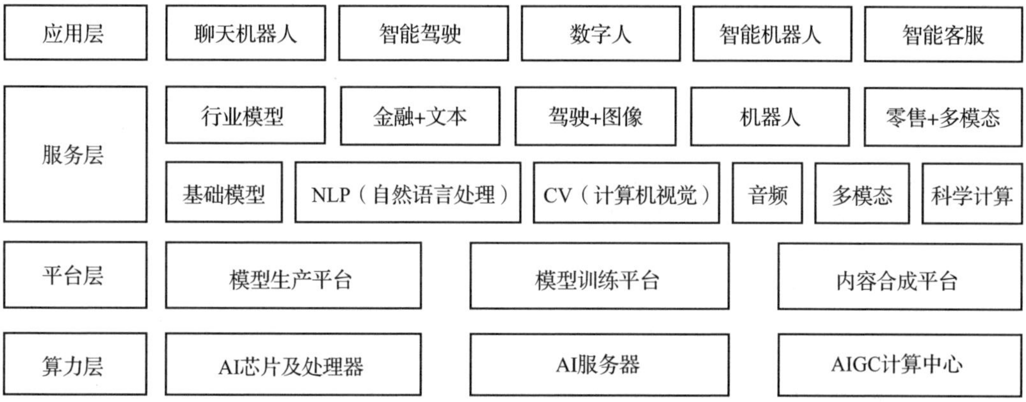

图 7-18　AIGC 四层次框架

正是因为 AIGC 热度的提升，微软积极布局大模型领域并开始业务转型（见图 7-19）。从 2023 年 1 月开始，微软向 OpenAI 投资 100 亿美元，并且宣布基于 AIGC 的战略规划。当人们还停留在思考 ChatGPT 的接入如何颠覆 Bing 搜索模式的时候，微软已经思考如何利用 AIGC 对其所有业务进行底层革命。微软计划将 ChatGPT 整合到其 Office 产品中。对于微软来说，Office 接入 AIGC 工具后，将从一个简单的内容生成工具变成一个具有自主内容生成能力的工具，Office 属性的改变将有助于各行各业商业模式的重构。引入 AIGC 后，Word 变成 AI 帮助用户创作，PowerPoint 能够依据用户提供的内容生成展示文件，还能通过调用大模型自动生成邮件内容，而这一切都为各行业赋能。

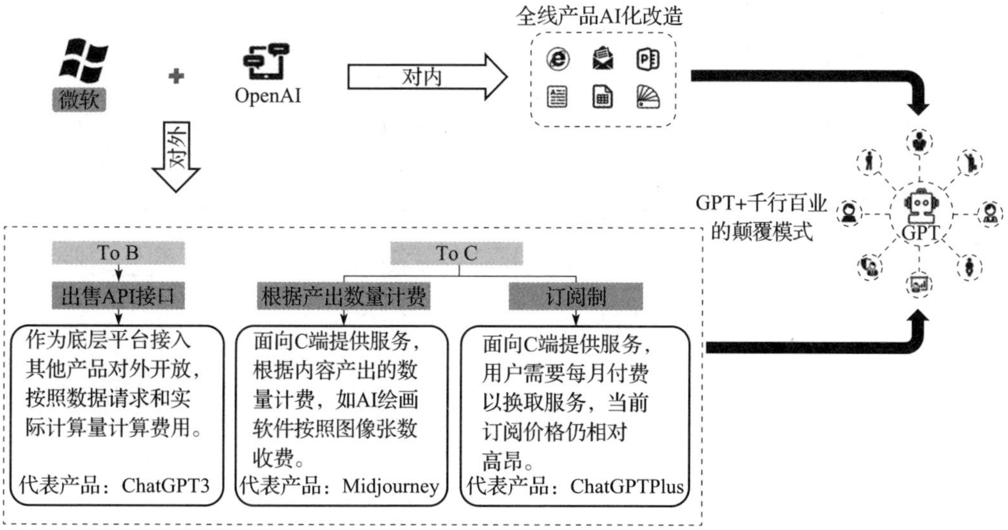

图 7-19　微软基于大模型业务转型示意图

AIGC对各行各业都产生了深远的影响，表7-4总结了一些AIGC的应用领域及案例。AIGC的持续发展将进一步赋能各行各业，大大提升内容生产效率，使得人人都能成为内容生成者，有效降低企业数字化门槛。将AIGC与其他信息技术，如VR、AR、元宇宙、数字人等相结合，也能迸发出新的火花。

表7-4 AIGC的应用领域及案例

分类	具体分支	应用领域	案例
文本生成	文本理解	话题解析、文本情感分析	科大讯飞、阿里巴巴和微软亚洲研究院在文本理解挑战赛的完全匹配得分均超过人类得分
	结构化写作	新闻撰写	Automated Insights开发的Wordsmith可以生成评论文章
	非结构化写作	营销文案、剧情续写	Jasper平台为社交媒体、广告营销、博客等产出标题、文案、脚本、文章等
	交互型文本	客服、游戏	OpenAI与Latitude推出的游戏AI Dungeon，可根据输入的动作或对话生成个性化内容
音频生成	语音克隆	地图导航	百度地图可根据输入音频，生成专属导航语音
	语音机器人	客服、销售、培训	思必驰拥有外呼机器人、呼入机器人、陪练机器人等产品
	音乐生成	播客、电影、游戏	OpenAI的MuseNet可利用10种乐器共同生成4分钟音乐作品
图像生成	图像编辑与融合	设计、电影	谷歌的Deep Dream Generator可上传图像并选择风格，生成新图像
	2D图像生成3D模型	游戏、教育、产品测试	英伟达的GANverse3D可利用汽车照片生成3D模型，并在NVIDIA Omniverse中行驶
视频生成	画质增强修复	视频插帧、视频细节增强、老旧影像的修复与上色	当虹科技的画质增强修复技术帮助提升视频画质
	切换视频风格	电影风格转换、医学影像成像效果增强	腾讯天衍工作室在结直肠内镜项目中切换视频风格，优化医学影像视觉效果
	动态面部编辑	AI换脸	Akool的faceswap平台拍摄样本视频可编辑、替换模特面部
	视频内容创作	制作电影预告片、赛事精彩回顾	IBM的Watson制作了20世纪福克斯的科幻电影《摩根》的预告片
跨模态生成	文本生成图像	传媒、娱乐	OpenAI的DALLE2可通过输入文字生成高仿真图像
	文本生成视频	电影、短视频创作	Meta的Make-A-Video输入文本可生成短视频
	图像/视频生成文本	搜索引擎、问答系统	谷歌的MUM模型支持多模态复杂信息搜索
	文本生成代码	Copilot	OpenAI的Codex模型可将自然语言翻译成代码

资料来源：量子位智库；中国通信院；OpenAI官网；中金公司研究部。

思考题：

1. AIGC如何影响企业的商业模式？
2. AIGC对企业组织结构以及内部管理带来何种影响？
3. AIGC如何通过与其他新兴信息技术融合来影响和推动商业发展？
4. AIGC会对我们的生活产生什么影响？

◎ 复习思考题

1. 信息技术的发展对商业模式产生什么影响？
2. 信息技术是否对我国出行行业带来颠覆性的影响？这种影响是如何产生的？
3. 我们对商业模式的探索经历了哪些认知阶段？每个阶段有何特点？
4. 商业模式的分析工具主要有哪些？分别有什么优点和缺点？
5. 商业模式画布的内涵是什么？如何使用商业模式画布对企业的商业模式进行分析？
6. 如何对目标用户的需求进行分析？
7. 企业为什么要进行商业模式创新？如何实现商业模式创新？
8. 信息技术如何帮助企业更好地满足消费者的需求？
9. 价值链与商业模式创新的关联是什么？
10. 在信息技术的支持下出现了哪些新的定价方式？它们如何影响企业的商业模式？
11. 为什么我们可以使用价值链来分析商业模式创新？
12. 以互联网为代表的信息技术如何给企业的价值链带来影响？
13. 信息系统使能的商业模式创新理论有哪些？它们有何异同？
14. 如何站在生态系统的视角看待商业模式创新？哪些因素影响商业模式的价值创造？
15.AIGC 是什么？ AIGC 对商业模式创新带来何种影响？

◎ 参考文献

[1] 李鸿诚．共享经济："双创"背景下的共享模式创新［M］．北京：企业管理出版社，2017：1-143.

[2] 李萍．互联网时代商业模式创新的经济学分析［J］．厦门特区党校学报．2017（1）：52-55.

[3] 金占明，杨鑫．商业模式的成功要素［J］．人民论坛，2010（36）：62-63.

[4] 曾鸣，程慧慧，张忠良．数字经济下服务商业模式的构建：基于商业模式画布［J］．信息与管理研究，2022，7（增刊 1）：56-68.

[5] 魏炜，朱武祥．商业模式案例与公案教学［M］．北京：机械工业出版社，2016：68-107.

[6] 巩天啸，夏华．移动云服务将成为移动互联网主流形态［J］．世界电信，2015（12）：71-75.

[7] 张学军．商业模式创新背景下应关注的管理会计问题［J］．财会通讯，2015（25）：12-14.

[8] 史一鸣，吴木林，沈莹，等．基于 O2O 的百货业联营模式转型升级研究［J］．中小企业管理与科技（中旬刊），2021（8）：176-177+180.

[9] 杨得成，曹福全，孙兴威，等．"+TRIZ"混合式创新思维方法课程实践案例分析［J］．黑河学院学报，2022，13（1）：6-8+34.

[10] 秦凤华，郝世绵．长尾理论视角下的旅游市场营销研究：以蚌埠市乡村旅游市场为例［J］．农村经济与科技，2018，29（14）：68-71.

[11] 庞黎鑫. 共享 创新：自行车行业发展新引擎 [N]. 消费日报，2017-05-09 (A1).
[12] 娄策群，李罗佶，王雪莹. 基于 Kano 模型的 B2C 电商平台信息服务功能研究 [J]. 现代情报，2021，41 (4)：26-35.
[13] 邢小强，周平录，张竹，等. 数字技术、BOP 商业模式创新与包容性市场构建 [J]. 管理世界，2019，35 (12)：116-136.
[14] 张璐，雷婧，张强，等. 纲举而目张：基于价值主张演变下商业模式创新路径研究 [J]. 南开管理评论，2022，25 (4)：110-121.
[15] 郑丽. 绿色畜禽产品加工企业价值链评价体系研究 [J]. 北方经贸，2010 (12)：99-100.
[16] 刘燕青，谢合明. 浅析基于价值链下的互联网 + 与传统商业模式 [J]. 商场现代化，2016 (27)：30-31.
[17] 戴天宇. 商业模式的全新设计 [M]. 北京：北京大学出版社，2016.

C H A P T E R 8

第8章

数字时代的电子商务

本章将主要介绍数字时代的电子商务。首先，介绍电子商务、电子市场、第三方支付和双边市场等概念，以及电子商务的使命和电子商务的数字化程度。其次，介绍传统电子商务模式和新兴电子商务模式。其中，传统电子商务模式重点讲解B2B、B2C和C2C；新兴电子商务模式重点讲解团购、移动商务、社交商务和O2O电子商务。最后，讲解电子商务趋势，包括共享经济、新零售、电子商务智能客服及精准营销。

■ 开篇案例　蓬勃发展的中国电子商务

谈到中国电子商务，我们很容易想到“双11”购物狂欢节。它是指每年11月11日的网络促销日。该购物狂欢节源于淘宝商城（天猫）2009年11月11日举办的促销活动。虽然当时参与的商家较少且促销力度有限，但活动效果和营业额却远超预想。于是，阿里巴巴便将每年11月11日作为天猫举办大规模促销活动的固定日期。第一届“双11”购物节虽然仅有27个品牌方参加，但淘宝商城的单日交易额却高达5 000万元。其中，杰克琼斯以500万的销售额创下当天单店最高销售额纪录。

近年来，随着中国经济的飞速发展和国民可支配收入的不断提高，天猫“双11”的成交额飞速增长。截至2019年，天猫“双11”成交额已达2 684亿元。它已逐步成为中国电子商务行业的年度盛事。从2020年起，天猫将“双11”的影响力拓展至国际，并将“双11”狂欢节更名为“双11”全球狂欢季。同时，将活动时限由原先的1天延长至11天，即从每年11月1日开始至11月11日结束。经过此次拓展和调整，2020年天猫“双11”全球狂欢季销售额达到4 982亿元，其中105个产业带成交额超过1亿元。此次活动参与的品牌方和店铺也不断增多，其中包括31 766个海外品牌方以及210万个线下小店。同时，有38万个来自贫困县的店铺加入，覆盖了1 406个县城的41万款农产品。

让我们再来看看美国购物节的线上成交情况。美国比较出名的两个购物节分别是黑色星期五（Black Friday）和网络星期一（Cyber Monday）。黑色星期五是指美国每年11月的最后一个星期五。网络星期一是指黑色星期五之后的第一个星期一。根据美国 Adobe Analytics 的统计数据，2021 年美国黑色星期五线上成交额大约为 89 亿美元，较 2020 年的 90 亿美元有所降低；Adobe 报告还指出，美国消费者在网络星期一的线上成交额为 107 亿美元，比 2020 年下降约 1 亿美元。但是 Adobe 报告同时指出，美国网络星期一仍然是美国当年最大的网购日。通过对比我们可以明显看到，我国的电子商务购物节能量更大，更具活力。

纵观我国历年“双 11”购物狂欢节，我们能够看到以下几个总体趋势。

（1）“双 11”成交总额增速趋缓，但是包裹单价提高。“双 11”成交额总量保持增长，但是增速逐渐降低。其中一个重要的原因是经济增速软着陆且人口红利逐渐消失。包裹单价持续提升很重要的原因是人们的购物需求从最早的以日常用品、服饰为主，逐渐变为以电子设备和家用电器为主。

（2）长周期与全球化。“双 11”购物狂欢节将大量需求聚集在一小段时间内，使得供应链和物流面临巨大挑战，容易造成发货不及时以及配送时效性低等问题。为此，商务企业提出预售模式，使得消费者能够享受与“双 11”当天同等的折扣，从而适度分散消费需求；同时，企业在“双 11”前夕便开始清点备货，从而缓解和应对“双 11”大量的订单需求，缩短长周期的物流压力。此外，企业推广全球购，将购物狂欢节升级为全球狂欢季，进一步满足消费者日益增长的全球化消费需求。

（3）消费分级明显，市场下沉成为发展的重要动力。消费分级主要体现为对价格不敏感的用户依然会接收优质高价商品，如华为高端手机和 Dyson 吹风机；而海澜之家和优衣库等主打性价比的品牌也为价格敏感用户所欢迎。正是不同群体对产品的不同需求形成了消费分级。而拼多多的异军突起，也使得电商企业甚至零售行业都意识到一二线城市的流量红利遭遇天花板，下沉市场越来越重要。

（4）线上线下融合。伴随着新零售概念的提出，“双 11”购物节也越来越重视线上与线下的融合。各大电商意识到电商平台在线上已经很难获得更快速度的增长，而挖掘线下商店流量、融合线上线下消费体验，进而扩大销量成为今后的重点。

“双 11”购物节的成功促使各大电商企业提出具有不同含义的网络购物节。例如，京东将每年 6 月定为店庆月，将 6 月 18 日定为店庆日。在店庆月，京东会推出一系列大型促销活动。各大头部电商企业又相继推出“双 12”购物节，延续“双 11”全民疯抢的活动。美团也在 2 月 22 日推出大额优惠券活动，致力于打造“每年最有爱的日子，上美团为心爱的 ta 买好物”的营销活动。百花齐放的购物节也推动了我国电子商务的快速发展。

思考题：

1. 网络零售平台为什么热衷于创建电子商务购物节？
2. 我国电子商务飞速发展的驱动因素有哪些？

8.1 电子商务概述

8.1.1 电子商务的相关概念

电子商务（Electronic Commerce）就是指通过包括互联网在内的计算机网络来实现商品、

服务或信息的购买、销售与交换。理解这一概念需要特别注意两个方面。首先，互联网仅是电子商务实现的一种手段，电子商务还能通过其他计算机网络，如局域网、广域网等来实现，比如一些特殊类企业需要使用专用网络来实现电子商务，并保证信息安全。其次，电子商务主要实现商品的购买和销售，但还有很重要的部分是服务或信息的交易，比如我们可以使用电子商务网站为手机充值，企业可以使用众包网站（如猪八戒网）来邀请社会人员设计产品标志，这都属于服务的范畴；而消费者还能使用知识付费平台来进行付费问答，这属于信息交易的范畴。常见的知识付费平台有知乎、喜马拉雅、得到等。

在日常生活中，我们购物需要去商场，买菜需要去菜市场或超市。同样，电子商务的实现离不开电子市场。电子市场指的是在计算机网络通信技术及相关技术的基础上，使用应用程序或网页交易的买卖双方聚集在一起的虚拟环境。我们平常使用的淘宝网、天猫、京东等都是电子市场的代表。电子市场的运营方通过各类机制来撮合买卖双方。在达成交易后，买方付款、卖方发货。在完成交易后，买方还能在交易平台中分享购买体验并进行点评（见图 8-1）。

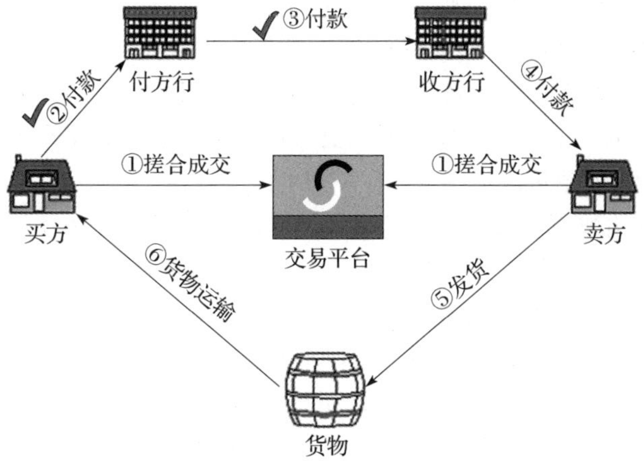

图 8-1　电子市场

注：✓标注的步骤由企业银行完成。
资料来源：招商银行网站。

电子市场的发展过程不可避免地出现了很多不利于交易的管理问题。例如，买卖双方存在信任危机，买方担心付钱后卖方不发货、卖方担心发货后买方不能付款等。在这种背景下，第三方支付服务诞生了。第三方支付指的是以实力和信誉为依托的独立机构与银行机构进行对接，并在买卖双方交易过程中提供交易资金保管服务，从而促进交易双方进行交易的网络支付模式。常见的第三方支付服务提供商有我国的支付宝以及美国的 PayPal。在第三方支付模式中，买方首先将银行账户绑定在第三方平台中，在买方选购商品后，他们使用其第三方平台账户进行付款，相关款项并不会直接转入卖方的银行账户，而是暂存在第三方平台中。在收到买方的付款后，第三方平台会通知卖方货款已到账并要求发货。在买方收到货物后，经买方确认或签收后超过一定时间，第三方平台将相关款项转入卖方的银行账户。

此外，电子商务的交易双方往往存在地理上的差异，这使得买方无法看到商品本身。那么如果交易对象是服务，买方在享受服务前无法了解服务的质量。为此，电子市场允许商家建立商品页面，综合使用文本、图片、视频等方式对商品进行介绍。但是在信息不对称的条件下，有些商家可能会存在刻意夸大优势、遮蔽不足等问题，使得消费者对商品页面信息的信任度降低。为解决信息不对称问题，电子商务市场往往采取相应措施，其中最重要的一个措施就是允许消费者在消费后点评。在消费者拿到商品后，可以根据自身的使用体验对商品及商家服务进行评价。这样，后续的潜在消费者就能够参照已购买商品的消费者的在线评论进行决策。此外，我国还出台了相关政策，要求商家对特定商品种类外的所有商品实行七天无理由的退货承诺，充分保护了消费者的权益。

此外，电子市场中存在大量的卖方和买方，他们具有不同的诉求，并通过电子市场的交易平台彼此匹配。这种具有两个不同类型用户，通过一个中介机构或交易平台来进行交易的电子市场称为双边市场（见图 8-2）。双边市场最重要的特征是具有网络效应（Network Effect），或称网络外部性（Network Externality），即双方都需要通过中间平台来进行交易，而且一方的收益取决于另一方参与者的数量。以京东商城为例，买方（即消费者）希望能够方便快捷地购买到所需商品或服务，而商品和服务的提供方是京东商城中的卖方（即商家），因此商家提供的商品或服务的数量决定了京东商城对于消费者的价值。同样，如果京东商城中聚集的消费者越多，那么就能更好地吸引商家入驻京东商城销售产品或服务，因此京东商城中消费者的数量决定了京东商城对商家的价值。

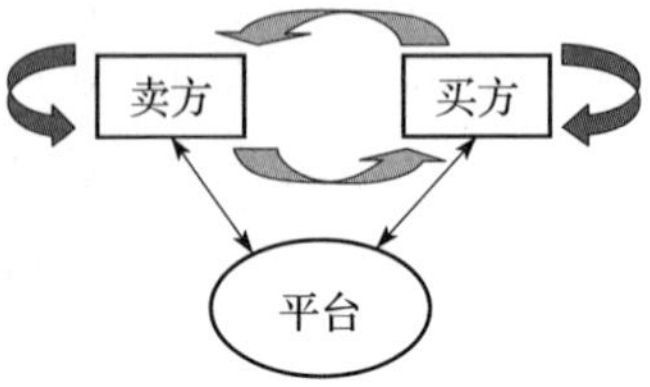

图 8-2　双边市场示意图

资料来源：Thomas R.Eisenmann，Managing Networked Businesses：Course Overview for Educators.

网络效应分为同边效应（Same Side Effect）和跨边效应（Cross Side Effect）。同边效应指的是双边市场中同一群体用户之间的相互影响。跨边效应指的是双边市场中一个群体用户对另一个群体用户的影响。不管是同边效应还是跨边效应，都可以是正向或负向的。以微信这一国内最大的社交媒体为例，一个用户的好友和家人中使用微信的人数越多，微信对该用户的价值也就越大，这就是正向同边效应；而对于招聘网站，关注某职位的用户数量越多，那么该网站对用户的价值并不会越大，甚至会降低，这就是负向同边效应。再比如，在视频网站中，存在视频生产者、视频浏览者、广告商三种用户群体，视频生产者和视频浏览者越多，广告商在网站中投放广告能够产生的影响力越大，进而网站的价值也就越大，这是正向跨边效应；而广告商越多，视频浏览者反而会因为广告过多而降低体验感，进而减少视频对用户的价值，这就是负向跨边效应。

8.1.2　电子商务的使命

在 20 世纪电子商务诞生之初，一种“打败实体经济是电子商务的使命”的错误说法曾经在一段时间内被大家接受。在那时，电子商务占比远不如实体经济，但是随着电子商务的发展，电子商务和实体经济的不断融合成为大势所趋。那么什么是电子商务的使命呢？我们认为，电子商务的使命体现为去中介化和再中介化。在了解什么是去中介化和再中介化之前，我们先思考一下近些年我们的日常生活所发生的变化。以购买火车票为例，在 21 世纪初，我们购买火车票需要到火车站排队或者去分布在各地的火车票代售点购买，费时费力，而且火车票代售点会收取部分费用作为服务费。随着电子商务的发展，铁路 12306App 上线，人们可以通过该 App 购买车票，不需要再去火车站或火车票代售点排队购买。除此之外，消费者还可以去火车站在电子售票客户端进行购买。这些举措减少了火车票销售系统的人力成本，大大节省了消费者排队购票的时间，提升了消费者的购票体验和效率。现如今，我们已经很难发现火车票代售点。那么现在我们再来看一下什么是去中介化和再中介化（见图 8-3）。去中介化指的是借助技术的力量摧毁制造商和消费者之间的传统中间商的过程。再中介化指的是基于互联网上的电子中间商重构制造商和消费者之间的高效的新型中间商的过程。在前面火车票的例子中，取消火车票代售点就是指摧毁火车站和消费者之间的传统中间商，也就是去中介化的过程；而使用移动信息技术开发铁路 12306App，重构新型中间商的过程就是再中介化的过程。

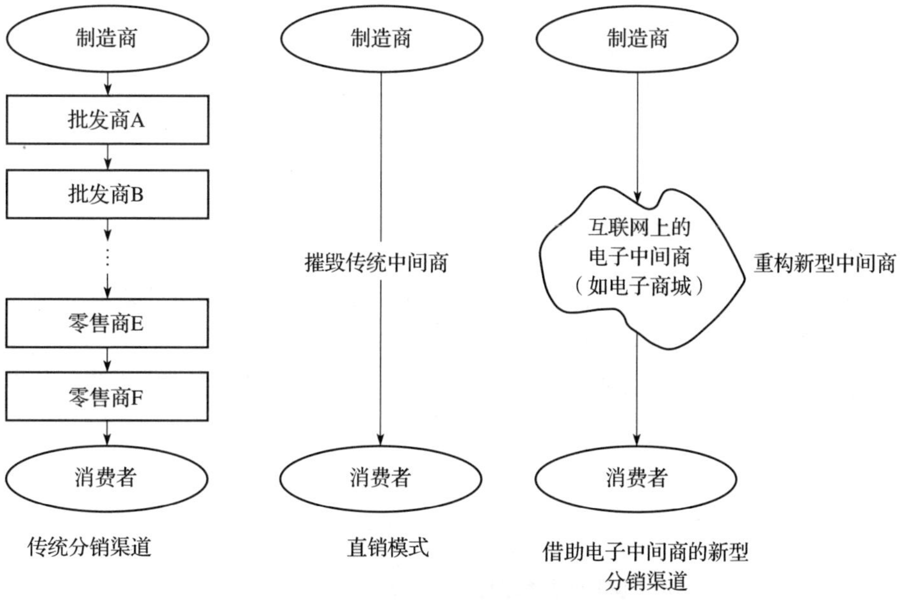

图 8-3　去中介化和再中介化示意图

8.1.3　电子商务的数字化程度

目前，我们已经进入屏幕时代，在智能手机、笔记本计算机和电视屏幕前花费大量的时间。而很多新生儿一出生就接触着数码产品，被称为数码原生代。智能产品的普及使得数字化成为重要趋势。许多数字化产品已经深深嵌入我们的日常生活。你听说过电子尿布吗？Huggies TweetPee 是一款电子尿布。它在婴儿的尿片上安装了一个温度传感器，当温度传感器检测到温度上升时，就会推送信息发送到父母绑定的即时通信账号上，提醒父母为宝宝换尿片。这个例子也充分地体现出当今世界数字化水平越来越高。

电子商务的数字化程度体现在三个要素上：订单系统数字化、生产流程数字化和配送方式数字化。订单系统数字化指的是电子商务的订购和支付是通过线下还是线上完成；生产流程数字化指的是产品或服务的制作是否完全在线上进行；配送方式数字化指的是产品或服务是通过线上传输还是线下配送。根据三个要素的数字化程度，我们可以将电子商务分为完全电子商务和部分电子商务（见表 8-1）。具体而言，如果三个要素全部通过数字化手段实现，那电子商务属于完全电子商务，否则属于部分电子商务。以线上手机充值为例，我们可以使用移动通信公司的 App 提交订单并完成支付，而移动通信公司的服务也完全在线上进行，消费者支付的金额以完全线上传输的方式转入对应账户。由于三个要素全部数字化，所以在线充值是完全电子商务。如果我们从电子商务平台购买纸质书籍，订单在线上进行，支付也在线上完成，但是纸质书籍的生产需要印刷厂在线下制作，书籍的配送也需要在线下发生，则为部分电子商务。

表 8-1 电子商务的分类

活动	2	3	4	5	6	7	8
订单系统	D	D	D	D	P	P	P
生产流程	D	D	P	P	D	P	D
配送方式	D	P	P	D	D	D	P
类型	完全电子商务	部分电子商务	部分电子商务	部分电子商务	部分电子商务	部分电子商务	部分电子商务

注：P 表示非线上，D 表示线上。

8.2 传统电子商务模式

传统电子商务模式主要有九种类型（见图 8-4）。该分类基于交易的双方分别是什么类型的组织。其中，供应 / 商品来源以及需求销售目的地可能有三种组织，分别是企业、消费者和政府。我们重点探讨企业与企业之间的电子商务（B2B）、企业与消费者之间的电子商务（B2C）以及消费者与消费者之间的电子商务（C2C）。

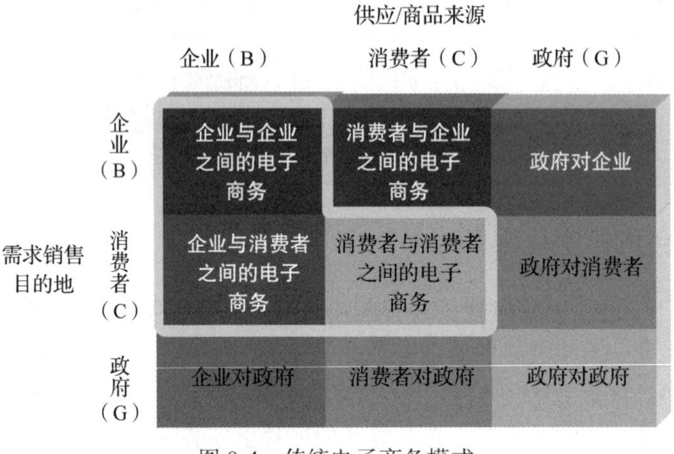

图 8-4 传统电子商务模式

8.2.1 企业与企业之间的电子商务

企业与企业之间的电子商务指的是企业向企业销售产品或服务。常见的 B2B 电子商务网站有阿里巴巴（1688.com）批发网、找钢网、美菜网、慧聪网等。阿里巴巴批发网是全球企业间电子商务的著名品牌，它作为一个中间平台为全球在线商家提供海量商机信息和便捷安全的在线交易市场。找钢网是国内率先成立的钢铁全产业链电商平台，它为钢铁行业提供涵盖整个钢铁流通价值链的综合型服务，包括交易、物流、仓储加工、供应链金融、大数据、SaaS（软件运营服务）等。美菜网是中国餐饮供应链杰出服务商，致力于打通农产品源头与餐厅之间的供应短链，专注为全国近千万家餐厅提供全品类、全程无忧的餐饮食材采购服务。慧聪网是一家 B2B 电子商务平台，为在线商家提供 B2B 行业资讯、供应、求购信息，也是企业寻求电子商务网络贸易信息的行业门户。

大家在浏览这些网站时会发现，这些平台提供的产品种类有所不同。其中阿里巴巴批发网和慧聪网提供各种各样的产品，如办公用品、原材料、金融服务等，为全世界各行各业的在线商家提供服务；而美菜网和找钢网专注某一行业，为该行业提供全方位的服务。像阿里巴巴批发网和慧聪网一样为各行各业提供全方位服务的 B2B 平台被称为综合市场（或横向市场）；而像找钢网和美菜网一样为某一特定行业服务的 B2B 平台被称为垂直市场（或纵向市场）。哪种平台是未来的发展趋势呢？根据目前的观察，现有综合性 B2B 平台只有阿里巴巴批发网和慧聪网。它们多年深耕于 B2B 电子商务领域，积累的各类资源更加丰富。其他平台很难在短时间内对它们发起挑战，缺少综合市场的创业机会。同时，现在的在线商家和消费者更加注重知识的专业化程度。垂直平台深耕某个特定行业，对该行业的模式、企业和流程把握更深刻，更加专业化，因而受到越来越多投资者的欢迎。

企业与企业之间的电子商务主要交易的服务或商品包括哪些呢？服务主要包括软件服务和其他服务，其中软件服务包括为企业提供软件支持和服务，比如 SaaS；其他服务包括为企业提供物流、法务、会务预订等。我们重点关注一下 B2B 交易商品的种类。根据交易商品在企业价值链是更靠近上游还是下游，我们可以将它分为近生产端和近消费端。近生产端的商品包括钢铁、建材、化工、农产品、电子等大宗原材料及半成品，这些商品主要用于生产，而不是用于消费；近消费端的商品包括服装、家纺、药品等直接用于消费的产成品。此外，根据物料是否直接用于生产经营，将 B2B 交易商品分为直接物料和间接物料。直接物料是指制造企业在生产过程中使用的物料或者零售业企业摆放在货架上出售的物资。对于汽车制造商来说，轮胎、钢材、皮革等材料就属于直接物料。间接物料是指公司生产和经营所需要的辅助材料，这些材料与企业的主要商务活动没有直接关系。对于汽车制造商来说，员工在生产车间佩戴的口罩和手套、生产设备需要的零部件、办公用品和照明灯泡等都属于间接物料。

根据企业实际，如果考虑数量和金额，则间接物料的数量多，但金额不大；直接物料的数量相对少，但金额大。大致来说，间接物料的数量占近 80%，但采购金额仅占 20% ～ 25%。这符合业界所谈到的二八定律。例如，根据二八定律，为一个公司带来 80% 利润的是 20% 的客户，其余 80% 的客户只能为企业创造 20% 的利润。出于对这方面的考虑，许多公司会识别自己的 VIP 用户，以便为他们提供更快捷、更高质量的服务。二八定律因为提倡“有所为，有所不为”而受到业界的推崇。但是随着互联网，特别是电子商务的快速发展，长尾理论在业界获得越来越多的支持。

8.2.2 企业与消费者之间的电子商务

企业与消费者之间的电子商务指的是企业销售产品或服务给个人客户。像天猫、京东、亚马逊、当当网、唯品会、苏宁、国美等都属于 B2C 的范畴。B2C 电子商务中的用户往往更加追求质量及性价比，看重品牌背书，相对来说对价格并不十分敏感。我国 B2C 电子商务的主要运营模式有四种。

1. 平台模式

平台模式指的是企业提供交易平台，吸引品牌商家进驻，用户在平台上通过搜索商品或进入目标店铺选择商品进行消费的运营模式。京东商城和天猫商城是平台模式的典型代表，它们吸引了不同品牌的供应商入驻平台。当用户搜索商品时，京东商城和天猫商城会根据自有规则对搜索的结果进行排序并推荐给用户，用户也可以进入线上店铺浏览商品进行选购。

2. 社交模式

社交模式指的是电子商务企业借助微信、微博等社交媒体来实现裂变并开展交易的电子商务模式。在社交模式的B2C电子商务中，社交媒体主要起到工具的作用，发挥它便于分享、影响面大的特点，希望能够起到裂变的效果，增加销售。如今，京东拼购和唯品会都在微信平台上进行了布局，而且在微信服务中的购物消费板块都有相关的流量入口。

3. 特卖模式

特卖模式指的是在供给端为品牌商提供库存解决方案，并用优惠的价格向消费者出售品牌商指定商品的电子商务模式。唯品会是特卖模式的典型代表，该平台能够为品牌搭建库存清理模式，为消费者提供物美价廉的大牌精品。对于品牌商来说，它们需要充分利用线下商店的有限空间展示当季商品，过季商品为它们带来较大的清库存压力。唯品会为它们提供了一个线上销售过季商品的平台，而且回款速度快，使得品牌商能够在该平台的帮助下快速地销售过季商品并保障资金流的畅通。对于消费者来说，他们希望用优惠的价格购买大牌正品商品，而唯品会提供了“名牌折扣 + 正品”的保证。

4. 优选模式

优选模式指的是在消费升级背景下，平台服务商直接对接品牌制造商为消费者提供经过筛选的优质、高性价比商品的电子商务模式。该模式的快速发展得益于人们的时间越来越碎片化，很难花费时间比较和选择商品。例如，小米有品、网易严选、京东京造等平台把握趋势，通过发挥买手或达人的选件，将经过挑选的、品质高的商品在特定商城出售，为消费者提供快速选择商品的渠道。优选模式中商品的种类并不像其他模式中商品的种类那么丰富，每个价位的商品相对较少，但是所有商品都是买手和达人精心挑选的，顾客不需要进行各类比较即可放心购买。

◎ 阅读材料 8-1

中国B2C电子商务生态

随着我国经济的快速增长以及人民物质文化生活品质的日益提高，更注重高品质商品的用户越来越关注B2C电子商务，我国涌现出京东、天猫、苏宁、唯品会等B2C电子商务平台。我们将通过案例来为大家梳理我国B2C电子商务的生态，并帮助大家思考数字经济背景下企业的竞争应当采用何种策略。

1. 唯品会、京东、腾讯三方深化合作

在B2C电子商务中，京东商城和阿里巴巴天猫商城是我国两个最大的B2C电子商务平台，是直接的竞争对手。近些年，京东发展迅速，逐渐成为挑战阿里巴巴电子商务的重要力量。腾讯虽然主打社交和游戏，但也一直希望进军和发展电子商务领域的业务。它投资了多家电子商务公司，也成为电子商务的重要力量。2017 年末，腾讯和京东联合投资唯品会，三方的合作在 2018 年进一步加强。唯品会旗舰店在 2018 年 3 月入驻京东，在腾讯微信的服务界面也能看到唯品会和京东入口，腾讯微信为两者引流，充分体现了三家企业的深度合作（见图 8-5）。

图 8-5　腾讯微信流量入口

2. 天猫、苏宁打造新零售新体验

天猫商城也在构建生态系统上有所突破。2018 年，苏宁推出智能产品体验店——苏宁极物，而天猫精灵智能生活馆在同年国庆节就入驻了苏宁极物南京新街口店，提供了包括生活、家电、健康、音响等十多个品类的智能产品，还提供了智能生活物联网的解决方案。2018 年 8 月起，双方还打通了线上线下权益的互通，推动新零售融合的步伐。在这一合作中，苏宁依托阿里云大数据为线下门店提高转化率，也为阿里巴巴推动线上线下融合提供了途径。双方权益的打通为消费者提供了更多优质的服务，进一步提高了消费者的购物体验。

3. 搅局力量拼多多

拼多多走进中国消费者的视野并获得快速发展。严格意义上说，拼多多并不是 B2C 电子商务，但是它与国美的合作使得它成为 B2C 电商平台的搅局力量。2018 年 10 月，曾经的家电业霸主国美在拼多多上线官方旗舰店，销售的产品以大家电为主，并提供发货、售后、物流等服务。曾经的家电业霸主国美与在质量等方面备受大家诟病的拼多多合作的基础是什么呢？

国美作为国内传统家电连锁的巨头，错失了互联网电商快速发展的机遇期，在家电领域的市场份额被京东、淘宝、苏宁瓜分殆尽。近些年，国美开始加速市场转型，与拼多多合作有助于通过拼多多流量端入口为自己带来市场销量。拼多多需要国美品牌的影响力提高它的品牌价值，改变消费者对它的已有印象，从而进行品牌升级、提高品牌认知度、加强用户对它的信任。拼多多在四线及以下城市的用户份额超过 40%，而国美在各地也有很多的体验门店，双方的合作能够快速聚集三至五线城市的用户，并通过国美体验门店收集用户的真实需求。双方的合作实现了双赢。

8.2.3　消费者与消费者之间的电子商务

在日常生活中，我们经常会听到网络零售这一概念。网络零售是企业与消费者之间的电子商务和消费者与消费者之间的电子商务的总和。本节主要介绍消费者与消费者之间的电子商务的主要内容。C2C 电子商务指的是个体消费者之间的在线交易。C2C 电子商务在我国发展时间较长，是比较成熟的电子商务模式。淘宝就是C2C电子商务的典型代表。淘宝中主要的销售者并不是企业，而是个体商家，他们从制造商处进货，并在网上销售产品或服务给消费者。除此之外，还有58同城、瓜子二手车等C2C电子商务企业。根据艾瑞咨询报告，2015年，我国B2C电子商务的网络零售额占比首次超过C2C电子商务，并保持上升趋势。之所以出现这种趋势，是因为随着网购市场的成熟，产品的品质以及服务的质量成为影响用户购买决策的重要因素。例如，京东商城优质的配送服务成为很多用户选择京东的重要原因。但是C2C电子商务市场也具有品类齐全的特征，其市场体量大，有一定的增长空间。

近些年，我国涌现出一些新兴的C2C电子商务模式。下面我们将简单介绍几种新兴C2C电子商务模式。

1. 直播电商

抖音是字节跳动旗下的音乐创意短视频社交软件，该软件于2016年上线后，迅速成为全年龄段广受欢迎的短视频社区平台。该平台的流行催生了大量以直播卖货为生的主播。他们在直播中向消费者介绍商品，并提供直接购买链接，这都属于C2C电子商务的范畴。但是“直播＋电商”只是一种手段，并不是所有直播电商都属于C2C电子商务的范畴。在规模经济的推动下，很多直播经纪公司成立，他们雇用主播为企业带货。例如，前段时间很多国人用自己的力量拯救国货品牌鸿星尔克的案例则不属于C2C电子商务的范畴，因为鸿星尔克官方账号面向消费者销售产品的交易行为属于B2C电子商务的范畴。

直播电商与淘宝、京东等传统电商平台在发掘产品、认识产品和与用户分享等方面都有所不同。直播电商通过主播为用户发掘个性化的产品，并使用视频直播的方式为用户展示产品。在直播过程中，销售人员还能够直接传递情感，从而为用户提供更全面的认识和感受。此外，用户与主播之间以及用户之间可以在直播间进行实时互动，还可以直接将内容或者购买链接分享给其他用户。与此不同，传统电商平台主要依靠用户搜索关键词来找到产品或者通过浏览店铺及平台中的秒杀列表来找到感兴趣的产品。产品主要是用文字和图片向消费者展示，随后消费者通过已消费用户的评论来判断产品质量。此时，双方交流的互动性不足。通过对比，我们也能了解到直播电商迅速发展的原因。但是直播电商不能仅靠粉丝的热情来维持，能否一直吸引消费者下单还要综合考虑品牌的可信度、产品的性能以及性价比。

2. 二手交易平台

想想自己身边是否有一些购买后闲置的产品？我们可以通过二手交易平台将自己拥有的产品销售给其他有需要的消费者，这就是C2C二手交易。目前我国常见的C2C二手交易平台有闲鱼、转转等。闲鱼是阿里巴巴旗下的综合类C2C二手交易平台。它与淘宝进行了有机衔接。在淘宝购买的商品可以一键操作发布到闲鱼平台。转转是58集团孵化的C2C二手闲置物品交易平台，主打电子产品。无论是转转还是闲鱼，它们都重视交易平台的社交因素。之所以这样有两点原因。第一，二手交易平台的不确定性更高。由于产品为二手产品，卖方清楚地了解产品的使用情况以及产品是否存在问题，而买方不具有相关信息，这使得交易存在很强的信息不对称。在这种情况下，信任变得更加重要，而社交因素的嵌入能在一定程度上帮助消费者构建信任。第二，物以类聚，人以群分。朋友圈的需求更加相似，这也是电子商务平台常采用消费者的好友购买过或浏览过哪些产品的方式来向消费者推荐产品的原因。把二手交易的信息分享到社交媒体中是促成二手交易的良好开端。

◎ 阅读材料 8-2

二手交易平台与碳减排

二手交易平台的发展有助于我国碳达峰、碳中和目标的实现。2020 年 9 月 22 日，习近平主席在第七十五届联合国大会一般性辩论上郑重宣布："中国将提高国家自主贡献力度，采取更加有力的政策和措施，二氧化碳排放力争于 2030 年前达到峰值，努力争取 2060 年前实现碳中和。"发展循环经济已经成为实现"双碳"目标的重要手段。在 2021 年北京互联网大会上，转转集团的《引领绿色低碳生活 – 闲置交易系统》被评为"北京绿色低碳示范案例"。根据转转报告，每单二手手机交易减碳 25kg，而家用电器和其他 3C 闲置物品的交易实现碳减排的数量更高。例如，每单二手冰箱的交易能够实现碳减排 130kg。在国家"双碳"目标的背景下，推动循环经济的发展，加强闲置物品的流通再利用有助于推动国民养成绿色、环保、循环的消费理念，推动全民参与、协同减碳。

3. 农村电商

农村电商指的是通过网络平台嫁接各种服务于农村的资源，拓展农村信息服务业务、服务领域，使之兼而成为遍布县、镇、村的三农信息服务站。农村电商是乡村振兴的重要手段，它主要包括上行和下行两部分。上行指的是把农村的产品卖到城市。下行指的是把城市的工业品等消费品引入农村。上行农村电商能够增加农民收入。下行农村电商能够提高农民的生活质量。目前来说，下行农村电商更加容易，因为农村对工业品等标准化产品有着很大的需求，而且拼多多、淘宝以及京东等电商平台又具备把这些标准化产品下沉到农村地区的能力。而上行农村电商面临农产品标准不好确定、农户缺乏营销和组织物流等方面的能力的难题，所以其更加困难。

8.3　新兴电子商务模式

随着我国经济的快速发展，涌现出很多新兴电子商务模式，主要包括团购、移动商务、社交商务和 O2O 电子商务。

8.3.1　团购

团购是指将认识或不认识的消费者联合起来，增强与商家的谈判能力，从而获得最优报价的一种购物方式。这符合商家薄利多销的心态，如果购买量大，商家更倾向于给出低于零售价格的折扣价格或者为消费团体提供单独购买无法获得的优质服务。大众点评和美团是我们现在常用的团购网站，我们可以从中搜索感兴趣的商家，并以商家提供的优惠价购买。如果商家提供优惠价套餐，平台大量的客流量能够确保购买优惠价套餐的人数，使得商家无须担心优惠价套餐购买人数不够的情况出现。

社区团购是指以居民社区为单位，借助互联网手段进行团购的销售模式。社区团购的商业模式有三个核心：团长制、集采集配、预售制。在这种模式中，平台以社区为单位招募团长，这些团长往往是人缘相对较好的居民。社区团长汇集社区居民的需求，然后对接商品提供方进行团购。随后商品提供方直接将货物配送到社区团长处，由社区团长配送或由社区居民到社区团长处提货。该模式直接通过社区团长和平台对接消费者及农产品源头产地，配送需要一定的时间，因此主要采取预售制。

社区团购的发展过程备受质疑。《人民日报》曾评论："掌握着海量数据、先进算法的互联网巨头，理应在科技创新上有更多担当、有更多追求、有更多作为。别只惦记着几捆白菜、几斤水果的流量，科技创新的星辰大海、未来的无限可能性，其实更令人心潮澎湃！"

8.3.2 移动商务

移动商务指的是利用手机等移动终端进行的电子商务。大家可以回想一下，你最近一次使用计算机浏览购物网站并进行购物是什么时候？相信大多数人已经很久没有使用计算机购物了。2015 年以来，我国电子商务进入移动商务快车道，越来越多的商家在移动端投入资金打造拥有良好用户体验的移动应用。

目前我国主要经历了三代移动商务。第一代移动商务使用以短信为基础的访问技术。用户可以通过发送短信到指定的号码来购买产品。火爆一时的第一代移动商务是彩铃下载。用户只需要发送特定代码到移动通信公司指定的号码，就能下载彩铃，相关费用从用户的移动账户余额中进行扣除。第一代移动商务系统实时性差，查询请求不会立即得到回答，且短信长度限制也使得一些查询无法获得完整的答案，很快被淘汰。第二代移动商务基于 WAP（无线应用协议）技术，用户通过手机浏览器访问 WAP 网页，实现信息的查询，访问网站订购信息服务。但是这种移动商务系统交互能力差，缺乏灵活性和方便性。目前我们应用第三代移动商务，它采用了面向服务的架构（SOA）、智能移动终端和移动 VPN 技术相结合的第三代移动访问和处理技术，使得系统的安全性和交互能力都有了极大提高。

移动商务（见图 8-6）与传统电子商务的最大区别在于前者是以人为中心的用户体验，这得益于基于位置的服务（Location-Based Service，LBS）。基于位置的服务通过电信移动运营商的无线电通信网络或外部定位方式（如 GPS 和北斗通信系统）获取移动终端的地理位置，然后在地理信息系统平台的支持下为用户提供增值服务。基于位置的服务使得用户只需要打开手机就能查询附近的餐厅、超市、电影院，还能通过网约车平台预约出租车前往目的地或通过地图导航自行前往。此外，用户也能在乘坐公交车、地铁、出租车时利用手机移动支付。

移动商务的实现离不开移动支付（mobile payment）技术。如果无法完成支付，那么移动商务无法形成闭环。移动支付是指使用普通手机或智能手机等移动终端进行支付，而不是使用现金或银行卡支付。常见的移动支付方式可以分为以下三类。

（1）移动近场支付。移动近场支付是指消费者在购买商品或服务时，通过手机向商家即时支付，支付处理在现场进行。支付过程中发生的通信不需要使用移动网络，而是使用手机射频、红外线和蓝牙等通道。大家常使用的公交卡就使用了近场支付技术。除此之外，中国银联还推出了基于 NFC（近场通信）的闪付产品（见图 8-7a）。用户新领取的银行卡基本都有芯片。如果银行卡正面标记有“Quick 闪付 Pass”字样，说明该银行卡具有闪付功能，则用户无须刷卡，只需要将银行卡靠近 POS 机即可完成支付（见图 8-7b）。中国银联规定使用闪付的限额为 1 000 元。

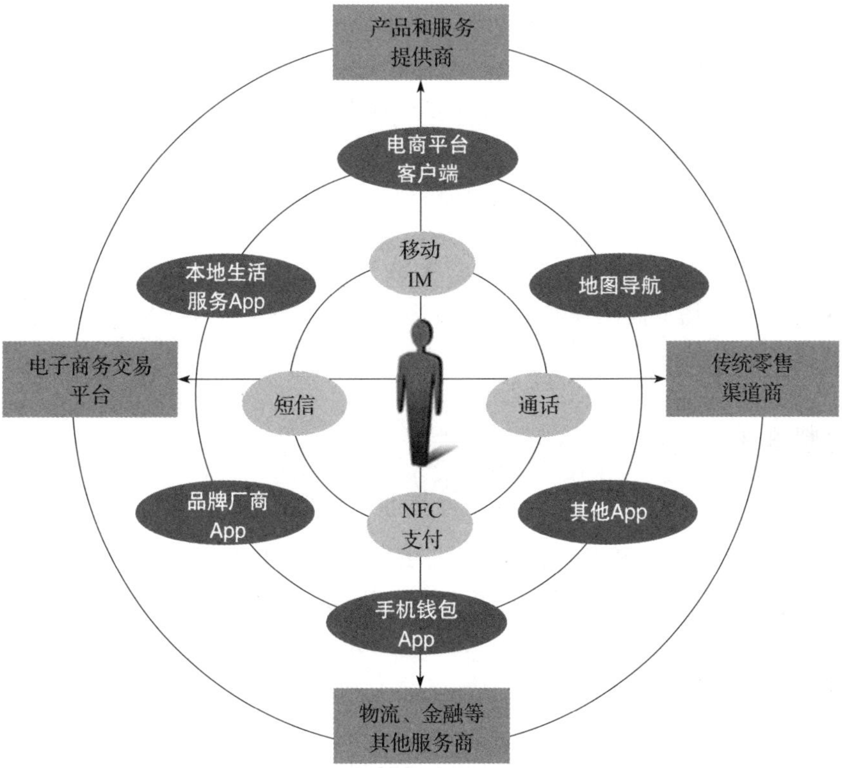

图 8-6　移动商务示意图

资料来源：曹龙伟. 移动电商：手机淘宝运营技巧、策略与案例［M］. 北京：电子工业出版社，2016.

a）　　　　b）

图 8-7　中国银联闪付产品及其使用

（2）移动远程支付。移动远程支付是指通过移动网络，如短信、GPRS（通用分组无线服务）等通信渠道，与后台支付系统建立连接，实现各种转账和消费等支付功能。网银和支付宝是最常见的移动远程支付方式。如果我们在购买后选择支付宝支付，只需要使用手机扫描商家收款二维码（输入金额及密码）或者出示我们的付款码就能完成支付，支付宝通过移动网络完成商家终端、商家绑定的银行账户、消费者终端、消费者绑定的银行账户之间的通信，进而完成支付。

（3）近场远程相结合的支付方式。如果你使用过手机 NFC 功能对公交卡进行充值，那么就会对这种混合支付方式有所了解。你可以下载 e 乐充公交卡 App，然后打开手机 NFC 功能，将公交卡贴近手机，会出现充值功能，选定支付账号并输入密码和金额，手机将会把充值信息写入公交卡。其中支付部分使用了移动远程支付技术，公交卡信息写入使用了移动近场支付技术，两种技术的整合完成了整个充值过程。

移动端在时域性、交互性、个性化、高效性、方便性、安全性等多方面均比计算机端具有更大优势，这使得移动端消费占比日益增加。正因如此，电子商务企业投入了大量资金开发移动 App。根据中国互联网络信息中心第 52 次《中国互联网络发展状况统计报告》，截至 2023 年 6 月，国内市场上监测到的活跃 App 数量达 260 万，进一步覆盖网民日常学习、工作、生活，提供服务便利。

◎ 阅读材料 8-3

第三方支付行业发展概览

我国第三方支付市场经历了发展初期的现象级 C 端支付产品推动支付市场快速增长，从 2019 年开始逐渐转向由产业支付推动的历程（见图 8-8）。截至 2023 年，产业支付时代已经走过了五个年头，各家支付机构的布局和优势更加清晰，支付助力产业数字化成为一条机遇与挑战并存的发展路径。

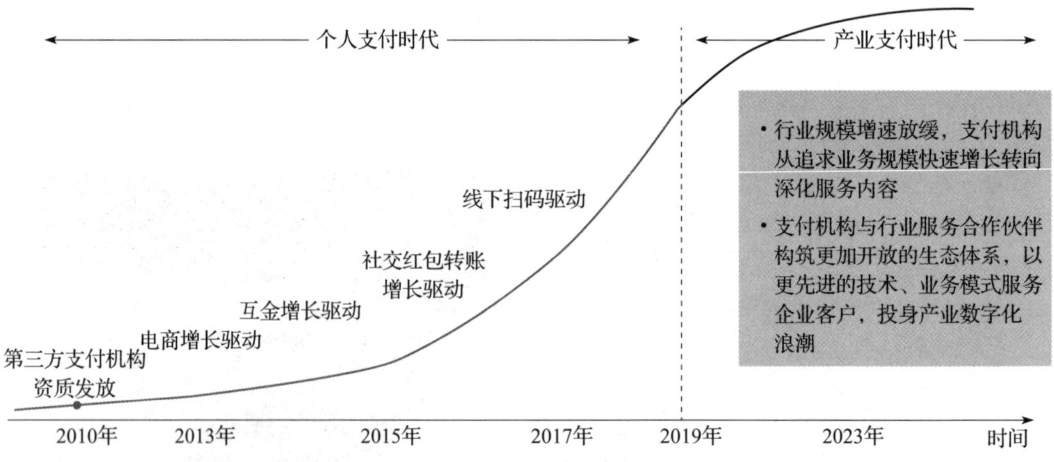

图 8-8 第三方支付市场 2010—2023 年发展历程

资料来源：《2023 年中国第三方支付行业研究报告》。

按照服务对象的不同，第三方综合支付业务可以分为第三方个人支付与第三方企业支付

（见图 8-9）。个人支付与企业支付机构共同组建支付网络，形成支付交易闭环，共同推动第三方综合支付规模的增长。其中，个人支付侧重于凭借数字钱包便捷的支付功能和多样的附加服务来提升用户黏性，而企业支付侧重于提供定制化的支付方案。

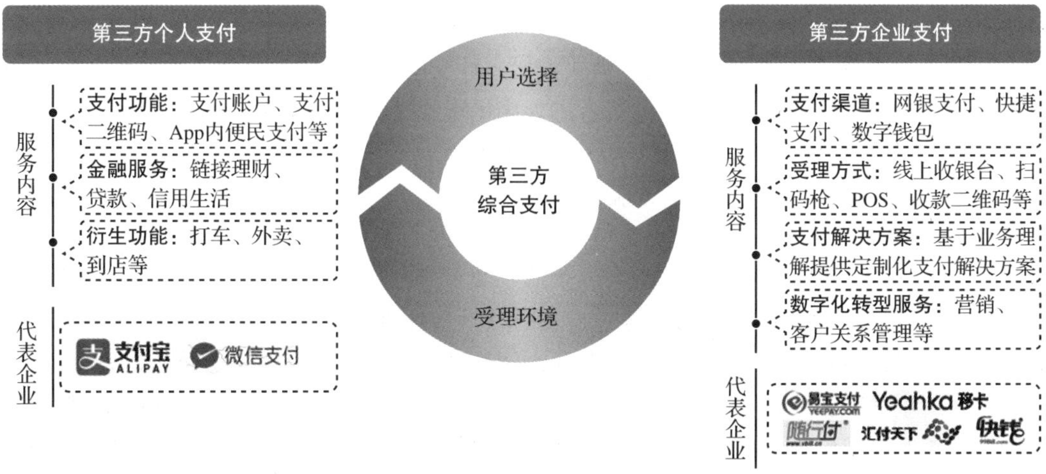

图 8-9　中国第三方综合支付组成部分

资料来源：《2023 年中国第三方支付行业研究报告》。

注：列举企业为赛道内企业举例，非领域内全部企业。

第三方企业支付细分市场在线下收单领域深化布局、在产业支付领域提供源头支持、在跨境支付领域专注深耕，各个细分市场的支付服务提供商正为不同规模和业务需求的商户提供越来越优质的支付服务体验。中国第三方支付产业图谱如图 8-10 所示。

图 8-10　中国第三方支付产业图谱示意图

资料来源：《2023 年中国第三方支付行业研究报告》。

8.3.3 社交商务

在了解社交商务之前，回想一下你是否曾经征求过同学、同事、家人和朋友关于购买产品的意见与建议？如果有，那就体现了社交商务的基础。我国《社交电商经营规范》对社交电商进行了定义："社交电商是基于人际关系网络，利用互联网社交工具，从事商品或服务提供的经营活动。"与传统电子商务模式相比，社交电商认为消费者之间的关系有所不同。传统电子商务平台以店铺为中心，消费者进入店铺查找喜爱的产品或服务并进行购买。在这种模式下，消费者之间并没有连接。而社交电商模式认为消费者之间存在各式各样的联系，他们通过口碑来分享自己购买产品或服务的经历。

社交电商离不开社交媒体。社交媒体是指互联网上基于用户关系的内容生产与交流平台。社交媒体主要包括社交网站、微博、微信、博客、论坛等。用户可以使用社交媒体来分享意见、见解、经验和观点。现在越来越多的移动应用融合了社交因素而具有社交媒体属性。例如，现在的新闻类应用允许用户在评论区开展交流，也允许用户之间互相关注；知识问答类社区（如知乎）允许用户互相关注及进行交互；网络游戏也允许玩家进行互动，组队比赛，构建各种虚拟关系从而提高用户黏性。需要特别解释的是，社交网站是社交媒体的一种。社交媒体是"因内容而关系"，社交网站是"因关系而内容"。以新浪微博为例，用户与用户之间的关系定义为"粉丝"，首先关注到用户生成的内容，然后才去关注该用户；而微信用户与用户之间的关系定义为"好友"，首先需要成为好友，然后才能浏览该用户发布到朋友圈的信息。

社交电商有助于解决困扰电子商务发展的三大问题：流量导入、留住用户以及客户复购。我国移动端用户十分活跃。根据中国互联网络信息中心发布的第 49 次《中国互联网络发展状况统计报告》，截至 2023 年 6 月，我国移动电话用户总数达 17.1 亿，手机网民规模为 10.76 亿人，其中使用手机上网的比例达 99.8%，使用台式计算机、笔记本计算机、电视和平板上网的比例分别为 34.4%、32.4%、26.8% 和 28.6%。截至 2023 年 6 月，手机网民中有 82% 使用网络购物应用，网络购物用户规模达 8.84 亿人。大体量的移动端用户为移动商务流量导入提供了肥沃的"土壤"。根据腾讯 2023 年第三季度财报，微信及 WeChat 的合并月活跃账户数已达 13.36 亿。腾讯高级执行副总裁、微信事业群总裁张小龙在 2021 微信公开课 PRO 中也曾指出："每天有 10.9 亿用户打开微信，3.3 亿用户进行视频通话；有 7.8 亿用户进入朋友圈，1.2 亿用户发朋友圈，其中照片 6.7 亿张，短视频 1 亿条；有 3.6 亿用户读公众号文章，4 亿用户使用小程序。"依托于社交媒体的电商在流量导入方面有不俗的表现，这有效地降低了社交电商平台的引流成本。而社交媒体大数据有助于支持消费群体的精细化划分，使社交电商利用数据分析、互动交流来精准设计、生产、销售符合消费者需求的个性化产品，提升社交电商的转化率。社交电商充分发挥用户在社交生活中构建的信任关系，能够精准定位关联用户，利用社交平台传递口碑，从而激发后续购物。

社交媒体与电子商务结合的方式主要有四种。①熟人关系与电商。你的朋友圈中有没有好友销售商品的例子？如果有，那这属于微商的范畴。②兴趣社交与电商。例如，在豆瓣平台中，用户根据需求形成小组，小组成员可能在内部分享广告，这是社交商务的范畴。③围绕产品的社交电商。小米社区就是很好的例子。在社区中，"米粉"围绕产品进行各种讨论，通过群策群力推动小米产品的设计。但是小米模式要求公司具有迭代性强的产品，这样才能有不断变化的话题引发讨论。④红人与电商。这就是我们日常所说的直播带货。自媒体电商主要通过微博、微信、直播等社交平台，发布原创性高品质内容吸引粉丝，再将流量变现。

8.3.4　O2O 电子商务

O2O 的概念最早是由 TrialPay 的创始人 Alex Rampell 于 2011 年在其博客中提出的，当时仅仅涉及“线上－线下”的部分。2013 年，O2O 的概念进入高速发展阶段，O2O 电子商务也获得了快速发展。现在 O2O 的概念不仅包括“线上－线下”，还增加了“线下－线上”等新方向。那么什么是 O2O 呢？它的概念有广义和狭义之分。广义 O2O 是指通过线上营销推广的方式，将消费者从线上平台引入线下实体店，即 online to offline；狭义 O2O 是指通过线下营销推广的方式，将消费者从线下转移到线上，即 offline to online。两者的区别在于，广义 O2O 不强调要通过线上支付环节完成交易，而狭义 O2O 强调交易必须是在线支付或预订的，同时商家的营销效果是可预测、可测量的。O2O 电子商务涉及我们日常生活的方方面面，它主打本地生活服务，如餐饮、旅游、母婴、生鲜、娱乐等领域。像美团外卖、饿了么就是餐饮 O2O 电子商务的代表，携程、去哪儿网是旅游 O2O 电子商务的代表，每日优鲜、盒马鲜生是生鲜 O2O 电子商务的代表，淘票票和猫眼则是娱乐领域 O2O 电子商务的代表。

思考一个典型的 O2O 消费经历有哪几步？以“线上－线下”这一方向为例。首先，消费者在 O2O 平台中关注到某商家的折扣信息，实现 O2O 平台为商铺引流；其次，在对比商铺后，消费者选定某商家消费，实现转化；再次，在消费者抵达商家后，消费商品、接受商家服务，完成消费过程；最后，消费者将自己的消费体验反馈到线上平台，为其他消费者提供更多信息辅助决策，完成消费者反馈环节。具体来说，包含五个阶段。

第一阶段：引流。线上平台作为线下消费决策的入口，可以汇集大量有消费需求的消费者，或者引发消费者的线下消费需求。常见的 O2O 平台引流入口有消费点评类网站，如大众点评；电子地图，如百度地图、高德地图；社交类网站或应用，如微信。

第二阶段：转化。线上平台向消费者提供商家的详细信息、优惠（如团购、优惠券）、便利服务，方便消费者搜索、对比商家，并最终帮助消费者选择线下商家，完成消费决策。

第三阶段：消费。消费者利用线上获得的信息到线下商家接受服务，完成消费。

第四阶段：反馈。消费者将自己的消费体验反馈到线上平台，有助于其他消费者做出消费决策。线上平台通过梳理和分析消费者的反馈，形成更加完整的本地商家信息库，可以吸引更多的消费者使用在线平台。

第五阶段：留存。线上平台为消费者和本地商家建立沟通渠道，可以帮助本地商户维护消费者关系，使消费者重复消费，成为商家的回头客。

O2O 电子商务与传统电商有很大的不同。第一，效果评估方式不同。传统电商利用销售额或交易规模衡量效果，如利用“双 11”当天天猫商城的销售额。但是对于 O2O 电子商务来说，用户不一定需要在 O2O 平台预订或交易，他们可能只受到线上影响，还需要配合线下体验才能做出最终消费决策。因此，O2O 电子商务不能单纯以交易规模衡量效果，应该放弃“交易规模”中心论的观点。第二，空间尺度不同。传统电商借助互联网平台和物流系统，整体上受空间尺度影响小。而 O2O 电子商务有极强的地域属性，注重本地消费，受空间尺度影响大。第三，线下重要性不同。传统电商对线下店铺要求低，在线店铺只需要将商品放置在平台仓库中就可以开展交易，商品通过快递运输给消费者，店铺线下部分对消费者并没有太多影响。而O2O电子商务强调线下体验和服务，线下比线上更为重要。第四，关注领域不同。传统电商涉及产品和服务，但是产品销售占比更大，而O2O电子商务侧重服务性消费。

O2O电子商务的开展需要多种多样的技术支持。一是商业WiFi，即为酒店住宿、餐饮、休闲娱乐、机场等提供免费WiFi网络的服务提供商。消费者抵达线下商家后，如果需要通过平台购买套餐或优惠券，那就离不开网络。而很多商家所在位置移动网络效果差，需要商业WiFi支持业务的开展。二是基于位置的服务。三是移动支付技术。四是云计算和大数据技术。O2O平台用户数量大，且往往具有消费时间段密集的特点，比如外卖平台在午餐和晚餐阶段订单量最大。O2O平台要利用云计算技术为业务量的快速扩张提供支持，利用大数据技术为海量信息的处理提供基础。

“移动终端+LBS+支付”这一完美的组合，统一通过手机集成在一起。商家把自己的优惠信息发布到服务平台上，用户通过LBS查找到附近的商家，使用电子优惠券进行附带支付，就可以享受到商家提供的服务和产品了。

◎ 阅读材料8-4

乡村振兴中的认领模式

电子商务模式的重要性不仅体现在北京、上海等一线城市的电子商务发展过程中，还体现在农村电子商务发展过程中。由于注重乡村发展和乡村振兴，在农村发展电子商务时更加需要重视商业模式。2020年4月20日，习近平总书记在陕西考察期间，与柞水县小岭镇金米村的村民交谈时表示：“电商作为新兴业态，既可以推销农副产品、帮助群众脱贫致富，又可以推动乡村振兴，是大有可为的。”新时代的新农人也开始抓住发展机遇，在乡村沃土上试验着电子商务模式。

香香农是一家位于浙江温州的初创公司，它借鉴认领模式开发了名为“我的鸡笼”的农村电商产品。认领模式自2013年开始兴起，采取“亲身种植－农耕劳作－远程观察－送货上门”的模式，探索既能盈利又能让消费者亲身体验的认养机制。

“我的鸡笼”承包了2 000多亩山野林地，采用专业生态放养的模式养殖了20万只土鸡。消费者在微信搜索“我的鸡笼”公众号，就可以花159元认养一只母鸡。认养期为两年，在这两年中，消费者可以以比每枚鸡蛋正常售价便宜0.6元的价格购买360枚鸡蛋。如果消费者想吃鸡蛋，可以在任何时刻点击“吃蛋”，将会有专业的快递公司将鸡蛋免费配送给他们；如果消费者想吃鸡，可以在领养两个月后点击“吃鸡”，农场会将处理好的整鸡免费配送给他们。

“我的鸡笼”具有完整的质量保证体系，每枚鸡蛋都有独一无二的“身份证号”，从而实现质量的可溯源性；消费者可以24h不间断地通过视频直播观察养鸡场的现况；如果消费者收到的鸡蛋和描述不一致，经过核实后商家会假一赔十；此外，商家还会定期组织客户去养鸡场进行喂鸡、抓鸡、取蛋等免费的实地体验。最重要的是，商家采用了消费者广为接受的手机下单模式，只要在“我的鸡笼”公众号进行操作，商家就会全国免费配送，操作简单，方便快捷（见图8-11）。

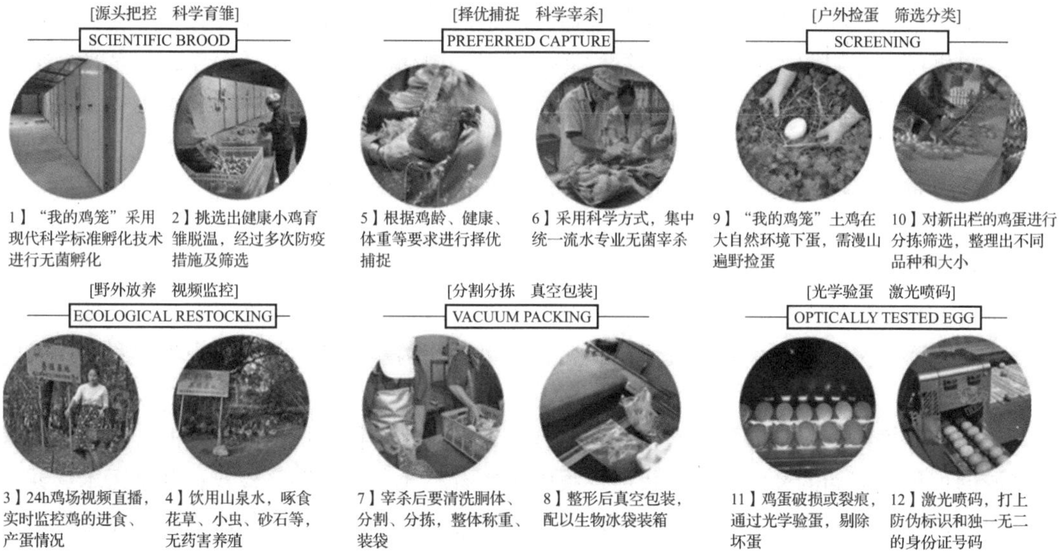

图 8-11　“我的鸡笼”质量把控体系

资料来源：“我的鸡笼”微信公众号。

8.4 电子商务趋势

8.4.1 共享经济

随着社会产品数字化程度的不断提高、信息技术的快速发展，使用权共享成为可能。在此背景下，共享经济逐渐兴起。共享经济是指利用互联网等现代信息技术，以使用权分享为主要特征，整合海量、分散化资源，满足多样化需求的经济活动。共享经济的领域主要包括知识技能分享、生活服务类共享经济、房屋住宿类共享经济、交通出行类共享经济、医疗类共享经济、金融类共享经济、生产能力类共享经济等。

（1）知识技能分享是指个人或机构通过互联网平台把分散、盈余的智力资源聚集起来，通过免费或付费的方式分享给其他个人或机构，以更高的效率和更低的成本满足生产及生活服务需求。知乎、得到、喜马拉雅、猪八戒网都是国内发展相对较好的知识技能共享平台。

（2）生活服务类共享经济是指依托互联网平台整合线下餐饮、家政、美容健身、社区配送等个人或生活服务机构的闲置资源，从而更好地满足人们生活服务需求的经济活动。通过生活服务类共享经济，我们可以邀请厨师上门烹饪、邀请保洁阿姨上门提供家政服务、邀请健身教练上门提供健身指导、使用京东到家等社区配送服务以及上门洗车等。

（3）房屋住宿类共享经济是指通过互联网平台将市场上分散的房源集中起来出租给有需要的用户。它主要分为两类：一类是像小猪短租和爱彼迎一样的在线短租，另一类是像 WeWork 公司一样的共享办公。

（4）交通出行类共享经济是指以互联网平台为依托，整合社会闲置车辆、车内空间或驾驶技能等交通资源，通过平台高效匹配出行供给和需求，满足人们出行需求的交易行为。交通出行类共享经济主要分为两类模式：一类是轻资产模式，另一类是重资产模式。曹操出行、滴滴等平台采取轻资产模式，这些公司自己不需要提供车辆和驾驶员，只需要吸引个人车辆或司机接入它们的互联网平台，然后通过匹配车辆和用户提供出行服务，但是平台会对驾驶员进行安全审核与培训，并提供保险支持。这类模式成本较低，运营成本主要发生在场地、技术和客服等领域，价格低廉，适合中低消费和日常出行，但是可能由于接入的驾驶员个体差异导致服务质量差异，在一些地方可能存在与当地交管政策冲突的情况。首汽约车属于重资产模式，它拥有自己的车辆和职业驾驶员，在接到平台上的用户预约后指派车辆为用户提供服务。这种模式成本较高，成本包括平台运营、车辆购置及维护、驾驶员工资福利等，价格也相对较高，适合中高端消费以及商务礼宾出行，服务化标准程度高，与现行交管政策没有正面冲突。现在采用轻资产模式的公司也逐渐构建自己的车队，吸纳重资产模式的优点。

（5）医疗类共享经济是指通过互联网平台整合现有医疗体系内的闲置资源，促进优质医疗资源的市场化流动的经济活动。目前，我国主要有三大类医疗共享模式：共享医术、共享医疗设施，以及共享医疗信息。医生可以利用空闲时间共享医术，比如医生可以注册微医网和好大夫平台，利用闲暇时间为患者在线诊疗，甚至可以上门医疗。此外，名医主刀、易康就医等互联网平台还提供共享医疗设施服务，通过平台来共享诊室、手术室、设备和床位。丁香云平台还能共享病源、病历等医疗信息。

（6）金融类共享经济主要有两种形式，即 P2P 金融和网络众筹。其中，网络众筹是指通过互联网平台，为筹款项目的发起人和支持者提供信息流、资金流等各类所需服务，以实现项目所需资金的经济活动。

（7）生产能力类共享经济大家接触较少，是指通过互联网平台，将不同企业闲置的生产能力整合，实现产品的需求方和生产资料供应方精准对接的模式。例如，企业将闲置的挖掘机通过互联网平台出租给其他企业或个人，这就属于生产能力类共享经济。

共享经济面临若干亟待解决的问题。①不当利用支配地位。它主要包括平台抽成过高、服务提供者收入难以得到保障、通过“二选一”等限定交易方式排除市场竞争以及“大数据杀熟”等问题。②大型共享经济平台存在数据独占的问题。大型平台在日常经营活动中采集了大量的用户数据，这些数据经过加工后，用以进一步挖掘用户的潜在需求和行为特征。平台企业及其关联投资企业就可以开展更精准的推送等服务。在不断增强客户黏性的同时，平台企业也在构建越来越高的“数据隔离墙”，并形成平台经济下典型的数据独占；同时还在平台规则、算法、技术、流量分配等方面设置限制和障碍，导致其他市场主体的经营活动受到约束，市场创新活力受到严重阻碍。③垄断性扩张。大型平台通常都具有资本优势、数据优势和客户优势，大平台要么通过参股或者控股的方式，用资本扶持具有发展潜力的中小企业做大并垄断新兴的互联网市场；要么采用低价倾销或不合理的过度补贴手段抢占市场份额，挤压新兴的中小微经营者的生存空间，从而达到独占新业务市场并在新模式领域形成垄断的目的。

共享经济的发展还面临网络效应的挑战，这是因为大多数共享经济仅限于当地服务。例如，网约车平台虽然在各个城市都提供服务，但是每个城市的服务网络相对独立。以 Uber 为例，Uber 在 A 城市的服务网络主要是 A 城市的居民来使用，B 城市的居民使用该服务网络的可能性低。而 Airbnb 平台则不受此限制，致力于打造全连接的网络，因为它认为 B 城市的居民完全可以到 A 城市租住客房（见图 8-12）。

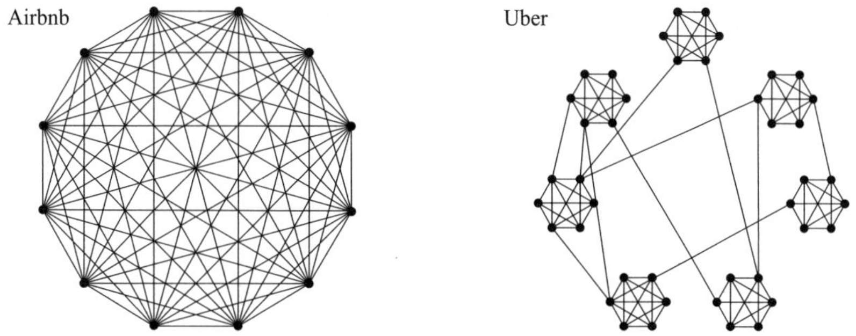

图 8-12　Airbnb 和 Uber 网络效应差异

资料来源：Feng Zhu，Marco Iansiti，Why Some Platforms Thrive and Others Don't.

为应对这些挑战，共享经济也出现了一些新趋势。

1. 聚合模式

如果你打开百度地图，你会发现上面集成了很多服务，如打车、超市、休闲娱乐、订酒店、骑行、加油等。这种整合了众多其他平台的资源，用户可以通过一个入口获得多家平台服务的模式称为聚合模式。这种模式越来越受到青睐。对平台企业来说，企业无须自建车队就能够补充合规运力；对网约车服务商来说，能够借助平台流量以更低的获客成本进行业务和市场拓展；对整个行业来说，能够更好地提升服务的专业化、精细化水平；对用户来说，只需要通过一个入口就能够方便地选择多个出行平台提供的服务。

2. B2C 经营模式

共享经济发展初期，平台以 C2C 模式为主，主要提供信息匹配和交易撮合等服务，但是 C2C 模式也存在一些问题，比如某平台顺风车服务出现一些安全问题。考虑到 C2C 模式存在服务质量参差不齐、安全保障存在隐患等问题，很多平台逐步引入专业化机构作为服务主体，进而探索 B2C 经营模式。以滴滴为例，它与汽车服务公司合作招募专职司机，组建自有车队，为专职司机提供相对优惠的汽车租赁解决方案，提升平台的专职司机比例。高德打车通过与出租车公司合作，实现数字化升级。

3. "共享 +" 模式

平台企业在主营业务获得成功的同时，还在不断探索与上下游以及相关服务的融合，从而为用户提供多元化的体验，创造更多的收入来源。在共享住宿领域，Airbnb 推出包括美食烹饪、手工技能、探险旅游在内的本地生活体验服务，从而推动了共享住宿与本地生活体验融合的文旅创新；在共享医疗领域，平台企业从单纯的线上问诊咨询向线下健康服务延伸。例如，微医网通过与其他机构合作，探讨布局医疗、医药、医保相结合的三医联动模式。

8.4.2　新零售

在过去的十几年中，我国的电子商务飞速发展，但是近几年遇到了瓶颈。电子商务企业开始思考线上线下整合的新模式。新零售的概念由阿里巴巴公司在 2016 年杭州云栖大会提出。新零售（new retailing）指的是企业以互联网为依托，综合运用大数据、人工智能等新一代信息技术，对整个商务流程进行升级改造，并借助智慧化物流实现线上服务和线下体验深度融合的零售新模式。各大电子商务企业纷纷布局新零售模式，阿里巴巴公司还对公司事业部群进行了调整，成立了新零售技术事业群，推动新零售业务的发展。京东大力发展线下加盟店，通过大数据分析赋能线下加盟店，满足消费者碎片化时间内的个性化需求，提升线上线下购物体验。新零售包括四大核心要素：线上企业、线下企业、现代物流以及商务智能。新零售要求线下的企业要走到线上去，线上的企业必须走到线下来，线上线下相结合并融合现代物流，才能创造出新零售。整个过程的实现，需要商务智能来对模式的运行提供决策支撑。

新零售主要有以下特征。

（1）线上线下同款同价。在以往的电子商务实践中，我们经常看到诸如“网货”或“网络渠道专用”等字眼，用户会因此担忧线上和线下销售的商品在质量上存在较大差异。为了实现新零售要求的线上线下整合，首先需要让线上和线下的商品同款同价，这样才能更好地融合线上线下。用户可以在线下商店购买商品，通过网络渠道完成退货，也可以在线上完成购买，然后去线下商店取货，从而实现线上线下及物流的融合。

（2）支撑消费场景碎片化。消费者的消费渠道日渐碎片化，消费者的消费场景不仅仅是一些大型的商场或商业中心，其消费需求可能是随时随地的购买意向。为解决消费场景碎片化的问题，新零售走向社区化，电子商务公司可以通过开设或收购邻里社区型门店来面向人口密集的社区，通过满足消费者个性化、灵活性的消费需求，实现精细化运营。

（3）打造终端叠加式体验。消费者不在乎线上还是线下，只希望能够高效、愉悦地买到所需的优质产品，因此消费体验和定制化服务成为新零售需要关注的两大功能。电子商务企业可以通过技术与硬件，实现零售卖场空间的数字化和智能化改造，让智能终端取代传统的货架和货柜，构建数字化全新消费体验。无人超市模式就是这样一种体验，企业使用人工智能算法，通过遍布超市的摄像头和传感器，探测消费者的购买行为并自动完成结账。

（4）实现全渠道融通。传统零售面临着渠道分散、客户体验不一、成本上升、利润空间压缩等多个困局。新零售将从单向销售转向双向互动，从线上或线下转向线上线下融合。因此，新零售要建立全渠道的联合方式，以实体门店、电子商务、大数据云平台、移动互联网为核心，通过融合线上线下，实现商品、会员、交易、营销等数据的共融互通，向顾客提供跨渠道、无缝化体验。

8.4.3 电子商务智能客服

聊天机器人（chatbot）是以智能对话系统为核心，应用于客服、营销、企业信息服务等多方场景的人工智能应用产品。它是一个新的人机交互界面，是通过对话界面发布软件服务的新方法；它不是服务本身，而是服务的接口。聊天机器人经历了长期的发展，逐步成熟并被广泛运用。1964 年，IBM 公司成功开发了世界上第一台聊天机器人伊丽莎（Eliza），它是一名心理治疗机器人，能根据设定的程序与患者进行简单交流和沟通。1997 年，微软公司在其 Office 产品中引入了 Clippy 先生，用于解答用户关于 Office 软件的相关问题，但是因为用户体验差，最终于 2007 年退出 Office。直至 2011 年，苹果 4S 手机搭载了 Siri，它是第一款成功的聊天机器人产品。但是 2012 年，智臻公司状告苹果公司，原因是苹果公司的 Siri 技术抄袭了智臻公司名下的小 i 机器人技术。在 2014 年，亚马逊的 Echo 音箱问世，它试图以智能音箱作为电商的切入场景。随后，阿里巴巴、百度、谷歌等公司都推出了智能音箱。截至目前，聊天机器人已经被广泛运用到各行各业，包括电子商务的售前、售中和售后全过程。

我们可以从不同的维度来对聊天机器人进行分类。

按照媒介形式，聊天机器人可以分为文本机器人、语音机器人以及多模态数字人。文本机器人以文本的形式与客户进行沟通，能够全渠道、全天候为咨询者提供信息，能够辅助人工解决特定问题。现在各大电子商务平台（如淘宝的阿里小蜜、京东的 JIMI 机器人）都能够在售前、售中、售后各阶段为用户提供信息和支持。语音机器人指的是以语音形式与客户沟通的聊天机器人，主要包括智能外呼和智能呼入机器人两大类。现在很多机构的客服中心都已经配备了两类聊天机器人，比如我们经常收到很多银行的外呼电话，都是通过智能外呼机器人进行的，通过我们的回复来筛选线索并将线索转给人工客服。当我们通过拨打客服电话联系客服中心时，会优先使用智能呼入机器人来接待来访者，通过选择或告知目的，转接不同的接待渠道。随着技术的快速发展，多模态数字人逐渐成为聊天机器人的一种新形式，多模态数字人在文字和语音的基础上，加入了虚拟人形态，并模仿真人与客户进行沟通，从而提供智能化、个性化、高效化的交互服务。目前，各企业开始关注数字人技术，比如构建新闻数字人用于各大城市融媒体服务。

按照功能划分，聊天机器人可以分为任务型机器人、问答型机器人和闲聊型机器人。任务型机器人只能帮助用户完成特定任务，它通过理解用户的意图和指令，完成指定任务并回复。例如，海尔安装客服采用了此类机器人，客户通过拨打电话，可以被告知安装电器型号，对接相关部门，并可根据客户期待的安装时间提供可选时间对应的安装服务。问答型机器人能够通过底层的知识库来回答用户提出的问题。电子商务平台采用的机器人客服就属于此类机器人。当用户提问时，机器人客服能够识别用户的意图，并根据提前设定的回复内容回答相关内容。闲聊型机器人主要提供聊天功能，用于满足以用户情感需求为导向的交互。例如，华为手机配备的智能助理小艺、苹果手机配备的智能助理 Siri 以及微软公司的聊天机器人小冰都属于此类机器人。

按照载体分类，聊天机器人又可以分为智能硬件、独立应用和非独立应用三种。智能硬件指的是聊天机器人的功能体现在具有物理主体的硬件中，比如各类智能音箱、自带语音助手的手机，以及加入聊天机器人功能的可穿戴式设备。独立应用指的是聊天机器人以手机应用的方式独立存在，如 replika、咪咕灵犀等。非独立应用指的是聊天机器人以特定应用下属的一项功能的方式来存在，如依附于淘宝应用的阿里小蜜。

8.4.4　精准营销

精准营销就是指在合适的地点、合适的场景下，通过合适的途径，把合适的产品卖给适合的人。在移动互联网迅猛发展的当下，越来越多的企业开始重视数据背后的价值，通过挖掘数据分析用户行为，实现精准营销。精准营销原理如图 8-13 所示。首先通过用户画像来科学、系统地描述用户的特征，其次进行内容和商品画像，随后借助高效、智能的推荐引擎，完成用户与内容、用户与商品或服务的精准匹配，从而更好地实现将合适的内容和商品，在合适的时间推送给合适的用户，从而促成交易。

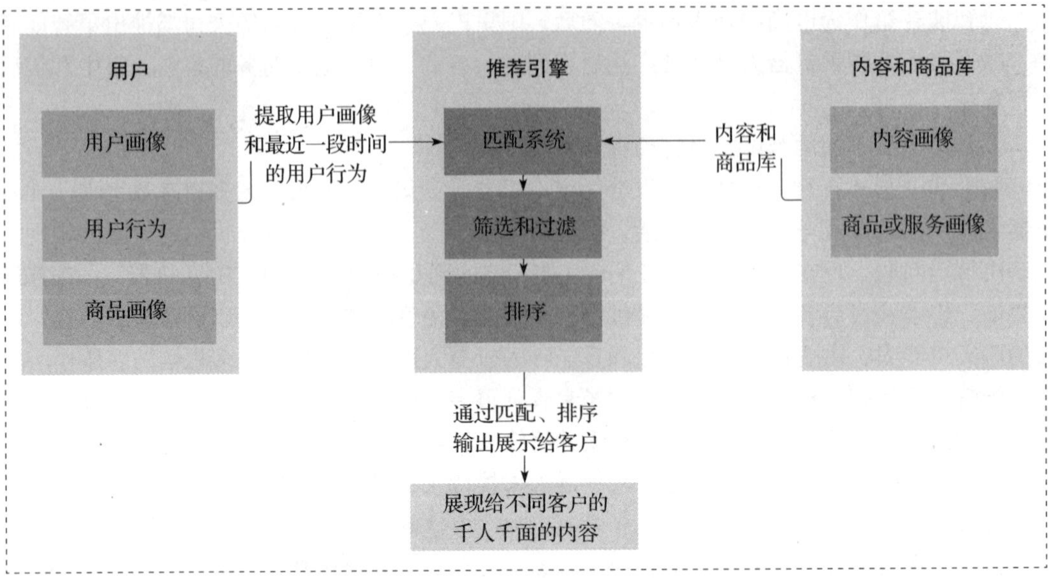

图 8-13　基于用户画像的精准营销

在精准营销过程中，用户画像的构建是最核心的任务。用户画像是根据用户社会属性、生活习惯和消费行为等信息而抽象出的一个标签化的用户模型。构建用户画像的核心工作即给用户“贴标签”，而标签是通过对用户信息分析而得来的高度精练的特征标识。如果你经常购买一些玩偶玩具，那么电商网站会根据玩具购买的情况替你贴上“有孩子”的标签，甚至还可以判断出你孩子大概的年龄，贴上诸如“有 5 ～ 10 岁的孩子”这样更具体的标签，而给你贴的所有标签整合在一起，就成了你的用户画像。因此，也可以说用户画像就是判断一个人是什么样的人。

为什么需要构建用户画像？用户画像的核心工作是为用户贴标签，而贴标签的重要目的之一是更好地认识用户并且方便计算机对用户进行智能分析。标签提供了一种便捷的方式，使得计算机能够自动处理与人相关的信息，甚至通过算法、模型能够“理解”人。在此基础上，搜索引擎、推荐引擎、广告投放等各种智能应用都能够具有更高的精准度，可更好地提升企业的经营业绩。

用户画像主要包括三类标签：事实标签、模型标签和预测标签。

（1）事实标签。事实标签直接从原始数据中提取的用户属性，如性别、年龄、地区、工作等。

（2）模型标签。模型标签由一个或多个事实标签组合而成，需要建立模型进行计算。以模型标签“交易偏好”为例，它是由交易商品类型、交易场景、交易来源这几个事实标签组合而成的。

（3）预测标签。预测标签以已有的模型标签数据作为特征，经过机器学习生产的标签。例如，预测用户用了某产品后是否想买正品。

我们需要按照自上而下的需求梳理所需画像。先确定运营目标，比如提高利润；接下来我们需要分析为达成目标需要制定何种运营方案。我们需要对目标进行拆解，比如我们可以通过提高客单价和提高客群数量来提高利润，并进一步细化，或者通过提高页面通过率和提高应用启动人数来提高客群数量。当我们把指标进行拆解后，我们就能知道需要采取何种行动来实现目标。然后，通过对人群进行拆解确定针对不同人群采取哪些运营策略，比如我们发现新老用户在页面通过率上存在差异，不同价格弹性的用户页面通过率不同，那么我们就需要构建新老用户标签、价格弹性标签来提高页面通过率。

在我们通过对目标进行拆解来了解用户画像需要包含哪些标签后，就可以按照图 8-14 所示步骤构建用户画像标签体系。具体来说，从原始数据中挖掘出事实标签，然后使用这些事实标签来构建模型标签，最后综合使用事实标签和模型标签构建预测标签。

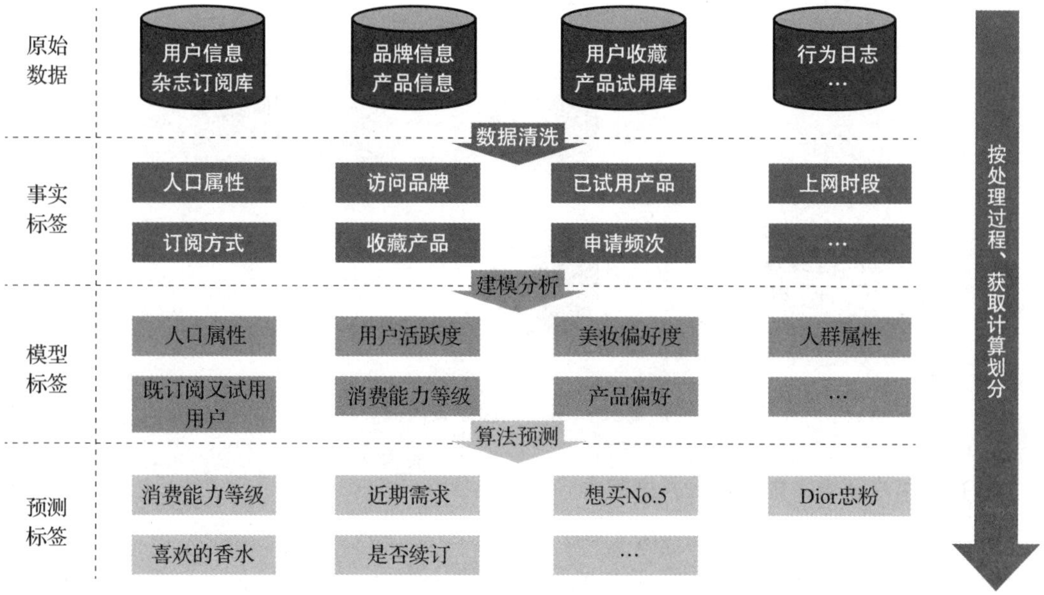

图 8-14　某香水品牌用户画像标签体系构建步骤

◎ 阅读材料 8-5

精准营销案例

某美妆品牌的一次聚划算活动，打算对老用户做精准营销触达。该品牌的精准营销主要采取以下步骤展开。

1. 从多维度构建不同商品的用户画像

精准营销离不开前期对用户数据的收集。在进行商品偏好分析的时候常依据购买数据、地址数据、使用数据、行为数据来进行用户的描述（见图 8-15）。购买数据描述了用户购买过哪些产品，从而反映用户的产品偏好；地址数据反映了用户的家庭或生活住址，在一定程度上也能反映用户的购买能力或者属于哪一类用户群体；使用数据可以从用户给出的评价中发掘一些关键词，如某用户评论中提到优惠券，说明该用户可能对价格敏感度更高；行为数据反映用户近期的浏览记录，在一定程度上也能反映出用户对哪类产品感兴趣。通过对这四类数据的挖掘，我们能够将用户进行一些碎片化的划分。

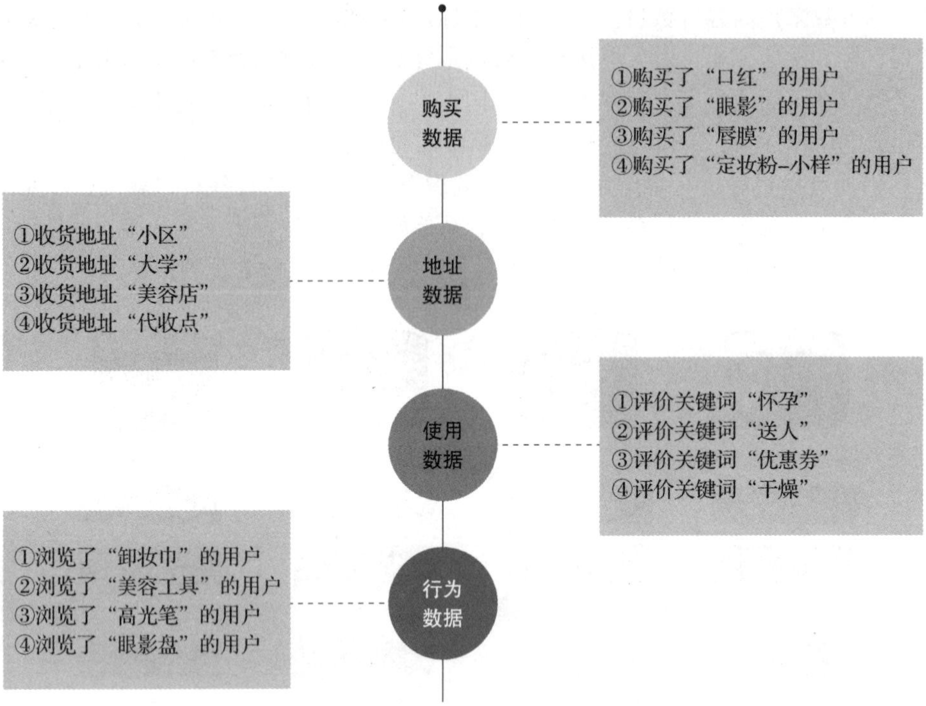

图 8-15 用户画像标签提取

2. 基于用户画像交集，反推人群需求

我们可以根据前面四类数据的分类进行交叉分析，从而对用户进行细分，进而能够更好地了解他们的需求。图 8-16 将基于四类数据划分的用户做交集，得到更精准的用户画像，进

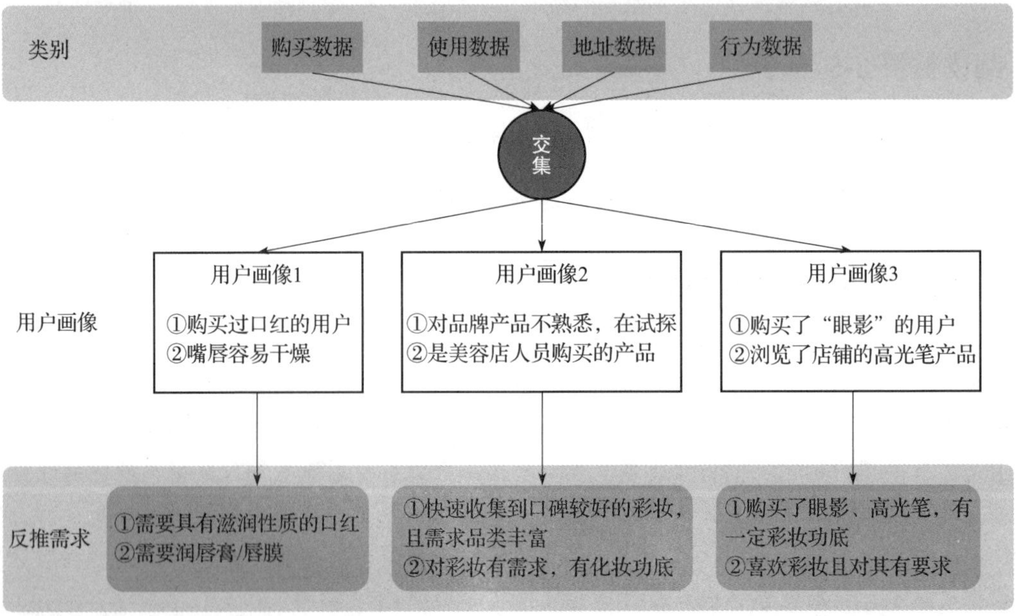

图 8-16 用户画像标签交叉分析

而反推用户需求。以用户画像 1 为例，它反映了购买数据和使用数据交叉得到的用户划分，从而发现有一类细分用户购买过口红而且在评价中提到嘴唇容易干燥。据此商家推断出这类用户的可能需求主要有两种：一种是需要具有滋润性质的口红，另一种是需要润唇膏或者唇膜。

为了更精准地判断用户的需求，将购买数据、使用数据、地址数据、行为数据做四重交叉后，对该组人群画像描绘得越清晰，反推需求就越准确；需求匹配是根据以上分析的数据得来的，还需要后续的验证。抓取用户的行为数据、标签数据越多，反推出的需求就越精准。

3. 根据人群画像需求，匹配沟通信息

根据反推出来的需求，商家可以匹配与用户沟通的信息。仍然以用户画像 1 为例，通过前面的分析，我们得到这类用户的两种可能需求，在此基础上，商家可以推送相应的信息（见图 8-17）。

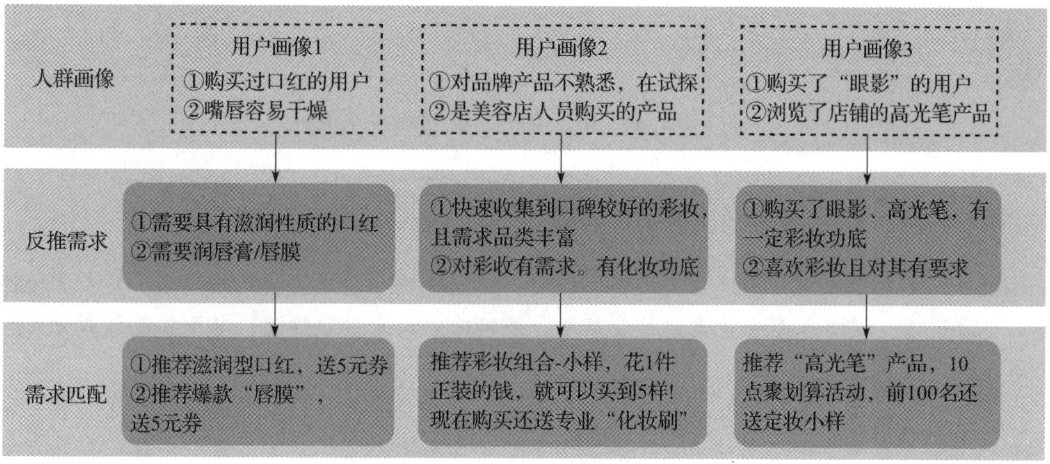

图 8-17 基于用户画像反推需求

4. 对目标用户的精准内容触达

经过层层地拆解、组合、反推、匹配，知晓了与用户沟通的内容，接下来就是对用户的触达。在对用户触达的过程中，如果条件允许，可以做分组测试。例如，针对用户画像 1 这类用户可能的两种需求，我们可以为其中的一半用户推送具有滋润性质的口红，为其中的另一半用户推送润唇膏或唇膜，进而可以获取不同推送信息的最终结果。

5. 根据营销效果，优化人群画像

前期通过多组人群画像的交集，得出一个较为清晰的人群画像，也根据画像特点，反推出了这组用户的需求，并对用户推送了相关信息；下一步就需要对各组人群效果做统计与分析，验证前期反推出的需求是否正确，根据数据不断优化人群画像。

如图 8-18 所示，我们反推出用户画像 1 的用户的两类需求。在不确定哪个需求更精准的情况下，做了分组测试，从“下单转化率”这个指标中可以看到推送内容②的转化率更高。因此，对这类用户画像的描述可以加入“相比于滋润型口红更喜欢滋润型唇膜”。对于只分析出单个需求的，可以抽取小部分用户做空白对照组，看效果对比。通过不断地优化，商家可以得到更加精准的用户画像，进而提升精准营销的效果。

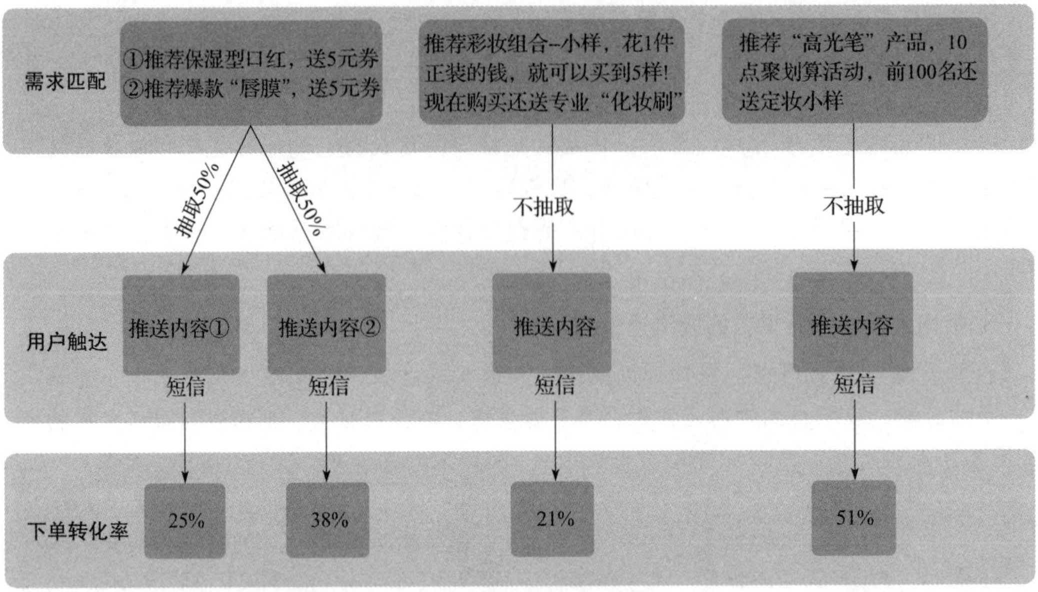

图 8-18　基于用户画像的用户触达与转化

◎ 综合案例　淘宝和京东的物流案例

电子商务需要依赖物流才能突破空间限制，因此物流已经成为决定用户电子商务服务体验的重要因素。根据电商企业是通过自建还是外包的方式来组建物流，电商物流模式分为轻公司轻资产模式、垂直一体化模式、半外包模式以及云物流模式。

（1）轻公司轻资产模式指的是电商企业着重于管理业务数据以及物流信息，通过租赁物流中心的场地并外包配送环节的方式满足本企业物流服务需求，从而实现“归核化”和“服务外包”。本模式有助于减轻电商企业在物流体系建设上的资金投入，但是对第三方物流公司依赖度高，服务质量受制于第三方物流公司的服务水平，且这种模式需要本企业具备较高的合作风险管控能力。

（2）垂直一体化模式指的是电商企业从配送中心到运输队伍，全部由自己整体建设。该模式与轻公司轻资产模式完全相反，企业需要将大量资金投入物流队伍、运输车队、仓储体系建设。本模式有助于提升运输速度和服务质量，提高用户电子商务购物体验，也便于货损的责任界定，但需要将较多的资金和精力转投物流体系建设。

（3）半外包模式是介于轻公司轻资产模式和垂直一体化模式中间的物流模式。电商企业通过自建物流中心掌控核心区域或核心业务的物流队伍，将非核心区域以及非核心产品的物流业务进行打包。

（4）云物流模式指的是通过某种体系、标准和平台进行整合，将分散和分布不均的物流资源服务于电商企业运输功能。总体来说，云物流模式只提供一个信息交换的平台，通过信息整合和能力整合，为电商企业提供物流服务。这种模式解决了物流能力的调配问题，但是无法改变服务质量、物流成本以及物流效率的控制问题。

淘宝物流模式是卖家与第三方物流公司的一种合作模式。卖家联系第三方物流公司并将货物交给它，再通过第三方物流公司的供应链系统将货物送达给客户。快递公司依靠其分布在全国各地的集散货网点和区域分拨中心等节点实现快递物件的跨区域集散。淘宝物流体系代表性流程如图 8-19 所示。

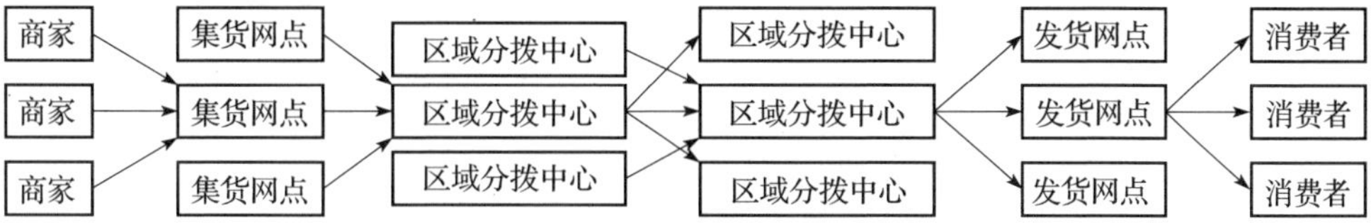

图 8-19　淘宝物流体系代表性流程

资料来源："商城联盟"微信公众号。

2013 年 5 月 28 日，阿里巴巴集团、银泰集团联合复星集团、富春集团、顺丰集团、三通一达（申通、圆通、中通、韵达）、宅急送公司、汇通集团，以及相关金融机构共同宣布，"中国智能物流骨干网"（CSN）项目正式启动，合作各方共同组建的菜鸟网络科技有限公司正式成立，努力打造遍布全国的开放式、社会化物流基础设施，建立一张能支撑日均 300 亿元（年度约 10 万亿元）网络零售额的智能骨干网络。菜鸟网络合作伙伴如图 8-20 所示。这是智能大数据、物联网、云计算、自动化技术等技术在国内的大规模商业实践。

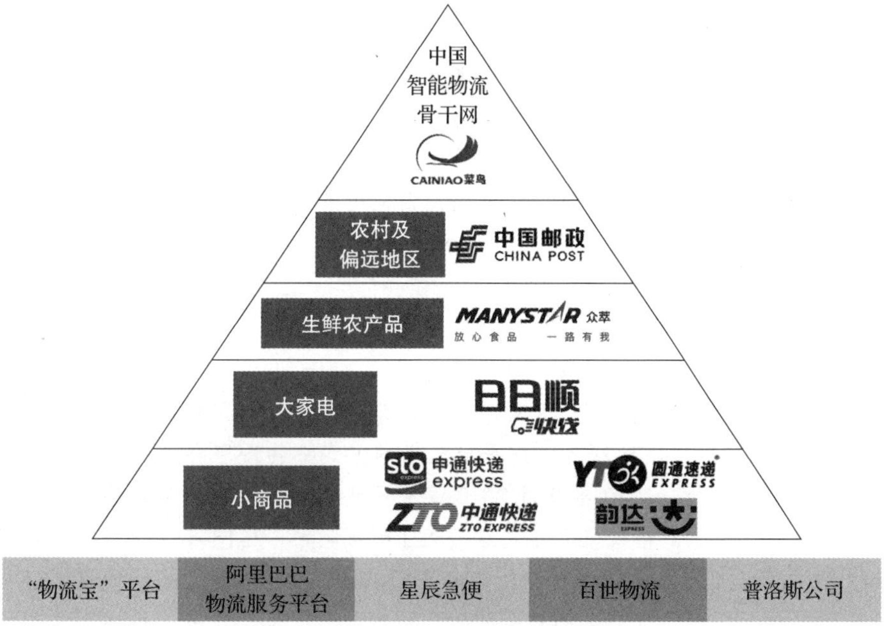

图 8-20　菜鸟网络合作伙伴

资料来源：中国电子商务研究中心官网。

为实现既定目标，菜鸟网络搭建了一个"天网 + 地网"的核心平台（见图 8-21）。天网指的是构建基于大数据的物流信息平台，从而将仓储节点有机结合。在天网的支持下，企业可以通过大数据对各区域市场需求进行预测，从而可以在客户下单前就能在相关仓储节点进行布局和铺货，此外还能利用大数据技术基于商家市场需求，科学地制订库存计划。地网指的是八大仓储节点，以及若干个重要节点和更多城市节点。仓储节点将针对东北、华北、华东、华南、华中、西南和西北七大区域选择中心位置进行仓储投资。其中，华东最大仓在浙江金华金义都市新区，华南最大仓在广州萝岗区，华北最大仓落户天津。

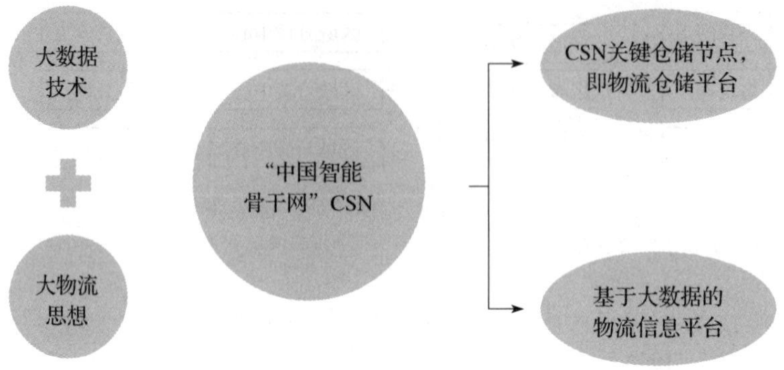

图 8-21 菜鸟网络物流信息平台

资料来源：中国电子商务研究中心官网。

菜鸟网络在以下方面存在一些问题和发展瓶颈。

第一，库存管理。菜鸟网络的仓储是开放的，但菜鸟网络的库存不属于阿里巴巴，而是各地卖家。如何进行系统对接、信息流共享、商品结算、库存管理都将面临挑战。

第二，仓储管理。仓储管理一直是物流园区非常头疼的方面。面对一个全国性的网络，要管理不同供应商的货物。菜鸟是否有能力来管理仓储、提供服务仍是一个问题。

第三，人才管理。从菜鸟网络现有团队来看，缺乏两项专业知识：一是物流配送专业知识，二是库存管理专业知识。库存周转、库存量的管理也是一门学问。当卖家商品统一被放到菜鸟仓库后，如果对商品的销售预计不准确，则会产生商品挤压成本。

第四，利益协调。物流行业的整合才刚刚开始，菜鸟网络几大合作伙伴，尤其是快递公司之间的竞争依然存在；同盟之间的协调管理，同样是一大难题。某位物流仓储行业人士曾说过：“菜鸟网络是个很宏大的项目，要实施该项目最大的阻力不是钱，而是参与该项目的地产公司、快递公司、投资方等各方利益的平衡。”

为解决这些问题，2016 年 3 月 28 日，菜鸟网络宣布与物流伙伴成立菜鸟联盟，同时拿出 10 亿元作为菜鸟联盟的启动基金，用平台生态的方式把物流服务商吸纳进来，使菜鸟网络变成一个物流生态平台。2017 年 9 月 26 日，阿里巴巴增持旗下菜鸟网络的股份，并将在已投入数百亿元的基础上，在未来五年继续投入 1 000 亿元。2018 年 7 月，菜鸟网络再次布局同城配送领域，宣布以众包业务和其他业务资源，以及 2.9 亿美元战略投资即时物流平台点我达，成为其控股股东。2019 年 11 月 8 日，阿里巴巴宣布，其将通过增资和购买老股的方式，投入人民币 233 亿元，所持有菜鸟网络的股权从约 51% 增加到约 63%。

京东则采取了截然不同的物流模式。京东在 2007 年正式宣布开始自建物流后，经历了“诞生、独立、开放、转变”四个过程。

2007—2009 年是初创阶段，京东独立摸索自建物流的业务模式，逐步建立了自己的仓储和配送设施，以及全自营的队伍，支撑了京东百亿业务规模。这种自营物流模式具有明确的优势和劣势。

其优势有以下几点。

（1）自营物流模式解决了企业物流货权的把握问题，从侧面减少了货损率。

（2）增加了与顾客直接沟通的机遇，并为企业市场调查提供了方便，同时有效实现了电子商务物流金融服务的开展。

（3）节约成本，使企业更有竞争力。企业自营物流模式对供应链各个环节有较强的控制能力，易于企业的其他各个环节密切配合，使物流与资金流、信息流更加紧密结合，从而大大提高物流作业的工作效率。

（4）为其他生产企业提供物流服务，使得其他生产企业获得其本身不能提供的物流服务。此外，可降低物流设施和信息网的滞后对企业的长期影响。

（5）具有服务优势，可以实现商品的快速交易，提高客户的满意度。

其劣势有以下几点。

（1）物流团队的专业性大打折扣。由于京东是电子商务公司，不擅长提供专业化物流服务，会使客户享受不到专业服务。

（2）投资过大，增加风险，缺乏灵活性。自建配送系统的成本很大，企业必须进行较大的投资来建成配送队伍。自营物流模式要求企业自建仓库，而自建仓库的投入较大，在很短的时间内收不回来成本，使企业的资金流转缺乏灵活性。

（3）物流服务多为单项服务，大量耗费物流资源，物流效率低。快递物流服务公司主要靠双向物理服务（取货和派货同时进行）来实现物流服务的高利润率，而京东商城对客户的服务远多于客户对商城的物流服务，从而形成了大量的“跑空”行为，最终使物流利用率低于其他物流公司。

2010—2015 年，京东物流开始追求专业化和规模化的经济效应，通过亚洲一号的建设，将京东物流的客户时效和服务标准打造成全球标杆，支撑千亿电商体量的同时，引领和重塑行业的标准和规则。

京东物流仓配一体化的模式，通过建设越来越多的仓库，使货物离消费者越来越近，导致货物移动的距离越来越短，所以速度越来越快，成本也越来越低。因此，当时京东物流的模式是希望通过这种正向循环来提升消费者体验感。这也被认为是京东的“撒手锏”，不仅让自身物流费用降低，还会提升消费者体验感以及让全行业受益。

从 2016 年开始，京东物流将全面转向开放化和智能化的时代，通过技术创新和价值输出，推动整个中国商业社会的进步。2016 年 11 月 23 日，京东集团推出“京东物流”全新品牌标识，并宣布京东物流将以品牌化运营方式全面对社会开放。京东物流将向社会开放三大服务体系：仓配一体化的供应链服务、京东快递服务以及京东物流云服务。

一方面，京东物流针对不同行业的供应链特性和差异，在仓配一体的物流服务中，提供不同的解决方案。例如，在消费品行业会对商品保质期进行全程的监控和管理；在 3C 行业有针对高值、系列号的细致管理体系；在服装行业有多地备货逻辑和淡旺季的运营策略；在大件的解决方案中，着重提供大家电、家居家装、运动健身等产品仓、配、安一体化的服务；在冷链物流上提供全程温控的多温层冷链物流产品，对蔬菜、水果、海鲜等生鲜食品开通了优先配载权以及绿色通道等。

另一方面，在仓配一体化服务之外，京东物流还提供标准的京东快递服务。目前，京东快递已经在 42 个城市开通了免费上门接货服务；全年 365 天，提供不分节假日的全天候服务；提供多种时效产品和代收货款、保价、自提等增值服务。此外，除了面向全社会和行业的开放之外，京东物流通过技术创新提升京东物流的智能化水平，以云计算、人工智能和机器人技术为核心，最大幅度地提升京东物流的效率和体验。

2017 年 4 月 25 日，京东物流正式宣布独立物流业务，以子集团形式运营。京东物流的服务客户不仅包含电商平台的商家，也包含众多的非电商企业客户以及社会化的物流企业，向全社会输出京东物流的专业能力，帮助产业链上下游的合作伙伴降低供应链成本。2018 年 8 月，京东物流进行了历史上最大规模的组织升级，形成了“1844”的体系，确立了从运营、财务和组织全方位打造效率至上的竞争体系。

2018 年，京东物流围绕全球智能供应链基础网络（GSSC），在开放业务、服务创新、技术引领、海外布局等多个方面取得重要突破，尤其是开放业务，其全年收入远超目标，同比增长超过 100%，服务客户总数超过 20 万家。京东物流的一体化供应链服务的实现手段，即短链、智能和共生。图 8-22 展示了京东物流短链的基本原理。

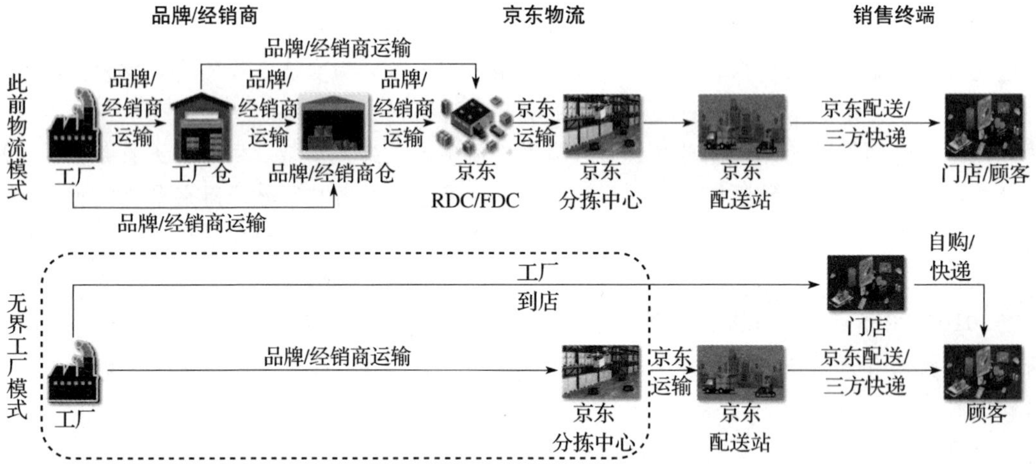

图 8-22　京东物流短链示意图

资料来源：京东物流官网。

“仓网支撑 + 技术加载”确保了“短链落地”。所谓的“仓网支撑”即“分布式仓储”。我国大陆 100% 区县覆盖，超过 500 万名物流服务人员，超过 600 万个物流中心，1 500 万平方米的物流中心，25 个亚洲一号的物流中心，超过 10 万个保税口岸，30 万个末端服务网点，25 万辆可服务车，织成一张大网。基于此，才有了京东后来推出的“211 限时达”，有了喊出“一日四送、极速达”的底气，从而吸引了更多买家的眼球。

从 2019 年 10 月开始，京东物流开始转型。这意味着京东物流从服务成品配销 B2C 到服务端到端 B2B 的一次转变。

2019 年 10 月 29 日，京东物流正式对外提出“供应链产业平台”（OPDS），基于不同属性的产业提供一体化供应链服务，推动供应链对产业的数字化改造与技术赋能。B2C 的成品配销改变的是消费者的体验，而端到端 B2B 的产业供应链的根本是优化成本结构。因此，在产业互联的趋势下，打造一个智能、共生的产业供应链平台是未来物流行业的新趋势。

供应链产业平台的构成分为全供应链服务（产地供应链和销地供应链）以及供应链技术平台。

（1）全供应链服务。通过将产地和销地网络打通，聚焦“最先一公里”和“最后一公里”，实现从采购、生产到流通、消费的一体化供应链服务，真正打通产销全链路。

（2）供应链技术平台。基于机器人、人工智能、5G、大数据等技术应用，构建供应链业务与数据中台，推动产业供应链技术标准的建立及效率提升。

总而言之，人工智能、大数据、云计算、机器人等技术的成熟发展，将会深入影响物流的每一个环节；不断降低成本、提高效率的同时，还将反向指导上游生产制造，为消费者提供更好的服务体验。京东物流构建供应链产业平台后真正要做的是，通过技术的力量，将整个前端的环节，包括采购、生产、制造，变成标准化的平台，从而综合计划、运输、仓储等形成一体化的服务，达到各方共同协同。依托智能科技，通过打通供应渠道、物流平台、服务场景、消费需求等多维度的界限，深度融合，共建价值网络，并嵌入生产、流通、消费的每一个环节，为 B 端、C 端、G 端等多用户创造触手可得的价值体验升级。

思考题：

1. 菜鸟网络的核心追求是什么？
2. 京东物流的核心竞争力是什么？
3. 你认为两者哪个更有发展潜力？

◎ 复习思考题

1. 为什么电子商务企业热衷于打造网络购物节？我国的网络购物节体现出哪些趋势？
2. 什么是电子市场？什么是双边市场？双边市场有什么特性？
3. 网络效应包括哪几类？有哪些真实世界的例子体现出不同种类的网络效应？
4. 什么是电子商务发展过程中的去中介化和再中介化？请结合现实世界的真实例子进行解释。
5. 如何判定电子商务的数字化程度？请举例说明不同数字化程度的电子商务案例。
6. 传统电子商务模式的划分依据是什么？传统电子商务模式有哪些？
7. 企业与消费者之间的电子商务有哪些模式？请结合我国电子商务企业对各种模式进行回答。
8. 二手交易平台的发展潜力如何？其对我国“双碳”目标的实现有何影响？
9. 常见的新兴电子商务模式有哪些？
10. 为什么说移动商务离不开移动支付技术？我国移动支付有哪些方式？
11. 社交媒体如何与电子商务进行结合？请举例说明。
12. O2O 电子商务与传统电子商务的区别有哪些？
13. 我国电子商务有哪些趋势？请分别结合我国实际进行分析。
14. 我国共享经济有哪些领域？你最看好哪些共享经济领域？原因是什么？
15. 什么是用户画像？用户画像与精准营销的关系是什么？我们应该如何构建用户画像？
16. 物流对电子商务企业的重要性体现在哪里？常见的电子商务物流模式有哪些？
17. 二手交易平台与碳减排的关系如何？如何促进我国二手交易平台的健康发展？
18. 大家以小组为单位进行讨论，给出本组认为最有趣、最看好的一个电子商务平台，如 App 或网站。结合前面讲解的商务模式要素对本组选定的平台进行分析，然后讨论并列出你们认为这一平台中最成功的要素。

◎ 参考文献

[1] 白东蕊，岳云康，成保梅，等．电子商务概论［M］. 4版．北京：人民邮电出版社，2019.

[2] 周曙东．电子商务概论［M］. 4版．南京：东南大学出版社，2015.

[3] 王少南．双边市场与反垄断：平台优势滥用及其规制研究［M］. 武汉：武汉大学出版社，2020.

[4] 许应楠，凌守兴．电子商务与现代物流［M］. 北京：人民邮电出版社，2015.

[5] ROCHET J C，TIROLE J.Platform competition in two-sided markets［J］. Journal of the European economic Association，2003，1（4）：990-1029.

[6] 钱锡红，杨永福，徐万里．企业网络位置、吸收能力与创新绩效：一个交互效应模型［J］. 管理世界，2010（5）：118-129.

[7] 解学梅，左蕾蕾．企业协同创新网络特征与创新绩效：基于知识吸收能力的中介效应研究［J］. 南开管理评论，2013，16（3）：47-56.

[8] 刘蕾，鄢章华．共享经济：从“去中介化”到“再中介化”的被动创新［J］. 科技进步与对策，2017，34（7）：14-20.

[9] 李庆艳，金铎，张文安，等．移动电子商务发展趋势探讨［J］. 电信科学，2011，27（6）：6-13.

[10] 朱小栋，陈洁．我国社交化电子商务研究综述［J］. 现代情报，2016，36（1）：172-177.

[11] 郭承龙．农村电子商务模式探析：基于淘宝村的调研［J］. 经济体制改革，2015（5）：110-115.

[12] 吴芝新．简析O2O电子商务模式［J］. 重庆科技学院学报（社会科学版），2012（13）：73-74.

[13] 赵树梅，徐晓红．“新零售”的含义、模式及发展路径［J］. 中国流通经济，2017，31（5）：12-20.

[14] 冯升．聊天机器人问答系统现状与发展［J］. 机器人技术与应用，2016（4）：34-36.

[15] 倪宁．大数据营销［M］. 北京：中国人民大学出版社，2015.